October 2001

To Heike and Jürgen – For all your help during the past year. Best wishes

Charles

für Charles Birushiel

Alles Liebe und Frohe

Hildegard und Fritz

Aug. 2001

D1725845

Ja ja mein Kind

Hildegard von Waldenburg (Graf)

Copyright 1989 by Hildegard von Waldenburg(Graf)
Published by Hildegard von Waldenburg(Graf)
Printed by Integrated Book Technology
18 Industrial Park Road.
Troy, N. Y. 12180

Das Buch ist erhältlich bei
Hildegard von Waldenburg (Graf)
Cold Water Tavern Road
East Nassau, N. Y. 12062
oder
P.O. box 857 NassauN.Y.12123
Tel. 518 766- 2251
Fax 518 766-7333
E- mail HildegardG@ AOL.com
Web site www.Hildegardvon.com

Es ist ferner erhältlich bei
Buchbrücke
German Language Publication
96 Sweet Road
Ballstone Lake N.Y.12019
Tel 518 399- 6516

ISBN 0-9666096-1-1

Erst einmal etwas Erklärendes

Diese Autobiographie wurde von mir vor zehn Jahren in Amerika geschrieben. Auf Anraten meiner Freude schickte ich sie an verschiedene deutsche Verläge. Mein Buch gefiel, aber man vertrat die Ansicht, daß das deutsche Publikum diesen Teil ihrer Geschichte vorläufig nicht gerne wieder zu durchleben wünsche. Ich erhielt daher dreißig Absagen. Da Absagen nun die Tendenz haben zu deprimieren, und ich von Kindesbeinen an schon das Deprimiertsein absolut nicht leiden konnte, so schrieb ich nicht weiter an irgend welche Verläge und begann mein zweites Buch über unsere Zeit hier in Amerika.

Von 1996 bis 1997 lief meine Autobiographie" Ja, ja mein Kind" als Fortsetzungsroman in der New Yorker Staatszeitung. Viele Leser sandten mir begeisterte Briefe und manche baten um die englische Übersetzung, da ihre Freunde und oft auch ihre Kinder nicht deutsch lesen konnten. Ich begann daher "Ja, ja mein Kind" selbst ins Englische zu übersetzen .Aber ich war nicht imstande "Ja, ja mein Kind" den amerikanischen Verlegern anzubieten, da mir noch die Absagen ihrer deutschen Kollegen im Magen lagen.

Vor einiger Zeit laß ich durch Zufall in der Tageszeitung, daß die neue elektronische Drucktechnik imstande wäre ein Buch von 600 Seiten in drei Minuten zu drucken. Hocherfreut dankte ich meinem Schöpfer noch eine solche Zeit erlebt zu haben, beschloß das Buch selbst herauszugeben und ging sogleich zu der Intergrated Book Company. Die ist hier bei uns in Troy. Ja, es stimmte. Sie konnten es wirklich tun, verlangten jedoch das ganze Buch auf einen computer disk geschrieben bis auf das kleinste Detail. Da ich es jedoch schon auf wordperfect 6 geschrieben hatte, war ich der Ansicht, daß die ganze Geschichte nicht schwierig sein würde. Aber ich kann Euch versichern, sie war.

Um das Buch nicht zu teuer zu machen wurde mir geraten die Zahl der Seiten zu reduzieren. Ich beschloß die 600 Seiten auf 400 zu bringen. Da ich jedoch den Text nicht kürzen wollte und auch noch 166 Fotos unterzubringen waren, so blieb nur die Möglichkeit, daß Buch größer und Alles, mit wenig Raum zwischen den einzelnen Kapiteln, hintereinanderweg laufen zu lassen. Diese Lösung hatte leider einen schwerwiegenden Nachteil, der auftrat, wenn man auch nur die kleinste Berichtigung vornehmen wollte. Das war oft durch das Korrigieren von Fehlern nötig. Bei der geringsten Veränderung verschoben sich die Seiten und schnitten plötzlich mitten durch die Fotos. Und das ging dann so die ganzen 400 Seiten lang bis zum Ende des Buches. Und jedesmal mußte ich daraufhin alles noch einmal, also ganz von vorne beginnen.

Die Fotos in den Text zu bringen, war auch nicht leicht. Ich mußte für diese erst einmal 166 hauchdünne Umrandungen schaffen, und manche von ihnen waren bösartig. Man konnte sie plötzlich nicht mehr sehen, auch nicht mit reveal code, und trotzdem waren sie versteckt da und bereiteten großen Ärger. Ich muß allerdings hinzufügen, daß ich zu der Gruppe der Komputer Dummköpfe gehöre, wie man sie hier nennt.

Wir kauften einen neuen Komputer, einen neuen Monitor, Windows 95 und wechselten von Word Perfect 6 zu Word Perfect 7. Um all das zu bezahlen, mußten wir unsere Kreditkarte benutzen (etwas, das wir nicht gerne tun.) und ferner einige unserer Ziegen verkaufen(etwas, das wir noch weniger gerne tun). Die Umstellung von word perfect 6 zu word perfect 7 war ein Angsttraum. Man hatte neue Knöpfe zu drücken. Und eine ganze Weile kannte ich keinen Experten, die mir sagen konnten, welche, bis sich eine mitleidige Seele meiner annahm.

Ich möchte jedoch unbedingt betonen, daß dieser ganze jammernde Bericht absolut nicht den Eindruck erwecken soll, daß die ganze Geschichte qualvoll war. In keiner Weise will ich etwa andere Leute abhalten auch ihr Leben aufzuschreiben und selbst drucken zu lassen.

Nein, es war alles köstlich. Mit aller Mühe und Arbeit und allen Schwierigkeiten.

Es hat große, sehr große Freude bereitet.

Für Fritz , natürlich
und für Oma,
Papa und Mutti
und meine Schwester Ellen

Inhaltsverzeichnis

Vorwort

Ja warum und für wen habe ich das Alles eigentlich aufgeschrieben? Diese Frage ist mir natürlich auch schon selbst gekommen. Und sie ist gar nicht einmal so leicht zu beantworten. Für die Kinder und Enkelkinder. Vielleicht. Aber ich glaube doch nicht, denn sonst würde es ein Buch werden voller Mahnungen und Warnungen. Und die will keiner lesen, und die will keiner schreiben. Es sind auch sicher mehrere Gründe gewesen.

In meiner Zeit hat sich so vieles verändert, daß es eigentlich wert ist festgelegt zu werden. Ich habe berichtet, was meine Familie und ich durchmachten, sahen und hörten - alles was ich von meinem kleinen Winkel aus beobachtete. Alle unsere Erlebnisse habe ich aufgeschrieben - die guten und die schlechten, die grausigen und die fröhlichen.

Ich habe die volle Wahrheit erzählt, auch wenn es manchmal peinlich war. Es leben übrigens noch viele Leute, die alles bezeugen können. Ich habe auch nichts übertreiben, um es dramatischer zu machen. Das letzere ist in meinem Leben durchaus nicht nötig, da ist genug Drama gewesen. Sogar so viel, daß man bald genug davon hat.

Ein paar Personen habe ich andere Namen gegeben. Aber das wird man verstehen können, wenn man weiter liest. Papas Mutter hätte zu meinem Buch sicher gesagt: "was sollen die Luit dazu segge."
Oma hätte nur "oh -- ohh" gesagt. Mutti wäre sehr wütend gewesen. Aber Papa hätte bestimmt gemeint: "Das ist richtig, berichte nur ruhig Alles, mein Kind".

Ich habe mein Buch in einer sehr kurzen Zeit fertig gehabt. Ich bin jede Nacht aufgestanden und habe ein Kapital nach dem anderen geschrieben, völlig spontan und intuitiv, genau wie es mir in den Sinn kam, genau wie es in meiner Erinnerung aufgezeichnet war. Darum ist es am Anfang auch noch in der Sprache eines Kindes. Ich habe später auch nicht daran herum poliert. Ich habe auch Niemand erlaubt irgend etwas daran zu ändern oder auch nur zu verbessern. Ich liebe es urwüchsig.

Ich wollte ein echtes Bild meiner Zeit bringen mit all seinem unbeugsamen Lebenswillen, mit seinen Farben, seinen Tönen und seinem Gewebe, und wie sich alles anfühlte auf meiner Haut.
Meine Zeit war so völlig anders als die heutige. Sie war spartanisch hart und gnadenlos, aber ganz echt und voll von strahlender Gesundheit und Vitalität und voller Lachen, Liebe und Lebensfreude. Vor allem möchte ich die grenzenlose und unbesiegbare Urkraft der Deutschen in dieser Epoche betonen.

Ich will mit meinen frühesten Erinnerungen beginnen, weil ein Kind doch sehr viel beobachtet. Am Anfang mag der Leser vielleicht den Eindruck gewinnen, daß ich mich zu lange mit Kleinigkeiten aufhalte. Aber ich habe mein Schreiben völlig meinem Unterbewußtsein überlassen, und das wurde plötzlich beim Punkte Weglassen sehr dickköpfig und wollte absolut keines der anscheinenden Nebensächlichkeiten fallen lassen.

Es hatte die Idee, daß der Leser mehr von den kleinen Dingen lernen kann als von den weltbewegenden, die ja alle schon von den Nachrichten und Büchern von allem Seiten beleuchtet und unendlich oft berichtet worden sind.

Ich finde jeder Mensch müßte sein Leben aufschreiben. Wie wenig wissen die Meisten doch von ihren ferneren Vorfahren. Nur wann sie geboren und gestorben sind, und nicht ein bißchen was dazwischen mit ihnen geschah, was sie gedacht und gefühlt haben. Und das ist wirklich schade. Wie wertvoll könnte das für die kommenden Generationen sein, und was könnten sie alles davon lernen.

Ich hoffe, daß man aus meinem Schreiben ersieht, daß es möglich ist glücklich zu sein, an jedem Orte, zu jeder Zeit, selbst in den schlimmsten Umständen.

Um nochmals darauf zurückzukommen, für wen ich geschrieben habe. Ich glaube, ich kann sagen : für alle meine Freunde. Mein ganzes Leben lang habe ich Seelenverwandte gesucht und auch gefunden. Aber manche waren von anderen Orten und manche von anderen Jahrhunderten. Manche habe ich nie getroffen, und so hoffe ich, daß ich es jetzt tue.

Ja für alle meine Freunde habe ich es geschrieben. Für alle meine Freunde.

Hildegard ungefähr ein Jahr alt

Es gibt nichts Schöners auf Erden-
als Lieben und Geliebt zu werden.

Wilhelm Busch

Ja, ja mein Kind

Das war, was Oma immer sagte.

Sie holte tief Luft, wenn sie es sagte und nickte zur Bestätigung

dabei einige male mit dem Kopf.

Ja, ja mein Kind.

Sie wollte uns schon rechtzeitig warnen, daß das Leben nicht so rosig wäre,

wie wir es uns vorstellten,

und, daß das Schicksal ganz bestimmt

noch einige Sachen mit uns vorhatte.

Ja, ja mein Kind. Ja ja mein Kind

Von uns zu Hause

Mutti kam vom Lande. Rekow, Kreis Bütow, Hinterpommern, dem Teile wo die Hasen und Füchse sich gute Nacht sagten. Wenn ich ihr eine Farbe geben sollte, wäre es Rot, das roteste Rot, das es gibt. Nicht ins Bläuliche, auf keinen Fall. Papa dagegen Blau, ein warmes Blau mit etwas Grün darin. Mutti dagegen nur eine Farbe, nicht Stellen die anders sind. Alles eine Farbe, Rot, ein leuchtendes Rot.

Ja, Mutti kam von Hinterpommern. Es ist so eine dumme Sache, daß ich jetzt erst anfange mich dafür zu interessieren, wo Mutti her ist. Jetzt, wo alle tot sind. Alle, Mutti, Papa, alle Tanten, alle Onkel. Und die Cousin und Cousinen wissen genauso wenig wie ich selbst. Hätte ich bloß damals als unsere Oma noch bei uns war..

Oma kam zu uns nach Berlin als ich geboren wurde. Das war Ende des Jahres 1919, und sie blieb bei uns bis sie starb, 20 Jahre später. Ich erinnere mich, sie wohl ein paar mal gebeten zu haben, uns von ihrem Leben zu erzählen. Aber sie sprach nicht viel und schon gar nicht davon.
"Ach Kind, das ist schon so lange her."
Sie las lieber Märchen vor, und ehrlich gesagt, hörte ich die auch lieber, als was in Hinterpommern so los war, oder so los gewesen war. Was sie für viel wichtiger hielt uns zu erzählen, waren die dauernden Ermahnungen, vor allem ja alles aufzuessen, da eine Zeit kommen könne, wo es kein Brot mehr gäbe. Aber die Sache machte wenig Eindruck auf mich, denn die Vorstellung kein Brot mehr zu haben, war absolut nicht furchterregend. Wenn sie erzählt hätte, daß es eine Zeit geben könne, wo es keine Schlagsahne mehr gibt, wäre die Sache vielleicht an meinen Nerv gegangen. Aber Brot !! und dann die Rüben, diese schrecklichen Runkelrüben, das Einzige was es im ersten Weltkrieg später dann nur noch gegeben haben soll.

Mutti sprach viel vom Nierenfett und nicht so viel von ihrer Jugend, und daß man im großen Kriege (dem von 1914) nur hatte überleben können wegen Nierenfett und immer wieder Nierenfett. Wie oft ich dieses Wort gehört habe. (Ich glaube manche in Berlin nannten es auch Rindertalg.) Und was dieses enorme liebe Nierenfett nicht alles getan hat, und was es nicht noch alles tun konnte. Erst einmal wurde es nicht schlecht. Ich glaube sogar es wurde nie schlecht. Man konnte es also aufheben. Und das Aufheben, das war ja wichtig, besonders für Mutti. Es konnte darum unzählige Menschen vom Hungertode erretten. Ferner konnte es auch Menschen gesund machen, wurde auf alle möglichen Stellen gerieben. Vor allem"Wenn man es auf der Brust hatte." Bevor ich nun aber tiefer in das Nierenfett gerate, muß ich unbedingt erst einmal von Mutti erzählen.

Ja, Mutti kam nicht nur von Hinterpommern. Sie schien auch von den Unterirdischen zu kommen. Von Wesen, die in geheimnisvollen Regionen wohnten und andere Werte und Maße hatten als wir hier oben. Werte, die ich manchmal verstand, aber ein andermal durchaus nicht. Wie aus einer Welt, wo man Blau statt Rot und Weiß statt Schwarz einsetzen mußte.
Mutti machte stets Sachen, die andere Leuten nicht gemacht hätten. Bei Papa war es immer ganz klar, da bestand nie ein Zweifel über seine Handlungsweise. Aber bei Mutti, du meine Güte.

Sie war mutig, wo andere zitterten. Sie handelte klar und sicher, wo andere verzweifelten. Sie lachte in Situationen, wo andere zusammenbrachen. Aber sie weinte und wehklagte, wo andere nur die Schultern gehoben hätten.

Ich war immer der Ansicht, daß Mutti von den Trollen abstammen könne, daß sie ein Wechselbalg wäre, den man Oma untergeschoben hatte. Hingebracht in einer Nacht, die ganz dunkel war und wo Niemand wachte. Oma sagte immer, da gäbe es ein Mittel, um so etwas festzustellen. Man müsse Wasser in einer Eierschale kochen, dann würde jemand, der von den Trollen kam, erregt sagen: "Ich bin so alt wie der Westerwald und habe noch nie Jemanden gesehen, der so das Wasser kocht."

Und dann würde der Wechselbalg lange fortfahren zu schimpfen. Und dann wußte man natürlich.

Was das Schimpfen anging, das fehlte bei Mutti ja nicht. Sie war meist lustig und fröhlich. Aber dann kam wieder das Weinen und Wehklagen. Und immer nur, weil Papa sie angeblich nicht sehr liebte. Was gar nicht wahr war, überhaupt nicht stimmte. Aber er soll Ihr nur einmal Blumen gebracht haben, und das war zu ihrer Hochzeit. Er hatte jedoch dafür extra einen passenden Koffer gekauft, um die Blumen hinein zu tun, da er sich so schämte. Und ein Mann, der seine Frau liebt, bringt ihr oft Blumen und tut sie nicht in einen Koffer. Und darum mußte Mutti oft weinen. Vielleicht gaben sich die Trolle oft Blumen. Ich habe ihr manchmal welche unter ihr Kopfkissen gelegt, worüber sie sich immer sehr freute.

Übrigens hatte ich absolut nichts dagegen von den Trollen abzustammen. Habe immer versucht welche zu erblicken, aber niemals das Glück gehabt. Sie sollen sehr scheu sein. Vielleicht habe ich auch nicht richtig achtgegeben. Ich hatte jedenfalls ständig das Gefühl, daß sie mich dauernd überwachten, mir überall nachgingen und mich beobachteten, denn ich war ja schließlich ihr Enkelkind.

Ich hatte auch eine ziemlich genaue Vorstellung, wie es aussah wo sie da unten wohnten. Da gab es viele große Säle. Jeder war mit einer anderen Sorte von Edelsteinen besetzt. Da war ein Raum, der war ganz aus rohen Smaragden erbaut, die Wände, die Decken und der Fußboden. Aber der war ganz glatt poliert, so, daß sich alles darin spiegelte. Diesen Saal hatte ich am liebsten. Mutti glaube ich, kam aus dem mit den Rubinen, die so rot waren, wie, wenn man sich mal in den Finger piekte.

Mutti hatte eine schmale Nase, glatte, seidige, feine schwarze Haare, blaue Augen. Eine Hautfarbe, die bei Sonnenbestrahlung ziemlich dunkel wurde. Sie vertrug sehr große Hitze und sehr große Kälte. Und sie hielt körperliche Schmerzen aus mit einem erhabenen Stolz und selbstsicherer Würde, mit nahezu kindlicher Unbeugsamkeit. Da war überhaupt sehr viel Naives in Mutti. In ihrer Jugend war sie schlank, aber nicht zierlich zart, eher kräftig mit starken Knochen.

Mutti war erfüllt von einer ungebändigten, alles mitreißenden Urliebe - einer Liebe, die ihr ganzes Wesen beherrschte und leitete; eine, die bodenlos, endlos, feuerrot, beängstigend war. Ihr Mutterinstinkt war der eines Raubtieres, das sein Leben für seine Jungen geben und jeden zerfleischen würde, der es nur wagte in deren Nähe zu kommen. Sie besaß große Triebkraft, Energie und Ehrgeiz. Das aber alles nur eingesetzt wurde, wenn es dem Wohle der Familie diente. Alle ihre Interessen wurden erst einmal von der Urliebe geprüft, und wenn sie nicht qualifizierten, sogleich wieder fallengelassen.

Wenn ich an meine frühe Jugend denke, kommen mir immer erst einmal drei sehr unangenehme Sachen in den Sinn. Ich verstehe gar nicht warum, wo doch so viel Schönes dort gewesen ist, das mir zuerst einfallen müßte. Diese drei unangenehmen waren die, die für Mutti zu den wichtigsten Dingen des Lebens gehörten. Auf die man unbedingt achten mußte.

Erstens mußte man aufpassen, daß Niemand verhungerte.

Zweitens mußte man aufpassen, daß sich Niemand erkältete.

Drittens mußte man aufpassen, daß man im Falle von Erkrankung gleich wieder gesund wurde.

Ich weiß nicht, wo Mutti diese Weisheit her hatte - von Hinterpommern oder von den Trollen. Ich glaube von beiden.

Der gräßliche Umschlag

Er gehört eigentlich zu Nummer drei. Aber ich muß damit anfangen, weil es ja das Schlimmste war.

Ich hatte nie eine Kinderkrankheit, was bei solch einer Mutter eigentlich zu erwarten war. In meiner Jugend, als es noch keine Impfungen außer gegen die Pocken gab, wurden viele Kinder krank und starben. Ich hatte Glück und Mutti paßte auf. Erkrankte Stellen wurden erst einmal mit Kamillen getränkten Tüchern gewarnt, dann mit Nierenfett eingerieben. Gänsefett half auch bei machen Dingen. Es gab viele Sorten von Kräutern. Schafgarbe wurde immer gesammelt. Aber da gab es echte und unechte. Ich habe sie leider nie auseinanderhalten können. Weiß auch nicht, wofür sie gut und wofür sie schlecht war. Mutti und Oma kannte die Kräuter alle.

Aber Oma konnte noch etwas ganz Besonderes, etwas für ganz schlimme Fälle. Papa war nie krank, nicht einmal Husten oder Halsschmerzen. Aber zweimal in seinem Leben bekam er die Gürtelrose. Einmal, als ich noch ziemlich klein war, und einmal im Alter, als er bei uns wohnte. Damals, das erste mal - war er angeblich sehr krank, lag im Bett und hat gelitten. Da sagte Mutti, daß Oma die Krankheit besprechen könne. Aber Papa wurde fuchsteufelswild. Nein, er glaube nicht an den Quatsch. Aber es wurde schlimmer und schlimmer, und er jammerte. Und als ihm alles egal war, da rief Mutti schnell Oma. Oma holte Zettel aus ihrem Schrank hervor. Sie las davon über Papa gebeugt, murmelte allerlei Worte, die ich nicht verstand, trotzdem ich ganz dicht ran ging und doll aufpaßte. Bei dem Besprechen machte Oma immerzu drei Kreuze. Am nächsten Tag war Papa wieder gesund. Aber die Sache war ihm sehr peinlich, und sie wurde nie wieder erwähnt, und Oma wollte mir absolut nicht sagen was sie gesprochen hatte.

Später als Oma tot war, fand ich drei brüchige vergilbte Papierstreifen in ihrer Bibel. Darauf stand in komischer Schrift, in komischem Deutsch und komischer Rechtschreibung, ungefähr wie:

"Jesus ging durch einen Wald, da fand er drei Haare vom Teufel und er sprach: "gehe weg - stehe weg - und wehe weg." Und dazwischen immer drei Kreuze. Auf einem andern gegen Bluten, Fieber und Fallsucht ging der Apostel Paulus. Und bei Gicht und Schwämme mußte der Apostel Johannes durch den Wald gehen.

Das half dann auch noch gegen andere Sachen. Das war garantiert nicht von den Trollen. Das muß von Hinterpommern gewesen sein. Aber es half. Und wenn Oma es noch mal bei Anderen gemacht hat, war ich nicht dabei. Bei mir wurde das leider nicht gemacht. Das war schade. Ich hatte solche Dinge gerne. Bei mir wurde etwas ganz anderes gemacht. Bei mir wurde der Umschlag gemacht.

Wenn ich nur an das Wort Umschlag denke. Ich glaube ich bin als Kind nur gesund gewesen wegen der Umschläge. Allein die Vorstellung einen solchen zu erhalten, ließ alle Hals- Bauch und sonstigen Schmerzen verschwinden. Mutti hatte eine furchtbare Methode, Umschläge zu machen. Sie nahm eine große wollene Decke, solche mit langen piekigen Haaren, wie sie direkt vom Schafe kommen. Daß die Decke weiß war, half auch nicht viel. Diese grauenvolle Decke wurde nun naß gemacht, ganz naß. Dann wurde man nackend ausgezogen, ganz nackend. Kein schützendes Hemdchen oder Jäckchen wurde einem angelassen. Und dann wurde man in dieses stachlige Weiß eingewickelt. Es wurde mehrmals rumgelegt, damit man sich auch ja nicht losstrampeln konnte. Und dann mußte man schwitzen. Weiß nicht mehr wie lange. Aber lange. Endlos. Da half kein Schreien. Da half absolut nichts. Und wenn man dann rauskam, da war man gesund. Da war man ganz gewiß gesund, denn wäre man nicht gesund gewesen, wäre man wieder eingewickelt worden. Bestimmt, ganz bestimmt.

Etwas über Erkältung

Alle Krankheiten kamen von Erkältung. Es war die Wurzel allen Übels: die längere Unterkühlung. Wer also nicht krank werden wollte, durfte sich nicht erkälten. Eine ganz klare Sache. Ich kann mich nicht erinnern, daß Oma jemals krank war. Nicht einmal mit Schnupfen. Sie bekam nur manchmal keine Luft, wenn Mutti zu lange schimpfte. Papa hatte nur die Sache mit der Gürtelrose. Mutti war auch eigentlich immer gesund. Sie brauchte das Taschentuch niemals für die Nase. Sie hatten sich also niemals erkältet.
Und warum nicht?

Sie hatten immer warme Kleider angehabt, immer warme Sachen.
Auf der andern Seite sollte man sich nun aber auch nicht verpimpeln. Man mußte sich abhärten. Da wurde man in die Kälte gejagt zum Durchfrieren bis man mit den Zähnen klapperte. Und das sollte nun gut sein. Mutti sagte immer, man müsse öfters mal kurz durchfrieren. Das brauche der Körper. Das wäre gesund. Aber ja nicht für lange. Für lange Zeit mußte man sich warmhalten, immer warme Sachen anziehen. Und diese warmen Sachen waren nun das Schreckliche, schlimmer als das Durchfrieren. Lange wollene Strümpfe, piekige lange wollene Strümpfe, Strümpfe mit einem häßlichen Knopf an der Seite. Diesen mußte man durch ein Gummiband knöpfen welches links und rechts von dem Leibchen hing.
Morgens wurde einem erst einmal ein Hemdchen angezogen.
Das war nur schlimm wenn es ein frisch gewaschenes und daher ein steif gestärktes war. Dann kam das warme Leibchen, damit man es nicht "auf die Brust" bekam.

An diesem Leibchen hingen seitlich die geschlitzten Gummibänder, an denen die gräßlichen wollenen Strümpfe befestigt wurden. Man konnte diese nun hoch oder tief anknöpfen.

Das war ein Segen, denn wenn man sie tiefer anmachte, dann kratzten sie viel weniger. Der einzige Nachteil bestand jedoch darin, daß Mutti es immer sehen konnte, wenn ich es machte, weil die Strümpfe dann so an den Beinen hingen. Mutti fand es sähe furchtbar aus. Mir war aber diese Seite der Sache vollkommen gleichgültig. Sie konnten also nur nach unten geknöpft werden, wenn man aus dem Hause war.

Immer wenn ich die heutige Zeit verwünsche, fällt mir ein, wie ich noch leiden würde, wenn sie noch nicht gekommen wäre mit ihrem Nylon, Perlon, Orlon. Ein einfach unvorstellbarer Gedanke.

Die besten Wollstoffe piekten. Alle Wollstoffe piekten. Mit einer Urkraft piekten sie durch, einfach durch, durch alles was es gab. Mutti hatte alle meine Kleider abgefüttert, besonders am Hals und den Armen. Aber es half nichts, nicht ein bißchen. Wenn man ganz gerade saß, sich nicht viel bewegte und es kalt war, dann war es einigermaßen auszuhalten. Aber wehe wenn man die Arme anwinkeln wollte oder mußte, wie in der Schule zum Schreiben, dann ging es los. Auch die Beine. Es war am besten sie stets steif zu halten, steif zu laufen. Als ich dann älter wurde und meinen Willen etwas durchsetzen konnte, ging ich Sommer und Winter mit kleinen kurzen weißen Söckchen, was damals etwas Unerhörtes war, und in Mutti stets die Befürchtung erweckte, daß ich mir dadurch bestimmt eines Tages" den Tod holen" könne. Sie hatte auf den Friedhöfen viele Kindergräber gesehen, Kinder, die jung gestorben waren, die sich "den Tod geholt" hatten. Und das brauchte man ja schließlich nicht.

Zum Glück gab es keine wollenen Nachtsachen. Die waren aus angenehmem Flanell. Zum Warmhalten waren die dicken Federbetten. Die Schlafzimmer waren nicht geheizt, war auch gar nicht nötig. Man schlief so weich und wohlig in seinem Bettchen. Mutti hatte natürlich für alle sogar Federunterbetten. Und im Winter eine mit warm Wasser gefüllte Steinkrugflasche für die Füße.

Mit diesen Federbetten wurde nun ein Kult getrieben, denn die müssen in Hinterpommern sehr wichtig gewesen sein. Die Gänse hielt man hauptsächlich wegen der Federn. Federn waren für Mutti eine große Kostbarkeit und mußten gebührend geachtet, geehrt und gehegt und gepflegt werden. Jeden einzigen Tag kamen die Zudecken zum Sonnen oder Lüften ans offene Fenster. Die Federbetten hatten nämlich die Sonne gerne. Ich hatte die Sonne übrigens auch gerne. Wie oft wurden die Betten dann außerdem noch zur Reinigung der Daunen weggebracht. Und bei der Reinigung blieb Mutti immer dabei, damit sie nicht etwa ausgetauscht wurden, denn Mutti hatte sehr gute.

Wie oft hörte ich das Wort Inlett. Inlett ist der Stoffbezug wo erst einmal die Federn hineinkamen. Also eine ganz wichtige Sache, denn Federn konnte man sich rupfen, aber Inlett mußte man kaufen und dazu brauchte man Geld, und das Geld war knapp bei den Bauern. Inlett mußte auch gut sein, ganz fein gewebt und fest, da es sonst beim Bettenmachen schneite wie bei der Frau Holle. Es sollte sogar auch schon Inlett für meine Aussteuer gekauft werden als ich noch ganz klein war. Meine Cousine Inge hatte nämlich auch schon welches. Trotz aller Beteuerungen, daß ich erstens überhaupt nicht heiraten und zweitens wenn schon, dann bestimmt nicht einen Mann, der an Inletts interessiert wäre .Es half nichts. Sie wurden trotzdem angeschafft. Alles mußte seine Richtigkeit haben. Eine gute Mutter sorgte vor.

Oh beinahe hätte ich die wollenen Hosen vergessen, die so wichtig für den Unterleib waren. Die ich noch tragen mußte, als ich schon bald sechzehn war. Diese wollenen Hosen, die ich sogar unter warmen wollenen Kleidern anhaben mußte, waren nicht etwa wollene Höschen. Nein, sie waren dunkelgrün und hatten zehn Zentimeter lang Beine dran. Diese wollenen Hosen sollen Fritz sehr entsetzt haben als ich ihn kennenlernte, und wir einmal draußen malen gingen. Mir ist allerdings bis heute noch unklar wie er sie überhaupt gesehen haben konnte. Er muß also schon damals andere Dinge im Kopf gehabt haben als das Malen.

Etwas vom Tothungern

Nun komme ich endlich zum Hauptpunkte, der Angelegenheit des Tothungerns. Ich weiß nicht wo Mutti diese Idee her hatte. Bei ihr zu Hause wurde nie gehungert. Ich glaube im ganzen Dorfe kaum. Aber es hielt sich wohl in der Dorferinnerung.

Im Kriege war es auch bei den Bauern etwas knapp. Aber man hatte doch immer reichlich Milch, Kartoffeln und das gute Nierenfett. Ich glaube die Angst vom Tothungern kam daher, daß es Krankheiten gab, bei denen die Leute nicht essen konnten. Und als sie dann tot waren, hieß es, sie seien nur gestorben, weil sie nicht gegessen hatten. Sie wären also tot gehungert. Was ja natürlich zum Teil auch stimmte.

Mutti legte immer großen Wert auf gesunde Nahrung. Viel Obst frisches Gemüse, alles mit Schalen. Genau wie man es heute predigt. Das machte sie aus Instinkt. Es brauchte nicht gut zu schmecken, das war unwichtig. Nur gesund mußte es sein. Man mußte sogar "Bitterstoffe" essen. Die waren genau so wichtig wie das Durchfrieren. Diese "Bitterstoffe" konnte ich absolut nicht leiden. Ich war auch davon überzeugt, daß es sie gar nicht gab, daß Mutti sich das nur ausgedacht hatte, damit man auch das aß, was man nicht gerne mochte. Mutti lief jeden Tag eine dreiviertel Stunde zum Bauernmarkt, weil das Gemüse dort frischer war als in den Geschäften. Milch wurde jeden Tag vom Kuhstall geholt, und das in Berlin. Der Kuhstall befand sich auf einem Hinterhof in der Memelerstraße. Wir gingen oft eine Stunde, um zu einem ganz kleinen Kellerladen zu gelangen, der in der Nähe vom Kaufhaus Tietz lag. Dort gab es nichts weiter als frische Landbutter. Die schmeckte genau so gut wie die, die Oma immer in Hinterpommern selbst gemacht hatte. Die Buttermilch war nicht ganz rausgewaschen, und das gab den guten Geschmack. Das war aber auch der Grund warum man die Butter nicht so lange aufheben konnte. In dem Kellerladen befand sich diese Landbutter in großen Holzfässern.

Ich bin immer mitgegangen, weil ich das Klatschen so gerne hatte. Das Klatschen, welches entstand, wenn der Verkäufer die Holzkelle wieder zurück auf die Butter im Faß schlug.

Wenn ich groß sein würde, wollte ich dort so ein Butterverkäufer werden. Das dicke knisternde Papier, das Abwiegen. Welche enorme Vorstellung selbst einmal die Kelle draufklatschen zu können, ganz alleine, und das den ganzen Tag.

Ja das Essen.

Ich war als Kind ziemlich dünn. Das Kind mußte essen. Da war der Suppenkasper. Ein dicker Bub und kugelrund. Doch einmal fing er an zu schreien: "Ich esse keine Suppe, nein. Ich esse meine Suppe nicht, nein, meine Suppe eß ich nicht." Am dritten Tage weh und ach, und dann o, große Not, da war der arme Kasper tot." Er war totgehungert. Wie leicht konnte es mir genau so ergehen. Mutti und Oma kämpften verzweifelt mich von der "Auszehrung" zu erretten. Ich sollte, ich mußte essen. Wenn ich nicht wollte, oder konnte, hieß es "der Magen nimmt schon nichts mehr an."

Das war das rote Licht. Ein Gefahrensignal, äußerste Vorsicht war nötig. Es wurden extra Landbutter und Eier in die Suppe gequirlt, und dann mußte ich: Einen Löffel für den Papa, einen Löffel für die Mama, einen für die Oma, und einen für das gute Wetter, damit es nicht regnen würde.

Ich haßte Fleisch, mageres, durchwachsenes, gekochtes, gebratenes, geschmortes, gepökeltes, jegliches Fleisch, so gerne wie ich es heute esse. Meine Freundin Ingeborg Birkefeld hatte einmal die Woche nichts weiter als Erdbeeren und Schlagsahne. Keine Suppe, keine Kartoffeln, kein gesundes Gemüse, kein Fleisch. Nur Erdbeeren und Schlagsahne. Man bedenke Erdbeeren und Schlagsahne. Bei uns gab es immer nur Nahrhaftes, Gesundes mit den Bitterstoffen, die der arme Körper so dringend brauchte.

Zum Glück hatte Mutti nichts gegen Kuchen, obgleich sie ihn selbst nicht aß. Damals war Zucker noch nichts Schlimmes. An vielen Straßen und U-bahnen waren innen oben schmale Schilder angebracht: **"An Zucker sparen grundverkehrt, der Körper braucht ihn, Zucker nährt."**
Da sieht man mal.

Erdbeeren mit Schlagsahne gab es bei uns erst, wenn man alle Bitterstoffe aufgegessen hatte, und dann machte die Sache keinen Spaß mehr.

Als Kind war mein großer Traum, in einem kleinen Waldhaus zu wohnen, einem wirklich ganz kleinen, einem mit winzigen Fenstern und Türen. So klein, daß man sich bücken mußte um durchzugehen, und ganz arm zu sein. So wie es immer in Omas Märchen beschrieben wurde. So arm zu sein, daß man gar nichts zu essen hatte. Nicht ein Stückchen, nicht einen Bissen, nicht einmal ein Krümelchen.

Das Wort Krümelchen hatte ich besonders gerne. Nicht ein Krümelchen zu essen. Nur Beeren, die auf Dornenbüschen wuchsen, und Pilze. Notdürftig. Das beste Wort war notdürftig.

Ein notdürftiges Lager aus Stroh. Die Hütte war notdürftig mit Moos bedeckt. Mein Körper war notdürftig in zerschlissene Kleider gehüllt. Zerschlissene Kleider waren mein Traum. Notdürftige Kleider waren nie aus Wolle. Und barfuß natürlich, barfuß mußte man laufen. Keine Strümpfe - notdürftig.

Seltsamerweise wollte ich in dem Hause alleine wohnen. Nicht Oma, nicht Mutti. Papa auch nicht. Meine kleine Schwester Ellen schon gar nicht. Die würde immer nur schreien, wenn sie sich an den Dornen riß. Nein, ganz allein. Ein Rehlein vielleicht, das immer neben mir geschlafen hätte.

Als ich dann älter wurde, tauchte natürlich der Königsohn auf. Und da wollte ich nicht mehr notdürftig. Nein, auf ein Schloß wollte ich, mit dem Rehlein natürlich.

Ja, die Friedhöfe

Mit Oma ging ich immer auf den Buddelplatz, mit Mutti nie. Mit Mutti ging ich immer auf die Friedhöfe. In ihrer Heimat war der Friedhof etwas ganz Besonderes. So wie eine Kirche. Eine ganz besonders heilige Stätte. Die Stätte wo deine Vorfahren lagen, und auch Du einmal liegen würdest. Die vielen Blumen, die Stille, die Grabmäler mit ihren vielen Schicksalen. Mutti las sie alle, kannte sie alle, stellte sich das Leben eines jeden Toten vor. Es war für sie wie ein großes Buch mit vielen geheimnisvollen Geschichten.

Mutti war immer dagegen Romane zu lesen. Oma las nur die Bibel oder Märchen. Romane zu lesen, galt als der Höhepunkt menschlicher Verkommenheit. Das kam sicher von Hinterpommern, denn wer las, der konnte nicht arbeiten, und wer nicht arbeitete, war faul. Und was der war, na, das wußte man ja wohl. Ich habe eigentlich nicht sehr unter diesem Verbot gelitten, denn ich mußte ja immer lesen um Schularbeiten zu machen. Schularbeiten waren für Mutti eine äußerst wichtige Sache, so etwa wie Händewaschen.

Wir hatten einmal für kurze Zeit ein Hausmädchen. Sie kam aus Rekow, Muttis Heimatdorf. Und einmal wurde sie beim Lesen eines Romanes erwischt. Es war außerdem noch ein Liebesroman. Das Bild außen war eindeutig. Ich habe daraufhin alle Bücher in braunes Papier eingeschlagen, genau wie die Rechen und Lesebücher, wegen der Flecke natürlich.

Mutti las ihre Romane auf den Grabsteinen. Sich selbst welche zu machen, ja , das war erlaubt. Diese Stätte heiligte alles.

Da lag ein junges Mädchen in ihrem Brautkleide im Sarge. Sie hatte sich den Tod beim Tanzen geholt. Natürlich keine warmen Hosen angehabt. Getanzt, geschwitzt, raus gegangen, "sich den Tod geholt." Was ist nun aber mit dem Bräutigam passiert? Hat er die Braut vergessen?. Hat er später noch Blumen auf das Grab gebracht? Hat er später wieder?..? Mutti wollte es wissen, mußte es wissen. Es war äußerst wichtig für sie.Mutti war ulkig. Immer wenn wir einen Film im Kino sahen, sollten wir ihr erzählen wie es nun weiterging. Sind sie glücklich geblieben? Hatten sie Kinder? Hat der Nebenbuhler später auch geheiratet, und vor allem wen??

Es war immer einfacher Mutti zu erzählen, was denn nun weiter passiert sein konnte, als versuchen klar zu machen, daß dieser Film doch nur ausgedacht sei. Sie wollte in jedem Falle die Fortsetzung wissen.

Auf dem Friedhof sprach Mutti ständig Leute an, was mir immer äußerst peinlich war, Mutti nie. Und die Leute schienen es erstaunlicherweise gerne zu haben. Sie erzählten jedesmal die ganze Lebensgeschichte des Toten und die eigene noch dazu. Mutti hat es dann Oma berichtet, wenn wir nach Hause kamen, so daß ich es stets zweimal hörte. Manchmal auch dreimal, wenn eine Tante es noch wissen wollte. Papa zum Glück nie.

Bei Mutti zu Hause war der Friedhof die Stätte deiner Lieben. Wo man dem Toten noch lange etwas Gutes tun konnte, auch wenn er schon längst nicht mehr da war. Wo man zeigte, wie lieb man ihn hatte, daß man ihn nicht vergessen hat und nie vergessen wird.

Mutti hat Omas Grab immer so liebevoll besorgt. So wie sie ihre Mutter gehegt und gepflegt hatte, so betreute sie auch ihr Grab. Ständig kamen da neue Blumen hin, ständig neue Erde, ständig mußte gegossen werden. Sie hat auch fremde Gräber in Ordnung gehalten, wenn die Angehörigen krank oder gar tot waren, denn andere Gründe konnte es ja gar nicht geben, wenn ein Grab vernachlässigt war.

Die amerikanischen Friedhöfe haben mich sehr erstaunt, als wir einwanderten,. Aber die ersten Emigranten hatten ja schwer zu kämpfen und konnten nicht an Friedhofspflege denke, und dann hatte es sich so eingebürgert. Aber eigentlich mußte man ja in Europa auch sehr viel arbeiten. Trotzdem war stets Zeit für die Gräber.

In Deutschland, da war die hübsche alte Kapelle, die uralten Bäume, die nicht entfernt wurden, auch wenn sie Blätter auf die Gräber warfen. Der Friedhof in seiner Stille war das Bindeglied zwischen dieser und der nächsten Welt - eine Brücke, auf der man noch stehen und verweilen konnte- bevor man weiterging. Und sie gingen noch nicht weiter, wenn man ihre Gräber besuchte und pflegte. Sie gingen erst weg, wenn sie von allen vergessen waren, wenn Niemand mehr Blumen auf ihren Hügel pflanzte. Es war im Dorfe auch eine große Schande, nicht die Gräber zu pflegen. Nur die Bösen wurden vergessen. Und die ganz Bösen kamen nicht einmal dort hin. Aber in Muttis Dorf, glaube ich, ist so etwas nie passiert. Das hätte sie sicher erzählt.

Ich habe sie später bei vielen Deutschen beobachtet, diese Sorge um ihr Begräbnis und ihr Grab. In früheren Zeiten hatte man sogar für das Totenhemd zu sorgen. Selbst weben, war am besten. Man mußte aber auch Alles vorbereiten. Und rechtzeitig, nicht wenn es erst brenzlich wurde. Nein, Spare in der Zeit, dann hast du in der Not. Wie oft haben wir das gehört. Manche haben darüber gelacht und gesagt:"Spare in der Not, dann hast du Zeit". Aber Oma sagte, über so etwas solle man keinen Quatsch machen..

Oma sprach übrigens oft davon, wie sie nun, und wo sie nun begraben werden würde, in diesem endlosen Berlin. Aber da war ja Metake, wie sie Mutti immer nannte. Und Oma wußte ja, daß Metake alles bestens machen würde. Sie hatte volles Vertrauen in Metake.

Die Großmutter von Fritz hatte große Angst als die Währungsreform kommen sollte. Sie hatte schon einmal ihr Geld in der Inflation verloren. Sie hatte noch immer alles in einer Schublade, trotzdem Jeder sagte, es sei nichts mehr wert. Aber man wußte ja nicht. Vielleicht würde es doch noch. Aber es wurde nie. Und nun sollte wieder etwas mit dem Geld passieren. Was würde da mit ihrem Begräbnis werden?

Keine Versicherung, daß da Kinder und Enkelkinder waren, konnte sie beruhigen. Die würden ja auch alles verlieren. Wenn sie nun sterben würde, wenn alle Deutschen nichts mehr hatten, also direkt nach der Geldentwertung..?

Es hatte in ihrem Dorfe einmal zwei Fälle gegeben wo Leute auf Gemeindeunkosten begraben werden mußten. Und diese Schande ging bis ins dritte und vierte Glied. Wir gaben ihr Goldmünzen und versicherten, daß diese nie verfallen würden. Ja, aber...Ja, aber....

Seltsamerweise hat Mutti sich nie mit ihrem Grab oder Begräbnis beschäftigt. Auch nicht im hohen Alter.

Ich bin übrigens als ich klein war, nie gerne auf die Friedhöfe gegangen. Ihr Geruch gefiel mir nicht - immer wie alte Blätter. Aber nicht so wie im Herbst, den hatte ich gerne, der roch ganz anders, der roch gut.

Die Blumen in den Geschäften gefielen mir auch viel besser. In den Läden dufteten sie immer nach Geburtstag und Besuch. Wenn Besuch kam gab es Kuchen und es wurde echter Kaffee gekocht. Ich durfte ihn nie trinken, aber riechen. Echter Kaffee und Blumen waren Besuch, und Besuch war Spaß. Aber auf dem Friedhof war nie Spaß. Es war immer traurig -immer traurige Leute. Und warum sollte man nur hingehen wo traurige Leute waren, und Leute, die sich den Tod geholt hatten? Ich konnte Leute, die sich den Tod geholt hatten, gar nicht leiden. Es waren immer finster dreinblickende Warnungsgestalten. Die meisten hatten natürlich nicht gegessen. Sie waren totgehungert, oder hatten keine wollenen Sachen angehabt.

Nein, ich mochte sie nicht, diese Friedhöfe

Oma in Rekow

Mutti in Rekow

Albert Raddatz.

Von Muttis Vater weiß ich gar nicht viel. Nur ein paar Sachen. Meine Großmutter konnte den großen und kleinen Katechismus lückenlos hersagen. Ferner alle Daten in ihrer Familie. Sie wußte nicht nur das Jahr. Sie wußte den Monat. Sie wußte den Tag. Unterlagen waren nicht da, auch nicht nötig.

Als die Sache mit der Nazifamilienforschung losging, habe ich, was Oma wußte, lustlos aufgeschrieben und zum Glück den Zettel mal nicht verloren. Ich legte keinerlei Wert auf die Geburts - Tauf -und Sterbedaten meiner Vorfahren in Hinterpommern. Ich hatte meine Mutter und Großmutter sehr lieb, aber ihre Vorfahren, nein, das konnte absolut nichts Interessantes sein. Die hatten ihre Schweine, Gänse und Kinder. Und das war sicher alles.

Mit Papas Heimat, das war etwas anderes. Da war der herrliche Bodensee an der Schweizer Grenze. Da lebten alle meine großen starken Alemannen Vorfahren. Alles dokumentiert in den noch vorhandenen Kirchenbüchern, zurück bis zum dreißigjährigen Krieg, lückenlos. Was konnte man sich da alles vorstellen. Sie lebten am Fuße der Burg Hohentwiel, der Festung, die so lange belagert und nie eingenommen worden ist. Hilzingen, das kleine Dorf am Hohentwiel. Hilzingen wo alle meine Vorfahren von Papas Seite geboren waren. Wo der Bauernaufstand am Kirmistage mit Glockengeläute angefangen hatte. Wo sie so tapfer kämpften mit der Hilfe der protestantischen Ritter auf dem Hohentwiel. Hilzingen, wo auf den Feldern meiner Ahnen die letzte Schlacht verloren worden war.
Und dagegen Hinterpommern. Wo sie nie einen Aufstand gemacht hatten. Gott ergeben schufteten Tag ein Tag aus. Weiß nicht einmal, ob sie einen Gutsherren hatten, wollte nicht fragen, aus lauter Angst, daß sie wirklich einen gehabt hätten. Glaube aber ziemlich sicher, daß sie keinen besaßen, denn das hätte Mutti bestimmt erzählt. Aber auch wenn, Oma wäre nie für einen Aufstand gewesen.

Muttis Vater hieß Albert Raddatz. Er wurde laut Omas Angaben am 27 Dezember 1844 in Mikrow geboren, am 21 Januar 1845 getauft und ist am 27. Oktober 1903 gestorben. Auf einer Urkunde, die Oma noch hatte, stand, daß sein Vater der Rathemann Gottlieb Raddatz war und seine Mutter Maria Schröder. Und Oma erzählte, daß diese Maria Schröder sehr klug gewesen sein soll. Und ich habe es mit Bleistift und Wohlbehagen gewissenhaft auf der Urkunde vermerkt.

Dieser Albert Raddatz, Sohn der Gott sei Dank klugen Frau, heiratete meine Großmutter Albertine Emilie Rademacher am 21 August 1872 in Borntuchen. Dieselbe war geboren am 21 Juli 1849 in Barnow Kreis Bütow. Oma war also dreiundzwanzig und Albert achtundzwanzig Jahre alt, als sie heirateten. Das ist alles was ich von Albert Raddatz aufgeschrieben habe. Dann weiß ich noch vier Dinge aus Unterhaltungen.

Mutti erzählte einmal, daß bei Gewitter in der Nacht immer alle aufstehen mußten und sich angezogen um den großen Tisch setzen. Der Vater las dann der ganzen Familie aus der Bibel vor. Das kann nun natürlich zwei Sachen bedeuten. Entweder war Albert Raddatz sehr fromm oder er hatte Angst.
Sicher beides. Damals mit den Stroh gedeckten Häusern war das Gewitter ja etwas sehr Gefährliches.

Aber halt - mir fällt gerade ein, die Häuser waren da ja gar nicht strohgedeckt. Aber ein Blitz konnte immerhin in den Stall oder die Scheune einschlagen.

Jedenfalls muß mein Großvater, die so sehr wichtige Tugend, der Umsicht gehabt haben. Umsicht stand bei Muttis Liste der erstrebenswerten Eigenschaften ganz oben an, direkt neben Fleiß. Ich habe diese, so wichtige Umsicht leider nicht ererbt und auch nicht erwerben können. Aber mir ist es auch zeitweise entsprechend ergangen, wie man später sehen wird.

"Wie man sich bettet, so schläft man." würde Tante Emma sagen, und dieses mal wieder mit Recht. Also das ist die erste Sache, die ich von meinem Großvater weiß.

Die zweite ist, daß er immer gesagt haben soll,"Komm Mutterke komm. Komm Mutterke komm," wenn Oma am Gartenzaun stand und mit den Nachbarn sprach: Das kann natürlich heißen, daß Albert Raddatz sehr fleißig, oder auch, daß seine Ehefrau es nicht so sehr war. Ich bin dafür, nur das Erstere abzunehmen. Albert Raddatz war ein guter Mann und Familienvater, wie Mutti sagte. Sie sprach immer mit allergrößter Liebe und Ehrfurcht von ihm.

Die dritte Sache, die ich weiß, ist, daß er Stellmacher war. So ganz klar ist mir nun nicht was ein Stellmacher war. Glaube aber, daß er Wagenräder reparierte. Müßte wirklich einmal nachsehen. Habe es soeben getan. Wir haben nämlich unsere Meyers Lexikons aus Deutschland mitgebracht. Also unter Stellmacher(siehe Wagner) steht: "Handwerker, der Holzarbeiten an Wagen und Ackergeräten repariert." Hatte also Recht.

Da ist ein Foto von Oma, leider ohne Datum. Ein kleines schmales Tischchen ist draußen vor das kleine häßliche Backsteinhaus gestellt. Eine Spitzendecke, eine Blumenvase. Daneben Oma, stolz aufrecht, gesund, glücklich. Lachen ging wohl nicht wegen der langen Belichtungszeit. Ich habe aber kein Bild von meinem Großvater. Vielleicht war er zu sparsam um Geld für sich auszugeben. Vielleicht jedoch.....Aber das glaube ich auf keinen Fall, denn er hatte ja viele hübsche Kinder. Sonst wäre ja mindestens eins häßlich gewesen. Irgendwie stelle ich ihn mir klein, und nicht so kräftig vor. Habe keine Ahnung wie ich auf diese Idee komme. Vielleicht als Gegensatz zu Papas Riesenvorfahren. Ich habe nie danach gefragt. Sie hätten auch alle nur gesagt: "Ein stattlicher Mann."

Ich habe es nun auch nicht wissen wollen, weil er vielleicht einen Schnurrbart gehabt hätte. "Ein stattlicher Mann mit einem stattlichen Schurrbart." Ich haßte stattliche Männer mit stattlichen Schurrbärten. Ich habe immer nur Romane lesen können wo keine Bildern drauf waren (auch absolut keine innen eingeschmuggelt). Wenn man nämlich den Helden mit Schnurrbart und engen Hosen, also dünnen Beinen sah, konnte ich beim besten Willen nicht mehr weiterlesen. Und das war manchmal jammerschade.

Ich scheine übrigens nicht die einzige gewesen zu sein, die Schnurrbärte haßte, auch die Deutsche Sprache konnte sie nicht leiden, denn Schnurren, das macht eine Katze, die hinter dem Ofen sitzt, also keine sehr männliche Sache. Aber das mit dem Schnurrbart war sicher Mode, weil der Kaiser einen hatte. Übrigens habe ich Bilder gefunden, wo Muttis "über alles geliebte Robertchen" auch einen hatte. Aber ich erinnere mich an meinen Vater zum Glück nur ohne. Zu der Zeit regierte der Kaiser ja dann auch nicht mehr.

Soeben habe ich die Heiratsurkunde von Papa und Mutti entdeckt. Da steht nun wieder Meta Graf, Vater Schmiedemeister. Was stimmt nun Stellmacher oder Schmiedemeister? Fritz sagt vielleicht war er beides. Aber ein Schmiedemeister ist doch nun stark gewesen und sicherlich nicht klein, und er hatte ja große Söhne. Es ist eigentlich egal, aber ich hätte es doch gerne gewußt.

Die letzte Sache, die ich von meinem Großvater weiß, ist, daß er an einem preußischen Kriege teilnehmen mußte und einen Lungenschuß bekam.

Als man ihn aus dem Lazarett entließ, wurde er nicht als Kriegsbeschädigter eingetragen, da man wohl glaubte, daß er vollkommen ausgeheilt war. Also so ganz umsichtig kann er wohl auch nicht gewesen sein. Als er dann später an den Folgen erkrankte und starb, bekam Oma keinerlei Rente.

Beinahe hätte ich die Brosche vergessen. Da war eine goldene Brosche, nicht sehr groß. Aber mit drei prachtvollen Steinen. Einem roten, einem weißen und einem blauen. Diese Brosche hat Oma immer getragen, zu jeder Bluse, zu jedem Kleide, immer. Nur Nachts wurde sie abgenommen und ganz hoch an eine Stelle gelegt, die wir nicht erklettern konnten. Oma gab immer alles, nur nicht die Brosche, nicht einmal zum Anfassen. Dieses Schmuckstück muß von Albert Raddatz gewesen sein. Es war nach ihrem Ehering, das Kostbarste, das sie besaß. Leider haben wir sie nicht damit begraben lassen. Mutti hat diese Brosche dann als ihr liebstes Andenken in ein wertvolles Etui getan, und später hat meine Schwester Ellen sie mir überlassen.

Diese Brosche ist aus Double und faßt mit Biedermeierschwung drei Glassteine ein. Einer rot, einer weiß und einer blau.

Wie unwichtig ist es doch, was die Dinge wirklich sind, und wie kostbar kann die Liebe alles machen.

Etwas von Oma und Huldke

Als ich zu schreiben anfing, habe ich in alten Mappen gekramt, in Sachen, die wir mitbrachten, weil sie uns wichtig erschienen, und in denen, die wir mitnahmen, weil Mutti sie immer aufgehoben hatte. Vor der Auswanderung war keine Zeit sie zu sortieren, und danach schon gar nicht.

In diesen Papieren fand ich ein feierliches Dokument. Die Verleihung des Mutterkreuzes an Emilie Albertine Raddatz geborene Rademacher, unterschrieben: der Führer Adolf Hitler.

Vielleicht war es nicht einmal erster Klasse, denn Oma hatte nur 12 Kinder. Ich habe das Schreiben erst gestern gesehen, und jetzt ist es weg. Immer wenn ich etwas besonders weglege. Ich brauche es, weil ich schreiben möchte, welches Jahr. Wie alt ich war, als es kam. Wir fingen nämlich an zu lachen und Witze zu machen, mußten aber aufhören, da es Oma kränkte.

Oma glättete das Schreiben sorgfältig, las es öfter durch und legte es in die Schublade zu den wertvollen Dingen, deren es nicht viele bei ihr gab. Dieses Schreiben war von der Obrigkeit. Der Kaiser war nicht mehr da, aber die Ehrfurcht, die man vor ihm gehabt hatte, war nicht weg. Da war ein neuer Kaiser. Auch wenn wir über ihn lästerten, es war die Obrigkeit.

Soviel ich mich erinnern kann, war dazu auch noch ein richtiges Kreuz, ein richtiges aus Metall, ähnlich wie es die Soldaten erhielten für großes Heldentum und Tod. Und das hatte sie, Emilie Albertine Raddatz geborenen Rademacher bekommen, und sie war stolz darauf.

Orden waren doch eine Sache, die immer zog.

Ja, Oma hatte zwölf Kinder. Einige starben. Die Zwillinge an Bauchschmerzen, andere an Halsschmerzen, Kinderkrankheiten. Acht wurden alt.

Da waren:

Ernst, Albert, Hulda, Emma, Ida, Minna, Meta, Lieschen.

Als ich Oma einmal fragte, warum sie ihren Kindern so schreckliche Namen gegeben hatte, meinte sie: "Kind, ich war so froh, daß ich so viele Namen zusammen hatte."

Mutti war eine der Jüngsten und Hulda eine der Ältesten. Sie zog Mutti praktisch groß. Alle Mädchen waren sehr hübsch, und Hulda heiratete den Postmeister von See Bukow, oder vielmehr der Postmeister von See Bukow heiratete Hulda. Es war eine gute Partie. Ein guter Mann mit einem prächtig geschwungenen Schnurrbart, genau wie der Kaiser. Eine solche Partie schlug man damals nicht aus. Aber Hulda wollte die kleine Meta nicht zurücklassen. Der gutmütige Albert willigte ein, daß Metake mitkam. Huldke brauchte sich nicht von der kleinen Schwester zu trennen. Dabei soll Mutti, wie alle Geschwister einstimmig aussagten, ein kleiner Teufel gewesen sein.

Also Metake kam nach See Bukow. Wie schön war es dort. Da war die liebe Huldke und im Sommer das Wasser und das Baden und im Winter das Eis und das Schlittschuhlaufen.

Und dann bekam Huldke einen kleinen Jungen mit Namen Kurt. Aber eines Tages bekam Huldke Kopfschmerzen und dann starb sie an den Kopfschmerzen. Ich habe als Kind nie verstehen können, wie man an Kopfschmerzen sterben konnte. So schlimm waren sie doch schließlich nicht.

Als Huldke starb, war Mutti untröstlich. Und dann kam das große Problem: "Das arme Kurtchen." Es würde eine Stiefmutter bekommen. Stiefmütter waren immer böse. Immer. Das durfte nicht geschehen. Kurtchen sollte, Kurtchen durfte keine böse Stiefmutter bekommen.

Der gute Albert war bereit eine Schwester von Huldke zu heiraten, da Huldke eine gute Frau gewesen war, und Kurtke keine böse Stiefmutter haben sollte. Seine Wahl fiel auf Emma.

Alle meine Tanten haben etwas gemeinsam. Sie sind absolut nicht in Rot zu schildern, wie Mutti, nein, eher Rosa. Jede ein anderes Rosa natürlich, aber Rosa, ja Rosa. Sie waren alle sehr--..... Hang zur Kunst, Wissenschaft, höheren Dingen im Leben. Sie hatten zarte Hände und zarte Seelen.

Tante Emma zeigte gar keine Lust, den schon älteren Postmeister zu heiraten. Sie brachte ein großes Opfer, hatte fünf Kinder und wurde sehr religiös. Ich habe sie einmal besucht, als ich noch ziemlich klein war. Habe aber keine besondere Erinnerung an diese Ferien. Gütiger alter Mann, nette freundliche Kinder, liebe, aber strenge Tante.

Das Kurtchen war schon weg. Kurtchen behauptete immer, daß er keine schlimmere Stiefmutter hätte bekommen können.

Aber keiner glaubte ihm das so richtig.

Wenn Tante Emma uns in Berlin mal besuchen kam, sprach sie nur von ihren lieben, artigen, braven, frommen, gut-geratenen, wohl-erzogenen Kindern. Immer mit einem vielsagenden Seitenblick auf mich.

Wenn Tante Emma uns Weihnachtskarten schickte, waren es nie welche mit hübschen schneebedeckten Tannen, oder welche mit Kindern auf Schlitten. Nein, nur immer ein Jesus in der Mitte.

Zu Ostern keine mit Osterhasen und bunten Eiern. Da war nur immer eine große Kirchenglocke in blassen lila Farben. Und zu Pfingsten unweigerlich mit Bibel und einen Zweig darüber gelegt. Palmzweig, glaube ich.

Eine Sache war an Tante Emma jedoch erfreulich. Sie schickte immer zu Weihnachten Pfefferkuchen. Genauer gesagt, schon vor Weihnachten. Das war besser. Da hatte man noch nicht viel Anderes. Es war selbstgemachter Pfefferkuchen. Er schien auf einem großen Blech gebacken und war in Stückchen geschnitten. Jedes derselben hatte in der Mitte und an den vier Ecken Mandeln eingelegt. Da ihre Mutter bei uns lebte, war der Kuchen für Oma bestimmt. Aber wir bekamen das Meiste, da Oma nie etwas Gutes essen konnte, ohne es "den Kindern" (das war meine Schwester und ich) zu geben. Nur eins durften wir nicht machen. Die Mandeln vorher raus heben.

Ja, das war Tante Emma.
Das böse Kurtchen lebte dann in Berlin. Er heiratete eine flotte Frau und wir besuchten uns öfter, als ich noch klein war. Ich weiß noch, die Frau hatte immer sehr kurze Röcke, immer scheußlich schmeckenden Kuchen, mit viel zu viel Vanille und Öttkers Backpulver drin.

Aber eines Tages gingen wir nicht mehr hin, da - Papa mal gesagt haben soll: Die Agnes"(ja so hieß sie)
"wäre ein niedliches kleines Ding."

Tante Emma, Tante Ida, Tante Minna

Wieder von Mutti.

Aber ich wollte weiter von Mutti berichten. Als Huldke nun tot war, ging Mutti zurück zu Oma nach Rekow. Der Vater war nicht mehr da. War schon gestorben. Sie müssen eine Ziege gehabt haben, denn Mutti hatte sogar mit achtzig noch immer den gleichen Traum, der sie ihr ganzes Leben verfolgte: Sie hatte vergessen Grünes für die Ziege zu suchen, und nun hatte das arme Tier nichts zu essen und würde gewißlich sterben. Wie jammerschade war es doch, daß Mutti nie unsere vielen Ziegen erlebt hat.

Wie hätte sie sich darüber gefreut. Schon das Krähen eines Hahnes konnte sie in Verzückung bringen. Das Jahr, als sie bei uns lebte, hatten wir nur den Schäferhund.

Sie muß, glaube ich, auch in Rekow immer Feuerholz gesucht haben, denn wenn wir in Berlin durch den Grunewald gingen, oder durch den Forst zu Tante Lieschen nach Miesdorf liefen, immer mußte wir Tannenzapfen sammeln. Die Tannenzapfen wurden in große Stofftaschen getan und dann am Ende des Waldes an einen Wegrand geschüttet. Ich habe diese Sache nie verstehen können. Aber uns Kindern machte das Suchen Spaß. Jeder hatte einen Beutel. Aber Mutti war immer die Beste. Sie hatte stets das meiste.

Ich habe sie einmal gefragt, warum wir eigentlich dauernd sammelten, und es dann wieder wegwarfen?

Die Antwort war, daß sie nie durch einen Wald laufen könne, ohne Reisig oder Tannenzapfen zu suchen. Und wenn wir es nun am Wegrand auf einen Haufen taten, dann könne ja Jemand kommen, der es brauchen und sich nicht mehr so gut bücken könne.

Es ist seltsam wie sich alles festsetzt, was man so als Kind erlebt.

Als wir das erste Jahr in New York waren, hatten wir viele Bretter, gutes Holz von den Verpackungskisten der Überfahrt. Es war uns unmöglich diese schönen Bretter in den Abfall zu tun. Wir haben sie in der Wohnung aufgestapelt, in den Wald gefahren. Auf einen Haufen an den Wegrand gelegt.

Vielleicht kommt mal einer. Aber ich glaube, keiner kam.

Von der gnädigen Frau.

Nachdem Mutti eine Weile in Rekow gewesen war, beschloß sie nach Berlin zu gehen. Dort arbeitete sie zuerst bei einer netten Familie, deren drei kleine liebliche Kinder ihr anvertraut wurden. Diese starben jedoch in ganz kurzer Zeit hintereinander an der gefürchteten Diphtherie. Mutti hat nie diese süßen Kinder vergessen können und den grausamen Schmerz bei ihrem Tode.

Mutti fand dann eine Stellung als Kammerzofe. Vielleicht hieß es auch anders. Jedenfalls hatten sie eine hübsche "gnädige Frau".Für diese mußte sie die Kleider herauslegen, sehen, ob sie auch alle tadellos in Ordnung waren. Alle Knöpfe, alle Bänder, alle Schleifen, alle Säume. Bei dem kleinsten Fleckchen wurden sie zur Wäscherin gegeben. Das war alles, was Mutti machen mußte.

Nicht etwa sauber machen, nicht mit dem Staubwedel Porzellanfiguren oder Palmen abstauben, nicht etwa Betten machen, nicht etwa Tisch decken, oder etwa Silber putzen, nicht etwa Teppiche klopfen, oder gar kochen. Nein, dafür waren andere da.

Aber eine Sache mußte sie machen, und das war, die gnädige Frau stets überall hinbegleiten. In alle Straßen, alle Plätze, alle Geschäfte. alle Restaurants, alle Kurorte, und immer (jetzt kommt es) immer drei Schritte hinter ihr.

Papa wurde stets ganz rasend, wenn Mutti das erzählte. Mich selbst ärgerte diese Sache auch schrecklich. Aber Mutti war im Gegenteil sehr stolz darauf. Es machte ihr gar nichts aus, diese drei Schritte hinter der gnädigen Frau herzugehen, nein absolut nicht. Diese Forderung zeigte ja gerade, was für eine feine gnädige Frau es war. Nur die allerfeinsten gnädigen Frauen hielten diese Sitte noch ein.

Und Mutti hatte das große Glück, bei Jemand zu sein, der wußte was sich gehört, in höchster Potenz. Jemand, der mit einem Worte gesagt, Kultur hatte.

Eigentlich hat es ja auch nie einen Fürsten gestört hinter dem König zu laufen und keinen Herzog hinter dem Fürsten. Also wie man's nimmt.

Von dem gnädigen Herrn war übrigens nie die Rede. Der war sicher alt und farblos. Eine Sache hat Mutti mal erzählt, und ich habe es zufällig mitgehört. Ich hatte gerne Geschichten, die geflüstert wurden: Also da kam des öfteren ein junger Offizier, forscher Offizier zu Besuch. Und einmal hat das Zimmermädchen Haarnadeln von der gnädigen Frau im Gästezimmerbett des Offiziers gefunden. Aber die gnädige Frau ist deshalb nicht in Muttis Augen gesunken. Daher kann ich mir vorstellen wie der gnädige Herr gewesen sein mag.

Wie schwärmte Mutti immer von dieser Zeit. Sie war jung und hübsch. Die Welt stand offen. Die Welt war Berlin. Die Welt war die Eleganz und Schönheit, von der sie jetzt umgeben war. Eleganz und Schönhet, die sie früher nicht einmal von Bildern her kannte. Jetzt durfte sie sie nicht nur sehen, nein anfassen, fühlen, war in ihren Duft eingehüllt. Die weichen dicken Teppiche, über die man lautlos schritt, die polierten Möbel, in denen man sich spiegeln konnte. Porzellan, Kristall, Silber. Da war Porzellan in Silber, da war Silber in Kristall. Da war Kristall in Porzellan, da gab es Porzellan in Gold und Gold überall.

Und das Schlafzimmer der gnädigen Frau. Die Spitzenbettwäsche. Die Spitzennachthemden. Die Brüsseler Spitze. Spitzen, die in feuchten Kellern gearbeitet werden mußten, damit ihre feinen Fäden nicht aus den Fingern glitten. Spitzen, die so hauchdünn waren wie Spinnweben. Spitzen, an denen monatelang gearbeitet worden war. Spitzen, von denen ein kleines Stückchen 500 Goldmark kosteten. Und das war zu einer Zeit als ein Knecht für drei Goldmark das ganze Jahr arbeitete. Diese herrlichen Brüsseler Spitzen mußte Mutti immer und immer wieder betrachten und bestaunen.

Dreißig Jahre später konnte ich ihr viele davon schenken. Und ihre Enkeltochter trug ein Brautkleid mit Schleppe, das mit zehn Meter von echter Brüsseler Spitze besetzt war. So reichhaltig, wie wohl die gnädige Frau kaum eins gesehen haben mag. Aber das war zu einer Zeit, als Niemand mehr an Brüsseler Spitze interessiert war, und es nur noch Wenige gab, die überhaupt wußten, wie echte Brüsseler Spitze eigentlich aussah.

Ich weiß gar nicht, was Mutti überhaupt damals verdiente. Es wurde nie davon gesprochen. Sie hätte auch umsonst gearbeitet, nur um dort sein zu dürfen. Es gab auch das beste Essen, das man sich vorstellen konnte. Die Köchin hieß Marik und mochte Mutti gut leiden, besonders als Mutti Papa als Freund hatte. Diese Marik hat uns später öfters besucht. Aber Mutti war immer böse, wenn die Marik darauf bestand, daß das Kind (das war ich) aus dem Zimmer sollte.
Sie hat Mutti manchmal was geschenkt. Aber eines Tages kam sie nicht mehr.

Das rote Album

Immer wenn ich krank war und den Umschlag hinter mir hatte, wurde ich in Muttis Bett gesteckt. Dann gab es ein gekochtes Täubchen, damit ich "wieder zu Kräften" kam. Heute wäre es für mich undenkbar ein Täubchen zu essen. Wir hatten nämlich später in New York ein zahmes. Aber damals war es nur ein besonderes Hühnchen, eins für kleine Kinder. Und zur Belohnung für den Umschlag konnte ich dann das große Album ansehen. Das große Album war nicht nur groß, es war auch unheimlich schwer. Ich konnte es gar nicht anheben. Wenn Mutti es auf das Bett legte, versank es ganz tief in dem Federbett. Außen waren Blumen auf rotem Grund, und es hatte dunkelgrüne eingeschlitzte Seiten.

Und darin waren sie nun, die wunderhübschen Postkarten. Es fing immer an mit zwei ganz besonderen. Bei denen war in schillernden, in allen Farben leuchtenden, funkelnden, erhabenen, kleinen Edelsteinen der Name Robert zu sehen. Man konnte es anfassen. Es war echt, nicht etwas aufgemalt, Keine Täuschung. Wirklich richtige Edelsteine. Und darunter hatte Mutti die zweite Karte eingesteckt. Da stand der Name Meta drauf. Auf der nächsten Seite, da fingen dann die entzückenden Bilder an, die ich immer wieder sehen wollte. Da standen die niedlichen kleinen Mädchen, so alt wie ich, aber viel hübscher. Ohne Wollstrümpfe, auch ohne Wollhosen, das war sicher. Freundlich lächelnd standen sie da. Meistens trugen sie Körbe gefüllt mit Blumen, oft waren es Rosen, ja rote Rosen. Manchmal aber auch kleine Katzen, ganz niedliche kleine Katzen mit Schleifen. Wie oft habe ich gewünscht doch auch so auszusehen. Vor allem trugen sie immer ganz kurze Kleider. Mutti zog mir nur welche an, die viel länger waren. Wegen der Erkältung natürlich. Aber die hübschen kleinen Mädchen waren doch auch nicht erkältet.

Dieses Buch ist zum Glück gerettet worden, hat alle Luftangriffe im Keller überstanden, ist nicht verbrannt, und die Russen haben es nicht genommen.
Das war ein Glück, denn hinten sind auch viele Fotos von Muttis Familie drin. Aber erst vor kurzem habe ich entdeckt, daß bei manchen Postkarten auf der Rückseite etwas geschrieben steht."Mein liebes kleines Kätzchen, wie sehnsüchtig warte ich auf Dich". Sehr komisch ist es Liebeskarten von seinen Eltern zu lesen, richtig unangenehm. Habe noch einen ganzen Stoß davon gefunden neben Taufscheinen und der Sterbeurkunde von meiner Großmutter. Manche Karten gefielen mir aber absolut nicht, das waren meist die, die was mit Liebe zu tun hatten. Das lag aber nur daran, daß die Männer immer diese engen Hosen trugen und daher immer so dünne Beine hatten.

Da ist nun eine besonders kitschige Karte. Vor einer Dame kniet ein beschnurrbarteter Jüngling. Oben in der Ecke steht, was der Knabe sagt.
"Ich liebe Dich, werde die Meine."
Und auf der Rückseite dieser Postkarte, die übrigens ohne Umschlag geschickt wurde, schreibt Jemand:
"Liebe Meta, weißt Du, was das heißt?" Dein Karl.
Beim Aufstrich zittert die Feder vor Erregung und beim Abstrich wurde sie ganz breit, weil der liebe Karl so aufdrückte. Ein Wunder daß die Feder nicht zersprang.

Das ist sicher der gute Mann gewesen, der Oberkellner war in einem Kurort, den Mutti mit der gnädigen Frau aufsuchte. Das muß "der enorme Mensch" gewesen sein, mit dem Mutti eine so gute Ehe hätte führen können, wenn sie sich nicht "in den Mann verliebt hätte, der sie nicht wiedergeliebt hat, und auch nie wiederlieben wird." Mir wurde ganz schlecht bei dem Gedanken, daß das mein Vater hätte werden können, wenn Mutti sich nicht in ihren heißgeliebten Robert verliebt hätte,
"den Mann, der sie nie richtig wiedergeliebt hat und auch nie richtig wiederlieben wird."

Fritz sagt, bei ihm zu Hause ist nie das Wort Liebe gefallen. Seine Eltern hätten sich auch nie in Gegenwart der Kinder geküßt. Na, da hätte er mal zu uns kommen sollen. Ich konnte das Wort Liebe schon gar nicht mehr hören. Daß wir, oder Papa Mutti nicht mehr liebten (natürlich Blödsinn). Daß besonders ich, seit meinem neunten Geburtstag, sie nicht mehr liebte (auch Blödsinn), ihr nicht mehr so viele Blumen und Gedichte unter das Kopfkissen legte. Und das alles von dem Tage an, als sie mir das Klavier gekauft hatte, genau von dem Tage an.

Papa und Mutti

Beide haben sich in Berlin kennengelernt, dem großen Berlin. Berlin war damals die Stadt der Emigranten. Ein Kleinamerika, wo man es zu etwas bringen konnte. Es bot die Freiheit vom ländlichen Joch. Jeder, dem die schönen Felder und Wälder zu eng wurden. Jeder, der nicht genug Land und viel Ehrgeiz hatte, versuchte sein Glück in der großen Stadt.

In Berlin mischte sich die Bevölkerung von ganz Deutschland und alle Rassen jedes osteuropäischen Landes. Es war die Stadt, der unbegrenzten Möglichkeiten, Stadt des Reichtums, Wissens, Aufstiegs, Stadt des Optimismus. Hier konnte man es schaffen. Wenn nicht in der ersten, dann in der zweiten Generation. Da zog kaum einer wieder zurück zum Dorf. Die es zu etwas gebracht hatten, kamen zu Besuch und zeigten stolz, was sie erreicht. Und die,die es zu nichts gebracht hatten, kamen mir schönen Kleidern. Sie sprachen nicht von Hinterhöfen und lichtlosen Fenstern. Sie redeten von wunderschönen Dingen. Daß sie diese aber nicht besaßen und nur sauber zu machen hatten, ja das erzählten sie oft nicht.

Meine Eltern paßten sich sehr schnell an. Mutti sprach nie mehr Platt und Papa nicht mehr Schwitzerdütsch. Wenn er etwas zu reparieren hatte, benutzte er eine Schraube und nicht mehr ein Schrübli. Papa arbeitete für kurze Zeit bei den Fliegern in Adlershof, und Mutti war bei der gnädigen Frau beschäftigt. Da aber Tante Minna in Adlershof wohnte, nehme ich an, daß sie sich dort getroffen haben.
Leider habe ich nie danach gefragt.
Das ist schade. Immer wenn ich Leute treffe und die Unterhaltung dünn, oder geradezu langweilig wird, ist die Frage, wie sie ihren Ehepartner kennengelernt haben, von erstaunlicher Wirkung.Die Menschen leben auf. Das ist sicher auch der Grund warum ich Mutti nie diese Frage gestellt habe. Es war nicht gut, wenn Mutti zum Thema Papa auflebte.

Sie hätte auch bestimmt nur erzählt, wie sie Papa geliebt, und wie sie den Tag verwünscht, wo sie ihn das erste mal gesehen hat, und daß es ihr heute noch leid tut, daß sie nicht den guten feinen Mann genommen hat, den sie hätte heiraten sollen. (den mit der Postkarte) und mit dem sie so glücklich geworden wäre, Wenn sie nicht den...........Und dann wäre es mindestens eine Stunde gegangen, und ich hätte doch nicht erfahren, wie sie sich kennengelernt haben.

Ich glaube Papa wollte gar nicht heiraten. Männer schlossen damals erst die Ehe, wenn sie eine Position und Geld hatten. Papa war erst einundzwanzig und hatte beides nicht. Mutti war genauso alt. 1891 geboren. Papa war ganze drei Tage älter. Aber dann kam der Krieg, der so harmlos anfing. Er begann im August 1914. Papa und Mutti heirateten im November 1914. Hochwahrscheinlich hat der Krieg dabei eine Rolle gespielt.

Papa meldete sich bei Kriegsausbruch gleich freiwillig. Er hatte Angst, daß alles zu Ende sein könne ohne ihn. Sie haben ihn damals nicht genommen, wegen eines unregelmäßigen Herzschlages. Den hatte er noch mit 89 Jahren. Aber später wurde er doch eingezogen. Man brauchte neue. Die andern waren schon alle tot. Da wollte Papa natürlich nicht mehr. Aber da mußte er. Papa meldete sich zu den Fliegern. Das wurde genehmigt wegen seines Herzens. Bei den Fliegern waren wenigstens keine Schützengräben, und die Sache schien interessant zu sein. Sie war natürlich interessant, aber die Flieger wurden noch schneller getötet als die Andern. Papa erreichte es, in die Werkstatt zu kommen. Da wurden ständig Leute gebraucht, denn die Flugzeuge waren immer halb kaputt, oder ganz kaputt.

In dem roten Buch sind verschiedene Fotos von Papa in stolzer Fliegerausrüstung vor seinem Flugzeug stehend. Ich weiß nicht, ob er selbst geflogen ist, oder ob das Foto nur zum Angeben war. Ich würde auf Letzeres tippen, obgleich Papa eigentlich niemals angegeben hat.

Vielleicht was es für Mutti bevor sie heirateten. Männer kämmen sich nämlich dauernd die Haare und machen viele Dinge, die sie sonst nie tun würden, nur um Frauen zu gefallen. Aber was das Fliegen anbetrifft, da nehme ich an, daß Papa nicht selbst geflogen ist. Er hat bestimmt schnell erkannt, wer fliegen konnte, auch fliegen mußte. Und wer fliegen mußte, der kam nicht wieder.

Und Papa kam wieder

Papa eingezogen

Papa im Kriege bei der Luftwaffe

Papa mit seinen Kameraden, sitzend, zweiter von rechts

Die Memelerstraße

Nach dem Kriege zogen meine Eltern in die Memelerstraße. Der Berliner Osten war die erste Station der Berliner Emigranten. Die Mieten waren nicht so hoch. Man mußte klein anfangen.

Ich wurde 1919 geboren und kann mich noch ziemlich genau an diese erste Wohnung erinnern. Da war viel Dunkel, der Hausflur zugig; hohe Stufen, alte ausgetretene. Da war eine alte Frau, die jeden Tag auf den Knien mit einem Lappen die Stufen reinigte. Sie machte das alles nur mit der Hand und dem Lappen, den sie dauernd in das schwarze Wasser des Eimers tauchte Sie tat Mutti immer sehr leid, und wir mußten jedes mal die Füße ganz doll abtreten, damit die arme Frau nicht so viel Arbeit hatte. Einmal die Woche wurde gebohnert, da war dann ein Warnschild angebracht, und es roch dann komisch. Und Mutti hielt immer meine Hand ganz fest, damit ich nicht hinfallen sollte, denn dabei konnte man nämlich tot sein.

Papa in Berlin

Die Wohnung bestand aus einem mittelgroßen Zimmer und einer winzigen Küche. An Fenster kann ich mich nicht erinnern. Vielleicht waren gar keine da, aber das erscheint unwahrscheinlich. Möglich, daß sie keinen Ausblick hatten, der mich interessierte. Mein Bett stand in der Mitte des Zimmers, damit dem Kinde ja nichts passierte. Von einer Seite des Raumes paßten meine Eltern auf mich auf. An der anderen stand meine Großmutter Wache.

Gleich nachdem Mutti diese Wohnung gefunden hatte, ließ sie ihre alte Mutter zu sich kommen. Das war eine erstaunliche Tat. Jungverheiratet ein Zimmer mit der alten Mutter zu teilen.
Ich glaube Oma schlief des Nachts in der kleinen Küche. Alle meine Tanten hatten bereits größere Wohnungen, aber keine wollte, oder konnte, wie es hieß, die alte Mutter zu sich nehmen. Also kam Mutterke zu uns.

Oma war 1849 geboren. Sie muß also 70 Jahre alt gewesen sein, als sie kam.
Auf allen Fotos jener Zeit sieht Oma eigentlich schon sehr alt aus. Für mich jedoch war sie immer zeitlos. Sie war unsere Oma, und Oma hatte immer so ausgesehen, würde immer so aussehen, und durfte gar nicht anders aussehen. Sie hatte keine Zähne mehr und viele Falten. Der Gedanke, sie mir mit Zähnen vorzustellen wäre schrecklich gewesen. Etwas Weißes beim Lachen zu erblicken, nein wie furchtbar. So wie Oma lächelte ,konnte gar kein anderer lachen, sollte auch kein anderer lachen.

Das war Oma, unsere Oma.

Wir konnten Oma auch später nicht dazu bringen zum Zahnarzt zu gehen um künstliche Zähne zu erhalten. Nein, das hätte nur Geld gekostet, und das mit den Zähnen war wie das mit den Falten. Es gehörte eben zum Altwerden und man trug es mit Würde. Man war froh und dankbar, daß man noch gesund war und so gut geratene Kinder besaß. Eigentlich hatte Oma gar kein Alter.

Sie hatte auch kein Eigenleben, wollte auch keins. Sie ging vollkommen in Metake und den Kindern auf. Sie vertrat nie einen eigenen Standpunkt, hatte nie eine eigene Meinung. Alles was Metake sagte war gut, alles was Metake tat war richtig.

Sie hatte ihren Schwiegersohn sehr gerne. Aber in dem Punkte mußte sie vorsichtig sein. Das konnte sie nur zeigen, wenn Metake nicht böse auf Robert war. Wenn Metake böse auf Robert war, dann sagte sie nur immer: "Oh Oh mein Kind, Ja, ja mein Kind, oh oh."

Später als ich dann in der Brombergerstraße ein Zimmer mit Oma teilte, hielt ich mir immer die Ohren zu, zog schnell die Decke über den Kopf und tat als ob ich schlief, wenn Mutti reinkam, um sich wieder einmal über Robert zu beklagen. Mutti beklagte sich hauptsächlich bei Oma über Robert weil Robert beruflich unter allen Umständen selbständig bleiben wollte. Warum konnte er nicht wie andere Männer eine feste Anstellung annehmen, ein festes, sicheres Gehalt nach Hause bringen? Warum konnte er das nicht? Weil er sie nicht liebte, das war der ganze Grund. Weil er sie nicht aus Liebe geheiratet hatte, Ja, das war es.

Wenn das Jammern länger als eine Stunde dauerte, griff Oma stets zu einem radikalen Hilfsmittel. Sie hatte etwas Atembeschwerden, wie ich ja schon erwähnte, aber nur wenn Mutti anfing über Papa zu schimpfen. Wenn es nun ganz schlimm wurde, tat Oma auf einen kleinen Teller etwas Pulver, das sie ansteckte und dann den Rauch einatmete. Mutti konnte den Rauch nicht vertragen und verschwand aus dem Zimmer. Aber das Zeug roch so gräßlich, daß es nur ein klein bißchen besser war als Muttis Klagelieder.

Oma muß trotzdem gerne bei Metake gewesen sein. Sie wollte nie zu einer anderen Tochter. Nicht einmal für einen kurzen Besuch. Immer wenn Jemand sie mal mitnehmen wollte, bekam sie keine Luft, mußte das Pulver anstecken und konnte nicht mitgehen. Tante Minna hatte es ein paar mal versucht, und ein paar mal Tante Emma. Aber sie mußten aufgeben. So blieb Mutterke bis sie starb, das waren zwanzig Jahre bei Metake.

Dafür kamen immer alle zu uns, Oma zu besuchen. Ich fand diese Sache sehr gut.

Erstens war Oma immer da, und zweitens konnte ich Besuch gut leiden. Wenn man nämlich scharf aufpaßte, konnte man oft sehr interessante Sache hören. Außerdem brachte Besuch immer Blumen, und es gab stets was besonders Gutes zu essen.

Mutti in Berlin

Die Memelerstraße war eine breite dunkle Straße. Die Leute dort sprachen immerzu, fragten immerzu, und wolltcn immer alles wissen. Sie hatten viele schreiende Kinder, Katzen und Hunde, die ständig Popo machen mußten. Trotzdem dort viele alte Bäume standen, mochte ich die Memelerstraße nicht, nein, ganz und gar nicht.

Ich habe noch nicht so viel von Papa geschrieben. Das kommt daher, daß Papa nicht so oft zu Hause war. Er war immer in seiner Werkstatt. Er hatte einmal auf mich aufpassen müssen. Die Windel war abgefallen. Er wußte nicht wo. Er wußte nicht wie.

Jedenfalls berichtete Mutti später immer wieder, die hochgradig faszinierende Begebenheit: "Das Bett war voll, das

Sofa war voll, der Teppich war voll, und - man bedenke - sogar die Tapete."
Ich hatte mit Papa erst Kontakt als ich stubenrein war. Er hatte auch nie viel Zeit. Er mußte doch immerzu Geld verdienen, denn Mutti wollte aus der Memelerstraße raus.

Als Papa noch bei den Fliegern war, flog er öfter nach Brüssel. Dort gab es billig Seife, die in Deutschland dringend gebraucht und hochbezahlt wurde. Den Verdienst legte Papa in alten Motorrädern an. Nach dem Kriege reparierte er diese erst in einem kleinen dunklen Keller, dann in einem größeren. Die Motorräder verkaufte er, und von dem Verdienst ließ er Metallstanzen bauen zur Herstellung von kleinen Metallgeräten, die er sich ausgedacht hatte, und die er dann gut umsetzen konnte. Und allmählich produzierte er viele Dinge, und später mietete er dann große Fabrikräume und kaufte viele Maschinen.

Papa vor seinem Kellerladen in der Memelerstraße

Und dann beschäftigte er eine ganze Menge Leute, und auf seinem Briefbogen stand

Robert Graf Metallwarenfabrik.

Papa sagte immer:"Wenn man einen guten Artikel hat, steckt in der Fabrikation eine Menge Geld."

Aber Papa war auch sehr fleißig. Das ist übrigens ein Wort, das man gar nicht richtig ins Englische übersetzen kann. Es bedeutet nicht nur schwer zu arbeiten, sondern es dabei noch gerne zu tun. Wenn man das im Englischen sagen will, muß man es umschreiben. In Deutschland, erinnere ich mich, mußte man immer fleißig sein. Das war das Wichtigste, in der Schule und zuhause. Und es wurde einem gesagt, daß man auf das Fleißigsein besonders achten solle, wenn man Jemanden beschäftigen oder heiraten wolle. Immer sollte man fleißig sein. Immerzu mußte man fleißig sein, fleißig bis ins kühle Grab.

Ja und Papa war nun besonders fleißig. Mutti übrigens auch. Und da Papa außerdem noch Glück hatte, wurde seine Fabrik bald größer und größer, und er beschäftigte viele Angestellte und hatte bald genug Geld um sich ein Haus zu kaufen.

Das schöne Eckhaus- Blick auf den Park

Seite: Blick auf den Rangierbahnhof

Das schöne neue Haus

Da war sie nun, die Brombergerstraße. Sie war eine Parallelstraße zur Memeler. Man lief nur um die Ecke, und da lag sie. Gegenüber befand sich das große freie Gelände des Warschauer Rangierbahnhofes.

Die Brombergerstraße war eine "fifth Avenue" verglichen mit der Memeler. Sie war nicht nur wesentlich feiner, sondern sie hatte etwas, was keine andere Straße aufzuweisen hatte. Sie hatte Sonne. Sie hatte Sonne am Morgen. Sie hatte Sonne am Mittag. Sie hatte Sonne am Abend. Sie hatte nicht nur Sonne. Sie hatte sogar Himmel. Sie hatte außerdem noch Wolken, richtige Wolken. Abends hatte sie das Licht der langen Dämmerung, Nachts die Sterne.

Als ich noch klein war, und wir in der dunklen Memelerstraße wohnten, wurde mein Kinderwagen jeden Tag in die Brombergerstraße gebracht, damit das Kind Sonne bekam. Als Papa nun ein Haus kaufen konnte, da durfte es nirgends anders sein als in der Brombergerstraße. Das war Muttis Wunsch. Und Mutti bekam meist was sie wünschte. Und das Haus wurde gefunden. Brombergerstraße eins. Ein Eckhaus noch dazu. Es waren praktisch zwei Häuser. Zwei vierstöckige Häuser. Zwei schöne Häuser. Zwei herrliche Häuser. Wie glücklich muß Mutti gewesen sein.

Es war ein sehr gut erhaltenes Eckhaus. Auf dem Foto sieht man Flecke, aber das Haus hatte keine Flecke. Es war stark und attraktiv erbaut, so vor der Jahrhundertwende. Ein feines Haus, wie Mutti sagte. Das Prädikat fein war ihr Superlative. Es gab feine Häuser, feine Kleider, feine Menschen. Bei Menschen kam dann noch hinzu, welche mit Herzensbildung. Das war immer das höchste der Gefühle. Man konnte das nun aber schlecht von einem Eckhaus sagen, wohl aber von dessen Bewohnern.

In der Brombergerstraße waren die Leute nicht laut. Sie hatten nicht viele lärmende Kinder. Sie hatten meist gar keine Kinder. Es war schwer überhaupt welche zum Spielen aufzutreiben. Über uns wohnte das einzige Mädchen. Sie hieß auch Hildegard, aber Hildegard Baumann. Die Leute in der Brombergerstraße hatten keine Katzen sondern nur teure Hunde, die an der Leine geführt wurden.

Die Leute waren so fein, daß sie ihr guten Morgen, guten Tag, guten Abend in zart artikuliertem Hochdeutsch aussprachen, jede Silbe gleichmäßig betonten, dabei höflich mit dem Kopfe nickten, nie eine Unterhaltung anfingen und sich nie über das Wetter beschwerten. Die Männer hoben ihre Hüte in die Höhe, und ich mußte einen Knicks machen.

Der eine Teil des Eckhauses lag einem Park gegenüber. Es war eine dreieckige kleine Anlage. In der Mitte befand sich ein Buddelplatz. Saubere grün angestrichene Bänke standen unter schattigen Ahornbäumen. Von diesem Buddelplatz muß ich dann noch später einiges erzählen.

Die feinere Seite unseres Eckhaus, war natürlich die, welche dem Park zugekehrt war. Aber da war keine Wohnung frei. Also bezogen wir eine, die zur Bahn hin lag. Sie bekam auch mehr Sonne, was für Mutti sehr wichtig war.

In der ersten Etage befand sich die Schutzpolizei. Das waren strenge würdevolle Männer, die langsam schreitend nur die Blicke schweifen ließen ohne den Kopf viel zu bewegen.

In der zweiten Etage wohnten wir, dann kamen Herzogs und oben Baumanns.

Es waren alles sehr große Wohnungen. Nicht aufgeteilt wie in der Memelerstraße. In unserem Hause - man glaube es kaum - befand sich ein Mieter mit dem Namen Herzog, einer mit dem Namen Prinz, und unser Name war Graf. Prinz ist dann in der Badewanne ertrunken. Was bei mir Jahrelang Lachanfälle hervorgerufen hat. Ich brauchte nur daran zu denken. Es hieß auch nicht, daß man ihn tot in der Badewanne aufgefunden habe. Nein, es hieß, daß er in der Badewanne ertrunken sei.

Papa erzählte später immer, daß, nachdem Prinz in der Badewanne ertrunken sei, die Wasserrechnung des Hauses auf die Hälfte runterging. In die Wohnung zogen dann die Kochinskis ein.

Nachdem wir nun das Eckhaus hatten, bestand Mutti darauf es noch feiner zu machen, als es schon war. In allen Häusern, in denen sie mit der gnädigen Frau verkehrt hatte, lagen stets Teppiche auf den Aufgängen. Wir mußten sie auch haben. Das war selbst für die Brombergerstraße eine unerhörte Sache. Kokusläufer wurden gekauft, gelegt und bestaunt. Mir gefielen sie sehr, denn man konnte nun von vielen Stufen herunterspringen ohne sich wehzutun, wenn man sich mal verkalkuliert hatte. Die Haustür war immer verschlossen. Jeder Mieter hatte einen Schlüssel und die Polizei eine Klingel. Papa vergaß seinen Schlüssel oft und warf dann immer kleine Geldstücke an unser Fenster. Das Einzige, was mir an dem Hause nicht gefiel, waren innen die Seitenwände des Fluraufgangs. Sie waren neu angestrichen. Der Geruch war gut, aber die Farbe gräßlich. Dabei hatte der Malermeister ein Kunststück vollbracht. Er hatte mit einer besonderen Technik drei verschiedene, sich scheußlich beißende Farben ineinander rollen lassen. Das hatte Mutti bestellt, und es gefiel ihr.

Das ganze Haus war sehr, sehr sauber. Die Türen poliert, die Klinken auf Hochglanz geputzt.

Den Hausflur konnte ich gut leiden, besonders wenn es draußen nicht schön war. Rechts an der Seite befanden sich drei Stufen, die ein hübsches glänzendes braun hatten. Sie führten zu der Wohnung von Fräulein Kugeland. Das war eine verwachsene alte Dame, die mit ihrem Kanarienvogel dort lebte. Auf diesen drei Stufen konnte man Haus spielen. Wer oben saß, war die Mutter. Die einzig dumme Sache war nur Fräulein Kugeland. Sie konnte absolut keine Kinder leiden, genauer gesagt Kinderbeine. Sie kam dauernd mit einem nassen Lappen heraus um sauberzumachen. Und wenn wir weggingen, dann wischte sie die Stufen so doll ab, als wenn wir eine ansteckende Krankheit gehabt hätten. Ich muß sagen, daß wir anscheinend gutartige Kinder waren, die nie die Treppe mutwillig schmutzig gemacht hätten. Ab und zu wäre ja selbst in der Brombergerstraße etwas Hundepopo aufzureiben gewesen. Aber wir sind nie auf so böse Gedanken gekommen, so daß ich gar nicht verstehen kann warum Tante Emma immer nur von IHREN guten Kindern sprach.

Omas Balkon

Unsere Wohnung hatte einen großen Balkon, auf dem Oma immer saß. Mutti pflanzte dort jedes Jahr die kleinen unscheinbaren Vergißmeinnicht, die einen ganz besonderen Geruch ausströmten. Von hier aus konnte man weit über das Bahngelände blicken. Wenn ich ein Junge gewesen wäre, hätte ich mich sicher über die vielen Eisenbahnzüge gefreut. Mit einem Bruder wäre es vielleicht auch anders gewesen. Aber ich hatte keinen.

Vor mir sollen meine Eltern einmal einen Jungen gehabt haben. Es wurde nie davon gesprochen. Vielleicht starb er. Vielleicht wurde er tot geboren. Ich glaube aber, daß er gelebt hat, denn er hatte schon einen Namen. Er hieß nämlich Harry. Schade, ich hätte gerne einen Bruder mit dem Namen Harry gehabt. Man wäre nie geschuppst oder mit harten Schneebällen beworfen worden. Aber ich hatte keinen großen Bruder. Ich war die große Schwester.

Der Blick auf das Bahngelände war für mich meine Heimat. So wie das Summen der Brummer und Bienen der Ton der Ferien war, so war das Zusammenstoßen der Zugpuffer der Ton von zu Hause. Den Klang hörte man den ganzen Tag über, von morgens bis abends, selbst wenn es dunkel wurde, mußte dort noch manchmal rangiert werden. Nachts konnte ich den Ausblick gut leiden. Da sah man nur vereinzelt Lichter, als wenn die Sterne sich auf dem weiten Platz spiegelten.

Wenn wir jetzt manchmal von New York kommend auf dem Parkway fahren, halten wir oft bei einer Aussichtsstelle an. Dort kann man weit über die Felder und vereinzelte Häuser blicken. Ich bitte Fritz immer Nachts dort ein Weilchen stehen zu bleiben. Im Dunkeln sieht man kleine Lichter auf dem weiten Gelände. Fritz hört immer die Grillen zirpen oder den Uhu schreien.
Aber ich höre immer das Rangieren und das schrille Zusammenstoßen von Eisenbahnwaggons.

Unsere Wohnung

Ich habe nun überhaupt noch nicht unsere Wohnung in der Brombergerstraße beschrieben, diese große Wohnung. Da waren die Zimmer ganz hoch und oben sah man erhabene Ranken und Blumen. Ich habe immer überlegt wie sie die da bloß anbringen konnten. Ich fand sie sehr hübsch besonders die in der Mitte, das war die Stelle für die Kronleuchter. Das Beste von der ganzen Wohnung war für mich aber die riesigen Kachelöfen, besonders der eine, der ins grünliche ging. Das war Omas Kachelofen, und da war auch mein Teddybär gerne. Diese Öfen waren immer so schön warm und reichten bald bis an die Decke.

Mutti und Oma sagten oft, daß es eine herrliche Wohnung wäre. Auch die Tanten meinten alle, daß es eine sehr schöne Wohnung sei. Bloß gut, daß sie allesamt keine Ahnung hatte von dem was kommen würde, daß wir nach ein paar Jahren diese schöne Wohnung schändlich verlassen mußten. Und das alles nur wegen des Königs von Spanien und wegen des elenden Herrn Glowacs.

Ja, die Wohnung in der Brombergerstraße, mit wieviel Liebe wurde sie eingerichtet, als ob sie für die Ewigkeit wäre. Da kamen die Maler, die malten und die Tapezierer, die tapezierten, und dann kamen die Möbel. Da war die große Anrichte, oder das Buffet, wie sie genannt wurde, mit den geschwungenen Türen und dem Aufsatz mit den gebogenen Scheiben. Die kleine Vitrine, die große Vitrine, die alle viel hübscher innen aussahen, denn innen war helles poliertes Holz, und außen das häßliche dunkle. Ich habe nie dunkle Sachen leiden können, dann der Eßtisch und die vielen Stühle.

Eines Tages kaufte Mutti die großen Klubsessel und den Rauchtisch. Die Klubsessel waren aus dunkelbraunem Leder und der Rauchtisch aus schwarzer Eiche mit schwarzem Marmor. Mir war unklar warum wir einen Rauchtisch haben mußten, denn bei uns rauchte gar keiner. Papa manchmal eine Zigarette. Aber Papa ging gar nicht in das Zimmer, und rauchen wäre da sowieso nie erlaubt worden, wegen der kostbaren Gardinen, nämlich. Aber die Klubsessel, die gefielen mir. Da konnte man hochklettern und dann runterrutschen. Das wurde aber dann verboten, da es angeblich die Sessel ramponieren würde. Diese Sessel sind aber nie ramponiert worden, weil nie Jemand drauf saß. Sie sollten geschont werden, weil sie aus echtem Leder waren. Oma hat zum Geburtstag drauf gesessen wenn sie fotografiert werden sollte. Aber Mutti nie. Papa schon gar nicht. Papa konnte sie nicht leiden. Schonen war bei Mutti wichtig und Saubermachen. Immerzu Saubermachen. Immerzu wurde Staub gewischt. immerzu wurde auf alles was raufgemacht, dann poliert, angehaucht und wieder gerieben.

Oma an ihrem Geburtstag auf einem der guten Klubsessel

Und weil wir nun die Vitrinen hatten, mußte auch was rein. Und da kaufte Mutti dann die Römer. Das waren farbige langstielige handgeschliffene Gläser, und die waren so teuer, daß Mutti immer nur eins kauften konnte. Aber bald hatten wir viele, und die eine Seite oben von dem Aufsatz war voll davon.

Die Gläser waren aber nicht zum trinken, nicht mal für Gäste, die Rosen oder Chrysanthemen brachten. Die Gläser waren nur zum Ansehen, und das wurde dann auch nicht mehr erlaubt. Und daran hatte nur Tante Ida Schuld. Die wollte nämlich eines Tages, als sie zu uns kam, die Römer näher betrachten und drückte dabei den Glasboden, auf dem die obere Schicht stand, herunter, und da rutschten sie alle zur Seite und dann auf die zweite Schicht und dann alle zusammen auf die Erde. Das war vielleicht was. Die zerbrochenen Stücke sahen eigentlich noch ganz hübsch aus. Aber Mutti fegte alles auf und warf es weg und war sehr wütend, und die neuen durfte keiner mehr ansehen. Die ganze Sache kam natürlich nur daher, daß Tante Ida nie bei einer gnädigen Frau gearbeitet hatte und daher nicht wußte wie man solche Dinge handhabt. Mutti wäre so etwas nie passiert.

Und dann fing Mutti an Kristall für die große Anrichte zu kaufen, große handgeschliffene Kristallschalen, ovale und runde und Kristallteller und Kristallvasen. Sie waren alle ohne Farbe, aber blitzen und funkelten in allen Tönen mit ihren vielen Facetten.

Die meisten hatten noch Spiegeluntersätze, die dann noch alles doppelt zurückstrahlten. Mutti konnte sich nicht sattsehen an ihren Schätzen. Papa war es völlig gleichgültig was Mutti kaufte. Er nannte alles Plunder. nur nicht was mit seiner Fabrik zusammenhing. Mutti hätte sich auch Kleider oder Schmuck kaufen können. Aber sie gab wenig für sich selbst aus. Nur für ihr HEIM, wie sie es nannte. Und das war ja schließlich für die ganze Familie. Oma zeigte nicht viel Begeisterung. Aber wenn Metake glücklich war, dann war sie es auch, und wenn Metake es schön fand, brauchte man sie gar nicht erst zu fragen, man wußte die Antwort.

Die meiste Sorgfalt wurde auf das sogenannte Eßzimmer gelegt. Mir selbst gefiel dieser Raum nicht, absolut nicht. Aber ich wurde damals noch nicht zu Rate gezogen. Die Möbel waren zu dunkel, bald schwarz. Alles dunkle Eiche. Die Sachen waren so groß und schwer, daß man verstehen konnte, warum sie so furchtbare Beine haben mußten, und diese Löwenfüße, diese Löwenfüße. Das Schlimmste war die Standuhr. Die war natürlich auch schwarz. Alles war schwarz. Das war damals modern. Aber das Ding hatte noch etwas Besonderes. Das war das schreckliche Graulen, was mir immer so Angst machte. Und sie machte es Tag und Nacht, und wenn man mal dachte, jetzt würde sie es nicht mehr tun, dann fing es wieder an. Es klang so wie der Sandmann, wenn man nicht schlafen wollte, oder wie der Buhmann, oder wie der Weihnachtsmann, wenn er einem drohte, weil man nicht immer artig gewesen war.

Und dann die gräßliche Ledertapete mit dem erhabenen Muster und der schwarzbraunen Farbe. Es war sicher die eleganteste und modernste, die das Tapeziergeschäft Hobbermann zu bieten hatte. Und Mutti kaufte immer nur das Beste, und dunkelbraun war damals das Beste. Das Rosenmuster in meinem Zimmer war viel hübscher. Auch wenn man manchmal Tiere und Gesichter darin sehen konnte, aber die waren meist nicht böse. Und Oma hatte ihr Bett neben dem meinen, da konnte man, wenn es ganz ängstlich wurde, schnell unter ihre Federdecke krabbeln.

An dieser Ledertapete im Eßzimmer sah man außen gar nichts Gefährliches. Ich hatte jedoch immer das Gefühl, daß das Schlimme unter ihr, hinten an der Wand sitzen mußte, und nur nicht rauskam, weil die Tapete so dick war. Da konnte doch zum Beispiel ein Lollus leben.
So ein Lollus wie es ihn in Omas Märchen gab, und der konnte, immer dicker und dicker werden und sie eines Tages von hinten zersprengen. Und wenn man dann zufällig allein im Zimmer war....

Einmal kamen Chinesen oder Japaner an unsere Tür und verkauften Mutti ein Teeservice, daß war so dünn, daß man das Licht durchsehen konnte. Mutti kaufte von ihnen auch noch eine Tischdecke. Die war aus schwarzem Tuch und hatte rote Schmetterlinge mit glänzender Seide aufgestickt. Ganz große rote. Die erinnerten mich dauernd an Höllentiere. Nein, ich möchte das alles nicht. Als ich klein war, habe ich diesem Zimmer nie so richtig getraut und ließ immer die Tür offen, für alle Fälle

. Aber wenn Besuch kam, dann hatte ich in dem Raume gar keine Angst. Dann wurde der Tisch zu ungeahnter Größe ausgezogen und mit glänzendem Damast belegt. Und dann holte Mutti das schöne Porzellan hervor, das unten in dem Schrank stand und die funkelnden Gläser, (nicht die bunten natürlich) und das gute Silber, und dann die vielen Blumen. Besuch brachte immer Blumen, auch wenn es manchmal nur ein kleiner kurzer Besuch war. Bei großem Besuch aber, gab es gelbe Chrysanthemen, die Mutti besonders gerne mochte.

Wie hat Mutti sich stets über alles gefreut. Immer lange vorher gedeckt, immer wieder die Teller ein bißchen verschoben damit auch alles ganz richtig stand, alles bestens zur Wirkung kam. Sie hatte ja bei der gnädigen Frau gesehen, wie man es machen mußte.

Mutti hatte Besuch gerne, und Besuch schien Mutti auch gerne zu haben. Sie war sehr gastfreundlich, gab immer alles, was sie hatte, immer das Beste, nicht zum Großtun, nein, einfach aus Freude, aus Freude am Geben.

Zu einem Geburtstag oder anderem Festtage wurde tagelang Kuchen gebacken. Kuchen in großen braunen Tongut Formen und viele Bleche mit Steußel und Bienenstich und auch manchmal Pflaumenkuchen. Und alles wurde dann zum Bäcker getragen, der es abbacken mußte. Es wurden solche Mengen hergestellt, weil jeder Gast ein großes Kuchenpaket mitbekam, um es mit nach Hause zu nehmen. Das schien in Hinterpommern so Sitte gewesen zu sein. Mutti kaufte dazu noch vielen Kuchen vom Bäcker. Alle möglichen Sorten von Torten und Schlagsahne, die wir besonders gerne aßen. Und dazu der Kaffeegeruch. Mutti kochte nur richtigen Kaffee,

Mutti stolz un dem neuen Haus

wenn Besuch kam. Später die riesigen Platten mit dem vielen Aufschnitt und den vielen Wiener Würstchen.

Wenn Besuch kam, konnte man manchmal heimlich unter dem Tisch sitzen und die Beine der Großen ansehen. Zu den Festen erschienen auch immer alle Tanten und Cousin und Cousinen.

Mir fällt gerade auf, daß alle immer zu uns kamen, wir nie bei ihnen feierten. Aber das lag sicher daran daß Mutti so großzügig war, und wohl auch, weil Oma nicht weggehen mochte. Muttis und Omas Geburtstag wurde immer ganz doll gefeiert, mit einem großen Truthahn, der damals sehr kostbar war.

Papas Geburtstag wurde nie gefeiert.. Aber Papa wollte auch immer nicht und wurde richtig böse, wenn Mutti nur einmal die Möglichkeit erwähnte.

Papa, Mutti, Cousine Edith, Cousin Ernst
Tante Minna, Hildegard, Oma mit Ellen, Tante Ida

Die viele Blumen wurden aber leider nach dem Fest abends auf den Balkon gestellt, damit sie länger hielten. Ich bin Nachts oft hinaus gegangen um an den schönen Sträußen zu riechen.

In diesem sogenannten Eßzimmer wurde aber nur gespeist wenn Gäste da waren, sonst aßen wir in der Küche. Papa kam sowieso meist erst ganz spät Abends nach Hause, wenn ich schon schlief. Oma wollte immer nur Klimpern, die ihr extra gekocht wurden. Das war so ein pommersches Essen, das man in Berlin einen Saufraß nannte. Es war eine Milchsuppe mit Mehlklumpen, was abscheulich schmeckte.

Mutti hatte kein Dienstmädchen. Nur mal für kurze Zeit. Da waren viel zu viel zerbrechliche kostbare Sachen, und man wußte nie, ob die Mädchen auch alles "Mit Liebe" handhaben würden.
Mutti hat auch Oma nie was machen lassen; nicht einmal Kartoffelschälen oder gar Saubermachen. Das sollte ihre alte Mutter nicht. Sie sollte nur auf uns aufpassen. Aber eine Sache konnte Oma machen, und das war am Sonnabend Abend den Badeofen anheizen

Die Badestube

Die Badestuben waren immer kalt, sogar im Sommer. Aber wenn man sie anheizte dann wurden sie schön warm. Da war der große gelbbraune Badeofen. Wenn man diesen erhitzte, dann entstand außerdem ein ganz bestimmter Sonnabendabendbadestubengeruch, den man durch nichts anderes erreichen konnte, als durch das ganz dolle Überheizen des Badeofens. Es schien etwas von der goldbraunen Farbe in der Luft zu schweben, wenn er ganz heiß wurde. Dieses Anheizen, welche Wonne.

Oma saß vor der geöffneten Tür auf einer kleinen Fußbank, ich daneben. Und dann wurde langsam Stück für Stück von Papier und Holzresten in den brennenden Ofen getan. Welch herrlich, immer wechselndes Farbenspiel, welch Tanzen, Fliegen, welche Töne, Knattern, Prasseln, Krachen, Summen und Singen. Manchmal schoß etwas in die Höhe und schwebte in tausend feinen Sprühlichtern herunter. Und dann die Zeitungen oder Bilder, wenn man die verbrannte, wie fingen die Figuren an zu leben, sich zu verbiegen und verändern. Und manchmal steckte man die böse Hexe oder den Teufel mit viel Papier hinein, dann wurde die Tür zugemacht, damit sie ja nicht wieder herauskamen. Danach hörten wir das Toben und Wüten gegen die Wände des Ofenloches. Aber Oma war ja da, und die Heizungstür blieb ganz fest verschlossen.

Von dem Teufel wurde der Badeofen immer besonders heiß, so daß man bald baden konnte. Diese herrliche Hitze im ganzen Raum. Das viele heiße Wasser, in dem man lange plantschen konnte, bis die Finger ganz kriselig wurden. Das warme Badetuch, mit dem Oma mich abrieb. Dann wurde man ins Bett getragen, und Märchen vorgelesen bis man einschlief. Wir badeten nur einmal die Woche. Sonst wurde ich mit einem nassen Lappen abgerieben, was gar keinen Spaß machte.

Wir haben jetzt nicht nur ein Bad, sondern drei. Brauchen keinen Ofen mehr mit der Hand anzuheizen. Aber es riecht nicht mehr so schön. Oma ist nicht mehr da. Und ich würde sagen. Baden ist jetzt ein bißchen besser, als das mit dem Waschlappen.

In der Badestube in der Brombergerstraße hatte ich einmal weiße Mäuse. Die bekamen Junge, die aber gar nicht niedlich waren und wie dicke nackte Würmer aussahen. Einer von den großen, die Mutter glaube ich, ist dann aus der Kiste entwichen und in die Wäsche gegangen, die oben auf dem kleinen Hängeboden in den Körben lag und darauf wartete gewaschen zu werden. Es wurde damals nur einmal im Monat gemacht. Auf dem Hängeboden wurden viele Betttücher angefressen. Mutti war sehr böse, und die Tiere kamen zu Tante Minna. Tante Minna hatte eine Freundin, die weiße Mäuse ganz gerne hatte. Zu der Freundin wurden auch alle meine Katzen gebracht, die ich überall fand, da Katzen mich gut leiden konnten. Sie durften aber nie lange bei uns bleiben, weil sie statt in die Sandkisten lieber in die Federbetten Pipi machen wollten. Die Freundin von Tante Minna hatte alle Tiere so gerne, war aber ständig verreist, wenn ich meine Tiere mal besuchen kommen wollte, wirklich jedes mal.

An die Badestube habe ich dann noch eine ganz besondere Erinnerung, vor allem an die Badewanne. Einmal habe ich nämlich Papa darin sitzen sehen. Er hatte einen guten Anzug an und seine Beine hingen über den Rand. Er sagte dauernd, daß er sterben müsse, was mir sehr leid getan hätte. Aber Mutti meinte, er würde gar nicht sterben. Ihm hätte nur Jemand etwas zu trinken gegeben. Papa hatte nämlich einen ganzen Rucksack voll Geld bekommen für irgend etwas was er verkauft hatte - ein Motorrad glaube ich. Und da haben die Leute ihn in ein Restaurant mitgenommen. Und Papa vertrug wohl keinen Alkohol. Wir hatten nie Alkohol zu Hause, nie Bier oder Wein. Nur wenn mal besonders großer Besuch kam oder Feste vorbereitet wurden, kaufte Mutti etwas. Wir tranken nur Wasser, Malzkaffee oder Fruchtsaft.

Weil Papa aber nun so lange nicht gut war, bekamen wir dann für den ganzen Rucksack voller Geld nur noch zwei Brote, das war nämlich Inflationsgeld, wie Mutti sagte. Unsere Oma hatte immer noch Briefmarken aus der Zeit. 3 Billionen Mark stand auf einer.

Dann ist nochmal etwas mit dieser Badewanne passiert. Die war einmal ganz voll Blut. Das war aber rosa Blut, und es hieß, daß der Klapperstorch Mutti in das Bein gebissen hätte. Das war, als ich meine kleine Schwester bekam. Die sah ganz niedlich aus, war aber so klein, daß man doch nicht mit ihr spielen konnte. Übrigens kann der Storch nicht doll gebissen haben wenn nur rosa Blut kam.

Von meiner kleinen Schwester Ellen und noch Anderem

Ellen war vier Jahre jünger, und ich kann mich eigentlich nicht viel an die Zeit entsinnen, als sie noch ein kleines Baby war. Die meiste Erinnerung an sie habe ich, wie wir ständig zusammen an dem schönen großen warmen Ofen saßen. Das war der Platz, wo unsere Oma sich meist aufhielt. Das war da, wo man immer warm und vor allem immer sicher war. Dieser Ofen hatte übrigens etwas Besonderes. Er besaß eine kleine Tür etwa in Augenhöhe. Hinter dieser befand sich eine Öffnung, in der man Sachen warm halten konnte. Oma legte aber nur Äpfel hinein, die dann nach ein paar Stunden ganz weich wurden. Abends vor dem Märchenvorlesen wurden sie dann verspeist. Unsere Oma konnte Äpfel nur mit einem Löffel essen, sie hatte doch gar keine Zähne mehr. Oma in ihrer langen Schürze, die sie immer umhatte, und die fast zur Erde reichte, wir zu ihren Füßen - die Märchen und der Geruch der gebackenen Äpfel.

Oma, liebe Oma wie lange ist es schon her, und wie kurz war doch die Zeit, die inzwischen vergangen.

Oma sollte immer Märchen vorlesen und wenn die blaue Dämmerung kam , dann sollte sie uns die Märchen erzählen. Oma war es gewöhnt das Licht erst anzumachen wenn es ganz dunkel war. Das war unsere Lieblingszeit. Und da waren unsere Lieblingsmärchen, und die mußten auch jedes mal mit den gleichen Worten berichtet werden. Ja nicht mal anders, bloß nicht, denn es waren ja keine Geschichten. Es war ja alles wirklich wahr. Es hatte sich tatsächlich Alles einmal so ereignet, ganz genauso wie es in dem Buche stand. Oma wußte es. Sie wußte es von ihrer Mutter und von den Leuten in ihrem Dorfe. Und die konnten alle bezeugen, daß es wirklich einmal so geschehen ist in dieser phantastischen gruseligen Welt der Märchen. Es kam uns nie in den Sinn auch nur die kleinste Einzelheit zu bezweifeln.

Ellen legte immer ihren Kopf an Omas Schürze und setzte sich stets so, daß sie sich ja nicht in der Nähe der Stubentür befand, sondern zwischen mir und der sicheren Ofenecke. Und oft mußte ich ihre kleine Hand ganz fest halten, wenn es gar zu schaurig wurde. Ellen hatte Angst vor vielen Sachen, besonders vor dem dunklen Korridor. Ich natürlich auch. Aber das durfte eine große Schwester nicht zeigen.

Ellen war ein sehr hübsches Kind. Sie lief auch immerzu schön aufrecht und saß nie krumm. Bei mir hieß es oft:"Mädel sitz gerade." Ellen war auch nie zu dünn. Sie war immer richtig. Bei ihr bestand nie die Angst, daß sie an der "Auszehrung" sterben oder gar verhungern könne. Es wurde bei ihr nie befürchtet, daß sie sich mit irgend etwas den Tod holen könne, auch, wenn sie mal nicht die gräßlichen grünen wollenen Hosen anzog.

Alle Ängste schien man sich bei mir, der Ältesten abgeängstigt zu haben, weil einfach all die grausigen Dinge, die man bei mir so befürchtet hatte, nicht eingetroffen sind.

Ellen war auch immer sauber. Sie schien sich nie schmutzig zu machen. Mutti wusch uns dauernd. Meiner Ansicht nach, völlig unnötig. Sie benutzte für uns nur die teure Kalodermaseife, die so schön nach Honig und weißen Blumen duftete. Und danach roch Ellen immer. Bei mir hielt das nicht lange vor.

An Ellens Haaren war auch nie etwas auszusetzen. Meine waren zu Muttis Leidwesen immer unordentlich. Und Mutti haßte unordentliche Sachen. Als ich kleiner war, kämmte Mutti mich ständig und setzte dann eine riesige breite Schleife auf meine Haare, ganz oben, genau in die Mitte. Die Schleife mußte senkrecht stehen. Sie war aus steifer Seide und mindestens so groß wie mein ganzer Kopf. Diese Dekoration war damals große Mode. Und wenn Besuch erwartet wurde oder man zu Besuch ging, dann mußte eine zum Kleide passende Schleife befestigt werden, dann gab es kein Erbarmen. Das Schlimmste an der Sache war, daß man mit dem Ding auf dem Kopfe nicht rumtoben durfte. Ellen hatte Glück. Als sie in das Alter kam, trug man so etwas nicht mehr.

Ellen war mittelblond. Mein Haar war dunkel nahezu schwarz. Ellen besaß herrliche und unheimlich viele Haare. Als sie älter wurde, trug sie sie schön in dicke lange Zöpfe geflochten. Die waren vielleicht schwer. Ich konnte immer nicht verstehen, warum es ihr nicht wehtat, wenn sie so an ihrem Kopfe hingen.

Ellen erinnert sich daran, daß wir oft unter einem kleinen Tisch saßen und Mutter und Kind spielten, und sie immer das Kind sein sollte, was ihr durchaus nicht gefiel. Sie wollte auch mal die Mutter sein. Daher spielte sie lieber mit Puppen. Das habe ich eigentlich nicht so gerne getan. Die Puppen sagten nie was. Man konnte die dummen Dinger nur anziehen und in den Puppenwagen legen. Man durfte sie nicht kämmen, sonst gingen die Haare raus. Man durfte sie nicht baden, sonst bekämen sie Wasser in ihren Bauch. Man durfte sie nicht an den Armen schwenken, sonst rissen die Gelenke ab, und man durfte sie auch nicht verhauen, sonst gingen sie ganz kaputt. Vor allem sollte man ja nicht an den Augenwimpern ziehen. Meine große, die ganz teure, hatte hinten auf dem Rücken eine Öffnung zum "Mama" sagen. Dieses Loch interessierte Ellen und mich ganz besonders. Die große Puppe klapperte auch mit den Augen. Ich wollte immer so gerne reinpieken, um zu sehen was da so dahinter, so ganz drinnen los war. Aber das war strengstens verboten. Und wenn man es trotzdem versuchte, gab es unweigerlich viel Schimpfe. Mit den Puppen war überhaupt viel Ärger verbunden. Mein alter Teddybär, der so schön weich war, der war viel besser. Der war Jemand, den man küssen und drücken konnte, und der auch noch auf einen aufpassen würde, im Falle mal eine Hexe oder ein Teufel ganz plötzlich erscheinen sollte, was ja immerhin leicht möglich war. Bären waren starke Tiere, und vor allem konnten sie brummen, und dann wäre man gewarnt und könnte schnell zu Oma rennen.

Meine größte Freude war draußen zu spielen. Ellen war nicht gerne auf der Straße. Kein Wunder, daß sie immer so sauber war. Unser Altersunterschied von vier Jahren war eigentlich ein schwieriger. Ellen war zu groß um mein Baby zu sein und zu klein um das zu spielen was ich gerne spielen wollte.

Ellen war sehr schüchtern und ihre großen blauen Augen blickten oft in Angst auf alles Unbekannte. Sie hatte kaum Freunde als sie klein war. Sie zog es stets vor in der sicheren Nähe von unserer Oma zu bleiben.

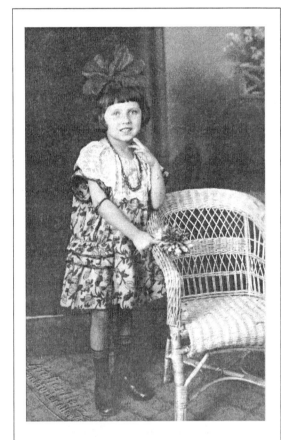

Die beiden Schwestern: Ellen mit unserem Pudel und Hildegard mit dem Ungetüm auf dem Kopf

Ellen liebte Tiere. Ich eigentlich auch, aber Ellen fand dauernd irgend etwas ganz Kleines, einen Kaktus, ein Käferchen oder ein Würmchen, das sie dann lange liebevoll betreute.

Sie war auch ständig darauf bedacht jemandem eine Freude zu bereiten. Wenn wir zum Beispiel etwas besonders gutes zu essen hatten, verzehrte ich meins ganz schnell und vor allem restlos - tue ich heute noch. Aber Ellen aß stets ganz langsam und hatte immer noch etwas, wenn meins schon längst verschlungen war.

Sie lächelte dann jedes mal ganz herzlich und hielt mir liebevoll etwas von ihrem hin. Und ich nahm es auch an. Was ich zu meiner Schande gestehen muß.

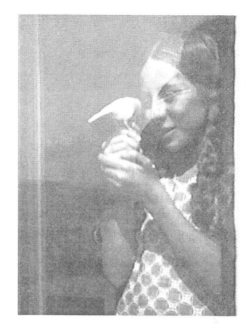

Schwester Ellen

Hildegard Baumann

Sie war nicht viel Spaß. Aber wie ich wohl schon sagte, es war schwer in der Brombergerstraße überhaupt Kinder aufzutreiben. Hildegard Baumann wollte immer nur dasselbe spielen. Da malte man mit Kreide Quadrate auf die Erde und dann mußte man darüber und dazwischen hopsen. Ich fand das auf die Dauer schrecklich langweilig.

Das einzige, was an Hildegard Baumann besonders war, war die Mutter. Die machte ständig Schlipse. Tag und Nacht hörte man das Rattern der Nähmaschine. Sie schien nie zu schlafen. Weiß gar nicht wann sie kochte oder reinigte. Der Mann war bei der Bahn beschäftigt, trug eine blaue Uniform und war nie zu Hause. Wenn wir unten spielten, ging Hildegard Baumann ab und zu rauf in ihre Wohnung. Wir durften aber nie in das geheimnisvolle Nähzimmer der Mutter. Es hätte stören und sie ablenken können. Es wären weniger Schlipse fertig geworden, womöglich eine schiefe Naht. Aber ich hatte immer die stille Hoffnung, daß eines Tages die Mutter doch vielleicht einmal ganz kurz aufhören und ihre Tür öffnen würde, und daß man dann schnell hineinschauen könnte. Aber das ist natürlich niemals passiert, denn Frau Bachmann machte nämlich niemals eine Pause.

Jedoch in die Küche konnte man. Ganz leise und flüstern natürlich. Dort nahm sich Hildegard Baumann manchmal eine Schwarzbrotstulle aus dem Brotkasten, der auf dem Küchentisch stand. Sie hatte die Erlaubnis auf diese Stulle sich einen Teelöffel Zucker zu streuen. Nur einen, nicht mehr. Sie mußte dabei aber aufpassen, daß nichts auf den Boden ging. Dann wurde das Brot etwas geschüttelt damit der Zucker auch in die Brotlöcher fiel. Manchmal gab sie mir auch etwas ab.

Und das schmeckte nun so außerordentlich, so unerhört gut, daß es schon wert war, allein deshalb mit Hildegard Baumann befreundet zu sein - vor allem, wenn ich an meine Brote dachte, die immer Butter und Marmelade oder Wurst draufhaben mußten.

Frau Baumann brachte jeden Pfennig auf ein Sparkonto, denn eines Tages hatte sie nämlich vor......... aber sie kam nie dazu, denn eines Tages kam nämlich Krieg und noch ein paar andere grausige Sachen. Aber das wußte Frau Baumann damals zum Glück noch nicht.

Frau Baumann hatte auch einen Sohn, den man aber kaum sah. Ich hatte keine Ahnung was er machte, vielleicht immer Schularbeiten. Ich sah ihn aber nie in eine Schule gehen. Er war schon älter, und meine Cousine Edith fand, daß er enorm gut aussah. Sie kam uns öfter besuchen und mußte immer auf den Balkon gehen, da ihr so heiß war. Der Junge ging dann auch immer auf den Balkon, wenn meine Cousine da war. Sie sollen sich sogar einmal vor der Haustür getroffen haben. Aber da war ich nicht dabei, hatte es nur von den Großen gehört, die solche Dinge immer gleich merken.

Etwas Ulkiges

Einmal hatte Papa ein sehr seltsames Erlebnis, das ich unbedingt erzählen muß. Das war, als er eines Abends ganz spät nach Hause kam. Er hatte nämlich in seinem Betrieb noch lange gearbeitet. Da überlegte er immer neue Sachen, die er fabrizieren konnte. Manchmal fielen ihm welche ein, und manchmal auch nicht, und dann wurde es oft Mitternacht, und dann schlief bei uns schon alles und alle.

Also eines Nachts schloß Papa bei uns, ganz in Gedanken versunken, die Wohnungstür auf. Da war nämlich ein neues Produkt, das viel Ärger machte. Wir hatten einen ziemlich schmalen aber langen Korridor. Von dem gingen rechts und links die vielen Zimmer ab. Und ganz am Ende war dann die Küche. Papa wollte nicht Licht auf dem Flur machen, um keinen zu wecken. Wenn Papa sehr spät nach Hause kam, hatte Mutti ihm immer etwas zu essen hingestellt. Darum ging Papa gleich in die Küche. Aber dort war er sehr erstaunt, Mutti hatte lauter neue Küchenmöbel angeschafft und hatte ihm gar nichts davon gesagt. Sie hatte auch vergessen, ihm Essen zurecht zu machen. Aber da hörte er sie auch schon im Nachthemd aus dem Schlafzimmer kommen. Aber als sie ihn erblickte, fing sie ganz doll an zu schreien und wollte gar nicht aufhören. Und dann kam noch ein Mann aus dem Schlafzimmer gerannt. Der Mann hatte auch ein Nachthemd an. Der Mann war Herr Baumann, und der machte gleich Licht, und beide Männer starrten sich entsetzt an. Aber dann sah Papa, daß Mutti gar nicht Mutti war, sondern Frau Baumann. Papa war aus Versehen eine Treppe zu hoch gelaufen und hatte die Wohnung bei Baumanns aufgeschlossen.

Das war sehr ulkig. Was besonders ulklig war, war die Tatsache, wie man sich immer mit den Schlössern hatte. Das waren nämlich ganz besonders teure und komplizierte Sicherheitsschlösser. Diese komplizierten Schlösser konnte kein Schlosser öffnen, wenn man mal den Schlüssel vergaß oder gar verlor. Bei vielen, die ich kannte, war es immer ein großes Theater, reinzukommen.

Sie schauten erst einmal durch ein kleines Glasloch, und dann war noch eine Metallkette, die erst abgemacht wurde, wenn alles ganz sicher schien. Baumanns waren immer ganz besonders vorsichtig. Wir natürlich nicht. Aber warum sollte man auch, denn ich habe nie von einem Fall gehört wo Jemand überfallen wurde.

Bei Baumanns muß der Sohn den Abend vergessen haben, die Kette vorzumachen, denn Herrn Baumann wäre so etwas nicht passiert. Wenn man bei der preußischen Eisenbahn beschäftigt war, dann konnte man nichts vergessen. Und auch Frau Baumann hätte niemals einen solchen Fehler gemacht, denn bei der Herstellung von Schlipsen muß man auch ganz gewissenhaft sein. Ich kann mir vorstellen was der arme Junge für Schimpfe bekommen haben mag. Vielleicht auch noch was Anderes.

Die Baumanns haben dann sogleich ein ganz neues Schloß einbauen lassen. Und Mutti sagte, daß wir natürlich dann auch das Gleiche tun müßten. Und ich weiß auch nicht ob die Familie Baumann über die ganze Geschichte so gelacht hat wie wir. Ich glaube, die fanden es gar nicht ulkig, denn Baumanns waren sehr ernste Leute.

Mein Bretterzaun

Die Brombergerstraße bestand nur aus einer Häuserreihe. Auf der gegenüberliegenden Seite war ein hoher Bretterzaun. Hinter diesem befand sich das Bahngelände, das ständig mit Rangieren und Abstellen der Züge beschäftigt war. Vor diesem Zaun war ein gut gepflasterter Bürgersteig, auf dem kaum jemand entlanglief. Der obere, etwas abschüssige Teil gehörte mir, mir ganz alleine. Er war herrlich zum Rollerfahren. Hildegard Baumann machte es nie. Sie hatte immer Angst vor allem. Allerdings konnte man beim Rollerfahren auch hinfallen, und dann noch eine ganze Strecke mit den Knien auf den Steinen entlang schleifen. Das tat sehr weh. Aber es brauchte ja nicht unbedingt zu passieren. Und das Runtersausen war so herrlich, daß man schon ein paar Narben in Kauf nahm.

Außer Rollerfahren hatte ich noch etwas anderes entdeckt, was eine Quelle nicht endender Freude für mich wurde. Das waren die Löcher. Die kleinen, die großen, die runden, die ovalen, selbst die länglichen Löcher im Bretterzaun. Wenn man durch diese kuckte, sah man unendlich schöne Dinge. Da waren Gräser, Blumen. Schmetterlinge. Da waren lange Stiele, die hatten Blütengewebe wie Muttis Spitzendecken. Da waren Gewächse mit vielen winzigen Sternen. Da gab es gelbe, ganz hochlackierte Blumen und die vielen anderen seltsam geformten Pflanzen und Blätter. Manche schienen die gleichen zu sein, wie sie bei Tante Lieschen wuchsen. Aber wie anders sahen sie hier aus. Vielleicht war es, weil man jetzt nur so ein wenig auf einmal sehen konnte. Manche erschienen ganz groß, andere ganz klein. Manche waren durchsichtig und hatten besondere Farben. Es mußte der Garten einer Fee sein. Die Blumen konnten sogar die Köpfe drehen, wie Menschen, nur viel langsamer. Am Morgen sahen sie in die eine und am Abend in die andere Richtung. Es war ein Zaubergarten. Vielleicht gehörte er den Trollen. Jemand mußte doch das Alles besorgen, pflanzen und gießen. Aber ich habe dort niemals einen Troll gesehen.

Viele Jahre stand ich an dem Bretterzaun und schaute in ein Paradies. Ich konnte mich nicht sattsehen. Wie sehr wünschte ich doch selbst einmal dort sein zu dürfen.

Als gegen Ende des Krieges unter Anderem auch der Bretterzaun in die Luft flog, konnte ich in mein Zaubergehege gehen. Ich habe es getan, trotzdem ich schon erwachsen war und anderes zu tun hatte.
Es war ein schmaler, vielleicht zwei Meter breiter Streifen am Bahngelände entlang, voll von Unkraut.

Da war nie etwas anderes gewesen als Unkraut, nur Unkraut.

Tante Lieschen

Ja, von Tante Lieschen habe ich eigentlich noch gar nichts erzählt. Tante Lieschen war die Jüngste von Muttis Geschwistern. Sie soll die Hübscheste gewesen sein. Ich hingegen habe das nie gefunden. Jedoch kann man absolut nicht danach gehen, was ich als schön bezeichne, denn ich finde immer nur die schön, die ich sehr gut leiden kann. Tante Lieschen war nicht eine von den Tanten mit der Farbe rosa. Etwas ja, aber da war auch gelb und rot und schwarz und grün. Und wer das alles einmal zusammen gemischt hat, weiß was ich meine.

Tante Lieschen und Mutti waren eng befreundet, als ich noch klein war. Wir waren oft dort, und sie waren oft bei uns. Sie wohnten ja beide in Berlin. Später muß irgend etwas passiert sein, wovon niemand sprechen wollte, was mich auch nicht besonders interessierte. Denn wenn ich es unbedingt hätte wissen wollen, hätte ich es sicher raus bekommen. Jedenfalls soll Tante Lieschen etwas zu Papa von Mutti gesagt haben, was Papa nicht hätte wissen sollen, und dann hat Mutti zu Tante Lieschens Mann auch etwas gesagt, was der nicht wissen sollte. Und dann haben sie nie wieder miteinander gesprochen. Auch nicht als Tante Lieschen krank wurde und starb. Aber das war viel, viel später. Im oder nach dem Kriege, glaube ich.

Tante Lieschen hatte einen Mann geheiratet, der sehr häßlich war, innen und außen. Er hatte ein Raffgebiß, war aus dem Rheinland, und der Einzige in unserer Familie, außer Mutti, der gerne tanzte. Die Tanten und Onkelgeneration meine ich natürlich. Georg Bart war sein Name. Er hatte ständig Stiefel an, eine braune Hose und ein braunes Hemd. Immer wenn Georg Bart zu einem Familienfest erschien, wurde eine bestimmte Schallplatte aufgelegt, die Mutti den Bartschieber nannte. Es war eine Art flotter Marsch, bei dem man auch hopsen konnte. Der Bart, wie er bei uns hieß (er bekam nie das Prädikat Onkel) und Mutti tanzten dann immer sehr lustig. Alle andern wollten jedoch nicht.
Ich glaube aber, sie hätten auch gar nicht gekonnt, auch wenn sie gewollt hätten.

Aber Mutti tanzte gerne und eines Tages beschloß sie auch die neuen Schritte zu lernen. Sie ging zur Tanzschule in die Warschauerstraße. Foxtrott, Tango, langsamer Walzer, alles die modernen Sachen. Sie kaufte neue Musik und legte sie auf den Plattenspieler, den Elektrola, den ich nie anfassen durfte, den man mit der Hand aufdrehen mußte, und dem bei jeder Seite eine neue Nadel eingesteckt wurde, da Mutti immer alles sehr, sehr pflegte.
Dann stellte Mutti sich vor den Spiegel, legte beide Hände an die Hüften, und dann zwei Schritte vor, zwei Schritte zur Seite, zwei zurück. Sie zählte dabei laut mit. Ich habe sie oft durch den Türschlitz beobachtet.

Sie hatte Papa auch in der Tanzschule angemeldet und ihm ein paar weiße Handschuhe gekauft. Als Papa sich aber entschieden weigerte dieselben anzuziehen, war es wieder einmal klar, daß

"der Mann sie nie geliebt hat, auch nie lieben wird, und auch nicht aus Liebe geheiratet hat".

Aber Robert, selbst Robertchen blieb eisern. Und ohne ihren heißgeliebten Mann machte die Sache keinen Spaß und sie gab die Tanzschule auf. Diese Handschuhe haben die Bombenzeit nicht überlebt.

Der Bart war ein Nazi, und was für einer. Ein Edelnazi, gehörte schon lange zu Hitlers Getreuen. Übrigens der einzige Nazi in unserer ziemlich großen Verwandtschaft.

Papa, der eigentlich alle Menschen leiden konnte, mochte den Bart absolut nicht, wegen seiner dämlichen politischen Ansicht, sagte er, aber das stimmte nicht ganz, denn unter seinen Bekannten gab es auch einen, der ein Nazis war, und den Papa trotzdem leiden konnte. Der Bart rief schon "Heil Hitler" wenn er morgens aus dem Schlafzimmer kam. Wirklich, ich habe es selbst gehört. Mutti konnte ihn nicht leiden, weil er immer nur Stiefel trug, und ich mochte ihn eigentlich auch nicht, trotzdem er den ganzen Tag über fröhlich war. Er war reich. Er hatte eine Lederwarenfabrik. Immer wenn wir den Bart in seiner feinen Wohnung besuchen kamen, roch es nach Leder. Da waren viele Lederriemen und Lederaktentaschen.

Tante Lieschen hatte auch eine Tochter, die zur gleichen Zeit geboren war wie ich. Ihr Name was Ingeborg. Sie hatte die Zähne und manches Andere vom Vater geerbt und die Angewohnheit, wenn sie lachte oder auch nur lächelte, die Oberlippe ganz weit über die Vorderzähne zu ziehen, was sehr komisch aussah. Als wir klein waren, machte es gar keinen Spaß sie zu besuchen, da Ingeborg immer alle Spielsachen schnell versteckte bevor wir kamen.

Tante Lieschen war, als sie fein war, sehr fein. Da hatte Tante Ida, die eine kleine Wirtschaft in Plauerhof besaß, sie einmal freundlich eingeladen zu Besuch zu kommen. Tante Lieschen wollte aber nicht, weil da zu viel Tierschmutz sein konnte. Sie sagte:

"Sie werde doch ihre Ingeborg nicht etwa in "Hühnerpopo treten lassen".

Alle Verwandten haben sich diesen Ausspruch wohl gemerkt, und er wurde oft zitiert. Tante Lieschen fuhr mit Ingeborg und vielen Echtlederkoffern nur in die vornehmsten Kurorte. Georg Bart verdiente gut mit seinem Geschäft.

Eines Tages wollte nun Tante Lieschen einen besonders guten Kasten Konfekt kaufen. Sie war immer sehr großzügig und brachte nicht nur Blumen mit, wenn sie uns besuchen kam. Die Schokoladenverkäuferin bot ihr sogleich die Marke an, die, wie sie betonte, Herr Bart jeden Tag bei ihr verlangte. Da das nun die gleiche Packung war, die sich laufend im Papierkorb der flotten Sekretärin befand, wußte selbst die naive Tante Lieschen Bescheid, aber leider zu spät. Lag es nun daran oder daran daß alle Parteigenossen allmählich Lederriemen besaßen, Georg Bart jedenfalls geriet in Geldschwierigkeiten und mußte seine Fabrikation aufgeben.

Da erinnerte er sich, daß Adolf Hitler in seinen Reden vor den deutschen Bauern diesen versprochen hatte, daß sie für ihre Eier pro Stück eine Mark bekommen würden. Georg Bart war nicht dumm. Er fing an zu rechnen. Da nun ein Huhn im Jahre 250 Eier legen konnte, hätte man bei 100 Hühnern 25 000 Mark. Wenn man nun aber 1000 Hühner hätte, so hätte man........Also nichts als eine Hühnerfarm.

Es lohnte sich an den Kundgebungen teilzunehmen und aufzupassen.

Man zog daraufhin nach Miesdorf bei Zeuthen. Georg Bart kaufte oder mietete in dem reizenden kleinen Orte ein Haus mit dem schönsten Garten, den man sich nur vorstellen kann. Es lag mitten im Dorf und hatte einen großen Zaun um alles, da man in Deutschland ja stets einzuzäunen pflegte. In diesem Garten befanden sich die herrlichsten Obstbäume. Von jeder Sorte einer. Da gab es süße und saure Kirschen, Äpfel und Birnen und Pflaumen und Mirabellen, auch Stachelbeeren, Johannesbeeren, Himbeeren und Erdbeeren. Mit einem Worte es gab nichts, was es nicht gab. Mutti kaufte stets viel Obst, aber hier, das war anders, das schmeckte viel besser, und dann auf die Bäume zu klettern und sich die Kirschen über die Ohren zu hängen, alles selbst zu pflücken. Welche Freude war das.

In Miersdorf gab es aber noch etwas anderes. Etwas ganz enormes. Da war eine Baggerkuhle, ganz dicht an Tante Lieschens Haus. Man hatte dort früher einmal irgend etwas aus der Erde holen wollen, wahrscheinlich Kies, und eines Tages eine Ader getroffen. Ganz klares Wasser füllte die große Grube. Es war sehr tief. Welche Wonne war der kleine See. Es wimmelte nur so von Kindern in allen Größen. Auch Erwachsene lagerten manchmal am Rand, der aus feinem Sand bestand. Das Wasser war sehr kalt. Aber wen störte das. Wenn man blau wurde, ging man ein bißchen raus, und bei dunkelblau ein bißchen länger.

In der Mitte dieses kleinen Sees, der mir damals so sehr groß erschien, befand sich eine winzige Insel. Herrliche Bäume wuchsen darauf, die ein viel schöneres Grün hatten, als alle anderen. Ich konnte es nur von weitem sehen, und vom weiten sieht alles immer viel, viel schöner aus. Aber zu dieser herrlichen Insel zu gelangen, war leider nur möglich, wenn man schwimmen konnte, und ich konnte nicht. Ich versuchte es zu lernen. Aber es war nicht so leicht. Papa zeigte mir wie man es macht. Aber bei mir klappte es mit dem Schwimmen nur, wenn ich mein Bein auf dem Grunde behielt. So mußte ich, zu meinem Leidwesen da bleiben, wo diese schreckliche Schnur gespannt war. Aber dahinter und auf diese herrliche Insel, da konnten nur die Schwimmer.

Nachdem ich nun gelernt hatte mindestens drei Stöße zu machen ohne mit dem Bein vom Boden abzustoßen, war es klar, daß ich schwimmen konnte. Und wenn man schwimmen konnte, dann konnte man doch auch zu der Insel gelangen. Ich beschloß die Sache nicht auf die lange Bank zu schieben und schwamm los. Und es ging sogar, wirklich. Irgendwie ist es leichter wenn es tiefer ist. Aber mit der Vorstellung von tiefer, dachte ich auch, wie viel tiefer, und plötzlich wurde mir klar, daß ich nun nicht mehr mit einem Bein schummeln konnte, und da bekam ich große Angst, und da rutschte ich runter. Das Schlimmste war das Wasser in der Nase und nur ganz schnelle Schwimmbewegungen konnten mich wieder hochbringen. Hilfe schreien wollte ich nicht, und konnte auch gar nicht, da man dafür Luft braucht, und die hatte ich nicht übrig, und ertrinken wollte ich schon gar nicht, also blieb nur Schwimmen übrig, ganz schnelles Schwimmen. Und ich schwamm und ich schwamm. Ich schwamm immer noch als meine Brust den Grund der Insel schon lange erreicht hatte.
Ich habe nicht in Erinnerung behalten, ob diese Insel nun wirklich so viel hübscheres Bäume und so ein anderes Grün hatte. Ich glaube ich habe gar nicht hingesehen, ich saß nur da und hechelte.

Was mich beschäftigte war die Vorstellung, daß ich nun auch wieder zurückschwimmen mußte.

Aber war ich dann doch ein bißchen stolz, denn ich hatte es geschafft, ganz allein, und daß ich nun wirklich schwimmen konnte.

Fast jeden Sonntag fuhren wir zu Tante Lieschen. Sie hatte immer viel Besuch, besonders wenn das Obst reif war. Später waren wir meist die einzigen Gäste. Es macht großen Spaß dort zu sein. Ingeborg und meine kleiner Schwester Ellen und ich, was konnten wir alles spielen, alles anstellen.

Im Hause innen waren viele Prospekte von Hühnern, Bücher von Hühnern. Bilder von Hühnern. Am Eingang, am Ausgang. An allen Wänden Plakate von Hühnern. Dicke furchterregende Seitenansichten von "Legehorn". Das schienen die Besten, die Legehorn. Das war die Zukunft. Eines Tages traf Georg Bart die Entscheidung, Legehorn, nur Legehorn. Er bestellte sie. Er bestellte viele. Und er kaufte etwas Land weit hinter Mierdorf in einer Einöde, und er ließ einige Ställe für sie bauen.

Aber bald darauf wurde das Haus mit dem schönen Garten verlassen, und man mußte auf die Hühnerfarm ziehen, ganz weit weg von Miersdorf und allen Menschen. Und dann kam der Tag, an dem Georg Bart einsehen mußte, daß Adolf Hitler in seinen Reden auch den Städtern versprochen hatte, die Lebensmittel gehörig herunter zu setzen, einschließlich Einer natürlich. Und da verschwand Georg Bart für immer aus dem Leben von Tante Lieschen und seiner Tochter Ingeborg.

Da waren sie nun zwischen ein paar fertigen und ein paar halbfertigen dünnen Baracken. Legehorn

liefen herum, die aber allmählich weniger wurden. Ein Haus etwas größer als die kleinen Hühnerställe in Holz ohne Isolierung, ohne Heizung, ohne Einkommen. Da aber die Zäune noch nicht fertig waren und auch nie fertig wurden, liefen alle Hühner um das Haus herum. Und da gab es viel Hühnerpopo

Sogar sehr viel Hühnerpopo.

Die 87 Volksschule

Ja, und dann kam die Schule, die 87. Volksschule, die am Ende der Brombergerstraße lag und mit einer großen Schultüte begann. Wie lange hatte ich mich schon auf diese Schule gefreut, schreiben geübt, zählen gelernt, und nun kam der große Tag. Eine lederne Schultasche wurde auf den Rücken geschnallt. Darin befand sich eine Schiefertafel, in Holz eingefaßt. Zwei Schnüre waren daran befestigt; eine für den feuchten Schwamm und eine für den Lappen zum Trockenreiben. Da war auch noch der längliche kleine polierte Holzkasten, den ich stundenlang auf und zu schieben konnte, weil er ein bestimmtes Geräusch machte. Dieser hübsche Holzkasten war für die Griffel bestimmt. Ich besaß jedoch noch einen roten Bleistift und sogar einen Radiergummi wie die Großen, für alle Fälle.

Fräulein Rosenau war unsere Klassenlehrerin. Und das blieb sie die ganzen vier Jahre lang. Nur Unterricht bei Fräulein Rosenau. Jede Woche Fräulein Rosenau, jeden Tag Fräulein Rosenau, jede Stunde Fräulein Rosenau. Fräulein Rosenau hatte eine vornehme Stimme und dazu immer passende Kleidung. Sie sprach nie zu laut, eher zu leise. Jedes Wort schien ihr kostbar zu sein. Und sie hatte vierzig Kinder in einem Klassenraum zu unterrichten. Wir saßen auf altmodischen Schulbänken mit daran befestigten Tischen, die eine Öffnung für das eingelassene Tintenfaß hatten. Unterhalb des Tisches war ein Fach für den Schulranzen, wie Papa ihn immer nannte, und - natürlich nicht zu vergessen - die Brottasche

Der erste Schultag war eine ziemliche Enttäuschung. Man mußte die Hände falten und durfte nicht reden, genau wie in der Kirche. Und die Schultüte war auch gar nicht so enorm, wie sie am Anfang erschien. Sie war nämlich nahezu bis oben hin mit doofer Holzwolle gefüllt. Und nur oben drauf war ein bißchen Bonbon und Schokolade. Die Sache ärgerte mich. Diese Schultüte war sicher mit Absicht so groß gemacht, damit man gerne in die Schule wollte. Aber auch wenn sie bis oben hin ganz voll mit Schokolade gefüllt gewesen wäre, hätte die Sache bei mir nicht gewirkt, denn ich wollte gar nicht mehr in die Schule, denn die Sache mit der Schule wurde von Tag zu Tag schlimmer. Das mit dem Hände-falten war nicht nur für den ersten Tag. Es war für immer. Auch das Redeverbot. Wenn man etwas wußte oder sagen wollte, mußte man den rechten Arm heben und den Zeigefinger in die Luft pieken. Es wurden aber immer nur die gefragt, die das nicht taten.

Wir hatten zwei Schwestern in unserer Klasse. Die waren schon sehr alt. Sie saßen bereits ein paar Jahre in der ersten Klasse und waren nie versetzt worden.

Im ersten Schuljahr

Fräulein Rosenau hatte nun den großen Ehrgeiz, diese Mädchen in die zweite Klasse zu bringen.

Der Unterricht wurde nicht fortgesetzt bis selbige es kapiert hatten.

Zwei Äpfel und zwei Äpfel sind vier Äpfel

Zwei Birnen und zwei Birnen sind vier Birnen.

Zwei Nüsse und zwei Nüsse sind....?...?

Nein, sie wußten es nicht...Sie wußten es gestern nicht.

Sie wußten es heute nicht...Sie wußten es morgen nicht.

Zuhören konnte man nicht. Reden durfte man nicht. Die Hände mußte man falten, und hinter den Fenstern war nichts zu sehen.

Zum Glück saß ich hinten, ziemlich in der letzten Reihe. Da hatte man wenigstens die Hinterköpfe der Mitschüler vor sich. Das konnte man für eine Sache benutzen. Wenn man ganz lange und ganz doll auf einen starrte, dann drehte die Betreffende sich immer nach mir um. Aber allzu amüsant war diese Beschäftigung auf die Dauer auch nicht. Etwas mehr Spaß machte, mit gefalteten Händen, und ohne den Kopf zu senken, oder die Hände zu heben während des Unterrichts alle seine Butterbrote zu verzehren, ohne daß es Jemand merkte.

Klasse von Fräulein Rosenau, Hildegard stehend 6. von links.
Hildegard Bachmann sitzt links unten, Hände faltend

Und dann kam das Schreiben, das schreckliche Schreiben. Das Schreiben wovon ich immer geträumt hatte, das wurde zur Hauptqual. Man mußte nämlich Schönschreiben. In gotischer Schrift und Schönschreiben. Jeder, der es einmal mit steifem Griffel in kleiner Hand auf schwarzer Tafel versucht hat, weiß was das heißt. Und dann sollte alles noch gerade sein. Der Punkt über den Strichen, ganz genau. Wen interessierte das? Nur Fräulein Rosenau.

Die schlimme Sache war dann außerdem noch das mit den Ohren. Die taten nämlich weh, wenn der Griffel zu schräg über die Tafel rutschte und den stechende Ton machte. Auch wenn Jemand neben einem zu doll aufdrückte. Aber wenn man nicht doll aufdrückte, dann schrieb es nicht, dann ging es nicht.

Nach der Schiefertafel kam dann die Sache mit der Tinte, mit dem Federhalter, mit der Feder. Tauchte man diese zu tief ein, gab es unweigerlich blaue Finger und einen Klecks. Manchmal einen großen. Tauchte man es nicht tief ein, ging es nicht, schrieb es nicht.

Es gab Löschpapier, damit konnte man Kleckse aufsaugen oder noch viel größer machen. Ich hatte dieses weiche Papier sehr gerne. Darauf sahen meine Kleckse immer gut aus, besonders wenn man dazwischen etwas malte. Aber das durfte keiner entdecken. Beim Schreiben passierte immer etwas. Man konnte es noch so schön machen. Es ging auch gar nicht danach wie gut man es hinbekam, nein sauber mußte es sein. Das waren doch zwei ganz verschiedene Dinge. Konnte man nicht eine Note für Sauberkeit und eine für Schrift bekommen?

Selbst das Turnen war kein Spaß. Alle Kinder bildete einen großen Kreis und spielten dann Häschen in der Grube. Das war für Babys, für doofe Babys. Und dann der Bi-Ba-Butzemann.......... Meine Güte. Religion war gut, da waren Dinge, die nicht langweilig waren, wo man sich etwas vorstellen konnte und sogar auch durfte. Aber das hatten wir nicht so oft.

Wie lang war so ein Tag bei Fräulein Rosenau. Er nahm gar kein Ende, absolut nicht. Und wir hatten immer Schule. Auch am Sonnabend, und nur sechs Wochen große Ferien.

Ein Stumpfsinn kroch an mir hoch, von den Füßen an langsam immer höher bis zu den Haaren. Es war mir so egal ob zwei Nüsse und zwei Nüsse vier Nüsse waren. Von mir aus konnten es auch sieben sein, oder ein ganzer Sack voll.

Als wir nun zehn Jahre alt waren, durfte man die Volksschule verlassen und in die Oberschule gehen, die zum sogenannten Einjährigen oder weiter bis zum Abitur führte. Die Entscheidung lag bei den Eltern, da es nur wenige Zehnjährige gab, die das Bedürfnis für einer längeren Schulzeit hatten, besonders nach vier Jahren in der 87. Volksschule. Für Mutti bestand natürlich kein Zweifel, daß ich die beste, sagen wir "feinste" Schulausbildung haben sollte, die es gäbe. Papa war auch für eine Oberschule. Aber er hatte zu viel mit der Fabrik zu tun und überließ diese Sache vollkommen Mutti.

Da gab es nun für Mädchen das Lyzeum. Schon das Wort allein hatte einen zarten elegant weichschwingenden akademischen Klang, der auf der Zunge schmolz. Meine Cousine Edith war schon im Lyzeum und trug eine rote Schülermütze aus Samt. Mir war diese Sache ziemlich gleichgültig. Ich wußte ja inzwischen was Schule bedeutete. Mutti hatte nun aber erfahren, daß es in Karlshorst ein Pestalozzi **Ober**lyzeum gab. Ein **Ober**lyzeum mußte doch sicher mehr sein als ein Lyzeum.

Also wurde beschlossen, daß ich in dieses Pestalozzi **Ober**lyzeum gehen sollte.

Plötzlich begann mich die Sache zu interessieren, denn um in dieses Pestalozzi **Ober**lyzeum zu gelangen, mußte man mit der Stadtbahn fahren. Also erst einmal alleine zur Warschauer Brücke laufen, dann über die Brücke. Von dort aus konnte man unser Haus sehen und wenn man runter schaute die vielen Bahnen. Dann der Bahnhof. Treppe rauf, Treppe runter, vielleicht sogar auf die andere Seite. Am Bahnsteig stehen, auf den Zug warten, genau wie alle Erwachsenen. Und dann die Stadtbahn, versinken in den weichen Sesseln. Der sausende Ton der Abfahrt. Und in Karlshorst, unter herrlichen Baumstraßen an schönen Villen vorbei zur Schule laufen. Man wäre mit einem Schlage um Jahre gealtert, nahezu erwachsen geworden.

Welche Vorstellung, wenn man bedachte, daß, um zur 87. Volksschule zu gelangen, ich nur zehn Häuser, also ganze fünf Minuten zu laufen hatte. Wenn ich da morgens nicht gleich aufstand, konnte ich es auf keinen Fall mit Rennen wieder gut machen, da kam man erbarmungslos zu spät.

Mutti begab sich nun zu Fräulein Rosenau und erklärte ihr, daß ihre Tochter Hildegard unbedingt auf das Pestalozzi_**Ober**Lyzeum gehen solle. Vielleicht war das der Fehler.

Ich weiß es nicht, werde es auch nie wissen, egal wie ich mir den Kopf zerbreche. Aber ich glaube, es waren doch "die Zimmerlinden."

Fräulein Rosenau sagte gar nichts. Es war nicht ihre Art, aber sie tat etwas. Sie setzte mich nach der Schule allein in eine Ecke und stellt ein mittelgroßes, in echt Gold gerahmtes Bild vor mich hin. Es konnte ihr Lieblingsbild sein. Ich sollte einen Aufsatz darüber schreiben. Da aber Niemand außer mir diesen Aufsatz zu schreiben hatte, ist es möglich, daß das Pestalozzilyzeum den Aufsatz verlangte.

Auf diesem Bilde war ein kleines, artiges, gut gekleidetes Mädchen in meinem Alter. Es saß ganz brav auf einer Bank. Es war Frühling, jeder Dumme konnte das sehen. Da waren Blumen und die ersten Blätter raus. Das Kind saß nun nicht etwa einfach auf der Bank. Nein, es hatte den Oberkörper leicht, nicht zu doll, leicht zur Seite gedreht. Und warum? Dreimal darfst du raten. Wegen des Vogels natürlich. Der saß auf der Lehne der Bank, und beide sahen sich niedlich und lieblich an. Im Hintergrund stand eine Birke. Diese Birke sollte nun mein Unglück, oder sagen wir mal lieber Glück werden.

Ich sah das Bild entgeistert an. Meine Güte, einen Aufsatz sollte ich darüber schreiben. Ich konnte dieses Kind absolut nicht leiden. Es war zu wohlerzogen, zu artig. Es war zu ordentlich, zu gut. Es war öde. Man sieht doch Vögel nicht so blöde an. Man versucht sie zu fangen. Man füttert sie. Man sitzt doch nicht so artig auf einer Bank, höchstens wenn Erwachsene dabei sind und sagen, daß man muß. Es war schrecklich.

Ich fragte, ob ich auch nur über eine Sache auf dem Bilde schreiben könne. Die Antwort war "ja." Und damit war die Sache eingeleitet, und mein Schicksal drehte sich um 180 Grad.

Ich wußte nämlich ganz genau, wovon ich schreiben wollte. Von einer höchst interessanten Sache. Von einer, die nur wenige, vielleicht ganz wenige kannten, sicher niemals gesehen und schon gar nicht angefaßt hatten. Nämlich von den "Zimmerlinden."

Mit den Zimmerlinden hatte es eine besondere Bewandtnis. Wie ich schon sagte, befand sich neben unserem Haus in der Brombergerstraße ein kleiner Park, von uns Buddelplatz genannt.

Oma ging mit mir jeden Tag dort hin. Da gab es Kästen mit feinem Sand. Es war aber nicht viel, was man damit machen konnte. Man konnte Kuchen backen in kleinen Formen. Aber es waren immer dieselben. Sie waren auch nicht zum essen, nur zum Kaputtmachen. Man konnte Jemand, der die Kuchen zertreten wollte, mit der Schippe eins auf den Kopf hauen. Aber das war auch alles.

Außerhalb des Sandkastens gab es aber etwas Interessantes. Das war Frau Miehlke. Frau Miehlke schien die Freundin von Oma zu sein. Sie erzählten sich die ganze Zeit über allerhand Sachen. Oma erzählte sonst nur Märchen, uns jedenfalls. Zu Hause sprach sie gar nicht viel. Aber wenn ich zurückdenke, war es eigentlich Frau Miehlke, die das meiste sagte, und Oma gab ihr immer nur Recht.

Frau Miehlke wohnte in der Memelerstraße, in der großen Straße wo es keine Sonne gab. Sie hatte einen Sohn, von dem sie nahezu die ganze Zeit redete. Er hieß Heinrich. Ich habe Heinrich nie gesehen. Er wohnte mit einem Freund in einem anderen Teil der Stadt und besuchte seine Mutter nie. Er war der beste Sohn, der allerbeste, den es geben konnte. Auch der klügste, schon als ganz kleines Kind. Das Geheimnis, das Frau Miehlke umgab, war die Tatsache, daß ich nicht das kleine Hildchen, sondern eine vollkommen erstzunehmende Person war. Sie erzähle mir genau so viel von Heinrich wie Oma.
Sie erklärte alle Dinge. Wir unterhielten uns vollkommen gleichberechtigt.

Es war eine ganz besondere Sache in Frau Miehlkes Wohnung zu gehen, trotzdem sie immer Kartoffelpuffer machte, die ich verabscheute. Bei Frau Miehlke aber stets aufaß, sogar beteuerte, wie gut sie schmeckten, was sie leider dazu veranlaßte immer mehr und öfter welche zu machen. Aber das war etwas was man eben in Kauf nehmen mußte um in Frau Miehlkes Wohnung zu kommen.

Dort war es dunkel. Aber das erhöhte den Reiz. Es war geheimnisvoll. Die Möbel waren ganz alt und ganz hübsch. Biedermeier in hellen Farben. Das Sofa in sehr zartem Grün und Decken und Spitzen überall. Und vor allem, auf der Kommode, neben den Bildern von Heinrich in allen Altersstufen, standen die Seifenmännchen. Das waren winzige Zwerge, die ich sowieso gerne mochte. Aber nun noch aus Seife, bunt bemalt in wirklich hübschen Farben, nicht so starken. Sie waren an vielen Stellen schon etwas abgetragen, was sie noch hintergründiger machte. Und der Duft. Und es war erlaubt, sie jedes mal in die Hand zu nehmen.

Bei den andern Erwachsenen durfte man nie etwas Kostbares berühren. Hier konnte man alles anfassen. Und das Abfühlen war mir stets sehr wichtig. Ich soll als kleines Kind einen "Nuckelsamt" gehabt haben. Das war ein Stückchen dunkelroter, etwas ins bläuliche gehenden Seidensamt, den ich immer in der Hand hatte und befühlte. Wenn er verloren ging, entstand Panik. Er mußte gesucht werden. Jeder Betrug wurde sogleich von mir entdeckt. Meine Finger merkten, ob es der alte Freund, oder etwas ein untergeschobenes Wesen war. Wie eine Henne, die ihre Küken unter die Federn nimmt und jedes fremde zu Tode pickt. Den Nuckelsamt habe ich übrigens noch. Mutti hat ihn durch die Bomben gerettet.

Ja. bei Frau Miehlke konnte man alles anfassen, selbst die Pflanzen auf den Fensterbrettern. Und da standen sie nun, in vielen Töpfen, ganz dicht bei einander. "Die Zimmerlinden." Wer diese jemals berührt hat, vergißt sie nicht. Viel besser als Seidensamt. Da war noch etwas anderes dabei, etwas was man absolut nicht beschreiben kann. Es war weich und warm und feucht. Ein lebendiges Feucht.

Es erinnerte mich an das Fell von kleinen Katzen. Nein, auch nicht.

Vielleicht wie diese sich anfühlen würden, wenn es so kleine gäbe wie Muttis Fingerhut. Man mußte übrigens ganz vorsichtig sein, damit man den Zimmerlinden nicht weh tat.

Ja, und über diese Zimmerlinden wollte und habe ich dann auch meinen Schulaufsatz geschrieben um in das Pestalozzi **Ober**lyzeum zu kommen. Er ging ungefähr so:

"Ich sehe auf dem Bild ein kleines Mädchen, das auf einer Bank sitzt und auf einen Vogel schaut. Im Hintergrund ist eine Birke. Es gibt aber noch andere Bäume, zum Beispiel Zimmerlinden." Und nun beschrieb ich die Zimmerlinden. Nach einer Stunde sollte ich den Aufsatz zum Hausmeister herunterbringen, da alle Lehrer schon weg waren. Dem Hausmeister tat ich scheinbar leid, denn er verbesserte noch einige Rechtschreibfehler. Orthographie war nie meine starke Seite.

Nun kam der Tag der Aufnahmeprüfung. Ich bekam extra ein Aufnahmeprüfungskleid mit passenden Schuhen. Mutti kam natürlich mit. Wie gut diese Schule aussah und vor allem roch. Alles schien poliert und frisch gebohnert, sogar die Wände. Diese Schule gefiel mir. Sie gefiel mir sogar sehr. Viele Kinder waren da. Namen wurden aufgerufen. Meiner war nicht dabei. Mädchen strömten in einen Raum. Nicht alle waren aufgestanden. Manche blieben sitzen. Das waren diejenigen, die so gut waren, daß es nicht nötig schien sie zu prüfen. Mein Aufsatz, dachte ich voller Stolz, mein Aufsatz von den Zimmerlinden.

Aber auch jetzt kam keine Hildegard Graf. Man hatte mich vergessen. Irrtümer kamen immer mal vor. Mutti begab sich zu einer Lehrerin, die die Sache aufklären sollte und auch tat. Und da stand es nun, klar und deutlich, daß Hildegard Graf so unbegabt wäre, daß man dieselbe nicht zur Prüfung zulassen könne.

Mutti beteuerte, daß ich noch nie ein schlechtes Zeugnis bekommen hätte. Betragen sogar sehr gut.

Aber es half nichts. Sie ging zum Direktor. Aber da die Prüfungen schon begonnen hatten, war absolut nichts zu machen. Schade, schade.

Mutti hat dann später alles Mögliche und alles Unmögliche versucht, mich doch noch in eine Oberschule zu bringen. Aber alle Wege waren versperrt. Man konnte an keiner anderen Schule mehr beantragen. Man konnte auch nicht im nächsten Jahr wieder versuchen, da ich dann älter als zehn gewesen wäre. Man konnte dieses nicht mehr machen. Man konnte jenes nicht mehr machen. Man konnte nicht, man konnte nicht.

Als ich nach der Aufnahmeprüfungssache wieder in die Schule ging, wurde ich sehr traurig. Ich hatte Fräulein Rosenau immer sehr gerne gehabt, besonders in Religion. Sie konnte ja schließlich auch nichts dafür, daß die beiden Schwestern nichts verstanden und es dadurch so langweilig wurde. Sie war immer nett gewesen, hatte nie geschimpft oder Jemanden verhauen. Ich wollte sie immer mal fragen, ob sie dachte, daß ich so unbegabt wäre, oder ob es der Aufsatz von den Zimmerlinden gewesen war. Aber die Sache erschien mir peinlich. Als sie uns im vierten Schuljahr den letzten Tag unterrichtete, bat ich sie, etwas in mein kleines Poesiealbum zu schreiben, in mein Buch, das wir mein Cousin Ernst zum Geburtstag geschenkt hatte. Das schöne Buch mit dem Gold an den Seitenrändern.

Als sie es zurückgab, stand in einer herrlich geschwungenen sauberen GotischerSchönschrift, der sie unbedingt ein "sehr gut" gegeben hätte, folgende Zeilen:
"Dich führe durch dies wildbewegte Leben, ein gnädiges Geschick.
Ein reines Herz hat Dir Dein Gott gegeben, bring es ihm rein wieder zurück."

Dem lieben Hildchen von ihrer Lehrerin Fräulein Rosenau.

Ich habe dieses Buch lange Zeit aufgehoben.

Klasse Herr Dehmelt. Hildegard mit Busenfreundin sitzend zweite von rechts

Im neuen Schuljahr bekam Fräulein Rosenau eine neue "Händefalteklasse" und wir den Herrn Dehmelt. Herr Dehmelt war ein rundlicher, freundlich, älterer Herr. Er hatte keinerlei vornehme Artikulierung und immer den gleichen Anzug mit einer langen goldenen Uhrkette. Als er zu unterrichten anfing, schwebten wir auf fliegendem Zauberteppich über Wälder, Wiesen, fremde Städte, über Berge und Meere. Wir durften jetzt auch reden. Manchmal sogar ohne uns zu melden, wenn es ganz wichtig war. Man lernte Gedichte nicht nur auswendig, man erlebte sie. Ich richtete mich auf wie eine vertrocknete Pflanze, die endlich Wasser bekam.

Lieber, lieber Herr Dehmelt. Er war so voller Verständnis. Ich hatte immer den Wunsch meinen Kopf an ihn zu legen, wenn ich mal traurig war.
In seinem Unterricht war es nie langweilig. Der Tag verging ganz schnell.

Herr Dehmelt muß nun schon lange tot sein. Ich weiß nicht einmal wo er gestorben ist, und wo er begraben wurde, kann keine Blumen auf sein Grab legen, kann mich nicht mehr bedanken.

Hätte es vorher tun sollen. Aber wenn man jung ist, denkt man nicht so viel an das Danken. Wenn man jung ist, ist man immer in Eile, und das mit dem Danken, das will man dann später tun. Aber später ist es oft zu spät. In meiner Erinnerung jedoch wird er mir immer größer und lieber, je länger es her ist.

Mit Herrn Dehmelt wurde alles schön, selbst das Turnen, das wir bei jemand anders hatten. Man konnte jetzt rennen, springen und übermütig sein. Da waren Ringe, an denen man sich hochschwingen konnte, bis fast an die Decke. Holzpferde und Böcke und federnde Bretter. Und draußen der Völkerball.

Fräulein Waldow

Und dann der Zeichenunterricht bei Fräulein Waldow. Sie war eine sehr große, sehr imponierende Frau mit strengen Augen, die einem Angst einflößen konnten, wenn man nicht gut im Zeichnen war, aber ich war. Sie war erfüllt von Idealismus und einer unerschöpflichen Energie. Jeden Tag nach der Schule gab sie freiwilligen Zeichenunterricht. Alle Materialien wurden von ihr aus der eigenen Tasche bezahlt. Man konnte jeden Nachmittag hingehen, was ich mit Begeisterung tat.

Fräulein Waldow war für mich eine ungeheuer faszinierende Frau. Eine Sache beeindruckte mich am allermeisten. Sie wischte ihre Farbpinsel an duftenden Batisttaschentüchern ab. Manche waren bestickt und manche hatten sogar Spitzen am Rand. Sie benutzte aber nicht etwa immer die gleichen, nein, immer wieder neue, saubere. Es war die gleiche Sorte, die Mutti in einem Extrafach im Wäscheschrank hatte und nur zu ganz besonderen Gelegenheiten herausnahm. Mutti hatte einmal als Kind einen harten Schneeball ins Auge bekommen, und manchmal tat das Auge weh. Sie nahm dann immer eines dieser feinen Tücher, oder wenn sie geweint hatte, oder vorhatte zu weinen. In besonderen Fällen wurde ein solches Batisttuch mit Kölnisch Wasser benetzt und auf meinen Kopf gelegt, wenn ich behauptete Kopfschmerzen zu haben. Mehrere solcher feinen bestickten Taschentücher befanden sich auch immer in ihrer "guten" Handtasche.

Und Fräulein Waldow benutzte nun diese Sorte, um ihren Pinsel daran abzuwischen. Wie kostbar muß er ihr gewesen sein. Für meine Pinsel gab Mutti mir immer nur Reste von alter Bettwäsche.

Bei Fräulein Waldow konnte man alles malen, was man wollte. Es wurden auch kleine Tricks gezeigt. Wie man zum Beispiel bei Osterkätzchen den Schatten machte und den kleinen Blütenstaub auftupfte, daß sogar Papa staunte. Da kam auch eine ehemalige Schülerin von Fräulein Waldow einem zu helfen.

Sie war auf einer Modezeichenschule, hatte ganz elegante Kleider, roch sehr gut und malte immer statt des Mundes einen ganz kleinen Kreis. Ich fand, daß es enorm aussah. Es war nämlich gar nicht so leicht den Mund richtig zu machen. Mit dem kleinen Kreis wurde immer alles so hübsch und niedlich.

Allerdings gefielen mir die Sachen von meinem Cousin Ernst doch noch viel besser. Mein Cousin Ernst war der Sohn von Tante Minna.

Mein Cousin Ernst ging auf die Kunstakademie und hatte bei sich zu Hause alle Tapeten abgemacht und alle Wände vollgemalt mit seltsamen Pflanzen, die es gar nicht gab, und auch gar nicht zu geben brauchte und Menschen mit grünen Köpfen. Tante Lieschen sagte einmal, daß das alles Quatsch wäre.

Aber mir gefiel es. Und ich beschloß, auch ein Maler zu werden und Tiere mit grünen Köpfen zu malen.

Aber das traute ich mich nicht Fräulein Waldow zu sagen.

Die zehn Steinwayflügel

Wenn ich an Papa in der damaligen Zeit zurückdenke, so sehe ich ihn immer diskutieren; endlos, immer die gleichen Themen. Politik und Fabrikation. Papa war für die Christlichen Demokraten in der Mitte. Da gab es viele Parteien. Diskutiert wurde jedoch hauptsächlich die Bande rechts und die Bande links. Beide vereinigten sich ständig, um gegen alles zu wählen, was die Gemäßigten vorschlugen oder taten. Es war klar, daß einer von den radikalen Burschen rankommen würde. Was die Linken vorhatten, wußte man von Rußland. Was die Rechten wollten. "Krieg natürlich," sagte Papa, "den grausamen Krieg."

Einer von Papas Freunden war Herr Herzog, der in unserem Hause wohnte. Frau Herzog war eine resolute tüchtige Geschäftsfrau, die das Geld verdiente, so konnte Herr Herzog den ganzen Tag über politisieren. Er hatte dicke buschige Augenbrauen, feurige Augen. Wenn er redete wurde seine Begeisterung immer größer, bis seine schwarzen Haare ihn ins Gesicht fielen. Dann warf er sie zurück und fing wieder von vorne an. Er war für Hitler. Er glaubte an Hitler. Er schwärmte für Hitler. Er sah eine goldene Zukunft. Papa fand, daß der Herr Herzog trotz seiner "politischen Mattscheibe" ein guter Kerl war, und sie blieben Freunde.

Wenn Lieferanten kamen, wurde diskutiert, wenn Vertreter erschienen, wurde diskutiert. Wenn Geschäftsfreunde nur mal kurz hereinschauten, immer wurde diskutiert. Es war 1930. Die meisten Leute teilten Papas Meinung. Und ein gewisser Herr Weber sagte:

"Nichts als abhauen, türmen. Nichts als raus aus der Falle, bevor der Verrückte rankommt und es zu spät ist." Herr Weber schwärmte für Brasilien. Herr Weber wollte nach Brasilien. Und nach einer Weile wollte Papa auch. Die Auswanderung wurde beschlossen.

Aber da war Papas Betrieb. Er konnte die Leute doch nicht einfach entlassen.

Herr Weber hatte einen Plan. Musikinstrumente - vor allem Flügel - waren in Brasilien sehr teuer. Die müßte man mitnehmen. Leider hatte Herr Weber nur Ideen aber kein Geld. So kaufte Papa zehn große Steinwayflügel, die Herr Weber drüben veräußern sollte. Papa versprach ihm einen großzügigen Teil des Erlöses. Den Rest sollte er für uns in Rio de Janeiro deponieren.

Mutti war dagegen. Mutti war gegen Weber. Sie blieb dabei: "der Kerl ist ein Gauner". Aber es half nichts. Die zehn Flügel und Weber zogen los nach Brasilien.

Papa wartete und wartete. Aber da kam nie ein Brief oder eine Nachricht von Weber. 1931 war bei uns im Betrieb, und auch sonst überall "der Teufel los" wie Papa es nannte.

Und da hatten wir dann plötzlich kein Geld mehr, nur noch viele Schulden. Und da war es vollkommen aus mit der Auswanderung.

1933 kam natürlich der Verrückte ran, und dann saßen wir drin, mitten in Allem.

Kurz vor Kriegsanfang tauchte Weber wieder auf. Er war zurück aus Brasilien und bettelarm.

Es ist nie geklärt worden, ob Weber nun ein Gauner war, oder welchen in die Hände fiel, oder beides. Er tat Papa leid. Papa tat immer alles leid, und er beschäftigte ihn dann als Hauptbuchhalter in seinem neuaufgebauten Betrieb. Mutti war dagegen. Sie schimpfte, und blieb dabei: "Der Weber ist ein Gauner."Es half auch diesmal nichts. Der Weber blieb.

Viele Jahre später, als Mutti schon tot war, hat Papa einmal Fritz erzählt, daß der Weber ihm großen Schaden zugefügt habe. Weber hätte keine Invalidengelder für Papa eingezahlt und jahrelang große Summen von einwandfreien Geschäftsunkosten auf Papas Privatkonto geschrieben. Ein netter Herr vom Finanzamt hat Papa einmal darauf aufmerksam gemacht. Aber das war gegen Ende des Krieges, als man nicht mehr reklamieren konnte, und alles sowie so flöten ging.

Die weißen Mäuse und der Werkzeugmacher

Leute, die oft zu uns kamen, waren die Werkzeugmacher. Sie erschienen meist spät abends, wenn Papas Betrieb schon zu war. Papa war endlos damit beschäftigt zu produzieren, und dafür mußten ständig neue Maschinen, Werkzeuge, Formen und Stanzen hergestellt werden. Diese Werkzeugmacher waren hochintelligente Männer, die nicht angestellt sein wollten und selbständig arbeiteten.

Papas kleine Metallwarenfabrik wurde allmählich immer größer. Sein Betrieb, oder "Zirkus", wie er ihn nannte, stellte verschiedene Artikel her. Aber da war ein Problem. Immer wenn Papa etwas Gutgehendes produzierte, das auch Geld einbrachte, wurde es sogleich von den großen Firmen kopiert. Patente halfen nicht. Sie bauten in jedem Falle nach, und Prozesse waren kostspielig und langwierig. Also bestand die einzige Möglichkeit darin, ständig etwas Neues zu finden, und es solange zu verkaufen, bis die großem Firmen darauf aufmerksam wurden. Bei jedem nützlichen Gegenstand, den Papa in die Hand nahm, sagte er garantiert immer: "da müßte man hergehen und es praktischer bauen."

Als ich klein war, habe ich oft gewünscht und gehofft. Eine Spielzeugfabrik. Konnte Papa nicht eine Spielzeugfabrik haben, konnte er nicht Maschinen bauen, die Teddybären, bunte Kreisel und hübsche Puppenmöbel herausfallen ließen, statt der dummen Metallteile, die doch nur dauernd so viel Ärger machten? Aber wie so häufig im Leben: Gute Dinge kommen oft zu spät.

Eines Tages baute Papa weiße Mäuse, und ich war 18 Jahre alt. Diese Viecher liefen ganz schnell über den Boden und hoch an Stuhl, Tisch und Menschenbeinen. Es war ein Schlager, und Papa stellte viele, viele Tausende her. Und dann kam natürlich wieder einmal etwas, nämlich Krieg.

Aber vom Krieg will ich jetzt noch gar nicht reden. Davon wird später die Rede sein, und zwar so viel, daß man gar nichts mehr davon hören will. Und ich will auch nicht vorgreifen.

Ja, die weißen Mäuse. Papa meinte, es wäre kein guter Zeitpunkt sie zu verkaufen, und sie würden nicht weglaufen, jedenfalls nicht ohne sie aufzuziehen. "Wer weiß wozu sie noch einmal gut sein werden".

Und daher wurden sie zu Beginn des Krieges eingelagert, und zwar in einen tiefen sicheren Keller. Wie es nachher den weißen Mäusen ergangen ist, werde ich dann später berichten.

Da ich nun aber gerade von den Werkzeugmachern sprach, will ich doch noch schnell von einem erzählen, der viele Jahre für uns arbeitete. Dieser Werkzeugmacher war ein echtes Berliner Original. Er war fleißig, geschickt und sehr klug. Einmal hat er Papa ein Geheimnis aus seiner Vergangenheit anvertraut:

Mehrere Jahre bevor dieser Mann für uns Stanzformen herstellte, arbeitete er treu und redlich für viele Firmen, bis er eines Tages auf die Idee kam, doch auch für sich selbst einmal eine Form anzufertigen - Und zwar eine besondere, eine ganz besondere, nämlich eine, die fünfzig Pfennige pressen konnte. Er war, wie Papa sagte, ein hervorragender Handwerker, und entsprechend waren auch die Geldstücke.

Von dem Tage an brauchte er nicht mehr zu arbeiten und lebte jetzt herrlich und in Freuden. Man konnte nun natürlich nicht Alles in fünfzig Pfennigstückes bezahlen, wohl aber das Meiste. In den Berliner Kneipen jedenfalls wurden sie ohne weiteres in jeglicher Menge angenommen und sogar in Geldscheine umgewechselt, ohne daß jemals eine Frage gestellt wurde - wenn man ein guter Kunde war, natürlich. Und das fiel dem lieben Mann absolut nicht schwer.

Aber gerade dadurch entstand viel Ärger, besonders bei seiner Frau, die unverständlicher-weise immer zu schimpfen anfing, wenn er in diese Lokale ging, denn er hatte es früher nicht getan. Sie lebten lange Zeit von ihrem Goldesel aber bald nicht mehr wie im Märchen in sorgloser Wonne, sondern in Zank und Streit, den es bei ihnen vorher eigentlich nicht gab. Sie wohnten immer noch in der billigen Wohnung des Hinterhofes um keinen Verdacht zu erregen. Eines Tages nun nach einem besonders heftigen Zerwürfnis, sagte der Mann ein entsetzlich böses Wort, knallte die Tür hinter sich zu und verschwand über die alte knarrende Treppe. Als der Werkzeugmacher sich nun in der Mitte des Hinterhofes befand, öffnete die Frau das Fenster und rief ihm ein entsprechendes böses Wort nach. Da er aber in keiner Weise reagierte, schrie sie noch etwas mehr, noch etwas lauter und noch etwas böser. Und plötzlich schrie sie: "Du elende Falschmünzer Du."

Jetzt blickte der Werkzeugmacher hoch und sah in den vielen Fenstern entsetzte Augenpaare auf ihn herunterstarren. Da ging er zurück, ergriff seine kostbare Presse und versenkte sie tief in die Mitte des Müggelsees.

Nun war das "Tischleindeckdich" weg, und er mußte wieder Werkzeuge machen, was er auch tat. Er tat sogar mehr, nämlich einen Schwur, den verdammten Alkohol nie wieder anzurühren. Er trank keinen Tropfen mehr, denn er hatte gehört, daß man nur so mit dem Teufelszeug aufhören kann.

Zehn Jahre vergingen. Er hatte eine Tochter, die er sehr liebte. Sie wollte ein Boot. Sie bekam ein Boot. Sie bekam sogar eins mit einem Außenbordmotor. Und das wurde das Unglück.

Er konnte nämlich den Motor nicht in Gang bringen. Eine kleine Sache, so einen lächerlichen Motor zu reparieren. Aber es ging nicht. Es klappte nicht. Er konnte es nicht. Da geriet er in eine sinnlose, bodenlose Wut. Und da fiel ihm ein, wie man dem abhelfen könne. Und als er den ersten Schluck tat, da war es aus mit ihm. Da war er nicht mehr imstande aufzuhören. Er trank, ohne anzuhalten, bis man ihn nach einem Monat im Delirium im Rinnstein entdeckte. Er starb nach ein paar Tagen. Papa hat nie wieder so einen geschickten und klugen Werkzeugmacher gefunden.

Ich bin übrigens nicht gerne in Papas Betrieb gegangen. Im Bureau saßen Alle immer nur ohne zu sprechen über Bücher und Papieren, und in den Fabrikräumen war schrecklicher Krach. Die Maschinen machten mir Angst mit ihren Metallarmen und Eisenzähnen.

Einmal sind einer Arbeiterin vier Finger von ihrer rechten Hand abgehackt worden. Da war eine Sicherheitsmaßnahme. Man mußte die Hebel an jeder Seite mit beiden Händen pressen, damit die Maschine arbeitete. Dadurch konnten die Hände nie in die Stanze kommen. Die Frau bekam nun aber eines Tages die Idee die Sicherheitsmaßnahme zu überlisten und ein Stück Holz dazwischen zu klemmen, dadurch brauchte sie ihre Arme nicht mehr zu heben. Der Unfall dieser armen Frau verfolgte mich jahrelang, und ich wollte durchaus nicht mehr in die Räume gehen wo das passiert war.

Tante Ida

Als ich ungefähr elf Jahre alt war, da lud mich Tante Ida ein, in den Ferien nach Plauerhof zu kommen. Und zwar in den großen Ferien, die sechs Wochen dauerten. In den Ferien, in denen mir dann das Entsetzliche passierte.

Ja Tante Ida. Sie war einwandfrei eine rosa Tante. Sie las viel. Aber nicht etwas Tageszeitungen wie Papa, oder Illustrierte wie Mutti. Nein, sie las über Astrologie und Astronomie. Sie wohnte in Plauerhof, einem kleinen Dorf, eine Stunde von Brandenburg entfernt. Sie hatte Onkel Paul geheiratet. Den mochte ich sehr gerne. Onkel Paul war Maurer. Er hatte Hände, die sich anfühlten wie ein Reibeisen. Ich faßte sie gerne an. Sie waren so sicher und stark. Er war sehr wortkarg, sagte alles mit den Augen, die ganz gütig und ganz blau waren. Man brauchte sie nur anzusehen, dann wußte man, ob und wann er den Wagen anspannte und ob und wann man mitkommen konnte, wann er die Kuh melken würde, und wann er das Gras schneiden ging.

In Muttis Album befindet sich ein altes Foto aus steifer Pappe, darauf sieht man einen sehr gutaussehenden jungen Mann. Hinten drauf steht "Paul Kuhle, Plauerhof" Also das war Onkel Paul. Meine Güte, sah der gut aus. Er hatte schon damals die noble Würde, die ihn so hoch in meinen Augen machte. Onkel Paul hatte einen kleinen Hof geerbt oder gekauft. Ich glaube geerbt, denn Frau Miehlke sagte immer: "Wer nichts erheiratet oder ererbt, bleibt ein armes Luder bis er sterbt". Sie hatten jung geheiratet. Damals konnte man sich gar kein Geld borgen

Und sie konnten auch gar nicht so viel verdient haben um sich so einen schönen Hof zu kaufen. Denn schön war er, genau so schön wie in den Bilderbüchern. Da war ein rechteckiger Hof. Er war mit runden Steinen gepflastert und hatte einen Dunghaufen in der Mitte. Um diesen gruppierten sich malerisch das Wohnhaus, die Scheune und die Ställe. Wenn man durch das große Scheunentor ging, kam man zum Garten und auf die Felder.

Der Dunghaufen gefiel mir ganz besonders. Da waren immer Hennen und bunte Hähne und viele Vögel. Da war immer etwas los. Er hatte einen ganz bestimmten Geruch. Nicht etwa schlecht, nein, gar nicht. Es war der Geruch der Sommerferien. So wie Algen, die am Strand lagen, immer nach Urlaub an der Ostsee rochen. Da würde keiner sagen, daß es nicht gut riecht. Man würde sagen würzig. Ja, das ist das richtige Wort. Würzig. Links von dem Dunghaufen lag der Stall der Kühe und daneben der der Schweine. Da war auch ein Stall für die Pferde. Aber ich hatte keine Lust, sie zu reiten. Es waren auch gar keine Reitpferde .Sie waren sehr groß und stark. Onkel Paul hatte sie sehr lieb und streichelte sie immer. Sie konnten ihn auch gut leiden. Aber ich war nicht so sicher, daß sie mich auch gut leiden konnten und ging lieber nicht so dicht ran.

Das Einzige was bei Tante Ida nicht so schön war, waren die Fliegen. Immer wenn man die Küchentür aufmachte, kamen ganze Scharen herein. Sie warteten in großem Haufen darauf, daß einer die Tür öffnen würde. Sie waren sehr geduldig und gingen nie weg. Ich dachte immer, daß es ihnen doch einmal überwerden müßte, aber es wurde ihnen nicht über. Und mal machte doch wieder Jemand die Tür auf und ihre Geduld wurde belohnt. Aber nicht so richtig, denn die paar Tropfen Milch, die sie vielleicht ergattern konnten, waren die ganze Sache bestimmt nicht wert. Da war nämlich ein Fliegenfänger in der Küche, auf den sie sich unweigerlich setzten, egal wie eindringlich die anderen sie warnten, die schon gefangen waren. Das Brummen der angeklebten Fliegen... Das Brummen, dieses Brummen, das war schrecklich. Ich weiß auch gar nicht warum die Fliegen immer unbedingt in die Küche wollten. Da stand gar kein Essen rum. Da war alles schön sauber. Die Wände ganz weiß gestrichen, und das Holz von dem Tisch, den Stühlen und dem Fußboden ganz hell gescheuert.

In der Küche stand in der Ecke eine Pumpe mit einem langen Schwengel. Man bekam nur Wasser, wenn man den Schwengel auf und ab bewegte. Darunter stand ein Eimer. Und das Wasser, das man nicht mehr brauchte, mußte man hinaustragen. Ich fand diese Pumpe herrlich, das Wasserwegbringen aber durchaus nicht.

Wenn man zum Schlafzimmer wollte, mußte man mehrere Stufen an der rechten Seite der Küche hochsteigen, dann kam man in einen langgestreckten Raum. Nicht zu groß, gerade richtig. Das Zimmer war sehr niedrig. Das war auch sehr gut. Die Fenster hatte man alle nur an einer Seite angebracht, an der Seite mit dem Hof und dem Dunghaufen, so daß man immer die vielen Tiere sehen oder mindestens hören konnte.

Und die herrliche Tapete. Die war schon ganz alt. Es waren Maiglöckchen und rosa Tulpensträuche darauf zu sehen - alles verblichen. Da lag ein Schimmer von vielen Sommern darüber, genau wie manchmal Nebel auf Wiesen liegt, und sie noch viel schöner macht, als ein klarer Sommertag es kann, an dem man alles so genau sieht. In diesem immer sonnigen Zimmer waren drei gleichgroße Betten. In einem Bett schlief Onkel Paul, in einem Tante Ida und in dem anderen schlief ich.

Warum waren da eigentlich drei Betten? Vielleicht hat meine Cousine Lydia als kleines Kind in einem geschlafen. Ja, das kann es gewesen sein. In diesem Zimmer war selbst der Mittagsschlaf, den ich auch bei Tante Ida immer machen mußte, gar nicht so schlimm. Da hörte man die satten tiefen Töne der Kühe, das kurze helle Grunzen der Schweine, das endlose Hühnergackern. Und Abends sah man den Mond. Der war hier noch viel schöner als in der Brombergerstraße. Wenn man bei Tante Ida durch die Fensterscheiben blickte, sah alles besonders reizend aus. Das Glas war nämlich uralt und hatte kleine Wölbungen, und dadurch entstanden die zierliche Wellenlinien und auch oft andere Farben, besonders wenn die Dämmerung kam. Da waren manche blaue Stellen viel blauer als andere und beim Kopfbewegen fingen sie an zu tanzen.

Nachts war es besonders schön. Onkel Paul roch immer so nach frisch geschnittenem Gras. Tante Ida nach Milch und gebackenem Brot. Manchmal hörte man die Tiere im Stall, meist aber nur den Hofhund, der an der Kette vor seiner Hütte lag. Wenn er anschlug, dann antworteten alle Hunde im ganzen Dorf, selbst Hunde, die ganz weit weg wohnten, deren Bellen dann in der Ferne ausklang. Dieses Hundebellen ging die ganze Nacht über. Es erfüllte einen mit Geborgenheit und auch Sehnen. Die tiefen regelmäßigen Atemzüge von Onkel Paul und Tante Ida und das prallgefüllte Federbett, das so schön nach Ferien roch. Ich habe selten in einem so köstlichen Raum geschlafen.

Tante Ida und Onkel Paul hatten keine eigenen Kinder. Es war ein paar mal schief gegangen. Sie hatten nun aber von Onkel Ernst, dessen Frau gestorben war, das jüngste kleine Mädchen angenommen, meine Cousine Lydia. Lydia war älter als ich. Sie war sehr hübsch, sehr gesund, sang immer, lachte immer, arbeitete immer und konnte die Mandoline spielen. Alle Jungs waren hinter ihr her; vor allem viele persische Studenten, die in Brandenburg Landwirtschaft studierten.

Schon das Wort "Persien" auszusprechen war etwas Wunderbares. Ich kannte alle persischen Märchen. Alladins Wunderlampe, die Kalifen, Ali Baba und die Räuber. Ich hatte zu Hause ein Buch darüber. Darin sah man stolze Reiter, herrliche Blumenmuster und scharfe Säbel. Wie phantastisch. Und in Brandenburg, da waren nun persische Studenten. Ich habe sie leider nie zu sehen bekommen, denn es waren ja Ferien. Ich brauchte sie auch gar nicht zu sehen. Ich wußte ja wie sie aussahen. Und die wollten Lydia heiraten. Und einer wollte sogar gleich, und er war ein Prinz, ein richtiger Prinz. Und Lydia hat nicht ja gesagt. Sie hat nur gelacht. Aber vielleicht würde er mich fragen. Man wußte ja nie.

Lydia hatte ihr Zimmer oben im Haus. Dort war ein herrlicher Ausblick weit über die Felder und auch zur anderen Seite wo das Gut lag mit dem Schloß und dem Park hinter der schönen Steinmauer. Lydia hatte einen großen Spiegel in ihrem Zimmer, der so groß war, das er bis zur Erde reichte. Sie besaß auch einen kleinen Reisekoffer aus feinem gut riechendem Leder. Ich konnte ihn leicht anheben. Mit diesem Koffer stand ich nun oft vor dem Spiegel. Ich war jetzt schon eine Dame und mein Verlobter, der persische Student, wartete hinter dem Spiegel auf mich. Ich hatte auch einen Hund. Aber nicht etwa so einen Hofhund, und überhaupt nicht nur einen - nein, drei; drei Windhunde mit langen seidenen Haaren. Aus Persien, natürlich.

Und alle waren an einer Leine und hatten Halsbänder aus Edelsteinen. Nicht etwas Diamanten, nein, aus Rubinen, Smaragden und Saphiren. Und ich trug Lydias Schuhe, die mit den hohen Absätzen, diese zauberhaften, diese eleganten Schuhe, die Schuhe mit den dünnen, den zittrigen Absetzen. Die Schuhe, die mir bald einmal passen würden.

Hinter Lydias Zimmer führte eine steile, enge, ausgetretene, knarrende Treppe zum Boden, der ganz mit kleinen Äpfeln ausgelegt war, "Gnadenäpfel" genannt. Ich habe nie wieder so gut riechende und so gut schmeckende Äpfel gefunden; auch nicht im großen Amerika

.

Onkel Paul machte die Landwirtschaft nur so nebenbei. Sie verkauften nichts, außer vielleicht ein bißchen Milch, wenn man zu viel hatte. Aber in dem Sommer, in dem ich da war, wurden keine Milchkannen rausgestellt. Tante Ida machte lieber Butter von der Sahne. O, Frische Butter und Pellkartoffeln.

Der Gemüsegarten lag hinter der großen Scheune. Manchmal sollte ich da Unkraut ziehen. Alleine, das machte gar keinen Spaß. Aber auf das Land mitzugehen, das war schön. Die Felder befanden sich an ganz verschiedenen Stellen. Man mußte mit Pferd und Wagen hinfahren.

Aber das Land war flach und die Pferde liefen schnell. Wenn man Glück hatte dauerte es lange, das war immer gut. Herrlich war es wenn Heu aufgeladen wurde. Dann darin zu liegen. Das Trappen der Tiere. Wagen und Himmel schaukelten - und der Duft. Warmes Heu und warme Pferde. Aber auch das Rüben und Kartoffelhakken machte Spaß. Lydia arbeitete stets schneller, als ich je wieder ein Mädchen habe arbeiten sehen. Sie sang und lachte und war allen weit voraus.

Onkel Paul holte oft frisches Gras für die Tiere. Wir fuhren dann an das Havelufer. Das Gras wurde mit der Sense geschnitten und dann aufgeladen. Baden konnte man an der Havel an einer sehr hübschen einsamen kleinen Stelle. Zwei Kilometer am Gut vorbei laufen, und schon war man da. Feiner Sand, und es wurde nur langsam tiefer, und vor allem war dort kein Schilf. Schilf gab es sonst überall in großen Mengen am Havelufer. Dieses Schilf war sehr hoch.

Tante Ida in Plauerhof

Es hatte ein giftiges Grün und seine Blätter waren stark und dick. Das Havelufer war seicht und sein Schilf erschien mir wie ein gefährliches Dickicht. Ich hatte immer Angst vor diesem Gewächs, denn ich wurde die Vorstellung nicht los, daß es sich beim Schwimmen um meine Beine legen und mich in die Tiefe ziehen könne. Ich habe an diesem Platz aber selten Jemand baden sehen. Die großen Ferien waren ja Erntezeit und alle Leute hatten zu tun. Wir kamen auch nur manchmal dazu. Erst wenn alle Tiere besorgt waren, und dann wurde es meist bald dunkel. Aber bevor es immer ganz dunkel wurde, saßen wir oft noch etwas draußen und sangen schöne alte Lieder, und Lydia spielte auf ihrer Mandoline.

Cousine Lydia

Ich hatte ja schon geschrieben, daß Tante Ida eine "rosa" Tante war. Sie hatte nur wenige Freunde in Plauerhof. Aber sie kannte eine "Frau Oberstaats-sekretär", die sich auch für Astrologie und Astronomie interessierte. Und außerdem - muß ich noch schreiben - daß wenn Tante Ida und Lydia in die Stadt Brandenburg fuhren, dann drehten sich immer alle Leute in Brandenburg nach ihnen um. Alle grüßten sie, auch die "Frau Geheimrat", die selten Jemanden grüßte.

Tante Ida hatte auch eine "gute Stube". In Berlin bei uns hieß es Eßzimmer. Ich weiß nicht wie Tante Ida es nannte. So ein Zimmer hatte wahrscheinlich keiner in ganz Plauerhof. Es hatte nicht so hübsche Möbel wie Frau Miehlke, aber auch nicht so schwarze häßliche wie wir - so dazwischen.

Das Zimmer war immer dunkel, roch immer etwas muffig, und wurde nie, aber wirklich nie benutzt, denn weder die "Frau Geheimrat," oder die "Frau Oberstaatssekretär" haben Tante Ida jemals besucht. Aber einmal sollte das Zimmer doch gebraucht werden. Lydia stand vor einer Verlobung. Nicht mit dem persischen Prinzen. nein, mit Jemand anders. Und der Verlobte, oder vielleicht Verlobte sollte mit seinen Eltern zum Tee kommen. Da schrieb Tante Ida an Mutti "Liebe Meta schicke mit umgehender Post alle deine Kristallschalen und Kristallvasen mit Untersätzen. Wir senden sie gleich wieder zurück."

Mutti tat es nicht. Es war zu kostbar. Es konnte kaputt gehen.

Die Verlobung kam nicht zustande. Tante Ida war jahrelang davon überzeugt, daß es zum großen Teil Muttis Schuld gewesen war, daß Lydia nicht die gute Partie gemacht hatte.

Lydia machte aber später eine noch bessere
und fährt heute noch einen ganz teuren Mercedes.

Ertrinken

Ich habe in meinem Leben herausgefunden, wenn es einem ganz gut geht, passiert oft etwas Böses. Und je besser es einem geht, um so böser ist das Böse.

An einem sehr heißen Sommertage in meinen schönen Ferien bei Tante Ida wollte ich zur Havel schwimmen gehen. Lydia hatte nicht Zeit, Tante Ida nicht Lust, und Onkel Paul war nicht da. Ich schlug vor alleine zu gehen. Ich war immer sehr mutig, hatte nur Angst vor Geistern, hatte doch schnell schwimmen und Radfahren gelernt.

Nein, ich sollte nicht baden gehen. Es sei zu gefährlich. Ich könnte ertrinken. Meine Versicherung, daß ein guter Schwimmer gar nicht ertrinken könne, half nichts. "Gut, also bestimmt nur bis zum Bauchnabel." Ich versprach: "Ehrenwort"
Aber es bleib beim Nein. Ohne Begründung, ohne richtige Begründung. Ich habe meinen Kindern und Enkelkindern später immer die Wahrheit gesagt, nie Ausreden. Hätte Tante Ida nur gesagt: "Ich will nicht, daß du dort alleine baden gehst, weil die Männer mit den kahlen Köpfen, die da draußen auf den Feldern des Gutshofes arbeiten, alles schlimme Verbrecher und Mörder sind."
Es gab Gefängnisse für leichte Verbrecher. Für Leute, die vielleicht den Staat, vielleicht die Banken, vielleicht den Nachbar bestohlen hatten. Die wirklich gefährlichen, die Raubmörder, die Lustmörder, die kamen auf Lebenszeiten ins Zuchthaus und mußte auf den Gütern arbeiten. Und das Gut, das an Tante Idas Hof grenzte, war ein solches.

Da ich nun nie ein gehorsames Kind war, das Befehlen folgte, sondern Gründe haben mußte, die es einsah, zog ich los. Einen Badeanzug und ein Handtuch. Der Weg führte entlang an der alten steinernen Gutsmauer. Ich habe diese Mauern immer sehr gerne gehabt. Es wuchsen darauf so viele malerische Pflanzen. Pflanzen, die sich hochrankten, Pflanzen, die sich fallen ließen, Pflanzen mit winzigen Blüten, Pflanzen mit winzigen Blättern, mit stumpfem Grün, mit schillerndem Grün; dazwischen das leuchtende weiche Moos. Und immer sah man die schönen alten Steine durchscheinen. Und dann die Käfer, die da auf und ab liefen, als müßten sie unbedingt schnell wo hin. Man konnte ganz dicht rangehen und sie beobachten. Unten im Grase ging das gar nicht, war viel zu gefährlich, da konnten sie, wenn man nicht aufpaßte, an einem hochkrabbeln. Am Fuße der Gutsmauer wuchsen Feldblumen, Margeriten und Glockenblumen, die hübschen blauen Glockenblumen.
Ich beschloß einen Strauß für Tante Ida zu pflücken. Ich hatte ein etwas schlechtes Gewissen, weil ich doch einfach gegangen war. Aber Tante Ida hätte mich bestimmt gehen lassen, wenn ich nicht vergessen hätte, ihr zu erzählen, daß ich zu Hause immer alleine Milch holen durfte; zweimal über den Damm, und das manchmal abends, wenn es schon bald dunkel wurde, und das in Berlin. Aber ein großer Blumenstrauß war eine gute Idee. Ich brachte übrigens jeden Tag einen zu Tante Ida, auch einen zu Onkel Paul und Lydia. Mutti freute sich immer ganz besonders, wenn ich für sie Blumen sammelte

Wenn Papa dabei war, durfte man es nicht. Man konnte nicht einmal einen Grashalm abreißen, schon gar nicht eine Blume, oder etwa Zweige. Nicht einmal mit einem Baumzweig seitlich in die Gräser hauen. Papa sagte immer, es täte den Pflanzen auch weh, und man dürfe es nur machen, wenn man es unbedingt müsse, wenn man zum Beispiel hungrig sei.

Aber Papa war ja nicht hier, und so pflückte ich einen ganzen Arm voll. Es wurde ein besonders großer und schöner Strauß. Ich fand auch noch Blumen mit ganz kleinen gelben Blüten, die so süß dufteten. Sie hatten leider nur sehr feine Stiele, schienen etwas schwach zu sein. Aber wenn man sie in die Mitte steckte, dann fielen sie ganz lieblich zur Seite herunter. Ja, das wäre ein Strauß für Lydia zur Hochzeit mit dem persischen Prinzen.

Es ist seltsam wie genau ich diesen Strauß beschreiben kann. Ich sehe ihn mit allen Einzelheiten vor mir. Ich wundere mich auch schon die ganze Zeit darüber, wie klar der Weg an der Steinmauer vor mir steht, wie auf einer Photographie. Es ist überhaupt erstaunlich, wie man manche Dinge vergessen kann, die so sehr wichtig erschienen, daß man glaubte sie für immer in Erinnerung zu behalten. Andere dagegen tief, tief eingekerbt sind, daß ihr Bild nie verbleichen kann, solange man wohl leben wird.

Die Hitze war drückend. Es würde bald ein Gewitter geben. Gewitter hatte ich gerne. Trotz aller Warnungen, was einem da alles passieren konnte. Was dem Freund von Martin Luther passiert war, was Martin Luther beinahe selber passiert wäre, und vor allem was einem Bekannten von Tante Emma......Ich hatte Gewitter trotzdem gerne, mußte stets raus, es draußen erleben. Bevor es anfing, war immer alles so wach und aufgeregt. Außerdem mußte bald Vollmond sein. Ich hatte es gestern nacht durch das Schlafstubenfenster gesehen. Gewitter und Vollmond, das war beinahe so phantastisch wie ein großer Schneesturm, den ich leider noch nie erlebt hatte, aber mir immer vorzustellen versuchte. Aber Gewitter und Vollmond, das kannte ich.

Zu der Zeit des Vollmondes sollen bei allen Heilpflanzen und überhaupt bei allen Lebewesen besondere Säfte hochsteigen. Da sammeln sich die Elfen unter den Weiden. Da tanzen die Hexen auf dem Brocken. Meine Freundin Ingeborg Birkefeld war vom Harz. Aber sie hatte die Hexen dort auf dem Brocken leider niemals gesehen. Bei vielen Zauberdingen mußte man immer warten bis Vollmond war, da es sonst nicht wirkte. Wenn man einen bösen Fluch loswerden wollte, war auch die Vollmondnacht der günstigste Augenblick. Ich war überzeugt, daß der Strauß, den ich gepflückt hatte, besondere Kräfte haben mußte, denn der Mond war ja schon bald ganz rund. Ich drückte die Blumen fest an mich. Sie würden mich beschützen. Aber es war ja Tag, und die bösen Geister kamen nur in der Nacht. Ich nahm mir vor, heute abend auf keinen Fall draußen zu sein. Schon beim Dunkelwerden in das sichere Bettchen zu kriechen und aufzupassen, daß das Federbett auch an den Rändern ganz fest anlag.

Es wurde mir plötzlich unheimlich. Ich wollte zurückgehen. Aber zurückzugehen schien genau so verkehrt wie voraus. Ich wußte nicht was ich machen sollte. Aber da war ich auch schon an der Mauer vorbei und kam auf die freien Felder. Hier wehte ein warmer Wind. Die Geräusche, die ich hinter den Steinen gehört hatte, waren auch nicht mehr da. Die waren sicher von den Eichhörnchen gewesen, oder Mäusen, oder den Katzen. Ja, sicher von den Katzen.

Hinten auf den Feldern sah man die Männer mit den kahlen Köpfen arbeiten. Ich wollte Tante Ida schon immer einmal fragen, warum die so komische Kleidung trugen. Ich wollte auch schon immer mal wissen warum die alle keine Haare hatten. Aber Tante Ida war stets zu beschäftigt, um zu antworten.

Da war ich auch schon an der Badestelle. Aber ich hatte Angst. Vielleicht wäre es doch besser zu gehorchen und nicht ins Wasser zu gehen. Ich konnte zwar schwimmen, aber manche Leute sagten, daß man im Wasser einen Krampf bekommen kann. Herr Prinz war sogar in der Badewanne ertrunken. Ich beschloß nicht zu baden. Aber aus einem unerklärlichem Grund hatte ich auch Angst wieder nach Hause zu laufen. Ich hielt die Blumen ganz fest. Es tat mir plötzlich leid, sie abgepflückt zu haben. Ich hatte ihnen weh getan, und nun würden sie sterben müssen. Aber vielleicht wären sie von wilden Tieren aufgefressen worden. Mutti sagt, sie sterben sowieso. Aber dieser Gedanke tröstet mich in diesem Augenblick gar nicht. Ich ging etwas mit den Füßen ins Wasser, bückte mich, um den Strauß wenigstens feucht zu machen, ihm etwas zu trinken zu geben.

Aber da hörte ich wieder das seltsame Rascheln. Und plötzlich war etwas hinter mir.
Ich wußte es ganz genau, brauchte mich nicht umzusehen. Es war etwas Großes, etwas Entsetzliches, etwas Grauenvolles, etwas, dem ich noch nie im Leben begegnet war, etwas, was mein Blut erstarren ließ, mich vollkommen unbeweglich machte. Ich wagte nicht zu atmen. Ich wußte, es war kein Angsttraum. Es war nicht etwas, was wieder weggehen würde, wenn man nur eine Weile wartete.
Rennen, ja Rennen, das war es. Aber ich konnte nicht. Mein Gehirn arbeitete fieberhaft. Ich mußte etwas tun, bevor ich es sah. Plötzlich wußte ich es. Im Märchen machte man immer drei Kreuze. Es war bald Vollmond. Es würde helfen. Aber ich konnte meine Arme und Hände nicht bewegen, konnte die Kreuze nicht machen. Und ohne das ging es nicht, war es nicht wegzubringen.

Da kam mir ein anderer Gedanke, Gott konnte diese drei Kreuze für mich machen. Und Außerdem, wenn ich ganz still stehen würde, konnte das Schreckliche mich vielleicht auch gar nicht sehen. Wenn Schlangen da waren, sollte man sich nicht bewegen. Manche Tiere stellten sich tot. Ich konnte mich totstellen.
Ich mußte Zeit gewinnen. Auf einmal wußte ich es. Ich mußte mit Gott zusammen Zeit gewinnen. Das war alles. Zeit gewinnen. Zeit gewinnen.

Plötzlich wurde ich von hinten gepackt. Es hatte sich festgebissen an mir. Der Wolf, die Hexe, der Teufel. Ich wollte schreien, konnte aber nicht. Und dann sah ich es. Das Grauen, das Entsetzliche. Es hatte einen Menschenkopf. Es hatte Menschenarme, gräßliche Menschenarme. Es hatte stechende Augen. Es hatte gräßliche böse Augen. Es hatte einen kahlen Kopf.

Auf einmal fing mein Verstand an, ganz klar zu arbeiten. Mein Krampf ging weg. Ich wußte mit erstaunlicher Klarheit, daß dieses Grauen ein Mörder war, daß es gekommen war, mich zu töten, daß es stärker war als ich, daß ich nur klüger sein konnte.

Ich betete nicht einmal. Ich hatte keine Zeit zum Beten. Ich brauchte nicht zu beten. Gott wußte ja, daß ich in Gefahr war. Er würde mir helfen. Und er half. Er sagte: habe keine Angst. Du mußt Zeit gewinnen. Schrei nicht, mach ihn nicht wütend. Es hört dich sowieso keiner. Du mußt Zeit gewinnen.

Und dann hatte ich eine Idee. Wenn er mich töten wollte, und das wußte ich mit grausamer Klarheit, so mußte es ein böses Wesen sein. Aber böse Wesen wurden gut, wenn sie fromm wurden. Also mußte ich ihn fromm machen. Er wußte wahrscheinlich gar nichts von Gott. Also mußte ich ihm von Gott berichten. Und ich fing an mit ganz ruhiger Stimme von Gott zu reden. Ich sagte ihm, daß Gott alles sieht und hört, und daß es einen Himmel gibt und eine Hölle.

Er schien erstaunt, daß ich keine Angst hatte. Aber die Erzählung von Gott, machte ihn scheinbar nervös. Ich hätte nicht die Hölle erwähnen sollen, dachte ich in panischer Furcht. Das war ein Fehler, ein großer Fehler. Ja, nur von Jesus, das war es.

Auch nicht von Gott. Jesus war freundlicher als Gott. Vielleicht hatte er Angst vor Gott. Und Angst, dachte ich, nutzt nichts. Er muß dazu gebracht werden Jesus zu lieben und fromm zu werden, dann wird er nichts Böses tun. Ja, das mußte ich erreichen.

Aber das Untier wollte gar nichts von Jesus hören, wollte gar nicht fromm werden. Es wurde nervös. Es packte an einer anderen Stelle zu, und schleppte mich ins Schilf.

Das Wasser war dort knietief und das Schilf sehr hoch. Da war viel dickes und grausiges Schilf wohin man sah. Ich wußte, instinktiv, daß dieser Ort noch gefährlicher war als die Badestelle. Hier konnte mich niemand sehen. Keiner würde mich hier entdecken. Nicht Tante Ida, nicht Onkel Paul und Lydia schon gar nicht. Keiner würde mich hier finden. Keiner.

Ich konnte nicht wegrennen. Es hatte sich festgebissen an mir. Ich hatte auch nie ernstlich den Gedanken ans Wegrennen gehabt. Ich wußte, es konnte schneller rennen als ich. Es hatte ja viel größere Beine. Zeit gewinnen, das war es.

Plötzlich hatte Gott eine andere Idee für mich. Ja, natürlich, das konnte helfen. Lieb sein. Ich wollte ihm meine Blumen schenken. Vielleicht hatten die Zauberkraft. Aber die waren nicht mehr da, waren alle weg. Aber ganz lieb sein, schien die richtige Idee. Wenn man ganz lieb zu Jemanden war, konnte man verhindern, daß man verhauen wurde. Ja, damit konnte man auch Zeit gewinnen. Ich versuchte freundlich zu lächeln. Aber das Untier konnte nicht wiederlachen, wollte gar nicht, wollte auch nicht, daß ich lächelte.
Es wollte Beißen. Es wollte beißen wie ein böser Hund. Ein böser Hund, der beißen wollte, bei dem nutzte auch kein Lächeln.
Wenn nun ein böser Hund da war.....Man mußte ihn anschreien:
"Hinlegen......Platz."
Aber er würde trotzdem beißen. Nur nicht wegrennen, dann würde man von hinten angebissen werden. Es im Auge behalten, sich nicht rühren bis der Besitzer kam. Keine Furcht zeigen.
Aber wer war der Besitzer von diesem Untier?

66

Vielleicht würde Onkel Paul kommen Gras schneiden.
Vielleicht würde auch Gott kommen.
Und ich dachte:
"Komm Gott. Komm Gott, komm ganz schnell, ganz schnell, ganz schnell."

Auf einmal hob das Untier hastig den Kopf, es schien als sei da etwas was ihm Angst machte, und dann drückte es mein Gesicht unter Wasser. Ich bekam keine Luft mehr. Da war ein Augenblick sehr, sehr großer Angst. Aber dann ging die Angst weg. Ziemlich schnell sogar und etwas sehr Schönes geschah.

Ich sah einen Film. Es war ein guter Film. Es war ein lieber Film. Da war Mutti. Ja, Mutti war da, meine liebe Mutti. Und ich war auch da. Ich war ganz klein. Ja, es war die Memelerstraße. Mein Teddybär, mein Nuckelsamt. Oma beugte sich über mich. Sie hatte meinen Nuckelsamt gefunden.
Er war wieder da. Ich wußte doch, daß er nicht weg sein konnte, und daß nun alles wieder gut werden würde. Da war ja auch Papa, mein lieber Papa. Er hatte ein Auto. Ich konnte vorn sitzen. Da war noch kein richtiger Sitz dort, nur eine Fußbank. Ja, das war unser erstes Auto. Meine Schwester Ellen war da. Sie hielt etwas in der Hand. Sie hatte meine kleine Katze. Die ganz kleine hübsche bunte Katze, die niedliche Katze, die Tante Minna zu ihrer Freundin gegeben hatte. Wie schön weich und warm war sie. Vielen Dank, liebe Schwester Ellen. Meine liebe kleine Schwester Ellen. Und dann spielten wir zusammen Murmeln, mit den vielen farbigen Kugeln.

Und da war die Brombergerstraße. Da war mein Bretterzaun. Alle Löcher. alle Blumen konnte man sehen. Meine liebe Oma saß am Ofen und erzählte Märchen. Meine liebe, liebe Oma.
O, wenn ich ihr erzählen werde, war mir heute passiert ist, was viel Gruseligeres als in allen Märchen zusammen.

Oma konnte doch die drei Kreuze machen. Sie wußte doch wie man sie macht. Sie hat uns doch immer gesagt, daß es hilft. Aber sie machte sie nicht. Sie las nur immer weiter Märchen vor, als ob alles in Ordnung wäre. Keiner schien überhaupt zu wissen, was eigentlich los war. Alle machten immerzu weiter was sie gerade machten, auch ich. Aber es war ganz egal. Es war sogar besser so. Es war gut, daß alles wieder schön war.

Etwas Seltsames war jedoch bei dem Film. Ich sah immer nur Sachen, die schon mal geschehen waren, gar nicht Neues. Aber das Alte war so schön. Die 87. Volksschule und Fräulein Rosenau, und da war Herr Dehmelt, mein lieber, lieber Herr Dehmelt mit seiner goldenen Uhrkette.

Und dann sah ich die Bilder von meinem Cousin Ernst, die mir so gut gefallen hatten, die mit dem roten Gras und den grünen Tieren. Aber plötzlich wußte ich, daß ich sterben mußte. Da waren keine Bilder mehr auf dem Film. Da war alles nur weiß. Keine Farbe mehr. Es bewegte sich gar nichts mehr auf der Leinwand.

"Da müssen noch mehr Bilder rauf," dachte ich krampfhaft. " Da müssen unbedingt noch mehr Bilder rauf. Da muß noch rauf wie ich auch Bilder male. Das muß noch rauf. Da muß noch rauf wie ich eine Malerin werde." Aber ich konnte keine Bilder, konnte auch mich nicht mehr auf dem Film sehen.

Auch nicht mehr meine liebe Mutti, meinen lieben Papa, meine liebe Oma und auch nicht meine liebe kleine Schwester Ellen.

Und dann wurde es ganz still und dunkel. Ich hatte seltsamerweise in den vielen Stunden und Jahren, in denen ich den Film sah, gar nicht vermißt, daß ich nicht mehr atmen konnte. Es war irgendwie nicht mehr nötig. Ich wollte jetzt schlafen. Einschlafen, wie man immer abends einschläft. Einschlafen in meinem Bettchen in der Brombergerstraße.

Als ich aufwachte, war ich gar nicht in der Brombergerstraße. Ich war ganz woanders. Ich war in Brandenburg. Ich war im Krankenhaus. Da standen viele um mich herum.
Manche hatten weiße Mäntel an. Die ohne weiße Mäntel schrieben immer. Eine helle Lampe schien mir ins Gesicht. Es war auch kein Bett, wo ich war. Da wurde ich erst später hingebracht. Die mit dem Schreiben, redeten dauernd auf mich ein und wollten allerhand wissen. Aber ich habe gar nicht verstanden was. Aber die mußten dann raus aus dem Zimmer.

Und Nachts kamen Papa und Mutti aus Berlin. Ich wurde viel geküßt und bekam Geschenke, auch von den Krankenschwestern. Alle waren so nett zu mir. Nur Tante Ida nicht. Die war immer noch böse, weil ich so ungehorsam gewesen war.

Ich habe Plauerhof nie wieder gesehen.

Als ich nach ein paar Tagen nach Hause gebracht wurde, war Besuch da. Zwei Fischer, die in der Nähe von Tante Ida wohnten. Ich konnte diesen Besuch sehr gut leiden. Die Fischer waren nett und fröhlich und lustig. Da standen viele Flaschen und viel Essen auf dem großen Eßzimmertisch. Aber die Fischer schienen nicht hungrig zu sein, nur sehr durstig. Einer von ihnen hat uns später oft besucht, und Tante Lieschen hatte immer so ein gelbangehauchtes Lächeln auf ihrem Gesicht, wenn sein Name erwähnt wurde. Aber vielleicht habe ich mir das auch nur eingebildet.

Von allem, was da nun so berichtet und erzählt wurde, habe ich Folgendes erfahren: Diese Fischer, die nebenbei eine kleine Landwirtschaft hatten, gingen eigentlich nie um die Mittagszeit fischen. Sie wollten an dem Tage überhaupt nicht fischen. Sie wollten Kartoffeln hacken. Da aber die Fische vor einem Gewitter besonders gut anbeißen, entschlossen sie sich plötzlich doch zu gehen. Gegen ihre Gewohnheit fuhren sie dieses Mal am Ufer entlang. Die Havel macht an der Badestelle eine Kurve. Als sie nun um den Bogen ruderten, hörten sie im Schilf ein Rascheln, konnten aber nichts sehen. Sie nahmen an, daß eine Ente aufgeflogen war und ließen ihr Boot langsam weitertreiben. Da sahen sie etwas Schwarzes im Wasser schwimmen. Das waren meine Haare. Als sie es näher betrachten wollten, fanden sie mich.

Da ich aber bewußtlos war, wurde ich nach Plauerhof getragen, und von dort mit Pferd und Wagen nach Brandenburg gebracht. Ein Auto hatte keiner, und das vom Gut war gerade nicht da. Im Krankenhaus hat man mich dann erst wiederbeleben können.

Es wurde später nie davon gesprochen. Aber viele Jahre danach habe ich einmal etwas in Muttis Wäsche-schrank gesucht, und ganz unten zwischen dem Auslegepapier waren viele Zeitungen. Die waren alle schon ganz vergilbt. Und bei vielen sah man auf der Hauptseite ganz groß:
Sittlichkeitsverbrechen ! Vielfacher Mörder läuft frei umher!
Warum nicht Todesstrafe? Staat unfähig. Staat fahrlässig!
Das meiste was drin stand, war gar nicht wahr, hat gar nicht gestimmt. Ich habe die Zeitungen und Ausschnitte wieder zurückgelegt und nicht gesagt, daß ich sie gefunden hatte.

Ach, ich hätte beinahe vergessen zu erzählen. Da war noch eine Gerichtsverhandlung. Ich mußte hin. Und als der Verbrecher vorgeführt wurde, wollte ich wegrennen. Ich hatte große Angst. Aber er hätte mich bestimmt nicht eingekriegt, denn er stand ganz hinten und ich hatte Vorsprung. Aber Mutti und Papa hielten mich fest.

Später hat Papa den Staat verklagt, und ich bekam 3000 Mark. Diese Summe wurde dann in Goldpfandbriefen von Papa für mich angelegt. Sie wurde nie angerührt, auch nicht als Papa ganz dringend Geld brauchte. Sie sind später verfallen, oder für Pfennige aufgewertet worden. Aber von den Zinsen fuhren Mutti, Ellen und ich jedes Jahr in den großen Ferien an die Ostsee. Das war in der Zeit, in der es uns ziemlich schlecht ging und wir gar kein Geld hatten. Also hatte es am Ende doch etwas Gutes gebracht.

Als ich wieder in die Schule kam, waren alle auffallend nett zu mir. Auch die Lehrer, die ich nicht kannte. Und Fräulein Waldow, unsere Zeichenlehrerin, sagte der ganzen Klasse, wenn sie jemals im Leben überfallen werden würden, sollten sie zwei Finger der rechten Hand steif machen, und Dem in die Augen stechen und dann wegrennen.

Ich habe nichts dazu gesagt, aber fand, daß das ganz verkehrt gewesen wäre, denn die haben starke Augen, und du hast kleine Finger. Und wenn ich das versucht hätte, wäre er sofort wütend geworden und hätte mich gleich ertränkt. Und die Fischer hätten mich zu spät gefunden.

Das Schlimme

Wenn ich an der Ostsee manchmal in unseren Sandburgen lag, habe ich oft kleine Käfer beobachtet, die versuchten aus den Löchern herauszukommen. Wie mühevoll war das Hochkrabbeln. Ständig rutschte der Sand unter ihren Füßen. Und wenn sie es nahezu geschafft hatten, dann löste sich die ganze Fläche und riß sie wieder mit hinunter.
Dabei habe ich oft an Papa denken müssen. Immer versuchte er aus den Löchern zu kommen, und manchmal war er beinahe heraus. Aber dann begann wieder der Rutsch in die Tiefe. Schon als Kind saß er drin. Es ist eine lange Geschichte, die ich später genauer berichten werde. Wie es kam, daß er als kleiner Junge zu fremden Leuten mußte.

Als ich zehn Jahre alt war, sagte Papa zu mir:

"Genau so alt, wie du jetzt bist, war ich, als ich zum Bauern mußte, um mir alleine mein Brot zu verdienen. Wo ich jeden Tag so lange und so schwer arbeiteten mußte, wie der große starke Bauer, wo ich nie satt war, wo ich nie warm war, wo ich in kalten Winternächten meine beschneite Schlafstelle verließ, um mich bei den Pferden zu erwärmen. Genau so alt, wie du jetzt bist, war ich."

Und dann kam 1931, die Zeit der großen Arbeitslosigkeit, der großen Depression. Papa war gerade hochgekrabbelt. Er besaß ein schuldenfreies Eckhaus, eine gutgehende Fabrik.

Da passierte eines Tages etwas Phantastisches. Papa hatte einen Fabrikationsartikel gefunden, der einmalig war. Einen, den viele kaufen wollten, den "Grafautowinker", oder wie er damals hieß:

"Den Fahrtrichtungsanzeiger."

Der Autowinker war vorne befestigt, nahe an der Windschutzscheibe. Papa hatte einen schmalen Metallkasten konstruiert, ungefähr 30 cm lang. In diesem befand sich ein Metallarm von der gleichen Länge. Dieser schwang heraus wenn man einen Knopf am Schaltbrett herunterdrückte. Am Ende des Winkers befand sich ein rotes Licht. Man brauchte also nicht mehr den Arm hinauszuhalten. Der Fahrtrichtungsanzeiger war da. Endlich nach jahrelangem Suchen, endlich der richtige Artikel. Papa sicherte ihn durch Patente, und die Produktion lief auf Hochtouren. Seine Vertreter verkauften nicht nur in ganz Deutschland. Sie begaben sich in alle Welt.

Und eines Tages, da kam einer zurück mit etwas ganz Unerhörtem, etwas ganz Unglaublichem, nämlich einem Vertrag mit Spanien. Dieser Vertrag war mit dem König von Spanien persönlich gemacht. Ein neues Gesetz bestimmte, daß alle Fahrzeuge in Spanien Verkehrsanzeiger haben mußten. Und daß an alle staatlichen Fahrzeuge Grafwinker angebracht werden sollten. Es war kein Scherz. Es war wirklich wahr. Der König von Spanien hatte einen Vertrag mit der Firma Graf gemacht. Grafwinker für ganz Spanien. Der Vertrag war lang und feierlich. Er brachte ausführlich alle Lieferbedingungen, Preise und Termine. Und der König hatte ihn eigenhändig unterschrieben. Papa war sprachlos.

Mir selbst wäre die Sache vielleicht spanisch vorgekommen. Aber das ist hinterher immer leicht zu sagen. Nun weiß ich auch gar nicht, ob Papa für den Vertrag vielleicht zahlen mußte; möglicherweise dem Vertreter für einen Minister oder so. Leider habe ich Papa nicht gefragt. Damals war ich noch zu klein, und später war es höchst unwichtig, das zu wissen. Ich glaube auch kaum, daß Papa es erzählt hätte. Denn wenn er etwas dafür bezahlt hat, dann ist es sicher unter dem größten Siegel der Verschwiegenheit geschehen. Und Papa hielt was er versprach, bis ins Grab.

Papa prüfte die Rechtmäßigkeit des Vertrages über das spanische Konsulat und begann eine riesige Produktion. Er kaufte eine ungeheure Mengen von Material, neue Maschinen und nahm eine Hypothek auf das Eckhaus auf. Die Produktion fing an in großem Format zu laufen. Es dröhnte, donnerte, raste, hämmerte. Papa hatte Produktionsprämien ausgesetzt. Alle eilten, hetzten, flitzten. Papa wurde ganz dünn, und in riesigen Lagerräumen stapelten sich die Verkehrsanzeiger bis an die Decke.

Fahrtrichtungs-Anzeiger "GRAF"

der unübertroffene Auto-Winker
Tausende im Verkehr

Erstklassig, zuverlässig   Absolut einwandfreie Funktion
Elegante ansprechende Form   Spielend leichtes Schalten
Kein Heraushängen des Signalarmes im Ruhestande
Kein Stromverbrauch   Kein komplizierter Mechanismus
6 Monate Garantie auf Nichtreissen des Bowdenseiles
An jedem Auto leicht anzubringen

Modell 1 : Gehäuselänge 34 cm
weiss vernickelt kompl. mit
Schalter und Birne p. Stück M
                      p. Paar M
Modell 2 : wie Modell 1, jedoch
schwarz vernickelt   p. Stück M
                      p. Paar M
Modell 5 : Gehäuselänge
30 cm schwarz emaill.
kompl.   p. Stück M
                      p. Paar M

Bei Bestellung ist anzugeben :

ob für 6 oder 12 Volt
bei Einzelapparaten ob für
rechte oder linke Seite.

Händlerrabatt............

einst

jetzt

Papas Autowinker

Der erste Liefertermin kam näher. Da gab es keine Zeit mehr zum Essen, Schafen und auch nicht zum Diskutieren. Nicht einmal, wenn Papas Freund, der Herr Herzog kam und von Unruhen in Spanien sprach. Der Thron war fest. Spanien war konservativ. Die Abstimmung am 12. April 1931 zeigte klar 22000 Sitze für die Monarchisten. 5000 nur für die Republikaner.

Doch am 14. April kam die ganz unglaubliche Nachricht. Der König hatte Spanien verlassen. Der König hatte abgedankt. Der Vertrag war hinfällig.

"Produktion stoppen."

Herr Herzog, Papas Freund geriet in Ektase.

"Sofort, sofort."

Das hieße jedoch Leute entlassen. Die gleichen Leute, die so eifrig und gewissenhaft für Papa gearbeitet hatten. Papa hörte nicht. Da war ja der deutsche Markt. Autowinker brauchten viele.

Aber dann kam der zweite Schlag. Genau zu dem Zeitpunkt brachte die große Firma Bosch ihren ersten Fahrtrichtungsanzeiger heraus. Er war genauso gebaut wie Papas und sah auch genauso aus. Aber er hatte den Namen Bosch und eine viel hübschere Verpackungskiste. Jeder Laden kaufte jetzt den Boschwinker.

Alle warnten. "Produktion einstellen". Papa hörte nicht. Er setzte die Preise herunter. Aber das half nichts. Jeder kannte Bosch, wer kannte Graf? Und die Bosch Firma tat dann außerdem noch etwas Neues. Sie verkaufte die aktuellste elektrische Ausrüstung für die Autos jetzt als Satz, einschließlich Autowinker.

"Produktion stoppen, Leute entlassen."

Damals konnte man noch Arbeiter entlassen ohne ihnen vorher zu kündigen, und man brauchte auch keine Gehälter weiter zu bezahlen. Aber wo würden die Leute wieder Arbeit finden, jetzt

Papa (links) mit seinem Freund Herrn Herzog

zur Zeit der großen Arbeitslosigkeit. "Nein, es mußte einen anderen Weg geben." Papa fing an Winker zu verschleudern um etwas Bargeld zu erhalten. Papa hatte mit dem spanischen Vertrag in der Hand alles auf eine Karte gesetzt. Daher war zu der Zeit kein Geld flüssig. Aber jetzt waren Löhne zu zahlen, und da waren Zahlungen fällig für die vielen teuren, gerade erworbenen Maschinen, Zahlungen für das gelieferte Material und die Zinsen für die aufgenommenen Hypotheken.

Papa entließ einige Frauen, von denen er wußte, daß ihre Männer Arbeit hatten. Er mußte einen Weg finden. Es gab immer neue, immer andere. Es gab immer Auswege. Er begann Material billig zu veräußern. Es war nur zur Überbrückung. Bald würde der Grafwinker wieder verkauft werden.

Aber die nächste Lohnzahlung kam schnell heran. Er mußte Geld borgen. 10 Prozent im Monat. Er wartete auf ein Wunder. Er mußte Geld borgen 20 Prozent. Aber das Wunder kam nicht. Dafür kamen die Gläubiger, einer nach dem andern. Sie hatten lange genug gewartet. Sie brauchten ihr Geld auch. Man vertröstete sie. Man gab ihnen etwas. Aber wenn man ein Loch zumachte, entstanden zwei neue.

Alle Freunde kamen und warnten. Robert, du mußt die Leute entlassen. Diese Leute waren aber meist Frauen. Frauen ohne sonstiges Einkommen. Da waren Frauen, die hatten kleine Kinder. Da waren Frauen, die hatten kranke Männer. Da waren Frauen, die hatten beides.

Jeden Morgen sahen sie Papa angsterfüllt an, ob er sie nun wegschicken würde.

Nein, er würde es nicht tun.

Die Regierung war bankrott. Der Friedensvertrag von 1918 hatte mit den Reparationszahlungen eine unmögliche Bürde auf Deutschland gelegt. Die Regierung besaß daher kein Geld um den Leuten ohne Arbeit mit Unterstützungen zu helfen. Da waren einfach zu viele Leute ohne Arbeit. Papa wußte, daß die Frauen nicht mit den geringen Summen auskommen konnten, die der Staat damals ausgab. Es war unmöglich davon zu leben. Die Familien mußten hungern.

Papa suchte krampfhaft nach einer Lösung. Er borgte mehr Geld. Er schrieb Wechsel aus. Nachts hörte ich ihn hin und her laufen. Hin und her, auf und ab. Dann gingen die Wechsel zu Protest. Ich wußte nicht genau, was das war, aber ich haßte das Wort. Später erklärte mir Papa, daß ein Wechsel ein vordatierter Scheck war, und wenn der nicht bezahlt werden konnte, der Gerichtsvollzieher kam, der dann deinen Besitz pfänden würde.

Und dann kam das erste mal der Gerichtsvollzieher zu uns und klebte kleine Siegel an die Möbel. Papa versicherte Mutti jedoch:

"Hier kommt kein Stück raus, kein einziges."

Er brachte das Geld auf, und das Angeklebte wurde wieder abgemacht.

Tanten kamen und redeten auf Mutti ein: "Laß alles auf deinen Namen schreiben. Bring die wertvollen Sachen weg." Der Vorschlag machte Papa rasend.

"Hier kommt kein Stück raus, kein einziges."

Er hatte noch viele Winker. Er hatte noch Material. Er hatte noch die Einnahmen vom Eckhaus. Etwas würde schon kommen.

Und es kam etwas. Es kam in Gestalt von Herrn Glowacks. Das war ein Mieter in unserem Haus. Bei einer Mietzahlung fragte er Papa, wie denn seine Fabrikation vorankäme. Papa erzählte ihm einiges.

Und Herr Glowacks meinte: "Sie müssen durchhalten, lieber Herr Graf. Entlassen sie keine Leute. Man muß sie wieder anlernen, wenn man sie braucht. Wenn es ihnen an Geld fehlen sollte. Ich habe es. Es ist kein Problem für mich. Ich habe reichlich davon."

Er fragte Papa, wieviel er denn erst einmal ganz dringend brauchen würde und gab ihm sogleich 2000 Mark. Papa könne jederzeit mehr bekommen. Aber er müsse natürlich eine Sicherheit haben. Er wollte die Verwaltung des Hauses dafür übernehmen. Er hätte den ganzen Tag über nichts zu tun, und es wäre eine gute Beschäftigung für ihn. Die Sache müsse natürlich bei einem Anwalt rechtskräftig gemacht werden. Das erschien eine seltsame Forderung. Aber der Gedanke, einen reichen Geldgeber gefunden zu haben, löschte alle Bedenken. Papa machte Herrn Glowacks dann auch noch darauf aufmerksam, daß vor ein paar Tagen die Sicherheitspolizei gekündigt hatte. Sie wollten woanders hinziehen. Da würde man nun die erste Etage etwas umbauen müssen, um daraus einzelne geschlossene Wohnungen zu machen. Herr Glowacks versicherte Papa, daß er gerade der richtige Mann dafür wäre. Er hätte billige Arbeiter an der Hand und wüßte wie man sie zu behandeln habe.

Mutti war wütend. Sie hatte die Hausverwaltung. Sie wollte die Mieten einkassieren. Sie traute dem Kerl nicht. Der Kerl war schleimig. Aber es half nichts. Sie warnte, protestierte und schimpfte umsonst Herr Glowacks bekam seinen rechtskräftigen Vertrag als Hausverwalter. Es sollte ja auch nur auf ein Jahr sein.

Vierzehn Tage vergingen, als plötzlich viele Arbeiter erschienen, auf den Dachboden stiegen und dort zu hämmern anfingen. Was war los? Was hatten sie vor? Sie erklärten, der Hausverwalter hätte sie beauftragt, den Turm oben zu verändern. Der Turm war in Ordnung, im besten Zustand. Das mußte ein Irrtum sein. Papa ging sogleich zu Herrn Glowacks. Nein, es war kein Irrtum. Her Glowacks fand, daß das Haus mit einem schöneren Turm viel besser aussehen würde, und man daraufhin die Mieten höher setzen könne. Der Preis für die Veränderung war nur 10 000 Mark. Und man könne es leider nicht rückgängig machen, da er den Auftrag schon unterschrieben habe. Über die Bezahlung solle Papa sich jedoch keinerlei Sorgen machen, denn die würde er mit den Mieteinkünften begleichen.

Papa lief zum Rechtsanwalt. Man konnte aber nichts machen. Alles war rechtskräftig. Der Verwalter durfte bauen und ändern lassen, was er wolle. Papa konnte keinen Einspruch erheben. Man hatte in den Vertrag eine Klausel eingesetzt, die Papa einfach übersehen und deren Bedeutung er nicht erkannte.

Nun besaßen wir gar kein Einkommen mehr. Papa konnte nur noch Sachen verkaufen. Aber welche Sachen? Material und Winker verschleudern? Maschinen verkaufen? Aber es wurden sogar noch immer neue geliefert, die vor einiger Zeit bestellt worden waren und nun auch noch bezahlt werden sollten. Man konnte sie auch nicht zurückgeben. Alles besaß nur noch Schrottwert.

Ja und dann kam de Rutsch in die Tiefe. Und er ging schnell.

Tante Maria, Papas Schwester, schickte noch all ihr Geld, das sie erspart hatte. Aber es war nur ein Tropfen auf den heißen Stein.

Und dann geschah das, das ich nie vergessen werde. Papa hatte unter anderem auch nicht die Kirchensteuer bezahlen können. Der Staat kassierte diese Steuern ein. Die Kirche hatte nichts damit zu tun. Papa war katholisch. Aber er ging nie in die Kirche, da, als er klein und arm war, der Priester seines Heimatortes ihn schlecht behandelt hatte. Aber Papa wollte nicht aus der Kirche austreten, weil, wie er sagte, die Kirche so viel Gutes täte.

Also die Kirchensteuer war nicht bezahlt worden und der Staat kam, sie einzufordern, und Papa hatte kein Geld, konnte auch diesmal nirgends welches auftreiben. Da kam ein Gerichtsvollzieher und klebte für die Kirchensteuer an alles, was irgend einen Wert hatte, ein kleines Siegel. Dieses Siegel zeigte den Reichsadler, denn es war von der Regierung. Es war bei Gefängnisstrafe streng verboten dieses Siegel zu entfernen. Die Gegenstände, die ein Siegel trugen, durften auch nicht den Standort verlassen. Der Gerichtsvollzieher beklebte bei uns nahezu alles, denn in dieser Arbeitslosenzeit besaßen gebrauchte Gegenstände einen sehr geringen oder nahezu keinen Wert. Die Summe, die der Gerichtsvollzieher für die Kirche forderte, war nicht einmal eine hohe. Aber Papa konnte sie diesmal absolut nicht auftreiben. Papa hatte nicht mehr das Geld von den Mieten. Er hatte nicht mehr Geld von irgend welchen Verkäufen. Er hatte nichts mehr - absolut nichts. Er sagte auch nicht mehr, daß bei uns kein Stück herauskäme. Er sagte nichts. Er sagte gar nichts mehr.

Und dann kam der Tag, der mir für immer in Erinnerung bleiben wird. Es war ein warmer Sommernachmittag, da erschienen mehrere Männer und klingelten an unserer Tür. Als wir nicht sogleich aufmachten, schlugen sie ganz laut dagegen. Papa war zufällig gerade da. Mutti und Oma waren da, und ich war auch da. Die Männer präsentierten ein Stück Papier. Sie ergriffen den Ausziehtisch. Sie ergriffen die Stühle und die Sessel und begannen alles hinunterzutragen. Unten stand ein großer Möbelwagen. Sie arbeiteten langsam. Sie wurden wahrscheinlich stundenweise bezahlt und die Sachen waren schwer. Sie schienen von einer großen Transportfirma zu sein. Alles wurde sorgfältig verpackt. Das Kristall, das Porzellan, der große Schreibtisch wurde erst einmal ausgeräumt, die Schubfächer herausgenommen, und dann wurden die Einzelteile hinunter getragen. Es wurde alles genommen was einen Siegel drauf hatte. Wohnzimmer Eßzimmer, Teile von dem Schlafzimmer. Alles was wir besaßen.

Oma saß auf einem Stuhl, von dem sie aufstehen mußte, da er weggebracht werden sollte. Tränen strömten über ihr liebes altes Gesicht. Ich habe sie nie vorher und auch nie nachher wieder weinen gesehen. Mutti war ganz blaß und versteinert. Und Papa taten die Leute leid, die so schwer heben mußten. Als sie Schwierigkeiten mit dem Klavier hatten, bot er sich an beim Hinuntertragen zu helfen.

Da wurde bei mir plötzlich alles rot. Ich hatte nur einen Wunsch, mich auf diese Männer zu stürzen. Ich sah mich nach einem Gegenstand um. Es mußte ein hartes schweres Stück sein. Ich wollte es ihnen auf den Kopf schlagen. Ich wollte sie von hinten erschlagen. Nicht von vorne, nein, von hinten. Ich weiß nicht warum von hinten. Vielleicht weil ich so viel kleiner war als sie. Ich wollte sie tot schlagen. Ich wollte es wenigstens versuchen. Warum saß Mutti so still da? Warum schlug sie nicht zu. Was half Omas Weinen? Dachte sie etwas, daß das etwas ändern würde. Warum saßen sie alle so da. Warum stürzten wir uns nicht alle zusammen auf diese Männer. Oder warum packten wir nicht die Sachen und warfen sie auf die Straße, dann brauchten die armen Männer sie doch nicht hinunterzutragen. Wenn Papa so besorgt war um diese armen Männer warum schmiß er nicht alles raus. Nicht das Fenster aufmachen, nein, durch das geschlossene Fenster, durch die Fensterscheibe. Wie herrlich würde es krachen. Vor allem welch wonniger Ton, wenn die große Standuhr auf das Pflaster schlagen würde, und das ganze Kristall und das ganze Porzellan.

Unten liefen selten Leute vorbei und man könnte ja vorher rufen. Ich hatte diese Möbel nie leiden können. Es war nicht schade darum. Aber nicht wegnehmen lassen, nicht von diesen Männern. Mutti hatte diese Sachen gerne, und Oma auch. Ich konnte plötzlich alle nicht mehr verstehen. Vor allem das Benehmen von Papa.

Ja, Papa begann dann mitzuhelfen alle großen Möbel zu transportieren. Später erzählte er, als sie das schwere Klavier hinunter brachten, kam der Glowacks gerade die Treppe herauf. Er stellte sich an die Seite, aber so, daß wenn Papa gewollt hätte, das ganze Klavier auf den Schuft gestürzt wäre. Papa sagte, daß er lange Zeit mit seinem Gewissen kämpfen mußte, und es dann aber doch nicht getan hat. Diese Sache hat mich sehr gefreut. Nicht etwa weil Papa es nicht getan hat, nein, daß er den Gedanken bekam, das hat mich gefreut. Wäre ich an Papas Stelle gewesen mit welcher Wonne hätte ich das Klavier losgelassen.

Ja damals ist nichts zerbrochen, nichts zerschlagen, nichts beschädigt worden. Alles wurde ordentlich hinunter getragen, alle unsere Möbel, alle unsere wertvollen Dinge. Behalten durften wir nur einen Küchentisch, für jeden ein Bett und für jeden einen Stuhl.

Es ist nun schon über ein halbes Jahrhundert her, und ich kann diesen Tag nicht vergessen. Er ist noch heute für mich etwas von dem Furchtbarsten, was ich je erlebt habe. Schlimmer als das Ertrinken, als der Krieg und vieles andere. Vielleicht wegen Oma, weil Oma weinte. Vielleicht wegen Papa und Mutti. Wir haben später wieder alles verloren, als alles in die Luft flog bei den Angriffen. Aber das war gar nicht so schlimm. Da war Oma allerdings nicht mehr da. Aber das alleine kann es auch nicht gewesen sein. Ich habe mir oft den Kopf zerbrochen, warum gerade Das so entsetzlich gewesen war.

Und bald darauf kam die Zeit, an dem auch das Eckhaus versteigert wurde und wir ausziehen mußten. Es war eines Abends, als Papa erschien und sich mit ganz erleichterten Gesicht auf seinen Stuhl setze. Es war alles vorbei, auch die Fabrik war weg, auch die Angestellten waren weg. Er hatte sie nicht zu entlassen brauchen. Sie wurden von dem neuen Besitzer entlassen. Es war alles vorbei. Und Papa sagte, daß ihm so gut sei, wie schon lange nicht mehr. Er hatte einen Offenbarungseid leisten müssen, daß er nichts, aber auch nichts mehr besäße. Die Gläubiger würden natürlich alle später zurückkommen, wenn er wieder etwas Geld verdienen würde, das war damals das Gesetz. Aber jetzt, jetzt war er sie alle los. Papa war entspannt und glücklich. Er sah so aus, daß es ihm auch alle glaubten. Er konnte wieder schlafen und wieder essen. Die einzige Sache mit dem Schlafen war nur Wo? Und mit dem Essen Was? Aber das würde schon wieder in Ordnung kommen. Im Augenblick war Ruhe.

Der Tag, an dem wir die Wohnung verlassen mußten, war da. Es war eine ganz sternklare Sommernacht. Ich ging barfuß auf den Balkon. Zum letzten mal in meinem Leben auf den Balkon in der Brombergerstraße eins. Ich blickte über das Bahngelände, hörte die Wagenpuffer zusammenstoßen und sah den Sternenhimmel. Ich wollte es mir einprägen auf immer und ewig. Die Blumenkästen mit den Vergißmeinnicht standen an der Erde. Die Männer hatten diese Blumenkästen nicht mitgenommen. Sie schienen keinen Wert zu haben. Ich roch an den kleinen blauen Blumen. Dieser Balkon war der Platz, wo Oma immer gesessen hatte. Unten auf der Straße war kein Mensch. Die Laternen brannten in ihrem kalten blauen Gaslicht. Mein Bretterzaun lag im Schatten.

Da stand ich längere Zeit und schwor zu Gott, daß ich reich werden würde. Ja reich, und Oma und Papa und Mutti und meine Schwester Ellen, denen sollten nie wieder Sachen weggenommen werden. Ich würde dafür sorgen. Ich würde alles dransetzen. Ich würde einen Weg finden. Ich schwor bei allen Sternen. Ich schwor mit einer Inbrunst, die erstaunlich war für ein elfjähriges Kind. Und dieser Schwur hat mir mein ganzes Leben vor Augen gestanden. Selbst arm zu sein, das schien nicht schlimm, aber Papa und Mutti und Oma und meine kleine Schwester Ellen sollten es nie mehr sein.

Papa hat meine Hilfe nicht gebraucht. Er kam alleine ziemlich schnell wieder hoch. Aber ich habe meinen Eltern doch später eine gute Rente besorgt, und es hat ihnen nie wieder jemand Sachen hinaus getragen.

ROBERT GRAF

M E T A L L W A R E N - F A B R I K

BANKVERBINDUNGEN: Dresdner Bank, Depositen-Kasse C III, Berlin O 34, Petersburger Strasse 1 / Berliner Stadtbank, Girokasse 7, Berlin O 34, Warschauer Strasse 58
TELEGRAMM-ADRESSE: Grafwinker Berlin / CODE: Mosse; — ABC 5. Edition / POSTSCHECK-KONTO: Berlin 55087 / TELEPHON· E 3 KÖNIGSTADT 6946

F A B R I K :
BERLIN SO 16, Köpenicker Str. 39

BÜRO und LAGER:
BERLIN O 34, Bromberger Str. 1

Papas Geschäfts Briefpapier

Als wir nach Amerika auswanderten, haben Fritz und ich unsere Möbel mitgenommen. Dabei waren zwei Vitrinen. Zwei entzückende Rokoko Vitrinen aus Rosenholz mit wunderschöner Ormoluverzierung. An drei Seiten waren geschwungene, kostbare alte Scheiben. Wir haben aber nur eine von diesen Vitrinen in unserem Hause aufgestellt.

Vor zwei Jahren beschlossen wir zum ersten mal, etwas zu verkaufen, etwas Porzellan, das uns und auch unseren Kindern nicht so gefiel und nur in Kisten herumlag. Kleine Figuren und Schalen. Wir hatten sie auf einen Tisch gestellt, und ein Antiquitätenhändler kam mit seiner Frau, es sich anzusehen.
Die Frau warf einen verachtungsvollen Blick auf das Porzellan und marschierte sogleich auf die Vitrine los. Sie wollte sie haben. Die Erklärung, daß diese nicht zum Verkauf sei, schien keinen Eindruck auf sie zu machen. Sie war gewöhnt, daß Leute verkauften. Ich wurde wütend und legte nochmals klar, daß absolut nichts zum Verkauf sei, als das Porzellan auf dem Tisch. Da fing Fritz an, daß wir noch eine zweite Vitrine hätten, die auf dem Boden gelagert wäre. Ich bestand darauf, daß nichts verkauft wird, was wir oder unsere Kinder und Enkelkinder noch einmal gebrauchen könnten.

Am nächsten Tage gehe ich zufällig in den Keller und sehe Fritz und den Antiquitätenhändler die, auf dem Boden gelagerte Vitrine zur Garage tragen. Der Mann hatte die Vitrine doch gekauft und er erklärte mir, daß es jetzt seine Vitrine sei und er nicht daran denken würde sie zurückzugeben.

Plötzlich verwandelte sich der Mann in die Männer, die damals unsere Möbel hinuntergetragen hatten. Es wurde alles heiß in mir. Jetzt war ich nicht mehr klein. Jetzt würde es nicht noch einmal geschehen. Jetzt würde keiner mehr unsere Möbel wegtragen. Irgend etwas Langes, Dickes ,Eisernes muß im Keller gestanden haben. Ich ergriff es und schlug zu.

Der Mann sprang zur Seite und rannte in eine sichere Ecke. Ich schlug dann auf die Vitrine ein. Es waren keine Fenster da um sie hinauszuwerfen.

Ich schlug immerzu zu, zertrümmerte die alten wertvollen gewölbten Scheiben, das kostbare Rosenholz.

Fritz verstand nicht und wurde böse.

Ich bin danach längere Zeit krank gewesen.

Die hübsche antike Vitrine

Unsere neue Wohnung

An den Umzug kann ich mich nicht erinnern. Aber wir hatten ja auch nicht mehr viel zum Umziehen. Und vielleicht wurden wir Kinder zu irgend einer Tante gebracht. Ja, das ist möglich.

Wir besaßen nun eine neue Wohnung. Mutti hatte sie besorgt. Sie war in der Brombergerstraße sechs. Trotzdem die Wohnung in der Brombergerstraße sechs nur ein paar Häuser weiter war, befand sie sich doch in einer ganz anderen Art von Haus. Hier war alles ärmer und viel kleiner. Mir jedoch gefiel sie sehr. Erstens wegen der hellen Tapeten und dann wegen des Flures. Der war ganz klein und niedlich und ziemlich tief, weil ein Hängeboden darüber angebracht worden war. Der vorige Besitzer hatte ihn völlig verkleidet mit weiß lackiertem Holz. Und darauf war ein hübsches Muster aus Leisten befestigt. Und dieser weiße, auf Hochglanz polierte Flur hatte es mir angetan. Es war alles so hell und freundlich. Am besten gefiel mir jedoch, daß die Wohnung so klein war. In der alten war immer alles so weit weg mit dem endlosen Korridor und den vielen Räumen. Hier waren wir viel dichter beieinander. Das war schön und beruhigend. Man fühlte sich dadurch viel sicherer. Da war wahrscheinlich immer noch die Furcht in mir von dem Schrecklichen bei Tante Ida. Unsere neue Wohnung bestand praktisch nur aus eineinhalb Zimmer und Küche, und die Küche war außerdem noch sehr klein. Leider hatten wir jetzt keine Badestube mehr.

Oma, Mutti und Ellen auf unserem neuen Balkon

Das war das einzig schlechte an der neuen Wohnung. Statt einer Badestube war da nur ein sehr enger, ganz lang gestreckter dunkler Toilettenraum. Es war immer kalt dort, und alles was man da sehen konnte, war eine Glühbirne, die von der ganz hohen düsteren Decke an einer Schnur herunter hing. Die oft ausgebesserten Wände hatte man mit einer häßlichen braunen glänzenden Farbe überstrichen. Dieser Raum besaß eine völlig unnütze Länge. Da war gar nichts drin. Da war nur ganz hinten am Ende die Sache wo man drauf sitzen mußte. Da war nicht mal etwas zum Handewaschen, Da gab es keine Badewanne, auch keinen Badeofen zum anheizen, und das war sehr schade.

Aber manche Leute, in der Memeler-straße zum Beispiel, hatten nicht einmal eine eigene Toilette. Da gab es nur eine für jede Etage. Diese Toilette mußten sich dann verschiedene Wohnungen teilen.

Vor allen Dingen hatte Oma wieder einen ganz großen Kachelofen und einen Balkon. Der Balkon war leider viel kleiner, aber alles hatte Sonne und schöne große Fenster zur Bahn hin. Wir hatten wieder den Himmel, sahen Nachts die Lichter und hörten wieder das ständige Zusammenprallen der rangierenden Züge. Und ich tröstete mich mit dem Gedanken, daß die neue Wohnung ja viel besser sei als die alte.

Das lag zum großen Teil auch an den Leuten aus unserem vorigen Hause. Die waren nämlich nicht mehr nett zu Papa und Mutti. Papa sagte, sie würden nicht einmal wiedergrüßen. Das geschah gleich, nachdem wir das Haus verloren hatten. Viele gingen auf die andere Seite, wenn sie uns kommen sahen.

Oma an dem neune Kachelofen

Auch Hildegard Bachmann spielte nicht mehr mit mir. Sie hatte jetzt immer keine Zeit, wenn ich sie mal fragte. Nur Herr Herzog blieb ein treuer Freund und Frau Peters, die inzwischen Herrn Kochinski geheiratet hatte. Sie war ganz besonders nett und kam uns sogar oft in unserer kleinen neuen Wohnung besuchen. Der Herr Kochinski war nämlich viel jünger als Frau Peters. Er war genau so alt wie ihr Sohn. Und nachdem sie geheiratet hatten, sagte keiner mehr guten Tag zu ihnen, nur Mutti, und das hatte sie wohl nicht vergessen.

Einer war besonders unfreundlich. Das was der hochmütige neue Besitzer unseres Eckhauses. Er hatte früher einmal ein Kolonialwarengeschäft gehabt, es verkauft und wollte sich nun zur Ruhe setzen. Es war unter seiner Würde mit einem zu reden, der alles verloren hatte. Dabei erging es damals vielen Leuten so wie uns. Es war die schlimmste Krise in der deutschen Wirtschaftsgeschichte.

Der Mann hat es aber später sehr bereut, nicht mit Papa gesprochen zu haben. Eines Tages kam nämlich ein Mieter zu ihm und fragte ob er Geld gebrauchen könne, um die erste Etage, wo die Schutzpolizei drin gewesen war, umzubauen. Er hätte nämlich so viel Geld. Aber als Sicherheit möchte er gerne die Hausverwaltung, da er nicht viel zu tun habe, und ihm langweilig sei. Er könne sich dabei auch gut um den Umbau kümmern. Er hätte billige Arbeiter an der Hand, und wissen wie man sie behandeln müsse. So wurde Herr Glowacs wieder Hausverwalter, notariell beglaubigt selbstverständlich. Und nach genau einem Jahr wurde das Haus wieder versteigert, da der Umbau mehr gekostet hatte als das ganze Haus. Der Kolonialwarenhändler hatte alles verloren. Papa tat er natürlich leid. Aber mir gar nicht. Ich fand es geschah ihm recht. Frau Bachmann grüßte Mutti auch nicht mehr. Aber was der dann später passiert ist, da mußte sie einem leid tun, sogar mir.

Ich habe übrigens noch etwas vergessen zu erzählen. Etwas, was Papa damals sehr betrübte. Nachdem wir die Fabrik verloren hatten, waren noch einige Lohnforderungen offen. Sie waren nicht hoch, nur von einer der letzten Wochen oder so. Die Angestellten vereinigten sich und verklagten Papa auf die ausstehende Summe, was man ihnen durchaus nicht verübeln konnte, denn Jeder brauchte sein Geld. Aber es hat Papa sehr weh getan, in welcher Art sie es taten. Da gab es nämlich zwei Methoden es einzuklagen. Bei beiden waren die Forderungen sicher. Aber es gab eine, wo dem Verklagten unheimlich viele Kosten entstanden für Anwalt, Gericht u.s.w. Papa hatte es mir einmal erklärt, aber ich habe es vergessen.
Dadurch, daß sie es auf die teure Methode machten, wurde die kleine Summe, riesengroß. Er bat die Leute auch noch extra es nicht auf diese Art einzuklagen, denn sie selbst würden doch nicht mehr davon haben. Aber sie bestanden darauf. Er war der Unternehmer, der Kapitalist, und den mußte man schädigen, wo man konnte. Jetzt hatten sie mal die Macht und das Gefühl wollten sie auskosten.

Ich glaube aber, daß es möglicherweise nur ein oder zwei Leute im Bureau waren, vielleicht sogar der Herr Weber, die es angezettelt hatten, und die andern machten nur mit. Aber diese Undankbarkeit war etwas, was Papa sehr traurig stimmte. Später hatte er nicht mehr solche Bedenken Leute zu entlassen, aber da war ja dann auch keine Arbeitslosigkeit mehr und kein Problem neue Arbeit zu finden.

Es war sehr schwer für Papa wieder neu anzufangen nachdem Alles weggenommen war. Sie hatten ihm gar nichts gelassen, nicht einmal Werkzeug, nicht einmal einen Schraubenzieher. Daher beschlossen meine Eltern für einen Weile getrennt zu leben. Wir hätten sonst nämlich keine Unterstützung bekommen, auch wenn es nur eine ganz kleine war, die der Staat noch zahlen konnte. Ich hörte einmal, wie Papa sagte, wenn er eine Arbeit annehme, würde der Lohn sofort von den Gläubigern gepfändet werden. Man hätte ihm dann nur eine ganz geringe Summe gelassen. Wir hätten dann auch nicht mehr gehabt, und Papa keine Zeit um wieder ein neues Unternehmen aufzubauen. Es war sehr schlimm, daß Papa jetzt nicht mehr bei uns war. Gerade jetzt hätte er uns doch so sehr gebraucht. Und das machte mich unendlich traurig und trübsinnig.

Wir selbst bekamen sehr wenig Geld. Aber Mutti hat nie darüber geklagt oder überhaupt davon gesprochen, denn Wohlfahrt war etwas wo man sich sehr schämen mußte. Daher weiß ich auch nicht wie wenig. Papa bekam nur ein paar Pfennige für die ganze Woche.

Das war keine Arbeitslosenunterstützung, da Papa ja selbständig gewesen war, sondern nur ein Notverordnungshilfsgeld. Zu der Zeit als es uns so schlecht ging, war die Arbeitslosigkeit in Deutschland auf sieben Millionen angestiegen. Der Staat konnte daher nur sehr wenig helfen, denn er war auch bankrott. Die Christlich Demokratische Regierung versuchte mit laufenden Notverordnungen einen Ausweg zu finden, aber sie wurden ständig von den Kommunisten und Nazis überstimmt. Die Kommunistische Partei von Thälmann war inzwischen auf den dritten Platz gerückt, und kommunistische Gruppen marschierten durch die Straßen und schrieen mit geballten Fäusten ihre Wahlpropaganda. Ich habe es nie selbst gesehen, denn unser Bezirk war ein ruhiger. Aber Verwandte und Freunde schildern es mit Grauen und Furcht.

In Berlin lebten viele Flüchtlinge der russischen Revolution. Und die berichteten entsetzliche Dinge. Sie hatten mit eigenen Augen gesehen wie die Bolschewiken die Kapitalisten schaurig und gnadenlos hinschlachteten. Und da ein Kapitalist nun in ihren Augen ein Mensch war, der etwas Kleidung, einen eigenen Raum und Möbel besaß, bekamen die Meisten Angst, sogar die ganz Armen, denn Deutschland, auch Berlin hatte damals einen ziemlichen Mittelklassendurchschnitt und viele Leute lebten erst seit der Arbeitslosigkeit kümmerlich oder jammervoll. Die meisten Leute wären also zu den Kapitalisten gezählt worden.

Zur gleichen Zeit begannen die Nazis zu marschieren. Sie versprachen die Reparationen einzustellen und wurden bald die zweit größte Partei. Zahlreiche waren der Meinung, daß nur die Nazis imstande wären die Bolschewiken zu stoppen und das Massenmorden zu verhindern. Aber Papa sagte immer: " Die Nazis, die morden bestimmt."

Später wählten die Leute dann das, von dem sie glaubten, daß es das kleinere Übel sei, und das sie noch nicht kannten, und das vielleicht nicht so schlimm werden würde wie manche annahmen. Und die Nazipartei wurde immer größer.

Aber zu der Zeit hörte ich schon nicht mehr so viel von Politik, denn Papa war ja jetzt nur selten zu Hause, denn Papa hatte hart zu kämpfen um uns aus dem Loch herauszubringen in das wir gerutscht waren.

Von dem wenigen Geld, das Papa vom Staat bekam, sparte Papa noch um wieder neu anfangen zu können. Zum Glück brauchte er keine Miete zu zahlen. Er wohnte damals ziemlich weit von uns weg bei einem Geschäftsfreund, der sehr krank war, und mit dem keiner etwas zu tun haben wollte. Er hatte nämlich Syphilis, wie ich später erfahren habe. Er starb dann auch bald. Aber eine Weile konnte Papa bei ihm sein. Papa lebte in der Zeit nur von Maggisuppen, die ein paar Pfennige kosteten. Papa sagte, manchmal ging er zu Aschinger am Alexander Platz. Dort konnte man in der Schnellimbisabteilung so viele Brötchen essen wie man wollte, wenn man etwas bestellte. Papa kaufte dann eine billige Suppe und aß alle Brötchen, die er bekommen konnte. Papa hätte übrigens auch zu den freien Eßstellen gehen können, die es damals an vielen Orten gab. Aber da wäre er lieber verhungert als das zu tun.

Dann kaufte Papa sich ein Faß mit sauren Gurken von den paar Pfennigen Nothilfe. Damit stellte er sich auf einen Wochenmarkt und veräußerte sie stückweise.
Nur wer Papa kannte, weiß was das bedeutete. Papa schämte sich bei allem. Und früher, da war es noch ganz anders. Da waren viele Dinge, die man heute ohne weiteres tut, einfach ganz unmöglich. Es herrsche eine ganz andere Mentalität. Papa hatte immer eine sehr reservierte Würde. Er sprach nie Leute an. Zum Beispiel, wenn er nicht den Weg wußte, lief er lieber stundenlang, als einmal Jemanden zu fragen. Mutti fragte gerne. Manchmal sogar, wenn es gar nicht nötig war, nur um mit den Leuten zu reden.

Ja, es ist kaum vorzustellen, aber Papa verkaufte saure Gurken. Von dem Geld erwarb er Weihnachtsbäume, die er wieder veräußerte. Und von dem Gelde kaufte er einen alten, ganz kaputten Lastwagen. Nachdem Papa diesen repariert und einigermaßen in Ordnung gebracht hatte, fuhr er ständig mit einem Freund nach Stettin. Die Fische, die er dort kaufte, brachte er dann schnell nach Berlin, wo sie wieder abgesetzt wurden. Aber mit Fischen war nicht zu spaßen. Sie mußten schnell an den Mann gebracht werden. Es geschah nun oft, daß Papa zwei Tage lang hintereinander gar nicht geschlafen hatte. Und eine Nacht sah er dauernd weiße Tiere auf der Straße laufen. Und plötzlich schrie der Freund: "Mensch Robert."

Aber es war zu spät. Papa war eingeschlafen und an einen Baum gerast. Zum Glück war der Wagen offen, und beide wurden aus dem Auto auf einen weichen Abhang geschleudert. Alle Fische über sie. Der Wagen war Totalschaden. Papa war es natürlich peinlich ein Auto anzuhalten. So lief er später stundenlang, bis ihn ein Polizist fand und mitnahm. Ich weiß noch genau wie er zu Hause ankam. Er sah furchtbar aus, blutig und ganz schmutzig. Alles war wieder hin, alles umsonst gewesen. Er war wieder runtergerutscht.

Und da hat Mutti etwas gemacht, was ich ihr nie vergessen habe. Sie hat Papa gefragt, nachdem er sich das Blut abgewaschen und gegessen hatte, ob er ihr etwas Geld geben könne.

Papa hat danach wieder von seinen bischen Hilfspfennigen gespart und sich etwas Werkzeug gekauft. Er hat dann in einem Keller Lautsprecher gebaut und damit etwas Geld verdient. Ich bin öfters hingegangen und habe ihm geholfen Teile zusammenzusetzen. Er hatte sogar einen arbeitslosen Mann, der auch mitmachte. Der arbeitete so schnell, daß man gar nicht seine Hände sehen konnte. Der hat Papa aber dann bestohlen.

Papa sagte immer, er hätte die Erfahrung gemacht, wenn Leute schneller arbeiteten als andere, waren sie meist sehr klug. Aber wenn sie unwahrscheinlich schnell schafften, waren sie meist nicht ehrlich, weil man auf längere Zeit gar nicht so schnell arbeiten kann.

Als Papa die Lautsprecher herstellte, konnte er Mutti sogar etwas Geld geben. Aber da passierte wieder einmal etwas. Eine Tages kam ein Brief. Da hatte nämlich Jemand ein Patent auf einer Sache, die Papa bei den Lautsprechern benutzte. Papa hat das gar nicht gewußt. Aber der Betreffende wollte ihn nun verklagen. Papa ging zu ihm hin. Es soll ein sehr netter Mann gewesen sein, dem Papa leid tat, und er hat Papa nicht verklagt. Aber Papa mußte versprechen, nicht mehr das Patent zu benutzen. Da war es wieder mal aus.

Ich hatte damals einen Plan. Ich wollte zu dem Man hingehen, oder schreiben, daß ich ihn später heiraten würde, wenn er Papa wieder die Lautsprecher bauen ließe. Ich hatte ja sowieso vor einen reichen Mann zu heiraten. Aber ich besaß leider nicht die Anschrift und wollte Papa nicht sagen wozu ich sie brauchte.

Es war bei uns eigentlich nie so schlimm, daß wir nichts zu essen hatten, auch nicht in den ganz schlimmen Zeiten. Ich glaube, das lag daran, daß Mutti immer einen Notgroschen besaß. Das war so Sitte in Hinterpommern, und sicher auch in Vorderpommern. Egal wie schlecht es einem ging, man mußte sparen. Ich nehme an, daß Mutti, als es uns sehr gut ging, viel gespart hat. Mutti hatte natürlich nichts auf der Bank, aber Mutti hatte immer irgendwo, irgendwie Geld versteckt. Aber davon wußte Papa nichts, und durfte auch nichts wissen, denn er hätte nur Werkzeuge damit gekauft. Und das macht man mit Notgroschen nicht.

Berlin hatte oft einen bedeckten Himmel. Trotzdem Fritz nur an Sonnenschein zurückdenken kann, habe ich doch die Erinnerung an viel Regen, den ich übrigens sehr gerne hatte. Ich konnte lange Zeit am Fenster sitzen und den Tropfen folgen, die an der Scheibe herunterliefen. Die neue Wohnung war nun sehr schön, aber ich bekam doch eine große Sehnsucht nach der alten. Ich wollte sie nur noch einmal wiedersehen, nur noch einmal die Treppe hinauflaufen.

In der Schule hatten wir ein Lesebuch mit der Geschichte von dem kleinen Hävelmann. Das war ein Junge, der schlafen sollte, aber sich statt dessen mit ausgestreckten Beinen und seiner Zudecke ein Segel formte und dann mit seinem Bett zum Fenster hinausglitt, wo immer er hin wollte. Wie schön wäre es gewesen auf den Wolken zu der alten Wohnung zu segeln und durch die Scheiben hineinzuschauen, nur ein einziges Mal.

Ich hatte eine große Scheu vor den Menschen in unserem früheren Hause. Das kam sicher daher, daß sie so häßlich zu Papa und Mutti waren. Aber eines Tages beschloß ich doch einfach in das Haus hineinzugehen. Ich beobachtete es für längere Zeit und wagte es, als Niemand in der Nähe war, die Haustür zu öffnen und in den Flur zu treten. Dort war der ersehnte Geruch. Da waren die drei Stufen, die zu Fräulein Kugelands Wohnung führten. Langsam stieg ich die Treppe über die dicken Läufer hinauf. Da war die häßliche Wandbemalung. Wie schön erschien sie mir jetzt. Ich legte meine Wange an die kühle Wand. Plötzlich hörte ich eine Tür klappen. Vielleicht war es Hildegard Baumann.

Ich rannte die Treppe hinunter. Ich kam mir vor wie ein Dieb. Hier hatte ich nichts mehr zu suchen. Wir wohnten nicht mehr hier. Hier gehörte uns nichts mehr.

Ich lief um die Ecke zu dem Eingang des anderen Teiles des Hauses, dem Teil der an der Seite des kleinen Parks lag. Hier war kein Mensch. Der Treppenaufgang hatte die gleichen Teppichläufer, hatte die gleiche Farbe an den Wänden. Aber hier roch es ganz anders. Ich stieg auch diese Treppe langsam hoch, ängstlich lauschend. Da hörte ich plötzlich Schritte unter mir. Es schien als käme Jemand hoch. Vielleicht hatte ich es mir auch nur eingebildet. Ich konnte nun aber nicht mehr hinuntergehen, konnte nur noch hoch laufen. So rannte ich höher und höher bis ich an die Bodentür kam. Hier war das ehemalige Atelier von meinem Cousin Ernst. Papa hatte ihm eine Waschküche gegeben. Die Waschküche war der Raum mit dem großen gemauerten Ofen und den zwei riesigen kupfernen Waschkesseln darauf. Hier haben die Mieter immer ihre Wäsche gewaschen und abgekocht. Die Leute mußten sich beim Portier einschreiben, wann sie die Waschküche benutzen wollten, damit sie auch bestimmt frei war.

Da der Parkteil des Eckhauses nun der feinere war, gaben manche Leute einfach ihre Wäsche zur Reinigung weg, und darum konnte Papa meinem Cousin die zweite Waschküche als Atelier geben. Es war ein sehr hübsches Atelier gewesen. Groß mit einem Oberlicht, wie es ein Raum zum Malen haben mußte. Ich fand es dort immer so schön, die vielen phantastischen Bilder und der Duft nach der herrlichen Ölfarbe.

Am Ende der Aufgangstreppe des Hauses war eine ganz gewaltige Metall Tür. Diese war als Feuerschutz angebracht. Und hinter dieser Tür befand sich der riesige hölzerne Boden. Der war ganz groß und ganz hoch. Dort hing man die Wäsche zum Trocknen auf. Die Bodenfenster waren jeder Zeit offen, und der Wind heulte stets gruselig mit den seltsamsten Tönen über diesen ungeheuren phantastischen Dachraum. Aber es waren nicht nur die Laute, die mich so betörten, sondern auch der ganz bestimmter faszinierender Geruch, ein herrlicher Geruch von Holz und sauberer feuchten Wäsche, von Kernseife und Wind. Wie oft war ich hier. Ich wollte unbedingt immer mitkommen, wenn Mutti Wäsche aufhängen ging.

Am anderen Ende des Bodens befand sich wieder eine eiserne Tür durch die man zu dem anderen Haus gelangen konnte. Es war eine Sicherheitstür, die im Falle eines Feuers das Übergreifen von einem Haus zum anderen verhindern sollte. Diese Tür war ungeheuer schwer. Ich konnte sie nur mühsam zurückziehen. Ich versteckte mich schnell dahinter, denn ich hatte doch jemand die Treppen hoch kommen gehört, und es war möglich, daß diese Person ganz zum Boden hochsteigen und mich dann hier sehen würde. Es war halbdunkel.

Aber plötzlich überkam mich eine große Angst, eine furchtbare Panik, daß mich etwas von hinten packen könne. Aber Runterrennen, das ging auch nicht, da unten hörte ich Menschen, das waren die Bösen, die uns nicht einmal mehr grüßten. So kauerte ich mich in eine Ecke von dem Atelier und weinte lange und bitterlich.

Nachdem wir alles verloren hatten, fing Mutti an zu nähen. Wir hatten eine Singer Nähmaschine, die man mit dem Fuß betreiben mußte. Ich glaube eine Tante hat sie uns geschenkt. Da saß Mutti nun von morgens bis abends und nähte. Sie nähte Kleider. Nicht etwa um Geld zu verdienen. Das war damals nicht möglich, da es keine Arbeit gab, und zu viele Leute nähen konnten. Mutti nähte auch nicht Kleider für sich. Das wäre nicht

Mutti gewesen. Sie nähte Kleider für mich. Für meine Schwester Ellen natürlich auch.

Aber Ellen war so viel jünger, und Mutti änderte meine Kleider für sie um. Nach Ellen gingen die Sachen dann noch zu etlichen Kindern in der Verwandtschaft, denn sie waren aus guten haltbaren Stoffen. Die Kleider waren nicht nur für die Gegenwart bestimmt, nein, mindestens noch für die zwei nächsten Generationen.

Also Mutti nähte. Sie mußte es erst lernen, hatte es aber schnell raus. Mutti nahm die Stoffe von alten Kleidungsstücken. Da wurde zugeschnitten und zusammengesteckt und anprobiert, und genäht und wieder anprobiert und nochmals anprobiert. Ich war von der ganzen Sache nicht so sehr begeistert. Bis ich dreizehn Jahre alt war, interessierten mich Kleider nur im Bezug auf Pieken. Und neue Sachen hatten die Tendenz es mehr zu tun als die alten, die schon immer etwas abgepiekt waren. Das Anprobieren war auch nicht ganz so mein Fall. Da mußte man ständig auf Tischen und Stühlen stehen, und ewig sollte was geändert werden, da Mutti es immer ganz besonders gut haben wollte. Mutti besaß auch noch neue Stoffe, die die Tanten damals vorsichtshalber mitgenommen hatten, bevor der Gerichtsvollzieher zu uns kam.

Muttis hübsche Kleider sollte ich nun natürlich auch tragen. Ich jedoch hatte meine Lieblingsachen, das waren immer die alten, die sich weicher auf der Haut anfühlten. Aber Mutti bestand darauf, daß ihre Tochter dauernd in neuen zur Schule ging. Das ist wohl heute keine besondere Sache. Aber damals war es etwas ganz Unerhörtes. Man hatte im Schnitt ein Sonntagskleid und zwei bis drei andere zum Wechseln. Man zog das Schulkleid aus, wenn man nach Hause kam, und man trug Schürzen, da sich diese leichter waschen und bügeln ließen. Ellen und Ich trugen jedoch keine Schürzen. Kinder von reichen Leuten trugen keine. Und wenn wir nun auch nicht mehr reich waren, und uns nur noch wenige grüßten, so wollte Mutti doch, daß wir wenigstens reich aussahen. Wir trugen auch Haarschleifen immer passend zum Kleide. Reiche Leute trugen sie und daher wurde es nun auch Mode, weil nämlich Jedermann reich aussehen wollte.

Ich habe übrigens festgestellt, je ärmer die Menschen sind, um so mehr Wert legen sie auf ihre Kleidung. In Amerika tragen die Leute meist nur Hemd und Hosen und oft einfache Sneaker. Aber in vielen armen Ländern hat man sogar bei großer Hitze einen feinen Anzug an, und selbst bei vielen Geschwistern wäscht und bügelt die Mutter unentwegt nur um ihre Sprößlinge gut angezogen zu sehen.

Die Freundinnen aus der Volksschule

Meine Enkel haben hier in Amerika die ausführlichen Jahresbücher, die Bilder von der Schulzeit bringen, alles was man so vergessen könnte. Stundenlang sitzen sie manchmal und blicken auf die Fotos von Mitschülern und Lehrern. Schade, daß es diese Bücher damals bei uns nicht gab. Bei uns wurden nur Klassenfotos gemacht, und die auch nicht immer. Das Wesentlichste ist in meiner Erinnerung jedoch ganz klar erhalten. Hätte ich so ein Buch, könnte ich sicher feststellen wie die zwei zurückgebliebenen Schwester in Fräulein Rosenaus Klasse

Ich habe ein paar Klassenbilder von der damaligen Zeit und da sind alle drauf. Alle aus unserer Klasse. Sie sind in vier Reihen aufgestellt. Da ist auf dem einen das Fräulein Rosenau, und auf dem andern der liebe Herr Dehmelt. Da sind alle die Mädchen mit ihrem freundlichen scheuen Lächeln, ihren einfachen Kleidern und einige noch mit ihren langen Zöpfen. Ich sehe ihre Gesichter, nur die Namen weiß ich nicht mehr. Aber die meiner besten Freundinnen aus der Volksschule, die habe ich nicht vergessen.

Da war Ingeborg Birkefeld. Sie war sehr anmutig und trug immer niedliche kurze Kleider und Lackschuhe. Sie wohnte durch die Arbeitslosigkeit in einem ganz kleinen Raum auf einem Hinterhof in der Memelerstraße. Aber die Mutter hatte ihn ganz hübsch und wohnlich gemacht. Und da war noch Anneliese Nitz und Giesela Dehe. Giesela Dehes Vater hatte einen großen Schlächterladen in der Koppenstraße, nicht weit vom Plaza Theater entfernt. Das war eine schlimme Straße, die machte mir Angst. Ich bin Giesela nur zweimal besuchen gegangen. Da standen die Zillefiguren nur so herum und schlimme Männer in den Ecken und Türen. Gieselas Vater war sehr reich. Sie hatten eine große schöne Wohnung und elegante kostbare Möbel. Aber Giesela durfte nicht auf eine Oberschule gehen. Der Bruder ja, der war auf einem Gymnasium. Aber für Mädchen gab es das nicht. Vielleicht sollte sie später Wurst verkaufen und eine große Aussteuer bekommen. Sie war sehr traurig darüber. Ich wäre an ihrer Stelle von zu Hause weggelaufen, für immer.

Keine von meinen Freundinnen aus der Volksschule gingen später in eine Oberschule, und sie waren alle sehr gut im Lernen.

Von Dem und Das

An die enge Wohnung in der Brombergerstraße sechs habe ich eine viel bessere Erinnerung als an die große. Wie schön war es dort, obgleich es uns hier doch zeitweilig so schlecht ging.

Mutti stand morgens als erste auf und weckte mich. Ich ging dann noch schnell in ihr Bett. Ich wollte immer noch ein bißchen mit Genuß schlafen, denn wenn man richtig schlief, hatte man doch gar nichts davon. Der Halbschlaf ist schön. Da kommen die Dinge, die man sich wünscht, und man kann sie hingleiten lassen wo man will, denn sie scheinen noch nicht an der Erde und der Wirklichkeit festgewachsen zu sein.

Mutti begann stets mit den Öfen. Dazu mußten erst einmal alle Fenster aufgemacht werden, man brauchte Sauerstoff zum Anheizen der Öfen und des Körpers. Diese herrliche frische kühle Luft. Dann hörte und roch man das knisternde Anbrennen des Papiers und des Holzes. Und bald darauf kamen Gerüche aus der Küche. Die Milch wurde aufgekocht und Omas Suppe vorbereitet. Wir hatten kein warm Wasser. Es mußte auf dem Herd erwärmt werden. Ich stand meist eher auf als meine Schwester Ellen. Die niederen Schulklassen begannen später. Mutti füllte mein Waschwasser in eine weiße Emailschüssel, genau die richtige Temperatur, auch in das Zahnputzglas. Sie strich schon die Zahnpasta auf die Bürste und deckte den Tisch. Später als wir wieder Geld hatten hingen frische Brötchen draußen an der Tür.

Es war nur Morgens immer ein Kampf, die schon bestrichenen Brötchen wieder zu entbuttern. Mutti tat stets zu viel Butter darauf, da ich angeblich zu dünn war. Weil ich diese nun jeden Morgen abkratzte, preßte Mutti sie immer tiefer in die Löcher hinein, was das Rausstreichen wesentlich erschwerte.

Den Haushalt besorgte Mutti ganz alleine. Niemand sollte ihr dabei helfen. Auch beim Kochen nicht. Ich war froh, denn Kochen haßte ich. Schon das Zusehen war schlimm. Es war klar, daß ich nie, niemals in meinem ganzen Leben jemals kochen würde. Da ich vorhatte unbedingt reich zu werden, würden meine Köche diese Sache tun. Und daß ich sehr reich werden würde, und ja auch mußte, das stand fest. Auch möglichst bald, denn ich wollte ja für Papa Mutti und Ellen viel Geld haben. Wie diese Sache bewerkstelligt werden sollte, war mir noch nicht so recht klar. Vielleicht einen sehr reichen Mann heiraten. Aber er durfte nun schon nicht mehr alt sein, sondern jung und gutaussehend, natürlich.

Um aber auf die Küche zurückzukommen. In der Brombergerstraße habe ich öfters für Oma die Klimpernsuppe gekocht. Und dann einmal Kuchen gebacken. Das war vielleicht was. Mutti hatte bald Geburtstag, und ich hatte vor den Kuchen dann hübsch zu dekorieren. In unserer Küche war noch so einen richtiger großer, hoher, langer Kachelkochbratundbackofen der ein Viertel der Küche einnahm und zu nichts weiter nutze war als zum Saubermachen. Man mußte ihn mit Holz und Kohle anheizen, und das war nicht so einfach. Dazu gehört viel Erfahrung, und die hatte Mutti ja auch nicht, da sie früher gar nichts mit solchen Öfen zu tun hatte. Es ging immer schief, wenn man das Ding anheizte. Die Küche wurde zwar schön warm aber auch voller Rauch. Man mußte dann lange die Fenster aufmachen, und dann war die Wärme wieder weg. Die Küchen waren übrigens nie geheizt. Die waren immer kalt. Papa hatte nun einen kleinen modernen Gasofen oben auf das Kachelmonster gestellt und darauf wurde jetzt gekocht. Und zum Backen gab es eine neue Sache, die "Draluma" hieß. Das Ding bestand aus einer Metallglocke mit Glas oben zum Einsehen. Das Draluma wurde auf den Gasherd gestellt und es klappte.

Die Küche war sehr klein. Aber sie besaß eine große Speisekammer, und da war viel Platz drin. An den Seiten waren Bretter angebracht. Dort konnte man die Eßsachen aufbewahren. Ein winziges Fenster sorgte in dieser Speisekammer für frische Luft. Mutti sah eines ihrer wichtigsten Aufgaben darin, stets viel Vorrat zu haben, und diesen auch gewissenhaft zu betreuen, damit "nichts umkam," wie sie es immer nannte.

Seit dem ersten Weltkrieg hatte Mutti ständig ein großes Lebensmittelpaket. Die damalige Hungerszeit von 1918 war bei ihr nicht in Vergessenheit geraten. Dieser Paket war für alle Fälle. Darin befand sich was Landleute immer aufhoben. Das war erst einmal eine Menge von dem heiligen Nierenfett, dann Mehl und Zucker und Hülsenfrüchte. Lebensmittel in Büchsen waren damals noch sehr teuer, und man traute ihnen auch noch nicht so recht. Mehl und Gries wurden alle zwei Wochen durchgesiebt, weil beim Aufheben Mehlwürmer hineinkommen konnten. Damals war das Mehl noch nicht so vergiftet, daß Mehlwürmer nicht hineingingen, oder darin starben.
Aber darum hatte kein Mensch Allergien. So etwas kannte man nicht, das gab es damals gar nicht. Alle Kinder hatten rote Pausbacken und unsere Haut war glänzend und klar und rein und unsere Lippen so rot, daß wir eigentlich keinen Lippenstift brauchten.

Aber dafür mußte das Mehl nun immer gesiebt werden, besonders wenn man größere Mengen aufheben wollte, und man mußte im allgemeinen öfter einkaufen gehen. Ich war selten oder nie in dieser Speisekammer. Es war Muttis Reich, denn Essen interessierte mich, außer Kuchen, damals herzlich wenig.

Ja, Kuchen, den wollte ich nun backen. Es war gar nicht so leicht, alles zu finden. Mutti hatte ihr besonderes System. Das frischgesiebte Mehl stand an anderen Orten, als das früher geprüfte. Endlich fand ich es. Oma saß auf ihrem Kohlenkasten in der Küche. In diesem Kohlenkasten befand sich das Holz und die Preßkohlen für die Heizung des großen Kachelofens im Wohnzimmer. Dieser Kachelofen war die einzige Stelle, die wir in unserer Wohnung heizten. Auf diesem Kasten saß Oma am liebsten. Mutti hatte ein großes weiches Kissen darauf gelegt. Oma bevorzugte den Platz weil er die richtige Höhe für sie hatte, Oma war nämlich ziemlich klein, Mutti übrigens auch. Papa war sehr groß und auch breitschultrig.

Oma sagte mir, was ich zum Backen alles brauchen würde. Und nach langem Suchen wurde dann auch wirklich Zucker und endlich auch das Mehl gefunden. Und jetzt konnte die Geschichte losgehen. Es war schon zu der Zeit als die Lebensmittel knapp wurden. Das geschah ziemlich bald, weil von der Regierung alles für den kommenden Krieg aufgestapelt wurde. Leider wurde mein Teig trotz emsigen Rührens nicht so hübsch wie Muttis. Meiner war blaß, trotzdem ich mehrere Eier opferte. Als Oma nun meinte, es wäre genug gerührt, kam der Kuchen in das Draluma und auf den Herd. Ich beobachtete ihn gespannt. So schlimm schien Kochen gar nicht zu sein. Zu meinem Erstaunen hob der Teich sich ziemlich schnell und nahm noch schneller eine gute braune Farbe an. Es waren aber erst fünf Minuten vergangen und Oma meinte, das sei seltsam. Aber ich dachte, vielleicht ist das nur so, weil ich so viel und so gut gerührt habe. Als er dann aber plötzlich dunkelbraun zu werden schien, hielt ich es für sicherer ihn vom Feuer zu heben. Jetzt sollte nun der beste Teil beginnen, nämlich das Dekorieren des Gebildes. Beim Herausnehmen aus der Form jedoch, gab mein Kuchen einen seltsam wehleidigen Ton von sich und fiel in ein braunes Häufchen zusammen.

Mutti hatte später auch keinerlei Erklärung dafür, bis sie in die Speisekammer kam und entdeckte, daß ich Schlemmkreide statt Mehl genommen hatte.
"Ja, ja der Verstand kommt nicht vor den Jahren. Er kommt mit den Jahren."

Das pflegte meine Oma immer zu sagen. Oma pflegte viele solche Sachen zu sagen. Sie kannte nicht nur den großen und den kleinen Katechismus auswendig. Sie wußte auch noch die vielen in ihrer Schule erlernten Sprüche und Lebensweisheiten, die Propaganda des Kaiserreiches in Versform.
"Schuster bleib bei deinem Leisten."(Versuche ja nicht aus deinem Stand zu kommen.)
"Kommt Zeit kommt Rat." (Versuche ja nicht zu denken und zu planen)
Spare in der Zeit(Dieses stimmt übrigens, wie ich später leider feststellte.)
Aber ich kann es trotzdem noch immer nicht leiden. Wie ich diese Verse alle gehaßt habe, und besonders den
"Ja, ja mein Kind, wer weiß, wozu das alles einmal gut sein wird."
Das sagte Oma, als sie uns das Haus versteigerten und die Möbel wegtrugen. Der Vers machte mich ganz rasend.

"Wer weiß wozu das gut ist."

Die Großmutter von Fritz muß genau das gleiche Lesebuch gehabt haben, obwohl sie aus Schlesien kam und jünger war. Als wir auswanderten war Oma schon tot, aber ich hörte sie trotzdem sagen:

"Bleibe im Lande und nähre dich redlich."

Und wenn man mal heute wieder einen dieser so weisen Verse zitiert, dann sagen Fritz und ich stets zur gleichen Zeit "das hat meine Großmutter auch immer gesagt."

Oma war noch ganz rüstig, trotzdem sie den ganzen Tag nichts machte. Auf dem Lande, da war es ganz anders. Die Alten lebten auf dem Altenteil, einer abgesonderten Wohnung, und dort gab es noch viel zu tun, was sie machen konnten, und auch gerne taten. Aber was konnte man in der Stadt schon helfen? Und Mutti wollte gar nicht geholfen werden.

Ich holte nur Abends immer Milch. Zwei Liter in einer kleinen Kanne, und dann ein frisches Brot vom Bäcker, ferner eine saure Gurke aus einem Kellerladen in der Memelerstraße. Da standen viele hölzerne Fässer. Der Mann fuhr mit seiner Hand in eins hinein und drückte mehrere Gurken, die noch in der Lauge lagen, bis eine die richtige schien. Diese wickelte er in etwas Hauchdünnes und dann in Zeitungspapier. Diese sauren Gurken waren aber auch anders, als die, die es hier bei uns jetzt gibt. Für die würde ich nicht extra jeden Tag zur Memelerstraße laufen.

Das Obst wurde übrigens auch in selbst zusammengerollten Tüten von alten Zeitungen verkauft, und keiner wurde krank davon. Die meisten Leute waren überhaupt immer gesund. Erkältungen waren selten. Das Wasser schmeckte gut aus der Leitung. Aber es wurde auch nicht mit allen möglichen Chemikalien behandelt.

Ich holte gerne Milch, denn in der Memelerstraße hatte jemand einige Kühe in einem großen Raum zu ebener Erde in einem gewöhnlichen vierstöckigen Mietshauses. Der Verkaufsraum war neben dem Kuhstall. Er war ganz winzig und weiß ausgekalkt. Ich konnte den Geruch gut leiden. Die rotbackige Bäuerin schöpfte stets freundlich lächelnd die Milch mit einer Kelle aus einem großen Zuber in deine Milchkanne. Sie rührte die Milch aber jedes mal kräftig um, damit einer nicht zu viel Sahne bekam, denn die Milch war nicht homogenisiert und auch nicht sterilisiert. Die Kühe wurden aber laufend untersucht. In dem Verkaufsraum konnte man die Tiere nebenan atmen und sich bewegen hören. Sie kauten stets an ihrer Nahrung. Dieser Kuhstall war nun mitten in der großen Stadt Berlin. Die meisten Leute kauften ihre Milch im Laden. Aber Mutti fand, daß sie viel besser schmeckte von einer richtigen Kuh. Die Kunden brachten auch immer ihre Kartoffelschalen für die Kühe, und man konnte dann dafür etwas Holz zum Anheizen der Kachelöfen erhalten. Wir sammelten unsere auch immer für diese Kühe. Aber Mutti fragte nie nach dem Brennholz.

Einmal, als ich mit der Milch nach Hause ging, wollte ich etwas ausprobieren. Wir hatten in der Schule die Zentrifugalkraft durchgenommen. Wasser sollte nicht auslaufen, wenn man es schnell bewegte. Das mußte doch auch für Milch gelten. Ich entfernte den Deckel und schwang die Kanne schnell über meinen Kopf. Es klappte und dieses Rumschwenken auf der Straße machte viel Spaß. Beim Hochlaufen der Treppe jedoch schlug die Kanne einmal oben an, und die ganzen zwei Liter ergossen sich auf meinen Kopf. Zur gleichen Zeit mußte natürlich ein Mieter die Tür aufmachen. Es schien gar nicht so einleuchtend, daß vom "bloßen Stolpern" meine ganzen Haare mit Milch übergossen waren.

Der schicksalsvolle Zeitungsartikel

Papa durfte immer noch nicht bei uns wohnen, wegen der Unterstützungsgelder, aber er kam oft zum Essen. Er brachte stets eine Tageszeitung mit. Papa laß dauernd Zeitungen. Mich haben Zeitungen nie interessiert. Es standen doch nur unerquickliche Sachen darin. Sachen, über die man schimpfen mußte, oder Sachen, über die man schon einmal geschimpft hatte.

Mich interessierten diese Zeitungen nur, weil in manchen ein Fortsetzungsroman war. Ich las Romane schrecklich gerne. Als ich ganz klein war, hatte ich einmal einen selbst geschrieben. Liebesroman natürlich. Ich hatte sogar das Buch selbst gemacht mit Bildern, die ich selbst malte. Schade, daß ich das Buch nicht mehr habe. Es war winzig, drei mal vier Zentimeter vielleicht. Ich hatte die Seiten mit einer Nähnadel zusammengenäht und der Umschlag dazu war sehr, sehr hübsch. Jedenfalls nach meiner Meinung, denn ich habe das Werk nie Jemanden gezeigt.

Als ich, so ungefähr zehn Jahre alt war, habe ich einmal eine seitenlange Geschichte geschrieben und sie mit meinen eigenen Zeichnungen illustriert. Es handelte sich um irgend welche Heinzelmännchen, die den Kindern in der Schule halfen. Und es wurde sogar in dem Karstadtmagazin angenommen und gedruckt. Es meldete sich daraufhin eine andere Hildegard Graf, die es gelesen hatte und die nicht nur den gleichen Namen hatte, sondern auch genauso alt war wie ich. Sie lebte im Norden von Deutschland. Ihr Vater war Arzt. Wir haben uns oft geschrieben, und sie hat uns später sogar einmal in Berlin besucht.

Einmal war in Papas Zeitung ein sehr spannender Fortsetzungsroman. Da war eine hübsche, nette Bäuerin, die keine Kinder haben konnte, und ein gutaussehender, netter Bauer, der gerne welche haben wollte. Da war auch eine junge, nette Magd, die sicher welche bekommen würde. Alle waren anständig, und keiner wußte nun was er machen sollte. Da nahm eines Tages die Bäuerin einfach eine große Schüssel mit Wasser und drückte ihr Gesicht solange hinein, bis sie tot war.

Da bekam ich plötzlich große Angst und konnte einfach nicht weiterlesen. Bis zum heutigen Tage habe ich immer noch schreckliche Furcht vorm Ersticken durch Ertrinken.
Ich kriege sogleich eine Panik sobald Wasser an mein Gesicht kommt. Tauchen ist darum für mich vollkommen unmöglich. Und sogar Brausen ist ein Problem.

Um mich nun auf andere Gedanken zu bringen, beschloß ich schnell irgend etwas Anderes in der Zeitung zu lesen. Da sah ich zufällig genau neben dem Roman einen Artikel über eine gewisse "Aufbauschule", eine ganz neue Art von Schule, und da stand, daß man hochbegabte Schüler suche, die das Pech gehabt hätten, die Aufnahme in die Oberschule zu versäumen.

Mir wurde ganz warm, als ich den Artikel laß. Meine Güte, das war doch genau das Richtige für mich. Ich zeigte es Mutti und brachte es gleich zu Herrn Dehmelt. Ich hatte nämlich inzwischen ganz gute Nummern. Alles sehr gut. Alles 1 auf meinem Zeugnis, sogar in der schrecklichen Handarbeitsstunde.
Sogar in Stunden versäumt: 1.

Was gibt es doch für seltsame Zufälle. Die Angst, die ich in dieser besondere Novelle plötzlich empfand, hat mich zu diesem besonderen Artikel geführt, und dieser Artikel veränderte dann mein ganzes Leben.

Ich ging sogleich mit Mutti zu dieser Schule. Herr Dehmelt gab mir einen Begleitbrief, in dem er schrieb, daß ich eine hochbegabte Schülerin sei und auch sehr fleißig wäre. Ich hätte nämlich, als wir ein Gedicht auswendig lernen sollten, die Glocke von Schiller gewählt. Ich glaube die hat mindestens 20 Seiten.

Es stimmte aber gar nicht, was Herr Dehmelt geschrieben hatte. Ich habe die Glocke nicht auswendig gelernt, weil ich fleißig war, sondern nur, weil ich Herrn Dehmelt eine Freude bereiten wollte.

Aufbauschule

Um in die Aufbauschule zu kommen, brauchte ich keine Aufnahmeprüfung zu machen. Diesmal gehörte ich zu den Begabten, bei denen es nicht nötig schien, sie nochmals zu untersuchen. Wie schnell sich doch alles ändern kann.

Die Aufbauschule war eine ganz neue Art von Schule. Sie war eine Schule, in der man fortschrittliche Methoden ausprobieren wollte. Sie war das Wiegenkind der Sozialdemokraten. Es schien ungerecht Kinder schon mit zehn Jahren in zwei Gruppen zu trennen, vor allem unwiderruflich. Wie leicht konnte man die Prüfung versäumen. Allein durch Krankheit, Umzug, meist sogar durch Geldmangel, denn Oberschulen kosteten damals Geld, oder wie ich durch "die Zimmerlinden." Man führte auch Abendschulen ein, diese schuf man für diejenigen, die arbeiten mußten und schon älter waren. Heute hält man alles für selbstverständlich. Damals wollte man die Zahl der Abiturienten auf ein Mindestmaß halten. Es bedeutete ja Konkurrenz für die, die oben saßen. Das Motto hieß: "Steine in den Weg werfen."

Die Aufbauschule war natürlich eine reine Mädchenschule. Jungs und Mädchen zusammen war damals in allen unseren Schulen ganz unvorstellbar.

Unsere Schule führte zum Abitur und begann statt mit zehn mit dreizehn Jahren. In dem Alter zeigt es sich schon deutlich ob ein Kind eine akademische Ausbildung wünscht oder nicht. Mit zehn Jahren entscheiden meist nur die Eltern. In der Aufbauschule holte man die Sexta, Quinta und Quarta schnell auf. Wir sollten beweisen, daß man in sechs Jahren das Gleiche oder mehr leisten kann, wenn man älter und motiviert ist. Diese Schule hatte nun Vor und Nachteile. Es wurde mehr verlangt, daher mußte man mehr lernen.

Aber auf der anderen Seite fand man dort sehr gute Schüler und begeisterte Lehrkräfte. Unsere Lehrer setzten sich alle mit Leib und Seele für die Aufbauschule ein. Sie kamen meist aus persönlichen Gründen und waren nahezu alle Idealisten. Ferner durch die Reihe weg, Gegner von Hitler. Viele mußte dann 1933 in die Partei eintreten um nicht ihre Stellung zu verlieren. Aber in der ganzen Aufbauschule war nur ein Nazi. Und der Kerl war ein Spitzel und typischerweise nicht ein Parteimitglied.

Unsere Schule hatte außerdem noch etwas ganz Besonderes.

Sie besaß ein Schloß, ein richtiges Schloß, ein Rokoko Schloß. Ein Rokoko Schloß in einem herrlichem Park. Man stelle sich vor, wir hatten ein eigenes Schloß. Es war der Schule gegeben worden.

Es war das Schloß Schöneiche.

Für immer werde ich der Aufbauschule dankbar sein. Dankbar denen, die sie erschaffen haben. Dankbar denen, die dort unterrichteten und denen, die ihr das idyllische Schloß gaben.

Dieses herrliche Märchenschloß.

Mein über alles geliebtes Schöneiche.

Unser schönes, schönes Schloß Schöneiche.

Das Schloß Schöneiche

Mein Erinnerungssystem

Mein Gedächtnis hat eine ganz ulkige Art Erinnerungen aufzuheben. Es wird alles in vier Gruppen eingeteilt. Erstens kommen die ganz schlimmen Sachen. Die stehen vorne an, zum Tiefmerken, damit sie nicht wieder passieren, dann die ganz guten. Auch zum besonders gut merken, damit sie wieder passieren, dann die mittelschlimmen und mittelguten.

Es ist interessant zu sehen, was in was gekommen ist. Manches, das ganz furchtbar war, das ich gehaßt und tief unter den Erdboden wünschte, ist jetzt, wo ich die Erinnerungsabteilung meiner Gedächtnisses öffne, plötzlich bei den ganz guten. Zum Beispiel die Erntearbeit, die wir in der Hitlerzeit als Studenten machen mußten. Aber das sind Dinge, die ich noch später berichten werde.

Übrigens, als ich zu schreiben anfing, habe ich in der Abteilung für das ganz Schlimme noch etwas entdeckt, das ich eigentlich doch noch erzählen möchte.

Eines Tages kam Mutti zu mir und sagte, ich müsse zu einer Schulspeisung für Kinder von Wohlfahrtsempfängern gehen. Und die war zu allem Unglück in der Frankfurter Allee, ziemlich in der Nähe der Aufbauschule, die in der gleiche Straße lag. Für die Speisung mußte man einen Treppenaufgang hochgehen und dann kam man in einen großen Raum, der ständig ganz stark nach Essen roch, so ein Maggigeruch. Es gab immer Fleisch und Gemüse und Kartoffeln, Eigentlich gutes Essen. Aber die ganze Sache war so furchtbar. Es war eine Höllenqual dort zu essen. Die Leute, die das Essen auftaten, waren alle so nett, und sie legten immer viel zu viel auf den Teller. Soviel konnte man gar nicht essen. Es half auch nichts, wenn man sie um weniger bat. Sie lächelten dann immer nur freundlich und dann gab es doch die gleiche große Portion, denn sie waren der Ansicht, daß wir noch wachsen und es darum brauchen würden. Und drauflassen durfte man nichts. Und da gab es keine Stelle wo man es heimlich hätte wegtun können.

Da waren alles Kinder in meinem Alter. Aber keiner sprach und keiner lachte. Es war ständig muksmäuschenstill. Alle saßen vor ihren Tellern und hatten die Köpfe gesenkt. Ich glaube, sie hatten alle Angst, daß sie Jemand erkennen könne. Ich weiß, ich hatte nämlich auch große. Aber da war niemand aus der Aufbauschule da.

Ich wollte aber Mutti nicht sagen wie entsetzlich es war, denn das hätte sie sicher traurig gemacht. Aber ich brauchte nur kurzen Zeit hinzugehen, denn ich kam bald nach Schöneiche, nach Schöneiche in mein herrliches, zauberhaftes Schloß.

Schöneiche ist nun in meiner Erinnerung nicht etwa in der Gruppe der guten Dinge, nein es hat ein eigene Abteilung, eine ganz besondere, eine ganz kostbare, eine ganz prächtige.

Als wir später in Amerika wertvolles Porzellan restaurierten, bewunderte ich immer die edlen Aufbewahrungsbehälter der orientalischen Vasen und Schalen. Sie sind meist außen mit farbig dekorativen Seidenbrokat überzogen und innen genau der Form angepaßt abgepolstert und mit kostbarem Stoff ausgeschlagen.

Eine solchen Behälter habe ich auch in meinem Herzen für meine Erinnerung an Schöneiche gebaut. Er ist außen mit dem dunkelroten Seidendamast bekleidet. Genau dem gleichen, mit dem der große Ballraum im Schlosse ausgeschlagen war. Und ganz innen, wo meine Erinnerung liegt, da habe ich den Grund bemalt, etwa so wie die Decke des Festsaales gewesen war. Zarte Bilder mit allegorischen Figuren und Ranken in leicht verblaßten Farben.

Und wie auf Collagen, hat meine Seele immer wieder hauchdünn darüber gemalt. Immer eins auf das Andere, aber doch eine feine Einheit bildend.

Und in diesem kostbaren Behälter liegen alle meine Erinnerungen, meine Gedanken, meine Liebe für Schöneiche.

Und alles duftet nach Maiglöckchen.

Das Schloß Schöneiche

Eigentlich hätte ich wohl noch zuerst von anderen Dingen erzählen müssen. Zum Beispiel vom Schulunterricht und von Hitler natürlich. Aber ich konnte einfach nicht länger warten,

um von Schöneiche zu berichten. Ich schrieb und schrieb, und hatte schon einen ganzen Stoß fertig. Aber als ich es dann durchlas, gefiel es mir gar nicht. Es hätte viel leidenschaftlicher sein sollen. Ich zeigte es Fritz, und der sagte, zu meinem Erstaunen, daß ich viel zu viel und viel zu oft "herrlich" und "prächtig" und viel zu viel glühende Farben verwandt hätte.

Aber wie kann man denn Schöneiche überhaupt beschreiben, ohne diese Worte dauernd und immerzu zu gebrauchen, dieses große, wunderschöne, herrliche, prachtvolle, phantastisch- zauberhafte, entzückende, romantisch-verträumte, himmlische Märchenschloß. Wie kann ich meine Gefühle schildern, als ich zum ersten male den Weg ging, der zum Schloß führte, diesen uralten Weg. Als ich zum ersten mal die Eichen sah, die rechts und links diesen Weg säumten,.

Diese hoheitsvollen Eichen, die mindestens ein halbes Jahrtausend alt waren. Und als wir dann durch das herrliche eiserne Tor schritten und unser Schloß vor uns lag inmitten des Parkes, inmitten seiner majestätischen Bäume.

Ich muß es einfach in glühenden Worten sagen. Mit dem gleichen Gefühl, mit dem wir es damals und auch heute noch in unserer Erinnerung sehen. Wie kann ich den Speiseraum nennen, dessen Seiten mit Delfter Kacheln ausgeschlagen waren, den reizenden, kostbaren Kacheln ganz rings um und ganz hoch bis an die Decke. Und dann den großen runden Ballraum, dessen Wände man mit dem dunkelroten Seidendamast bespannt hatte, und dessen Wölbung oben die herrliche Deckenmalerei zeigte mit den grazilen Figuren und Pflanzen. Wie kann man die verzierten Spiegel schildern, die über alle Kamine angebracht waren. Und die Fenster, diese herrlichen hohen Fenster mit den anmutigen Rundungen in den Scheiben. Und wie die geschwungene Treppe, die das Zentrum des Schlosses war und von der Halle zu der oberen Etage führte.

Diese Rokokotreppe. Dieses Rokokogeländer, dieser Rokokoschwung, diese verspielten Blumen und Muscheln, deren Gold immer durch das freundliche Weiß schimmerte. Wie habe ich diese Treppe geliebt. Wie kann man das Gefühl in Worte bringen, das wir empfanden als wir diese Treppe das erste mal sahen. Sie lud ein zum Hinaufrennen, Hinauf springen, und oben zu jubeln und tanzen. Für mich war sie der

Die herrliche Rokokotreppe

Inbegriff von jugendlichem Übermut, jugendlicher Freude .Es schien als hätte Jemand sie für uns, ganz allein für uns erbaut. Wie den Park und die Schloßmauer und Alles, Alles

Ich muß es unbedingt so begeistert schreiben, denn sonst versteht man ja nicht die Wut, die mich befällt, wenn ich später berichten muß, was mit dem herrlichen Schloß und seinen mächtigen uralten Eichen geschah. Was diese elenden, gemeinen, niederträchtigen, bösartigen, verdammten....

Aber man soll nicht vorgreifen

Schöneiche war von Knobelsdorf erbaut. Knobelsdorf war der Baumeister Friedrichs des Großen. Er hatte den Berliner Tiergarten entworfen und viele Schlösser erschaffen, darunter das schöne Sans Souci. Schöneiche war nicht so verziert wie dieses, aber es besaß die gleiche Rokokoseele. Es hatte sehr starke Mauern und schien für die Ewigkeit bestimmt. Es lag in einem fruchtbaren Gebiet der Mark Brandenburg ungefähr 15 Kilometer östlich von Berlin.

Unsere Aufbauschule war klein und blieb auch klein. Viele Schüler gingen ab, denn man war sehr streng. Kein Fach durfte wiederholt werden. Wer nicht mitkam, mußte die Schule verlassen. Es gab auch keine Wahlfächer. Alles was auf dem Stundenplan stand, mußte genommen und bestanden werden. Die oberen Klassen erreichten wenige, meist nicht mehr als zehn Schüler.

Die Lehrer hatten beschlossen, daß wir abwechselnd immer eine Zeitlang Unterricht in der Stadt haben und bei unseren Eltern wohnen und danach dann wieder ganz in Schöneiche leben sollten. Das war sehr schön. Dadurch war Abwechslung, und man freute sich ständig auf das Kommende. Es befanden sich daher auch nie mehr als zirka 40 Mädchen im Schloß. Und man konnte die Schönheit dieses herrlichen Besitzes viel mehr aufnehmen.

Trotzdem die Schule die Schöpfung der Sozialdemokraten war, wurden wir sehr verwöhnt. Wir hatten Gärtner, Köchin und Küchengehilfen und Reinemachefrauen. Wir hatten einen aufsichthabenden Lehrer, der ständig dort wohnte, und wir hatten eine Erzieherin. Die unterrichtenden Lehrer fuhren jeden Tag aus der Stadt zu uns heraus. Sie taten es gerne, denn alle liebten Schöneiche.

Ich glaube, unsere Lehrer waren meist Menschen, die es in ihrer Jugend schwer gehabt hatten und dafür sorgen wollten, daß es Anderen besser ging. So wie Eltern immer für ihre Kinder ranschaffen wollen, was sie sich selbst einmal gewünscht und nicht bekommen haben.

Im Sommer fand der Unterricht oft im Freien statt. Unter den uralten riesigen Eichen, oder in den Heckennischen, wo aber die verspielten Marmorgötter nicht mehr standen. Das Schloß selbst besaß auch keinerlei Originalmöbel mehr. Da war nur ein großer Flügel in dem unteren rotseidenem Festsaal. Aber ich fand diese Sache viel besser. Man hätte sich nur vorsehen müssen. Und die vielen Mädchen mit ihren Farben und lachendem Lärm waren Dekoration genug. Mehr hätte gar nicht sein dürfen.

Der Park selbst war nicht im höfischen Stiel, sondern in der damals in Mode kommenden englischen Art. Vor der prächtigen Freitreppe lag eine große Wiese. Durch den Park selbst hatte man ein schmales, vielleicht drei bis vier Meter breites Flüßchen geleitet, das in sanften Windungen durch das baumreiche Gelände zog. Kleine steinerne Brücken schwangen sich in anmutigen Bögen darüber, und an den Rändern wuchsen viele Wildblumen. Das Bächlein bildete an einer Stelle einen Schloßteich, der von Trauerweiden umgeben war, die sich im Wasser spiegelten, und deren Zweige stets leicht verträumt darüber wehten.

Dieser Park war eigentlich gar nicht so groß. Aber er war so geschickt entworfen, daß man stundenlang darin spazieren gehen konnte ohne den gleichen Weg öfter gehen zu müssen.

Und dann der entzückende Nutzgartenteil, wo selbst Obstbäume und Gemüsebeete mit künstlerischer Anmut angelegt worden waren. Wo Weinreben und Blumenranken an den kleinen alten Steingebäuden hochkletterten, wo Beerensträucher sich zärtlich an die grünlichen Mauern schmiegten. Wo alles so aussah, als hätte ein Maler es für ein Bild entworfen.

Und dann die hohe alte Schloßmauer, die den Park einschloß. Sie war an vielen Stellen vom Efeu bewachsen, und das Laub zu ihrem Fuße schien für immer zu rascheln und flüstern. Diese Mauer war schwer zu erklettern, aber wie schön der Blick von hier über unserer ganzes Reich. Besonders wenn es dunkel wurde, da lag das herrliche Schloß oft im Mondenschein.

In allen Räumen funkelte das Licht und das helle Lachen der Mädchen klang durch den Nebel, der jeden Abends von unserem Gebiet aufstieg und seine Schleier behutsam über den Park legte.

Da waren viele Räume und viele wunderhübsche und viele geheimnisvolle Stellen in unserem Schöneiche. Aber ich will zuerst von dem sprechen, das ich am meisten liebte.

Hinter dem Jagdzimmer, wo wir eigentlich immer Schularbeiten machen sollten, kam man auf einen runden Balkon-ähnlichen überdachten Vorbau, dessen Vorderfront offen zum Park lag. Er war auf zarte Säulen gestützt, zwischen denen sich ein duftiges Rokokogeländer befand. Dort waren Pflanzen hochgewachsen. Und das Licht fiel leuchtend grün durch die Rankenblätter. Er schien wie geschaffen für ein nächtliches Rendez-vous.

Hildegard r. malt vor Orangery und Pavillion

Es war eigentlich eine Art Pavillon. Aber das Wort gefällt mir in diesem Zusammenhang durchaus nicht, denn einen Pavillon verbinde ich mit leichtfertigem Lächeln. Ich fand, unser anmutiger Schloßanbau besaß eine edle Würde, wenn er auch einen märchenhaften Eindruck machte. Er sah aus, als wäre er nur erbaut für ernste Liebende, solche, die ihr Leben für einander geben würden. Wie gerne war ich dort. Aber leider hatte ich noch Niemand mit dem ich mich hätte heimlich treffen können.

Da war auch eine kleine Tür, hinter der ein paar Stufen zu der wunderhübschen Orangerie hinunterführten. Diese Orangerie hatte ganz hohe phantastische französische Fenster. Dort wuchsen sogar noch ein paar Orangen und Zitronenbäume neben einigen exotischen Pflanzen, die vom Gärtner betreut wurden.

Ich hatte mir übrigens gleich, nachdem ich Schöneiche sah, vorgenommen, später einmal genau so ein Schloß zu kaufen. Aber einmal mußte ich längere Zeit in dem rotseidenen Festsaal bleiben als alle Andern schon weggefahren waren. Ich glaube, meine Cousine Edith wollte mich abholen, und es war gar nicht schön so alleine in dem Festsaal zu sein. Und da erkannte ich, daß es zum großen Teil die fröhlichen Mädchen waren, die Schöneiche so begehrenswert machten, und ein Schloß zu besitzen, gar nicht einmal so schön zu sein braucht. Und ich beschloß daher auf keinen Fall so ein großes Schloß zu erwerben, sondern ein kleines, mit vielen fröhlichen Menschen darin.

Ja fröhlich und unbeschwert, lebenslustig und übermütig, das waren wir damals gewißlich alle. Was haben wir dort gelacht und für albernen Blödsinn gemacht. Ich kann gar nicht einmal sagen worüber wir uns immer amüsierten - was denn eigentlich so lustig, so ulkig war, daß man sich totlachen konnte. Ich glaube, wenn man es heute auf einem Film sehen würde, könnte ich nur den Kopf schütteln und fragen: "Warum lacht ihr eigentlich?"

Da war der Stoffhund, der einen Namen bekommen sollte. Pipin, der Kleine, Pipin, der Große, Pipin, der Schwache. Pipitre. Er wurde von Bett zu Bett geworfen. Was war daran so witzig? Aber wir fanden es toll und sprangen auf den Betten herum und lachten und lachten.

Hildegard(links) in ihrem geliebten Pavillion

Da war der Mittagsschlaf, den wir noch in der Oberprima machen mußten, und wo alles mäuschenstill sein sollte. In der zweiten Etage lagen die ehemaligen Gasträume. In der Mitte, genau über dem unteren großen runden Festsaal befand sich ein zweiter Prunkraum, der die gleiche Form und Ausmaße hatte. Er wurde sicher früher bei ganz prächtigen Festen mitbenutzt. Ein Teil, der oben gelegenen Räumen waren uns als Schlafzimmer zugewiesen. Da waren größere und kleinere. Ich ging immer in den einen, in dem acht Mädchen ihre Betten hatten. Ein Mädchen sprach ständig im Schlaf, und das arme Wesen mußte dann in einem Einzelzimmer schlafen.

Es war übrigens eine seltsame Sache mit den Schlafräumen, denn genau danach bildeten sich engere Freundschaften. In den Studierzimmern waren wir anders aufgeteilt. Aber da entstanden kein Gruppen. Es bildeten nur die einen engeren Kreis, die in gleichen Räumen schliefen. Wir lernten uns viel näher kennen, weil wir uns bis spät in die Nacht hinein unterhielten. Wir sollten natürlich nicht sprechen, wir sollten schlafen.

Die Schloßkirche

Aber da, die nicht erlaubten Dinge stets den größten Reiz ausüben, redeten wir, tanzten und schlichen durch die Hallen. Ein Schlafsaal spielte dem anderen Streiche, von denen die meisten gewißlich nicht so sehr einfallsreich waren. Aber eins waren sie bestimmt, nämlich verboten und daher riskant.

Ich weiß nicht mehr worüber wir meist sprachen. Aber es war alles äußerst wichtig und sehr klug und weise natürlich. Nachts sagt man sich andere Dinge als am Tage. Die Seele scheint sich mehr zu öffnen, wenn die Sonne untergeht. Da war die Philosophie, und da war die Zukunft, und die Träume von der Zukunft, von der goldenen Zukunft. Von der Zukunft, die die meisten von uns später so schwer enttäuschte. Aber das wußten wir damals noch nicht, und wir schwärmten von allem, was da kommen würde, und unsere Unterhaltungen nahmen kein Ende.

Es waren übrigens immer die gleichen Mädchen, die zuerst einschliefen. Aber das waren meist die, die sowieso nicht allzuviel sagten. Aber auch bei denen, die viel zu erzählen hatten, hörte man bald nur noch tiefe Atemzüge. Und am Ende waren es immer nur noch Subeida und ich, die nicht aufhören wollten oder konnten. Am nächsten Morgen, wenn man ganz früh aufstehen mußte, dann tat es uns bitterlich leid, und wir beschlossen am folgenden Abend kein einziges Wort zu sagen und gleich einzuschlafen. Was natürlich absolut nicht ging, ganz unmöglich war. Man mußte reden, man mußte mitmachen.

Morgens wurden wir früh geweckt. Meiner Meinung nach viel zu früh. Aber man tat es freundlich mit Gesang. Reihum vor den Schlafzimmern.

Im Früh taut zu Berge.............Wenn alle Brünnlein fließen....

Wach auf, Du Herzensschöne, Herzallerliebste mein....

Wir lange ist es doch nun schon her, daß wir diese lieblichen Lieder sangen, und immer noch klingen ihre Weisen in meiner Seele. Immer noch höre ich die fröhlichen hellen Stimmen der Mädchen von den verschiedenen Schlafsälen. Es wurde viel gesungen in Schöneiche, vor jedem Essen und nach jedem, und wir reichten uns alle die Hände. Es waren drei lange Tische in dem Delfter Eßraum, und abwechselnd stimmten Mädchen ein Lied an und andere fielen ein.

Morgens mußten wir durch den Park laufen und danach eiskalt duschen. Letzeres war furchtbar und ich tat es nur, wenn die Lehrerin da war und aufpaßte. Dann wurden wir in kleine Gruppen aufgeteilt und jede mußte ein Zimmer säubern. Das andere machten die Reinemachefrauen. Ach ja, wir mußten noch Tischdecken. Abwaschen brauchten wir nur Abends wenn die Köchin und ihre Gehilfin Schluß haben wollte.

Dieser Abend Abwasch war immer eine große Sache, denn derjenige Schlafraum mußte es machen, der etwas ausgefressen hatte. Und das waren nun meist immer wir. Aber welchen herrlichen Spaß machte es doch. Wie oft denke ich heutzutage, wenn ich über meinen Abwaschtisch gebeugt stehe, an die himmlische Zeit, die wir dabei hatten. Was haben wir bei dieser "Sklavenzwangsarbeit" alles angestellt.

Einmal weiß ich noch, beschlossen wir etwas Dramatisches dagegen zu tun, daß wir immer so schwer arbeiten mußten. Es wurde entschieden, daß eine von uns in Ohnmacht fallen solle, Man übte und die Beste würde diese Rolle bekommen. Das war nun natürlich Subeida. Ohne Zweifel war sie es. Sie war eine gute Schauspielerin und brach langsam zusammen. Sie hatte die Gabe der Effektsteigerung ohne zu langweilen. Subeida wurde mit Mehl bleich gepudert, und wir liefen zur Erzieherin und sagten, daß Subeida ganz schlecht sei und so schwach vom vielen Arbeiten, denn wir hätten schon so oft den Abendabwasch machen müssen. Subeida fing an zu taumeln und die aufgeregte Erzieherin konnte sie gerade noch auffangen, bevor sie ganz zur Erde glitt. Wir andern rannten alle in großer Verzweiflung wehklagend in der Küche umher. Ich schlug vor, ihr ein Anregungsmittel zu geben, kletterte auf den Küchenschrank und brachte eine Vanillienflasche herunter, von der ich behauptete, daß es ein altes Volksheilmittel sei und sicher helfen würde. Wir flößten Subeida davon ein. Sie schlug die Augen auf, fiel aber wieder in sich zusammen. Sie wurde mit weiteren Vanillelöffeln behandelt. Als ich nun aber entdeckte, daß diese Tinktur Alkohol enthielt, wachte Subeida auf und begann auf unsere Sorge hin, daß sie ja nun Alkohol getrunken hätte, betrunken zu spielen. Die Lehrerin bekam große Angst. Das liebe Fräulein Hein war kopflos, daß es eigentlich nicht nett von uns war, weiter zu spielen. Jugend ist grausam. Aber es war so schrecklich ulkig.

Was haben wir alles für Unfug angestellt. Wie groß erschienen uns unsere Heldentaten. Nachts allein zur Brücke zu laufen, zu der Stelle wo man den erstochenen Grafen in hellen Mondnächten gesehen haben soll. Gruselgeschichten, nächtliche Vorführungen und Bieropern mit blutrot triefenden Leichen.

Die vielen unterirdischen Gewölbe, wo man beim Kerzenlicht Edgar Allen Poe vorlas. Wo ein Luftzug dann die Kerze erlosch und ein feuchter, mit Sand gefüllter Handschuh herum gereicht wurde. Wir waren so voller Ideen und alles war so unendlich zum lachen.

Mit der schön geschwungenen Freitreppe, die zur oberen Etage führte, haben wir auch viel Unfug getrieben. Man konnte von dort oben allerhand Dinge herunterhängen lassen. Viel Erfolg war ein gerupftes totes Huhn, daß wir so hoch anbrachten, daß keiner es abmachen konnte und es tagelang dort hing.

Moliere spielend auf der Freitreppe. Hildegard rechts

Nachdem die Erzieherin, das nette Fräulein Hein, die auch Englisch unterrichtete einen Nervenzusammenbruch bekam, erhielten wir eine ganz Strenge, so um dreißig Jahre alt, die Sportlehrerin gewesen war und sich beim Skilaufen ein Bein gebrochen hatte. Sie mußte sich auf einen Stock stützen, den sie zur Unterstreichung und Interpunktionssetzung ihrer scharfen disziplinarischen Reden immer auf den Boden stieß. Mit starken Nerven blieb sie bis zum Ende des Jahres. Und zu ihrer Zeit machte es noch viel mehr Spaß, da es nun eine Menge mehr Verbote gab, und viel mehr Mut dazu gehörte etwas richtig Schlimmes anzustellen. Es war eigentlich nicht nur die Freude am Blödsinn, die alles so unwiderstehlich machte. Es war auch zum großen Teil der Reiz der Gefahr, der darin steckte. Denn wir konnten nicht nur bestraft werden, sondern auch aus der Schule fliegen.

Wir waren dreizehn Jahre alt, als wir das erste mal nach Schöneiche kamen. Mit vierzehn sollten wir eingesegnet werden. Und zu der Zeit bekam man plötzlich das Gefühl, daß in Schöneiche ja alles schön und gut sei. Aber daß doch irgend etwas fehle. Manchmal fühlte man sich eingesperrt, und man sehnte sich nach Freiheit, obgleich wir absolut nichts mit ihr anzufangen gewußt hätten.

In Schöneiche durfte man keinerlei Besuche empfangen, außer Eltern und Tanten natürlich. Man konnte auch den Park und das Schloß nicht ohne Erlaubnis verlassen, und die war nicht so leicht zu bekommen.

Wir schauten oft durch das hübsche Schmiedeeiserne Tor. Da hinter der steineren Mauer, da schien doch das wirkliche Leben zu sein. Romantische Märchen waren herrlich. Aber darin immer zu leben, das nun doch wieder nicht.

Und ich beschloß, irgend etwas zu unternehmen.

Aber dazu muß ich erst einmal von meiner Cousine Edith und damit von Tante Minna berichten.

Tante Minna

Das war eine ältere Schwester von Mutti. In ihrem Rosa befand sich eine Menge braun. Sie war sehr klug, las sehr viel und wußte immer alles. Sie war ständig mit ihrem Los zufrieden. Vielleicht ist das eine Begleiterscheinung von Klugheit, vielleicht, aber ich weiß nicht. Sie hatte auch einen Onkel Paul geheiratet und hatte zwei Kinder. Meinen Cousin Ernst, der auf der Kunstakademie malte, und meine Cousine Edith, die sehr blond, sehr hübsch, immer fröhlich und vier Jahre älter war als ich. Edith hatte das Lyzeum verlassen, da sie nicht lernen, sondern heiraten wollte, und der Ansicht war, daß das erstere für das letztere nicht unbedingt notwendig sei.

Ich war gern bei Tante Minna. Es war dort so friedlich. Sie schimpfte nie und kochte gut, hatte Köchin gelernt, als sie nach Berlin ging, und fand, daß das Essen nicht nur gesund sein, sondern auch gut schmecken müsse.

Onkel Paul kam aus dem Spreewald und war ein echter Wende. Ich mochte ihn gern, konnte aber trotzdem nicht verstehen, warum Tante Minna ihn geheiratet hatte. Da Tante Minna aber klug war, muß sie schon ihre Gründe gehabt haben. Ich glaube aber, heiße Liebe war es nicht. Onkel Paul war Tischler und sehr dickköpfig. Er machte absolut nur, was er wollte, und das waren nicht all zuviele Dinge. Eines davon war sein Garten. Gleich nach der Arbeit, die er auch gerne tat, ging er dort hin

Tante Minna,
Cousine Edith- Cousin Ernst

Tante Minna wohnte in Adlershof, einem Vorort von Berlin. Als sie ihre Wohnung mietete, war ein Wald gegenüber. Aber nach zwanzig Jahren konnte man nur noch viele Häuser sehen. Diese waren aber nur dreistöckig, und an einer Ecke befand sich eine größere Lücke, und da war Onkel Pauls Garten. Es war kein Schrebergarten, o nein, ein ganz richtiger, großer, und was für einer, solch einen kann man lange suchen. Da war eine Pumpe und eine kleine grüne Bank, auf der man sitzen konnte. Aber Onkel Paul saß da nie, der goß immerzu mit seiner Gießkanne seine Pflanzen und Bäume. Es roch dort so schön nach Erde und Blättern, und man bekam rohe Mohrrüben und Schoten und auch Kohlrabi zu essen. Ich habe dort übrigens nie, auch nur einen Halm von Unkraut gesehen. Und wenn ein Gemüse abgeerntet war, pflanzte Onkel Paul gleich wieder ein neues.

Nach dem Besorgen des Gartens begab Onkel Paul sich in ein Wirtshaus, das sich gleich an der Ecke befand. Dort ging er sein Bier trinken. Aber er trank nie mehr als nur ein oder zwei Gläser.

Onkel Paul im ersten Weltkrieg

So wie er die Tür zum Wirtshaus öffnete, fing sein Gesicht an zu strahlen. Er wurde von allen freudig begrüßt, und dann spielte er Karten. Ich weiß aber nicht welche Sorte, vielleicht Skat. Es kann aber auch etwas Anderes gewesen sein. Ich habe zu Hause nie Karten spielen dürfen. Oma sagte, es sei ein Spiel des Teufels. Und Papa fand es eine langweilige Zeitverschwendung. Es ist einfach undenkbar mir Papa mit Karten in der Hand vorzustellen. Aber Onkel Paul spielte gerne. Ich glaube, es ging nicht einmal um Geld.

Ich bin ein paar mal mitgegangen. Onkel Paul kauften mir ein Malzbier, und ich sah zu. Eins war immer ulkig. Wenn Onkel Paul sein Bierglas in die Höhe hob, sagte er stets "Stroviat " oder so ähnlich. Es hörte sich russisch an. Aber Onkel Paul konnte gar nicht russisch, und war auch kein besonderer Freund von Russen. Vielleicht sagte man es im Spreewald. Er kann es aber auch vom ersten Weltkrieg herhaben. Er hat in den masurischen Sümpfen gegen die Russen gekämpft.

Wenn Onkel Paul nach Hause kam, ging er bald schlafen. Alle gingen immer früh schlafen bei Tante Minna. Es sparte Licht, und man stand vorzeitig auf. Vielleicht arbeitete Onkel Paul noch Morgens in seinem Garten. Ich bin nie so früh aufgestanden, um es zu wissen. Bei Tante Minna habe ich immer in der Besuchsritze geschlafen. Ich wollte nicht gerne in einem Zimmer allein sein. Da waren zwei riesige Ehebetten, die neben einander standen. Die hatte Onkel Paul selbst gebaut. Und in die Mitte konnte man ein Federbett legen. Das hatte aber einen Nachteil.

Onkel Paul schnarchte manchmal. Und wenn ich nun dort lag, konnte Tante Minna nicht rüberreichen, um ihn anzustoßen. Es wurde immer davon gesprochen, daß Onkel Paul eine Schnur um den großen Zeh gebunden werden sollte, damit Tante Minna im Notfall daran ziehen konnte. Aber ich glaube es war nur Ulk, und nicht ernst gemeint.

Mein Cousin Ernst war nur selten zu Hause, denn er hatte ein Atelier und eine Freundin, die Lieselotte hieß, Lieselotte Winter. Sie wurde aber stets nur Leinchen genannt, weil Ernst fand, daß sie so dünn sei wie eine Wäscheleine. Was aber auch wirklich stimmte. Wenn sie mal zu Tante Minna kam, wurden immer extra Kissen unter und hinter sie gelegt, da sie so zart war, daß man ständig befürchtete, daß sie zerbrechen könne. Sie war ein einziges Kind. Sie war sehr hübsch, immer sehr elegant, und war auch sehr reich, glaube ich. Sie sprach nie, sondern hauchte nur höfliche Worte, die genau so zart waren wie sie selbst. Ich bestaunte sie oft. Wäre auch gerne so zart gewesen, aber ich glaube, auf die Dauer wäre mir das Zartsein über geworden. Ernst und Leinchen haben dann auch geheiratet, und Leinchen ist gar nicht zerbrochen. Sie lebt heute noch. Aber mein Cousin Ernst ist ziemlich jung an einem Herzschlag gestorben. Es war eine große Liebe, und Leinchen hat nie wieder geheiratet.

Nach Adlershof fuhr man mit der Stadtbahn. Aber vom Bahnhof mußte man mindestens noch eine halbe Stunde die Hauptstraße entlang laufen, um zu Tante Minna zu gelangen. Das war nun etwas, was ich sehr gerne machte, denn in Adlershof waren die Flieger stationiert. Und das waren gut aussehende Jungs. Manche von denen gefielen mir enorm gut. Leider war es nicht umgekehrt der Fall. Ich konnte mir noch so schöne Kleider anziehen, kein einziger würdigte mich auch nur eines Blickes. Das war aber immer ganz anders, wenn meine Cousine Edith mich von der Bahn abholte oder hinbrachte, was sie übrigens sehr gerne tat. Da wurden wir immer angesprochen und von Fliegern begleitet. Ich beobachtete aber auch, daß sie stets ein lautes gurrendes Lachen anfing, wenn Flieger vorbei kamen, auch wenn wir von gar nichts gesprochen hatten, worüber man hätte so lachen können. Diese Sache wäre für mich, trotz aller Anstrengung zu weit gegangen. Nein, lachen wollte ich auf keinen Fall. So hoffte ich, daß einmal einer kommen würde, der nicht an Lachen interessiert wäre.

Eines Tages hatte nun Tante Minna die Gelegenheit, ein Restaurant zu kaufen, das ganz in der Nähe ihrer Wohnung lag. Es war nur um die Ecke. Man mußte dort ein paar Stufen hinuntergehen, und dann kam man in ein schönes, sauberes, blitzblankes Wirtshaus. Onkel Paul war dafür. Es war nicht, eines der Dinge, die er nicht gerne machte. Und sie sollen mit dem Wirtshaus auch eine ganze Menge Geld verdient haben. Für mich aber war es jetzt weniger Spaß, Tante Minna zu besuchen. Sie hatte nun immer keine Zeit mehr und stand dort oft in der Küche. Onkel Paul aber befand sich strahlend hinter der Theke, oder wie das Ding heißt. Da waren Tische mit hübschen Tischtüchern, und manchmal aßen sogar Leute dort. Meist kamen sie aber zu Onkel Paul. Und da entstand nun das große Problem, das dazu führte, daß die ganze Sache schief ging. Und das kam alles nur daher, weil Onkel Paul ein Ehrenmann war.

Wenn nämlich jemand hereinkam und Onkel Paul ein Glas Bier spendierte, so trank Onkel Paul dieses und spendierte dem Andern natürlich auch wieder eins, denn:
"ein Ehrenmann läßt sich nicht lumpen."

Da der Andere aber auch ein Ehrenmann war und sich dann auch wieder revanchieren mußte, ging die Sache solange bis Tante Minna nach ganz kurzer Zeit das Restaurant wieder verkaufte, denn wie ich schon sagte, Tante Minna war klug. Sie wußte, daß Onkel Paul mehr wert war als die Goldgrube.

Die Einsegnung

Das was damals eine große Sache. Da die Meisten die Schule mit vierzehn verließen, bedeutete es den Abschied von der Kindheit, und den Eintritt in die Welt der Erwachsenen, in die Zeit, die man schon so lange heran gesehnt hatte. Für mich würde sich ja nun nicht allzuviel ändern. Aber schon allein das erhabene Gefühl, daß man nun ja von Rechts wegen mit Sie angesprochen werden müsse. (Was übrigens keiner tat)}. Aber es war immerhin ein Schritt näher zu dem Ersehnten...Ja was nun eigentlich. Aber gerade dadurch, daß man es nicht wußte, war es noch mehr geheimnisvoll und begehrenswert.

Ich war auch sicher, daß ich nach der Einsegnung mehr Glück mit den Fliegern haben würde. Und irgendwie hatte ich das unbestimmte Gefühl, daß dabei ein phantastisches Kleid eine Rolle spielen würde. Sicher mein Einsegnungskleid. Leider mußte es schwarz sein. Das konnte man nicht ändern. Aber war nicht gerade Schwarz die Farbe der Eleganz, der ich absolut nicht abgeneigt war.

Meine Cousine Edith lernte in einem schicken Modesalon schneidern. Sie war immer sehr nett und großzügig und bot sich gleich an, das Kleid für mich und meine Cousine Inge(Tochter der armen Tante Lieschen) zu nähen. Papa hatte inzwischen etwas Geld verdient, und so kaufte Mutti für uns beide einen schweren, dicken Seidenstoff, der auf einer Seite stumpf und auf der anderen hoch glänzend war. Neueste Mode. Mein Kleid sollte unbedingt lang werden, lang bis zur Erde.

Die meisten Mädchen hatten es nur bis zur Mitte der Wade, was eigentlich sehr hübsch aussah. Aber das war mir gleichgültig. Meins sollte eine elegante Länge haben, unbedingt bis zur Erde. Nach endlosen Diskussionen und erschöpfenden Kämpfen gab ich dann doch nach. Also gut, nicht ganz bis zur Erde. Aber wenigstens bis zum Anfang der Schuhe. Ich entwarf den Schnitt selbst mit einer blanken Rundung auf der Hüfte, das sah sehr gut aus, sicher weil ich selbst noch nicht viel selbst davon besaß.

Mutti und Hildegard

Ja und dann hatte es ein Cape, welches ich einmal bei der großen Schauspielerin Greta Garbo gesehen hatte. Man konnte es abnehmen, oder lässig zur Erde gleiten lassen. Bei passender Gelegenheit natürlich.

Meine Cousine Inge wünschte sich genau das Gleiche. Und meine Schwester Ellen bestand darauf dieses Gebilde auch bei ihrer Einsegnung zu tragen, obgleich sie kein Freund von abgelegten Sachen war. Das zeigt sicher deutlich genug welch enormes Gewand dieses Einsegnungskleid war.

Passende Schuhe mußte man selbstverständlich auch dazu haben. Schwarze Wildlederschuhe, solche mit den süßen, hohen, wackligen Absätzen, natürlich. Welch ein Traum. Leider sahen sie nun viel hübscher aus, wenn sie eine Nummer zu klein waren. Das machen die Schuhe bei mir heute immer noch. Sie würden sich ausdehnen. Aber das tun sie nie.

Schwester Ellen

Ja, und dann tat ich etwas, was mir heute noch im Magen liegt. Ich ging zum Friseur. Zum ersten mal. Schon das Gefühl dort zu sitzen, das war schon etwas. Dieser herrliche Geruch. Nur das Geld tat mir leid. Aber die Friseuse versicherte mir, daß die Dauerwelle ein ganzes Jahr halten würde. Leider war das kein leeres Versprechen. Es stimmte wirklich. Als die lange Behandlung nun beendet und die endgültigen Zurechtmachung auch fertig war, blieb keine Hoffnung mehr auf ein Wunder, und ich wußte, daß das was ich im Spiel sah, nun ich war, oder ich sein sollte, da fing ich furchtbar an zu weinen. Ich rannte nach Hause um das Unglück auszuwaschen. Aber welche törichte Hoffnung. Es wurde nur noch viel schlimmer. Heute sind die Afros ja modern. Aber damals, o, nein. o, nein. Wenn ich mein Einsegnungskleid sehe, dann staune ich noch immer was Essig, Pomade und sonst noch fertig gebracht haben. Die einzig gute Sache dabei war, daß meine Schwester Ellen nun gewarnt war. Zu ihrer Konfirmation ging sie nicht zu einem Frisör, sondern trug ihre Haare in ihren langen dicken Zöpfen.

Die Einsegnungsbilder waren übrigens sehr wichtig. Fast so wie die zur Hochzeit. Mutti schickte sie an alle Verwandten.

Dabei fällt mir übrigens etwas ein. Eine Freundin von mir konnte sich kein Einsegnungsbild machen lassen. Nicht wegen der Haare, nein wegen etwas Anderem. Die ganze Sache kam nämlich so:

In Schöneiche mußte jeden Abend eine Gruppe für Unterhaltung sorgen. Unser Schlafsaal schrieb öfters kleine Theaterstücke, die wir dann auch aufführten, was unendlichen Spaß machte. Beides, das Schreiben und das Aufführen. Wir überboten uns in albernen Erleuchtungen und Geistesblitzen. In einem dieser Meisterwerke sollte nun eine Indianerin auftreten.

Wir besaßen kaum Kostüme, aber ein Indianer brauchte nicht all zu viel. Eine Feder, ein Röckchen und den ganzen Körper tätowiert. Dafür benutzten wir einen Lippenstift. Subeida war die einzige, die schon einen guten besaß. Subeidas neuer Stift wurde bei dem Kunstwerk bald völlig aufgebraucht. Die Farbe der Lippenstifte ging nun zu unserem Leidwesen immer ab, wenn man sie auf die Lippen tat. Nach jedem Essen war das kostbare Zeug weg. Aber in diesem Falle - war es eine neue Marke, war es die Haut, oder nur reine Bosheit des Schicksals, dieses mal ging es nicht ab. Nicht mit Seife, nicht mit Fett. Das hätte man vorher rauftun sollen. Jedenfalls zu der Einsegnung, acht Tage später, war das arme Mädchen noch ein Indianer in voller Kriegsbemalung. Ein etwas blasseres Rot vielleicht. Aber dafür entzündete Haut von all den Chemikalien, die man an ihr versucht hatte. Das bedauernswerte Mädchen konnte nur gepudert werden, Aber man braucht eine dicke Schicht, um Rot wegzubekommen. Es schimmerte durch, durch den weißen Puder, daß sie aussah wie ein toter Indianer.

Für meine Einsegnung kaufte Mutti auch weiße Handschuhe, die alle Mädchen zu diesem Ereignis trugen. Aber das war nicht so sehr mein Fall. Vielleicht welche, die bis zum Ellbogen reichten, aber diese kurzen, kleinen Dinger, - schrecklich. Na ja, man konnte sie ja nach der Kirche wieder ausziehen. Das Gebetsbuch hatte eine goldenen Schnalle und mußte mit einem von Muttis besten Spitzentaschentüchern gehalten werden.

Man trug auch einen kleinen Blumenstrauß. Mein Kleid verlangte nach roten Rosen. Das war aber ein Reinfall. Sie sahen schon so komisch aus, als wir sie kauften. Die Verkäuferin versicherte jedoch, sie würden besser werden, da sie auf Eis gelegen hätten. Sie wurden aber nicht besser. Sie wurden schlechter. Ließen aber erstaunlicherweise nicht die Köpfe hängen. Das konnten sie auch beim besten Willen nicht, da sie innen Draht eingestochen hatten.(wie wir später feststellten).

Zu der Zeit war ich sehr fromm. In Schöneiche ging ich immer zur Kirche. Da war die wunderhübsche Schloßkirche ganz in weiß und goldenem Barock. In Berlin waren die Kirchen aber so dunkel und finster. Es waren verschiedene Pfarrer dort. Aber einer drohte immer mehr als der andere. Und ich hatte durchaus nicht das Gefühl, daß Gott sich unbedingt nur in der Kirche aufhalten würde. Der Pfarrer, der uns für die Konfirmation unterrichtete war sehr nett und noch ziemlich jung. Wir waren ungefähr 50 Kinder an dem Sonntag unserer Einsegnung.

Das Laufen in hohen Absätzen kann gelernt werden, das Laufen in zu kleinen Schuhen aber nicht. In einem langen Kleid hat man jedoch die Möglichkeit, dieselbigen von Zeit zu Zeit auszuziehen. Man muß nur aufpassen, daß man sie auch wiederfindet. Aber es passierte nichts dergleichen. Alles ging gut.

Zu Hause war eine große Tafel. Meine Cousine Inge feierte mit uns. Alle Tanten, und sogar manche Onkel waren da. Trotzdem wir den Pfarrer nur vom Konfirmandenunterricht her kannten, kam er zu uns essen. Das freute Mutti sehr. Es gab einen Truthahn, den Tante Minna beim Braten bewacht hatte.

Der Pfarrer brachte mir eine Rose, die aber keinen Draht innen hatte und sich ganz lange frisch hielt. Zum Glück kam Mutti nicht auf die Idee dem Pfarrer ein Kuchenpaket mitzugeben. Das wäre mir schrecklich peinlich gewesen.

Meine Cousine Edith hatte inzwischen einen festen Freund. Er hieß Helmut, war groß und männlich, lachte selten oder nie und war in der Oberprima. Edith holte mich aber immer noch mit Freude von der Bahn ab. Das gab mir zu denken. Sie hat ihren Helmut später geheiratet. Aber nach dem Kriege ging die Sache schief. Edith bekam Schuld. Ich glaube auch, daß sie hatte. Sie hätte eben nicht...... Keinen Sinn darüber zu reden. Die Menschen sind eben verschieden.

Da war nun nach meiner Einsegnung ein Tanzvergnügen in Adlershof. Ediths Helmut war gerade woanders. Sie ging natürlich und nahm mich auch gerne mit. Tante Minna bestand darauf, uns zu begleiten. Es war Sommer, und ich zog mein langes schwarzes Einsegnungskleid an, ohne Handschuhe. Man setzte sich erwartungsvoll an einen Tisch. Edith ließ die Blicke schweifen und begann ein Thema, wo man lachen konnte. Als die Musik einsetzte, kamen sogleich mehrere in Richtung unseres Tisches gelaufen. Mein Herz schlug höher. Aber nachdem Edith mit dem ersten Tänzer losgezogen war, machten alle andern kehrt. Keiner, aber auch kein einziger war an mir interessiert. Nicht einmal die ganz Gräßlichen. Da saß ich nun in meinem eleganten schwarzen Kleide. Tante Minna tröstete mich und sagte, daß es nur das Einsegnungskleid gewesen wäre, denn daran könne Jeder sehen, daß ich erst vierzehn Jahre alt wäre. Ich sei noch einfach zu jung.

Und da kam ich auf den Gedanken, die Trauben, die für mich zu hoch hingen, als zu sauer zu erklären. Ich wollte gar nicht die Erfolge meiner Cousine sondern die meines Cousins. Ich wollte ja auf die Kunstakademie. Ich wollte viel lernen. Ich wollte auch warten.

Aber eins hätte ich doch schrecklich gerne gehabt, einen Blick nur, einen ganz kleinen, auf den werfen zu dürfen, der einmal kommen würde. Nur zu sehen, wie er aussah, weiter nichts.
Und ich nahm ein Bild vom Bamberger Reiter und hing es in Schöneiche zwischen die Fenster des Schlafsaales. Die andern Mädchen waren auch alle dafür. Und darunter befestigte ich einen Sinnspruch, der mir einmal besonders gefallen hatte, als wir im Deutschunterricht den Mystiker Angelus Selesius durchnahmen. Diesen Spruch hatte ich mir zum Leitspruch meines Lebens auserkoren:

Schwarz oder Weiß, doch niemals Grau.
Kalt oder Heiß, doch niemals Lau.

Hitler, Hitler, Hitler.

Mein Einsegnungskleid war nicht das einzige tragische Ereignis zu der Zeit. Da gab es noch ein anderes. Hitler war zur Macht gekommen. Die Sache selbst rief erst einmal wenig Veränderung in meinem Leben hervor. Papa schimpfte auf Hitler und die politische Lage. Aber das hatte er ja schon immer getan, und war gar nichts Neues. Etwas Neues war, daß Herr Herzog, der immer so begeistert vom großen Führer gesprochen hatte, nun mitschimpfte.

Papa hatte sich inzwischen wieder mühsam hoch gearbeitet. Dieses mal hatte er wohlweislich keine Fabrikation mehr angefangen, sondern besaß jetzt eine Spulenwickelei. Das Geschäft ging gut. Man brauchte seine Ware für den Krieg. Papa beschäftigte erst zwei Wicklerinnen, dann mehrere. Später stieg die Zahl dann auf vierzig. Vor der Spulenwicklerei versuchte er es in der Konfektion. Er wollte mit einem Partner zusammen Herrenhemden anfertigen. Aber sie mußten bald aufgeben, denn plötzlich bekam man keine Stoffe mehr. Alle wurde für die Herstellung von Militärkleidung beschlagnahmt.

Papa sagte: In fünf Jahren gibt es Krieg. Er hatte sich nur um ein Jahr verrechnet. Ich selbst besaß noch keinerlei Vorstellung was Krieg bedeuten würde. Fünf Jahre erschienen mir eine unendlich lange Zeit. Wer weiß, was da noch alles inzwischen passieren konnte. Und wer weiß, ob Papa überhaupt Recht hatte.

Viele von Papas Kollegen bekamen Rüstungsaufträge. Dafür mußte man aber in die Partei eintreten. Das taten plötzlich viele Leute. Man konnte es an den Fahnen sehen, die aus den Fenstern hingen. Wir hatten natürlich keine. Mit Glockenschlag 33 wurden eine menge Leute Parteimitglieder, nahezu alle höheren Staatsangestellten. Wer es nicht tat, mußte in Kürze mit seiner Entlassung rechnen. Schulen waren fast alle Staatsschulen. Man konnte es den Leuten gar nicht verdenken. Lehrer und andere Beamte waren ja meist auf freier Wildbahn verloren. Sie waren gewohnt ihren monatlichen Scheck zu erhalten. Für die Lehrer schien es auch viel vernünftiger in die Partei zu gehen und passiven Widerstand zu leisten als die Schule zu verlassen.

Die meisten von Papas Kollegen traten ein. Aber Papa nicht. Papa hat in seinem ganzen Leben nicht einmal "Heil Hitler" gesagt. Ich glaube, es gibt nur sehr wenige, die damals in Deutschland lebten und das von sich behaupten können. Es ging aber auch nur in einer Großstadt wie Berlin. An einem anderen Orte, wäre Papa längst in einem Konzentrationslager gelandet.

Der Berliner verabscheute Hitler und seine Bande. Jeder, der ein bißchen Menschenverstand hatte und nicht wegen seiner Brötchen mitmachen mußte oder sich einen großen Vorteil erhoffte, haßte die Sache. In Berlin gab es sehr wenige National Sozialistische Idealisten. Während der ganzen Nazizeit - wenn immer feierliche Paraden oder große politische Ereignisse gefeiert werden sollten, fand man einfach nicht genug Berliner, die die Straßen gesäumt oder Plätze bevölkert hätten. Und wenn man sie zwangsweise hinschleppte so zeigten sie mürrische und wütende Gesichter. Und man brauchte doch eine begeisterte jubelnde Menge um der Welt zu zeigen wie die Deutschen in der Reichshauptstadt ihren Führer liebten und verehrten. Daher wurden ganze Zugladungen von Sachsen und oft sogar Bayern nach Berlin gefahren. Wir sahen stets die vielen Büsse und hörten die Dialekte von den in Wonne hingerissenen getreuen Nazis aus Sachsen oder Bayern. Das war jedes mal so wenn Goebbels plante, daß die Berliner spontan und freudestrahlend Hitler entgegen jubeln sollten. "Die Bayern sehen besser aus in den Filmaufnahmen" lachten wir. "Die haben größere Füße."

Am Anfang von Hitlers Regierung war er sogar beliebt bei vielen Deutschen. Er hatte mit den ungeheuerlichen Reparationszahlungen einfach aufgehört. Er hatte Arbeit, Geld und Ordnung in das Reich gebracht. Die Straßen wurden ausgebaut und die Industrie fing an auf Hochtouren zu laufen. Die herunter gekommenen Viertel der Großstädte schienen zu verschwinden. Es wurde für die Armen gesorgt.

Die Verbrechen hörten auf. Die moralisch verkommenen Lokale wurden geschlossen. Die schon teilweise verlotterte Jugend wurde zum Arbeiten, zum Sport und zum Wandern herangeholt. Ein Hauptgrund für Hitlers teilweise anfängliche Beliebtheit war das Versprechen der Erschaffung eines geachteten deutschen Reiches, denn nach dem schmachvollen niederträchtigen Frieden von 1918 wurde auf die verarmten Deutschen heruntergeblickt. Manche sahen in Hitler einen Friedrich Barbarossa, der das Deutschtum wieder retten würde. Besonders beliebt war Hitler bei den Auslandsdeutschen, die im Ausland oft einen schweren Stand hatten und viel Nationalbewußter waren als die Bevölkerung innerhalb Deutschlands. Viele Idealisten träumten seit langen Zeiten von einem deutschen Lande, in dem alle Deutschen Brüder vereint leben würden. Es war nicht der Traum von einem Soldatenstaat, jedoch einem, auf den man stolz sein würde. Hitler vereinigte ja auch ziemlich bald einige Deutsch sprechende Gebiete wieder mit dem Reich.

Aber nach verhältnismäßig kurzer Zeit erkannten die Meisten, daß der ganze Fortschritt nur Vorbereitungen für einen neuen Krieg waren. Die Bevölkerung hatte aber den grausigen ersten Weltkrieg noch nicht vergessen. Und dann merkten die Leute, daß alle Gegner des Krieges und der Partei abgeholt wurden und verschwanden, sogar die, die vor 33 Widersacher von Hitler gewesen waren, und dann hörte man, daß diese bedauernswerten Menschen in grausige Konzentrationslager kamen. Und es wurde einem klar gemacht, daß man dort auch hinkommen würde, im Falle man nur ein bißchen anderer Meinung wäre als die angebliche Regierung.

Damals wohnten sehr viele Juden in Berlin, und die Klugen von ihnen verließen Deutschland schon vor Hitler, als sie sahen was kommen würde. Aber viele hofften, daß vielleicht doch alles nicht so schlimm werden würde wie die Pessimisten voraussagten. Als jedoch die ersten politischen Verfolgungen losgingen, da setzte eine Massenauswanderung der Juden ein.

Das Schlimme an der Zeit war auch, daß man so vorsichtig sein mußte. Manche Menschen sind es von Natur aus. Mir aber fiel es schwer, jedem zu mißtrauen. Das Hitlerregime konnte und wurde nur durch die Spitzel und die Konzentrationslager aufrechterhalten. Man war bei Fremden nie sicher, wer nun was war. Es gab so viele Spitzel, und die waren meist keine Parteimitglieder und immer welche, die über Hitler herzogen und Witze über ihn machten. Wer gegen die Nazis vorging, oder auch nur etwas gegen sie zu einer verkehrten Person sagte, oft sie nur kritisierte, kam ins Konzentrationslager, von dem viele nicht wiederkehrten.

Ich kenne einen Fall, wo gegen Ende des Krieges ein Soldat in einem Zug saß. Er hatte Fronturlaub. Da redete ihn ein alter Mann, ein Zivilist an und meinte. Wir können den Krieg doch gar nicht mehr gewinnen. Der Soldat sagte nur: "Das glaube ich auch."

Der Zivilist war von der Geheimpolizei und der Soldat kam in eine Strafkompanie, die sehr Wenige überlebten. Wir hatten auch einen Spitzel als Lehrer in unserer Schule, wie sich leider zu spät herausstellte. Bei dem Worte Hitler machte er immer ein komisch witziges Gesicht. Ich konnte den Kerl sogar leiden, weil er immer so geistreich war, und habe ihm vertraut.

Bald als die Nazis zur Macht kamen, mußten wir vor jeder Unterrichtsstunde aufstehen und mit erhobenem Arm laut "Heil Hitler" rufen.

Da gab es Lehrer, die nur den Unterarm anwinkelten und die Sache schnell hinter sich brachten.

Da war aber einer, der hieß Herr Gohrband. Er war riesengroß und furchterregend. Er streckte den Arm immer ganz steil und steif in die Höhe und rief mit schallender Stimme "Heil Hitler", daß es nur so dröhnte. Außerdem unterrichtete er auch noch Mathematik, Physik und Chemie. Ich hatte immer entsetzliche Angst vor ihm.

Er war ferner auch davon besessen, daß wir Schnellrechnen lernen sollten. Schwierige Sachen, solche, die heute Computer machen. Zu Anfang jeder Mathematikstunde, gleich nachdem er "Heil Hitler" geschrien hatte, rief er - ohne neue Luft zu holen - eine Aufgabe, wie zum Beispiel "375 mal 897 Frrrrräulein Graf". Und das sollte man nun ohne Bleistift im Kopf ausrechnen. Dabei setzte mein Verstand jedes mal völlig aus, und ich war hoffnungslos nur noch aufs Vorsagen angewiesen, was bei uns allerdings bestens durchorganisiert war und immer klappte.

Herr Gohrband war der frühere Direktor der Aufbauschule gewesen. Nach Hitler traten bei uns jedoch Veränderungen ein. Unser Schule war von den Sozial Demokraten erschaffen worden, und mit denen wollte man nichts mehr zu tun haben. Wir wurden daher nicht mehr Aufbauschule genannt, behielten jedoch unsere Methoden und unsere Lehrer, ferner unser Schloß. Aber wir wurden verwaltungmäßig mit einer anderen Schule zusammen gelegt. Und zwar mit der Schule, die sich im gleichen Gebäude in der Frankfurter Allee befand. Das war die "Erste Städtische Studienanstalt." Meine Güte was für ein Name. Wie konnte man nur Studienanstalt heißen, überhaupt das Wort Anstalt. Irrenanstalt, Strafanstalt, Studienanstalt. Nach der Zusammenlegung verlieh man uns nun feierlich den neuen Namen. " Händelschule " Keine Ahnung warum wir nach Friedrich Händel benannt wurden. Warum überhaupt nach einem Musiker. Aber man hätte uns ja auch ganz leicht Göbbels - oder Göringshausen nennen können, oder

Herr Gohrband unterrichtend

gar Hitlerbastion. Also war man heilfroh. Die neu benannte Händelschule hatte dann einen gemeinsamen Direktor. Herrn Doktor Langeheinicke.

Nachdem Herr Gohrband als Direktor abgesetzt wurde, muß er einen fürchterlichen seelischen Schock bekommen haben. Das war sicher der Grund warum er so immer so laut "Heil Hitler" schrie. Er trug sein Parteiabzeichen ständig, und es schien aus einem unerklärlichem Grunde viel roter zu sein als alle anderen.

Vielleicht putzte er es jeden Abend.

Unsere Religionslehrerin hieß Doktor Michels. Sie war sehr künstlerisch. Ein Brief von ihrem im ersten Weltkrieg gefallenen Bruder war in dem bekannten Buch. "Briefe gefallener Studenten" abgedruckt. Wir hatten ihren Unterricht sehr gerne, und ich konnte sie persönlich gut leiden. Sie brachte uns interessante Religionen aus vielen Ländern. Mir ist eigentlich nie aufgefallen, daß sie anders "Heil Hitler" sagte als die andern Lehrer. Aber eines Tage, ich glaube nach zwei Jahren Heil Hitlern, verlor sie den Verstand und konnte den Arm plötzlich nicht mehr herunternehmen. Hielt ihn ständig in die Höhe und rief dauernd "Heil Hitler". Sie kam dann in eine Anstalt und soll für lange Zeit nichts weiter gesagt haben als immer nur Heil Hitler. Wir haben es erst später erfahren und eigentlich nur weil sie die Freundin von unserer Klassenlehrerin Fräulein Dr. Pingoud war. Es ist natürlich verständlich, daß einem die ganze verdammte Sache nicht nur auf die Nieren, sondern auch aufs Gehirn gehen konnte.

Dieses dauernde Heil Hitlern in der Schule war furchtbar und ich versuchte Herrn Gohrband aus dem Wege zu gehen, wo ich nur konnte. Leider ließ sich das nicht auf meinem Weg zur Schule vermeiden. Die meisten Schüler mußten mit der Bahn fahren. Ich hatte Glück und konnte laufen. Eine Wegstrecke war ungefähr dreißig bis vierzig Minuten, je nach Höhe der Absätze. Ich lief den Weg gerne. Da war nur eine schlimme Sache. Herr Gohrband kam mit der Stadtbahn von der Warschauerbrücke und hatte den gleichen Weg. Wenn man nun nicht aufpaßte und schnell die Straße wechselte, war er plötzlich mit seinen langen Riesenbeinenschritten neben einem und rief mit ausgestrecktem Arm laut und schallend "Heil Hitler." Da mußte man jetzt auf offener Straße das Gleiche tun. Zum Totschämen. Das machte in Berlin höchstens die SS, und dann auch nur in voller Uniform und wenn sie sich gegenseitig begrüßten und auf dem Wege zu einer Kundgebung waren. Und im Übrigen sah man SS in unserer Gegend der Stadt höchst selten, eigentlich nie.

Aber ich mußte schon. Ich stand nicht auf so festem politischen Boden, und Vorsicht war besser als....Und dann durfte ich den guten Mann ja auch nicht verärgern. Man bedenke seine drei wichtigen, gräßlichen Fächer. Wir hatten Herrn Gohrband die ganze Schulzeit über. Ich sagte ja schon, daß er sehr groß war. Seine Haare erhöhten noch seine ungeheure Länge, denn sie standen wie bei einem Igel senkrecht in die Höhe, waren aber zum Glück in zwei Zentimeter Länge abgeschnitten. Das jedoch gab ihm wiederum die spartanisch und gnadenlose militärische Tönung. Der ganze Mensch sah synthetisch aus. Er hatte auch Bewegungen wie ein Robot, nur viel schneller, wie ein hurtiger Robot, wie ein neues hochleistungsbewußtes Supermodel. Ich habe ihn niemals lachen, oder auch nur lächeln gesehen. Ich glaube für Lächeln und ähnliche nutzlose Gefühle waren bei ihm gar keine Drähte angelegt worden. Er hatte auch gar kein Alter. Schien aber vielleicht schon vierzig Jahre gelebt zu haben. Zu unserem Erstaunen, war er mit einer ehemaligen Schülerin von der Aufbauschule verheiratet. Sie war aus einer oberen Klasse, und er hatte ihr erst vor einiger Zeit Nachhilfeunterricht in Mathematik gegeben. Sie besaß herrliche lange goldene Haare und war wunderhübsch.

Bei dieser Gelegenheit kann ich vielleicht auch noch schnell erzählen was mir mal passiert ist. In Schöneiche machte ich immer Schularbeiten zusammen mit meiner Freundin Hanna. Wir saßen meist auf einer unbenutzten Treppe, die zu den Bodenräumen führte. Dort konnte man ungestört lernen. Ich hatte nun herausgefunden, daß Herr Gohrband genau nach einem gewissen Buch unterrichtete.

Da kam man natürlich auf die Idee, im Voraus zu lernen. Es war nicht mehr Arbeit und konnte nur Vorteile bringen, wenn man die Sache schon kannte. Der nächste Unterricht würde also von Kunstgummi sein. Kunstgummi wurde erst in der Hitlerzeit erfunden. Da bekam ich plötzlich Lust Herrn Gohrband zu imitieren, was übrigens kein großes Schauspieltalent erforderte, und ich überlegt mir, was er wohl am nächsten Tage tun und sagen würde.

In strammer Haltung und mit festangelegten Armen, rief ich:
"Ich möchte an dieser Stelle noch folgendes ausdrücklich betonen. Wir verdanken die Erfindung des Kunstgummis einzig und allein unserem geliebten Führer Adolf Hitler."
Die Worte Adolf Hitler sagte ich extra langsam und extra laut, als erwarte ich von der ganzen Klasse ein schallendes: "Sieg Heil."

Am nächsten Tage kamen wir nun, wie vorausgesehen, auf den Kunstgummi zu sprechen. Nachdem wir die Herstellung desselben gelernt hatten, straffte Herr Gohrband seinen gesamten Körper, legte seine Arme fest an die Seite und rief mit lauter Stimme:
"Ich möchte an dieser Stelle noch folgendes ausdrücklich betonen. Wir verdanken die Erfindung des Kunstgummis einzig und allein unserem geliebten Führer Adolf Hitler."

Da ging es aber nicht mehr, und ich brach in ein schallendes Gelächter aus, und konnte mich gar nicht mehr beruhigen.

Plötzlich erstarrte ich, da mir klar wurde, was ich getan hatte. Bei Herrn Gohrband und bei diesem Satze zu lachen. Nur wer zur gleiche Zeit, im gleichen Land gelebt hat, kann ermessen, was das damals bedeutete, was es für Folgen haben konnte. Die ganze Klasse war bewegungslos.
Herr Gohrband versteinerte. Er konnte kein Wort sprechen. Dann ging ein leises Zittern durch seinen ganzen Körper. Fr.r.räulein Graf" flüsterte er stotternd nach einer Weile.
"K. o. o. kommen sie raus." Und er ging mit mir auf den Flur und schloß die Tür zum Klassenzimmer. Mir war inzwischen gar nicht mehr zum lachen zu Mute, aber ich hatte mich schon wieder gefaßt.
"Waaarum haben sie gelacht ? ? ?
"Ich stotterte gleichfalls, daß ich an einem Witz gedacht hätte. Aber nun passierte etwas ganz Unvorgesehenes. Er fragte in einem scharfen Ton:
"Was für einen Witz ? ? ?".

Da stand ich nun. Und es ist kaum zu glauben, daß mir keiner, nicht einer, nicht ein einziger einfiel. Wie viele Witze kannte ich, du meine Güte, die Idiotenwitze, die Hundewitze, die von den Schotten. Aber es kam mir keiner in den Sinn, kein einziger. Und je mehr ich mein Gehirn zermarterte, um so leerer wurde die Abteilung Witze. Da waren natürlich eine Menge von Hitler, und Göbbels und Göring, die mein Verstand aber wütend beiseite schob. Doch dann kam der erlösende Einfall, und ich flüsterte:
"Ich kann ihn nicht sagen, er ist zu unanständig.

" Herr Gohrband wurde knallrot. Ich glaube, er hat in seinem ganzen Leben noch nie einen einzigen gehört. Ich hätte übrigens auch keinen sagen können, da ich auch keine kannte, jedoch schon wußte, daß welche existierten. Aber sie schnell zu erfinden, wäre mir unmöglich gewesen.

Ja, und nun kommt das Unglaubliche Herr Gohrband hat diese Sache nie in einer Lehrerkonferenz erwähnt, wie ich später erfahren habe. Er hat sogar immer behauptet, daß ich ein treuer Anhänger von unserem Führer wäre. Es waren Beschwerden über mich eingelaufen. Unglücklicherweise hatte ich den netten Lehrer, der Geschichte unterrichtete und der selten "Heil Hitler" sagte ohne ein zynisches Grinsen, und der ein Spitzel war, gefragt, warum wir in einem Fach lernten, daß wir ein sterbendes Volk seien und mehr Kinder haben müßten, und in einem anderen, daß wir ein Volk ohne Raum seien und nicht genug Land hätten?

Das wurde in der Konferenz in meine Akten geschrieben, und der Herr Gohrband hat sich für mich eingesetzt und behauptet, daß ich immer nur mit großer Ehrfurcht und Begeisterung von userem Führer Adolf Hitler gesprochen hätte.
Ja, so kann man sich in Menschen täuschen

.

Weihnachten

Was alle Freuden in der Jugend so unendlich groß machte, war eigentlich immer das Warten. Man wartete ständig auf irgend etwas. Den Anfang der Schule. Das Ende der Schule. Die großen Ferien und vor allem auf Weihnachten.

Und vor allem, auf Schnee. Dieses sanfte vom Himmelfallen und Verwandeln in eine Unwirklichkeit, eine Märchenwelt. Leider gab es wenig in Berlin.
Und wenn ich endlich die ersten Flocken sah, dann erschienen zur gleichen Zeit die Städtischen Reinigungswagen, die ihn mit preußischer Gründlichkeit unverzüglich entfernten.

Im Kaufhaus Tietz gab es jedes Jahr eine Weihnachtsausstellung. Sie befand sich im oberen Stockwerk bei den Spielsachen, die mich aber nicht sonderlich interessierten, da sie meist nicht hübsch waren. Diese Weihnachtsausstellung zu sehen, das war alles, was ich wollte. Sie immer wieder zu sehen. Sie immer wieder anzuschauen. Darum gingen wir dann oft zu Tietz. Da nun aber viele Kinder den gleichen Wunsch hatten, mußte man dort stets in einer endlosen Reihe warten. Eine dicke Schnur war gespannt, und es ging nur schrittweise weiter, und wenn man dann nach langer Zeit dran war, dann waren sie endlich da, diese geheimnisvollen Zwerge. Da gab es verschiedene Bereiche, und man ging langsam an ihnen vorbei. Da waren die Zwerge drinnen bei der Arbeit. Die Zwerge draußen beim Holzhacken. Dicke weißbelegte Dächer, und die Renntiere mit den verzierten Schlitten. Und da war Schnee, der nie weggefegt wurde, und der glitzerte und funkelte, was er in Berlin nie tat.

Vor Weihnachten kamen schon immer diese hübschen Postkarten, die fröhliche Feiertage wünschten. Manche tat ich ganz dicht an mein Bett und stellte mir vor, dort auf diesen Wegen unter tief verschneiten Tannen entlang zu laufen.

Da, wo wir jetzt wohnen, sieht es genauso aus, und manchmal funkelt der Schnee ganz genau wie damals in der Weihnachtsausstellung bei Tietz vor langer langer Zeit.

Zu Hause wurde einen Monat vor dem Fest schon mit dem Backen begonnen. Dann das Großreinemachen, und die Wäsche natürlich. Zwischen Weihnachten und Neujahr durfte man nämlich nicht waschen, sonst hatte man Unglück das ganze Jahr über. Mutti war nicht abergläubisch. Das hatte auch gar nichts mit Aberglauben zu tun. Das waren Tatsachen, die Mutti in ihrer Jugend gelernt hatte.

Und dann die Geschenke. Die mußten im Geheimen geplant, im Geheimen gemacht, und im Geheimen aufbewahrt werden. Und das war gar nicht so leicht in unserer kleinen Wohnung.

In der Volksschule fing es schon immer lange vorher an. Da wurde gebastelt, Goldpapier gefaltet, Tannenzapfen bemalt und Adventskränze geschmückt. Und jedes Jahr gab es Weihnachtsspiele, die alle Klassen selbst entwarfen und vorführten. Alle trugen dazu bei. Viele Schauspieler waren nötig um die himmlischen Heerscharen zu bilden. Wenn man Glück hatte, konnte man Engel sein. Da wurden Flügel ausgeschnitten und an Nachthemden genäht. Und manche hatten sogar Sterne darauf befestigt, und ein Goldband um das Haar, und einen ganz großen Stern mitten auf der Stirn. Man konnte auch helfen beim Bühnenaufbau, die Krippe mit Heu füllen und das Jesuskind hineinlegen. Ganz Auserwählte konnten sogar Gedichte aufsagen: "Denkt Euch, ich habe das Christkind gesehen." "Und draußen vom Walde, da komme ich her. Ich muß Euch sagen es Weihnachtet sehr" "Markt und Straßen stehen verlassen, still erleuchtet jedes Haus."
"Schon der Klang dieser Worte. Der Geruch der Tannenzweige.
O, Du gnadenbringende Weihnachtszeit.

In der Warschauerstraße, auf meinem Weg zur Aufbauschule, war in der Mitte eine Promenade. Und auf dieser wurde jedes Jahr ein Weihnachtsmarkt aufgebaut. Ich liebte Weihnachtsmärkte. In unserem Lesebuch waren Bilder von Richter mit den verträumten Weihnachtsbuden vergangener Zeiten. Die habe ich stundenlang ansehen können. Auch in der Warschauerstraße waren diese malerischen Stände. Hinter ihnen sah man warm angezogene, rotbackige Leute. Sie erschienen alle so gesund und strahlend und hatten ganz dicke Stiefel an. Karbidlampen sorgten für die Beleuchtung und einen ganz bestimmten Geruch. Da waren Stände mit Pfefferkuchenherzen. Namen und sogar Sprüche standen darauf, ganz aus Zuckerguß geschrieben. Ich hätte immer so sehr gerne eins gehabt. Aber ich fand sie zu teuer, und darum habe ich es nie gesagt, denn Mutti hätte mir sogleich welche gekauft. Und wir hatten doch damals oft nicht so viel Geld.

Wie farbenfreudig waren alle diese Buden. Manche boten bunte Tücher und Stoffe an. Ich wollte es meist nur sehen, gar nicht haben, außer den Pfefferkuchenherzen, natürlich. Das hübsche geschnitzte hölzerne Spielzeug. Das duftende Gebäck. Der ganze Markt konnte aus der Welt der alten Lesebücher kommen, so unwirklich, so phantastisch. Es schien irgend etwas anzurühren was tief in der Seele lag und man schon längst vergessen hatte.

In die Kaufhäuser ging ich gar nicht so gerne. Später vielleicht, wenn ich etwas brauchte. Aber man war immer froh, wenn man wieder rauskam. Aber den Weihnachtsmarkt konnte ich, solange er da war, jeden Tag entlanglaufen, ohne daß es langweilig wurde.

In der Aufbauschule waren Anfangs auch Weihnachtsfeiern, später unter Hitler dann nicht mehr. Da brachte man auf der Bühne stille Bilder in ehrfurchtsvoller Ruhe. Dazu wurde musiziert, gesungen oder beides. Einmal, kann ich mich erinnern, waren wir Chorknaben und mußten ganz vorne knien. Hinter uns Maria in blauem Gewande und Joseph auf den Stab gestützt. Man sollte sich absolut nicht bewegen. Alles war sehr feierlich und gut beleuchtet, und alle Lehrer und alle Eltern waren da. Leider befand sich Subeida hinter mir. Wir hatten nun vorher dauernd statt Chorknaben Knorknaben gesagt. Was ich durchaus nicht ulkig finden kann. Aber damals waren wir anderer Meinung. Während der Vorführung fing nun einer an, und es braucht nicht unbedingt ich gewesen zu sein, dauernd mit unbeweglichem Munde ununterbrochen Knorknaben zu flüstern. Und da ging das Lachen los. Weil nun jedes Bild sehr lange stillstand, war es besonders eindrucksvoll diese vom Lachen geschüttelten Knorknaben zu sehen. Es gab eine Eintragung in das Zeugnis wegen Albernheit.

Heiligabend brachte der Weihnachtsmann immer viele Geschenke, ob wir Geld hatten oder nicht. Mutti war sparsam. Sie besaß immer Reserven, Irgendwo. Irgendwie. In Schubladen, zwischen Schubladen oder unter Schubladen.

Als ich kleiner war, bekamen wir oft Dinge, die Mutti sich als Kind gewünscht hatte. Zu Hause bei Oma in Rekow, da gab er für Mädchen nur selbstgemachte Puppen aus Stöcken mit Lappen umwickelt. Aber die Frau des Lehrers Markward in Rekow hatte eine richtige oben auf dem Boden. Manchmal, wenn keiner aufpaßte, schlich Mutti sich hinauf und sah durch den Schlitz in der Bodentür. Da war diese herrliche Puppe, die angeblich einen Kopf aus wirklich richtig echtem Porzellan haben sollte, und sie lag in einem wundervollen Puppenwagen.

Und einmal zu Weihnachten, als Papa noch Geld hatte, ging Mutti los und kaufte die größte und schönste Puppe, die sie finden konnte und dazu einen Puppenwagen, der eine genaue Kopie von einem war, in dem Kindern liegen konnten. Er muß ein Vermögen gekostet haben, und ich mochte das alles gar nicht. Ich war eigentlich auch schon zu alt. Und die Puppe gefiel mir nicht. Sie war zu groß, steif und ganz kalt. Und dazu das ewige Vorsehen.

Ellen durfte erst viel später an die Kostbarkeit ran. Aber sie hat, das so erinnerungsreiche Stück durch den Krieg gebracht und besitzt es noch heute. Als ich Ellen im vorigen Jahr in Frankreich besuchte, da sah ich die Puppe nach langer Zeit wieder. Ellen reichte sie mir sogleich, ob ich sie haben wolle? Nein, natürlich nicht. Sie solle sie behalten. Aber das Komische war, daß die entsetzlich große Puppe, eigentlich gar nicht so groß war.

Damals war dann noch die Geschichte mit dem Fotografen, zu dem man gehen mußte, mit der Puppe und dem Wagen, weil Mutti so stolz auf diese Sachen war. Es war furchtbar. Ich mußte still stehen bis Mutti ihre langen Diamantohrringe in meine Ohren eingepiekt hatte, und das Kleid durfte nicht die kleinsten Falten zeigen. Da sollte ich nun so tun als ob ich den Wagen schiebe. Dann sollte ich gerade stehen, die Hände nicht so dicht zusammenlegen, das eine Bein vor, das andere leicht zurückstellen, den Kopf heben, ihn etwas zur Seite drehen, nicht zu viel natürlich und dabei ganz freundlich lächeln. Lachen konnte ich, aber lächeln, das war schwer und dabei noch auf all die Sachen achten und dann noch bei all dem stillhalten.

116

Der Fotograf legte ein schwarzes Tuch über seinen Kopf und einen Teil seines Apparates, und dann durfte man sich solange nicht bewegen, bis der kleiner Vogel dort angeblich hervor kam. Ich weiß leider nicht wie alt ich auf dem Bilde war, aber es machte mich damals sehr wütend, daß der Mann nicht sah, daß Jemand, der schon so erwachsen war wie ich, nicht mehr an solchen Quatsch glauben würde. Meine Schwester Ellen blickte bei ihrem Bilde ganz ängstlich über den Puppenwagen, da sie solche Furcht hatte vor dem Tier, daß da kommen sollte. Außerdem mußten wir noch ein paar mal hin, da ich nicht richtig gelächelt oder verwackelt hatte.

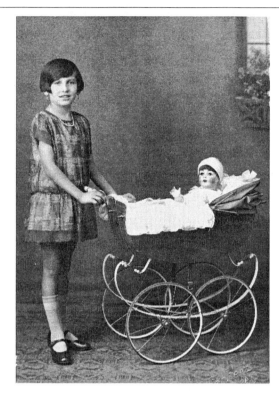

Hildegard, die Puppe und der Puppenwagen

Heiligabend feierten wir immer alleine. Am nächsten Tag kamen dann die Verwandten. Und am zweiten und dritten Feiertage erschienen die Freunde. Das Weihnachtsfest ging eigentlich bis Neujahr. Viele Geschäft arbeiteten in dieser Zeit nicht.

Heiligabend war Mutti immer ganz aufgeregt vor Freude, weil sie die vielen Überraschungen für uns hatte. Da wurde der Baum zurechtgemacht, geschmückt, was endlos dauerte. Und wenn es dann endlich, endlich so weit war. Alle Arbeit fertig, wenn die Kerzen angezündet wurden, dann mußte man immer noch warten bis der Weihnachtsmann kam, dann wurden erst noch die Weihnachtslieder gesungen. Und bei uns wurden nicht nur Weihnachtslieder gesungen, bei uns wurden alle Weihnachtslieder gesungen, und nicht nur alle Weihnachtslieder, sondern auch alle Strophen von allen Weihnachtsliedern. Und wenn nun die Kerzen leuchteten und die Lieder erklangen, dann, gerade dann mußte Mutti weinen. Immer, aber auch wirklich immer. Sanft mit tiefem Herzeleide. Das hatte verschiedene Gründe. Aber generell ging es um die Liebe. Den Weihnachten, als wir die große Puppe bekamen und den Puppenwagen und außerdem noch einen Kaufmannsladen hinter dem man richtig stehen konnte, weinte Mutti, weil Papa ihr nicht den Elektrola, den Plattenspieler gekauft hatte. Und im nächsten Jahr, als sie ihn schon längst besaß, weinte sie, weil Papa ihn ihr nicht am vorigen Weihnachten schenkte.

Das Weinen dauerte aber meist nur solange wie die Kerzen brannten. Danach hatte Mutti keine Zeit mehr dafür. Da kam ja auch noch der Weihnachtsmann, der Mutti oft war, mit dem Sack und der Rute. Dann war das große Festessen, und es war viel zu viel zu tun. Mutti war überhaupt am Besten, wenn viel los war. Bei den Bombenangriffen und dem Einmarsch der russischen Horden, da hatte Mutti eiserne Nerven und weinte nie. Sie weinte nicht einmal als unsere Wohnung in die Luft flog mit samt allen ihren guten polierten Möbeln, aber beim Anstecken der Weihnachtskerzen, ja, das war eine andere Sache.

Als wir auswanderten, fehlten wir meinen Eltern sehr. Da wir die letzte Zeit zusammen gelebt hatten, war es besonders schwer. Mutti war untröstlich.

Aber da kam die Fliege, ja, die Fliege.

Sie war eine freundliche, anhängliche, gewöhnliche Hausfliege. Sie war auch einsam, denn es gab zu der Zeit keine anderen Fliegen mehr. So schloß sie sich an Papa und Mutti an. Sie folgte ihnen ständig. Gingen sie in die Küche, so kam sie nach. Gingen sie ins Wohnzimmer, so flog sie mit.

Beide achteten stets darauf, daß die Tür nie zugemacht wurde, bevor die Fliege auch mit bei ihnen war, damit sie nicht einsam und alleine, ausgesperrt, traurig irgendwo saß.

Das Weihnachtsfest kam heran. Der erste ohne Kinder und Enkelkinder. Es gab trotzdem einen Baum. Er wurde zurechtgemacht. Er wurde geschmückt. Papa hatte auch wohlweislich ein gutes Geschenk unter den Baum getan. Es gab auch einen Kuchenteller für die Fliege.

Eine Weihnachtsplatte wurde aufgelegt und die Kerzen angesteckt. Mutti setzte sich hin und sah die brennenden Lichter an.

Und da, gerade da, flog das kleine Tier in eines hinein und fiel mit abgebrannten Flügel zur Erde.

Mutti schrieb uns Heiligabend einen langen Brief und manche Zeiten waren so verwischt, daß man sie kaum lesen konnte.

Klavierstunden

Beinahe hätte ich noch die Klavierstunden vergessen. Das war damals ein Muß. Meine Cousine Edith gab es zum Glück auf, aber erst nach einigen Jahren. Sie wollte uns unbedingt immer etwas vorspielen und drückte das Pedal ständig ganz herunter, um es eindrucksvoller zu machen. Welche Tonstärke. Es war furchtbar.

Ich mußte natürlich auch Unterricht haben, und es machte sogar eine Zeitlang Spaß. Da war die Klavierschule Dehn, staatlich geprüfte und so weiter. Hier unterrichtete eine junge, nette, hübsche Frau und ihr Bruder. Die Frau hatte scheinbar keinen Mann, nur einen kleinen Jungen. Während des Unterrichts lief sie ständig in die Küche oder andere Zimmer, um irgend welche Hausarbeiten zu verrichten. Das war mir sehr lieb, dann konnte sie nämlich nicht den falschen Fingersatz sehen. Leider hörte sie aber trotzdem, wenn man eine verkehrte Note spielte.

Bevor wir ein neues Klavier kaufen konnten, ging ich jeden Tag zum Üben zur Seifenfrau. Mutti gab ihr etwas Geld dafür. Die Seifenfrau hatte ihr Geschäft bei uns um die Ecke und ein schwarzes Klavier in ihrer guten Stube. Das war in der Rigaerstraße. Der Laden führte nichts weiter als Seife. Nur Marke Persil und braune Schmierseife, die man zum Wäscheschrubben brauchte. Diese Seife befand sich in einer großen Holztonne und wurde auf ein dickes Stück Papier geschmiert und pfundweise verkauft. Gute Gesichtseife gab es dort nicht. Dafür hatte Frau Lembke aber eine Wäscherolle. Das war ein mindestens fünf Meter langes Gerät aus Holz.

Nach dem Waschen wurden bei uns, die noch leicht feuchte Bettwäsche, Handtücher und sonstiges ganz ordentlich glatt gefaltet. Danach wickelte man alles in breite Tücher ein. Und dann kam es in Frau Lembkes Maschine, die mit langen schweren hölzernen Rollen sich ständig über die Wäsche bewegte und sie dabei glatt preßte. Diese Wäscherolle entwickelte keinerlei Hitze, daher dauerte die Sache ziemlich lange.

Das Klavier befand sich in einem sehr dunklen Nebenraum des Ladens. Aber die Tür stand immer auf, dadurch brauchte ich bei dem Klavierspielen kein extra Licht. Licht kostete nämlich Geld, auch wenn die Lampe noch so klein war.

Das mit der offenen Tür gefiel mir, denn dadurch konnte ich alles hören, was die Leute sich so mit der Seifenfrau beim Einkaufen und Wäscherollen erzählten. Frau Lembke war Kriegerwitwe und hatte einen Sohn, der Franzl hieß, und wohl auch hatte Klavierspielen lernen müssen. Jetzt war er aber bei einem Bäcker in der Lehre. Er muß scheinbar auch bei dem Meister gewohnt haben, denn ich habe Franzl nur auf Bildern gesehen. Fotos von ihrem Franzle und auch ihrem Mann befanden sich auf dem Klavier und auf jedem möglichen Möbelstück in diesem Zimmer.

Franzl hatte einmal für seine Mutter einen Geburtstagskuchen gebacken mit lauter Marzipanrosen aus richtigem Marzipan, die wunderschön aussahen und am Anfang auch so rochen. Frau Lembke zeigte den Kuchen jedem Kunden und sagte dazu immer, daß Franzl ihn ganz alleine gemacht hätte.
Sie hat ihn auch nicht aufgegessen, denn dann hätte sie ihn ja niemand mehr zeigen können. Sie war so sehr stolz auf ihren Franzl. Es tat mir richtig leid, als wir ein Klavier bekamen und ich nicht mehr hinzugehen brauchte.

Das neue Klavier war schwarz und auf Hochglanz poliert. Das war für Mutti das Wichtigste. Es spielte auch leidlich. Mutti kaufte immer das Beste. Leider entstand nun ein Problem. Mutti besaß nämlich einen entschieden anderen Geschmack als ich. Zum Glück hatte ich mich durch die gräßlichen Stücke der Klavierbücher durchgespielt und war jetzt bei denen, die ich leiden konnte. Aber da kam der erste Zusammenstoß mit Mutti. Muttis Lieblingslied war "was Blumen träumen". und gerade das war ein Stück, das ich aus tiefster Seele haßte. Es manchmal für Mutti zu spielen, gut, aber es jeden Tag zu tun, nein, absolut nein. Ja, und da gab es wieder Tränen.

Später habe ich dann einen sehr guten Klavierlehrer gefunden. Einen, den mir Fritz empfohlen hatte. Fritz und sein Bruder Heinz nahmen auch bei ihm Unterricht. Es war ein bekannter Konzertpianist. Er hieß Alexander Rödiger, Doktor Alexander Rödiger, denn er hatte sogar noch einen Doktortitel. Er war Junggeselle, und noch nicht alt, so um die Dreißig und lebte mit seiner Mutter, einer reizenden alten Dame zusammen. Er war ein guter Lehrer, hatte einen komisch geformten Hinterkopf, klebrige Hände und konnte mich sehr gut leiden. Er fand, daß ich sehr begabt wäre, was absolut nicht der Fall war, und rückte immer ganz dicht an mich heran, wenn er mit auf der Klavierbank saß, um mir etwas Besonderes zu zeigen. Und beim Aufwiedersehensagen ließ er oft meine Hand nicht los, was sehr unangenehm wurde. Er war bei der Familie von Fritz ein Freund des Hauses, und als ich Fritz heiratete, wurde er sehr bösartig auf ihn, und nannte Fritz dann immer giftig
" Die Appolische Schönheit."

Sohrenbohm

Nachdem Papa wieder ein wenig Geld verdiente, fuhren wir in den großen Ferien oft an die Ostsee. Wir benutzten dazu noch die Zinsen von dem Geld, das das Gericht mir gegeben hatte. Papa kam selten mit. Er hatte nie Zeit. Und Oma wollte nicht. Tanten haben sich dann um sie gekümmert.

Ellen und ich nahmen den Schulferienzug, der kostete sehr wenig. An diesen Ferienzug habe ich eine so schöne Erinnerung. Erstens Ferien, die waren immer gut und dann noch Zug. Man fuhr vom Stettiner Bahnhof ab. Das Dampfen der Lokomotiven, das Rennen, Hasten, Winken, Umarmen und Küssen. Der Bahnhof war ein Teil der lockenden Ferne, des Abenteuers. In den Ferienzügen fuhren Lehrer als Aufpasser mit. Da saßen Kinder mit Schildern um den Hals in guten Kleidern mit frischgeschnittenen und ordentlich gekämmten Haaren. Sie saßen ganz kerzengerade. Viele Beine reichten noch nicht bis zur Erde. Alle Kinder waren ganz artig, auch die größeren, und alle Koffer waren sauber und mit Namenschildern versehen. An fast allen Stationen wurde angehalten. Welche Spaßsache und die herrliche Bahnfahrt wurde dadurch noch länger. Da standen sie nun an den Zügen, die Angehörigen, die die Kinder abholten. Diese Begrüßungen, dieser Jubel. Viele wurden von den starken Armen der Onkel oder Großväter hoch in die Luft gehoben, und von den Tanten und Großmüttern abgeküßt. In den kleinen Orten konnte man oft die Wagen sehen und die Pferde, die sie zu den Gehöften trabten. Der ganze Ferienzug war voller Freude, Begeisterung und Erwartung.

In Sohrenbohm

Wir fuhren immer nach Sorenbohm. Das war ein kleines Ostseedorf in der Nähe von Kolberg. Mein Cousin Ernst hatte es als Maleridyll entdeckt, und Tante Minna gab uns die Anschrift von einem Fischer. Wir wohnten jedes Jahr bei dem gleichen, ganz hinten am Ende des Dorfes, Die Frau wusch nebenbei noch für die Kurgäste. Da soll vor Jahren einmal ein Mann, der Wäsche brachte, zu ihr gesagt haben: "Waschen, aber ordentlich."Diese Beleidigung hat sie nie vergessen.

Das Haus lag nur wenige Meter hinter den Dünen, und man hörte das Meer ständig rauschen.

Wir alle Vier

Wir wohnten in dem Schlafzimmer der Leute. Sie schliefen inzwischen im Schuppen. Wir hatten auch eine kleine Küche, in der sonst Viehfutter zubereitet wurde. Da konnte Mutti kochen, so daß es gar nicht teurer wurde als wenn wir in Berlin gelebt hätten. Die Lebensmittel waren hier doch so viel billiger. Am Nachmittag kam ein Pferdewagen mit Brot und Kuchen. Der war gut.

Der Ort hatte auch eine Kurpromenade, aber nur in der Mitte und eine Villa Martha und eine Villa Luise. Neben uns, bei dem nächsten Fischer wohnte jedes Jahr der berühmte ganz dicke Schauspieler Heinrich George und seine Familie. Doch der war so berühmt, daß er mit Niemand sprach. Aber wir sprachen auch mit Niemand, der mit Niemand sprach, nicht einmal Mutti. Ich war froh, denn ich hätte gar nicht gewußt was ich zu ihm hätte sagen sollen. Es war übrigens viel schöner bei dem Fischer zu wohnen als in der Villa Martha oder gar im Kurhotel. Dieses Schlafzimmer, das wir immer mieteten, war etwas ganz Besonderes. Es wäre am besten mit seinem Geruch zu beschreiben. Aber das ist schwer, denn er war einmalig. Er hatte viele Bestandteile. Erstens natürlich die Salzluft der See, dann die des alten Hauses und der Duft der Matratzen, die mit irgend etwas wie Schilfgras oder ähnlichem gefüllt waren. Dazu noch etwas Muffiges von der Tapete, und dann die Dünste der Makrelen, die der Fischer auf dem Hofe räucherte und an die Kurgäste verkaufte. Vom Lande her konnte man die Felder wahrnehmen und manchmal den süßen Duft des trocknenden Heues auf den geschnittenen Wiesen. Hinter dem Hause waren Gänse, die ständig darauf warteten, daß wir kamen, und denen es große Freude bereitete, uns dann in die Beine zu beißen. Aber man konnte sie mit einem Stock oder einem Grashalm, der ähnlich aussah, in Schach halten. Mutti kochte in der kleinen Futterküche auf Holz und Kohlen. Und auch dieser Geruch war für uns Stadtkinder etwas Köstliches.

Mit uns im gleichen Hause wohnte Magda Schneider und ihre Mutter. Magda war die beste Freundin meiner Cousine Edith. Magda war hübsch und lieblich. Mußte sie vom Vater haben, der war im ersten Weltkrieg gefallen. Und die Mutter, die war vielleicht häßlich, und die war geizig, meine Güte. Die sparte und schonte bloß immer. Und dabei hatte sie sehr viel Geld. Die arme Magda durfte nur einen ganz alten Badeanzug anziehen, einen, den Frau Schneider in ihrer Jugend getragen hatte, so aus Leinen, mit weiten Hosen bis zu den Knien und Rüschen herum. Heute würde er ins Museum kommen und vielleicht sogar totschick sein. Aber damals lachten alle Leute und schüttelten die Köpfe. Dabei hatte Magda einen modernen, neuen. Aber der sollte geschont werden. Die Sonne blich nämlich Kleidung aus, wie wohl jeder weiß, und man trug erst das Alte auf, bevor man das Neue herunterschlupste.

Eine Sache mit Frau Schneider war immer schrecklich ulkig. Frau Schneider benutzte nämlich die gleiche Futterküche wie Mutti, und da war sie nun stets darauf bedacht als zweite zu kochen, wenn das Feuer schon angemacht war und brannte. Nicht etwa wegen der Arbeit, o, nein, faul war sie nicht. Es war wegen des Holzes und der Kohlen. Wir haben immer so darüber gelacht. Wenn wir sagten, wir würden heute später essen, sie solle zuerst kochen, da waren die komischsten Ausreden. Heute hatte sie gar keinen Hunger, und morgen hatte sie sogar Magenschmerzen. Ich glaube, wenn Mutti nicht immerzu Feuer gemacht hätte, wäre die arme Magda ganz dünn geworden. Dabei kosteten Kohlen nur Pfennige. Aber dem Geizigen sind gerade die Pfennige heilig. Magda durfte auch in Sohrenbohm nur selten zum Tanzen gehen. Fünfundzwanzig Pfennige Eintritt, und dann konnte man doch nicht am Tisch sitzen ohne etwas zu bestellen. Also nochmals fünfundzwanzig Pfennige für ein Glas Limonade. Nein, das ging zu weit. Und Magda lächelte und war mit allem zufrieden. Meine Güte, war ich froh, nicht solche Mutter zu haben. Wenn man sich das nur vorzustellen anfing.

Mutti liebte das Meer über alles. Und das muß ich geerbt haben. An der Ostsee geht die Sonne im Wasser unter und streicht allmählich die weichsten Farben darüber, bis der unglaublich herrliche Perlmutt-schimmer entsteht, der dann langsam im Dunkelblau des Meeres versinkt, und das Schwarz der Nacht aufsteigt. Und dieser ewige Rhythmus des Meeres, dieser ewige Wechsel. Manchmal war die See sehr stürmisch, und die Wellen schlugen hoch gegen den kleinen Deich vor dem Hause. Wie liebte ich diese finsteren heranstürmenden Wogen Das Wasser war immer kalt, und die Luft nur warm, wenn die Sonne schien. Man suchte ständig den Himmel nach Wolken ab. Dort war die Sonne dein Freund. Hier bei uns ist sie manchmal der Feind, jedenfalls meiner. Die Kinder haben sich schnell an das Klima gewöhnt. Aber ich denke oft in heißen Sommertagen an die herrliche erfrischend kühle Luft der Ostsee. Etwas Besonderes war am Meer immer das Laufen an den Wellenrändern. Ich gehe gerne barfuß, auch im Haus, noch heute. Aber kein Untergrund ist so schön, wie dieser feine, weichfedernde, weiße Sand. Und das Rennen, wie köstlich war das Rennen. Jung sein, und Rennen, Rennen gegen die brechenden Wogen.

Wir holten immer Milch bei einem Bauern, der hoch oben wohnte. Man lief den ganzen Strand entlang, und kam dann zu einer Anhöhe, die man hochklettern mußte. Von dort konnte man weit über das Land und die See blicken. Welche wunderbare Stelle ein Bauernhaus zu haben.

Trotz der großen Eindrücke des Meeres, schweifte doch mein Blick oft zum Horizont. Was lag am anderen Ufer? Was wohnten dort für Menschen. Was konnte man dort Neues sehen und erleben? Die Sehnsucht nach der Ferne erwachte.

Eigentlich müßte ich doch noch von Frau Schneider und Magda erzählen, denn wir haben sie später öfters bei Tante Minna getroffen. Trotzdem es immer zu teuer war auszugehen, hat Magda doch einen Mann gefunden. Meine Cousine Edith hat ihn ihr besorgt. Er war ein Ingenieur. Er hatte zarte Hände und ein duldsames Lächeln, welches zu sagen schien, daß er alles, auch wirklich alles, sogar eine solche Schwiegermutter erdulden könne.

Frau Schneider besaß ein Einfamilienhaus in Glinicke bei Berlin. Ein ganz gutes, ganz teures, neues. Und das war vielleicht eingerichtet. Es hatte sogar eine Zentralheizung, und das hieß damals schon etwas, das konnten nur wenige vorweisen. Alle Schränke waren voll mit der besten Wäsche. Da waren die teuersten Möbel, wertvolle Teppiche, echtes Silber alles, alles, alles. Und Magdas Aussteuer, die mußte man gesehen haben.

Magda sollte mit ihrem Mann im oberen Teil des Hauses wohnen. Aber geschont mußte werden. Daher beschloß Frau Schneider, keine Kinder. Kinder kosteten zu viel und ruinierten zu viel. Zweitens durfte Magda und ihr Mann nur im Sommer dort oben leben. Die doppelte Heizung natürlich. Zwei Jahre hat der Mann alles ertragen, sogar im Keller geschlafen. Dort wurde bestimmt nichts Neues abgenutzt. Er tat es. Er dachte an die Erbschaft. Er schonte, selbst das ganz alte Zeug. Er dachte daran. Aber dann ist er eines Tages verschwunden, war einfach weg.

Die arme Magda lebte nach dem Tode der Mutter ganz alleine, mutterseelen alleine mit allen geschonten Sachen.   Man soll vielleicht doch nicht zu artig und gehorsam sein.

Onkel Ernst und Onkel Albert

Ein Jahr fuhr ich mit dem Ferienzug Onkel Ernst besuchen. Das war der älteste Sohn von Oma. Wenn ich ihn malen würde, schwarz natürlich, nur schwarz. Ich bin sicher, daß er auch noch andere Farben gehabt hat. Aber er hat sie nicht gezeigt. Ich habe sie nicht gesehen. Seine Kinder sagten allerdings später, er wäre zwar ein harter Mann gewesen, aber er hätte auch zarte Seiten gehabt.

Für Onkel Ernst traf nicht zu: "Wer nichts erheiratet und nichts ererbt...." Er hatte von beidem nicht viel, hatte sich meist alles selbst erworben, nur mit Arbeit, mit harter mühevoller Arbeit und einer Frau, die auch schaffen konnte, die Tag und Nacht wurrachte, die schuftete und sparte. Beide wurrachten einhundert Morgen Land zusammen. Onkel Ernst war einer von der Großbauern. Der Boden war gut, und einhundert Morgen waren schon etwas worauf man stolz sein konnte. Aber als Oma eine arme Witwe war und im Orte wohnte, da haben er und seine Frau ihr nichts gegeben, nicht ein Ei, nicht ein Kännchen Milch. Nein, alles mußte verkauft werden. Sie konnten ja noch mehr Acker gebrauchen.

Ihre Kinder waren zwei Jungs und zwei Mädchen. Von dem Ältesten haben die Tanten aber nie gut gesprochen. Er soll als Junge schon unmöglich gewesen sein. Eine Verwandte habe mit ihren eigenen Augen gesehen wie er auf einem Schwein sitzend über den Hof gerast sei. Er ist also auf einem Schwein geritten. Ich weiß bis heute nicht, was daran nun eigentlich so schlimm war. Es sei denn, er wäre auf ihm zur Kreishauptstadt galoppiert. Aber es schien etwas Entsetzliches gewesen zu sein.

Später hat sich dann allerdings herausgestellt, daß das Schweinereiten erst der Anfang war. Er hat nämlich zweimal geheiratet. Das hört sich heutzutage ziemlich harmlos an, da es viele Menschen jetzt tun, aber in der damaligen Zeit!!! Mit dem Cousin hatte außerdem die Sache mit dem zweimal Heiraten auch noch eine besondere Bewandtnis. Er war nämlich zweimal verheiratet zur gleichen Zeit.

Er hatte zwei Familien mit Kindern. Als die Sache nach längerer Zeit herauskam, wollten beide Frauen ihn nicht gehen lassen. Er bekam auch kein Gefängnis, da der Krieg an der ganzen Angelegenheit Schuld war. Ich weiß auch gar nicht wie die Sache eigentlich weiterging, denn Mutti hat sich danach nicht mehr mit ihm geschrieben, und die andern Verwandten wollten auch alle gar nichts mehr von ihm wissen. Aber es ist damit bewiesen, daß auf einem Schwein zu reiten kein gutes Omen ist.

Meine Enkelkinder haben es bisher nur auf den Ziegen versucht, und das ist doch sicher nicht so schlimm.

Der zweite Sohn hieß Kurt. Er hatte Schlächter gelernt. Als ich sie einmal besuchen kam, hat er mich auf den Tisch gehoben, und mir ein großes Messer in die Hand gegeben. Das war ganz spitz und ganz scharf, so scharf, daß es Papier zerschnitt. Und dann hat er sich hingestellt und seinen Armmuskel angespannt, und dann sollte ich das Messer mit dem spitzen Ende auf seinen Arm fallen lassen. Mir gefiel die Sache nicht, aber ich wollte kein Angsthase sein. Und das Messer sprang ab ohne auch nur mehr als einen kleinen roten Punkt zu hinterlassen. Aber der Cousin war eigentlich sehr nett. Er wollte sicher nur vor der kleinen Cousine aus Berlin, ein bißchen angeben.

Eine Sache imponierte mir. Er hatte einen ganz scharfen Schäferhund, der nur auf ihn hörte, und mich einmal stundenlang an die Wand nagelte. Ich konnte mich auch nicht ein bißchen rühren. Ich hatte eigentlich nie Angst vor Hunden. Aber der war wie ein Höllenhund, mit Augen so groß wie Mühlenräder.

Die arbeitsame Tante, die so viel gewurracht hatte, habe ich nie kenengelernt. Sie wurde eines Tages krank. Es hieß, sie habe zu viel geschaffen. Auf dem Totenbett soll sie gesagt haben:
"Nun muß ich sterben und alles hier lassen."

Ihre jüngste Tochter war Lydia, das kleine Mädchen, daß Tante Ida dann nach dem Tode der Mutter zu sich nahm und als ihr eigenes großzog. Es war meine Cousine Lydia aus Plauerhof bei Brandenburg.

Onkel Ernst schuftete mit seinen Kindern weiter. Die Älteste führte den Haushalt. Sie hieß Milda. Sie war hübsch und sehr freundlich. Sie war nicht verheiratet und humpelte auf einem Bein. Die Brüder hatten sie als Baby einmal in einem kleinen Wagen einen Berg runterrasen lassen, dabei brach ihr Bein, und die Eltern gingen natürlich nicht zum Arzt, denn der war in Bütow und hätte außerdem noch Geld gekostet. Milda kochte und buk das Brot. Es gab jeden Tag das gleiche Essen. Frische Pellkartoffeln und frischen Salat, über den dann eine Sahnensauce gegossen wurde und dazu eine Scheibe gebratenes fettes Schweinefleisch. Jeden Tag dasselbe, und es wurde mir nicht über. Ich habe es sogar als eines der besten Essen in Erinnerung, abgesehen von dem Russenbrot natürlich.

Onkel Ernst wohnte in Rekow, Kreis Bütow, Muttis Heimat. Meine Güte war es dort häßlich. Alle Häuser waren aus rotem Backstein. Das wäre an sich gar nicht schlimm gewesen. Ich weiß auch nicht warum es dort so häßlich war. Sicher wegen der Proportionen. Alles war falsch. Das Verhältnis des Daches zum Hause. Die Stelle wo man die Fenster und Türen eingesetzt hatte. Der Dachwinkel. Ich habe so viele Häuser gesehen aus Holz und Stein und Stroh und Ziegeln. Aber die meisten waren schön und richtig. In Rekow war alles verkehrt, Sogar der Misthaufen gefiel mir nicht. Und innen, meine Güte wie gräßlich es bei aller Sauberkeit war. Das Einzige, was ich schön fand, war der Backofen. Der war draußen. Man buk im Freien.

Diese himmlischen, duftenden, knusprigen riesigen Roggenbrote, die Milda immer an die Brust nahm und mit einem großen scharfen Messer auf sich zu schnitt. Ich lebte ständig in Angst, daß sie sich einmal selbst in zwei Teile zerschneiden würde.

Freude war auch die Liesel zu sehen. Das war ein kleines Mädchen aus dem Dorfe. Sie hatte einen langen Stock und kam ganz frühmorgens die Dorfstraße entlang. Die Gänse, von allen Gehöften erschienen dann und liefen hinter ihr her. Sie hütete die Gänse auf den Wiesen und mußte ständig aufpassen, daß sie nicht in die Rüben oder den Hafer gingen. Ich habe ihr oft geholfen, und es war keine leichte Arbeit. Abends wenn sie nach Hause kam, lief sie nur die Dorfstraße entlang, und jede Gänsegruppe ging in ihr entsprechendes Gehöft. Das Mädchen

Onkel Ernst beim Brotbacken

wurde von allen Bauern zusammen entlohnt. Aber ich bin sicher, daß es nicht viel war. Es gab auch einen Kuhjungen, der die gleiche Arbeit mit den Kühen zu verrichten hatte. Das war aber viel schwerer. Zäune gab es scheinbar nicht. Menschen waren billiger als Draht.

Schön war die Umgebung von Rekow, wunderschön. Fruchtbare sauber bestellte Felder. Vor allem dieser herrliche Roggen, der sich ständig anmutig wiegte und mit der leichtesten Luftbewegung in der Sommerhitze tanzte, der größer war als ich. Und die blauen Kornblumen, die an seinem Rande wuchsen, die wir immer pflückten um Kränze für unser Haar zu winden. Ich liebte diese gelben Roggenfelder mit ihren schmalen Pfaden, ihrem Duft und ihren Grillen.

Onkel Ernst hatte auch einen Wald, den er mir ganz stolz zeigte. Da wurden keine großen Bäume geschlagen, wenn er auch sonst jedes Ei verkaufte. Sein Wald war etwas Besonderes, fast etwas Heiliges.

Onkel Ernst hat wieder geheiratet. Diese Frau war eine gut beleumdete Jungfrau und schon ziemlich betagt. Sie besaß in Bütow eine Wäscherei, die sie dann verkaufte. Sie hatte viel Geld und den sehnlichsten Wunsch doch noch zu heiraten. Onkel Ernst war ein gutaussehender Mann sehr groß und stattlich, wie man sagte. Er hatte auch keinerlei schlechte Eigenschaften oder Angewohnheiten, außer zu viel zu arbeiten. Und das galt bestimmt nicht als schlecht in Rekow Kreis Bütow. So wurde sie seine Braut. Aber sie bestand auf eine große stilvolle Hochzeit im weißen Brautkleid mit Schleppe und allem Drum und Dran. Und das in diesem Dorfe, das in Rekow.

Aber die Ehe wurde ein Reinfall. Man soll nie wegen Geld heiraten. Das habe ich schon so oft gehört, und es hat sich wieder einmal bewahrheitet, Diese Tante Herta, das war ihr Name, machte nichts weiter als Kochen, und das war das Unwichtigste in Rekow, Kreis Bütow.

Sie machte nicht einmal den Gemüsegarten. Sie ging nicht mit zum Rüben und Kartoffelhacken. Sie half auch nicht beim Heuen. Jeder mußte helfen, wenn das Wetter gut war und das Heu schnell eingebracht werden sollte. Nein, sie machte es nicht. Und sie war auch nicht dabei, wenn der Roggen gebunden wurde, und sich alle abhetzten, um vor dem Regen fertig zu werden. Nein, das würde sie nicht tun. Sie war es nicht gewöhnt. Und als Onkel Ernst dann wenigstens neue Äcker kaufen wollte, da sagte sie nein, ihr Geld würde nicht angetastet werden. Und es hieß, daß sie im Falle ihres Todes es heimlich ihrer Nichte vermacht habe.
Aber das war sicher nur Gerede. Denn als der Sohn Kurt später als Soldat ein liebes tüchtiges Mädchen aus Rekow heiratete, die dann ins Haus zog und ein Kind gebar, da wurde diese Frau eine zärtliche Großmutter.

Ich habe sie auch einmal kennengelernt. Das war aber noch bevor der Kurt heiratete. Tante Ida bekam nämlich eines Tages Sehnsucht nach Rekow, was ich durchaus nicht verstehen konnte. Da ich nun gerne reiste, bekam ich die Erlaubnis sie zu begleiten. Tante Ida wollte auch ihre beiden Brüder besuchen. Aber ich glaube, der wirkliche Grund war der, daß Onkel Ernst etwas zur Aussteuer für Lydia geben sollte. Tante Ida wollte ihr nämlich eine Aussteuer kaufen. Lydia war doch seine Tochter und lebte nur bei Tante Ida.

Es war schon im Kriege und alles war rationiert und bereits sehr knapp in der Stadt. Wir fuhren zuerst zu Onkel Ernst. Die neue Frau, die so gerne kochte war sehr freundlich zu uns. Aber ich fand, daß ihr Essen gar nicht schmeckte. Und der Onkel Ernst hatte nicht viel Zeit für seine Schwester. Er wollte auch nichts für die Aussteuer seiner Tochter geben. Auch keine Eier für Oma, seine Mutter, und schon gar nicht etwa eine Gans. Es seien schlechte Zeiten, die Hühner legten nicht viel, und Gänse würden hohe Preise bringen auf dem Wochenmarkt.

Was uns auch noch sehr ärgerte, war, daß die netten Ukrainer, die bei ihm arbeiteten, nicht mit am Tische aßen. Man sollte es nicht tun, aber wer hätte das schon gewußt.

Dann fuhren wir zu Onkel Albert. Das war ein sehr guter Sohn für Oma gewesen. Er hatte auch nicht den Fehler gemacht und eine Frau geheiratet, die nur wurrachte. Er hatte Bertke geheiratet. Sie war lieb und freundlich, mit allem zufrieden, und sie ist sehr gut zu Oma gewesen. Immer wenn sie etwas besaß, hat sie ihr auch etwas abgegeben. Es war da nun aber leider so, daß sie nicht zu oft etwas besaß.

Onkel Albert war zwar auch sehr fleißig. Er hatte die Schmiede übernommen und bekam viel Arbeit. Aber Bertke war gar nicht fleißig, und auch keine gute Hausfrau. Sie weichte die Wäsche immer ein mit der Absicht sie sich bald vorzunehmen. Aber dazu hat man natürlich nicht immer Lust. Und wenn sie dann kein Stück mehr zum Anziehen hatte und den Kübel vorholte, mußte sie oft feststellen, daß alles verfault war. Man konnte es dann nur noch wegwerfen. Und da mußten eben neue Sachen gekauft werden.

Onkel Albert stand immer im Morgengrauen auf um zu arbeiten, und wenn er dann Mittags nach Hause kam, um zu frühstücken, war Bertke noch nicht einmal aufgestanden und bat ihn, doch einfach im Wirtshaus was zu essen. Aber im Wirtshaus gab es damals nicht viel zu essen, mehr zu trinken. Und wenn man das nun jeden Tag machte, konnte man es sich angewöhnen, und das hat Onkel Albert dann auch getan.

Als wir nun Bertke besuchten, war das eine Freude. Sie konnte sich gar nicht beruhigen, umarmte und drückte uns immer wieder. Sie lief sogleich zum Kaufmann und holte Kaffeebohnen, die sie in eine Mühle tat, zwischen die Beine klemmte und mahlte, und dann kochte sie Kaffee.

Und sie holte auch frisches Brot und frische Butter von den Nachbarn, und alles was sie bekommen konnte. Onkel Albert war nur ein Weilchen da. Ich habe nicht viel Erinnerung an ihn. Er schien grau, gar keine anderen Farben. Sie schienen alle ausgeblichen zu sein. Er war in sich zusammengeschrumpft, gar nicht so stolz und gerade wie Onkel Ernst. Er unterhielt sich etwas mit seiner Schwester, schien sich aber sehr zu schämen, weil sie so wohnten.

Ich selbst fand sein Haus aber ganz entzückend, Es hatte ein bezauberndes Dach und war ganz mit Rosenranken bewachsen. Es lag an einem lieblichen kleinen Teich und da schwammen ein paar Enten herum. Bertke ergriff sogleich eine, rupfte sie und bald brodelte es im Ofen. Wir sollten ganz lange da bleiben. Sie gaben uns ihre Betten, und sie schliefen auf der Erde. Ich wurde aber in der Nacht gebissen. Vielleicht waren es Mücken, vielleicht aber auch nicht. Ich wollte bald weg. Tante Ida auch. Sie war ziemlich erschüttert, daß sie so arm waren, wo doch Onkel Albert so gut verdiente.

Bertke gab uns dann noch alle Enten mit, die sie fangen konnte. Wir sollten sie Oma geben. Ich habe leider den Namen von dem Ort vergessen in dem Onkel Albert wohnte. Er war eigentlich ganz in der Nähe von Rekow und die Häuser waren im Gegensatz zu Rekow alle sehr hübsch.

Onkel Albert

Als die Russen dann kamen, ist Onkel Ernst nicht geflohen wie die meisten. Die zweite Frau und die Schwiegertochter mit dem kleinen Kind schickte er fort und sie erreichten West Deutschland. Onkel Ernst konnte man nicht dazu bewegen seinen Hof zu verlassen. Er mußte sich doch um seine Tiere und sein Land kümmern. Polen haben dann die Wirtschaft übernommen, und er wurde gezwungen bei ihnen als Knecht zu arbeiten. Da durfte er dann auch nicht am Tisch mitessen. Aber er konnte wenigstens darauf achten, daß alles richtig besorgt wurde. Als die es dann aber nicht ordentlich machten, da ist er vor Gram gestorben.

Bertke aber zog mit Albert gleich los. Sie hatten ja nicht viel zu verlieren. Sie gingen nach Westdeutschland und bekamen eine gute Kriegsentschädigungssumme, oder wie es damals hieß. Denn Bertke gab an, sie hätten eine ganz große Schmiede gehabt, was auch stimmte, und ein ganz großes Haus, was nicht stimmte. Aber da alle Leute sie gut leiden konnten, hat keiner etwas dagegen gesagt. Sie lebten noch lange glücklich und zufrieden.

Von ihren Kindern sollen aber nur zwei etwas getaugt haben, wie Mutti sagte. Ich habe diese nie kennengelernt. Die andern sollen verschollen sein.

Das gelbe Taftkleid

Eines Tages ging Mutti zu Tietz und ich kam mit, und da sah ich das gelbe Taftkleid. Es war eigentlich nur eine Modepuppe, die der Dekorateur mit vielen Metern von steifer Seide geschmückt hatte. Der Stoff war einfach um die Taille herum in tiefe Falten gelegt, so daß ein sehr weiter Rock entstand. Und an jede dieser Falten hatte er unten, bis zur halben Höhe hochgehend eine Rüsche aus gleichem Material befestigt. Dadurch wurde der Rock noch weiter. Es war auch gar nichts genäht - nur ein phantastisch zusammengestecktes Gebilde. Ich zeigte es begeistert Mutti. Eigentlich war ich immer sehr bescheiden und wollte selten etwas haben. Aber dieses Kleid, dieses Kleid. Mutti kaufte sogleich viele Meter von diesem gelben Taft. Zu Hause steckte sie alles so zusammen, wie es der Dekorateur getan hatten. Welche Freude war es jetzt auf den Tisch zu steigen und den herrlichen, kühlen, raschelnden Stoff am Körper zu fühlen.

Ich war jetzt sechzehn, und es störte mich durchaus nicht, immer wieder, und immer wieder anzuprobieren. Und dann der Blick in den Spiegel- wie himmlisch. Dem Spiegel gefiel was er sah. Er fand nur, daß ich noch eine gelbe Taftblume in meinem Haar haben müsse. Es sah wirklich hübsch aus, meine langen schwarzen Stocklocken auf den freien Schultern und dazu das tiefe Gelb des Kleides.

Ich habe eigentlich nie tanzen gelernt. Ich konnte es gleich. In Schöneiche tanzten wir oft in dem rotseidenen Ballsaal. Wir tanzten Kunsttanz und Menuett. Wir tanzten schwingende Walzer. Wir tanzten aus Freude am Leben und diesem herrlichen Schloß. Ich tanzte leidenschaftlich gerne und eigentlich immer. Ich tanzte wenn ich ein gutes Gedicht hörte oder gute Musik. Ich tanzte auch wenn ich stillsaß - tue es heute noch. Ich glaube Tanzen ist Zeichnen mit dem Körper.

Aber nun in einem solchen Taftkleid, das raschelte und rauschte, flüsterte und sang. Plötzlich stand es fest. Ich wünschte, ich wollte, ich mußte auf einen Ball, den schönsten Ball der Welt. Da war nun Kroll, das Ballhaus der berühmten Schauspieler, der Akademiker - das Ballhaus der Prominenz.

Die Frage war jetzt, wie wurde man dazu eingeladen? Trotzdem ich in manchen Dingen ein ziemlicher Feigling bin, begab ich mich tapfer auf den Weg und verlangte bei Kroll eine Eintrittskarte zu der nächsten Festlichkeit. Zu meiner Überraschung erhielt ich sie. Verbilligt sogar, da ich die Frage ob ich ein Universitätsstudent sei, natürlich bejahte. Ich fand erst später heraus, daß es für den Juristenball war.

Mir wäre natürlich viel lieber gewesen Karten für den Ball der Dichter oder Maler zu erhalten. Aber der war nicht bei Kroll. Die Dichter hatten gar keinen - träumten sicher nur unter Trauerweiden im Mondenlicht von tanzenden Nymphen. Und die Maler hatten tolle Feste in der Kunstakademie, denen ich mich noch nicht so ganz gewachsen fühlte.

Mutti nähte mir dann noch einen blauen Samtmantel, der auch heute noch im meinem Schrank hängt, und von Zeit zu Zeit immer mal wieder modern wird. Er hat einen weiten Glockenrock und einen kleinen runden Kragen, der von einem schmalen hellgrauen Pelzstreifen eingefaßt ist. Die Ärmel eng und nach unten ganz weit und phantastisch drapiert, passend zum Kleide.

Vorfreude auf den ersten Ball

Der große Tag kam langsam, aber er kam. Mutti war schon ganz aufgeregt, und plättete das Kleid noch einmal, und noch wieder einmal. Taft knüllt so leicht, und ich würde mich wenig hinsetzen, und wenn, dann nicht vergessen die Falten hinten vorsichtig auseinanderziehen.

Ich ging ganz alleine. Aber Mutti war in Gedanken jede Minute bei mir. Auch sie tanzte gerne, war aber niemals auf solch einem Ball gewesen, hatte niemals solch ein Kleid besessen.

Der Portier verneigte sich, und dann schlug sie mir entgegen, die Welt, die Mutti so bewundert hatte. Jetzt strich sie auch über meine Schultern.

Da waren natürlich manche, die hatten ein noch schöneres Kleid als ich. Aber da waren viele, die hatten nicht so ein schönes. Übrigens war es mir auch höchst gleichgültig was die andern hatten.

Der große Ballsaal war schon erfüllt von den vielen Stimmen und herrlichen Walzern, und den vielen Düften, die manchen Frauen nachwehten. Ich hatte gar keine Angst, setzte mich und bestellte Wein, den ich noch nie getrunken hatte. Aber lächeln nein, lieblich lächeln, das tat ich nicht.

Ich tanzte jeden Tanz, und plötzlich stand einer vor mir, der mich den ganzen Abend nicht mehr losließ. Er war groß, stark, sehr blond, sah aus wie ein Urgermane und hatte ein sehr kräftiges Kinn. Er studierte Jura, war sehr schweigsam, und sehr zurückhaltend.

Die Tanzfläche war so groß. Da war so viel Platz auf dem spiegelnden, schön gepflegten Parkett, daß man die Walzer ganz ausschwingen konnte. Es war ein so berauschendes Gefühl mit ihm zu tanzen, daß mir ganz schwindlig wurde. Vielleicht war es der Wein. Aber ich glaube nicht. Vielleicht die Walzer. Vielleicht alles zusammen. Ja, alles zusammen.

Ich wollte nicht, daß er mich nach Hause brachte. Kam mir vor wie Aschenbrödel. Hinter der Warschauer Brücke war es ganz einsam. Kein Mensch war zu sehen. Der Mond schien, und die Laternen brannten ganz blau. Es war unheimlich still, und ich hatte etwas Angst. Ich zog meine Schuhe aus und rannte barfuß die Brombergerstraße entlang. Ich rannte ganz schnell, und mein Taftkleid raschelte so laut.

Als ich nach Hause kam, war Mutti noch auf und wartete schon auf mich. Sie konnte sich nicht satthören, was ich alles zu erzählen hatte.

Ich legte mein Kleid über einen Stuhl dicht neben mein Bett. Der Duft, den es ausströmte, der Rauch, der Wein, und über alles, die Donau so blau, so blau.

Ich konnte nicht einschlafen. Ich konnte nicht aufhören zu tanzen. Ich tanzte noch immer, als es schon ganz hell war, und meine kleine Schwester auch wissen wollte, wie es denn nun gewesen war.

Der Student, den ich auf meinem ersten Ball kennengelernt hatte, hieß Kurt. Unsere Verabredung war in der Friedrichstraße. Er besaß ein eigenes Auto. Die meisten Leute hatten damals keins. Seins war klein, neu, rot und sehr, sehr sauber. Papa hatte auch immer eins - außer als es uns ganz schlecht ging. Aber unsers war nie neu, auch nicht als wir viel Geld hatten.

Die Friedrichstraße hatte ich gerne. Sie war so voller Leben, und wenn es regnete, dann spiegelten sich alle Beleuchtungslichter im Asphalt. Und dann die Passage mit ihrem magischen Schein und den vielen zauberhaft glitzernden und funkelnden Juwelen. Ich liebte Schmuck, hatte kaum selbst welchen. Aber das war nicht wichtig, Schmuck nur anzusehen war schön. Vor allem die Läden, in denen die Auslagen mit den vielen Granatketten und Armbändern schimmerten. Dieses warme geheimnisvolle märchenhafte Rot, hatte es mir angetan.

In der Friedrichstraße gab es viele Cafés, auch in den oberen Etagen. Kurt wählte ein elegantes. Er bestellte Wein und ich etwas, das sich sehr Fremdländisch anhörte. Es kam in einem großen Glas, schmeckte wie Schokolade und hatte sogar noch irgendwie Alkohol drin, oben war das Ganze mit Schlagsahne garniert. Ich aß es ganz langsam.

Kurt schlug vor "Du" zueinander zu sagen. Das fiel mir nicht leicht, und ich versprach mich oft. Kurt fing an zu zählen. Als wir uns verabschiedeten, erklärte er mir, ich hätte mich siebenmal versprochen und müßte ihm etwas dafür geben, Küsse natürlich. Da wurde ich sehr böse und sagte, ich könne ihm siebenmal eine kleben, und lief wütend ins Haus.

Es tat mir aber später leid, denn er war eigentlich höflich dabei gewesen. So schrieb ich ihm, daß ich bedaure, das gesagt zu haben. Aber ich hätte noch nie einen Jungen geküßt, und es wäre eine heilige Sache für mich.

Wir trafen uns oft danach. Aber das Thema Kuß blieb ein Tabu.

Der erste Kuß

Bei uns zu Hause wurde eigentlich nicht viel geküßt. Mutti und Oma natürlich als ich kleiner war, und dann immer nur auf die Wange oder die Stirn. Aber der Kuß, um den es sich hier handelt, das ist ein ganz anderer. Das ist nämlich der besondere Kuß, der Kuß von dem man träumte, der, auf den man wartete, der Kuß auf den Mund. Natürlich hatte ich schon lange versucht, ihn mir vorzustellen. Wie würde er sein. Leidenschaftlich, ja, natürlich, das war wohl klar. Mutti hatte eine Schallplatte: "Deine Lippen, die Küssen so heiß."

Also heiß. Ich mußte es ausprobieren. Aber wie. Das Heißeste, das ich zu küssen wagte, war der Kachelofen.

130

Ja, der hatte zirka Körpertemperatur, etwas mehr vielleicht. Ich muß gestehen, es war ein angenehmes Gefühl die Lippen an die warme Fläche zu legen. Aber wie würde die Sache nun mit einem Freund vorsichgehen? Da waren doch die Nasen. Die mußten meiner Meinung nach im Wege sein. Wenn man nun Nase auf Nase legte, dann konnten die Lippen doch auf keinen Fall zusammenkommen. Vielleicht Nase an Nase. Wenn man nun aber den Kopf zur Seite drehte, dann ging es doch überhaupt nicht. Dann mußte doch alles schief gehen.

Als ich nun Kurt kennenlernte, schien die Möglichkeit näher zu kommen, trotzdem diese delikate Angelegenheit von Kurt taktvoll nicht mehr erwähnt wurde.

Eines Tages, oder vielmehr Nachmittags gingen wir im Wald spazieren. Es war romantisch. Es war einsam. Es war Herbst. Die Blätter raschelten, die Bienen summten. Ich war sechzehn, Kurt war zwanzig. Wir schlenderten kleine Pfade entlang. Es war noch warm. Als die Sonne dann schon schräg durch die Äste fiel, erreichten wir einen großen breiten Weg. Es war einer von den neuen, praktisch angelegten - schnurgerade - ganz lang und ganz gerade, nicht so hübsch geschwungen wie die in Schöneiche. Warum mußte er nur ganz gradlinig sein?

Und mit Kurt

Die Unterhaltung wurde seltsamerweise immer langsamer und hörte dann ganz auf. Plötzlich blieb Kurt stehen. Er blieb genau in der Mitte des Weges stehen und sah mich an. Mir wurde sehr komisch zu Mute. Und dann wußte ich - es könnte kommen- es würde kommen - es wird kommen.

Aber da tat Kurt etwas, was er nicht hätte tun sollen - auf keinen Fall tun sollen. Er schaute sich nämlich erst einmal um. Er sah ganz sorgfältig und ganz vorsichtig nach rechts, und dann schaute er ganz sorgfältig und ganz vorsichtig nach links. Und als er sicher war, daß keiner, absolut keiner da war,

bekam ich meinen ersten Kuß.

Alles wäre gut gegangen. Ich war vorbereitet, hatte geübt, war auch nicht überrascht worden. Von seiner Seite waren genug Warnungssignale abgegeben worden. Aber da geschah etwas Unvorgesehenes. Es waren nicht die Nasen, nein, die störten wider Erwarten überhaupt nicht. Es war etwas Anderes. Es war die Luft. Ich bekam keine Luft, konnte nicht atmen. Der Kuß war sehr leidenschaftlich, und er schien stundenlang zu dauern, und ich brauchte Luft, dringend, ganz dringend.

Kurt brauchte scheinbar keine, hatte vielleicht vorher tief eingeatmet. Er hatte ja auch den Zeitpunkt genau gewußt, ich nur so ungefähr. Und ich kam absolut nicht auf die Idee, daß man auch Sauerstoff durch die Nase erhalten könne. Dazu kam noch die Entdeckung, daß der Mund von Kurt weich war. Ich hatte die Vorstellung gehabt, daß Jemand mit einem vorstehenden Kinn, energisch vorstehenden Kinn ganz feste Lippen haben müßte. Das war verkehrt. Er hatte gar keine festen Lippen. Sie hatten gar keine Ähnlichkeit mit dem Kachelofen. Sie waren ein Zwischending von einem Kopfkissen und einem Bratapfel. Ja, Bratapfel, das war es, der war auch warm und weich.

Das war natürlich nur beim ersten Kuß, denn geküßt haben wir uns in späteren Tagen öfters. Und einen besonderen habe ich nie vergessen.

Wir feierten Silvester mit einem Freund von Kurt in Zehlendorf. Die Eltern waren nicht da. Wir hatten das ganze Haus zur Verfügung, waren lustig und tanzten. Vor zwölf gingen wir alle in den Garten. Da lag noch viel dicker Schnee auf den Tannen. Das war in Berlin eigentlich selten. Auch die Büsche hatten weiße Bälle auf ihren Zweigen. An den Seiten lag der Schnee knietief und fiel immer noch vom Himmel in leisen großen Flocken. Es wurden Schneebälle geworfen. Erst hatte ich Angst um meine Stocklocken. Ich habe nämlich gerade Haare, die ich damals jeden Abend mühevoll in diese Lockenform brachte. Bei Feuchtigkeit wurden sie jedoch immer locker. Und Kurt hatte Angst um seine Brille. Aber dann war es uns egal. Und als ich einen ganz großen Schneeball erwartete, nahm er mich in seine Arme und küßte mich.

Unsere Gesichter waren schneebedeckt und meine Locken voller Eis. Zur gleichen Sekunde hörte man Freudenrufe. Knallen in der Ferne, und bald darauf Glockenläuten. Das neue Jahr war da. Das Jahr 1938. Das Jahr vor dem großen Krieg.

Es ist nun schon weit über fünfzig Jahre her. Man bedenke über ein halbes Jahrhundert. Weiß gar nicht, ob Kurt überhaupt noch lebt. Aber jeden Silvester, genau um Punkt zwölf, denke ich an diesen Kuß. Ich blicke immer entschuldigend auf Fritz. Aber er hat es nie gemerkt, und ich werde ihm diese Zeilen nicht zu lesen geben.

Die Insel Bornholm

Unsere Musiklehrerin hieß Fräulein Deisenroth. Sie war eigentlich die Musiklehrerin der Städtischen Studienanstalt. Aber seit unserer verwaltungsmäßigen Vereinigung mit dieser Städtischen Studienanstalt unterrichtete sie uns auch. Fräulein Deisenroth war eine zierliche kleine Person, die gerne groß sein wollte. Das versuchte sie nun durch verschiedene Dinge zu erreichen. Erstens ging sie kerzengerade, dann trug sie ganz hohe Absätze, die sie aber nur noch viel zierlicher machten. Ferner hatte sie ihr Haar oben so aufgebauscht, daß es ihren Kopf um mindestens zehn Zentimeter erhöhte. Wodurch sie immer aussah, als wäre sie aus dem siebzehnten Jahrhundert und trüge eine Allongeperücke.

Im Unterricht schwärmte sie für Wagner. Aber vielleicht mußte sie. Ich persönlich konnte und kann diesen Kerl absolut nicht ausstehen. Er erinnert mich zu sehr an Hitler. Diese Musik ist für mich nur sinnlose Ektase, und dann die süßen Melodien die aus seiner kitschig aufgeblasenen Seele quellen, schrecklich. Ich muß dabei stets an die lieben Blümlein, Rehlein und Kindlein denken, mit denen unser geliebter Führer sich stets umgab. Und "unser Führer" liebte doch Wagner, nicht wahr?

Eines Tages entschloß sich Fräulein Deisenroth nun ein Konzert zu geben, nicht etwa eins in der Aula, o, nein, ein großes in einem richtigen Konzertsaal. Da unsere vereinten Schulen nun Händelschule genannt worden war, so lag nichts näher, als ein Werk von Händel zu bringen. Sie wählte unter anderem "das Halleluja". Es sollte nicht nur ein kleiner oder mittlerer Chor singen, nein, die ganzen zusammengelegten Schulen.

Wir wohnten zu der Zeit gerade wieder in der Stadt bei unseren Eltern. Jeden Tag mußten wir uns nun nach dem Unterricht ein bis zwei Stunden in der Aula versammeln. Der große Raum war ganz gefüllt mit Sängern, und dann wurde geübt, hauptsächlich das Halleluja. Immer wieder, und immer wieder. Jeden Tag, wochenlang, und noch viel länger. Es war nicht mehr zum Aushalten. Ich habe das Halleluja früher gut leiden können. Aber jetzt wäre mir selbst die Götterdämmerung willkommen gewesen. Da allmählich mehrere so dachten, wurden die Namen abgestrichen und die Aula fest verschlossen, damit sich keiner leise verziehen konnte. Weil nun aber bekanntlich alles einmal ein Ende nimmt, auch die unangenehmen Dinge, so erreichten wir eines Tages den Punkt, wo das Üben aufhörte.

Der große Konzertsaal war bis auf den letzten Platz besetzt. Und der allmächtige Stadtschulrat Bohm war auch dabei. Fräulein Deisenroth dirigierte auf einem hohen engen Podium stehend. Ich hatte die ganze Zeit Angst, daß sie herunterfallen könne. Aber sie fiel nicht. Als der letzte Ton verklang, war sie so ergriffen von der Tiefe ihrer Vorführung, daß sie fast taumelte. Aber sie fing sich wieder, straffte sich zu ihrer ganzen Größe und riß den rechten Arm hitleranisch steif in die Höhe. Das war schrecklich und wäre wirklich nicht nötig gewesen. Aber man bedenke, es war damals, und sicher war sicher.

Dieses Halleluja sollte nun aber noch schwerwiegende Folgen haben, besonders für mich und meine Nachkommen. Was danach geschah, hört sich erst einmal gar nicht so schicksalsgeladen an. Aber ich möchte betonen, daß es war. Es begann damit, daß der Stadtschulrat Bohm vierzig unverkaufte Karten für eine Reise besaß.

Bald nachdem Hitler an die Regierung kam, fing man an aus allen Ecken und Schubladen Helden hervorzukramen. Diese sollten den Krieg vorbegeistern. Wer aber war besser dazu geeignet als die guten alten Wikinger. So begannen Schülerfahrten zu ihren Burgen nach Bornholm und Wisby in Schweden. Diese Fahrten waren aber sehr teuer, und so wurden vierzig Karten nicht verkauft. An das Halleluja denkend, schenkte der Stadtschulrat diese der Händelschule. Wer sollte sie nun aber dort erhalten? Wo war eine Gruppe in der Schule von vierzig Mädchen?

Wir lebten inzwischen wieder in Schöneiche. Eines Tages beim Mittagessen im delftgekachelten Eßraum erschien Herr Laude. Das war unser Erdkundelehrer. Er wohnte mit seiner Familie hoch oben im Schloß. Er hatte die Verwaltung und Oberaufsicht, war Auslandsdeutscher und gerade ins Reich zurückgekommen. Er rollte das R immer so komisch, war aber eigentlich ganz nett. Herr Laude eröffnete uns nun, daß wir alle, wir Vierzig eine Reise nach Bornholm machen würden.

Ich weiß noch genau wie wir uns vor Freude umarmten, auf die Bänke und Tische sprangen ohne Rücksicht auf Erbsensuppe und Würstchen, die damals ein große Kostbarkeit waren.

Ich will nun nicht wieder vom Thema abkommen. Aber es war immer so interessant zu sehen, wie verschieden sich die Mädchen benahmen, wenn es dieses Essen gab. Da waren welche, die teilten sich die Wurst in kleine Stückchen, damit diese auch genau bis zum Ende der Suppe reichen würde. Dann gab es welche, die ließen sie sich bis ganz zum Schluß, und aßen die dann mit Hochgenuß, wenn die andern keine mehr hatten. Aber da war natürlich auch die Gruppe, die erst einmal die Wurst aufaß. Ich brauche wohl nicht zu schreiben zu welcher Gruppe ich gehörte. Auch jetzt beim Tanzen auf den Tischen, teilten sich die Seelen. da gab es welche, die ohne Rücksicht auf Suppe und Wurst jubelten. Aber gerade damals sah man wieder deutlich, daß, wenn man die Wurst zuerst aufißt, kann ihr nichts mehr passieren.

Also wir Vierzig würden diese herrliche Fahrt machen. Die meisten von uns waren noch nie im Ausland. Und dann ein großes Schiff, und dann mehrere Tage, und außerdem keine Schule, und außerdem bald. Fräulein Deisenroth und der Stadtschulrat würden uns begleiten. Wir übten noch ein paar Lieder ein. Aber es waren hübsche Volkslieder, die ich sehr gerne hatte. Eins, das wir neu lernten, hieß:
"Und im Sommer blüht der rote, rote Mohn
und ein lustiges Blut kommt alleweil davon.
Schätzchen Ade, Schätzchen Ade.
Immer wenn ich besonders glücklich bin, singe ich dieses Lied in Gedanken.

Wir fuhren erst mit dem Zug. Die Lokomotive rauchte weiße Wolken, und wir sangen die ganze Fahrt im Coupé und aus den Fenstern gegen den Wind zum Takte der Schienen. Das Schiff hieß Roland und der Kapitän Bohm. Es war ein mittelgroßes Schiff. Unser Gruppe sollte zusammenbleiben. Das hatte zwei Gründe. Erstens waren dort Knaben, und dann sollten wir natürlich wieder singen. Zum Glück dirigierte Fräulein Deisenroth nicht. Aber ich schämte mich trotzdem zu Tode, denn keiner von den Andern sang mit. Sie sahen uns nur komisch an, als wären wir nicht so recht bei Groschen oder noch schlimmer, eine Unterhaltungstruppe.

Auf der Fahrt befanden sich nur Oberschüler der höheren Klassen und Studenten. Einer von denen spielte auf dem Akkorden, was auch keinen sonderlich interessierte.

Das Schiff Roland

Auf dem Schiff wurden dann große Reden gehalten, über unsere germanischen Vetter die Schweden und Dänen, und daß nie wieder Krieg sein würde zwischen den nordischen Völkern, da wir alle Blutsbrüder wären.

Als wir nun in Bornholm ankamen, schien ein Problem entstanden zu sein. Hierzu muß ich zuerst einmal erklären, daß die Lehrer unserer Zeit

Kapitän Bohm rechts

für die strenge Sittlichkeit von Körper und Seele ihrer Schüler voll verantwortlich waren. Um nun einer Verbrüderung der Geschlechter auf dieser Schiffsfahrt zu verhindern, hatte man schon lange vorher beschlossen, daß die Mädchen erst einmal auf Bornholm bleiben sollten, während die Jungen nach Wisby gebracht wurden. Und dann später die Mädchen nach Wisby und die Jungs nach Bornholm. Aber man hatte eines nicht bedacht, nämlich daß das Umladen aus technischen Gründen nicht so schnell statt-

finden konnte, und nun eine unsittliche Annäherung in dieser Zwischenzeit durchaus im Bereich der Möglichkeit stand. Und das zu verhindern, das war das Problem. Aber auch diese Komplikation wurde gelöst mit der genialen Idee, die Mädchen sogleich zur Besichtigung einer Ruine an die Spitze der Insel zu treiben.

Wir zogen los, singend natürlich. Ich hatte meine Malsachen mitgebracht. Man führte uns einen schmalen Weg an steilen Klippen entlang. Majestätische Felsen und tief unten das Meer. Aber man konnte nicht anhalten und es bewundern. Wir mußten weiterlaufen. Fräulein Deisenroth ungeübt als Aufpasserin, wanderte an der Spitze. Da ich nun nie gerne im Gänsemarsch lief und außerdem nicht singen sondern malen wollte, schlug ich mich bei der ersten Gelegenheit mit meiner Freundin seitlich in die Büsche. Wir fanden auch bald eine sehr hübsche Stelle. Von dort konnte man eine besonders großartige Felsengruppe sehen und im Hintergrund das Blau des Meeres. Ich malte ein kleines Aquarell, daß ich noch heute besitze.

Die Knaben mußte nun den gleichen Weg entlang marschieren, nachdem die Mädchen natürlich weit voraus waren. Da nun ein besonderer Knabe und seine Freunde die gleiche Sache haßten, und an der gleichen Stelle, die gleiche Idee bekamen, nämlich abzuhauen, stiegen sie die gleiche Klippe hinunter. Sie hatten natürlich nicht etwa die Absicht zu malen, O, nein, sie wollten dänische Mädchen kennenlernen, was sonst? Wir wurden von ihnen bald entdeckt. Der besondere Knabe war dagegen sich weiter zu bemühen, da es sicher schien, daß wir nicht dänisch waren. Muß ihn doch mal fragen, warum eigentlich. Der Knabe sagte damals:

"Laßt doch die dummen Gänse sitzen."

Das war eigentlich stark, aber er wurde überstimmt. Vielleicht wollte er auch mal sehen, was wir malten. So erschienen sie nun.

Da war erst einmal ein sehr großer Schlanker mit wunderschönen schwarzen Augen. Das war Ullrich. Dann ein besonders gut aussehender, der aber nichts sagte, das war Gerhard. Und dann ein sehr jung erscheinender stubsnasiger Knabe, der sehr aufdringlich schien und den lächerlichen Namen "Fritz" hatte. Sie schienen alle genau so alt zu sein wie wir. Mich interessierte Gerhard. Wir beschlossen uns auf dem Schiff wieder zu treffen. Die Jungen hatten sich heimlich Geldstücke in die Umschläge der Hosen genäht, da man ja unter Hitler kein Geld ins Ausland mitnehmen durfte. Der Knabe, der Fritz hieß, fuhr mit seinem Geld noch alleine nach Rönne und traf natürlich dänische Mädchen.

Auf dem Rückweg zum Hafen sahen wir einem Fischer zu, der sein Boot teerte. Es roch schön, und wir standen lange dort. Unglücklicherweise aber so, daß der Teerstaub zu uns wehte. Nach einer Weile fing jedoch unsere Gesichter an zu jucken und sie juckten und juckten. Wir dachten erst, es wäre ein Sonnenbrand. Aber es war keiner. Die Sonne hatte lediglich den Teer auf unserer Haut geschmolzen. Alles Waschen und Reiben nutzte nicht, da das schwarze Zeug bereits in unsere Poren eingedrungen war. Die ganze Nacht über haben wir gekratzt und sahen nachher ganz rot aus.

Die Mädchen übernachteten alle in einer großen Halle, einem Lagerraum in der Nähe des Meeres. Es war viel Spaß und wäre wohl noch viel mehr gewesen, wenn unsere Haut nicht so gejuckt hätte.

Am nächsten Tag gingen wir wieder auf den Roland, um nach Wisby zu fahren. Wir sahen keine Jungs. Man hatte sie inzwischen an einen sicheren Ort gebracht. Von dem Beginn der Fahrt weiß ich nicht mehr so viel, nur daß wir plötzlich einem phantastischem Schiff begegneten. Es schien mit seinen mächtigen, aufgezogenen Segeln leicht über dem Wasser zu schweben und sah genauso aus wie sie immer in Märchenbüchern abgebildet sind. Es war ein Schulschiff, und wir kamen ihm ganz nahe, und Jeder rief und winkte, auch die Matrosen des Schulschiffes. Man konnte ganz deutlich ihre Gesichter sehen. Es waren alles fröhliche, blutjunge Menschen, viele nicht älter als wir.

Dieses Schiff ist dann später, schon zu Anfang des Krieges mit der ganzen Besatzung untergegangen. Ich habe so geweint, als ich es hörte. Welch Unterschied war es doch, wenn Jemand umkam, den man kannte, auch wenn es nur für ein paar Minuten gewesen war. Übrigens ist auch unser Schiff," Roland" im Kriege gesunken.

Als wir uns Schweden näherten, zog ein dunkles starkes Unwetter auf. Die Ostsee kann plötzlich sehr tückisch werden, und es können ganz schnell hohe Wellen anrollen. Sie wurden nun so stark, daß wir nicht in den Hafen einfahren konnten. Inzwischen waren wir alle seekrank geworden, und es war uns höchst egal ob wir nach Wisby kamen und die Stätten der lieben heldenhaften, so tapferen Wikinger sahen oder nicht. Wir hatten nur einen Wunsch, daß dieses schreckliche Hoch und Runter aufhören möge. So lagen wir den ganzen Tag und die ganze Nacht vor Wisby. Die ganze schöne Zeit über, die wir dort verbringen sollten. Da war kaum einer, der nicht seekrank war. Ich sah sogar einen Matrosen über die Reling opfern. Ich hoffte immer, daß wenn alles Essen bei den Fischen war, man Ruhe

gehabt hätte. Aber das war nicht der Fall. Es wurde sogar noch schlimmer. Da war noch grüne Galle, die raus wollte, und statt, daß der dumme Körper nun aufgehört hätte dieselbe zu produzieren, arbeitete er auf Hochtouren und Überzeit um einen mit immer neuen Mengen zu versorgen. Viele Mädchen knieten, oder lagen einfach in den Toiletten, wo ich mich auch eine Weile hingestreckt hatte. Neben mir war Fräulein Deisenroth. Ihr Haar hatte nicht mehr die gewohnte Höhe, und ich glaube, sie bereute das Konzert.

Ein netter Matrose kam zu mir und sagte, daß er mir helfen könne. Er brachte meine Freundin und mich in den Lagerraum des Schiffes, der sich ganz unten und genau in der Mitte des Bootes befand. Dort überstanden wir lang auf dem Rücken liegend den Rest des Sturmes. Der Matrose kam auch öfter und brachte uns Wasser. Essen konnten wir leider nicht. Das war schade, denn er versuchte uns viele gute Sachen zu geben, die wir nur noch vom Hörensagen kannten.

Als wir wieder nach Bornholm kamen, hatte der Sturm sich gelegt. Die Jungen konnten an Bord genommen werden. Sie waren alle frisch und munter. Aber wir waren noch blaß und an keinerlei Annäherungen interessiert.

Plötzlich entdeckte mich der stubsnasige Knabe. Ich versteckte mich. Und dann begann ein ulkiges Spiel. So wie ich ihn sah, rannte ich um die Ecken der Kabinengänge. Aber einmal hatte ich mich verkalkuliert und er stand plötzlich vor mir. Ich behauptete, absolut keine Zeit zu haben. Weiß nicht mehr, welcher Grund mir einfiel. Er schlug vor uns später am Hauptausgang des Stettiner Bahnhofes zu treffen und steckte mir seine Anschrift zu. Es glückte mir aber, am Ausgang ungesehen von ihm zu entwischen.

Da das Schicksal nun aber nicht so leicht zu umgehen ist, verlor ich diese Adresse mal nicht.

In Schöneiche war nun eine komische Sitte mit der Post. Da wir alle sowieso nicht so viel bekamen, war es immer eine große Sache. Die Erzieherin erhielt dieselbe und gab sie nach dem Mittagessen aus. Das geschah stets in einer feierlichen Weise. Erst einmal wurde der Name des Mädchens aufgerufen, dann wurde der Brief umgedreht und auch der Absender vorgelesen. Ich habe mir bis heute nicht erklären können warum eigentlich. Ich sehe ein, daß die Erzieherin wissen mußte von wem wir Post bekamen. Aber warum laut vor allen. Es waren auch nur wenige, die Post von Jungs bekamen. Ich war eine derjenigen, denn ich hatte ja schon einen Freund. Aber Kurt schrieb nicht oft genug.

Da kam mir eines Tages die Idee, daß der junge Knabe, den wir auf der Fahrt in Bornholm kennengelernt hatten, und der mich unbedingt treffen wollte, sicher froh wäre, wenn er mit mir Briefe wechseln könne.

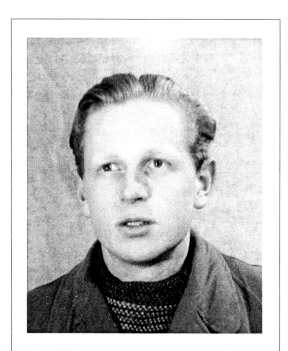

Der Knabe mit dem Namen Fritz

Ich schrieb ihm daraufhin, daß ich eine philosophische Natur hätte und mich sehr viel mit den Urgründen der Natur beschäftige, vor allem in Beziehung zu den gegensätzlichen Seiten des Nichts, um die Höhen dieser unerschöpflichen Tiefen in ein funktionelles absolutes Tief zu erheben. Oder so ähnlich. Es ist übrigens gar nicht einmal so leicht einen philosophischen absoluten Quatsch zu produzieren. Man kann es noch so verquatschen. Da gab es bestimmt schon mal einen genialen Menschen der das gleiche gesagt und viele Anhänger damit erworben hat. Vielleicht konnte ich es auch früher besser als heute. Der Knabe aus Bornholm hat jedoch gleich entsprechend geantwortet. Übrigens einer der Wenigen. Ich schrieb gerne solche Briefe. Die meisten Leute hatten scheinbar Angst vor einer Bildungslücke, oder sie haben aus Höflichkeit geschwiegen. Es war immer viel Spaß für mich zu sehen, wie jeder darauf reagierte.

138

Ich begann daraufhin öfter mit dem Knaben Fritz Briefe zu wechseln. Aber leider bekam ich auch von ihm nicht viele. Er wollte mich lieber in Schöneiche besuchen kommen. Das war nun jedoch eine Sache, die unter keinen Umständen geschehen durfte, denn mein Briefpartner wurde von mir überall als ganz enorm beschrieben. Nur meine Freundin Hanna wußte, wie er wirklich aussah. Aber sie bestand darauf, daß er bestimmt keine Stupsnase hätte, auch ziemlich groß und stark wäre, nur eben noch sehr jung aussähe. Aber ich fand das durchaus nicht. Kurt hätte mich besuchen können, der sah schon würdevoll aus. Aber der wollte nicht.

Eines Tages beschloß der Knabe aus Bornholm nun doch einfach zu kommen, egal welche Ausreden ich vorgab. Aber ich hatte im Leben oft Glück. Er kam natürlich auf einem Motorrad und in lächerlichen Knickebockern, die kein Mensch mehr trug. Aber da war der Schönebecker Weg, und der war matschig. Und kurz vor dem Schloß fiel der Arme in eine Schlammpfütze. Er soll lange überlegt haben, ob er nicht doch einfach hereinkommen und einfach erklären solle warum er so voller Schlamm wäre. Aber wie schon gesagt, ich hatte meist Glück, und bald darauf kamen die großen Ferien.

Aber wie schade war es doch, daß er das schöne Schloß nie von innen gesehen hat. So habe ich es ihm immer nur beschreiben können.

Der Junge von Bornholm

Er kam öfters bei uns vorbei, wenn ich nicht in Schöneiche, sondern zu Hause wohnte. Man konnte sich gut mit ihm unterhalten. Er hatte viele Ideen und machte vor allem vielen Blödsinn in seiner Schule. Blödsinn, der nicht nur mir, sondern auch seinen Lehrern gefiel.

Er baute zum Beispiel einmal eine Konstruktion, die eine Kettenreaktion auslöste. Sie war so angelegt, daß in dem Augenblick, in dem der Lehrer seinen Mantel an den Kleiderständer des Klassenzimmers hing, der Kleiderständer umfiel und den Landkartenständer traf, woraufhin die Landkarte mit großem Schwung herunter und gegen einen Stuhl sauste, der umfiel und gleichzeitig einige auf dem Stuhl liegenden Gegenstand auf den verblüfften Lehrer schleuderte. Da alles mit Blitzesschnelle geschah war die ganze Sache sehr eindrucksvoll.

Fritz last row right, Ulli sitting third from right

Damals schrieb man noch mit Federhalter und Tinte. Auf dem Pult des Lehrers befand war immer ein versenktes Tintenfaß mit einem darin steckenden Federhalter. Fritz entfernte nun den Boden dieses Tintenfasses bis auf eine kleine Ecke. Auf diese Ecke balanciere er den Federhalter an dessen Feder er einen Schieß gummi befestigt hatte. Das andere Ende dieses Schießgummis spannte er mit einem Reißnagel an den Fußboden unter das Pult. Wenn der Lehrer nun der Federhalter aus dem Tintenfaß zog, sauste der Federhalter aus der Hand des erstaunten Lehrers durch das Tintenfaß und verschwand rätselhaft in der Tiefe.

Einmal hatte er bei einem Lehrer, der sehr stolz auf seine Körperkraft war, folgendes gemacht: Er schraubte die Vorderwand des Pultes lose und klemmte in die Hinterwand der Pultschublade ein Stück Holz, so daß die Schublade etwas offen stand. Als der Lehrer nun die Schublade schließen wollte, ging es nicht. Man sagte ihm, daß die Schublade schwer ginge und man viel Kraft dazu brauche. Der Lehrer schob nun mit all seiner Stärke, aber ohne Resultat. Und da die Jungen zu grinsen anfingen, stieß er mit aller Energie zu, und das Katheder brach unter dem brüllenden Lachen der ganzen Klasse zusammen.

Ja, der Junge war beachtenswert. Aber ich war trotzdem nicht interessiert. Er sah mir viel zu jung aus, war zu aggressiv, hatte ständig ungeputzte Schuhe, machte nie Schularbeiten und seine Kleidung sah so zerknüllt aus, als würde er immer darin schlafen. Ich jedoch machte jeden Tag meine Aufgaben, rollte mir jede Nacht meine Haare auf zu Stocklocken und trug feingebügelte Kleider.

Diese Stocklocken haben übrigens viele Lehrer in der Schule geärgert. Vor allem Herrn Gohrband. Es ist eine schlimme Sache mit mir. Ich muß stets, aus irgend einem Grunde, der mir bis heute noch nicht klar geworden ist, genau das Gegenteil von dem tun, was andere Leute machen. Es ist eine richtige Krankheit. In der Aufbauschule besaßen manche Mädchen noch Zöpfe oder aber ganz glatte Haare. Da mußte ich nun diese langgedrehten Locken haben, die niemand hatte. Und später in der Kunstakademie, als die meisten elegante, oder ganz ausgefallene Frisuren besaßen, trug ich meine Haare natürlich ganz schlicht.

Aber ich wollte von dem Jungen aus Bornholm berichten. Statt Schularbeiten zu machen, baute er ständig an irgend welchen Dingen, meist technischer Natur. Ja und er hatte seine Hände manchmal so voller Motoröl, daß es schon nicht mehr ulkig war.

Eines Tages kam er und bat mich, seine Bilder anzusehen, die er zu Hause gemalt hatte, und die zu groß waren, um sie zu mir zu bringen. Ich hatte keine Ahnung, daß dieser Knabe auch noch malte. Jedenfalls ging ich Interesse halber mit. Seine Eltern wohnten am Alexander Platz. Die Königstraße führte über die Schloßbrücke vom Schloß direkt dort hin. Die früher sehr vornehmen Wohnungen waren Kaufhäusern gewichen. Es war jetzt der Verkehrsknotenpunkt der Bahnen, des Handels. Das größte Einkaufszentrum von Berlin. Die Einheimischen und Provinzler schoben sich nur so auf den Bürgersteigen um in die Läden zu gelangen, die als Goldgruben galten. Der Vater des Jungen hatte dort ein Geschäft mit orthopädischen Dingen und eine Werkstatt für künstliche Glieder und andere gruselige Sachen.

Wir kamen an ein Haus, genau neben dem Polizeipräsidium. Der Junge überlegte, ob wir den Dienstbotenaufgang oder den anderen hochgehen sollten. Er entschied sich für den letzteren. Ich versuchte mir vorzustellen, wie er wohl wohnen würde und war wirklich neugierig.

Der aggressive Fritz

Zu meinem Erstaunen kamen wir jedoch in eine so schöne Wohnung, wie ich sie noch nie gesehen hatte. Diese riesigen Räume. Diese herrlichen antiken Teppiche. Und alles in so gutem, vornehmen Geschmack. Gar nicht wie manche reiche überladene Häuser der damaligen Zeit. Das Schlafzimmer seiner Eltern war viel größer als unsere ganze Wohnung. Dort hing eines seiner Werke. Es war ein zwei Meter hohes Ölbild von einer Mutter und ihrem Kinde. Er hatte ein teures Ölgemälde einfach übermalt. Und seine Eltern waren nicht einmal böse gewesen. Ich fand das Bild gut.

In einem Raum stand ein Klavier und ein riesiger Steinwayflügel. Als ich diesen bewunderte, setzte sich der Junge an das Instrument. Mit Erstaunen sah ich auf seine großen Hände, die mir sehr schön erschienen, und die mit Leichtigkeit schwierige Passagen herunterperlten. Er spielte Schubert und Chopin, und er spielte gut .Er spielte aus dem Gedächtnis, und er spielte kraftvoll und warmherzig

Wir liefen durch einen sehr langen Korridor, von dem viele Zimmer abgingen, bis wir zu seinem Raum kamen. Dort zeigte er mir noch mehrere Bilder, die er gemalt hatte, und die mir alle gefielen.

Dann erzählte er mir, daß er sich eine kleine Tochter wünsche. Die Sache wurde immer seltsamer. Wie konnte man sich jetzt schon ein Kind wünschen. Der Knabe war genau so alt wie ich, ganze drei Monate älter. Ein Kind jetzt, meine Güte, welche komische Idee.

Ferner erzählte er mir, daß sein größtes Vorbild Edison sei und sein größter Wunsch, nach Amerika zu kommen, und dann erzählte er, daß er einen neuen Automotor erfunden habe, der viel besser wäre als der jetzige, und den er beim Patentamt anmelden wolle, wozu es dann aber durch den Krieg doch nicht kam. Er beschrieb ihn mir ausführlich.

Aber mein Interesse für Motoren, selbst den genialsten, war damals genau so groß wie es heute ist. Es schien aber sogar meinem Verständnis nach eine umwälzende Sache zu sein. Der Junge sprach oft von seinem neuen Motor. Übrigens ist dieser Motor dreißig Jahre später als der Wankelmotor auf den Markt gekommen.

Die zögernde Hildegard

Der Junge schien außergewöhnlich zu sein. Aber was ihn beschäftigte interessierte mich zu der Zeit absolut nicht. Mich beschäftigte damals die deutsche Romantik, die wir gerade in der Schule durchgenommen hatten. Diese unwirkliche wunderbare Kunstbewegung beeindruckte mich tief. Wie faszinierten mich die Genies dieser Epoche. Wie bedauerlich, daß es heute nicht mehr die Salons von damals gab, die Salons in denen sich die großen Geister trafen und wo man sie hätte kennen lernen können. Ich war nämlich auf der Suche nach einem Genie. Einer der Gründe war unter anderem natürlich die Suche nach dem besten Vater für meine Kinder, trotzdem ich im Augenblick absolut noch nicht an Kinder dachte oder gar haben wollte.

Ich fand es jedenfalls jammerschade, daß die Salons nicht mehr existieren. Ich hatte mir vorgenommen später bestimmt einmal einen solchen zu führen. Aber warum eigentlich warten? Warum nicht gleich damit beginnen.? Diese Idee kam mir in dem Augenblick als ich die Wohnung von diesem Fritz sah. Das waren doch die genau richtigen Räume für einen literarischen Salon. Ich fragte den Jungen und wir erhielten die Erlaubnis von seinen Eltern. Ich bat den Konzertpianisten Alexander Rödiger(mein Klavierlehrer, der mit dem komischen Hinterkopf) einige Stücke zu spielen. Meine Freundin und ich wählten passende Erzählungen und Gedichte zum Vortragen und Diskutieren. Wir starteten den Abend mit einigen Freunden, gossen unter Kerzenlicht echten Kaffee aus silbernen Kannen in goldene Meißentassen. Alles war sehr stimmungsvoll.
Aber der ganzen Abend wurde ein Reinfall, in keiner Weise, wie ich mir ihn vorgestellt hatte. Das kam daher, daß alle einer Meinung waren. Keiner wagte die gute alte Romantik anzugreifen. Irgend etwas Neues vor-zuschlagen. Irgend etwas Blitzendes, Rotblütiges zu sagen.

Es wurde ein verstaubter Kulturabend für ästhetisch angehauchte alte Tanten. Nein, so ging die Sache nicht. Es waren nicht die Räume, es war nicht die Musik. Es waren die Menschen. Ich mußte erst einmal ein paar Genies suchen. Aber wo waren die zu finden?

Vielleicht auf der Kunstakademie.

Ja, sicher auf der Kunstakademie.

Meine Rotbuche

Ganz hinten im Park von Schöneiche stand eine Rotbuche. Sie war uralt. Man hatte eine ganze Wiese für sie offen gehalten, ganz für sie allein. Ihre Zweige streckten sich stolz und gerade in alle Richtungen. Die Sonne ging jeden Tag langsam um sie herum und alle ihre Blätter waren voller Kraft und Farbe. Ich ging oft dort hin und legt meinen Kopf an ihren Stamm. "So wie Du, Rotbuche möchte ich einmal werden, so stark und kräftig so gesund und so frei stehend." Ich liebte die Rotbuche mehr als alle anderen Bäume in Schöneiche. Da waren die mächtigen Eichen, und gegenüber von der hübschen Orangerie stand eine sehr alte Magnolie, die im Frühling eine riesige betäubende und unvergleichliche Blütenfülle entwickelte. Aber die Rotbuche strahlte immer in ihrer Pracht. Und wenn man einen Zweig abpflückte, so fielen die Blätter nicht ab und behielten ihre Farbe den ganzen Winter über. Ich saß oft unter meiner Rotbuche und viele Gedanken gingen mir durch den Kopf. Sie waren noch nicht richtig geformt.Es war mehr sehnsüchtige Gefühle als Gedanken. Und es drehte sich natürlich oft um die Liebe.

So wie der erste Kuß etwas Unvergeßliches ist, so ist wohl auch die erste Liebe etwas besonders Kostbares. Bei mir war es Kurt. Es war zwischen uns nie mehr gewesen als manchmal ein Kuß, und das hatte bei mir auch noch nichts mit Sex zu tun. Es lag zum großen Teil daran, daß ich spätreif war und zum anderen, daß Kurt, trotzdem er sehr sexy war, mich sehr ritterlich behandelte. Kurt war 4 Jahre älter und dachte natürlich schon ans Heiraten. Aber bei mir, da lag Heiraten noch so weit in der Ferne, und heiraten wollte ich überhaupt nicht, wahrscheinlich weil es alle Leute taten, und ich wollte ja immer etwas ganz Außergewöhnliches tun. Ich kann nicht sagen, daß es von mir aus eine ungeheuer große Liebe war. Es war vielmehr, das erhabene Gefühl, daß ich nun schon einen Freund hatte. Einen richtigen, einen großen, einen älteren, einen gutaussehenden. Ich übte Liebe wie eine kleine Katze jagen lernt. Durch Schöneiche sahen wir uns eigentlich nicht so oft, und daher konnte meine Phantasie viele Geschichten erfinden, die die Gegenwart nicht zerstörte.

Eine große Sache war immer einen Brief von Kurt zu erhalten. Wenn ich bei meinen Eltern wohnte und von der Schule nach Hause kam, zählte ich stets die Treppenstufen ab, ob Post von ihm da wäre. Ja, nein, ja, nein, ja, nein. Manchmal stimmte es, und manchmal habe ich geschummelt. Wenn ich dann seine Schrift sah, schlug mein Herz ganz schnell. Aber es war meist eine große Enttäuschung, denn Kurt sagte kaum etwas. Weder in seinen Briefen noch sonst wann. Er war sehr schweigsam. Aber waren nicht gerade stille Wasser tief? Jedoch es gab auch stille Wasser, die nicht tief waren. Und allmählich fing mein Unterbewußtsein an zu rebellieren. Ein Rechtsanwalt und ein Künstler passen vielleicht nicht recht zusammen. Aber ich beruhigte es: Auch Goethe hatte Jura studiert und viele andere große Dichter und viele andere berühmte Leute.

Die Stocklocken,
die Herrn Gohrband so ärgeerten

Kurt hatte einmal angedeutet, daß er vor dem Beginn seines Studiums lange mit der Entscheidung gekämpft hätte, nicht doch lieber ein Sänger zu werden, oder ein Maler. Ich habe ihn nie singen gehört. Einmal jedoch zeigte er mir ein Stück Papier, darauf war ein kleines Porträt von mir, das er aus dem Gedächtnis gemacht hatte, und das war eigentlich sehr gut. Aber warum sagte er nie etwas?

Abends lag ich in meinem Bett und versuchte mir eine richtige Unterhaltung mit ihm vorzustellen. Ich hatte alles für das nächste Treffen fertig. Was ich sagen würde, was er dazu erwidern könnte, was ich darauf antworten würde, und dann wieder und dann weiter. Als ich dann beim nächsten Zusammenkommen das sagte, was ich mir vorgenommen hatte, so redete er entweder gar nicht oder so verkehrt, daß man absolut nicht mehr ins Geleise kam. Ich sprach nicht etwas von Liebe, nein, von allem was mich so beschäftigte.
So blieb es wieder bis zum nächsten Mal.

Bei Fritz war es später ganz anders. Fritz war auch schweigsam. Aber bei ihm brauchte ich mir nie vorher etwas zu überlegen, und unsere Unterhaltung riß nie ab.

Eine Sache, die mich an Kurt am meisten störte, waren, so komisch es klingen mag, seine Hände. Er hatte große starke Hände. Aber sie erinnerten mich an Hände wie Breughel sie den Dummen gab. Ich weiß, Kurt was hoch intelligent. Er hat auch bald seinen Doktor gemacht, aber seine Hände waren irgendwie zu primitiv. Sie waren nicht liebevoll modelliert. Es waren nicht die Hände, die Rembrandt gerne malte. Wir besaßen zu Hause ein dickes Buch mit allen Werken von Rembrandt, die ich immer und immer wieder ansehen wollte. Leider waren sie nicht in Farbe. Rembrandt begeisterte mich. Und dann gab es einmal einen Rembrandt Film, der in der Zeit spielte als Rembrandt noch jung war. Da verliebte ich mich in Rembrandt. Rembrandt konnte ich alles sagen. Er verstand. Ich würde ja auch eine Malerin werden, eine sehr gute, natürlich. Bald würde ich auf die Kunstakademie kommen. Auch wenn alle immer sagten, das sei unmöglich. Ich würde hinkommen. Ich würde bestimmt hinkommen. Ich hatte nie den geringsten Zweifel an meinem Talent, niemals.

Die Rotbuche und Rembrandt, das waren meine besten Freunde. Die anderen Freunde, die ich noch hatte, waren in den Regalen der Bücherei. Ich las gerne. Aber in Schöneiche, da war wenig Zeit zum lesen. Da hatte man eigentlich nie Zeit. Unsere Tage waren ausgefüllt mit Lernen. Ich lernte gerne, da gab es doch noch so viele Dinge, die man nicht kannte, die schön, interessant und gut und klug waren. Und viele Dinge, die man wissen mußte für das Abitur. Und das Abitur, das mußte ich schaffen, das war selbstverständlich. Ich konnte alle die Mädchen nicht verstehen, die vorher aufhörten und abgingen. Ich jedenfalls würde nicht aufhören.

Ich brauchte das Abitur gar nicht für die Kunstakademie, da wurde gar nicht nach gefragt. Aber ich hatte es mir vorgenommen und würde es auch beenden. Das wußte die Rotbuche auch.

Die Schulfreundinnen von Schöneiche

Da waren eine ganze menge Mädchen, die aufgaben und sehr viele, die schon lange vorher aufgegeben hatten. Am Anfang der Aufbauschule waren unsere Klassen groß. In der Obersekunda jedoch waren wir nur noch so wenige, daß wir zusammen gelegt wurden, und nur 10 machten dann von dem ganzen Jahrgang das Abitur.

Manche Mädchen gingen ab weil sie Geld verdienen mußten, die meisten jedoch verließen die Schule wenn sie begannen an Sex interessiert zu werden. Ich glaube wenn Sex in das Leben eines Mädchens tritt, hört eine gewisse Entwicklung auf und neue Interessen erwecken. Das war mindestens bei uns in der Aufbauschule der Fall. Wir zehn, die übrig blieben waren eigentlich alle latebloomer, wie man hier in Amerika sagt, also spät entwickelt. Wir waren aber kleine blassen Bücherwürmer und auch schon sehr weiblich und hübsch, ja hübsch waren wir auch.

Eine der Interessantesten in unserer Klasse war eigentlich Subeida. Subeida Baba. Schon die Tatsache, daß sie aus Persien stammte, war für mich vor allem, etwas ganz Besonderes.

Persien, das Land von tausend und einer Nacht. Ihr Vater hatte ein Geschäft mit antiken Teppichen im Westen von Berlin. Von der Mutter war nie die Rede. Aber sie sprach ein paar mal von Bibi und Baby. Ich habe nie genau erfahren, wer das nun eigentlich war. Eines davon war ein kleines Kind und das andere, glaube ich die Freundin oder zweite Frau von Herrn Baba. Subeida war wohl die begabteste von uns allen. Sie machte nie Schularbeiten, oder nur ganz wenige. Jedenfalls kam sie damit bis zur Unterprima.

Ein Jahr vor dem Abitur sollten wir frei sprechen lernen als Vorbereitung für die Prüfung. Man mußte einstündige Referate halten. Wir bekamen viel Zeit diese auszuarbeiten. Eines Tages war nun Subeida an der Reihe das ihrige vorzutragen. Als sie jedoch aufgerufen wurde, hatte sie nicht nur vergessen dasselbe vorzubereiten, sondern auch absolut keine Ahnung mehr worüber sie denn nun überhaupt eine Stunde reden sollte. Ohne irgend ein Erstaunen zu zeigen, tänzelte sie nach vorne und stellte erst einmal ein kluge Frage, um ihr Thema wieder zu erfahren, dann noch ein paar andere, um sich zu sammeln, und dann hielt sie ein Referat, daß uns allen die Luft wegblieb. Ja, das war Subeida. Sie war voller Ideen und Phantasie. Welche Wonne ihr zuzuhören. Ihr passierte ständig irgend etwas Aufregendes. Jede einfache Stadtbahnfahrt wurde ein Abenteuer. Wie herrlich konnte sie erzählen. Sie hatte eine sehr schöne Stimme und wollte Sängerin werden. Bei dem Halleluja Abend sang sie ein Sololied und hatte sehr viel Beifall. Leider hatte sie keinerlei Zeit zum Üben, da ihr dauernd aufregende Sachen passierten, die nicht nur wichtiger, sondern auch viel interessanter waren. Sie war charmant und voller übersprudeldem Leben. Sie kam bis zur Unterprima. Als sie sich aber dann noch scheinbar richtig verliebte, da ging es nicht mehr, und sie verließ die Schule, oder mußte sie verlassen.

Ich habe Subeida sehr vermißt und vermisse sie noch heute. Was wäre Schöneiche gewesen ohne Subeida. Ohne ihre köstlichen Einfälle, ihre Geschichten, ihre Vorführungen, ohne ihr helles Lachen und ihren fröhlichen Unsinn. Trotzdem wir uns nun jeden Abend stundenlang unterhielten, war sie jedoch niemals meine ganz enge Freundin, wie Hanna es gewesen war, denn Subeida schien von vielen Dingen schon mehr zu wissen und auch wissen zu wollen als ich.

Später habe ich Fritz immer von Subeida vorgeschwärmt. Einmal, als ich gerade verheiratet war, kam sie mich besuchen. Sie schien gar nicht mehr die Alte zu sein. Sie fragte mich nach meiner Aussteuer. Meine Güte..Aussteuer.!.!.!. Wie konnte Subeida von Aussteuer sprechen. Und als sie mir erzählte, daß sie jetzt Sofakissen besticke, war ich sicher, daß sie Blödsinn mache und fing an zu lachen. Aber sie lachte nicht mit, und da wurde mir klar, daß es nicht Quatsch war.

Sie wurde dann ausgebombt, und als ich nach einem Jahr ihre neue Anschrift erfahren hatte, war Subeida schon tot. Sie war nach der Entbindung eines Knaben an TBC gestorben. Ich wollte das Kind adoptieren, da Subeida unverheiratet war. Dabei habe ich den alten Herrn Baba kennengelernt, ein sehr betagter, sehr gütiger, wohlbeleibter Herr. Das Kind ist dann zu Subeidas Mutter gekommen. Es ist kaum glaublich, daß Subeida die Erste sein sollte, die starb. Sie, die das meiste Leben von uns allen hatte.

Lisa war das ganze Gegenteil, still in sich gekehrt. Sie war wie ein kleines Blümchen, das nur im Schatten gedeihen konnte. Lisa hatte eine panische Angst vor Turngeräten. Unter Hitler mußten alle gut im Sport sein, sonst wurde man nicht zum Abitur zugelassen.

Da war nun in der Turnhalle das hölzerne Pferd und der kleine Bock mit Leder gepolstert. Und alles was man zu tun hatte, war darüber zu springen. Aber Lisa hatte Angst, schreckliche Angst. Egal wie wir sie zu beruhigen versuchten, und auf sie einredeten. Sie nahm stets einen gewaltigen Anlauf und rannte mutig auf das Ungetüm los, um dann aber doch im allerletzten Augenblick plötzlich verzweifelt davor Halt zu machen. Es war richtig ein Kunststück so schnell zum Stehen zu kommen. Dabei war Lisa keineswegs feige. Sie machte alle unsere Streiche mit, zu denen manchmal eine Menge Mut gehörte, daß viele Sportskanonen Angst davor bekamen. Es müssen ganz verschiedene Dinge sein, der körperliche und der geistige Mut.

Lisa hatte eigentlich den wunderhübschen Namen Elisawetha Doberow. Sie nannte sich aber immer nur Lisa Schmidt. Lisas Mutter war während der Revolution aus Rußland geflohen. Ich weiß nicht, wie sie rausgekommen ist. Vielleicht durch Heirat oder so. Wir haben seltsamerweise nie von unseren Eltern gesprochen - jedenfalls nicht als wir noch in Schöneiche waren. Ich habe Lisas Mutter erst später kennengelernt. Lisa konnte Russisch und sang mir oft die Lieder ihrer Heimat vor. Sie hatte eine sehr hübsche Stimme, hätte aber auf keinen Fall in der Klasse gesungen. Einmal schenkte sie mir ein Buch voller herrlicher russischer Lieder mit Klavierbegleitung in russischer Sprache.
Dieses Buch wurde für mich ungeheuer wertvoll, als sie dann später einmarschierten, diese Russen.

Lisa nahm mich auch öfters in die russische Kirche mit. Das waren die schönsten Gottesdienste, die ich je gehört habe. Diese prächtigen tiefen Stimmen. Gott muß für mich eine tiefe Stimme haben, und vor allen Dingen nicht Deutsch sprechen. Darum ging ich auch mit meiner Freundin Hanna in ihre Kirche. Hanna war streng katholisch, da ihre Eltern aus Polen kamen.

Die Kirche in Schöneiche war wunderschön. Sie gehörte zum Schloß, lag jedoch außerhalb, aber ganz dicht am Eingangsportal. Es war eine kleine Rokokokirche ganz in Weiß und Gold. Dort wohnte kein drohender, sondern ein fröhlicher, liebender Gott. Leider sprach er Deutsch. Die Sonne schien oft gerade zur Kirchenzeit durch die großen Fenster und malte helle Lichter auf die goldenen Muscheln und die Locken des Christuskindes.

Von den meisten Mädchen weiß ich nicht was aus ihnen geworden ist. In den unteren Klassen waren es zu viele, um sie genauer zu kennen. Manche gingen ab, ohne jemals die Schule oder Schöneiche zu besuchen. Manche aber kamen öfters zurück.

Eine war dabei, die hieß Irmgard Vierbücher. Sie war sehr schön, und hatte stets ein glückliches Lächeln auf ihrem anmutigen Gesicht. Sie war katholisch wie Hanna, daher kannte ich sie genauer. Irmgard ging mit dem Einjährigen ab und arbeitete dann in einem großen Kaufhaus. Eines Tages kam sie uns besuchen, und da sahen wir zum ersten mal in unserem Leben Nylonstrümpfe. Meine Güte, das sollten Strümpfe sein. Die waren ganz hauchdünn und fein. So fein, daß man die Poren an Irmgards schwungvollen Beinen sehen konnte. Wir strichen mit der Hand darüber, es war keine optische Täuschung. Es waren wirklich und wahrhaftig Strümpfe. Irmgard kam dann wieder. Sie hatte inzwischen den Sohn vom Besitzer geheiratet und lebte mit ihrer Schwiegermutter in einem unglaublich eleganten Hause. Dort gab es ganz enorme Sachen und von ausländischen Diplomaten die köstlichsten Delikatessen. Irmgard mußte uns immer alles ganz genau beschreiben. Wir verstanden aber gar nicht, daß sie das alles schon zu langweilen schien.

Einmal kam sie und erzählte mir, daß sie sich unsterblich in den Vetter ihres Mannes verliebt habe. Die Sache wurde immer aufgeregter und spannender, bei jedem ihrer Besuche.

Ja, und wir saßen nun da und mußten Schularbeiten machen.

Ein Mädchen, das auch unsere Bewunderung hatte, war eine, die schon verlobt war. Welch erhabenes Wort "Verlobt." Und sie wollte bald heiraten. Der Verlobte war nach Australien gegangen, und sie sollte in Kürze nachkommen. Man bedenke "Australien." Er wollte drüber Geld für ihre Überfahrt verdienen und ihr schicken. Aber sie sollte nicht mehr dumme Sachen lernen, sondern Nützliches, was man dort gebrauchen konnte, zum Beispiel Kochen. Da ging sie nun von unserer Schule ab und in die Küche von Schöneiche. Wir bestaunten sie immer mit gemischten Gefühlen. Verlobt zu sein und auszuwandern, wie ungeheuerlich. Aber wenn sie dann in der Küche stand und Kartoffeln schälte, oder in dem heißen Suppentopf rührte, tat sie mir irgendwie leid. Der Verlobte schrieb nicht viel, nur daß es nicht leicht wäre. Nach einem Jahr kam dann endlich der langerwartete dicke Brief. Da waren alle Auswanderungs papiere drin. Aber er enthielt nur Unterlagen, die sie ihm geschickt hatte und ein kurzes Schreiben, daß sie nicht mehr auf ihn warten solle, da er drüben eine andere geheiratet hätte. Sie ist nicht wieder in unsere Schule zurückgegangen. Ich glaube, das wäre auch nicht möglich gewesen. Sie ist einfach verschwunden und wir haben nie wieder etwas von ihr gehört.

Alle Klassen von Schöneiche. Subeida Baba stehend 9. von l. Lisa Schmidt vorn 5. von r. Irmgard Vierbücher vorn 2. von l. Hildegard in Mittelreihe 6. von r.

Meine beste Schulfreundin war Hanna, meine allerbeste. Am ersten Tage in der Aufbauschule fragte sie mich, ob wir auf dem Schulhofe zusammen herumgehen wollten. Und von da an waren wir unzertrennlich, in Schöneiche, so wie in der Stadt. Wir haben nebeneinander in allen Klassen gesessen. Wir haben immer zusammen unser Essen verzehrt. Wir haben zusammen Schularbeiten gemacht. Wir sind immer zusammen spazieren gegangen. Jede Minute unserer Schul und Freizeit haben wir zusammen verbracht. Wenn ich öfter malen ging, dann kam Hanna mit. Wir wählten die gleichen Schlafräume. Wir haben die gleichen Launen und Träume gehabt, die gleichen Lehrer und Fächer geliebt. Trotzdem wir nun beide die gleichen Dinge taten und der gleichen Meinung waren, bestand doch ein großer Unterschied zwischen uns. Hanna war immer die Artige. Sie war bei allen Lehrern beliebt. Sie wußte genau was jeder gerne hatte. Das wußte ich natürlich auch, denn dumm war ich nicht, bestimmt nicht. Aber das nun zu benutzen, um ein paar bessere Noten zu bekommen, nein. So war Hanna immer die Weiße und ich die Schwarze. Aber viele Lehrer mochten mich trotzdem, oder vielleicht gerade deshalb.

Hanna war zierlich. Sie schien beim Laufen den Boden kaum zu berühren. Hanna verband ich in Gedanken immer mit Narzissen. Sie schien wie diese Blumen, die sie mir stets zum Geburtstag brachte. Ich lud nur sie dazu ein. In Bornholm war es natürlich Hanna gewesen mit der ich die Klippen malen ging.

Aber die Jungs von Bornholm, oder irgendwelche andere haben sie nie um eine Verabredung gebeten. Sie konnten sie nicht leiden. Ich weiß wirklich nicht warum. Fritz sagt sie war häßlich und unangenehm, aber das stimmte gar nicht.

Hannas Eltern waren arm. Meine auch, aber bei uns wechselte es öfter, und dann hatten wir wieder Geld. Ihr Vater war an einem Krankenhaus beschäftigt. Ich habe sie nie gefragt was er dort machte, denn es wäre ihr sicher peinlich gewesen, sonst hätte sie es doch wohl selbst einmal erwähnt. Hanna hat nie auf einen Ball mitkommen können, denn sie besaß kein langes Kleid. Mutti bot ihr an, eins zu nähen. Aber ihre Mutter wollte das nicht haben. Hanna konnte auch nach dem Abitur nicht studieren. Sie mußte Geld verdienen. Aber da hat sie dann ihren Mann kennengelernt, einen netten und sehr klugen. Leider wurde die Ehe nach ganz kurzer Zeit wackelig, der Mann wollte weg von ihr. Ich weiß auch nicht wie es weiter ging, denn wir haben keinen Kontakt mehr miteinander. Bald nach dem Ende der Schule, da dachten und handelten wir so verschieden, wie es nicht verschiedener ging. Wie sich doch Menschen verändern können. Aber vielleicht hat sie sich gar nicht verändert. Vielleicht hatte sie sich nur angepaßt,

Nach dem Abitur arbeitete Hanna in Berlin bei einer Kriegsabteilung die Geheimcodes entschlüsselte. Eine ihrer Schwestern fand Beschäftigung bei der gleichen Behörde. Die Schwester war jung und hübsch und begann ein Verhältnis mit einem älteren Vorgesetzten. Die Frau dieses Mannes war zu der Zeit evakuiert und im Krankenhaus mit der Geburt ihres fünften oder sechsten Kindes. Es war bis dahin eine sehr glückliche Ehe gewesen. Hanna schien mir gegenüber durchaus nicht gegen diese Vorteil bringende Liebschaft zu sein, trotzdem die Schwester sich angeblich nicht viel aus ihrem Verehrer machte. Als die Frau von netten und empörten Kollegen ihres Mannes in der Abteilung die Wahrheit erfuhr, wandte sie sich hilfesuchend an Hanna und bat sie flehentlich und weinend um Hilfe. Und Hanna ohne jegliches Mitleid fand das:
"eine ganz impertinente Frechheit, eine Unverschämtheit." Das waren genau ihre Worte.

Und von da ab wollte ich nichts mehr mit Hanna zu tun haben. Ich weiß nicht, wie es ihr geht und ob sie noch lebt. Ich habe keine Anschrift von ihr.

Ich habe keine Anschrift von irgend jemand in der Klasse. Der Krieg hat uns in alle Winde verweht. Die meisten haben Berlin verlassen. Ihre Häuser stehen nicht mehr. Und da Mädchen ja früher immer die Namen der Männer annahmen, kann man sie auch nirgends mehr finden. Ich habe vor einiger Zeit in dem Westdeutschen Blatt "Die Zeit" eine Anzeige aufgegeben. Aber es hat sich Niemand gemeldet den ich kannte, nur ein Mädchen, das jünger war als ich und nach Schöneiche kam, als unser Jahrgang die Schule schon verlassen hatte.

Fräulein Pingoud Und Die Nazis

Fräulein Pingoud war unsere Klassenlehrerin. Und zum Glück blieb sie es die ganze Schulzeit über. Ich liebte sie innig. Sie sah seltsam aus, hatte kaum ein Kinn. Aber sie hatte schöne Augen und eine enorme Persönlichkeit. Und ich fand, daß sie immer schöner wurde, je länger ich sie kannte. Fräulein Pingoud kam aus St. Petersburg. Sie war eine von den Wenigen, die Rußland nach der grausigen ersten Revolution noch verlassen konnten. In Rußland hatte sie nur Unterricht von Hauslehrern erhalten. Aber sie wollte unbedingt in Deutschland weiter studieren, da Deutschland für sie das Land der Romantik war.

Einmal hat sie mir ein Büchlein geschenkt. Das war ihre Doktorarbeit. Das Büchlein hat sie durch die Revolution gebracht, und ich habe es durch den Krieg gerettet, und jetzt ist es bei mir in Amerika. Sie war übrigens erst neunzehn Jahre, als sie den Doktor der Philosophie machte. Am 16. Mai 1914 steht hier. Wie stolz und glücklich muß sie gewesen sein als sie die Doktorwürde erhielt, die man damals nicht so leicht wie heute vergab, und vor allem nicht so leicht an ein so junges Mädchen.

Jedoch am 28 Juni 1914 war die Ermordung des Erzherzogs in Sarajewo, die den ersten Weltkrieg startete, der ihr Leben so tragisch veränndern würde. Den Krieg in Rußland und die Revolution mit dem vielen Menschenmorden hat sie miterlebt, aber nie darüber sprechen können. Nachdem die meisten Menschen getötet waren, die man hatte beseitigen wollen, konnten einige Ausländer das Land verlassen. Ich glaube, ihr Vater war ein Pfarrer, und die Mutter eine Französin. Aber das weiß ich nicht genau. Vielleicht waren sie Hugenotten. Fräulein Pingoud hat mir einmal erzählt, wie sie aus Rußland herausgekommen ist. Man bekam Wartenummern. Ihre Schwester, die mit einem russischen Fürsten verheiratet war und einen kleinen Sohn namens Sasha hatte, und sie selbst, wurden als erste aufgerufen. Der Rest der Familie und der Verlobte von Fräulein Pingoud sollten bald nachkommen, da sie anschließende Nummern hatten. Aber gerade zu dem Zeitpunkt traten politische Veränderungen ein. Der Verlobte konnte Fräulein Pingoud noch über den Zollbaum zurufen, daß er in den nächsten Tagen nachkommen würde. Aber in den nächsten Tagen wurden alle Grenzen fest verschlossen und er, wie so viele andere, konnten Rußland nicht mehr verlassen.

Über verschiedene Zwischenstationen und Lager kamen die Flüchtlinge nach Berlin, wo Fräulein Pingoud einen Posten als Lehrerin fand, Studienrätin wurde, und mit ihrer Schwester und dem kleinen Sascha in einer kleinen Wohnung im Berliner Osten zusammenlebte.

Ihre Doktorarbeit war über die ästhetischen Doktrinen Friedrich Schlegels. Fräulein Pingoud war ein sehr künstlerischer Mensch. Sie schwärmte für die Romantik und legte den göttlichen Funken jener Periode in unsere Seelen. Bei mir brennt er heute noch, trotzdem es schon viel daraufgeregnet hat, daß er eigentlich schon längst hätte ausgehen müssen. Aber ich glaube, da sind bestimmte Stellen in uns, die, wenn sie in der Jugend geformt werden, ganz besonders geschützt liegen.

Fräulein Pingoud hatte einen seltsamen Akzent und eine noch seltsamere Betonung. Sie sagte immer Hiiildegard. Und wenn ich etwas ausgefressen hatte Hiiiiiiidegard.
Sie konnte mich aber sehr gut leiden, und hat mich immer beschützt, was oft nötig war. Ich habe vieles, was sie für mich getan hat, erst später erfahren, nachdem unser, über alles geliebter Führer schon in die Geschichte einmarschiert war. Sie hat diesen Man auch gehaßt, obgleich sie schon 1933 in die Partei eintrat, das heißt eintreten mußte.

Fräulein Pingoud gehörte zur Bekenntniskirche. Vor der Machtergreifung, und auch noch in der ersten Zeit waren die Nazis sehr fromm. Man ging zum Gottesdienst. Es gehörte zum guten Ton. Man war religiös. Ganze Gruppen von uniformierten SA und SS Männern marschierten mit ihren Ehefrauen zur Kirche um sich christlich trauen zu lassen, wenn sie es vorher nur auf dem Standesamt getan hatten. Auch ältere Ehepaare. Später änderte sich die Sache. Gott war scheinbar nicht in die Partei eingetreten. Um sich nun an ihm zu rächen, kramte man die alten germanischen Götter hervor. Aber die schienen ein bißchen zu unmoralisch, und vor allem zu freiheitsliebend gewesen zu sein, und paßten im großen Ganzen sowieso nicht in den Kram, und neue Götter sind schwer einzuführen. Die Leute mögen sie meist nicht. Man ließ diese Sache jedenfalls bald wieder fallen. Die Parteilinie hieß dann, lieber an den Führer zu glauben als an Gott. Hitler jedoch hörte nicht auf in seinen hysterischen Reden sich auf die Göttliche Vorsehung zu berufen, die selbstverständlich auf unserer Seite war, und daß allein schon dadurch der Sieg gesichert wäre.(Für den Fall, daß manche Deutsche das bezweifeln könnten.) Im allgemeinen jedoch wurde die Religion von den Nazis angegriffen.

Um nun zu zeigen, daß man mit diesen Burschen politisch und auch sonst nicht übereinstimmte, gingen viele Leute in die Kirche, die sonst nicht gegangen wären. Manche Pfarrer fingen auch schon an, angsterfüllt für den Führer zu beten, was sich in der Kirche besonders schrecklich anhörte. Aber die Bekenntniskirche unter dem Pfarrer Niemöller begann ihre Unabhängigkeit zu verteidigen. Es war eine Art passiver Widerstand in die Bekenntniskirche zu gehen, und daher war es dort immer brechend voll. Fräulein Pingoud nahm uns öfters mit. Aber eines Tages sagte sie mir, ich solle nicht mehr hingehen. Sie hatte wohl Angst um mich, da ich in der Schule schon auf der schwarzen Liste stand.

Ein scheinbar sehr netter Lehrer hatte mich angezeigt. (er war nicht in der Partei und scheinbar absolut kein Freund der Nazis) Fräulein Pingoud riet mir ferner unbedingt in den BDM (Hitlers "Bund deutscher Mädchen") einzutreten. Das war ein schrecklicher Gedanke aber ich fand, daß sie Recht hatte. Es schien sicherer die politische Meinung nicht so sehr zur Schau zu tragen und die Bande nicht zu verärgern.

Schweren Herzens ging ich daher in die nächstgelegenste BDM Gruppe, um zu sehen, was man da wohl machen müsse. Sie war gar nicht so weit weg, nur um die Ecke in der Memelerstraße. Die Führerin war ganz dick und ganz nett. Und erstaunlicherweise wurde gar nicht so viel von Hitler gesprochen. Man sang viel, meist flotte Lieder und auch Volkslieder. Erzählte sich von allem möglichem. Etwas Zeitungspropaganda natürlich auch, aber die ganze Sache schien erträglich zu sein. Wir machten sogar Skitouren nach Bayern.

Damals wurde man aber nicht gleich aufgenommen. Ich war erst einmal Anwärterin, mußte mich bewähren, und vor allem erst die leichtathletische Prüfung bestehen, die aber kinderleicht war. In der Schule war ich sehr gut im Sport, besonders im Springen, weil ich sehr lange Beine habe. Da bekam ich plötzlich eine Idee. Für die BDM Prüfung konnte ich nicht springen, egal wie blutige Mühe ich mir gab. Ich übte und übte. Nahm mir Lisa Schmidt als Vorbild, begann einen gewaltigen Anlauf, um dann statt des Absprunges nur verzweifelt in die Höhe zu hopsen und daher natürlich nie die erforderte Weite zu erreichen. Daher konnte ich nun "bedauerlicherweise" noch nicht in den BDM aufgenommen werden. Nun waren wir ja auch die meiste Zeit in Schöneiche.

Ausweisfoto: Hildegard Anwärter

offensichtlich nicht begeistert

Also blieb ich Anwärterin bis zum Abitur. In der Schule wußte es Niemand, denn die BDM Führerin war nett, und ließ mich schon die Uniform tragen, weil ich mir doch solche Mühe gab. Es ist durchaus möglich, daß ihr der Weitsprung auch Schwierigkeiten bereitete, und sie daher mit mir mitfühlte. So zog ich die BDM Uniform manchmal an, wenn wir Schule in der Stadt hatten, damit alle Leute es sehen konnten. So ist es mir geglückt durch die ganze Schulzeit zu kommen ohne ein Mitglied des BDM gewesen zu sein, und auch ohne daß es Jemand bemerkte, denn Computer gab es damals zum Glück noch nicht. Meine Güte, wenn es die unter Hitler gegeben hätte. In den kommenden Jahren wurde es dann Pflicht in den BDM einzutreten. Hochwahrscheinlich hat es nicht genug Freiwillige gegeben. Und daraus hätte man dann Schlußfolgerungen ziehen können, sowohl im In wie im Ausland.

Fritz hat es übrigens auch geschafft, weder in der HJ noch in irgend einer anderen Hitlergruppe zu sein.

Ob die Mädchen in meiner Klasse oder Schule in irgend etwas drin waren, weiß ich wirklich nicht. Davon wurde bei uns nicht gesprochen.

Der große Führer und seine Politik wurden bei uns Mädchen in privater Unterhaltung absolut nicht erwähnt. Hanna war bestimmt in keiner politischen Gruppe, auch nicht Subeida und Lisa. Und bei den Andern hatte ich auch nie den Eindruck, daß ihnen Hitler am Herzen lag.

In Schöneiche mußten wir die Fahne morgens und abends hoch und runter ziehen und dabei den Arm ausgestreckt heben während der göttlichen Handlung. Aber das war nicht allzu schlimm, denn man sang dabei hübsche Lieder, die meist viel Schwung und selten Politik hatten. Von einem Mädchen weiß ich, daß sie BDM Führerin war. Sie sah immer sehr feierlich aus, wenn sie die Fahne zog. Sie trug auch stets das Fahnentuch würdevoll ins Haus als wenn es ein großes Heiligtum wäre. Aber sie war harmlos und hätte einen nie angezeigt. Wir lebten in Schöneiche, trotz der Hitlerzeit, eigentlich ohne viel zu leiden. Aber das verdankten wir nur unseren Lehrern, die, wie ich schon sagte, als begeisterte Mitarbeiter der ehemaligen Aufbauschule keine Freunde von den Nazis waren.

Wenn wir Unterricht in der Stadt in der großen vereinten Schule hatten, da war es dann eine andere Sache. Dann mußten alle Schüler jedes mal in die Aula, wenn der Verrückte seine Reden über das ganze Land brüllte. Das ging manchmal stundenlang, und man mußte still sitzen und ganz andächtig zuhören. Da war dann der Direktor Langenheinicke zuständig und verantwortlich für die ergriffene Aufmerksamkeit der ganzen Händelschule.

Einmal mußte ich lachen während einer heiligen Führerrede. Ich mußte einfach lachen über den Quatsch, laut lachen. Es war nicht ratsam, das bei einer ergreifenden Rede des Tyrannen zu tun. Viele sahen sich tödlich erschrocken um. Aber ich versuchte, das Ganze in einen Erstickungshustenfall umzuwandeln. Und als Subeida mir noch geistesgegenwärtig dauernd fürsorglich auf den Rücken klopfte, drehten sich die Köpfe wieder erleichtert zurück zum Podium, wo die Lautsprechern standen, und die Stimme unseres Allmächtigen mit Wutgeschrei tobte.

Zu den großen Kundgebungen mußten wir auch immer gehen. Aber da konnte man sich ganz schnell wieder verkrümeln, weil dort so viele Menschen hingeschleppt wurden, daß es gar nicht auffiel. Da war dauernd ein Geschupse, weil die meisten die gleiche Absicht hatten, nämlich möglichst schnell in der Menge unterzutauchen und dann unauffällig zu verschwinden.

Die erste Frage aller Amerikaner war später immer, ob ich Hitler gesehen, und ob ich Hitler die Hand geschüttelt hätte. Die Antwort ist "Nein. Nein, ich habe nicht, und nein, ich wollte auch nicht." Die meisten waren dann immer enttäuscht, als ob man die Gelegenheit gehabt hätte, Napoleon auf die Schultern zu klopfen, und es nicht getan hat. Sei verstanden gar nicht, was es hieß, unter den Nazis zu leben.

Sie wußten nicht, daß jeder, der etwas Schlechtes über den geliebten Führer und seine Bande sagte, oder auch nur einem Verkehrten einen politischen Witz erzählte, ins Konzentrationslager kam, daß dort Menschen gequält und grausam getötet wurden, die eine andere Meinung als die Nazis hatten, und die so unklug gewesen, es zu zeigen. Man bekam Angst. Man bekam große Angst, denn es war nicht nur, daß man sich selbst gefährden konnte, sondern auch seine Freunde.

Aber ich bin wieder einmal ganz vom Thema abgekommen. Aber diese verdammte politische Sache war durch alles so durchwachsen wie das Pedenunkraut im Garten. Es gedeiht unterirdisch und kommt überall plötzlich hoch.

Ich war gerade dabei von Fräulein Pingoud zu erzählen, der es so miserable ergangen war. Erst hatte sie die Bolschewisten und dann die Nazis erdulden müssen. Fräulein Pingoud unterrichtete uns nicht nur deutsche Literatur, sondern auch Französisch. Die gebildeten Kreise sprachen vor der Revolution in Rußland nur diese Sprache.

Fräulein Pingoud blieb für mich eine Freundin auch nach der Schulzeit. Sie besuchte mich öfter, als ich schon verheiratet war. Fräulein Pingoud zog nach dem Kriege nach Paris in die Heimat ihrer Vorfahren und wurde katholisch. Viele Romantiker wechselten in späteren Jahren ihres Lebens zu dieser Religion, wie sie uns damals gelehrt hatte. Sie brauchten den festen Halt des Dogmas in ihrem Leben ohne Regeln.

Kurz bevor Fräulein Pingoud Deutschland verließ, erzählte sie mir noch Folgendes. Ihr ganzes Leben hatte sie auf den zurückgebliebenen Verlobten gewartet, sich oft das Wiedersehen ausgemalt. Immer wieder gehofft, daß es ihm doch noch gelingen würde, aus Rußland zu entfliehen. Die ganze Zeit über half die Hoffnung auf diese Möglichkeit ihr über vieles hinwegzukommen. Eines Tages, nach dem Kriege, bald nach 1945 ging sie in ein Konzert. Und plötzlich kam ein Mann auf sie zu. Dieser Mann war ein enger Freund ihres Verlobten in Rußland gewesen. Aber nun geschah etwas Seltsames. Ihr Herz klopfte nicht schneller. Sie hörte aufmerksam zu, was er aus Rußland zu berichten hatte. Der Mann erzählte, daß er ihren Verlobten vor einem Jahr gesehen habe, daß dieser von ihr gesprochen hätte, daß er nicht verheiratet und ein Professor an einer Universität sei. Aber sie sagte, es sei merkwürdig gewesen. Sie hatte keine Fragen. Es schien ihr, als höre sie eine Geschichte, die wohl interessant, aber wie ein Roman, nicht das geringste mit ihr zu tun hatte. Sie hat das nicht verstehen und auch nicht erklären können.

Fräulein Pingoud starb in Paris bald. Sie starb an einer Lungenentzündung. Schade, daß ich sie nicht mehr gesehen habe, und ihr nicht noch einmal danken konnte für alles Gute und Schöne, das sie uns gegeben.

Und wieder einmal von den Nazis.

Bei und zu Hause lief nun alles so einigermaßen. Papa verdiente wieder Geld. Die Spulenwickelei ging gut. Man brauchte sie für die Aufrüstung, für den Krieg. Viele von Papas Kollegen hatten jetzt große Staatsaufträge, da sie ja in die Partei eingetreten waren. Aber wie ich schon sagte, Papa nicht. Er hat es nicht einmal erwogen. Ich weiß nicht was ich an Papas Stelle getan hätte. Sicher das Gleiche.

Viele Kollegen besaßen jetzt riesige Betriebe. Aber das war Papa egal. Er meinte außerdem: "Es geht sowieso alles hops, es ist vollkommen gleichgültig."

Aber so vollkommen gleichgültig war es dann später doch nicht. Diejenigen, die in die Partei eintraten und reich wurden, hatten später, nachdem alles hops gegangen war, also nach dem Kriege, viel Geld. Und dieses wurde ja dann bei der Währungsreform 1 zu 10 eingelöst. Auch wenn viele ihre Fabriken durch die Bomben oder im Osten verloren hatten, so erhielten doch manche Gelder oder sonstige Vergünstigungen und hatten dann selbst mit ihrem abgewerteten Geld Kapital um wieder neu anfangen zu können, und kamen dann schneller wieder hoch. Also hatte es sich doch gelohnt Parteigenosse zu werden. Das Einzige, was Papa hatte, war, daß seine Kinder und Enkelkinder erzählen können, daß Robert Graf nie in der Partei war, und niemals in seinem Leben Heil Hitler gesagt hat. Vielleicht ist das aber mehr wert als wenn er viel Geld hinterlassen hätte. Aber darüber ließe sich streiten. Und wer weiß, ob es die Enkelkinder überhaupt einmal interessieren wird, und vor allem, ob sie es zu würdigen wissen, denn wenn man nicht zu der Zeit gelebt hat, dann sagt man vielleicht: "Na und?"
Aber ich glaube, das wäre Papa auch egal, denn er hat es nicht für seinen Ruf gemacht, garantiert nicht, sondern wegen seines Gewissens.

Im Übrigen wurde mit allen Parteigenossen nach dem tausendjährigen Reich nur ein bißchen "Du, Du" mit dem Zeigefinger gemacht. Manche mußten ein paar Tage Trümmer schippen, manche ein paar Tage länger. Auch den Bösartigen ist kaum etwas passiert. Man mußte schon ein großartiger Kriegsverbrecher sein. Und die sind ja schon lange vorher abgehauen. Es war auch später sehr schwer festzustellen wer, wo, wie und was gemacht hatte. Die ganzen Spitzel zum Beispiel, was ist mit all denen geschehen?

Man war, als alles vorbei war, so sehr mit dem Überleben beschäftigt, daß man gar keine Kraft und vor allem auch keine Zeit hatte, den Spitzeln nachzujagen. Wir hatten nach dem Kriege zu kämpfen, um nicht tot zu hungern, und danach dann Geld zu verdienen, denn alles war weg. Zum Beispiel der Lehrer, der mich auf die schwarze Liste gebracht hat. Wo konnte ich den finden? Alles war ausgebombt. Ich wollte ihn aufsuchen und mit ihm körperlich abrechnen. Der Schuft hat doch sicher viele ins Konzentrationslager gebracht. Fritz hätte mit Wonne mitgemacht und ihn windelweich geprügelt. Aber wo war der Halunke zu finden? Wenn ich ihm auf der Straße begegnet wäre, dann bestimmt. Aber diese Verbrecher haben sich ja meist alle nach Westdeutschland abgesetzt, wo sie keiner kannte. Niemand wußte später wo alle waren.

Wie oft habe ich mir die Begegnung mit diesem Kerl vorgestellt, was ich mit ihm gemacht, und wie er danach ausgesehen hätte, mit seinem tadellos gezogenem Scheitel seiner paar dünnen pomadeglänzenden Haare. Aber ich bin überzeugt, wenn ich die Adresse erfahren und hingegangen wäre, hätte sicher eine blasse zittrige Person aufgemacht, die seine alte Mutter, seine uralte Großmutter oder seine schwerkranke Frau gewesen wäre, die keine Luft bekommen und mir eine tragische Geschichte berichtet hätte, daß der arme Mann es nur getan hat, weil er Krebs oder Lepra oder beides zusammen gehabt hat, und die Nazis ihn gezwungen haben. Es gab sicher Fälle wo die Leute erpreßt wurden. Aber das kann nachher wohl jeder sagen. Und viele haben es tun sollen und nicht getan.

Zeugnisse, ja diese Zeugnisse

Eine Weile interessierten sie mich. Aber später nicht mehr. In den oberen Klassen waren wir alle ziemlich gleich. Es wurden nie Noten verglichen. Der eine war in dem Fach und der andere in einem anderen besser. So um 1934 herum wurde dann aber eine neue Sache eingeführt, die mir langsam auf das Gemüt ging. Der Salm. (Das ist ein Berliner Ausdruck für eine eingesalbte Beschreibung)

In der Volksschule hatten wir im Benehmen immer nur "gut" oder "sehr gut". Man mußte schon allerhand ausgefressen haben um nur gut zu erhalten. Das war im Anfang in der Aufbauschule auch so, aber dann kam der Salm.

Fräulein Pingoud hat immer erst einmal etwas Nettes, Lobendes reingeschrieben. Dann kam aber, was manche andere Lehrer drin haben wollten.

"Jedoch - Hildegards Betragen im Unterricht muß ernster sein. Alberne Einwürfe haben zu unterbleiben."

"Hildegards Benehmen ist........

Dieser Salm wurde in den von dicken Rauchschwaden gefüllten Konferenzzimmern ausgebrütet. In jedem meiner Zeugnisse stand jetzt etwas Gemeines drin. Auch wenn ich ganz folgsam war und absolut nichts Böses gemacht hatte, schon Fräulein Pingoud zur Liebe. Da stand dann statt dessen:

"Hildegards Benehmen hat sich gebessert."

"Hildegard Benehmen hat sich sehr gebessert."

"Hildegards Benehmen hat sich wesentlich gebessert."

Da dachte ich, wartet einmal, Schwarz oder Weiß, doch Grau bestimmt nicht. Und Hildegards Benehmen wird sich nicht mehr bessern. Ich wollte Schwarz sein, richtig Schwarz, und ich rieb Alladins Wunderlampe.

Das Wort das "Letztemal," ist eines der Schlimmsten, die es gibt. Es war in unserem letzten Jahr in Schöneiche. Danach nur noch ein viertel Jahr in der Stadt, und dann Schluß für immer und ewig. Wir hatten die Tage, die Stunden gezählt, wie oft noch Haferbrei essen bis.....Und plötzlich war sie da, die letzte Mathematikstunde bei Herrn Gohrband im Schlosse von Schöneiche. Da saßen wir nun unter einem riesigen schattigen Baum an einem langen Tisch. Das Kopfrechnen war schon vorbei. Und plötzlich wurde mir klar, daß wir nie wieder, nie wieder hier Mathematikunterricht haben würden. Da war nicht mehr die große Freude da, sondern eine Wehmut im Magen, und ich fing an, sie mir einzuprägen, diese herrliche mächtige Eiche und davor Herrn Gohrband mit seinen stacheligen Haaren.

Ich hatte nun aber nicht umsonst Aladins Wunderlampe gerieben, denn bei einem unserer nächtlichen Streifzüge sah ich etwas ganz Unerhörtes. Da war es, genau nach Wunsch. Es war in Gestalt eines Schlüssels, eines einfachen Schlüssels. Dieser Schlüssel steckte in einem Schlüsselloch. Und zwar außen in der Tür der strengen Erzieherin, der mit dem gebrochenem Bein und dem dicken Laufstock, und sie schien sanft zu schlummern. Es ging nicht anders, ich mußte einfach, ich mußte, nämlich diesen Schlüssel umdrehen. Leise umdrehen und abziehen. Jetzt war sie eingeschlossen.

Im Schlafraum wurde nun Kriegsrat gehalten. Die anderen Schlafräume stimmten auch dafür. Die paar, die vielleicht dagegen waren, trauten sich jedenfalls nicht eine andere Meinung zu haben, denn man hätte das als Feigheit auslegen können. Und in der Hitlerzeit war Feigheit eine sehr unerwünschte Eigenschaft. Also war man sich einig.

Welche Möglichkeiten. Man stelle sich vor. Erstens würden wir morgens nicht geweckt werden. Kein "Heil Hitler, Guten Morgen alle aufstehen."
Nein, wir würden weiterschlafen. Und dann natürlich keinen Haferbrei. Den mußten wir jeden Morgen aufessen, total. Jeder eine Kelle voll mit Zucker oder Milch oder ohne - aber aufessen. Sonst brauchten wir nicht, nur Morgens. Und dann würden ja auch die Lehrer nicht ins Schloß kommen können. Also kein Unterricht. Wir mußten nur sicher gehen, daß sämtliche Fenster und Türen gut verschlossen waren, und dann begaben wir uns ganz leise auf die Suche nach anderen eventuellen Lücken. Da man nun befürchtete, daß die Eingangstür unten geöffnet werden könne, verriegelten wir diese. Und dann wurden Tische und Bänke aus dem Eßraum herangeschleppt und davor aufgetürmt. Diese Sache hört sich äußerst dumm und albern an. Aber genau das war es, was wir damals waren.

In dieser Nacht schliefen wir erst gegen morgen ein. Wir wurden durch dröhnende Schläge geweckt. Die Erzieherin fing an gegen ihre Tür zu wüten. In gesteigerter Lautstärke wurden Befehle und Drohungen ausgestoßen. Sie öffnete ihre Fenster und rief hinaus. Auf der Ostseite des Schlosses lagen die Gutsteile. Schöneiche war ein Rittergut gewesen. Man konnte von den hinteren Fenstern auf die Getreidespeicher und Ställe des hübschen Gutshofes sehen. Dort arbeiteten immer Leute. Aber keiner schien sich um die wütende Erzieherin zu kümmern. Der Gärtner wohnte hinten im Park und konnte sie nicht hören, und Herr Laude, der Lehrer, der oben im Schlosse wohnte, war gerade an dem Tag nicht da, die Hausgehilfen kamen später. Alladins Wunderlampe hatte auch an alles gedacht.

Nach einiger Zeit erschien jedoch der Gutsinspektor auf dem Hofe, den die Sache nicht so belustigte wie seine Arbeiter. Er ging galant unseren Gärtner holen, und der versuchte eine Leiter zu finden, die man an das Fenster legen konnte. Aber nach einer Weile mußte er aufgeben, alle waren zu kurz. Er schlug vor, Fenster einzuschlagen, aber man hatte Bedenken. Inzwischen waren die Hausgehilfen und die Lehrer aus der Stadt erschienen. Man holte einen Schlosser, der die Eingangstür zum Seitenportal öffnete. Wir taten alle, als ob wir noch schliefen. An diesem Tage gab es keinen Haferbrei. Ich glaube, es gab gar nichts zu essen. Der Direktor Langenheinicke wurde aus der Stadt herbeigerufen. Er erschien gegen Mittag. Er setzte sich in die Mitte eines langen schmalen Tisches, den man in einen besonderen Raum brachte. Alle Lehrer rechts und links von ihm, genau wie bei Leonardo da Vincis Abendmahl. Die Schülerinnen wurden einzeln hereingerufen. Alle haben geschwiegen trotz aller Drohungen. Aber wir wußten ja, daß man nicht alle Mädchen aus der Schule werfen konnte. Sie brauchten uns. Das Verhör ging den ganzen Tag über.

Eine gute Seite hatte die Hitlerzeit. Es sollte das Zeitalter der Kameradschaftlichkeit sein. Sie hatten es uns ziemlich lange eingedrillt. Die Idee der unerschütterlichen Freundschaft behagte uns. Und da das nicht gegen unseren Strich ging, wie die meisten Dinge, die man versuchte uns einzurichtern, so hat keiner etwas verraten. Fräulein Pingoud wußte natürlich, daß ich den Schlüssel umgedreht hatte.

Vielleicht noch ein paar andere Lehrer. Ich bekam einen Tadel für groben Unfug im Landschulheim. Aber den bekamen alle. Ich hatte sowieso so was oft in meinem Zeugnis drin. Mir machte das absolut nichts aus.

Es war auch gerade vor den großen Ferien, und alle Schüler wurden sogleich zur Strafe nach Hause geschickt. Das traf uns nicht sehr tief, und wir zogen fröhlich ab. Aber ich wußte nicht, daß es das letzte mal war, daß ich Schöneiche sehen würde. Das allerletzte mal.

Silvester 1938

Es war vor dem Abitur und die Jungs aus Bornholm luden mich ein mit ihnen Silvester zu feiern. Kurt war gerade nicht da, und ich hatte nichts vor. Ich haßte Silvester Feiern in Lokalen oder Vereinen, wo Angesäuselte mit lächerlichen Hüten, Tuten und Knarren versuchen einen zu umarmen. Und von Fremden geküßt zu werden, nein, wie schrecklich.

Die Eltern, des so jung aussehenden Knaben Fritz, besaßen ein kleines Landhaus in Woltersdorf. Dort würden wir ganz unter uns sein. Die Jungen wollten etwas zu trinken und Hanna und ich etwas zum Essen mitbringen. Der eine Junge versprach das Haus warm zu heizen. Als wir jedoch ankamen, war es noch eiskalt. Er hatte nicht bedacht, daß man lange braucht um ein völlig durchgekühltes Haus zu erwärmen, denn die Kachelöfen heizen langsam. Aber so etwas wußten Jungs aus der Stadt damals nicht, da zu unsere Zeit nur Mütter oder Hausangestellte zu heizen pflegten. Wir ernannten Ulli, den großen Schlanken von Bornholm zum Oberheizer und versuchten dann mit allen möglichen Dingen der Kälte zu Leibe zu gehen. Aber wir froren. Man griff zum Alkohol, der sollte, wie es immer hieß, helfen. Aber es war einfach zu kalt im Hause und er machte uns weder lustig noch warm. Alles was er unter diesen Umständen produzieren konnte, war Schläfrigkeit, denn keiner von uns war Alkohol gewöhnt. Jetzt waren wir nicht nur kalt, sondern auch noch müde dazu. Jemand kam auf die große Idee alle Federbetten von den oberen Schlafräumen herunterzuholen, und dann legten wir uns alle in eine Ecke in der Nähe des Ofens auf die Erde und deckten uns zu. Ulli blickte mich traurig sehnsüchtig an, aber auch bald schlief er, wie auch alle andern.

Seltsamerweise blieb ich wach, und auch der Junge, der so sehr jung aussah, und der mir seine Bilder gezeigt hatte. Wir unterhielten uns angeregt über alle möglichen Dinge und im nu war die Nacht vorbei. Gegen Morgen wurde einer nach dem andern wach. Inzwischen war das Zimmer wärmer geworden und wir begannen die Feier nachzuholen. Wir stießen auf das neue Jahr an
Und das neue Jahr brachte den Krieg.

Ich selbst hatte keine Ahnung, daß ich in diesem Raum, in dem wir Silvester feierten, bald darauf noch so viel erleben sollte. Daß zwei von meinen Kindern dort geboren wurden, und eines darin starb.

Das Abitur

Da waren zwei Dinge, vor denen ich die meiste Angst in meinem Leben hatte. Das war der Tag, an dem meine Großmutter sterben würde, und der Tag, an dem ich das Abitur machen mußte. Oma war nun zwar schon sehr alt, aber ganz gesund, und konnte noch lange leben. Aber der Tag des Abiturs kam näher und näher.

Warum hatte ich eigentlich solche große Angst, da ich doch eine gute Schülerin war? Ja, das hatte einen besonderen Grund. Ich besaß nämlich ein Gedächtnis, das mir absolut nicht gehorchte, das ein vollkommen selbständiges Wesen war, eigene Entscheidungen traf, und mit mir machte was es wollte. Es merkte sich absolut nicht, was ich verlangte, daß es sich einprägen müsse, nein, nur das was es selbst für aufhebungswert hielt. Und das waren manchmal die seltsamsten Dinge. Ich bin auch bis heute noch nicht dahintergekommen, nach welchem Prinzip es auswählte und immer noch auswählt.

Nur mal ein kleines Beispiel. Da war in der Memelerstraße ein winziger Laden, der hatte Schulbedarf, sonst nichts weiter. Also Schulbücher, Schulhefte, Bleistifte, Schiefertafeln, Griffel, Federn und Radiergummi und Luchsbilder. Wenn man in der Volksschule ein neues Jahr anfing, ging man dorthin und kaufte ein neues Lesebuch. Das war für mich immer ein großes Ereignis. Erstens war man ein Jahr weiter, ein Jahr älter, und dann die große Erwartung, was würden in diesem neuen Buch für schöne Dinge sein, was für hübsche unbekannte Bilder, welch andere Geschichten.

Der kleine Laden war ganz dunkel. Eine winzige Glühbirne hing in der Mitte des Raumes an einer langen Schnur. Der Fußboden bestand aus ungestrichenem Holz, das nie gewischt, höchstens mal gefegt wurde. Zwei uralte Leutchen bedienten in großen Filzschuhen, die immer behutsam über den Boden schlurften.

Diesen Laden und seinen höchsteigenen Geruch hat nun mein Gedächtnis für so wichtig gehalten, daß ich ihn bis auf das Kleinste behalten habe. Ich weiß sogar noch genau die Stelle wo die Bücher des jeweiligen Schuljahres lagen. Das war, wenn man reinkam, gleich an der linken Seite im zweiten Regal. Es ist möglich, daß mein Gedächtnis sich den Laden auch wegen der Luchsbilder gemerkt hat. Die Luchsbilder lagen nicht aus. Sie waren viel zu wertvoll. Sie befanden sich in einem blauen Karton hinten unter dem Ladentisch. Die alten Leutchen holten sie nur behutsam hervor, wenn man sie verlangte. Diese Luchsbilder waren auf einem großen Bogen zusammengestellt. Es waren lackierte Biedermeier Motive. Da waren Veilchen und Rosen und freundlich lächelnde Kinder, die lieb und fromm und gut zueinander waren. Diese Bilder kamen damals in Mode. Man spielte luchsen mit ihnen. Das ging folgendermaßen vor sich. Man legte eines dieser Bilder in die Innenfläche der Hand und schlug mit den Fingern gegen die Tischkante. Dabei flog das Bild in die Mitte des Tisches. Der nächste Spieler mußte nun in der gleichen Schleuderbewegung mit seinem Bild das erstere treffen, das ihm dann gehörte. Wenn es nicht das andere berührte, mußte seins auch liegen bleiben. Manchmal lagen dann viele Bilder dort. Ein geschickter Spieler konnte mitunter nicht nur eins sondern mehrere auf einmal treffen.

Diesem Laden hat nun mein Gedächtnis einen ganz besonderen vorrangigen Platz gegeben, und das Klassenzimmer in den ersten Jahren der Aufbauschule, kann ich nicht genau beschreiben. Weiß nicht, wer vor oder hinter mir saß. Warum hat es sich das nun nicht gemerkt? Ich würde es jetzt gerne vor mir sehen.

Aber nein, es hat es nicht aufgehoben, trotzdem die Schule damals wichtig für mich war. Es hat es einfach in irgend eine Ecke geworfen, wo ich es vielleicht, aber auch vielleicht nicht, wiederfinden kann, wenn ich nicht gerade darüber stolpern sollte. Nach welchem System wurde alles sortiert?

In den oberen Klassen habe ich nun mein Gedächtnis ständig beschworen sich doch bitte Dinge einzuprägen, die wir brauchen würden. Einmal war der Geschichtslehrer krank, und da kam der Direktor Langenheinicke als Vertretung herein und fragte in unglaublich drohender Lautstärke: "Schlacht bei Lützen ? ? ? Schlacht bei Leuthen ? ? ?"
Schlachten mußte man sich also merken und die Daten der Könige.
Wenn mein Gedächtnis nun wenigstens zu einem Kompromiß bereit gewesen wäre. Ich brauchte doch die Dinge. Während der Schulzeit hatten wir dauernd kleine Prüfungen. Aber die konnte ich auch ohne mein Gedächtnis zu bemühen. Aber vor der großen Prüfung, dem Abitur, da hatte ich schreckliche Angst. Was konnte man da nicht alles gefragt werden? Die Geschichte von Elsaß Lothringen von..bis........Die chemische Formel von Nitronaphtalinehidrosulforsäure ...
oder die Gesteinschichten Des Gebirges von Laristan.....
Was konnte es alles für Fragen geben. Welche grauenvollen Möglichkeiten gab es. Und je mehr ich es mir ausmalte, um so entsetzlicher wurde die ganze Angelegenheit.

Ich habe heute noch Angst vor dem Abitur. Das ist auch ein Grund warum ich das Buch zu schreiben anfing. Der Angsttraum vom Abitur. Es ist immer der gleiche. Ich sitze in meiner Klasse. Alle Mitschülerinnen sind dort. Wir schreiben eine Arbeit. Die große Endprüfungsarbeit. Alle können es und fangen eifrig an. Ich kann es nicht. Ich weiß es nicht. Ich versuche dem Lehrer klar zumachen, daß ich schon jahrelang nicht in der Klasse war, und es daher nicht alles wissen kann. Aber das macht keinerlei Eindruck auf ihn. Mit eisernem Gesicht erklärt er mir, ich müsse mitschreiben. Höchstens drei Stunden zum Aufholen würde er mir einräumen. Meist ist es Mathematik und Französisch. Ich bin verzweifelt und versuche es. Aber es ist unmöglich. Dann kommt mir stets der rettende Gedanke und ich erkläre ihm, daß ich die Prüfung doch gar nicht zu nehmen brauche, da ich das Abitur doch schon längst habe. Aber nein, das spiele keinerlei Rolle. Noch einmal müßte ich es machen, noch einmal. Eine Weile, als ich nicht viel Zeit zum malen hatte, kam der Traum fast jede Nacht. Jetzt wo ich schreibe, hat er aufgehört. Sicher wollte mein Unterbewußtsein, daß ich etwas Bestimmtes tun sollte. Und Angst ist, und war scheinbar das beste Druckmittel. Und wo war die bei mir am dicksten zu finden. Nicht beim Ertrinken, nicht bei den Bomben, nicht bei den Russen, nein, beim Abitur.

Als nun dieses schreckliche Abitur in drohende Reichweite rückte, begann ich meinen Verstand zu Rate zu ziehen. Da wir damals noch keine staatlichen Prüfungen hatten, waren es die Lehrer und der Stadtschulrat, die uns abfragen würden. Die Lehrer hatten natürlich das größte Interesse uns als wissend zu präsentieren. Und der Stadtschulrat schien auch nicht unser Feind zu sein, denn er hatte uns doch die Karten für die Fahrt nach Bornholm geschenkt. Es hieß also erst einmal aufzupassen und herauszukriegen, was das Steckenpferd eines jeden Lehrers war, was er gründlich und mit Nachdruck lehrte, was er oft wiederholte. Und dann fing ich an diese Dinge auswendig zu lernen, so auswendig wie ein Gedicht, immer und immer wieder.

Der Tag der schriftlichen Prüfung kam. Alle Fächer wurden geprüft, und es stellte sich heraus, daß ich in jedem Falle auf genau das Richtige getippt hatte. Es wurden genau die Dinge gefragt, die ich auswendig herrunterrappeln konnte. Ich hatte dadurch im Schriftlichen alles sehr gut und würde darum nun nur noch im mündlichen in meinem Wahlfach geprüft werden und in Rassenkunde natürlich. Da würde man Jeden auf Herz und Nieren untersuchen, denn dieses Fach war den Nazis sehr wichtig. Man liebte nämlich die nordische Rasse. Persönlich kann ich diese Erdenbürger auch gut leiden, diese stolzen, schweigsamen Menschen. Aber wer war schon noch rein, und die ganz Reinen sind oft überzüchtet. Ich finde, daß Rassenmischung die interessantesten Menschen hervorbringt. Die Nazis waren jedoch andere Meinung. Schädel wurden gemessen und man wurde in Gruppen eingeteilt. Ich maß meinen und behielt das schamvolle Resultat für mich. Mein Schädel war nämlich nicht schmal und lang, sondern ganz rund. Also kein nordischer Schädel.

Von Papas Seite waren meine Vorfahren jedoch alle seit Adam und Eva durchweg rein unvermischte germanische Alemannen. Von woher kommt nun meine Kopfform und meine starken Backenknochen? Ich glaube Genghis Khan ist auch in Hinterpommern gewesen. Irgend so etwas muß es gewesen sein. Aber das war natürlich auch eine Sache, die man am besten in der Rassenkunde nicht zur Sprache brachte.

Die Nazis waren nun alles andere als nordisch. Goebels wurde als Schrumpfgermane bezeichnet. Und Hitler konnte man am besten in die Charly Chaplin Gruppe bringen. In Übrigen fand ich, daß die Juden, die nicht aus dem Osten kamen, sehr viel wie die nordische Rasse aussahen, nur eben kleiner. Als ich das im Unterricht erwähnte, hatte ich wieder einmal etwas ganz Verkehrtes gesagt. Aber die Lehrerin war nett und ging nicht weiter darauf ein. Sie schüttelte nur den Kopf über so viel Unklugheit.

Bei der mündlichen Prüfung erschienen alle Lehrer im Frack und die Lehrerinnen in feierlichen Abendkleidern, die bis zur Erde reichten. Manche Mädchen wurden ausführlich und lange geprüft. Mein Wahlfach war deutsche Literatur. Es war leicht. Und als alles endlich vorbei war, atmete ich tief auf. Aber dann kam etwas, womit ich nicht gerechnet hatte. Der Direktor Langeheinicke hatte nämlich das letzte Wort. Er gab unsere Nummern bekannt. Ich bekam nur "genügend".

Der Direktor Langenheinicke eröffnete mir lächelnd, daß der Grund dafür war, daß ich die Prüfung so sehr gut gemacht hätte. Dadurch war bewiesen, daß ich sehr begabt sei. Da ich nun aber nicht das ganze Jahr über in allen Fächern sehr gut gehabt hätte, so wurden alle meine Nummern heruntergesetzt, denn die Endnummern mußten an den Fähigkeiten gemessen werden. Das war die neueste Parteilinie.

Mein Blut fing an zu kochen über diese große Ungerechtigkeit. Denn ich hatte mir die ganze Schulzeit über wirklich blutige Mühe gegeben, hatte immer gelernt, den ganzen Tag Schularbeiten gemacht. Ich hatte große Einzelbegabungen, aber manche Fächer fielen mir nicht so leicht. Trotzdem hatte ich stets gute Nummern bekommen. Niemand konnte bei uns das ganze Jahr über in allen Fächern ein sehr gut erreichen. Und nun sollte ich für die gute Leistung auf dem Abitur bestraft werden.

Mir war es eigentlich gar nicht so wichtig welche Endnummer man auf mein Abiturzeugnis gesetzt hatte, denn ich brauchte das ganze Abitur ja gar nicht. Die Kunstakademie interessierte es überhaupt nicht.

Ich habe es niemals Jemanden gezeigt oder zu zeigen brauchen, da ich ja keine akademische Laufbahn einschlug, und später immer nur selbständig arbeitete. Alle meine Zeugnisse, auch das liebe, so wichtige Abiturzeugnis liegen unbenutzt nur in einer Mappe, neben den alten Fotos.

Aber damals war ich ungeheuer wütend. Diese teuflichen Parteilinien, die ständig neu herauskamen. Diese Ungerechtigkeit, diese verfluchte verdammte Ungerechtigkeit.

Da war nun jedes Jahr eine Abiturfeier, eine, die die Mädchen für die Lehrer gaben. Es wurden Gedichte und Theaterstücke geschrieben, die immer nett, oft ulkig, und manchmal sogar witzig waren. Das wäre nun eine gute Gelegenheit gewesen in satirischer Weise den Direktor Langeheinicke anzugreifen. Aber das wollte ich nicht, schon wegen der netten Lehrer, und außerdem hätte ich damit auch die Parteilinie und damit auch unseren geliebten Führer angegriffen, und das wäre äußerst unklug und gefährlich gewesen. Ich bedankte mich bei den Lehrern, aber eine Feier zu organisieren, das sollte machen wer wollte. Ich jedenfalls würde mich absolut nicht darum kümmern. Und da Subeida nicht mehr in der Schule war, die es vielleicht übernommen hätte, so hat es in unserem Jahrgang zum ersten Mal in der Geschichte der Aufbauschule keine Schülerabiturfeier gegeben.

Heute tut es mir leid, daß die Schule mit so einem Mißklang endete. Ich hatte mir alles so ganz anders vorgestellt. Hatte geträumt von dem Augenblick, in dem die Schule vorbei sein würde, hatte ihn mir überglücklich vorgestellt. Aber das war absolut nicht der Fall. Eine tiefe Traurigkeit überfiel mich. Die Schule hatte einen so großen Platz in meiner Seele eingenommen. Eine unendliche Leere war plötzlich da, die nichts auszufüllen schien.

Da waren lange und große Reden in der Aula bei der offiziellen Abiturschulfeier, daß sich jetzt das Tor des Lebens für uns öffnen würde. Es hatte sich geöffnet. Aber was da draußen war, das erfüllte mich mit Wehmut, Angst und Zögern.

Die Kunstakademie

Ja dort hinzukommen. Manche sagten:" unmöglich, völlig unmöglich". Und andere meinten:" ausgeschlossen, völlig ausgeschlossen:" Mochten alle sagen, was sie wollten. Ich jedenfalls nahm meine Bilder unter den Arm, machte mich auf den Weg und wurde auch zur Aufnahmeprüfung zugelassen.

Solange ich zurückdenken kann, wolle ich immer zur Kunstakademie. Das lag natürlich zum größten Teil daran, daß ich stets die Dinge bewunderte, die mein Cousin Ernst machte. Die kleinen winzigen Theater aus Papier mit den Bühnenbildern, die er schon als kleiner Junge bastelte. Man konnte sie auf den Tisch stellen, und wenn man ganz dicht ran ging, dann war man wirklich im Theater und konnte die Schauspieler sehen mit ihren phantastischen Gewändern. Und die Bilder, die er dann später malte, die gar nicht so aussehen wie es wirklich war, sondern viel schöner, die gefielen mir mächtig. Er hat die kleine Cousine nie erst genommen, mir wohl mal einen Malkasten geschenkt, aber das war auch alles.

Er hat nie wissen wollen, was ich damit machte. Aber das war mir egal. Meine Sachen brauchten nur mir zu gefallen. Das war wichtig, und zur Kunstakademie zu kommen, das war auch wichtig. Meine Bilder waren mein letzter Gedanke gewesen, als ich ertränkt wurde.

Und jetzt war es endlich so weit. Ich konnte die Aufnahmeprüfung machen. Der große Tag war da. Dieses herrliche Gebäude. Diese enormen Säle. Ganz gering und winzig war man in diesen heiligen Hallen. Unser kleine Schar wurde in einen großen Raum geführt. Auf dem Podium stand eine Staffelei und schräg davor ein Stuhl mit einer Lehne. Das sollten wir perspektivisch richtig auf einen großen Bogen zeichnen. Das war ja gar nichts. Das war kinderleicht. Ich hatte ein Augenmaß, das auf einen Millimeter stimmte. Irgend etwas Schiefes bereitet mir noch heute körperliche Schmerzen. Ganz schnell war die Aufgabe fertig. Aber wir hatten noch lange Zeit. Alle andern fingen jedoch an eifrig Schatten einzuschraffieren. Sicherheitshalber tat ich das dann auch.

Die nächste Sache war nun schon schlimmer. Da wurde ein alter Mann hereingeholt. Der war ganz nackt, vollkommen. Er wurde von allen Seiten angeleuchtet und sollte auch auf einen großen Papierbogen gebracht werden. Aktzeichnen nannte man es. Ich hatte es noch nie getan, aber es bereitete keinerlei Schwierigkeiten bis auf..... Und das ließ ich daher erst einmal weg. Man gab uns auch lange Zeit für diese Aufgabe. Hinter und vor mir begann man wieder Schatten zu setzen, zu wischen, Lichter hinein zu radieren. Ich haßte diese Sache. Aber ich wollte nicht aus der Reihe tanzen. Ich entschied mich für eine feine Schraffierung. Aber je genauer der Mann auf dem Papier wurde, um so komischer sah er aus, ohne das bis auf...........Nach einiger Zeit entschloß ich mich es doch zu zeichnen, und fing an, es genauer zu fixieren. Aber plötzlich wurde ich wütend. Es war nicht richtig jungen Damen das zuzumuten. Warum mußte es gerade ein Mann sein, den wir zeichnen sollten. Nein, ich würde es nicht tun. Sollte es zeichnen wer wolle, schattieren und schraffieren, daß es so natürlich aussah, daß selbst die Vögelein kommen und daran picken würden. Ich jedenfalls zeichnete den Mann ganz ohne.

Die dritte Aufgabe hieß: Aller Anfang ist schwer. Mir war bei den Prüfungsarbeiten aufgefallen, daß alle Andern ziemlich genau und sehr naturalistisch arbeiteten. Also besser vorsichtig sein. Ich war ja schon beim Aktzeichnen aus der Reihe getanzt. Dieses Mal würde ich alle Zimmerlinden beiseite lassen und klug handeln. So malte ich ein Bild, ziemlich genau, in gefälliger Art, zwei Knaben, die Schularbeiten machten und auf einer Schiefertafel das Schreiben zu lernen versuchten. Es war nicht schlecht, aber absolut nicht das, was ich später malen wollte.

Alle Prüfungsarbeiten wurden dann ausgelegt, und die Professoren konnten sich aussuchen welche Schüler sie aufnehmen und in ihrer Klasse haben wollten. Unter diesen Professoren waren nun ganz berühmte Maler, die allerbesten, aber dann waren auch noch welche, die beruflich unterrichteten. Ich hoffte natürlich zu einem ganz berühmten zu kommen. Man soll vorsichtig sein, was man sich wünscht, man könnte es bekommen. Ich bekam es. Ich wurde angenommen und Professor Bartning hatte mich ausgewählt. Professor Bartning war berühmt, sehr berühmt. Er war einer der besten Maler, die Deutschland damals noch hatte. Leider malte Professor Bartning nur eine Sache, Blumen. Ich hatte nun Blumen zwar sehr gerne, wer hat nicht.

Aber nicht immer Blumen. Blumen zierlich oder üppig, einzigartig oder gewöhnlich, Blumen in allen Farben, Blumen in allen Formen, Blumen in allen Größen. Blumen, Blumen, immer nur Blumen, meine Güte.

Der Professor Bartning war ein ganz kleiner, liebenswürdig und wohlwollender, sympathischer, alter Herr, der an einem Stock lief. Er kam jeden Tag für ungefähr zehn Minuten in unsere Klasse und zeigte uns wie man Blumen malt, das heißt, er malte es uns vor. Und dann hörte man den hohlen Schall von dem tiptip seines Stockes die ganze marmorne Flurhalle entlang, bis nichts mehr zu vernehmen war.

Das Atelier des Professors Bartning war das schönste und bestgelegenste der ganzen Kunstakademie. Riesig hoch, riesig groß und ungeheuer feierlich. Die paar Schüler waren kaum in dem gewaltigen Raum zu finden. Das Atelier hatte einen großen Balkon zur Hardenberg Straße hin. Auf diesem Balkon war es herrlich zu malen. Nebenan hörte man die Musikhochschule musizieren und rechts von uns lag die technische Hochschule.

Meine Mitschüler, ich glaube es waren nicht mehr als vier oder fünf, die zur gleichen Zeit sich dort aufhielten, waren auch alles feine zarte Blumen, die selten oder nie sprachen, und sicher von mir das gleiche behaupteten. Sie antworteten freundlich wenn man sie etwas fragte. Aber das war auch alles. Es hatte gar keinen Sinn eine Unterhaltung anzufangen. Bildende Künstler sind im Allgemeinen scheu und nicht allzu kontaktfreundlich. Die Kommunikation mit der Menschheit geht bei ihnen meist über die Kunst. Da war absolut niemand in meiner Klasse, an den man sich wenden konnte. Wie sehr vermißte ich die Mädchen aus Schöneiche. Hier war ich ganz allein nur unter Blumen und Blümchen den ganzen Tag. Es ist durchaus möglich, daß Professor Bartning mehr Schüler in seine Klasse aufgenommen hatte, aber viele erschienen nur selten. Ich jedoch gehörten zu den Eifrigen, die jeden Tag kamen. Das Schlimme war, daß einem Niemand Bescheid sagte. Es wurde angenommen, daß man alles wußte. Ich war gewohnt einen festen Stundenplan zu haben.

Allmählich merkte ich jedoch, daß man auch andere Fächer belegen konnte. Aber nichts gefiel mir eigentlich so richtig. Überall sollte man es realistisch machen. Vor allem beim Portraitmalen. Kunstgeschichte war gut, Bewegungsskizzen auch. Da konnte man aus Zeitmangel keinen Realismus verlangen. Beim Drucken wurden Monate lang nur Steine geschliffen. Das interessanteste war noch das Zeichnen im Zoo. Man konnte dort hingehen wo man wollte, und ein Professor kam dann und verbesserte.

Eines Tages faßte ich mir ein Herz und fragte Professor Bartning, ob ich nicht auch mal etwas anderes malen könnte als nur Blumen. Da führte er mich hinaus auf den Gang. Den ganzen Flur entlang standen die Figuren des Straßburger Münsters in Lebensgröße. Direkt neben unserer Eingangstür befand sich die Ekklesia und die Synagoge. Die solle ich nun abmalen in zwei Meter Format. Meine Güte abmalen. Aber alles schien besser als die Blumen, Blumen, Blumen. Es solle nun aber in Tempera sein. Diese Tempera ist oder war schwierig. Sie wird immer heller und farbloser wenn sie auftrocknet. Man braucht eine lange Erfahrung um das einzukalkulieren.

In der Kunstakademie hatte sich auch alles gegen mich verschworen. Wo zum Kuckuck waren die Maler mit den blauen Tieren. Das sei verboten, wurde mir erklärt. Verboten. Die meisten guten Maler waren ausgewandert. Sie konnten Hitler nicht ertragen. Sie waren entweder weg, oder saßen verschüchtert in irgend welchen Ecken. Aber wo, wo waren sie? Wo konnte man sie finden? Aber vielleicht war es sowieso besser erst einmal die Grundlagen zu erlernen.

Also saß ich treu und brav und malte die Ekklesia und die Synagoge in Riesengröße.

Jeden Morgen, genau zur gleichen Zeit erschien Professor Bartning, sah es an und sagte :

"Sehr gut, Fräulein Graf, sehr gut."

"Nein, es ist noch nicht gut, Herr Professor, die Hand ist falsch."

"Die Hand?. Ja die Hand, verbessern sie die Hand Fräulein Graf."

Und dann hörte man das Ticken des Stockes, bis es verschwand. Am nächsten Tage genau das Gleiche:

"Sehr gut Fräulein Graf, sehr gut."

"Nein, es ist noch nicht gut, Herr Professor, der Fuß erscheint mir falsch."

"Der Fuß? Ja, der Fuß verbessern sie den Fuß Fräulein Graf."

Es war hoffnungslos.

In der Kunstakademie schien immer alles so tot. Darum ging ich so gerne in den Zoo zeichnen. Da war Leben. Man hörte Menschen lachen, Kinder schreien und Tierlaute. Im Zoo bemerkte ich, daß sich ständig ein Student in meiner Nähe aufhielt. Er war älter als ich und klug und weise, sehr groß und sah sehr gut aus. Er war Bildhauer in der Meisterklasse von Arnold Breker, dem Burschen, der Hitler die neogriechischen Statuen für seine Reichskanzlei schuf. Abgeleckte Nachahmungen, Fackel tragende Jünglinge. Ich mochte sie nicht. Ich habe Imitationen nie leiden können. Außerdem hatten die Figuren von Arnold Breker viel zu kleine Köpfe. Dadurch hoffte Arnold Breker natürlich einen eigenen Stil zu schaffen. Aber vielleicht wußte er nicht, daß in der Regel kleine Köpfe auch nur ein kleines Gehirn beherbergen können. Aber es schien durchaus passend Hitlers Prunkräume mit kleingehirnigen Mustermenschen zu bepflastern. Aber das durfte man natürlich nicht verlauten lassen, weder zu Arnold Breker noch zu seinen Schülern. Ich ging trotzdem gerne in dieses Bildhaueratelier. Ich konnte den Geruch so gut leiden. Hier roch es wenigstens nicht nach unseren ewigen Blumen. Hier roch es nach Ton und Stein und Marmorstaub.

Dieser Bildhauer aus der Meisterklasse interessierte mich. Wir trafen uns oft in kleinen Kaffeehäusern, gingen häufig im Tiergarten spazieren und unterhielten uns stundenlang. Er war vielseitig talentiert. Ein guter Musiker, ein begabter Bildhauer. Ich habe in seiner Klasse auch öfters Modell gestanden. Aber eins bewunderte ich am meisten an ihm, das waren seine Gedichte, die er mir oft brachte. Sie waren enorm, außerordentlich gut. Er schien das Genie zu sein, das ich suchte. Da war nur eine Sache, die mich störte. Ich konnte mich absolut nicht in ihn verlieben.

In der Mitte der Kunstakademie war ein kleiner Garten, wie in einem Kloster angelegt. Mit Bänken und einer unheimlichen Stille. Diese Ruhe konnte einem allmählich aufs Gemüt gehen. Ich hatte natürlich die Abteilung freie Kunst gewählt. In der angewandten Kunst schien es viel lebhafter zu sein, auch die Studenten gefielen mir eigentlich dort besser. Aber angewandte Kunst, einfach undenkbar. Nein, Geld zu verdienen, sollte nicht mein Motiv sein. Rembrandt wäre nie dort hingegangen. Nein, Schwarz oder Weiß.

Eines Tages sprach mich ein nettes junges Mädchen an. Sie war eine Bildhauerin und hatte sich auf Tiere spezialisiert. Ich mochte sie gleich vom ersten Augenblick. Sie hatte eine Bitte an mich. Ihre Freundin und sie beschäftigten sich mit Graphologie, und ob ich eine Schriftprobe von dem Meisterschüler von Breker hätte, da sie mich öfters mit ihm zusammen sah.

164

Er war ohne Zweifel der best und männlichst aussehenste Student der ganzen Akademie, ein großer, blonder norddeutscher Typ. Ich muß natürlich hinzufügen, daß er in der Kunstakademie nicht all zu viel Konkurrenz hatte. Die Jungs nebenan in der technischen Hochschule, die sahen im Allgemeinen viel besser aus als die Künstler, die es bei uns gab. Natürlich hatte ich eine Schriftprobe von dem Bildhauer. Eines seiner herrlichen Gedichte war in meinem Tagebuch, welches zufällig in meiner Klasse lag. Und ob sie auch etwas Handgeschriebenes von mir haben könnte. Ich gab ihr sogleich mein ganzes vollgeschriebene Tagebuch. Ich betonte auch wie enorm gut das Gedicht von dem Meisterschüler sei.

Nach ein paar Tagen kam sie zurück. Der große Bildhauer wäre eine Enttäuschung. Er sei ein Angeber, ein kleiner Imitator, und "sein" enormes Gedicht sei ein weniger bekanntes von Rilke. Aber ganz hinten in meinem Tagebuch hätte sie einen Brief gefunden, und sie möchte gerne wissen, wer den geschrieben hat. Das sei nämlich ein enormer Mensch. Ein großes Genie mit einer ungeheuren Energie und großer Güte. Das mußte ein Irrtum sein. Ich kannte keinen solchen Menschen. Aber es war kein Irrtum. Es war der Brief von dem jungen Knaben aus Bornholm, von dem kleinen Junge, der Fritz hieß.

Meine Handschrift muß ihr auch gefallen haben. Sie lud mich ein ihre Eltern zu besuchen, die in Pommern lebten und dort eine große Fabrik hatten. Sie besaß auch größere Brüder. Ich hatte den Eindruck, daß sie mich gerne mit einem derselben verheiraten wollte. Diese Reise habe ich nie gemacht, weil plötzlich eine Menge von anderen Dingen geschahen. Später standen wir noch lange im Briefwechsel. Aber nach dem Kriege wußte ich nicht mehr wohin ich die Briefe senden könnte, denn Pommern gab es ja gar nicht mehr, und auch meine Anschrift war nicht mehr gültig, die ganze Brombergerstraße war ja auch verschwunden.

Was würde ich dafür geben, sie wieder zu treffen. Immer wenn ich in New York bin, suchen ich in allen Gesichtern nach ihr. Ich weiß nicht warum ich glaube sie gerade in New York zu finden. Vielleicht, weil ich dort schon Menschen sah, die ihr ähnelten. Aber ob wir uns überhaupt wieder erkennen würden, ja das ist eine große Frage. Aber ich habe die Hoffnung noch nicht aufgegeben.

Am Ende des ersten Semesters in der Kunstakademie wurde uns dann mitgeteilt, daß wir alle in den Ferien zur Erntehilfe gehen müßten. Und wenn wir das nicht täten, wir uns im nächsten Semester nicht wieder einschreiben dürften.

Die Erntehilfe

So ganz geheuer war mir diese Sache eigentlich nicht. Erntehilfe, was sollte man da tun? Sicher in größter Hitze in schwerster Arbeit auf den Feldern schuften. Ich wußte noch von den Onkeln und Tanten wie hart das war. Aber wenn es andere konnten, warum nicht auch ich, und fröhlich an die Sache ranzugehen war immer besser.

Wir fuhren los, Richtung Osten. Ein ganzes Abteil voller Studenten von allen möglichen Universitäten und Fakultäten. Das war lustig. Es waren übrigens alles Jungs.

Wir wurden einzeln bei den Bauern einquartiert. Ich kam zum Bauer Engel in Modderwiese. Das war wirklich der Name des hübschen kleinen Döfchens. Der Student nebenan hieß Wilfried Kettelhacke.

Der Bauer Engel mag vielleicht vierzig Jahre alt gewesen sein. Er hatte eine seltsame Art zu atmen. Alle fünf Minuten holte er ganz tief Luft, und ließ diese dann langsam entweichen mit den Worten "Jahhhhh, Jahhhhh." Den ganzen Tag lang, immer das gleiche, egal was er tat. Aber es war zu verstehen, denn er wurde bald eingezogen. Die Bäuerin war drall und lebenseifrig. Sie hatte keine Zeit und auch keine Lust für ein Jahhhh, Jahhhhh.

Der geliehene Roggenschneider

Da war noch eine ganz alte Mutter. Vielleicht war sie auch nur so alt wie ich jetzt bin. Man konnte bei den Leuten früher nie das Alter bestimmen. Aber sie schien schon sehr betagt zu sein, weil sie schon so krumm ging. Kinder liefen auch noch herum. Da man sich aber hauptsächlich um das Vieh kümmerte, habe ich nie genau gewußt wie viele da nun eigentlich waren. Das ganz Kleine wurden bei der Ernte einfach fest eingewickelt an den Wegrain gelegt. Und wenn man von der Feldarbeit nach Hause kam, dann achtete auch niemand auf die Kinder. Da hieß es erst einmal das Vieh besorgen, Tierfutter kochen, Kühe besorgen, Schweine futtern und die Hühner und die Enten und die Gänse. Und spät abends, wenn alles fertig war, dann kamen die Menschen und damit auch die Kinder dran.

Für mich ging es gleich den ersten Tag los als ich ankam. Der Bauer Engel hatte eine Roggenschneidemaschine vom Ort für kurze Zeit bekommen. Man schnitt in schnellem Tempo. Wir mußten das Getreide sofort von der Erde aufraffen, so viel, daß es eine Garbe bilden konnte. Dann ein Strähne von den Halmen drehen, um die Garbe herum legen, verknoten und festziehen. Ich hatte jedoch keine Zeit zum Üben. Die Sache hört sich vielleicht leicht an, aber ist es durchaus nicht. Wir standen in einer Reihe. Ich befand mich neben der alten Frau. Wenn ich es jetzt nicht schaffte, dann mußte sie für zwei arbeiten, was bei der Geschwindigkeit einfach unmöglich war, und langsamer konnte die Maschine auch nicht schneiden, da sie schon bald wieder bei einem andern Bauern zu mähen hatte. Und dann das herrliche Erntewetter, diese unerträgliche Hitze. Ich dachte, daß ich jeden Augenblick ohnmächtig werden würde. Früher hatte ich es mir immer sehnsüchtig gewünscht. Alle zarten Frauen in alten Romanen glitten bei den kleinsten Anlässen sanft zur Erde, und wurden von den starken Armen der Liebhaber aufgefangen. Das hatte ich mir auch immer erträumt, dieses zartbeseelte Ohnmächtigwerden. Aber ich wurde es nie, nie in meinem ganzen Leben. Hier beim Bauer Engel in Modderwiese, war ich jedoch dicht dran. Aber da wollte ich es nicht mehr, auf keinen Fall. Was hätte die arme alte Frau dann nur gemacht.

Die wohlverdiente Mittagspause

Zur Mittagszeit gab es die erste Pause. Wir setzten uns unter einen schattigen Baum, der am Wegrand stand. Aus einem großen Korb holte man selbstgebackenes Brot, Wurst und Obstsaft hervor. Wie dieses herrliche Essen schmeckte. Und sich dann hinstrecken, wenn es auch nur für kurze Zeit war. Wie himmlisch sah die Baumkrone aus.

Ich schlief in der guten Stube. Man hatte ein Bett dorthin gestellt. Mir ist übrigens nie klar geworden warum die Bauern überhaupt gute Stuben hatten. Man war nicht einmal in den Feiertagen drin. Denn auch an Feiertagen mußte das Vieh besorgt werden. Man hatte nie Zeit in die gute Stube zu gehen.

Man hielt sich immer in der Küche auf, auch wenn Besuch kam. Die Küche war stets geräumig, gemütlich, warm und voller guter Düfte.

Die Bildhauerin schickte mir ein Paket mit Keksen, das ich in meinen Koffer legte, der sich unter meinem Bett befand. Als ich es aber am nächsten Tage öffnen wollte, war es so schwarz voller krabbelnder Ameisen, daß man die Kekse nicht mehr erkennen konnte. Das war schade, denn Kekse waren damals, selbst zu der Zeit schon eine Kostbarkeit. Wie hätten sich die Kinder des Bauern darüber gefreut.

Morgens gab es beim Bauer Engel Bratkartoffeln und Milchsuppe, und Abends immer mein Lieblingsessen gekochte saure Kirschen, eine riesige hölzerne Schüssel voll. Diese Kirschsuppe esse ich für mein Leben gern, und es gab sie jeden Tag und dazu wieder Bratkartoffeln mit viel Zwiebeln. Die Kirschsuppe wurde nun in die Mitte des Tisches gestellt. Wir hatten Teller, aber nicht für die Kirschsuppe, die wurde gemeinsam aus der großen Schüssel gelöffelt. Da die Bratkartoffeln nun mit dem gleichen Löffel gegessen wurden, so konnte man nach ein paar Minuten schon viele fettige Stücke von Kartoffeln und Zwiebeln auf der Kirschsuppe schwimmen sehen. Am ersten Tag konnte ich also gar keine sauren Kirschen essen. Am nächsten Tage aber paßte ich auf. Es war klar, daß ich schnell sein mußte. Aber die Andern waren auch schnell, denn die Kirschen waren immer zuerst verspeist. Selbst bei größter Geschwindigkeit konnte ich höchstens drei Löffel voll ergattern, da die schöne Sauerkirschensuppe nach ganz kurzer Zeit eine Kirsch-Zwiebel-Kartoffelsuppe wurde. Aber das schien absolut keinen zu stören. Es kam ja sowieso alles in den gleichen Magen. Wenn ich in Modderwiese geboren wäre, hätte es mich möglicherweise auch nicht gestört. Das wäre übrigens eine Sache für Franzosen gewesen, die immer alles einzeln essen und im Schnitt acht Teller für ein Essen benötigen.

Spät abends trafen sich alle Studenten an einem kleinen See. Dort konnte man sich waschen und baden. Mit manchem habe ich später noch eine Weile Briefe gewechselt. Zwei von ihnen sind gleich am Anfang des Krieges gefallen Und von den andern kamen meine Briefe dann auch bald zurück.

Und wie wird es der Familie des Bauern Engel ergangen sein? Werden sie ihren Hof noch rechtzeitig haben verlassen können, oder überhaupt haben verlassen wollen, später als die Russen dann auch nach Modderwiese kamen.

Ich muß übrigens noch schreiben, daß Manfred Kettelhacke mir erzählte, daß er ein Formular vom Erntehilfe Bureau bekam in dem verlangt wurde, daß er die politische Meinung des Bauern, bei dem er arbeitete, genau beschreiben sollte, einschließlich politischer Bemerkungen des Bauern und seiner Familie. Seltsamerweise hat man mir dieses Formular nicht gegeben.

Unsere Erntehilfsgruppe, Hildegard vorne links

Der Krieg

Am ersten September 1939 brach der Krieg aus. Ich war neunzehn Jahre alt. Man hatte es die ganze Zeit erwartet, Aber doch immer die stille Hoffnung gehabt, daß es vielleicht etwas länger dauern würde, bis es losging. Ich habe keinen Einzigen gesehen, der begeistert war. Alle Leute liefen mit bedrückten Gesichtern herum.

Und die Züge rollten. Ich stand am Fester der Brombergerstraße und sah hinaus. Tag und Nacht fuhren sie vorbei, die vielen Soldaten. In Passagierwagen, in Viehwagen, in Güterwagen. Sie standen an den Fenstern und Türen und sangen und winkten.
"Muß i denn, muß i denn zum Städtelein hinaus"
"Wer weiß wann wir uns wieder sehn, am grünen Strand der Spree."
Die schönen, starken, gesunden, lebenslustigen Jungs von den Feldern, den Wiesen, den Schulen. "Wer weiß wann wir uns wieder sehen."
Ich winkte bis ich den Arm nicht mehr bewegen konnte. Wie wenige sind zurückgekommen.

Selbst Nachts in meinem Bett konnte ich das Singen hören. Tag und Nacht rollten die Züge, ununterbrochen, ohne Pause. Alles klappte wie am Schnürchen. Und dann kamen die Siegesmeldungen, diese verwünschten Siegesmeldungen. "Wenn die noch gewinnen," meinten Viele, "dann ist vielleicht was los, dann wird es uns erst richtig dreckig gehen. Jetzt braucht die Bande uns noch."

"Die können gar nicht gewinnen" sagte Papa, "die können gar nicht."

Also der Krieg war da, der lag nun vor uns, nachdem sich das Tor des Lebens geöffnet hatte, von dem man beim Abschied in der Schule soviel gesprochen hatte. Es wurden Gasmasken verteilt und uns erklärt auf welche grausame Weise wir sterben könnten. Man mußte die Dinger aufsetzen, und alle erstarrten vor Grauen. Und dann kamen auch die ersten Probeluftschutzübungen.

Oma war ganz außer sich vor Angst. Sie zitterte am ganzen Leibe, trotzdem wir ihr versicherten, es sei absolut nichts Ernstes. Es würden bestimmt keine Flugzeuge kommen. Sie rannte trotzdem die Treppe hinunter, daß ich Sorge hatte, sie würde stürzen. Wie konnte sie nur solche Angst haben. Warum sich so fürchten. Das konnte ich absolut nicht verstehen. Mutti und Papa hatten keine, und Ellen und ich auch nicht. Wir hatten keine Angst vorm Sterben. Vielleicht weil wir glaubten, daß wir nicht sterben würden, sterben könnten, weil wir doch noch jung waren. Das Sterben war ja nur für die Alten. Vielleicht hatte Oma darum Angst.

Muttis Ausweis-Polizei Polizei

Ich selbst wußte nicht so genau was Krieg bedeuten könne. Aber daß er schlimm werden würde, das war sicher. Alles was mit Hitler zusammenhing, war schlimm und wurde laufend immer schlimmer. Aber eines war mir klar. Mir würde er mein Leben nicht verderben. Mir nicht. Sagte man nicht immer, Vorfreude ist die größte Freude. Also mußte Vorangst auch die größte Angst sein. Ich wollte keine Vorangst haben. Der Krieg würde sein wie der Winter, kalt und finster. Aber nicht für immer. Und gab es nicht im Winter den herrlichen glitzernden Schnee. Und unter diesem wuchsen doch die wunderhübschen Schneeglöckchen. In Schöneiche fanden wir oft welche an den Rändern des kleinen Baches. Wie viel schöner erschienen sie mir als die Blumen, die der Sommer zu bieten hatte, die man oft gar nicht alle betrachten konnte, weil es ja so viele waren.

Schönheit selbst im kältesten dunklen Winter zu finden, die lieblichen Schneeglöckchen unter dem Schnee zu suchen, das hatte ich vor.

Arbeitsdienst

Es war also wirklich Krieg. Aber dann dachte man, vielleicht würde er gar nicht so schlimm werden, wie wir alle annahmen. Vielleicht würde er diesmal nicht so schlimm werden. Vielleicht würde er nicht so lange dauern. Vielleicht. Und das Leben ging weiter.

Als ich mich jedoch für das nächste Semester an der Kunstakademie einschreiben lassen wollte, wurde der Arbeitsdienstschein verlangt. Ohne ihn kein Studium.

Ich mußte also in den schrecklichen Reichsarbeitsdienst. Was man von dem alles für grausame Dinge gehört hatte. Fahnenschwingend marschieren, singend, schippend, schuftend, von geistig minderbemittelten Vorgesetzten tyrannisiert, idiotischer Propaganda ausgesetzt. Aber es half alles nichts. Wenn man nun aber schon Student war und sich gleich diesen Winter meldete, so brauchte man nur ein halbes Jahr abzusolvieren. Also nichts als hin.

Ich wurde in den Warthegau geschickt, nach Waize, einem kleinen Dörfchen direkt an der polnischen Grenze. Es war schon kalt, als wir dort ankamen. Das Lagergebäude war klein.
Es schien früher einmal irgend ein Gemeindehaus gewesen zu sein. Zirka fünfzig Mädchen waren dort.

Die Führerin, welche Überraschung. Sie war jung, anmutig, zart, sehr schüchtern, sehr hübsch, sehr nett. Ihr Vater war Arzt. Sie war absolut kein Nazi, glaubte aber mit reinem Herzen an Deutschlands große Zukunft und Hitlers Edelmut. Und diese fünfzig Mädchen, welche Freude. Sie kamen aus allen Schichten und Gegenden des Landes. Da waren wieder Schlafräume voller Lachen und Lebensübermut. Und welche Angst hatte ich vor dem Arbeitsdienst gehabt. Hier gab es keinerlei politische Schulungen. Manchmal wurden Zeitungsberichte vorgelesen. Aber wenn man nicht begierig zuhörte, störte das keinen. Wir wußten alle, daß Krieg war. Aber die meisten hatten ihn noch nicht gespürt. Und mit optimistischer Weltanschauung würde schon alles wieder gut werden. Und optimistisch, ja, das ist die Jugend immer.

Jeden Morgen wurden wir zu den Bauern geschickt, um zu helfen. Die Bauern im Warthegau waren ein sehr sympathischer Menschenschlag, kräftige, gutherzige Menschen, die man gerne haben konnte. Es war angenehm bei ihnen zu arbeiten. Und im Winter war alles ja auch lange nicht so schwer wie im heißen Sommer. Die Kartoffeln waren meist schon eingelagert. Da mußten Äpfel aufgesammelt, Laub geharkt, manchmal auch Ställe ausgemistet werden. Aber die Bauern ließen die Mädchen nicht schwere Arbeit machen. Sie waren ritterlich, machten es selber, und zeigten uns lieber wie stark sie waren.

Der Duft des Herbstes mit seinen Blättern, Äpfeln und Rüben, vermischt mit der feuchten Luft des kommenden Winters, hing überall. Eiskalte Winde und Nebel kamen schon daher. Die Kartoffelmieten wurden zugemacht. Darüber der Rauch, der verbrannten Stauden. Wie heimisch waren da die Küchen mit den Gerüchen des Eingeweckten, die trocknenden Gewürze, das aufgereihte Dürrobst. Wir halfen meist im Hause. Da war das viele Pflaumenmus zu rühren, stundenlang in den riesigen, dreiviertel meterhohen Töpfen.
Da waren Kartoffeln zu schälen, die aber nicht dünn, wie in der Stadt, sondern dick abgeschnitten werden sollten, denn die Schalen wurden für das Vieh gebraucht. Wie schön roch das Schweinefutter. Wie herrlich die aufgebrühten Kartoffelschalen. Dazu wurde gemahlenes Getreide getan. Es ist eines der schönsten Gerüche. Vielleicht frisch geschnittenes Gras oder Heu könnte man noch danebenstellen.

170

Ich weiß nicht, ob es anderen auch so geht, oder nur bei mir der Fall ist. Ja, feuchte Erde, das ist auch noch unvergleichlich schön. Vielleicht ist es bei mir ein ererbter Erinnerungsgeruch, wenn es so etwas geben sollte. Aber warum eigentlich nicht? Meine Vorfahren sind ja alle vom Lande gekommen.

Unsere Arbeit bestand meist im Saubermachen, Milchkannen reinigen, Butterfässer schrubben. Und vor allem das ewige Abwaschen. Das ging bei den Bauern ganz anders zu als in der Stadt.

Man sollte wenig Wasser nehmen, keine Seife, und erst einmal eine Brühe entstehen lassen, die den Schweinen zu trinken gegeben wurde. Dann erst konnte man mit Seife rangehen, und bei manchen auch nicht, da durfte man gar keine Seife benutzen, weil die Schweine wichtiger waren als fleckenlose Teller.

Waize lag direkt an der Grenze, und die meisten Bauern waren sehr sauber, tüchtig und ordentlich wie im Rest von Deutschland, aber da waren ein paar wenige unter ihnen, die waren wesentlich anders. Es waren die, die man in die Gruppe der Unordentlichen einsortierte. Keiner wußte besser Bescheid über sie als die Arbeitsdienstmädchen. Alle Bauern waren fleißig

Typische ordentliche Familie im Warthegau

und arbeiteten unermüdlich. Ich würde sogar sagen, daß die Unordentlichen mehr arbeiteten, mehr arbeiten mußten, da ja so vieles schief ging. Die Unordentlichen räumten absolut nicht auf. Es war alles so durcheinander, daß es hoffnungslos war. Wenn man etwas benutzt hatte, warf man es in eine Ecke. Die Geräte standen oder lagen draußen auf dem Hof. Wozu wegbringen, man brauchte sie ja bald wieder. Und dann verregneten sie und die Stiele wurden morsch und brachen ab. Man mußte ständig über irgend etwas steigen. Es wurde nichts aufgehoben, auch wenn es direkt im Wege lag. Im Winter sollte dann aufgeräumt werden. Aber im Winter waren wieder andere Dinge zu tun. Man hatte nicht Zeit, man hatte nie Zeit. Ab und zu wurde dann ein Teil in Ordnung gebracht, um dann aber bald wieder als Ablagestelle zu dienen, und in Kürze wieder genau so auszusehen wie zuvor. Die Ställe wurden nicht ausgemistet. Erst wenn die Tiere mit den Köpfen an die Decke stießen, dann wurde es getan. Der Pferdewagen stand draußen, da der Schuppen voller Krempel lag. Daher verrotteten die Räder schneller, was wieder Zeit kostete. Die Zäune waren schief und bald verfallen, daher ging die Kuh ins Feld und fraß das Getreide, wurde krank und konnte sterben. Am Zaun erkannte man den Bauern. Man brauchte nur den Hof von außen zu sehen, dann wußte man Bescheid.

Die Ordentlichen räumten nie auf. Sie brauchten nicht aufzuräumen. Sie hielten Ordnung. Jedes Gegenstand, den wir benutzt hatten, mußte sogleich an Ort und Stelle zurückgebracht werden. Saubergemachte, eingeölte Geräte hingen an ordentlichen Haken. Mir fiel auch auf, daß die ordentlichen Bauern alle organisieren konnten. Sie arbeiteten stets nach einem Plan, wußten genau wann gesät, geerntet und gedüngt werden mußte. Sie taten alles, wenn es die richtige Zeit, die richtige Witterung war, nicht wenn sie Lust dazu hatten. Wenn sie in die Kreisstadt fuhren, wurde nichts vergessen, alles aufgeschrieben, alles zusammen erledigt. Die Unordentlichen hatten dauernd etwas zu besorgen. Während dessen konnten sie ja dann nicht arbeiten, so daß sie dann wieder nicht Zeit hatten für die nächstdringendste Sache. Sie rannten dauernd im Laufschritt im Kreise.

Und drinnen war es meist genau das Gleiche. Bei denen wurde uns übrigens selten gesagt was wir machen sollten. Wir konnten sauber machen wozu wir Lust hatten. Nur auf die Milchkannen wurde aufgepaßt. Die mußten ganz sauber gescheuert werden. Das wunderte mich sehr. Ich habe dann aber erfahren, daß die Milch nach Sauberkeit bezahlt wurde. Bloß gut.

Bei einer Familie wurde wirklich der gleiche Lappen zum Auswischen der Nachttöpfe und zum Abwaschen der Eßteller benutzt. Bei den Schmutzigen habe ich nie etwas essen können, nicht einmal Pflaumenmus, das war schade, denn die hatten meist gute Sachen. Sie waren auch oft viel netter als die andern. Aber trotzdem ging dort niemand gerne hin. Schon wenn man die Namen hörte, fing man sich an zu schütteln. Das hat sich bei mir sehr festgesetzt, diese Verachtung, dieses Grauen vor den Unordentlichen. Immer wenn man lange Zeit zu einem guten Bauern geschickt wurde, bekam man als Ausgleich einige Tage einen Schlimmen. Und wenn bei uns heute mal etwas rumliegt, drinnen oder draußen, so denke ich oft mit Angst. Alles, nur nicht in die Gruppe der Unordentlichen kommen.

Als sich das Weihnachtsfest näherte, brauchte ich nicht zu den Bauern zu gehen. Ein paar Mädchen bekamen den Auftrag Schmuck für den Tannenbaum und die Hausdekoration zu basteln. Auch sollte etwas aufgeführt werden. Ich schrieb ein kleines verspieltes Märchenstück.
Mit wieviel Ernst und Freude wurde es eingeübt und vorgetragen. Es gefiel so gut, daß es bei den, in der Nähe stationierten Soldaten aufgeführt werden sollte.

Der Schnee kam früh im Warthegau und bald lagen Felder und Wälder in tiefem Weiß. Wir fuhren zu den Vorführungen in Pferdeschlitten mit kleinen abgestimmten Glocken. Das war unbeschreiblich schön. Rechts und links der hohe glitzernde Schnee, die Pferde trabten im Gleichklang zu ihren melodischen Schellen. Die herrliche Luft, diese ganz reine frostkalte Luft. Und wir sangen den ganzen Weg über die vielen hübschen alten Lieder.

Die Schulen in dieser Gegend waren sehr klein, und alle Klassen befanden sich zusammen in einem einzigen Raum. Nach Weihnachten, gleich zum Beginn des neuen Jahres wurden nun bei uns in der Gegend plötzlich einfach alle Lehrer eingezogen, ohne Rücksicht darauf, daß man keinerlei Ersatz für sie hatte. Erst siegen, dann lernen war die Parole. Da wandten sich die Bauern an die Arbeitsdienstmädchen. Und man versprach zu helfen. In unserem Lager waren nur zwei Abiturientinnen. Das andere Mädchen hieß Ingeborg Kirchner. Sie war in allem sehr tüchtig und wollte Ärztin werden.

Vor unserem Lager

Auf dem Pferdeschlitten

So hoch war der Schnee

Ich würde jede Wette eingehen, daß sie es auch geworden ist. Zu der Zeit gab es erst sehr wenig weibliche Ärzte. Sie kam auch aus Berlin und wir wurden bald engere Freunde. Leider haben wir uns aus den Augen verloren, nachdem unser Berlin zertrümmert war und die Straßen nicht mehr existierten. Aber im Arbeitsdienst, da wußte man das alles noch nicht, da war noch alles heil, da war noch alles da. Da wußte man noch nichts vom Bomben und all dem das Elend das später auf jeden Einzigen von uns fallen würde.

Aber ich wollte von der Dorfschule erzählen. Ja, im neuen Jahr sollten wir zwei nun die Kinder unterrichten. Jede von uns hatte eine eigene kleine Schule. Zu meinem Schulhaus mußte ich eine lange Strecke laufen. Schon im Morgengrauen zog ich los. Der Weg führte durch einen dunklen Wald. Der Schnee knirschte laut unter meinen Füßen. Der alte Schnee war an den Seiten hoch aufgetürmt. Manchmal flog ein Vogel schreiend auf, und weiße dicke Klumpen fielen von den Bäumen herab. Sonst herrschte ein unheimliche Stille. Selten raschelte es im Walde. Es war eine grausige Kälte. Es war so eisig, daß alles Leben erstarrt schien. Das Schulhaus war bitter kalt. Ich mußte immer erst einmal Feuer anmachen. Das war gar nicht so leicht, wie ich dachte, und dann dauerte es auch ziemlich lange bis der Raum einigermaßen durchwärmt war. Die Kinder hatten meist einen langen Schulweg hinter sich, und kamen mit knallroten Wangen und Nasen herein. Die ersten Tage war noch der frühere Lehrer da und er zeigte mir wie man den Ofen am besten zum Brennen bekam. Und erklärte mir wie ich die Schule handhaben sollte.

Er war noch sehr jung, war sehr nett und wir gefielen uns beide, und wir lachten viel. Er haßte den Krieg und haßte Soldat zu sein. Er wollte ein Foto von mir und versprach oft zu schreiben. Aber er wurde sicher wie viele gleich an die Front geschickt.

Ich habe nie Post von ihm erhalten.

Die ganze Schule hatte nur einen einzigen Raum. Das System dieser Einraumschule bestand darin, daß man einen Teil der Schüler unterrichtete, während die andern mit schriftlichen Arbeiten zu beschäftigen waren. Keine leichte Aufgabe, muß ich sagen. Aber man konnte es lernen. Wesentlich schwieriger war jedoch Disziplin zu halten. Die erste Zeit ging es. Ich wurde erst einmal abgeschätzt, und muß nicht gut beurteilt worden sein, denn nachdem der frühere Lehrer abgereist war, flog mir sogleich ein Lineal an den Kopf. Die Jungs in den oberen Klassen waren ja zum Teil schon größer als ich selbst.

Und der Altersunterschied war auch nicht so bedeutsam. Ich versuchte es mit Geduld, mit Freundlichkeit, mit Strenge. Aber bald war es klar, da half nur eins, List. Ich fand den Rädelsführer heraus und bat ihn um Hilfe. Ich sagte ihm, daß ich festgestellt hätte, daß er den größten Einfluß auf die Klasse besaß, und daß es nett von ihm wäre, wenn er für Ordnung sorgen würde. Ich könne es einfach allein ohne ihn nicht schaffen. Das half schlagartig. Es war eigentlich ein lieber Kerl, und er blühte auf unter seiner Aufgabe. So hatte ich die Hände frei zum unterrichten.

Das meiste Gewicht in den oberen Klassen hatte man scheinbar auf das Kopfrechnen gelegt. Trotz Herrn Gohrbands strenger Schulung konnte ich nicht halb so schnell rechnen wie manche von meinen Schülern. Es ging nur, die Resultate meiner Fragen vorher genau aufzuschreiben, damit ich selbst bestimmt die richtige Antwort wußte. Wir wurden bald alle Freunde, und gingen auch manchmal hinaus um eine Schneeballschlacht zu machen oder einen Berg herunter zu rodeln. Eins setzte mich jedoch in Erstaunen. Als ich sie einmal als Belohnung etwas früher nach Hause schicken wollte, schienen sie bedrückt. Keiner freute sich, wie wir es in der Stadt getan hätten. Nein, es wäre ja viel besser Unterricht zu haben als zu Hause zu sein, wo sie doch nur so viel arbeiten mußten.

Es war eine selten schöne Zeit, die Schule in dem winzigen Häuschen mit den Kindern in dem kleinen Dörfchen im Warthegau. Leider wurde bald eine geschulte Lehrerin geschickt. Sie hieß Meta Bart. Ich glaube sie hatte keinerlei disziplinarische Schwierigkeiten. Jedenfalls habe ich von keinen gehört.

Dieser Winter im Arbeitsdienst wurde nun ein sehr kalter Winter. Selbst für die Einheimischen schien er ungewöhnlich hart zu sein. Sogar die ganz alte Leute konnten sich an keinen kälteren erinnern. Und in der Gegend hatte man schon allerhand Frost erlebt. Für unser Lager wurde Holz von zwei netten Gendarmen geliefert, die auch als Zollbeamte in Waize tätig waren. Sie kümmerten sich rührend um uns, hielten sich gerne bei uns auf, und brachten uns sogar manchmal ein Reh. Aber es wurde so kalt, daß das Lager einfach nicht warm zu bekommen war. Da beschloß man, Nachts unsere Strohsäcke in den Eßraum zu bringen, und nur diesen einen Raum leidlich zu heizen. Wir lagen alle dicht in einer Ecke, und man freute sich schon am Morgen darauf, wieder zum Bauern zu kommen wo es in den Küchen so schön warm war. Für einige Zeit hatte ich Küchendienst. Aber das war Etwas, was mir absolut keinen Spaß machte. Das Einzige war, daß man von der Marmelade naschen konnte, denn Marmelade gab es in den Geschäften sehr bald nicht mehr. Aber so überwältigend war die Sache auch nicht.

Allmählich ließ die Kälte jedoch etwas nach. Aber da geschah dann etwas sehr Unangenehmes. Unser Lager war sehr primitiv. Aber wir besaßen einen Luxus, der vieles aufwog, nämlich, daß die Toiletten nicht weit weg auf dem Hofe in kleinen Häuschen waren, sondern sich dicht bei unserem Gebäude befanden. Das war ein Besitz, auf den wir sehr stolz waren. Aber da geschah es nun. Eines Tages, wie ich schon sagte, passierte etwas. Es ging nicht mehr. Die Gendarme wurden zu Rate gezogen. Man besichtigte die Grube, die sich unter der Sache in der Erde befand. Sie war mehrere Meter tief und mehrere Meter breit, und sie war voll, ganz voll. Sie müsse entleerte werden. Da half alles nichts. Ein paar Tapfere wurden benötigt.

Ich weiß nicht mehr ob ich mich freiwillig meldete, oder abkommandiert wurde. Wenn es das erstere war, so kann ich unmöglich die Grube vorher besichtigt haben.

Also es ging los. Wir bekamen besondere Kleidung, wurden in eine Reihe aufgestellt und zogen ein Los für den, der auf einer Leiter in die Grube hinunter steigen, den Eimer in die braune Sauce tauchen und weiterreichen sollte. Ich hatte Glück. Beim Zureichen mußte man nun aber äußerst vorsichtig sein, daß nichts auf die Hände kam, auf keinen Fall, auch nichts auf die Füße. Wenn nun aber jemand nicht richtig aufpaßte, so konnte man doch etwas abbekommen. Allmählich waren nun aber nicht nur Hände und Füße, sondern auch Arme und Beine nicht mehr so ganz sauber. Und da geschah es, daß eine wütend wurde, und derjenigen, die ihr den Eimer mit zu viel Schwung zugereichte, etwas Dickes an den Rücken warf. Das hatte üble Folgen, denn es wurde eine allgemeine Schneeballschlacht daraus. Nur, daß man das Wort Schnee mit einem andern Wort ersetzen muß. Aber den meisten war es schon völlig gleichgültig, denn wir waren ja allmählich sowieso alle schmutzig, hatten uns auch schon, soweit es möglich war, an den Geruch gewöhnt und wollten bei der schweren Arbeit auch für etwas lustige Unterhaltung sorgen.

Nach ein paar Stunden waren wir fertig, in jeder Hinsicht. Aber es war etwas Einmaliges gewesen. Es hatte großen Spaß gemacht, so unglaubwürdig das auch klingen mag. Keine von den anderen Mädchen ließ sich jedoch sehen, um zu bestaunen, was wir geleistet hatten. Sie riefen uns nur durch ein leicht geöffnetes Fenster zu, daß man warmes Wasser in einen Schuppen gebracht habe. Wir hatten nie warmes Wasser zum waschen. Kalt duschen konnte man. Aber das war nie eines meiner Freuden gewesen. Wir begannen uns zu reinigen. Die Kriegsseife werden ja einige noch kennen, und die anderen werden bestimmt von ihr gehört haben. Das warme Wasser war eine Wohltat, war aber leider nur in sehr kleinem Maße geliefert worden. Als wir nun ganz sauber, strahlend den Eßraum betreten wollten, rannten die andern Mädchen hinaus. Wir fanden das durchaus nicht ulkig. Aber es wurde uns erklärt, daß wir bitte in einem anderen Raum gehen sollten, da unser Geruch nicht auszuhalten sei. Das war also der Dank des Vaterlandes. Außerdem fanden wir, daß keinem von uns auch nur die geringste Ausdünstung anhaftete. Eine Quarantäne wurde über uns verhängt, und das Essen vor die Tür gestellt. Man lieferte uns neue Wassermengen, und kalte Duschen haben wir auch mit verbissenen Zähnen gemacht. Die andern haben aber bis ans Ende des Arbeitsdienstes behauptet, daß man immer noch feststellen könne, wer... Aber gerade diese Tage waren so viel Spaß. So unglaublich es klingen mag.

Wie schnell war das halbe Jahr herum, und es wurde Frühling. Wie herrlich ist der doch nach einem harten Winter. Wir versprachen uns alle zu schreiben. Aber bald kam der eine oder andere Brief als unbestellbar zurück, bis auch meine Anschrift nicht mehr gültig war.

Eine Sache vom Arbeitsdienst hat sich bei mir am meisten eingeprägt. Und das ist seltsamerweise im Winter abends die Fahne einzuholen. Es war oft schon sehr spät, manchmal Nacht, wenn wir endlich Zeit hatten, das zu tun. Wir mußten alle hinaus, egal wie kalt es war. Ob der Wind heulte, ob Eisregen oder Schneesturm. Man stand vor dem Fahnenmast, und dann wurde die Fahne heruntergezogen. Der Arm mußte natürlich gehoben werden, aber das war man ja nun schon allmählich gewöhnt. Und wir sangen.

Jedoch der Nachthimmel, dieser tiefdunkle Himmel des kalten Ostens. Wie prächtig und hell standen die Sterne, wie funkelten und glitzerten sie. Und langsam schienen das Firmament sich über uns zu drehen. Diesen Himmel, diesen herrlichen dunklen Himmel werde ich nie, nie vergessen.

Etwas möchte ich aber doch noch schreiben, nämlich, wie wenig Unterschied war zwischen den Mädchen aus Schöneiche und denen hier im Arbeitsdienst. Die einen waren Abiturientinnen, und die andern hatten teilweise wenig Schule gehabt. Manchen war in kleinen Schulhäusern nicht viel mehr als Lesen und Schreiben beigebracht worden. Aber wie empfänglich waren sie alle, wenn man ihnen etwas literarisch Gutes bot. Sie erlebten alles mit. Wie dankbar waren sie. Es schien sogar, daß sie es tiefer aufnahmen als die Geschulten, für die es ja nichts Neues und Besonderes mehr war. Daran muß ich oft denken, wenn man sieht wie der Jugend heute so viel Minderwertiges geboten wird.
 Wie schade ist es doch, diesem wertvollen Boden nicht die richtige Saat zu geben.

Unsere Arbeitsdienstgruppe im Warthegau versucht albern zu sein.
mitte kniend die nette Führerin. Hildegard unten zweite von rechts

Und wieder die Kunstakademie

Auch wenn der Arbeitsdienst eigentlich eine schöne Zeit war, so freute man sich doch wieder zu Hause und in Berlin zu sein. Es war zwar Krieg, aber man war, außer Papa natürlich, allgemein der Ansicht, daß es diesmal ein schneller Krieg werden würde. Alles machte den Eindruck, daß Hitler diesmal wieder gewinnen könne, wie schon zuvor mit der Annexion verschiedener deutsch sprachliger Gebiete.

Ich suchte schnellstens die Kunstakademie auf, um das neue Semester zu beginnen. Viele Studenten waren inzwischen eingezogen worden, auch der Bildhauer mit seinen Gedichten.

Professor Bartning war sehr erfreut mich wieder zu sehen, daß ich es nicht über das Herz brachte zu einem anderen Professor zu gehen. Ich hätte auch gar nicht gewußt, welcher nun besser gewesen wäre.

Voller Schwung betrat ich die geweihten Hallen. Was würde jetzt mein Thema sein? Dieses mal hatte der Professor Bartning sich etwas besonders Gutes ausgedacht. Vielleicht ist es ihm auch nur im letzten Augenblick eingefallen, denn er dachte wirklich nur an seine Blumen. Vielleicht wurde es auch von oben her bestimmt. Das ist eigentlich das Wahrscheinlichste. Wie dem auch sei:

Das Thema hieß, ich sollte die Figuren Ekklesia (christliche Kirche) und die Synagoge(jüdische Kirche) in Wahrheit und Lüge umformen. Mir wurde weich in den Knien und dann schlecht. Und wie solle man das denn nun außerdem noch um Himmels Willen machen. Ihnen andere Symbole in die Hand geben, andere Kleider anziehen, zum Friseur schicken. Nein, dieses Mal weigerte ich mich und zwar ganz entschieden. Professor Bartning hatte Verständnis. Also gut, ein anderes Thema. Aber was jetzt kommt, ist kaum zu glauben. Das Thema hieß wieder "aller Anfang ist schwer." Figürlich und in Lebensgröße sollte das gebracht werden. Verzweifelt setzte ich mich hin und malte mich selbst an der Staffelei sitzend, nicht stehend, dazu hatte ich keine Kraft mehr, hoffnungslos mit herunterhängenden Schultern und Armen. Nein, aller Anfang war nicht schwer. Er war nur schwer, in dieser langweiligen, stinklangweiligen, unkünstlerichen Kunstakademie. Ich wollte plötzlich raus, nichts als raus.

In den Druckereiklassen, in denen wir nun eine andere Sorte Steine zu schleifen hatten, befand sich ein beachtenswerter junger Student. Er kam eines Tages zu spät, mit der Entschuldigung, daß er Brötchen auszutragen hatte. Ich schlug ihm vor, doch lieber Bilder zu kolorieren, für die das Stück fünf Mark gezahlt wurden, wie ich an einem Anschlag unten in der Eingangshalle gesehen hatte. Diese Arbeit war in ein paar Minuten fertig. Nein, das würde er nicht tun. Die Kunst wollte er nicht entwürdigen. Außerdem läge eine große Gefahr darin. Wenn man erst einmal auf den Geschmack käme und merkte, daß man mit solchen Dingen viel Geld verdienen konnte. Wie leicht wäre es dann doch möglich, dabei zu bleiben. Nein, er wolle sich nicht in Versuchung bringen. Das Brötchenaustragen sei so schlimm, daß er es bestimmt nicht lange tun würde.
Dieser Standpunkt gefiel mir sehr, und ich habe in meinem Leben oft daran gedacht, wenn viel Geld für eine leichte Arbeit mich verführen wollte.

Für diesen Studenten war die Kunstakademie auch eine große Enttäuschung. Die Abteilung freie Kunst war ja gar nicht frei. Sie war genau so frei wie alles unter Hitler. Der Junge war auch auf der Suche nach einem guten Lehrer. Und eines Tages schien er ihn gefunden zu haben. Es gab einen gewissen Professor Orlowski, der nicht an der Kunstakademie unterrichten durfte, weil er nicht so malte, wie es von der Regierung vorgeschrieben war. Er durfte aber an der Meisterschule des deutschen Handwerkes in Charlottenburg lehren. Der Mann schien der Beschreibung nach, der Richtige zu sein. Wir nahmen uns beide vor im nächsten Semester dorthin zu gehen.

Leider wurde der Student dann plötzlich eingezogen. Ich weiß nicht, ob er jemals wiederkam.

Professor Orlowski

Professor Orlowski unterrichtete offiziell nur eine Webeklasse. Mir wurde aber versichert, daß nicht so viel vom Weben die Rede sein würde, als vielmehr von der Kunst im Allgemeinen. Ich belegte dann noch andere Fächer wie Wandmalerei, Porträt, Tier und Aktzeichnen.

In Professor Orlowskis Klasse saßen wir in einem Raum, nicht größer als ein Schulzimmer. Der Professor hatte ein Atelier im Nebenzimmer, in dem er den ganzen Tag über malen konnte. Er hielt dasselbe aber ganz fest verschlossen, da er bestimmt nur in der Art der verbotenen modernen, sogenannten entarteten Kunst malte. Das war sicher. Der Unterricht bei ihm war eigenartig. Professor Orlowski erschien von Zeit zu Zeit in unserer Klasse. Er sprach meist selbst. Es fand selten eine Diskussion oder Unterhaltung statt. Er erzählte, und zwar in einer sehr interessanten Art. Wenn er zu uns in die Klasse kam, hatte man immer das Gefühl, daß er Anregungen für seine Malerei suche, Kontakt mit Menschen, um seine Batterie neu aufzuladen.

Seine Reden über die Kunst, seine Ansichten wie man an die Malerei herangehen, wie man sie anfassen, sie beurteilen müsse, waren so neu, so erfrischend, daß ich gar nicht erwarten konnte, bis die Tür wieder aufging und er hereinkam. Manchmal erzählte er auch Persönliches, aus seinem Leben, von seinen Reisen, seinen Eindrücken, von seiner Frau, die er sehr liebte. Sie war schon ziemlich alt, sehr charmant, leider schwerhörig. Er selbst schien ungefähr so um die Sechzig herum gewesen zu sein. Er berichtete auch über das Leben anderer Maler, Anekdoten und kleine Geschichten. Er brachte seine Erzählungen immer so, daß man vollkommen überzeugt davon war, daß jeder Maler und jede Berühmtheit ein ganz enger Freund von ihm gewesen sein mußte, ganz gleich in welchem Jahrhundert diese Leute gelebt hatten. Manchmal verbrachte er den ganzen Tag bei uns und ging gar nicht in sein Atelier. Und manchmal, wenn es mit seiner Malerei scheinbar zu langsam voran ging, oder er in eine Sackgasse geraten war, kam er herein, setzte sich an sein Pult, sprach kein einziges Wort,und sah uns alle nur mißmutig an. Das war selten, aber wenn es geschah, dann konnte es die ganze Klasse deprimieren. Und ein andermal, wenn seine Bilder ihn betörten und entzückten, sprühte er wieder voller Begeisterung, Energie und Lebensfreude.

Außer Professor Orlowski war noch ein anderer interessanter Professor an dieser Schule. Bei ihm hatten wir auch Unterricht. Er war äußerst talentiert und hatte eine besondere Art zu zeichnen. Er setzte meist den Stift aufs Papier, und ließ langsam, in einer stets fortlaufenden Linie, die erstaunlichsten und ähnlichsten Porträts und andere Dinge entstehen, ohne den Stift auch nur einmal vom Papier zu heben, anzuhalten oder das Tempo zu verändern. Er war ein enger Freund von Professor Orlowski. Dieser Professor war klein, wirklich ganz klein, ganz freundlich mit lustigen lebhaften Äuglein. Er schien ziemlich alt und kugelrund und trug ständig eine Baskenmütze, entweder um seinen Kopf warm zu halten oder seine Glatze zu verbergen, vielleicht auch beides. Der gute Mann hatte seine Frau vor kurzem verloren und schien sie sehr zu vermissen.

Die Schüler in dieser Schule waren ganz andere Typen als in der Kunstakademie. Wir waren auch sehr wenig, meist Mädchen, die sehr wohlhabend erschienen. Die Jungs waren nahezu schon alle eingezogen.

Ein Junge war da, der mir hätte gefallen können. Er war Meisterschüler in der Klasse für Wandmalerei. Er kam aus Ostpreußen, war so ein gutaussehender großer kräftiger gesunder Typ, und sprach mit dem wunderschönen, singenden, ostpreußischen Akzent. Er war sehr begabt. Leider hatte er nur Augen für ein anderes Mädchen. Dieses Mädchen war immer sehr elegant gekleidet, noch sehr jung. Sie hatte viel Anmut, viel Talent, viel Schönheit und sogar Verstand. Sie hatte viele Verehrer und scheinbar auch Geld. Sie hatte also viel Vieles was Viele sich wünschen und wenige haben. Und mit diesem Mädchen passierte dann etwas ganz Unglaubliches. Das war aber erst, nachdem ich die Schule schon verlassen hatte, ungefähr ein Jahr später oder so. Da hat nämlich dieses junge bildhübsche Mädchen den kleinen, alten, dicken Zeichenprofessor geheiratet. Alle waren sprachlos. Natürlich kann sich Jeder denken wie die Sache weiter ging. Und das passierte dann sehr bald. Tat mir sehr leid, der arme Mann.

Bin wieder vom Thema abgekommen, denn ich wollte doch nur von Professor Orlowsky sprechen. Übrigens hat Professor Orlowski uns niemals seine Bilder gezeigt. Er hatte bestimmt Angst, daß Jemand darüber zu einem Nazi reden könne. Ich habe daher keine Ahnung, wie seine Bilder waren. Ob gut, oder nicht gut, oder sehr gut. Ein guter Lehrer braucht nicht unbedingt ein guter Maler zu sein. Oft war es sogar umgekehrt der Fall. Aber ich würde denken, daß er so malte wie Kandinski, also hervorragend. Vielleicht bringen seine Werke jetzt ungeheure Preise. Manche Maler haben erst viel Glück nach ihrem Tod. In diesem Falle weiß ich es leider nicht. Aber ich müßte mich wirklich doch noch einmal in Deutschland danach erkundigen.

Ich verdanke Herrn Professor Orlowski unendlich viel. Er hat mir in der kurzen Zeit all das gegeben, was ich schon so lange suchte und nirgends fand. Bei ihm lernte ich die Kunst so zu sehen, wie ich sie auch gerne betrachten und selbst erschaffen wollte. Leider konnte ich nur wenige Semester bei Professor Orlowski bleiben. Das war sehr schade.

Aber es traten Dinge in mein Leben, die Alles, aber auch Alles verändern sollten.

Papas Ahnen

Ich habe schon so viel von Muttis Brüdern und Schwestern geschrieben und noch gar nichts von Papas Seite. Von Papas Seite wurde nie zu Hause gesprochen. Das hatte zwei Gründe. Erstens besaß Papa nur noch eine Schwester. Das war die Tante Maria. Sie lebte in Stuttgart, war unverheiratet und hatte einmal an Papa geschrieben.

"Lieber Bruder warum hast Du nur das evangelische Rabenaß geheiratet?"

So etwas soll man auf keinen Fall schriftlich festlegen. Mutti laß es nämlich, und darum. Ich selber hatte das Wort "Rabenaß" noch nie gehört und fand es schrecklich ulkig, aber Mutti scheinbar nicht.

Der zweite Grund bestand darin, daß Papa, in seiner Jugend ganz arm gewesen war, so arm, daß es nach Muttis Ansicht eine Schande war. Und von Familienschande spricht man nicht.

Xaver Graf geb. 1803

Ich hatte aber schon vor längerer Zeit eine Entdeckung gemacht. Die lag in Muttis Wäscheschrank. Da versteckte sie immer alle wichtigen Sachen. Es war ein ziemlich großes schmales Paket und lag ganz unten zwischen der guten neuen Damastbettwäsche, die nie benutzt, sondern immer nur aufgehoben wurde. In dem Paket befand sich ein Bild. Es war ein gemaltes Porträt von einem Manne, der schon älter war. Der gefiel mir. Die majestätische würdevolle Haltung, der kluge Blick. Die obere Gesichtshälfte sah genauso aus wie Papa. Die untere war ganz anders. Hinten auf dem Bilde stand drauf. Franz Xaver Graf geboren 1803. Das war niemand anders als mein Urgroßvater. Und dann war da noch ein Zeichnung von einem Manne, der sah gut aus. Das war so mein Typ. Das war Nikolaus Graf geboren 1859. Das war der Vater von Papa. Das Bild trug das Datum 1922. Der Nikolaus muß also schon 63 Jahre alt gewesen sein, als es gezeichnet wurde. Aber er sah doch eigentlich noch

ziemlich jung aus, dieser Nikolaus Graf. Daneben waren dann noch ein paar Fotos, die mich immer sehr erschütterten. Da lag der Nikolaus Graf auf dem Totenbett. Man hatte ihn dort aufgenommen, was ich eine furchtbare Sitte finde. Aber er starb in einem Spital, wo es wohl immer gemacht werden mußte. "Einem Armenhaus" wie Mutti immer abfällig sagte, aber das stimmte gar nicht. Es war nur ein Krankenhaus für arme Leute in Überlingen. Und da lag auch ein Zeitungsausschnitt bei, darauf stand: "Am heutigen Tage verschied Nikolaus Graf, der ehemalige Großbauer aus Hilzingen. Er geriet unverschuldet in große Not und mußte sich sein Brot bei fremden Leuten verdienen. Er ist von allen hochgeachtet worden. Besonders tragisch ist die Tatsache, daß sein Sohn Robert, der es in Berlin zu Wohlstand gebracht hatte, den Vater gerade zu sich nehmen wollte."

Nicolaus Graf geb. 1859
gezeichnet von seinem Freund

Auf dem Totenbett sah der Nikolaus ergreifend aus. Bei dem einen Bild hatte er die Fäuste geballt, als wenn er den Tod noch immer mit aller Macht bekämpfen wollte, den Unterkiefer energisch vorgeschoben. Ich habe dieses Foto immer wieder ansehen müssen. Die anderen Fotos waren von verschiedenen Seiten aufgenommen, mit offenen und mit geschlossenen Augen. Bei der Frontansicht bemerkte ich aber was für große und abstehende Ohren er hatte. Auf dem Porträt, das der Maler zeichnete, war das nicht zu sehen. Er hatte ihn etwas seitlich gedreht.

Papa soll auch abstehende Ohren gehabt haben, so doll, daß man es sogar während des ersten Weltkrieges auf Regimentsunkosten operiert hatte. Das war aber im ersten Jahr des Krieges. Später hatte man dann andere Sorgen. Meine sind übrigens auch ziemlich groß, aber zum Glück nicht abstehend. Da war noch ein Foto mit den Leuten im Spital und der Nikolaus überragte sie alle. Er soll zwei Meter groß gewesen sein. Das war sehr viel zu einer Zeit, als man mit eins sechzig schon stattlich erschien. Vom Xaver und allen seinen Vorfahren heiß es auch, daß sie richtige Riese gewesen waren und breitschultrig dazu.

Ich habe Mutti nicht gesagt daß ich das Päckchen gefunden hatte, und holte es oft vor wenn keiner da war.

Unter Hitler mußten wir damals Familienforschung betreiben. Da habe ich an das Pfarrhaus in Hilzingen geschrieben. Das ist nämlich der Ort wo Papa geboren wurde, und alle seine Vorfahren lebten. Ich bekam eine ganz lange Liste mit meinen Ahnen zugeschickt. Lückenlos bis zu meinem Ur Ur Ur Großvater bis zu einem Peter Graf. Ich machte einen ganz großen Baum daraus. Ziemlich alle waren in Hilzingen geboren ziemlich alle in Hilzingen gestorben. Zwei oder drei kamen von ganz nahen Nachbarorten, und alle waren natürlich katholisch. Aber als ich die Namen einschrieb, machte ich eine schlimme Entdeckung. Es gab da praktisch nur zwei Namen. Graf und Glatt, und Glatt und Graf. Einmal kommt eine Karoline Schmidt dazu. Das war Papas Mutter. Aber deren Mutter war eine Maria geborene Graf. Wie konnte man denn nur so etwas fertig bringen? Wußte man denn gar nicht was Inzucht bedeuten konnte.

Hilzingen am Bodensee ist nur einen Kilometer von der Schweizer Grenze entfernt. Es liegt genau am Fuße des vulkanischen steilen Berges Hohentwiel auf dem die berühmte Festung stand, die für nahezu 1000 Jahre allen Angriffen standgehalten hatte, die nie besiegt wurde, aber im Jahre 1801 auf Forderung der Franzosen abgeschliffen werden mußte. Der Boden um den Hohentwiel ist sehr ertragreich und das Klima gut. Die Feuchtigkeit des Bodensees mildert die Kälte. Hinter den fruchtbaren Feldern sieht man die glitzernden weißen Alpenketten. Hilzingen liegt genau an der großen altrömischen Heerstraße, die von den Alpen nach Deutschland führte. Der kleine Ort war daher früher einmal Bischofssitz. Heeresstraßen brachten Handel aber auch verheerende Kriegszüge und neue Auffassungen.

In dem kleinen Dörfchen Hilzingen begann der große blutige Bauernaufstand, geschürt durch Ermutigung des protestantischen Burgherren. Der Aufstand wurde jedoch unmenschlich niedergeschlagen. Ich habe mich inzwischen viel mit der grausamen Periode des Hegaues beschäftigt, aber damals interessierte mich nur mein Großvater, der Nikolaus Graf. Warum ist der Großbauer denn nun eigentlich in so große Not geraten? War er ein Trinker, hat er lose Frauenzimmer, oder das Land verspielt? Aber in dem Zeitungsartikel hieß es doch unverschuldet. Waren es Mißernten gewesen? Papa wußte auch nichts. Aber er erzählte immer, daß sein Vater ihn als ganz kleinen Bub auf den Friedhof geführt, ihm ein Grab gezeigt und gesagt hatte, er solle dasselbe verfluchen. Es muß irgendwie damit im Zusammenhang gestanden haben. Tante Maria hatte auch keine Ahnung. Sie war jünger als Papa und damals noch zu klein um sich an etwas zu erinnern.

Die Jugend von Papa wäre ein Stoff für Charles Dickens gewesen. Aber selbst Charles Dickens hätte viel dran mildern müssen, damit es nicht zu unglaublich erschien. Der Vater von Papa war ein Großbauer. Aber eines Tages wurde sein ganzer Hof verkauft, nicht lange nachdem er Papa zu dem Grab geführt hatte. Sie zogen dann weg von Hilzingen. Man zog nach Owingen. Das liegt höher oben. Als ich es auf der Karte suchte, fand ich seltsame Namen. Wie die Sorgenhöfe. Das klingt nicht gut. Dort erstand man einen neuen kleinen Hof. Papa sagte, dort gab es keine Tomaten, denn der Frost ging zu spät und kam zu früh. Der Boden war karg. Das Wetter harsch. Papa erinnerte sich, daß einmal Hagel kam und alles vernichtete, und der stolze Vater saß auf der Treppe des Hauses und weinte.

Aber immer wieder hat Papa von dem großen Feuer berichtet, das später ausbrach. Er war damals noch sehr jung. In der Nacht fing es an, ganz plötzlich. Die Ernte war gerade eingebracht. Man konnte nichts retten. Man hatte nur Zeit die drei kleinen Schwestern herauszuholen und einige Kühe. Alle anderen Tiere verbrannten in den Ställen. Sie waren ja eingesperrt und angekettet und konnten nicht entfliehen. Bis zu seinem Tode hat Papa immer noch das Brüllen der verbrennenden Pferde und Schweine gehört. Da stand die ganze Familie nun nach dem Brande ohne Nahrung und Unterkunft und ohne Geld. Damals schloß man noch keine Feuerversicherungen ab, und es gab keinerlei staatliche oder örtliche Nothilfen irgend welcher Art. Die Tiere, die man gerettet hatte, wurden zu einem Nachbarn gebracht, und der Nikolaus mußte für Pfennige als Holzfäller arbeiten. Und dann wurde die Frau krank, und als es dann gar nicht mehr weiter ging, mußte der kleine Robert aus dem Hause. Man konnte ihn nicht mehr ernähren. Er war erst zehn Jahre alt.

Mein Herz tut mir weh, wenn ich mir vorstelle was meine arme Großmutter durchmachten mußte. Krank zu sein und nicht genug Nahrung für deine Kinder zu haben. Ich muß oft an sie denken und an den Nikolaus Graf. Ich wünschte da wäre ein Weg sie wissen zu lassen, daß es jetzt besser geworden ist, daß wir jetzt reichlich Nahrung haben. Ich wünschte, ich könnte ihnen alles das zeigen was wir jetzt zu essen haben. Unsere großen Kühltruhen gefüllt mit Fleisch und Gemüse und die Tonnen voller Weizen und Roggen und Mais. Alle unsere Enten und Ziegen und all unser Land. Ich wünschte, ich könnte meiner armen Großmutter sagen, daß es dem kleinen Robert nichts geschadet hat, und auch die andern Kinder durchgekommen sind. Ich habe meine Großeltern nie getroffen. Aber ich bin oft in Gedanken bei ihnen und stehe ihnen nahe.

Der kleine Robert war damals groß und stark für sein Alter, daher fand man auch einen Bauern, der gewillt war, ihn für Essen und Kleidung arbeiten zu lassen. Dieser Bauer wohnte abcr in der gleichen Gegend und hatte selbst sehr wenig. Alles mußte bei ihm verkauft werden. Fleisch hat Papa nie gesehen. Man aß nur Dinge, die man nicht zum Markt bringen konnte, und die besten Sachen davon bekam der geistesgestörte Sohn und die Schweine.

Papa hatte es viel schlechter als das Vieh. Er war nur ein nicht viel nutzender Fresser. Die Arbeit, die er verrichten mußte, wurde nicht gewertet. Aber er mußte genau so lange arbeiten wie der starke Bauer, genau so viel leisten, wie der alte, große, zurückgebliebene Sohn. Er mußte genauso Getreidesäcke tragen, wie die andern, obgleich er doch erst ein Kind war. Papa sagte, er fiel oft hin und die schweren Säcke auf ihn. Sein Lager war ein Holzgestell oben auf dem dunklen Dachboden, in den der Schnee von der Seite hereinwehte. Mit Hexel, das ist fein geschnittenes Stroh, gefüllte alte Kartoffelsäcke waren sein Bett und Zudecke. Da gab es keine Betttücher oder warme Decken. Und die Kleidung, für die der Bauer eigentlich zu sorgen hatte, war schon gar nicht vorhanden. Der Sohn trug alles auf, und Neues konnte man nicht kaufen. Da waren nur noch alte Sachen von der Frau da.

Das größte Problem waren Schuhe. Die Bäuerin besaß noch welche, die ihr nicht mehr paßten, die sie getragen hatte als sie noch jung war. Aber die hatten höhere Absätze und waren schmal und vorne ganz spitz. Doch der Bauer fand, daß die Sohle und das Leder noch in gutem Zustand waren, und sie darum aufgetragen werden müßten. Da ging Papa lieber barfuß als in den drückenden wackeligen Schuhen. Das was im Sommer nicht so schlimm, aber im kalten Winter im Eis und Schnee war es grausam. Man konnte sich alte Lappen um die Beine wickeln, aber die wurden bald naß.

Zu seiner Kommunion in der Kirche jedoch, da mußte er die Schuhe anziehen. Der Bauer bestand darauf. "Was sollen die Luit dazu segge." Es hätte einen schlechten Eindruck gemacht wenn seine Hilfe dann barfuß gegangen wäre. Und alle Kinder lachten und verspotteten den armen Robert.

Papa hatte immer Hunger. Er bekam nie genug zu essen. Aber da waren die vielen vollbehangenen Obstbäume. Die andern Bauern sagten nichts, wenn er sich von ihren Früchten ernährte. Und dann die herrlichen großen Bäume mit den vielen Nüssen, die Papa wie ein Eichhörnchen sammelte und sich versteckte. Diese phantastischen Bäume, von denen hat Papa bis in sein hohes Alter immer wieder geträumt und gesprochen.

Der Sommer war gut, bis auf die viele schwere Arbeit. Aber da fror man wenigstens nicht. Aber der Winter war bitter. Der Bauer war nicht so schlecht zu ihm. Aber die Bäuerin war vollkommen herzlos. Sie ließ ihn nicht oft in die warme Küche. Er mußte immer draußen sein und selbst im tiefen Schnee sich im Freien auf dem Hofe waschen. Das tat er dann natürlich nicht oft, und dann wurde er schmutzig, und keiner wollte ihn in der Nähe haben. Er machte in sein kaltes Bett vor Angst und Kummer. Da wurde das Stroh feucht und klamm. Er schlief immer in der einen Hose und Jacke, das war alles was er besaß, und die Bäuerin hat es niemals gewaschen. Keiner kümmerte sich um ihn. Er wurde nur gerufen, wenn ihm Arbeit angewiesen werden sollte.

Zur Schule durfte er nur selten gehen. Nur wenn es mal absolut nichts zu tun gab, oder wenn man wissen wollte, ob es am nächsten Tage Regen geben würde.

Auf dem Schulweg, wo er 10 Kilometer laufen mußte, konnte man nämlich weit über das Land blicken. Und falls Papa an einer bestimmten Stelle den großen Alpenberg, den Säntis sah, wußte man, daß man mit Regen rechnen müsse. Aber wenn sie nun besonders schlecht zu ihm gewesen waren, dann sagte er manchmal nicht richtig Bescheid. Aber dann gab es Prügel.

Papa war sehr gut in der Schule, obgleich er doch nicht oft am Unterricht teilnehmen konnte. Aber auch der Lehrer wollte ihn nicht in der Nähe haben und nannte ihn:" du Heruntergekommener", trotzdem Papa nie ungehorsam war. Aber Armut war etwas Unverzeihliches.
Die Lehrer bekamen ja von den Bauern Zuwendungen. Auch der Pfarrer war nicht gut zu ihm. Das hat Papa nie vergessen, und das war auch der Grund warum er später dann nicht mehr in die Kirche ging.

Seine Freunde und Wonne waren die Tiere, und er litt, wenn sie geschlachtet werden mußten. Eines Tages fand er einen winzigen Fuchs, dessen Mutter wohl getötet worden war. Der Bauer wollte ihn sogleich erschlagen, aber Papa bat ihn so sehr, doch das Tierchen leben zu lassen. Er brachte ihn auch ganz weit weg von Gehöft. Aber im Sommer wurden Hühner gestohlen. Das konnte nur der Fuchs gewesen sein. Und solange er beim Bauern war, hat er zu hören bekommen, daß es nur seine Schuld war, und er bekam lange Zeit dafür gar nichts zu essen. "Aber eine Sache," sagte Papa "haben sie doch nicht bemerkt," nämlich daß er immer heimlich ein wenig von dem Rahm getrunken habe, von dem Rahm, von dem man die Butter machte, die dann zum Markte getragen wurde.

Eine große Freude für Papa war immer wenn Jemand starb. Bei der Beerdigung konnte er nämlich das Kreuz tragen, da er einer der stärksten Jungen war. Dafür bekam er etwas Geld. Ganz so schlecht kann der Pfarrer also doch nicht gewesen sein. Diese Pfennige hob Papa auf und gab sie seinem Vater, wenn es mal ganz schlimm zu Hause war. Die Mutter war inzwischen gestorben, und der Vater versuchte mit den drei kleinen Schwestern, die noch viel jünger als Papa waren, alleine durchzukommen. Die zwei jüngsten Mädchen sollen, wie Tante Maria sagte, Dümmerlies gewesen sein, aber sehr, sehr lieb. Sie sind dann später in die Schweiz in ein Pfarrhaus gekommen und haben dort gearbeitet bis sie starben. Tante Maria aber war sehr intelligent und hat sich duchgebissen wie ihr Bruder Robert.

Einen Freund hatte Papa, das war der Nachbarbub, der den gleichen Schulweg lief. Er war auch arm. Seine Familie lebte karg und kümmerlich von dem unergiebigen Boden. Aber er war bei seinen Eltern, gehörte zu den Menschen, nicht wie Papa, der zum Vieh gezählt wurde. Weniger als das Vieh, denn das brachte ja etwas ein. Man betrachtete ihn wie eine Kuh, die keine Milch mehr gab und zum schlachten zu dünn war, wie ein Huhn, das keine Einer legte und von ihrem Futter fraß. Die Eltern des Freundes hatten damals, nach dem Brande, die wenigen geretteten Tiere bei sich aufgenommen. Aber wenn man selber bitterarm ist, kann man Andern auch nicht viel helfen.

Aber trotz Hunger und Kälte wurde Papa groß und stark. Mit vierzehn Jahren war die Schule nun beendet. Viele Jungs blieben bei den Eltern und arbeiteten jetzt mit auf den Feldern. Und manche konnten in die Lehre gehen, aber dafür mußte man bezahlen. Aber Papa hatte kein Geld.

Eines Tages hörte er jedoch von dem Nachbarjungen, daß in Radolfzell ein Mechanikermeister wäre, der kluge Lehrjungen suche. Statt nun in die Schule zu gehen, machte Papa sich sogleich heimlich auf den Weg und lief nach Radolfzell, dem 25 km entfernten kleinen Städtchen. Papa erklärte dem Meister, daß er zwar nicht imstande wäre ihn zu bezahlen, aber gewillt sei statt dessen bei ihm schwere Arbeit zu verrichten. Das gefiel dem Mann. Er benötigte außerdem gerade eine starke Hilfe, weil er durch einen Unfall beide Beine verloren hatte. Jemand mußte ihn die steile hohe Treppe zur Wohnung hoch und runter tragen. Das war keine leichte Aufgabe für einen vierzehnjährigen Jungen, denn der Meister wog mehrere Zentner. Ferner sollte Papa für das Pferd und den Wagen sorgen und den Mann herumfahren.

Der Bauer war bitterböse, daß Papa von ihm weggehen wollte. Er hatte gehofft, ihn als Knecht behalten zu können. Und er sprach nie wieder ein einziges Wort mit ihm. Und zum Schluß mußte Papa dann nur noch von den Früchten der Obstbäume leben.

Diese Sache mit der Lehre in Radolfzell, hörte sich nun sehr gut an. Papa hatte jedoch häufig Pech im Leben, egal wie gut das Schicksal es mit ihm meinte. Da war nämlich die Schwester des Meisters, die führte dem unverheirateten gutherzigen Bruder den Haushalt und hatte für das Essen der Lehrlinge zu sorgen. Sie besaß nun aber leider eine verheiratete Tochter, der es scheinbar sehr schlecht ging. Jedenfalls mußte Papa immer heimlich Geld von der Post an diese abschicken. Davon durfte der Meister aber absolut nichts wissen. Die Sache wäre ja nun an und für sich nicht so tragisch gewesen. Aber das Geld, das Papa immer wegbringen mußte, war das Geld womit die Lehrlinge beköstigt werden sollten. Daher gab es nichts als Wassersuppen, die aus altem Brot und ein paar Kohlblättern gekocht wurde, und wieder Hunger, Hunger. Die andern Lehrlinge wohnten teilweise im Ort und aßen meist zu Hause.

Manchmal bekam Papa ein Trinkgeld, wenn er etwas ablieferte. Von diesem Gelde kaufte er sich beim Schlächter ein wenig Wurst. Unglücklicherweise sah aber der Meister eines Tages ein Stück dieser Wurst aus Papa Hosentasche ragen. Er verbat ihm wutentbrannt jemals wieder irgend welche Lebensmittel zu kaufen. "Was sollen die Luit dazu segge." Die Leute könnten doch denken, daß seine Lehrlinge nicht genug zu essen bekämen. Jetzt war Papa noch schlimmer dran als bei dem Bauern in Owingen, denn in Radolfzell, da konnte man nicht heimlich Eier im Stall suchen, von der Sahne naschen und schon gar keine Nußbäume finden.

Aber gelernt hat Papa dort in der Werkstatt sehr viel. Der Meister war sehr fortschrittlich und kannte sich in allen modernen Maschinen aus. Er war auch der erste, der sich in Radolfzell ein Auto kaufte. Da Papa ihn nun immer fuhr, war Papa auch der erste Autofahrer in der ganzen Gegend, und er hatte später einen der ersten Führerscheine mit einer ganz niedrigen Nummer.

Mir hat Papa nicht so viel von den Sorgen mit den ersten Autos erzählt, aber Fritz könnte von Papas Geschichten bald ein kleines Buch schreiben, denn Papa hat immer wieder davon berichtet welche kurze Strecke man nur fahren konnte, bis wieder eine große Reparatur am Motor oder den Rädern fällig war, vor allem das ununterbrochene Flicken der zerrissenen Reifen. Man wurde außerdem oft auf den Wegen von wütenden Bauern mit der Peitsche geschlagen, da manchmal die Pferde scheuten, und man im allgemeinen das Auto als ein Fuhrwerk des Teufels ansah.

Einmal, erzählte Papa, fuhr er einen Berg hinunter. Da sah er plötzlich eine feierliche kirchliche Prozession. Der Priester an der Spitze mit der heiligen Statue und viele Menschen singend und betend dahinter. Aber zu seinem Schrecken mußte Papa feststellen, daß die Bremsen wieder einmal nicht arbeiteten.

An der Straße standen links und rechts dichte Baumreihen. Glücklicherweise war aber in der Nähe ein Haus, das einen Misthaufen an der Seite hatte. Da konnte Papa noch gerade draufzusteuern. Das Auto überschlug sich. Aber der Mist war weich, jedoch frisch und Papa soll jämmerlich ausgesehen haben als er aus dem Dung hervor kroch. Die Leute in der Prozession unterbrachen das Beten und lachten tagelang, und man berichtete es voller Schadenfreude mit ausführlichen Einzelheiten in dem örtlichen Zeitungsblatt.

Trotzdem Papa so sehr wenig Schule gehabt hatte, habe ich doch niemals einen Mangel an Bildung bei ihm festgestellt. Habe auch keine Ahnung wo er das alles gelernt hat, was er wußte. Sicher vom Lesen. Übrigens als Papa alt war und später bei uns in Amerika lebte, da war einmal in dem Reader Digest eine ganze Seite von Intelligenzfragen. Es wurden dabei lediglich Überlegungssachen, manche mathematischer Art gefragt. Und es stand dort, daß Jeder, der diese Fragen in einer bestimmten Zeit beantworten könne, solle sich unbedingt bei einer angegebenen Anschrift melden. Papa hat alles in der halben Zeit beantworten können, und er war schon 75 Jahre alt. Da war ich sehr stolz auf ihn.

Im vorigen Jahr bin ich mit Fritz in Papas Heimat gefahren. Wir nahmen den Zug und stiegen in Radolfzell aus. Da sahen wir zum ersten mal in unserem Leben den Bodensee. Ich weiß nun nicht, ob es ein besonders günstiger Tag, besonders günstiger Himmel, oder besonders günstige Luftfeuchtigkeit war. Aber so etwas habe ich noch nie auf einem See beobachtet. Der ganze See war bedeckt von einem weichen seidenen Schimmer, einem unbeschreiblich geheimnisvollem Glanz. Vielleicht kommt es daher, daß der Rhein durch seine Mitte fließt. Später habe ich erfahren, daß viele bekannte Maler immer wieder zum Bodensee reisten und zahlreiche dort ständig wohnen wollten. Oh dieser faszinierende zauberhafte Schimmern. Auch mir geht er nicht aus dem Sinn. Schade, daß Papa nicht mehr lebte und mir zeigen konnte, wo sein Dachstübchen bei dem Mechanikermeister war, und wo der Fleischerladen, in dem er sich keine Wurst mehr kaufen durfte.

Dann fuhren wir nach Hilzingen. Hilzingen, welcher Klang für mich. Tante Maria sagte: "Ihr müßt die Kirch anschaue." Welche prachtvolle anmutige Barockkirche in diesem kleinen Örtchen. Sie soll eine von den schönsten in ganz Süddeutschland sein

Der Vorarlberger Baumeister Peter Thumb hat sie erbaut. Peter Thumb hat auch die berühmte Kirche in Birnau erschaffen .In Hilzingen sahen wir gerade eine Schar von Bewunderern in einen Touristenbuß steigen. Diese kleine Kirche ist auch innen bezaubernd schön. Im allgemeinen finde ich die Barockkirchen überladen. Diese jedoch ist es absolut nicht. Eine selige Fröhlichkeit scheint über allem zu schweben. Ich legte meine Hand auf das Taufbecken, in dem so viele meiner Vorfahren getauft wurden. Ich setzte mich auf die, aus hellem Holz liebevoll geschnitzten Bänke. Hier hat sicher meine arme Großmutter Gott um Hilfe angefleht. Wie viele meiner Vorfahren werden an genau der gleichen Stelle einmal gebetet haben. Es war ein seltsames Gefühl. Ich liebte diese Kirche.

Draußen fragten wir einen Mann, der auf dem Pfarrhofe arbeitete. Er war ungewöhnlich groß und kerzengerade. Ich schätzte ihn auf sechzig. Er war aber schon neunzig. Nein, er könne sich nicht an einen Nikolaus oder Robert Graf erinnern. Nein, absolut nicht. Und Graf gebe es viele, und Glatt natürlich auch. Da fielen mir plötzlich die großen Ohren von dem Nikolaus ein und ich fragte, wer im Dorfe ganz große abstehende Ohren habe. Da zog ein Lächeln über sein Gesicht. "Der Schmidtle, ja der Schmidtle."

Der Hof des Schmidtle lag in der Mitte des Dorfes. Wir gingen hin und klopften an, und alsbald öffnete sich oben ein Fenster und Schmidtle sah heraus. Der hatte vielleicht abstehende, große Ohren. Das wäre ein Bild für Spitzweg gewesen."Den Robert, ja, ja den Robert."Und dann kamen viel Worte in einer Sprache, die mir vollkommen unverständlich war. Aber er schien ihn zu kennen. Ganz freudig wurden wir hereingeführt und sogleich mit Wein bewirtet, dem besten, den er hatte. Er schien nicht arm zu sein, war schon sehr alt. Er sah eigentlich gar nicht aus wie ein Bauer, hatte schmale Hände und feine Glieder. Er war schon 92 ganz gesund und voller sprühenden Lebens. Auch die Frau lebte noch. Aber auf der Bank neben dem Ofen, saß ein geistesgestörter, ganz freundlich lächelnder Sohn. Schmidtle hatte zwei Kinder. Der andere Sohn war in Ordnung. Wir haben ihn dann später kennengelernt.

"Ja, die Frau vom Nikolaus, die Mutter vom Robert, das wäre seine Schwester gewesen. Und dann kam es wieder in unverständlichem Dialekt (sicher Switzerdütsch) "Ja, Ja die Maria, die Schwester vom Robert(meine Tante Maria), die hätte schon eine Grabstelle neben seiner Schwester. Die hätten sich beide so sehr lieb gehabt, aber sie wären beide so sehr Tüt. Tüt mit der Religion, aber guet."
Ja und warum der Nikolaus alles verloren habe, das könne er mir ganz genau sagen: "Gebürgt hat der blöde Chaib, der dumme Seich."

Und dann kamen eine ganze Reihe von Wörter, die ich nicht verstand, aber mir denken konnte was sie bedeuteten. Der dämliche Kerl hatte gebürgt, würde man auf Hochdeutsch sagen. Er hatte gebürgt mit seinem ganzen Besitz und Haus und Hof für einen - Das habe ich dann wieder nicht verstanden. Aber "Freund" wahrscheinlich. Und der hatte sich dann das Leben genommen. Das war sicher das Grab, das der Nikolaus Papa gezeigt hatte, und das er verfluchen solle. Und das ehemalige Gehöft sei drüben an der Ecke.

Wir gingen hin. Ein Mann mit dem Namen Graf wohnte dort. Er schien in unserem Alter zu sein. Ich war hocherfreut wieder einen Verwandten zu treffen. Aber der Mann war sehr unfreundlich. Er kannte keinen Nikolaus, keinen Robert, hatte auch nie von ihnen gehört.

Außen am Stall sahen wir jedoch, daß in einen Balken der Name Nikolaus eingeschnitzt war, wie Kinder das manchmal tun. Trotzdem meinte er, der Hof könne unmöglich das Haus meiner Vorfahren sein, da sein Vater es von Jemand anders gekauft habe. Und sein Vater wäre der reichste Mann im Dorfe gewesen. Und er forderte mich wütend auf seinen Hof sofort zu verlassen. Ich habe keine Erklärung dafür, denn Schmidle bestand felsenfest darauf, ja das war der ehemalige Hof vom Nikolaus.

Warum war der Mann so aufgeregt und erbost. Er soll, wie wir hörten sonst höflich sein. Warum war er zu uns so böse, glaubte er vielleicht

Der unfreundliche Graaf auf dem Hofe meiner Vorfahren

ich wolle den Hof zurückhaben. Vielleicht ist er damals für sehr wenig weggegangen, und er hatte Angst wir könnten das jetzt gerichtlich anfechten. Die Angelegenheit ist wirklich seltsam. Das war eine große Enttäuschung. Aber einen Trost hatte ich doch, denn der Mann hatte absolut keine großen Ohren, obgleich er Graf hieß. Er kann also zum Glück kein naher Verwandter von mir gewesen sein.

Ich muß unbedingt wieder zum Bodensee, Zu den Leuten mit den großen Ohren. Davon muß es doch noch viele geben. Und den silbernen Schleier des Wassers, den kann ich auch nicht vergessen.

Übrigens sollte Papa wieder eine Glatt heiraten, das war die Freundin von Tante Maria. Bloß gut, daß das evangelische Rabenaß Papa weggeschnappt hat, denn sonst würde ich vielleicht mit ganz großen Ohren neben Schmidles Sohn auf der Ofenbank sitzen und freundlich grinsen.

Omas Tod

Oma starb mit 91 Jahren. Es war der 7. April 1940.

Und das Furchtbarste war, daß ich sicher Schuld daran hatte. Oma war noch ganz gesund. Sie war nie in ihrem Leben bei einem Arzt gewesen, hatte nie eine richtige Krankheit, nicht einmal eine Erkältung gehabt, nur die Asthmabeschwerden. Und das war sicher eine seelische Sache, denn Oma bekam sie nur wenn Mutti länger als eine Stunde über Papa schimpfte. Damals wurden nicht viele Leute in so guter körperlicher und geistiger Verfassung so alt. Ihr neunzigster Geburtstag wurde sogar in einer Berliner Tageszeitung erwähnt.

In den letzten Jahren mußte Oma jedoch beim Lesen eine Brille aufsetzen.

Ihre schwarzen Haare fingen auch schon an, einzelne graue zu zeigen, aber sie nahm noch an allem teil und konnte auch noch immer den großen und den kleinen Katechismus auswendig hersagen.

Schon 1940 gab es auf unseren Lebensmittelkarten Milch nur noch in geringen Mengen. Und Omas Hauptnahrung bestand ja nun aus den Mehlklimpern in Milchsuppe. Sie hatte doch keine Zähne und alles Andere war für sie schwer zu essen. Eines Tages wurde jedoch die Milch, die wir alle für sie sammelten, etwas sauer. Es gab doch noch keine elektrischen Kühlschränke. Da kam ich auf die unglückselige Idee die Säure wegzubringen. Ich wußte, wenn man Bullrich Salz dazu fügte, die Milch aufschäumte und die Säure verschwand. Ich versuchte es, und die Suppe schmeckte leidlich. Oma aß ihre Klimpernsuppe, jedoch nach ein paar Tagen klagte sie über Bauchschmerzen. Mutti rief einen Arzt, der Darmverschlingung feststellte, die natürlich sehr leicht durch das Bullrich Salz entstanden sein kann. Der Arzt bestand darauf, Oma sogleich in ein Krankenhaus zu bringen. Oma wollte nicht. Sie hatte Furcht, aber wie redeten ihr zu. Ich sehe sie immer noch auf der Trage des Wagens liegen und angsterfüllt auf uns blicken. Ihre lieben zerfurchten Hände auf dem weißen Laken. Wir wollten unbedingt mitfahren. Aber es wurde nicht erlaubt. Wir küßten sie alle, streichelten sie und sagten, wir würden ganz schnell nachkommen.

Oma wurde in das Horst-Wessel-Krankenhaus gebracht. Wir hatten große Angst, denn er hielt sich ein Gerücht, daß kein älterer Mensch, der in ein Krankenhaus kam, es überlebte. Alte Menschen waren im dritten Reich unerwünscht, jetzt in der Kriegszeit besonders. Man konnte ihre Rationen lieber werdenden Müttern zuteil werden lassen. Aber uns blieb keine andere Wahl. Oma mußte operiert werden. Man konnte es nicht zu Hause tun, und Oma hatte große Schmerzen.

Als wir im Horst Wesel Krankenhaus ankamen, war Oma schon tot. Sie sei bei der Operation gestorben. Das konnte nun natürlich auch möglich gewesen sein. Aber wenn plötzlich alle alten Leute bei den Operationen starben, wurde man mißtrauisch.

Es war gar nicht zu fassen, daß Oma nicht mehr bei uns sein würde. Unsere liebe gute Oma. Es war erlaubt sie noch einmal zu sehen. Sie lag in einem großen Raume aufgebahrt, den man aber nicht betreten durfte. Da war eine Glaswand, durch die man nur schauen konnte. Ganz hinten lag sie, weit entfernt. Wir durften nicht mehr zu ihr, durften sie nicht mehr küssen und nicht mehr streicheln. Sie war hinter Glas. Hatte man Angst, daß wir feststellen könnten, daß Oma gar nicht operiert wurde, sondern durch Injektion starb?

Aber es ist ja eigentlich ein schöner Tod eingeschläfert zu werden. Oma hat nie von ihrem Tode gesprochen. Jedoch später erzählte uns die Nachbarin, daß Oma immer gesungen haben soll, wenn wir alle nicht zu Hause waren und immer das Kirchenlied:
"wenn ich einmal soll scheiden, dann scheide nicht von mir, wenn ich den Tod erleide so tritt du dann herfür."
Oma hatte so einen friedlichen seligen Ausdruck, als sie dort aufgebahrt lag. Ich bin ganz sicher, daß Jesus kam, als sie scheiden mußte.

Und wenn wir später, im weiteren Verlauf des Krieges von Oma sprachen, so sagten wir stets, wie gut es war, daß Oma das Alles nicht mitzuerleben brauchte. Die Luftangriffe, die keine Luftschutzübungen mehr waren. Die Bomben, die Russen, die Angst, den Hunger. Vielleicht hat das Schicksal es doch richtig gemacht.

Unsere liebe- liebe Oma mit 90

Mutti fand sich nicht zurecht ohne Oma. Zu Hause kniete sie vor ihrer Mutter Bett, liebkoste das Bettkissen und sprach zu ihr.

"Mutterke komm wieder, komm wieder Mutterke." Stundenlang weinte und redete sie mit ihr. Wir lieb habe ich Mutti gewonnen in jenen Tagen. Wir legten alle Trauerkleider an, auch schwarze Strümpfe, und Mutti wurde ganz dünn vor Kummer. Papa trug sogar eine schwarze Armbinde, was mich sehr wunderte. Es war nicht seine Art. Aber Papa hatte Oma sehr gerne gehabt, und tat es wohl auch Mutti zur Liebe. Von da an ging Mutti noch öfter zum Friedhof. Ich habe kaum jemals jemand so trauern sehen wie sie um ihre alte Mutter, um Mutterke, Mutterke.

Unsere liebe gute alte Oma war nicht mehr. Ihr Sessel und das Kissen auf dem Kohlenkasten standen leer. Ich wickelte mich in Omas großen grünen Schal und legte den Kopf tief in ihr Federbett.

Jahrelang hielt Mutti es so, als wäre Oma nur zu Besuch weg, nur für kurze Zeit mal woanders. Es wurde nichts von Omas Sachen weggestellt, nicht ein Stück, solange bis die Bomben kamen und es taten.

Amor

Einige Zeit nach Omas Tod, erschien der Junge von Bornholm bei uns. Er machte das von Zeit zu Zeit. Dieses Mal hatte er von seinem Patenonkel Karten für eine Oper geschenkt bekommen, und bat mich, mit ihm hinzugehen. Ich hatte keine Lust. Oma war noch nicht lange begraben. Und eine Oper...Und Puccini..... Aber er fragte so, daß man nicht nein sagen konnte.

Ich war noch in tiefer Trauerkleidung. Wir saßen oben in der Staatsoper. Ich befand mich in einer seltsamen Stimmung. Oma war tot. Der Krieg zeigte immer mehr und mehr sein Gesicht. Unten sang mit herzzerreißenden Tönen die arme Madame Butterfly und rang verzweifelt ihre Hände. Die süßlich weichen Töne erfüllten den Raum.

Plötzlich bemerkte ich, daß der Junge neben mir, nicht mehr auf die Bühne schaute, sondern mich dauernd von der Seite betrachtete. Mich machte das nervös, und ich wünschte, er würde sich lieber um das Drama da unten kümmern. Schließlich wurde es mir zu viel, und ich blickte ihn an. Und da geschah es.

Wie oft habe ich Bilder, von diesem lächerlichen Amor gesehen, der von oben links oder unten rechts seine Pfeile abschoß, versteckt im Gebüsch, hinter einem Baum, sogar aus den Wolken.

Aber gerade hier bei Madame Butterfly... bei Puccini....
Allerdings war ein Opernhaus ein ziemlich geeigneter
Hintergrund, mit dem vielen Rokoko, dem Rot und dem
Gold und der geheimnisvollen Beleuchtung.

Als ich aufblickte und den Jungen ansah, da wurde
ich getroffen, genau in dem Augenblick. Wenn ich es in
einem Roman oder Gedicht gelesen hätte, so würde ich
bestimmt sagen. Ja, natürlich immer diese unglaublich
dichterischen Übertreibungen. Aber bei mir war es wirklich
so, ganz bestimmt. Fritz sagt, daß er schon lange in mich
verliebt war, und absolut nicht plötzlich.

Aber bei mir, da war es unerwartet, überraschend.
Es war einwandfrei sein Blick. Sein Blick war so verzeh-
rend, so abgrundstief, daß ich einfach hineinrutschte, ohne
jemals wieder herauszukommen. Mit einem Mal sah ich in
seine Seele, entdeckte den ungeheuren Schatz, der auf
ihrem Grunde

lag. Und plötzlich war er nicht mehr der Junge, der so lächerlich
jung aussah. Er hatte keine Stupsnase mehr, sondern eine herrliche Nase, und er hatte wunderschöne, ganz goldenen Haare. Er
war auch gar nicht klein. Er war groß und breit und stark, sah
plötzlich aus wie ein Germane aus den Geschichtsbüchern. Ich
konnte nicht begreifen was plötzlich geschehen war. Hatte keine
Zeit es zu untersuchen, und ehrlich gesagt, auch nicht die geringste Lust dazu.

Wir gingen in den Tiergarten. Aber auch da war alles
verändert. Wir phantastisch sahen die Bäume aus. Welch andere
Formen und Farben, und der kleine See, wie seltsam das Wasser.
Ich hatte vorher bestimmt nichts besonderes gegessen oder getrunken, und bin auch sicher, daß Madame Butterfly nicht das
Geringste damit zu tun hatte. Ich mag Puccini überhaupt nicht
sonderlich. Es kann also wirklich nur Amor selbst gewesen sein.

Im Tiergarten haben wir uns nicht einmal geküßt, und
vorher schon gar nicht. Wir sind nur schweigsam unter den phantastischen Bäumen entlang gelaufen. Das
Wort Liebe ist ein Wort, daß ich mich scheue zu gebrauchen. Bei uns zu Hause wurde es von Mutti so sehr
benutzt, daß man heilfroh war, wenn man es nicht zu hören brauchte. Schön poliert in ästhetischer Einfassung
kann es natürlich mein Herz noch schmelzen.

Aber damals im Tiergarten, ist es nicht gefallen. Da haben wir überhaupt nicht gesprochen.

Fritz hat kurz darauf ein impressionistisches Bild für mich gemalt. Eine Seerose in einem unglaublich herrlichen Teich.

Genauso habe ich den Tiergarten auch gesehen, an diesem Abend.

Die Einberufung

Es gibt teuflische Dinge, die auch gute Eigenschaften haben. Ich glaube, der Krieg ist eine davon. Man kann in dieser Zeit auf einmal erkennen was wirklich wichtig, und was nur unnütze Verzierung ist. Das Wesentliche kommt zur Oberfläche.

Schlagartig wird das Leben, das nackte Leben wertvoll und damit die Zeit. Nutze die Zeit, was dir heute gegeben, kann morgen schon verschwunden sein. Nicht der Satz, den ich in diesen Tagen so oft gehört und hassen gelernt habe: "Life is short." Es ist unwichtig ob es kurz oder lang ist, wichtig ist nur, was man daraus macht. Das Wertvolle erkennen, das Wertvolle tun. Der Krieg gibt nun aber wenig Zeit zum Überlegen. Schnell zugreifen, schnell festhalten. Was ist nun aber das Wichtigste?

Für mich war es plötzlich Fritz. Auf einmal drehte sich die Welt um ihn, um ihn allein. Der Krieg begann erst Wirklichkeit für mich zu werden, als Fritz eingezogen wurde. Alles was man liest oder hört, ist kein Vergleich zu dem, was man erlebt.

Auf einmal war auch das Grauen für mich da. Am 6. Juni 1940 bekam Fritz seinen Einberufungsbefehl. Wer sich freiwillig meldete, konnte sich aussuchen bei welcher Waffengattung er am liebsten sterben wollte. Alle andern wurden dorthin gesteckt wo die meisten Soldaten fehlten. Fritz mußte nach Neuruppin zum Ersatzregiment 66 zur Ausbildung.

In den wenigen freien Stunden, die Fritz dort hatte, fuhr ich zu ihm. Dort wurden wir Mann und Frau. Nicht, daß wir auf dem Papier geheiratet hätten. Das erschien mir im Angesicht des Krieges eine lächerliche Formalität. Von dem Augenblick an jedoch, hörte Hildegard Graf auf zu existieren. Vielleicht hatte ich noch äußerlich Ähnlichkeit mit ihr.

Aber die Hildegard Graf, die so malen wollte, daß es Rembrandt gefiel, die hatte nicht das Geringste mehr zu wählen, zu bestimmen. Jemand anders übernahm die Führung. Und das war mein Unterbewußtsein. Es hatte so lange versteckt in mir gelebt, daß ich gar nicht wußte, daß es überhaupt vorhanden war. Von jetzt ab entschied es, was wichtig, und was unwichtig, was zuerst und was später rankam. Ich sah erstaunt und verblüfft zu, wagte nur leise Einsprüche.

192

Aber im tiefsten Grunde meiner Seele wußte ich, daß es Recht hatte und ließ es gewähren. Vor allem wurde mir so sehr wohl dabei. Ein großes Glücksgefühl strömte durch meine Adern, daß es Recht haben mußte, unbedingt Recht haben.

Das Allerwichtigste war jetzt. Ich wollte ein Kind von Fritz. Ich wollte ein Kind, denn ich wollte festhalten, was der Krieg vielleicht wegnehmen konnte. Wie wenig Soldaten kamen zurück.
Noch vor ganz kurzer Zeit hatte ich alle meine Kindersachen, die von Mutti sorgfältig aufgehoben worden waren, alle weggeschenkt. Mit einem Mal wünschte ich sie zurück. Aber da geschah etwas, womit absolut ich nicht gerechnet hatte. Ich bekam kein Kind, egal wie sehr und sehnsüchtig ich es mir wünschte. Bange Gedanken von meinem Stammbaum zogen durch meinen Sinn. Doch der Arzt, den ich aufsuchte, versicherte, ich würde bestimmt Kinder bekommen.

Ich zog immer meinen festlichen blauen Samtmantel an, wenn ich Fritz besuchen fuhr. Nach Neuruppin mußte man in den Dampfzug umsteigen. Auf der Rückfahrt war der Zug meist nahezu leer. Ich konnte mein Gesicht Nachts in den dunklen Fensterscheiben vor den vorbeihuschenden Schatten sehen. Ich betrachtete es oft aufmerksam. Und langsam wurde mir klar, daß ich auch so werden könnte, werden würde wie Mutti. Daß sich bei mir auch alles um die Liebe, nur die Liebe drehen würde. Die Liebe zu Fritz, die Liebe zu den Kindern. Daß sie mich ausfüllen könnte, ganz und gar, ohne auch nur einen kleinen Flecken übrig zu lassen. Ein kleines Fleckchen für mich, für mich zum Malen.

Führerhauptquartier

Fritz hatte zur gleichen Zeit das Abitur gemacht wie ich. Er war so einer wie Subeida gewesen, so einer, der nie oder nur sehr selten Schularbeiten machte. Er ist sogar in einem Jahr sitzen geblieben, was ihm aber absolut nichts ausmachte, da er sich ja ständig mit anderen Dingen beschäftigte. Den Jungen wurde im Gegensatz zu den Mädchen das letzte Schuljahr gestrichen. Sie sollten so schnell wie möglich zur Front.
Fritz wurde beim Abitur in allen Fächern auf Herz und Nieren geprüft, da man nicht so sicher war, ob er überhaupt durchkommen sollte. Aber zum großen Erstaunen aller seiner Lehrer, wußte er so viel, daß er nicht nur bestand, sonder mit einer guten Nummer sein Abitur machte.

Bevor Fritz eingezogen wurde, studierte er an der Technischen Hochschule, eine Universität in Berlin, die die besten Professoren hatte, oder vielmehr gehabt hatte, denn der größte Teil war bei Hitlers Ankunft bereits ausgewandert, und der Rest würde bald folgen. Professor Geiger (der Erfinder des Geigercounter) war noch da und seine interessanten Vorlesungen.

Aber nach ein paar Semestern war es aus mit dem Studium, und Fritz mußte sich dem Militär stellen. Fritz war niemals in der Hitlerjugend gewesen. Auch nicht beim Arbeitsdienst, der bei den Jungen nur aus einer vormilitärische Ausbildung bestand und Pflicht war. Aber Fritz ist einfach nicht hingegangen. Wer aber zur Einberufung nicht hinging, konnte auf der Stelle erschossen werden. Und das war nun doch selbst Fritz zu riskant.

Körperlich machte Fritz die schwere Ausbildung nicht das Geringste aus. Aber seelische war es eine andere Sache. Fritz war immer ein Einzelgänger gewesen. Und dann die Vorstellung unter Hitler für Hitler kämpfen zu müssen, gegen Menschen, die einem niemals etwas zu Leide getan hatten. Nach der Ausbildung wurden die Soldaten dann ihren Regimentsgruppen zugeteilt. Da wartete ich nun mit bangem Herzen, wo man ihn hinsenden würde.

Ich weiß noch genau den Tag, als es klingelte, und sehe Fritz wie damals vor der Tür stehen. Noch bevor er eintrat, wo, wo würde er hinkommen? Die Antwort sollte scheinbar ulkig sein. Ich jedoch war absolut nicht in Stimmung für irgend welche Scherze. Aber Fritz beteuerte, es wäre kein Witz, absolut keiner. Er käme ins Führerhauptquartier. Wirklich, wahrhaftig. Es verschlug mir den Atem, und dann fing ich an ganz doll zu lachen. Führerhauptquartier!!! Jemand, der in keiner Partei, nicht einmal in der kleinsten Einheit der Hitlerjugend gewesen war. Aber es war kein Irrtum und auch kein ironischer Ulk,. Fritz kam wirklich und wahrhaftig ins Führerhauptquartier.

Ich habe mir lange Zeit den Kopf zerbrochen, und tue es heute noch, um herauszufinden warum Fritz gewählt wurde. Es scheint ein Zufall gewesen zu sein, aber auch eine mystery.

Der Vater von Fritz sah immer bis in sein hohes Alter unverschämt gut aus. Er wurde in der Schule stets nach vorne gerufen, wenn man von den Germanen sprach und zeigen wollte, wie diese ausgesehen hätten. Fritz sah seinem Vater sehr ähnlich.

Als man in Neuruppin nun Soldaten für Hitlers Hauptquartier auswählte, suchte man sicher blonde und nordische Typen. In der Hitlerzeit liebte man nun einmal die guten alten Germanen. Aber da gab es doch eine menge blonde gutaussehende Jungs. Also warum Fritz? Fritz war nämlich gar kein zackiger Bursche, der mit eisernem Gesicht in Reih und Glied stramm stehen konnte. Immer wenn seine Kompanie später Paraden hatte oder sonst gezeigt wurde, mußte Fritz als Einziger verschwinden.

Fritz glaubt, er wurde hauptsächlich ausgewählt weil er einen Führerschein vorweisen konnte. Unter den ausgesuchten Jungs sollte nämlich ein Soldat mit Führerschein sein. Früher hatten sehr wenige Leute einen Führerschein. Nur sehr wenig Leute besaßen damals ein Auto. Aber sollten da nicht germanisch aussehende Junge gewesen sein, die einen Führerschein hatten, und außerdem noch in der Hitlerjugend waren. Die Fahrkenntnisse von Fritz wurden ferner im Hauptquartier nie benutzt. Die ganze Sache, warum Fritz ins Hauptquartier kam, ist mir heute noch unverständlich.

Beim Eintritt in seine Einheit, bekam Fritz eine Uniform aus gutem Material und zwei Armbinden. Eine mit der Aufschrift Führerhauptquartier und die andere mit der Aufschrift Großdeutschland. Die Soldaten des Hauptquartieres gehörten nämlich zum Regiment Großdeutschland. Das Regiment Großdeutschland war eine Elitetruppe. Hier befanden sich nur Elitesoldaten. Es schien ein Witz, daß gerade Fritz dort hin kam, Fritz war sehr männlich, sehr kräftig und vital und aber absolut kein militärischer Elite-typ. Er haste das Militär.

Ich war immer der Ansicht, daß unser geliebter Führer sich nur mit treuen Anhängern umgeben würde. Aber das war durchaus nicht der Fall. Fritz meint, daß in seiner Gruppe kaum einer in der Partei gewesen wäre. Man merkte schon, ob jemand war oder nicht war.Es wurde natürlich nicht viel darüber gesprochen, aber Fritz sagt, er hatte nie das Gefühl, daß der große Führer den Soldaten dort sehr am Herzen lag.

An Hitlers Stelle hätte ich auch keinem richtigen Nazi getraut. Sie bestanden nämlich, nach meiner Meinung, aus drei Gruppen. Erstens die tapferen, edlen, alten Kämpfer, die ihm zur Macht verholfen hatten. Darunter gab es natürlich viele, die getreu bis in den Tod gewesen wären und auch waren, diese großen Idealisten. Aber von denen konnten manche auch genausogut gegen ihn vorgehen, wenn sie erkannten, was der liebe Führer wirklich im Sinn hatte. Die Konzentrationslager waren gefüllt mit diesen ehemaligen Getreuen.
Die nächste Gruppe waren die Mitläufer, die gewiß genauso schnell in die andere Richtung rennen konnten. Und dann noch die berechnenden ewig kalkulierenden Vorteilsucher. Die wären natürlich die Letzten gewesen, denen ich mein Leben anvertraut hätte. Die guten Deutschen, die nicht in die Partei eintraten, müssen wohl die Vertrauenswürdigsten gewesen sein. Die Deutschen, die das Hauptquartier verteidigen würden, weil es das Hauptquartier Deutschlands was, das Hauptquartier des Vaterlandes.
Fritz sagt allerdings, daß man bei ihm in der Familie und auch bei allen Soldaten, die im Führerhauptquartier waren, genau nachgeprüfte, ob sie jemals der Kommunistische Partei angehört hätten,

Fritz kam in das Führerbegleit bataillon, das war der äußere Ring um Hitler. Dann kam noch ein ganz enger von SS Leuten, die das Allerheiligste zu schützen hatten. Da Fritz nun aber alles militärische haßte, versuchte er in den Stab des Hauptquartiers zu kommen, was ihm auch gelang. Durch seine Schulausbildung und technische Fähigkeiten wurde er bald verantwortlich für die elektrischen Anlagen der Wagen im Hauptquartier. Vor allem konnte er bei seiner Arbeit in den Autos oft klassische Musik hören, die in den Aufenthaltsräumen von den Soldaten nicht geduldet wurde. Da er nun oft lange in den Wagen saß, kam er sogar in den Verdacht heimlich ausländische Sender zu empfangen, was bei Todesstrafe verboten war. So dumm wäre Fritz übrigens niemals gewesen so etwas im Hauptquartier zu tun. Aber Keiner hat ihn jemals angezeigt. Das bestätigt wohl deutlich die politische Einstellung der Soldaten.

Das Führerhauptquartier befand sich damals nahe bei Bad Nauheim. Im Herbst wurde es dann für ein paar Monate nach Paris verlegt, und die Soldaten der Wachgruppe bezogen die Räume der Cité Université. Fritz sprach sehr gut Französisch und hatte bald freundlichen Kontakt mit der Bevölkerung. Zu seinem Erstaunen fand er bei den Franzosen keinerlei Feindseligkeiten den deutschen Soldaten gegenüber vor. Für die Mädchen war das ja verständlich. Aber auch in der Metro ist er nicht ein einziges Mal böse angesehen oder mit Bemerkungen angefeindet worden. Bei Fritz würde mich das nun nicht sehr wundern. Fritz ist nämlich immer in sonniger Laune und er strahlt darum Menschen stets freundlich und warmherzig an, so daß er heute noch ständig von vielen Leuten auf unbekannten Straßen gegrüßt wird, da alle glauben, daß Jemand, der sie so herzlich anblickt, sie auch unbedingt kennen müsse. Aber auch die Kameraden von Fritz stießen bei den Franzosen auf keinerlei Feindseligkeiten. Die große Zahl der Bevölkerung war sehr froh, daß der Krieg für sie so schnell vorbeiging, denn sie hatten noch den langen blutigen ersten Weltkrieg in Erinnerung, wo eine Unmenge ihrer Männern in allen Altersstufen in dem sinnlosen Stellungskrieg hingeschlachtet wurden.
Paris war jedoch zu der Zeit noch eine ziemlich tote Stadt. Vieles war geschlossen. Die Soldaten bekamen wenig Ausgang, und trotz des guten Wetters hatte Paris nicht die Wärme, die es heute ausstrahlt.

Hätte Fritz damals gewußt, was Paris und Frankreich für uns noch einmal bedeuten würde, daß die Hälfte unserer Enkelkinder aus Berlin und Paris abstammen, und meine Schwester Ellen und ihre Kinder noch einmal Franzosen sein würden. Meine Oma pflegte immer zu sagen: "Ja, Gottes Wege sind wunderlich." Das soll natürlich die Großmutter von Fritz auch immer gesagt haben.

Und dann eines Tages wurde mir schlecht, ganz schrecklich schlecht. Ähnlich wie damals auf dem Schiff bei der Fahrt nach Bornholm, als wir nicht auf Wisby landen konnten. Aber da hörte es schlagartig auf, nachdem wir wieder festen Boden unter den Füßen hatten. Dieses Mal war das nicht der Fall. Es war auch anders als damals. Denn obgleich ich lange Zeit vor Toilettenbecken kniete, habe ich doch nicht einmal gewünscht, daß es weggehen sollte, denn ich wußte ja was es zu bedeuten hatte:
Ich würde endlich ein Kind bekommen. Ein unendlich glückliches Gefühl erfüllte mich. Ich rollte mich zusammen wie eine Katze und begann zu schnurren. Trotz Krieg. Trotz Hitler.
Alles war gut und alles würde gut werden.

196

Heiraten

Nein, heiraten wollte ich auf keinen Fall. Nicht, um mich nicht zu binden. Ich war ja längst gebunden, fest gebunden. Ich war der Meinung, daß es den Staat und seine Bürger gar nichts anginge, ob wir nun verheiratet waren oder nicht. In der damaligen Zeit jedoch war es etwas völlig Unmögliches ein Kind zu haben und nicht verheiratet zu sein. Man galt als moralisch verkommen, verloren.
Mädchen begingen oft Selbstmord, wenn sie ein Kind erwarteten ohne den Ehering.

Der Grund warum ich nicht heiraten wollte, war hochwahrscheinlich nur wieder einmal meine alte Krankheit, stets das Gegenteil zu tun von dem was andere Leute taten. Aber dieses mal stieß ich auf Widerstand. Mein Unterbewußtsein erklärte mir, daß es höchst gleichgültig sei, was ich fände, sondern einzig und allein zähle, was gut für das Kind wäre. Und in der damaligen Zeit würde ein uneheliches Kind.... einfach unvorstellbar. Also langer Rede kurzer Sinn. Es gab ein klares Ja. Ja wir würden heiraten ohne weitere Einwendungen meinerseits. Fritz schien diese Sache ziemlich gleichgültig zu sein. Er überließ es mir. Als er aber hörte, daß man Heiratsurlaub bekommen konnte, da war es keine Frage mehr.

Damit ich meinen Willen zur Extravaganz, nun wenigstens etwas durchsetzen konnte, beschlossen wir nur heiraten, keine Hochzeit mit irgend welches drum und dran. Heute tut es uns natürlich leid.
Wie schön wäre es gewesen, hätte ich in der Schloßkirche von Schöneiche vor dem goldweißen Altar gekniet, mit einem großen Strauß von Maiglöckchen, den zarten Maiglöckchen, von denen so viele in der Nähe der Rotbuche und den Rändern des Baches wuchsen. Denn es war ja der Monat Mai, der schöne Mai.

Aber wir hatten das Gefühl, daß wir ja schon längst vor Gott verheiratet waren, daß er uns ja schon längst gesegnet hatte. Und damals war Krieg. Man war anders. Man dachte anders. Man lebte anders. Man hätte ja auch gar keine Leute einladen und bewirten können. Man hätte dafür ein ganzes Jahr hungern müssen, da es ja alles auf Karten gab, und wir selbst nicht genug zu essen bekamen.

Mutti jedoch war furchtbar wütend. Wegen erstens und zweitens natürlich. Ihre Tochter Hildegard......Und nun sollte außerdem noch keine Hochzeit sein. Im übrigen hatte sie einen Schleier schon jahrelang auf dem Boden liegen. Für ihre Töchter, für alle Fälle.

Fritz war inzwischen mit dem Hauptquartier in Ostpreußen in der Nähe von Rastenburg stationiert. Und dann kam der Tag, an dem er den ersehnten Urlaub erhielt, den Heiratsurlaub, der viel länger als andere Urlaube war. Zu Hause sagten wir erst zwei Tage vorher Bescheid, um auf alle Fälle eine Feier zu verhindern, denn ich kannte ja Mutti. Die Mutter von Fritz war auch traurig. Sie hätte gerne eine Hochzeit bei sich gehabt. Aber wir ließen uns nicht beeinflussen, nein, auf keinen Fall. Absolut keine Gäste, keine Blumen, und am Montag. Wir wollten ferner auf der Straße ganz unmögliche Leute ansprechen, und sie bitten unsere Trauzeugen zu sein.

Am Montag Morgen sahen wir jedoch Papa und die Mutter von Fritz an der Tür stehen. Sie bestanden darauf vorsichtshalber auf das Standesamt mitzukommen. Unser Pudel befand sich auch schon aufgeregt daneben. Auch er begleitete uns nun.

Das Standesamt war ein sachliches nüchternes Gebäude. Sehr amtlich. Es roch nach Akten, Tinte und Bohnerwachs. Nach preußischer Art mußte man draußen erst einmal auf einer harten Holzbank eine ganz bestimmte Zeit warten, trotzdem wir die Einzigen schienen, die an einem Montag die Ehe schließen wollten. Dann wurden wir aufgerufen. Aber welche Überraschung. Man betrat einen Raum, der einen äußerst feierlich und würdevollen Eindruck machte. Da saß ein Mann, mittleren Alters majestätisch vor einem Bureaualtar und sah uns streng über seine goldeingerrahmte Brille an. Hinter ihm war ein Riesenbild. Unser geliebter Führer blickte mit eisern energisch verbissenem Munde in die Zukunft. Und rechts und links von ihm die heiligen, scheinbar besonders geweihten Fahnen mit auffallend wohlgenährten in Gold und Seide durchwebten Troddeln an der Seite.

Erst einmal begann der amtliche Teil. Namen und Geburtsdaten auf beglaubigten Papieren und knisternden Dokumenten und militärische Erlaubnisscheinen wurden mit scharfen Augen genauestens untersucht. Als nun alles zufriedenstellend erledigt war, steuerte der Standesbeamte, wie wohl sein Titel war, oder aber vielleicht Oberstandesbeamte auf den seelischen Teil unserer Eheschließung zu. Er begann uns den Sinn der Ehe zu erklären. Er tat es lange, und er tat es gründlich.

Ich setzte ein ernstes Gesicht auf, und versuchte meine Augen auf unscharf zu stellen. Das half immer, wenn man einem Hitlerbilde gegenüberstehen mußte. Ich verzog keine Miene. Dann aber kam der wichtige Punkt, nämlich die Zeremonie des Eheschwures, oder wie der Salm sonst hieß. Der Beamte begann mit erhabener Geste den Beginn dieser hochheiligen Aktes. Da nun dieser göttliche Schwur auf unseren Führer geleistet wurde, mußten wir uns feierlich erheben. Wir taten es. Wir erhoben uns ernst und weihevoll. Aber leider tat der Pudel, der neben uns gesessen hatte, das gleiche. Er stand auch auf. Das war sehr komisch, denn auch er blickte jetzt sehr zeremoniell auf das Hitlerbild. Bevor der wichtige Akt nun aber geschah, wurde uns zunächst einmal der Schwur weihevoll vorgelesen. "Wir erklären an Eides statt daß wir erbgesund, von reiner Rasse, gewillt sind viele Kinder zu haben und unserem geliebten Führer mit Leib und Seele......."

Und da mußte ich nun natürlich wieder lachen. Nicht doll laut, nein, leise, in regelmäßigen Abständen. Man konnte es auch als seelisches Schluchzen auslegen, was der Mann scheinbar freundlicherweise tat.

Als wir nun aber das Alles nachsprechen sollten, laut und deutlich, und zwar beide zusammen, beide zur gleichen Zeit. Dazu kam noch, daß Fritz so tief und ich so hoch deklamierte, und der Pudel erstaunt von einem zum Anderen aufblickte, daß ich einfach nicht mehr konnte und in ein schallendes Gelächter ausbrach. Es war so schrecklich komisch.

Bei einem Eid auf den Führer nun zu lachen, konnte einen leicht an den Rand des Konzentrationslager bringen. Mein Unterbewußtsein fing daher fieberhaft an zu arbeiten. Erst einmal mußte ich mich kneifen, ganz doll, daß ich noch tagelang blaue Flecke hatte. Dann fing es an mir alle Toten und Todesarten vorzuführen. Nicht einmal das Sterben meiner Großmutter konnte helfen.

Alle Anwesenden waren entsetzt. Der Beamte jedoch schien nett zu sein. Er bezog mein Lachen nicht auf den Führer. Der Gedanke allein war einfach unmöglich, sondern er schob es auf seelische Erregung. Wir sollten noch einmal beginnen. Noch einmal ganz von vorne. Und es passierte genau das Gleiche. Da aber wurde der gute Mann böse und erklärte, er würde uns nicht trauen, wenn ich nicht die seelische Reife hätte.

Er machte zornig schnaubende Atemlaute und klappte seine Akten zu. Da wurde ich etwas nüchtern und begann ein wenig Respekt vor Adolf Hitler und seinen Standesbeamten zu bekommen. Zum Glück hatte Fritz dann eine Idee. Er bat den Herrn, ob wir nicht getrennt, also jeder einzeln den Schwur auf den Führer ablegen könnten, und er drückte meine Hand ganz fest. Und ich versuchte nicht auf Adolf Hitler und auch nicht auf den Pudel zu blicken, und dann ging es auf einmal.

Wir begaben uns in die Wohnung meiner Schwiegereltern. Nach Hause traute ich mich nicht. Die Mutter von Fritz hatte jedoch das Speisezimmer mit vielen Blumen von Tante Hannchen geschmückt. Tante Hannchen war eine alte Frau, die einen Blumenstand in der Königstraße besaß, und unter deren Flügeln Fritz als kleiner Junge oft gespielt hatte. Alle Kinder nannten das Berliner Original Tante Hannchen. Und von der hatte man alle Blumen gekauft, die zu bekommen waren. Mutti kam später auch hin. Sie hatte aber plötzlich Krämpfe im Bein, die sie niemals vorher und auch niemals später wieder bekommen hat. Man legte sie auf eine Couch, aber allmählich gingen die Schmerzen weg. Papa war schon immer auf unserer Seite gewesen. Er konnte Fritz gut leiden. Sie hatten so viele gemeinsame Interessen. Aber bei Mutti war das anders. Fritz war so jung. Und außerdem hätte ich doch einen Bankbeamten heiraten sollen. Ich weiß nicht warum ein Bankbeamter das höchste der Gefühle war. Papa sollte auch immer einer werden. Aber dann fand Mutti, daß doch noch etwas Schlimmeres hätte passieren können, und sie wurde wieder lustig.

Wir hatten aber beschlossen, daß ich vorläufig bei den Eltern von Fritz wohnen sollte. Ich traute Mutti immer noch nicht so ganz. Ihr Schimpfen konnte jeder Zeit wieder losbrechen. Die Schwiegereltern waren sehr nett. Sie freuten sich auf das Kind und konnten mich gut leiden. Die Wohnung war groß. Wir bezogen das Zimmer von Fritz. Zum ersten Mal in unserem Leben hatten wir einen eigenen Raum, hatten ein eigenes Bett. Wir wollten natürlich nur in einem schlafen, obgleich es nur die Breite für eine Person hatte. Damals gab es noch keine Doppelbetten. Anständige Leute schliefen einzeln in getrennten Betten, die aber zusammenstanden, jedoch in der Mitte durch ein harte, erhöhte, unüberwindliche Holzleiste die Geschlechter schamvoll voneinander trennte.

Wie himmlisch war diese erste legale Nacht und die 1001, die darauf folgten. Wir schlafen heute immer noch ganz fest umschlungen, als hätten wir immer noch Angst, daß Hitler oder irgend etwas anderes Böses uns trennen könnte.

Ganz laut hörte man den Klang der Parochialkirche mit ihrem unvergleichlichen Glockenspiel. War es alle halbe Stunde? Ich glaube ja, weiß es aber nicht mehr ganz genau. Aber den Klang, den herrlichen Klang, den höre ich noch heute.

Ich weiß auch nicht mehr wie viele Tage Urlaub Fritz bekam. Aber wir beschlossen den restlichen Teil im Landhaus von Woltersdorf zu verbringen. In dem gleichen, in dem wir noch vor gar nicht so langer Zeit Silvester gefeiert hatten. Es war Mai, der Flieder blühte. Jeden Morgen bedeckte Fritz mich mit den weißen Blüten, und ihr Duft erfüllte den ganzen Raum.

Die andere Familie

Bei meinen Schwiegereltern war alles ganz anders als bei uns zu Hause. Das lag an zwei Dingen. Erstens hatten sie viel mehr Geld, und dann hatten sie nicht Mutti. Dafür hatten sie aber Otto den Großen, Otto Bohm. Seine Majestät, den Vater, um den sich alles, aber auch alles drehte. Er sah noch ziemlich jung aus, obgleich er schon bald sechzig war, als ich ihn kennenlernte. Seine jugendliche Spannkraft faszinierte. Er besaß ferner eine große edle Würde, die sogar mir Ehrfurcht einflößen konnte. Fritz sagte, sein Großvater soll den gleichen Eindruck gemacht haben. Alle hatten noch den vollen blonden Haarschopf bis ins hohe Alter, so daß eine seltene Mischung von Jugendlichkeit und Autorität entstand.

Der Ehrenplatz des Vaters nahm die ganze Seite der großen Tafel ein. Sein Stuhl hatte eine besonders üppig geschnitzte Lehne, so daß er wie ein Thron aussah. Der hoheitsvolle Blick des "großen Ottos" bestimmte, wer bei Tisch reden und nicht reden durfte. Ein strafendes Hochziehen seiner Augenbrauen, und das Thema wurde gewechselt. Er arbeitete schwer, kam nur eine Stunde Mittags nach Hause, um dann spät Abends erst wieder zu erscheinen und das Abendessen mit der Familie einzunehmen, und dann wieder bis Mitternacht zum Geschäft zu gehen. Einer, der so schwer arbeitete, mußte natürlich auch entsprechend behandelt werden. Aber mein Vater arbeitete auch so lange. Natürlich war bei uns ja immer alles anders.

Ich beschloß jedoch auf alle Fälle, mich dem Familienleben anzupassen, obwohl ich diesen übertriebenen Vaterkult lächerlich fand. Was mich am meisten störte, war, daß der Vater alles extra bekam. Für ihn wurde immer etwas Besonderes gebraten, wenn wir alle zusammen am Tische saßen. Mir lag nichts am Essen. Aber es war Krieg und die Söhne arbeiteten auch schwer. Der Bruder Ernst war dünn und noch im Wachsen. Der Vater bekam nicht nur mehr, er bekam immer Besseres.

Einen großen Teil der Schuld hatte die alte Großmutter mütterlicherseits, die praktisch den ganzen Haushalt leitete. Sie kam vom Lande, von Schlesien, und dort bekam der Mann des Hauses immer anderes Essen, als der Rest der Familie, da er ja im allgemeinen körperlich schwerer arbeiten mußte, und natürlich viel mehr Kalorien verbrauchte. Für die Großmutter war der Schwiegersohn ein Halbgott, und sie war es auch, die den Kindern die große Ehrfurcht von ganz klein auf beibrachte. Die alte Großmutter sprach nie von ihrem Mann, der ziemlich jung starb. Ich habe den Verdacht, daß er ein Bruder Lustig gewesen war. Ihr Schwiegersohn war alles, was sie sich jemals von einem Manne gewünscht hatte. Und so einen Mann mußte man natürlich würdigen und achten und ehren. Da durfte man nie Kritik, nie einen Zweifel äußern, sondern blindlings ergeben sein. Was auch alle Knaben folgsam taten, und was übrigens dann auch wieder seine guten Seiten hatte. Der Vater hatte verboten Alkohol anzurühren. Der Vater hatte verboten zu rauchen, und da kam auch nicht einer auf die Idee, etwa mal heimlich zu probieren, obwohl die offenen Flaschen da standen. Nicht einmal Malzbier durfte getrunken werden. Und alle Söhne gehorchten, bis sie zum Militär kamen, und der Vater das Verbot aufhob.

Das Zentrum des Familienlebens war das tägliche und pünktliche gemeinsame Essen. Es war eine feierliche Sache. Da mußte morgens der Frühstückstisch gedeckt werden, wie bei uns nur zu allerhöchsten Fest und Feiertagen. Frisch gewaschene und tadellos gebügelte feine, oft sogar wertvoll bestickte Tischwäsche.

Nur Meißener Porzellan, und das ganze Silber auf den Tisch, ob es gebraucht wurde oder nicht. Jeder hatte seine eigenen silbernen Bestecke mit eingearbeitetem Monogramm. Da mußte man nun heraussuchen und aufpassen, daß jede Person sein richtiges großes und kleines Messerchen und Gäbelchen und kleines und großes Löffelchen bekam. Eine etwaige Verwechslung wäre mit Sicherheit entdeckt worden und unvorstellbar gewesen. Alle mußten morgens früh genug aufstehen und am Tisch sitzen, bevor der große Otto erschien. Und dann wurde lange Zeit gefrühstückt, bis endlich der Vater, nicht die Mutter die Tafel aufhob.

Fritz besteht heute noch darauf, daß der Eßtisch auch ganz ordentlich gedeckt und gutes Porzellan benutzt wird. Ich habe aber jetzt hier in Amerika eingeführt, daß wir meistens an dem Tisch in der Küche essen, denn es ist zu weit zum Speisezimmer. Bei meinen Schwiegereltern spielte der endlose Weg von der Küche zu dem ganz vorne gelegenem Speiseraum keinerlei Rolle. Fritz kann sich nicht erinnern zu Hause auch nur einmal in der Küche gegessen zu haben. Selbst wenn die Kinder aus der Schule kamen und etwas zu Essen haben wollten, wurde für sie vorne im Speisezimmer gedeckt. Es wäre einfach undenkbar gewesen in der Küche zu essen. So ähnlich, als wenn ich in der Toilette hätte essen sollen. Der Vater hatte es bestimmt, und die Großmutter sorgte für die Durchführung. Sie überwachte auch das Tischdecken. Alles wurde auf einen Servierwagen getan und dann nach vorne gerollt. Da hat niemals, solange ich dort war, auch nur ein kleinstes Teilchen gefehlt. Bei mir ist die Sache schon deshalb unmöglich, weil ich nicht imstande bin, auch nur einmal, ein einziges mal absolut nichts zu vergessen.

Fritz hatte eine glückliche Kindheit. Die gute Großmutter war da, die schon zu ihnen kam, als sie erst fünfzig zählte. Sie führte den ganzen Haushalt nur mit Hilfe eines Hausmädchen, das auch dort wohnte. Die Großmutter zog praktisch alle vier Jungen groß. Die Mutter kaufte nur die Lebensmittel ein und war meist im Geschäft. Für einige Jahre lebte dann noch der Großvater väterlicherseits bei ihnen. Bis er in einem hohen Alter eines Tages lautlos einschlief.

Das Leben im Hause meiner Schwiegereltern erschien mir wie ein Bilderbuchleben. Da war der gute Vater, die gute Mutter, die liebe Großmutter, die lieben Brüderlein, das gute Hündlein. In dem Hause meiner Schwiegereltern lief immer alles so vollkommen reibungslos ab. Dort gab es nie eine Aufregung, nie einen Streit. Bei ihnen war niemals Weinen oder Schimpfen oder etwa kein Geld. Über Geld wurde übrigens nie geredet, weder vor dem Essen, noch nach dem Essen, und während schon gar nicht. Da gab es nie irgend etwas Unangenehmes. Es ging alles glatt, leicht und glücklich. Das kann aber seine Nachteile haben, denn Fritz hat später auch immer erwartet, daß alles ohne Probleme, alles schon gut werden würde. Vor allem die Sache mit dem Geld. Wegen Geld solle man sich keine Sorgen machen. Geld war nicht etwas, was man verdienen mußte, sondern etwas was man einfach hatte.

In der Familie meiner Schwiegereltern da waren die vier Söhne. Heinz, Otto, Fritz und Ernst. Heinz war acht Jahre und Otto vier Jahre älter als Fritz, und Ernst war zwei Jahre jünger. Otto junior wurde immer Otto genannt. während Otto der Große nur DER VATER hieß, nicht Vater, sondern DER VATER. Heinz war der ernsteste und Otto der lustigste und witzigste. Otto hatte einmal in der Schule einen Aufsatz über das Reiterdenkmal des großen Kurfürsten zu schreiben. Otto schrieb:

"Der Herrscher sitzt auf einem vorwärts schreitendem Pferd. Er trägt eine Allonge Perücke."
Der Lehrer verbesserte mit roter Tinte. Über "vorwärts" schreitendem Pferd setzte er die Worte
"WIE SONST?"
Und bei dem Satze. Er trägt eine Allonge Perücke, fügte er hinzu:
"AUF DEM HAUPTE."
Otto gab die Arbeit am nächsten Tage wieder zurück. Über das rot-

Fritz, Ernst Heinz Otto

geschriebene "AUF DEM HAUPTE" hatte er grün geschrieben:
WO SONST?
Ja, das war Otto.

Und das Sonntagsmorgenfrühstück, und die großen langen Sonntagsmorgenvorstellungen, von denen Fritz immer wieder spricht, die ich selber aber leider nie erlebt habe. Da war keine Schule und kein Geschäft, und man konnte lachen, lustig sein und Blödsinn manchen. Otto war darin natürlich der Beste. Er war witzig und geistreich, konnte improvisieren. Er konnte seine Scherze vorführen, vertonen, jonglieren. Otto besaß die Gabe, ein Lied, einen Schlager oder ein großes Musikstück sogleich am Klavier aus dem Kopfe nachzuspielen, zu variieren, ganz umzuwandeln oder aber mächtig zu verulken. In der Hitlerzeit hatte man dafür sehr viel Stoff. Da waren die Lehrer, die Freunde, die Verwandten und alle möglichen Situationen, die man verkohlen konnte.

Ernst der jüngere fiel oft ein und sie ergänzten und überboten sich. Es war eine Kabarettvorführung, vollkommen aus dem Stegreif. Nie gab es Wiederholungen. Wie von einer Quelle sprudelte der geistreiche Witz aus Otto. Er war auch die Seele jeglicher Familienfeiern, deren es viele großen Stiles gab. Ohne Otto entstand kein richtiger Schwung. Er konnte Stimmung schaffen auf nahezu allen Musikinstrumenten auf Wienerisch, auf Bayrisch, Berlinerisch. Otto war einmalig. Aber auch der viel jüngere Ernst war ulkig. Er hatte einmal von einem Straßenmusikanten ein überaus komisches Gebilde erstanden. Es war eine zirka ein Meter hohe Trommel, die aufrecht stand. Daneben befanden sich zwei große Metallscheiben, die man aufeinanderschlagen lassen konnte. Beides lies sich mit dem Fuß bedienen, so hatte man die Hände für ein Akkordeon frei. Auf den Kopf gehörte ein Helm mit Schellen und Glocken, die durch eine Schüttelbewegung erklang. Es war ein phantastisch wirksames Einmannorchester. Leider ist dieses Prunkstück nicht durch den Krieg gekommen. Otto und Ernst hatten auch gute Stimmen. Sie führten oft Bänkelgesänge und selbstausgedachte Moritaten vor. Einmal nahmen sie Autoschilder in die Hand und brachten ein Rennen von Autos und Motorrädern. Sie rasten um den Eßtisch. Und diese einfache Sache wurde so witzig, daß sich alle vor Lachen schüttelten. Heinz und Fritz waren meist passiv, aber begeisterte Zuschauer.

Alle Jungs waren verschieden, und doch besaßen sie einen gemeinsamen Nenner. Otto der Große und seine vier Söhne hatten etwas, was mir ungeheuer gefiel. Sie waren so voller Gesundheit, so voller Leben, voller Spannkraft, voller unerschöpflicher Energie. Schon wie sie alle liefen mit federnden kräftigen großen Schritten. Sie waren auch alle Helden im Sport. Alle außer Fritz, der nicht gerne in irgend einer Gruppe war und keinerlei Sportehrgeiz besaß, obgleich er den stärksten und besten Körper von allen hatte. Er war nur der Beste im Langstreckenlauf, denn es machte ihm Spaß loszulegen, wenn die andern zurückblieben. Auch im Schwimmen hatte er die meisten Reserven von allen.

Heinz und Otto jedoch waren die besten Turner in der Schule und im Sportverein. Sie ruderten, und sie gewannen. Sie waren auch die Mutigsten. Sie machten Handstand in der Pause auf der Dachrinne ihrer vierstöckigen Schule, und auch auf dem Balkongitter ihrer Etagen Wohnung. Fritz jedoch machte nie waghalsige Dinge. Wozu? Man konnte sich verletzen. Trotzdem war er sehr mutig. Aber es mußte einen Sinn haben und notwendig sein. Er wollte nie andere ausstechen, nie imponieren. Vielleicht weil er ein Einzelgänger war und zu keinem Kreis gehören wollte. Ich habe ihn einmal gefragt, was er denn nun eigentlich wollte, als er ganz jung war. "Weg" war seine Antwort,"Ganz weit weg, mit einem Segelboot ganz allein auf großen Meeren zu neuen Ufern. Weit, weit weg."

Vor einiger Zeit kam hier bei uns in Albany ein Boot aus Frankreich an. Drei junge Leute hatten es sich selbst gebaut und sind damit über den Ozean nach Amerika gesegelt. Sie besaßen nur sehr primitive Ausrüstung. Fritz war begeistert. Das hätte er auch gerne getan. Aber zu meinem großen Erstaunen war etwas, was er nicht getan hätte. Und das war, die zwei andern mitzunehmen. Er wäre ganz alleine gefahren. Als ich meinte, "das wäre doch viel zu gefährlich." "Nein. durchaus nicht, die Andern hätten nur gestört."

Der Bruder Heinz war immer ernst. Als ich ihn kennenlernte, studierte er Medizin. Wenn er von der Universität kam, setzte er sich sogleich ans Klavier und spielte stundenlang Beethoven oder andere schwere Musik, aus dem Kopfe. Er schlug nie etwas leichtes an. Nicht, weil er es nicht mochte, sonder einfach, weil er es nicht spielen konnte. Irgend etwas hielt ihn zurück. Diese endlose klassische Musik ist es, die Fritz am meisten an zu Hause erinnert. Fritz konnte und kann noch heute wie Heinz lange Zeit am Klavier sitzen und diese Stücke spielen. Und immer wieder will er die Werke hören, die damals bei ihm zu Hause erklangen.

Heinz war im Gegensatz zu Fritz in der Schule ein Musterknabe. Aber einer, den selbst die Mitschüler gerne hatten, da er sich stets für andere einsetzte und anderen half. Übrigens sah Heinz genauso aus wie der Schauspieler Spencer Tracy, ganz genau so, auch genau das gleiche Wesen, die gleichen Bewegungen, das gleiche Lächeln.

Aber Heinz hatte seltsamerweise kein Glück in der Liebe. Das kam einfach daher, daß er nicht aussuchte, sonder ausgesucht wurde. Da war erst einmal die flotte Sekretärin aus dem Geschäft seines Vaters. Sie hatte es ihm angetan. Aber gerade an dem Tage, als er vorhatte sich mit ihr zu verloben, kam sie nicht. Sie hatte einen besseren gefunden. Einer, der schon Geld verdiente. Danach war es dann ein Hausmädchen, das kam aus Schlesien. Sie hieß Martha Bauch. Sie hieß wirklich so. Martha Bauch trug nie Schlüpfer unter ihrem Kleide und machte sicher, daß alle Jungs im Hause das auch bemerkten.

Und in die verliebte sich Heinz, mit ihrer Nachhilfe natürlich. Man beschloß bald heimlich zu heiraten. Heinz war in der Unterprima. Martha Bauch fand aber, in die Schule zu gehen, sei etwas sehr Dummes, völlig Unnötiges, gänzlich Sinnloses. Was konnte man schon damit anfangen? Dagegen ein Lokomotivführer, welche Aussichten. Konnte Heinz nicht ein Lokomotivführer werden? Heinz gab ihr Recht und verließ die Schule. Da entstand aber zu Hause großer Krach, der einzige, an den Fritz sich erinnern kann. Martha Bauch mußte das Haus verlassen. Sie tröstete sich aber bald mit Jemand, der sogar noch etwas mehr verdiente als ein Lokomotivführer. Heinz begann dann im Geschäft des Vaters zu arbeiten.

Danach verliebte Heinz sich in ein krankes Mädchen, die kurz darauf starb. Heinz fand, daß die Ärzte sie falsch behandelt hatten und beschloß wieder zur Schule zurückzugehen und Medizin zu studieren. Er wollte beweisen, daß die Diagnose völlig falsch gewesen war.

Dann tauchte eine neue Liebe auf. Dieses mal schien es die Richtige zu sein, die ganz Richtige. Sie ging mit ihm auf eine Zeltfahrt. Aber als die Sache herauskam, wurde das arme Mädchen aus der Schule geworfen. Sie war in der Obersekunda. Heinz fühlte sich verantwortlich. Nur eine baldige Heirat konnte diese verruchte Tat wieder gut machen. Eines Tages, als ich noch nicht mit Fritz verheiratet war, stellte er mir seine große Liebe vor. Als ich das Mädchen erblickte, erstarrte ich. Was das nicht Brunhilde Hammerschmidt? Sie drückte mir die Hand, daß es wehtat und schaute mit leuchtenden blauen strahlenden Augen in die meinen. Ja natürlich, das war sie. Das war Brunhilde Hammerschmidt.

Nun muß ich aber erst einmal etwas erzählen. Im Schlosse Schöneiche war damals bei uns etwas sehr Seltsames, noch nie Dagewesenes geschehen. Es waren Dinge weggekommen. Geld, Strümpfe auch sehr lächerliche Sachen wie benutzte Zahnbürsten und anderer Kleinkram. Man lachte darüber, glaubte an einen Witz. Aber es nahm immer schlimmere Folgen an. Es war klar, daß es Niemand von uns war. Man verschloß die Türen sorgfältig, achtete auf die Fenster. Aber die Diebstähle häuften sich. Da wurden dann heimlich von jeder Klasse die Vertrauenswürdigste bestimmt. Diese Mädchen sollten Nachts Wache halten und aufpassen, um endlich den Dieb zu erwischen. Aber es gelang absolut nicht.

Bald kamen die großen Ferien heran, und wir konnten nach Hause fahren. Als wir nun alle mit unseren Sachen das Schloß verlassen wollten, befahl die Erzieherin, das Gepäck zu öffnen. Alles wurde genau nachgesehen. Und in dem einen Koffer fand man mindestens 15 Zahnbürsten und alle anderen wertlosen und wertvollen Dinge. Und dieser Koffer gehörte der bildhübschen Musterschülerin, die auch Nachts Wache gestanden hatte. Derjenigen, die das Ideal des Deutschen Mädchens verkörperte. Frisch- Frei- Fromm-Fröhlich. Einem Mädchen, das den kräftigsten Handschlag und den ehrlichsten Blick besaß. Sie wurde sofort aus der Aufbauschule geworfen. Die gute Brunhilde Hammerschmidt war also nicht aus der Schule geflogen wegen der Zeltfahrt, wie sie Heinz erzählt hatte, sonder weil sie ein billiger Dieb war. Diese Sache hatte nun bei Heinz die entgegen gesetzte Wirkung, wie sie bei den Meisten gehabt hätte. Das war genau das, was sein Herz suchte. Jemand, der ihn brauchte. Jemand, dem er helfen konnte. Er versuchte es lange. Sie war nicht begeistert. Heinz wollte sie heiraten. Aber seine Moralpredigten gingen ihr auf die Nerven. Es gab damals so viele Soldaten, die ein Liebchen suchten und nicht an deren Seelenleben interessiert waren und darin herumstocherten.

Später wurde sie Lehrerin in Westdeutschland, und für viele sehr leicht zu haben. Einmal hat der Bruder Ernst sie zufällig getroffen. Und der hat mir Letzteres erzählt. Und daher weiß ich es.

Ich hatte keine Ahnung in wen Heinz gerade verliebt war als ich zu meinen Schwiegereltern zog. Er hielt sich sehr reserviert mir gegenüber. Als ich noch nicht vom Amor getroffen war, ist Heinz einmal mit mir ausgegangen. Da hat er mich plötzlich ganz leidenschaftlich geküßt. Ich glaube, ich hätte mich auch in Heinz verlieben können. Aber als Heinz hörte, daß sein Bruder Fritz an mir interessiert war, trat er sogleich zurück. Heinz war ein sehr edler, sehr moralischer Mensch. Er hat in vielem große Ähnlichkeit mit Fritz. Aber Fritz lebte mehr nach seinem Instinkt.

Und eines Tages wurde Heinz wieder geschnappt und glaubte, verliebt zu sein. Dieses mal war sie nicht viel jünger, sondern viel älter. Sie hatte den hübschen harmlosen Namen Käthe, aber keine Ähnlichkeit mit ihm. Sie war Lehrerin, war mißgünstig, haßte Kinder und alle Menschen, die etwas besaßen, seien es irdische oder seelische Güter. Es hat einmal Jemand gesagt mit fünfzig bekommt man das Gesicht, das man verdient. Diese Käthe hatte es schon mit dreißig. Ich hörte einmal, daß sie eine Hüftverformung von einer Erbkrankheit hatte. Aber ich weiß nicht ob das wirklich stimmte. Jedenfalls wollte sie keine Kinder und führte einen Feldzug gegen dieselben. Man hatte kein Recht Kinder zu haben. Man hatte kein Recht in dieser Kriegszeit Kinder zu haben. Man hatte überhaupt kein Recht Kinder zu haben, solange es Kinder gab, die nichts zu essen hatten. Es war ein Verbrechen Kinder zu haben. Es war eine unverantwortliche kriminelle Handlung noch ein Wesen in diese Welt zu setzen. Und wir würden nun ein Kind haben. Ein Kind in dieser Zeit. Ein Kind in dieser überbevölkerten Zeit. Ein Kind in dieser schrecklichen Zeit. Bloß kein Weiteres. Höchstens eins, auf keinen Fall mehr. Da kam sie ja nun bei der Tochter meiner Mutter gerade an die richtige Adresse. Aber ich blieb höflich und wechselte das Thema. Übrigens ist die Welt doch manchmal sehr klein.
Ich kannte auch diese Käthe von der Schule her, trotzdem wir doch alle so weit von einander entfernt wohnten und Berlin so groß war. Diese Käthe hatte für einige Zeit an der Aufbauschule als Vertretung in unserer Klasse unterrichtet, aber bei mir damals keinen besonderen Eindruck hinterlassen, nur den einer gehemmten alten Jungfer. Sie lehrte Deutsch. Ich begann daher von Literatur zu sprechen. Aber auch das schien ein heikles Thema. Sie war kein Freund der Romantik und war für Marx und die ganz links gerichteten. Jede Opposition zu Hitler war mir willkommen, aber das machte mir doch Gänsehaut.

Meine Schwiegereltern mochten sie nicht, diese Käthe Paschke. Otto der Große konnte häßliche Frauen nicht leiden, und meine ruhige duldsame Schwiegermutter wurde wütend, als sie angegriffen wurde. Wie konnte man sich so einen Lebensstil leisten, so eine große Wohnung besitzen, wenn es in Afrika noch Menschen gab, die in Strohhütten wohnten. Diese Käthe hat später nie geheiratet. Sie ist Studienrätin, ich glaube sogar Oberstudienrätin geworden und ärgert sich heute noch über jeden, der glücklich ist. Ihr Bruder war übrigens ein großer Kommunist, der unter den Nazis gleich ins Konzentrationslager kam. Als dann nach dem Kriege, in der Ostzone seine Genossen endlich regierten, trat er auch bei denen ins Fettnäpfchen und wurde auch dort wieder eingesperrt. Ich schreibe das alles so ausführlich, weil man sonst manches nicht verstehen kann, was später geschah. Im Leben greift ja immer eins in das andere. Und manche große oder kleine Dinge sind nur folgerichtig wenn man das vorherige kennt.

Ich habe leider keine Bilder von meinen Schwiegereltern. Die alten sind alle verbrannt, und im Kriege hatte man nicht viel Lust Fotos aufzunehmen. Es sei denn Bilder von den Kindern um sie dem Mann an der Front zu schicken.

Ich besitze von meinen Schwiegereltern nur ein Foto, das nach dem Kriege 1950 in einem Restaurant von irgend Jemand gemacht wurde. Da ist Otto der Große im Kreise von Freunden. Ganz rechts sitzt er und ganz links ist der Sohn Ernst, der jüngere Bruder von Fritz. Ganz hinten das ist die Mutter und Fritz.

Bruder Ernst, Mutter, Fritz und ganz rechts Otto der Große

Den lustigen Otto habe ich nur ein paar mal gesehen, was ich sehr bedauerte, denn er gefiel mir sehr. Er hatte so selten Urlaub. Das meiste, was ich von ihm weiß, hat mir Fritz erzählt. Einmal kam Otto mich zu Hause besuchen. Das war kurz bevor wir heirateten. Er war wohl neugierig, was der kleine Bruder Fritz sich da nun ausgesucht hatte. Ich weiß nicht wie seine Beurteilung ausfiel. Aber ich glaube wir waren uns beide sympathisch. Und dann habe ich ihn ein paar mal auf Familientreffen erlebt, wo er sehr witzig aber auch sehr schüchtern war. Im Gegensatz zu Fritz, der Schüchternheit überhaupt nicht kennt und kannte. Otto sah auch gut aus und hatte viel Glück bei den Frauen. Aber Heiraten, nein, das war nicht sein Fall.

Ich wohnte noch nicht lange bei meinen Schwiegereltern, da ist Otto schon gefallen. Er wurde gleich nach dem Abitur zur Wehrmacht eingezogen. Zwei Jahre mußte man dienen. Als die dann endlich abgelaufen waren, und er sich schon auf die Universität freute, da fing der Krieg an und man behielt ihn gleich da. Im Frankreichfeldzug erhielt er einen Schuß durch die Hand und Tapferkeitsorden. Otto kam dann bis zu seiner vollkommenen Ausheilung in eine Genesungskompanie. Zu der Zeit hatte man noch nicht so viele Verwundete und behandelte sie noch gut. Inzwischen brach der Krieg gegen Rußland aus. Der Vater hätte Otto reklamieren können, da sein Betrieb äußerst kriegswichtig war. Aber Otto weigerte sich. Er wollte kein Drückeberger sein. Er wollte auch nicht in einer Genesungskompanie bleiben.

Bruder Otto

Er wollte schnellstens zu seinen Kameraden, die jetzt ganz vorne als Stoßtruppen gegen Rußland eingesetzt waren. Kaum ausgeheilt eilte er zu seiner Einheit. Es war Partisanengebiet, und alle hatten den strengen Befehl, nie abends und nie alleine auszugehen. Aber Otto scherte sich nicht an den Befehl. Otto hatte vor nichts Angst und schon gar nicht vor ein paar Partisanen. Vielleicht wollte er den Abendhimmel betrachten, Vielleicht brauchte er frische Luft, Er wanderte hinaus, vielleicht sogar mit einer seiner witzigen Bemerkungen den Vorgesetzten imitierend. Am Wegrain stand er plötzlich einem Partisan gegenüber. Ottos Gewehr versagte. Der Partisan traf ihn in den Leib. Da man nun weit voraus war, und keinerlei Möglichkeit bestand ihn abzutransportieren, lag Otto mit großen Schmerzen ohne Morphium oder andere Linderungsmittel bis er nach mehreren Tagen einen qualvollen Tod starb.

Da erlosch alles Licht im Hause meiner Schwiegereltern ohne jemals wieder anzugehen. Es gab nie wieder Lachen, nie wieder Fröhlichkeit. Tag und Nacht weinte die Mutter. Sie war eine liebe, kleine, rundliche Frau, die still und mit allem zufrieden die Führung des Hauses ihrem Manne und ihrer Mutter überließ. Sie hatte eine sehr künstlerische und gefühlvolle Seele.

Otto würde nie wieder am Klavier sitzen. Otto würde nie wieder alle zum Lachen bringen. Otto lag tot, tot in Rußland. Und die alte Großmutter weinte still vor sich in. Sie saß jetzt meist allein in ihrem Zimmer oder in der Küche, um das Essen warm zu halten, denn die Eltern kamen von nun an sehr spät aus dem Geschäft und rührten dann doch nicht viel an. Otto war der Großmutters Liebling gewesen. Ihr Zimmer neben dem meinen. Und oft hörte ich sie beten und weinen und weinen und beten.

Dunkelheit

Es ist etwas so Schönes, ein beleuchtetes Haus zu sehen. Von innen beleuchtet, nicht das dumme Anstrahlen. Dieses heimische Licht, das Licht des Herdfeuers, das das Gefühle der Sicherheit, der Wärme und Liebe gibt, wenn es draußen kalt und dunkel ist. Oder die Schönheit einer hellen Großstadt.

Immer wenn wir Abends nach Albany fahren und es von einer Anhöhe erblicken, freut sich unser Herz über die vielen schimmernden Punkte. Diese verschwenderische üppige Lichtfülle. Und jedesmal denken und viele male sagen wir: "möge es noch lange, noch recht lange brennen. Möge es nie, nie wieder dunkel werden."

Dunkel war es damals, dunkel. Die Häuser, die Straßen. Verdunkelung. Dieses entsetzliche schwarze Papier, das wir vor die Fenster ziehen mußten. Es half auch nicht viel, daß ich es mit weißen Blumen bemalt hatte. Der schwarze Untergrund blieb. Und wenn man hinausging in die früher so hellbeleuchtete Stadt, da lag die Finsternis über einem wie etwas Böses, Gefährliches. Etwas vor dem man sich verkriechen wollte. Die Sirenen hatten auch schon in manchen Nächten begonnen zu heulen. Es war nichts Ernsthaftes, aber schien der Vorbote von viel Schrecklichem zu sein.

Meine Schwiegermutter ging nicht mehr so viel in das Geschäft. Ihre Augen waren zu rot geweint. Da half ich aus. Viele Verkäuferinnen wurden zur Rüstungsindustrie eingezogen.

Da sah ich sie dann in den Laden kommen, die Soldaten vom ersten und vom zweiten, von Hitlers siegreichem Kriege. Sie liefen meist an Krücken. Manche wurden gefahren, denn es fehlten ihnen auch noch die Arme. Mein Schwiegervater hatte einen Betrieb, in dem man künstliche Glieder herstellte. Manche Soldaten schämten sich, so hilflos zu sein. Und manche schienen froh zu sein, weil sie nun nicht mehr, jedenfalls vorläufig, zur Front brauchten. Wie viele fielen an der Front. Wie oft sah man verweinte Gesichter. Wie oft hörte man jetzt schon, daß der und der und der gefallen sei. All die tapferen, schönen, starken gesunden und fröhlichen Jungen. In den Zeitungen häuften sich die Todesanzeigen. "Mit stolzer Trauer" schrieben manche und für Führer und Vaterland mußten manche schreiben. Meine Schwiegereltern taten nicht, "In tiefer Trauer" wählten sie. Das war damals schon eine politisch verdächtige Formulierung, die aber viele wählten, denn denen, die es einsetzen mußten, war oft alles egal.

Ja diese Dunkelheit, überall. Wie lieblich klang das Glockenspiel der alten Parochialkirche durch diese finstere Finsterkeit. Wie ein Gruß aus einer fernen Welt. Aber für mich war es auch der Vorbote von etwas Schönem, daß doch noch einmal kommen würde. Wir hatten in der Volksschule ein Gedicht gelernt: "Und dräut der Winter noch so sehr mit trotzigen Gebärden, und streut er Eis und Schnee umher. Es muß doch Frühling werden."
Und ich fühlte das Kind sich bewegen. Es muß doch Frühling werden.

Fritz bekam manchmal kurzen Urlaub. Aber es waren immer nur Stunden. Wenn dann die Morgen-dämmerung kam, wir dem Glockenspiel lauschten, wenn die Lerche, nicht die Nachtigall sang, wenn nur noch fünfzehn Minuten, nur noch zehn, nur noch fünf, nur noch eine übrigblieb.
Wie kostbar war die Zeit, wie unendlich kostbar in diesen dunklen Kriegstagen und Nächten.

Die jüdische Bevölkerung von Berlin

In Berlin wohnten sehr viele Juden. Das hing mit der die Entwicklung von Berlin zusammen. Da ich nun nicht annehmen kann, daß jeder Leser mit der Geschichte von Berlin vertraut ist, will ich ein paar historische Tatsachen bringen. Keine Angst. Ich mache es kurz. Also:
Schon im dreizehnten Jahrhundert als Berlin-Cölln bereits ein wichtiger Handelspartner von Hamburg war, wohnten Juden in Berlin. Im fünfzehnten Jahrhunderts fiel die Mark Brandenburg mit Berlin an die Hohenzollern. Der darauffolgende Dreißigjährige Religionskrieg brachte Berlin, wie den meisten deutschen Orten, Besatzung, Brände und die Pest. Durch kluge Vermittlung gelang es den Bürgern jedoch die totale Vernichtung der Stadt und das gnadenlose Hinschlachten der Einwohner durch Wallenstein wie durch Gustav Adolf zu vermeiden. 1648 wurde dann endlich der bekannte Westfälische Friede geschlossen. Hierin bestimmte man, daß jeder deutsche Fürst die Religion seines Landes selbst bestimmen könne. Da die Deutschen nun im allgemeinen sehr gehorsame Bürger sind, so entstanden wenig Schwierigkeiten.

Und diejenigen, die mit der jeweiligen Staatsreligion nicht einverstanden waren, verließen das Land. Preußen wurde ein protestantisches Reich. Aber der kluge große Kurfürst war - wie später sein Urenkel Friedrich der Große, in religiösen Dingen sehr tolerant. Friedrich der Große meinte, daß jeder nach seiner eigenen Facon selig werden solle und anbeten möge, was er wolle, solange er seine Steuern bezahle. In Preußen wurde den Flüchtlingen durch Steuerfreiheit und Landdarlehen geholfen. Es wurden Menschen jeglicher Religion aufgenommen unter anderen viele Hugenotten, die in ihrem Lande zu Tausenden ermordet wurden. Alle Flüchtlinge brachten neue Gewerbe und eine puritanische Einstellung zu schwerer Arbeit und Genügsamkeit. Berlin begann daher aufzublühen, und es erschienen immer mehr Einwanderer aus allen Ländern. Die spirituelle Atmosphäre in Berlin war und blieb immer entspannt. Und als sich 1871 alle deutschen Länder unter Preußen vereinigten, wurde Berlin die Hauptstadt eines mächtigen Reiches.

Im Osten, in Rußland und Polen, vor allem in Galizien waren viele Juden seßhaft, die langsam aber ständig nach dem Westen strebten. Ein Grund dafür waren die dauernden Pogrome, aber auch die Aussicht auf ein besseres Leben. Viele zogen in die Städte, und Berlin schien ein idealer Punkt. Handel und Wandel florierte in diesem aufstrebenden Ort, der dann bald das Zentrum von ganz Deutschland wurde. Einige Juden, die es satt hatten den laufenden Verfolgungen, die sie in vielen Ländern erdulden mußten, ausgesetzt zu sein, glauben in Berlin sei der Zeitpunkt gekommen, die jüdische Religion abzulegen. Sie wurden Christen und heirateten Nichtjuden, und bald paßten sie und ihre Kinder sich völlig an. Sie erzählten auch ihren Nachkommen oft nichts von ihrem früheren Glauben, und bald waren sie in der Masse der Durchschnittsbürger untergetaucht. Der gesunde Instinkt gegen Inzucht strebt oft danach das Fremdartigen zu wählen. Daher besaß die Bevölkerung von Berlin bald eine große Menge vom jüdischen Erbgut. Berlin bekam laufend einen großen Zustrom von der gesunden kräftigen Bauernbevölkerung aus den östlichen Provinzen und Gebieten.

Durch diese besondere Mischung erhielten die Berliner ihren Charakter. Im allgemeinen galten sie für grob und unhöflich. Aber es war im Grunde nur eine barsche Aufrichtigkeit ohne verzierende Mätzchen. Der Berliner war ungeheuer fleißig, geistig rege, intelligent und vor allem äußerst witzig. Viele waren sehr kultiviert und manche künstlerisch hoch begabt. Natürlich haben viele Städte eine ähnliche Bevölkerung, aber Berlin war doch besonders.

Hitler machte 1933 und sogar vor der Machtergreifung klar, daß er alle Juden aus Deutschland entfernen wolle. Bald wurde in den Schulen Rassenkunde unterrichtet und Ahnenforschung ans Herz gelegt. Viele Leute mußten einen Ahnennachweis erbringen, besonders wenn sie Berufssoldaten oder Offiziere werden wollten oder sich zur SS meldeten. Man erzählte mir neulich, daß der Ahnennachweis auch für manche Staatsstellen nötig war. Ich weiß nur, daß wir keinen brauchten. Papa war allerdings selbständig. Aber keiner meiner Verwandten oder Freunde sprachen davon, und sie hätten das bestimmt erzählt. Fritz brauchte auch keinen, nicht einmal im Hauptquartier wurde er verlangt. Vielleicht war es in Berlin anders als in anderen Teilen des Landes. Es scheint, als ob es von dem Gauleiter des betreffenden Bezirkes abhing.

Bald nachdem Hitler die Regierung antrat, begann die Hetze gegen die Juden. Hitler haßte die Juden. Keine Ahnung warum. Man munkelte, daß er selbst jüdisch oder halbjüdisch gewesen sei.
Und Göbbels und Himmler, die sahen doch genauso aus wie die Juden, die im Stürmer gebracht wurden.

Der Stürmer, das war eine lächerliche Haßzeitung in Berlin. Sie druckte nichts weiter als bösartige Artikel gegen die Juden und üble Karikaturen, die aber zu grotesk und dumm waren um von den Berlinern überhaupt erst genommen zu werden. Aber es wurde allen doch auch aus Tageszeitungen allmählich klar, daß Hitler keine Juden in Deutschland mehr dulden würde. Die Juden, die in die Synagoge gingen, wurden von ihrem Rabbiner gewarnt und aufgefordert, Deutschland und Europa zu verlassen und nach Israel zu gehen. Viele Idealisten taten das. Aber viele blieben in Deutschland. Hier hatten sie ihren Beruf. Hier hatten sie ihr zu Hause, ihre Freunde, ihren Besitz. Und wenn man schwer dafür gearbeitet hat, dann ist es sehr wertvoll.

Wie viele Deutsche haben nicht ihr Heim im Osten verlassen als die Russen kamen. Bei meinem Onkel Ernst konnte ich es noch verstehen. Er wollte seine Tiere nicht verlassen. Aber manche, die nur eine Wohnung besaßen, sind auch nicht weggegangen, trotzdem die Flüchtlingen, die den Russen schon begegnet waren, ihnen von den Vergewaltigungen berichteten, von dem Morden und den Verschleppungen nach Sibirien. Aber man hoffte, daß man selbst doch vielleicht verschont werden würde, daß es doch nicht alles so schlimm sein werde.

Ich habe eine weitläufig Verwandte, die im Osten blieb wegen ihrer paar Teppiche. Die dadurch ihr halbe Leben hinter der Mauer verbringen mußte. Und die blöden Teppiche waren noch nicht einmal wertvoll. Ein Grund für viele Menschen zu bleiben, war auch, daß sie nicht wußten, wohin sie gehen sollten. Das Unbekannte ist ein großes Risiko für viele Menschen.

Hitler versuchte mit allen Methoden die Juden zum Abzug zu zwingen. Erstens begann man sie zu erniedrigen. Wenn man jüdisch aussah, wurde man von den Nazis angepöbelt. Es wurde den Juden verboten in gewisse Plätze, Gebäude oder Restaurants zu gehen. Aber wer ging sowieso in ein Restaurant. Man brauchte ja Lebensmittelkarten dafür, Und nur die Nazis hatten genug davon.

In bestimmten Straßen wurden eines Tages in den jüdischen Geschäften die Fensterscheiben zertrümmert, das war in der Kristallnacht, wie sie später hieß. Es geschah in Berlin aber nur auf Parteibefehl und hatte nicht das geringste mit der Bevölkerung zu tun , und es wurde von der SA ausgeführt. Ich habe es nur gehört und in der Zeitung gelesen. Aber unsere Gegend war eine sehr ruhige. Fritz jedoch ist an verschiedenen vollkommen demolierten Läden vorbeigekommen. Sicher war es in den Geschäftsgebieten anders. Eine Bekannte erzählte mir später, daß sie Morgens auf dem Wege zu ihrer Arbeit eine kleine Straße in der Nahe vom Spittelmarkt durchlaufen mußte. Hier befanden sich nur jüdische Geschäfte und jedes einzige hatte die Fensterscheiben zerschlagen und das zersplitterte Glas bedeckte den ganzen Bürgersteig. Nach dem Angriff auf ihre Geschäfte verließen viele Juden Deutschland.

Und dann kamen die Rassengesetze in denen es verboten wurde, Juden zu heiraten. Und dann wurde den Juden nicht mehr erlaubt ihrem Gewerbe nachzugehen. Dieses Gesetz bewegte viele Juden zum Abziehen.

Aber die Nichtjuden konnten ja auch nicht mehr ihrem Beruf nachgehen, da ja alle Männer eingezogen wurden, und Frauen damals nicht berufstätig waren. Den Juden wurde dann ferner verboten zu studieren. Aber kein gesundes männliches Wesen konnte überhaupt studieren. Alle wurden zur Front geschickt. Die einzige Ausnahme galt für das Medizinstudium. Das konnte man beenden. Aber nach bestandenem Examen war eine längere Zeit Frontbewährung Zwang, und wenige kamen von dieser Frontbewährung zurück. Manchen Verwundeten wurde für kurze Zeit noch die Genehmigung zum Studium gegeben. Aber nur bis sie ausgeheilt waren, dann wurden sie sogleich zur Front geschickt. Übrigens durfte kein Ausgeheilter wieder zu seiner alten Militäreinheit zurückkehren. Es sei denn er wurde besonders angefordert. Das sollte die Strafe sein für die Verwundeten, denn der Befehl des Führers war gewesen tapfer zu kämpfen bis zum Tode, nicht nur bis zur Verwundung.

Die Juden wurden jedoch nicht eingezogen. Hitler erklärte sie als unwürdig für Kriegsdienste in der Wehrmacht. Was hätten wir dafür gegeben um kriegsunwürdig zu sein. Nur bei schwerer Verwundung war man für einige Zeit vom Dienst an der Front befreit. Selbst als Fritz sein Bein verloren hatten, sollte er wieder eingesetzt werden, denn mit einem Bein konnte man ja noch Panzer fahren. Gegen Ende des Krieges mußten sich alle stellen. Männer jeden Alters, selbst Greise und Kinder, oft sogar auch Frauen.

Ferner konnten die Juden Deutschland verlassen. Wir konnten nicht. Selbst wenn man es wagte, in kleinen Booten über das Meer zu entfliehen, wurde man von allen Ländern wieder zurückgeliefert, und dann von den Nazis erschossen. Auch diejenigen, die es über die Alpen riskierten, den Bergwachen und ihren Suchhunden entkamen und die Schweiz erreichten, wurden den Nazis übergeben und dann hingerichtet. Für uns gab es kein Entkommen. Unsere einzige Hoffnung war den Krieg bald zu verlieren. Aber im Anfang waren viele Siege und dann später hieß es im Osten den grausigen Russen aufzuhalten.

Als ich in dem Geschäft meiner Schwiegereltern aushalf, kamen auch viele Juden in unseren Laden. Manche von ihnen trugen gelbe Sterne. Sie bestellten orthopädische Schuheinlagen und erzählten, daß sie in Arbeitslager kommen würden. Das klang nicht so schlimm. Ich hatte den Arbeitsdienst ja erlebt, und Arbeitslager waren immer auf dem Lande, waren nie in den Bombengebieten. Ganz Deutschland war ja jetzt zur Zwangsarbeit verurteilt. Nur die Frauen, die kleine Kinder hatten oder welche erwarteten, hatte man davon befreit. Aber wer in Rüstungsfabriken arbeitete, durfte die Stadt nicht verlassen. Spandau in Berlin war ein großes Rüstungsindustriegebiet. Da die Bomben auf Berlin fielen, schien es also gar nicht so schlecht in ein Arbeitslager auf dem Land abtransportiert zu werden. Das war, was wir damals dachten.

Die Verbindung von Juden und Konzentrationslagern und, daß man dort hauptsächlich Juden tötete nur weil sie jüdisch waren, das hörten wir erst nach dem Kriege. Wir wußten es nicht. Mit "wir", meine ich unsere Familie und all unsere Freunde und deren Freunde. Leute, die behaupten, daß sie es gewußt hätten, müssen Nazis gewesen sein. Die Nazis wußte immer mehr als wir. Aber wir hatten keinen Kontakt mit Nazis, haben nicht mit ihnen gesprochen, nur wenn man mußte, auf amtlichen Stellen. Man hatte viel zu viel Angst mit denen zu reden, denn man konnte bei einer Unterhaltung seine politische Meinung verraten. Zu unserem Wissen waren die Konzentrationslager für die Feinde von Hitler, ganz gleich ob sie Juden oder Christen waren.

Übrigens haßte Hitler nicht nur die Juden. Er haßte eine ganze menge Leute, zum Beispiel alle Intellektuellen, alle Leute, die selbständig dachten, alle Einzelgänger. Wer nicht für ihn war, der war gegen ihn, hieß es. Neutralität gab es nicht. Und wer gegen ihn war, der mußte vernichtet werden. Wer sich ihm widersetzte, der lebte nicht lange. Man verfolgte vor allem auch die, die vor der Machtergreifung Widersacher gewesen waren. Wie die Tante von Fritz, die Klara Bohm Schuch. Sie war Sozialdemokrat und eine der ersten Frauen im Reichstag. Sie hatte lange vor 33 viele Reden gegen Hitler gehalten. Bald nach der Machtergreifung brachte man sie in ein Konzentrationslager. Als sie später wieder entlassen wurde, hat sie kein Wort darüber verlauten lassen und ist dann bald danach gestorben. Sie war noch ziemlich jung.

Die Nazis machten keinerlei Geheimnis aus diesen Todeslagern. Im Gegenteil, die Bevölkerung sollte wissen, was ihnen bevorstand, falls sie nicht mit Hitler einer Meinung waren. Wir sollten wissen, daß dort grausige Dinge vor sich gingen, daß man dort die Gegner dieser verfluchten Bande folterte und kaltblütig tötete. Und wir glaubten es. Wir glaubten alles was wir Schlechtes über die Nazis hörten. Aber es hieß weder amtlich noch im geheimen, daß dort Juden umgebracht wurden, nur weil sie Juden waren. Vielleicht sollte das Ausland es nicht wissen. Aber das Ausland hatte doch sicher eine menge Spione in Deutschland.

Die stärkste Waffe der Nazies war jedoch die Sippenhaft. Manchen Idealisten war es nämlich egal was mit ihnen selbst geschah. Aber gerade unter diesen befanden sich diejenigen, denen es nicht gleichgültig war, was ihren Kindern, ihren Frauen oder ihren Freunden passierte. Die Angehörigen mußten oft im Konzentrationslager mit qualvollem Tod dafür büßen. Und eine alte Großmutter oder einen Kameraden hatten selbst die, die sonst Niemanden besaßen.

Die Todesstrafe und die Strafkompanien waren ferner ein wichtiges Mittel zur Unterdrückung. Die Todesstrafe wurde bei dem kleinsten Vergehen verhängt. Bei dem kleinsten Diebstahl konnte man zum Beispiel auf der Stelle erschossen werden. Während der Angriffe mußte die Bevölkerung ihre Wohnungen offen halten um die Suche nach Brandbomben zu ermöglichen. Auch bei der Evakuierung von brennenden Häusern ist nie das kleinste Stückchen gestohlen worden. Die Todesstrafe wirkte.

Die Soldaten wurden in der gleichen Weise behandelt. Bei Fritz wurde zum Beispiel zwei Soldaten seiner Kompanie in Frankreich vor angetretener Mannschaft erschossen. Sie hatten nur zwei Kanister Benzin aus ihrem Fahrzeug veruntreut, vielleicht ihren französischen Freundinnen geschenkt oder auf dem schwarzen Markt verkauft um etwas Geld zum Ausgehen zu haben. Die Strafkompanien wurden gebildet um die Soldaten politisch in Schach zu halten. Wer irgend eine Kritik an der rücksichtslosen und in höchstem Grade schwachsinnigen Kriegsführung äußerte, wurde in eine Strafkompanie geschickt, von denen kaum Jemand wiederkam.

Die Juden wurden meist Nachts abgeholt. In der Memeler straße sollen in einer Nacht viele Familien weggebracht worden sein. Das erzählte Mutti jemand. Die Nazis kamen immer in der Nacht, wenn sie Menschen wegschleppten. Man sah nur Leute mit Judensternen am Anfang des Krieges, später bemerkte man weniger, und als dann in Berlin die grausame Bombardierung richtig losging, da sah man gar keine Leute mit gelben Sternen mehr. Sie müssen also alle abgeholt worden sein, oder sich versteckt haben. In Berlin war man eigentlich vor der Hitlerzeit nicht sonderlich interessiert zu wissen wer jüdisch war und wer nicht, oder wer jüdische Vorfahren hatte. Wenn ich zurückdenke, hatten viele in der Volksschule jüdische Nachnamen.

Die religiösen Juden jedoch wohnten nicht in unserer Gegend und gingen in ihre eigenen Schulen. In der Aufbauschule waren bestimmt 80 Prozent unserer Lehrer jüdischer Abstammung. Manche sahen sehr jüdisch aus, andere trugen jüdische Namen. Und auch die Mädchen in meiner Klasse in Schöneiche hatten bestimmt mindestens zu 50 Prozent irgend welche jüdische Ahnen. Ich selbst beginne mich letzten Endes auch zu wundern. Meine Mutter und alle ihre Verwandten sahen einwandfrei jüdisch aus. Alle meine Onkel und Tanten von Muttis Seite. Einmal verweigerte man Mutti in einem Restaurant an der Ostsee die Bedienung mit der Begründung, daß man Juden hier nicht servieren dürfe, und mein Cousin Ernst wurde oft mit dem Worte Judenlümmel angepöbelt. Ich selbst habe die starken Backenknochen, die können natürlich von Dschengis Khan sein, aber ich spreche viel mit meinen Händen, was die Mongolen absolut nicht tun.

Oma und Mutti war eigentlich sehr vorsichtig mit ihren Angaben über ihre Vorfahren. Aber jetzt ist es zu spät irgend etwas herauszufinden. Jetzt sind sie alle tot. Ich habe Papa später einmal gefragt, als Mutti schon gestorben war, ob Mutti eigentlich jüdisch war. Papa sagte nur darauf. "Das ist schon möglich." Eigentlich eine seltsame Antwort, die aber auch wieder nichts zu bedeuten braucht. Ich nahm mir vor, ihn eines Tages

Mutti

mehr zu fragen. Aber eines Tages war auch Papa plötzlich tot und Niemand mehr da, den ich fragen konnte. Vielleicht war die Mutter von einem meiner Großväter jüdisch gewesen, vielleicht die, die so klug gewesen sein soll. Aber ich habe kein Bild von ihr und weiß auch ihren Mädchennamen nicht. Jedoch meine Oma, die doch damit gar nichts zu tun hatte, sah fremdländisch aus. Aber ihr Mädchenname war Rademacher, also ein ganz deutscher. Ich komme da absolut nicht weiter. Vielleicht findet man später an Hand der Chromosome die Abstammung heraus., oder aus der Zusammensetzung des Blutes. Meins ist übrigens relativ selten. RH negativ.

Ich habe eigentlich keine Idee warum ich es so gerne wissen möchte. Was spielt es denn für eine Rolle? Heute sind die Leute doch so vermischt. Aber bei mir sind die Vorfahren nur die reinen Alemannen von Papas Seite und die mysteriösen von Muttis. Vielleicht liegt es daran, daß ich mir gerne meine Vorfahren vorstellen möchte, ihre Angewohnheiten, ihr Land. Meine Phantasie möchte nachforschen. Ich glaube an ererbte Erinnerung, die tief in den Genes verborgen liegen kann. Wie gerne möchte ich sie zum Erwachen bringen.

Fritz staunt immer, daß ich mich so sehr mit meinen unbekannten Vorfahren beschäftige. Das kann er nicht verstehen. Aber ich kann nicht verstehen, daß es Menschen gibt, die sich nicht dafür interessieren.

Ottfrieds Geburt

Das erwartete Kind war ein großer Trost für meine Schwiegereltern. Es würde sicher ein Junge werden, und er würde Otto heißen.

Ich hatte nicht das Herz zu widersprechen. Es gab natürlich zweifellos eine ganze Menge berühmter und würdiger Ottos. Ich sah in Meyers Lexikon nach. Da war Otto der Große und sein Sohn Otto der Rote. Es gab auch einen Otto den Reichen, und einen Otto den Frommen, um 880 sogar einen Otto den Erlauchten. Im dreizehnten Jahrhundert jedoch regierte Otto der Faule. Weil man nun aber schon in der Schule Witze gemacht hatte mit Otto dem Verschleimten, begann ich einen Ausweg zu suchen. Und dabei kam mir der Deutschunterricht in den Sinn. Man hat uns seiner Zeit von einem Mönch berichtet, der im Jahre des Herrn 865 den Endreim aus dem Lateinischen in die deutsche Sprache einführte. Allerdings tat der gute Mann das nicht etwa um die Deutsche Dichtung zu verbessern, sondern hauptsächlich um den bösen heidnischen Stabreim zu entfernen. Jedenfalls hat dieser Dichter einen gesicherten Platz in der Geschichte erhalten, und darum fiel er mir auch ein. Und der Name dieses Mönches war Ottfried. Welche schöne Verbindung von Otto und Frieden. Ein Mädchenname wurde nicht gesucht, da es in der Familie meiner Schwiegereltern nur Knaben gegeben hatte und auch nur geben würde. Fritz wollte als erstes Kind auch einen Jungen. Und ich war seltsamerweise vollkommen davon überzeugt, daß es kein Mädchen sein könne.

Ich fühlte übrigens nur Übelkeit in den ersten Monaten. Das war allerdings auch noch die Zeit, in der ich Professor Orlowskys Klassen besuchte. Damals mußten wir einen kleinen Wandteppich entwerfen und weben. Es ist eigenartig, aber in diesen Teppich webte ich all meine Freude jedoch auch alle meine Übelkeitsgefühle. Und noch heute wird mir seltsam zu Mute wenn ich nur an diesen Teppich denke. Nach den ersten Monaten jedoch hatte ich keinerlei Beschwerden mehr. Es war mir auch kaum anzusehen, daß ich überhaupt ein Kind erwartete, nicht einmal in den letzten Monaten.

Ich traf alle Vorbereitungen, hatte ein kleines hübsches Bettchen, ging zu Unterrichtsklassen und suchte eine Hebamme auf, die jugendlich und fortschrittlich erschien. Aber als die Zeit näher rückte, wollte ich nichts mehr mit ihr zu tun haben. Das Wort Hebamme fand ich so schrecklich. Es verband sich bei mir immer mit der Vorstellung von alten bösen hexenhaften Frauen. Ich habe keine Ahnung wie ich auf diese Vorstellung kam. Vielleicht von Omas Märchen. Ja, das kann es gewesen sein. Nach genauer Ausrechnung mußte das Kind am heiligen Abend geboren werden. Der heilige Abend hat, glaube ich, bei allen Deutschen einen besonderen Raum in ihrem Herzen. Jedenfalls in dem Meinen konnte es keinen schöneren Tag geben. Aber der heilige Abend kam und nichts geschah. Ich nahm ein heißes Bad. Aber das schien nicht das Geringste auszumachen. Auch nicht am ersten und am zweiten und am dritten Feiertage.

Nun muß ich aber erst einmal etwas erzählen, was sehr wichtig ist, nämlich, daß ich ein Sonntagskind bin. Und wie wohl jeder weiß, ist es mit Sonntagskindern etwas Besonderes. Sie, nur sie können die Glocken von versunkenen Städten hören, nur sie können einen verzauberten Prinzen erlösen und den gläsernen Berg ersteigen.

214

Ich hatte ja bei meinem Wunsch, daß mein Kind am heiligen Abend geboren werden möge, vollkommen vergessen, daß erst der vierte Feiertag ein Sonntag werden würde. Aber mein Unterbewußtsein hatte das natürlich nicht übersehen. So etwas Wichtiges konnte es nicht aus dem Gedächtnis verlieren. Am vierten Feiertag bis zwölf Uhr Nachts würde Sonntag sein. Daher begann es schon am Nachmittag die Geburt einzuleiten. Acht Stunden würde ich Zeit haben. Mehr aber auch nicht.

Bei den meisten Frauen fangen die Wehen erst langsam an, mindestens in Abständen. Aber bei mir ging es gleich hintereinander los, ohne jegliche Pause davor oder dazwischen. Als die Schmerzen begannen, fiel mir sogleich mein Rettungsmittel ein. Meine Mutter hatte eine seltsame Eigenschaft. Sie war ungeheuer stolz darauf Schmerzen tapfer aushalten zu können. So, als wenn es eine enorme Heldentat wäre. Wenn sie zum Beispiel zum Zahnarzt ging, mußten wir immer mitkommen und zusehen, wie sie sich ohne das kleinste Betäubungsmittel lächelnd behandeln ließ. Und wenn bei uns mal gebohrt werden mußte, sollten wir auch keine Miene verziehen, egal wie weh es tat, und das war manchmal furchtbar, wenn der Mann auf den Nerv kam. Ich hatte dabei aber ein Hilfsmittel entdeckt. Ich kniff mich immer bevor er anfing. Wenn man nämlich in den Arm oder sonst wo die Haut mit den Fingernägeln ganz doll zusammenpreßte, so tat das sehr weh. Aber dieser Schmerz war ja unter meiner Kontrolle. Ich kannte ihn schon, er ängstigte mich nicht. Dieses Mittel half mir eigentlich mein ganzes Leben. Und ich habe beim Zahnarzt oder bei anderen, außer bei chirurgischen Eingriffen, nie in eine Spritze zugestimmt. Es hatte etwas Gutes. Man fürchtete Schmerzen nicht mehr so sehr. Sie waren außerdem meist gar nicht so schlimm wie man vorher dachte, meist nicht mehr als das Kneifen. Man muß mit dem Kneifen allerdings beginnen, bevor der Schmerz losgeht, sonst hilft es nicht. Der Schmerz scheint auch gar nicht endlos in die Höhe zu gehen. Jedenfalls bei mir nicht. Da ist allerdings noch etwas, was ich glaube, nämlich, daß in dem Augenblick wo ich mir selbst wehtue, meine eigene Narkose ausgelöst wird. Das sollen die Chinesen doch auch benutzen, wenn sie ohne Betäubung operieren.

Als nun die Wehen bei mir begannen, fing ich mich sogleich an zu kneifen. Aber nach einer Weile wollte ich nicht mehr. Es war überhaupt eine seltsame Sache. Es ging gar nicht um Schmerzen. Es schien ein Kampf um Leben oder Tod um Energie und Stärke der Muskeln und um das reine Durchhalten. Man mußte kraftmäßig genug Reserven haben. Es war etwas jenseits von Schmerzen. Die schienen irgendwie unwichtig zu sein.

Fritz war an dem Tage gerade zu Hause. Er hatte Urlaub. Ich bat ihn vorher Niemanden zu holen, und auch niemanden etwas zu sagen. Ich wollte am liebsten in eine dunkle Ecke kriechen, wo mich niemand sehen konnte, wolle auch von niemand angefaßt werden. Ich wollte ganz alleine sein. Selbst Fritz störte mich. Als er anfing mich liebevoll zu streicheln, soll ich ihn wie eine Katze angezischt haben. Mehrere Stunden gingen die Wehen ohne auch nur die allerkleinste Pause, da bekam Fritz Angst und lief zu seiner Mutter. Aber bald darauf wurde das Kind geboren. Fritz fing es auf. Es war groß und schwer. Es war ein Junge und hatte schon viele blonde Locken, die ganz naß waren.

Mein Schwager Heinz, der im Nebenzimmer gelernt hatte, kam entsetzt herbei gelaufen als er das Kind schreien hörte. Er hatte keine Ahnung gehabt, was in unserem Zimmer vorging, und er war sehr wütend, daß ich ihn nicht hatte dabeisein lassen.

Das Kind hätte die Nabelschnur um den Hals haben können. Das stimmte. Aber es hatte ja nicht.

Nun wurde auch die Hebamme herbeigerufen. Sie entnabelte, badete und wog das Kind. Acht Pfund. Aber ich hatte doch Recht. Ich hätte sie nicht holen lassen sollen. Sie nahm mir nämlich das kleine Wesen weg. Es sollte alleine liegen, nicht bei mir. Die Mutter brauche ihre Ruhe. Das stimmte gar nicht. Ich brauchte gar keine Ruhe. Ich war ganz munter. Ich war erschöpft, aber so glücklich erschöpft. Ich wollte mein Kind in meinen Armen haben, aber es wurde in sein eigenes Bett gelegt. Es bewegte suchend das Köpfchen. Es wollte trinken. Es suchte die Mutter. Es brauchte ihre Wärme und Sicherheit. Meine Schwiegermutter hielt ihre Hand in die Nähe, und da packte es verzweifelt einen ihrer Finger und wollte ihn nicht mehr loslassen.

Bei dem wichtigsten Teil war ich meinem Instinkt gefolgt. Jetzt schien alles nicht mehr eine so große Rolle zu spielen, daher ließ ich dummerweise die Hebamme gewähren. Das Kind durfte auch nicht trinken, nicht vor dem nächsten Morgen. Das waren viele Stunden. Alle Tiere trinken sogleich. Alle unsere kleinen Ziegen, gleich nachdem die Mutter sie abgeleckt hat. Es ist sehr wichtig, sagt der Tierarzt, daß die Kleinen den Stoff, den die erste Muttermilch enthält, innerhalb von einer viertel Stunde nach der Geburt empfangen. Es sind viele Immunstoffe der Mutter und andere wichtige Bestandteile darin enthalten. Jedenfalls hat man das bei den Ziegen festgestellt, und es ist anzunehmen, daß für den Menschen das gleiche gilt. Aber das wußte ich damals leider noch nicht.

Ich glaube die Geburt des Kindes ist das größte und schönste Erlebnis einer Frau, das es gibt. Fritz drückte und küßte mich und brachte weißen Flieder. Wo gab es den, mitten im Winter, mitten im Kriege unter Hitler. Aber er war lange durch die ganze Stadt gelaufen, und hatte ihn gefunden. Wir lagen fest umschlungen und hörten die Glockenspiele. Am Morgen würde Fritz wieder weg müssen. Wir versuchten die Zeit zurückzuhalten, aufzuhalten. Aber bald war es wieder nur noch eine Stunde, eine halbe und dann nur noch Minuten.

Aber wenn die Uhr sich nicht fortbewege, dann würde doch auch dieser Krieg kein Ende finden, dann würde er ewig sein.

216

Mutti und Ellen und Ottfried

Trotz Krieg, trotz Hitler

Trotz Krieg, trotz Hitler

Auf dem kleinen See im Tiergarten

Vor der Humbold Universität

Die Bomben

Am Anfang kamen gar keine, und es sagte der dicke Göring, der mächtige General der Luftwaffe. Wenn auch nur ein einziges Flugzeug über deutschem Boden erscheinen und etwas abwerfen sollte, würde er **Meyer** heißen. Es dauerte auch nicht allzulange bis wir ihn Meyer nennen konnten. Meyer war übrigens in Berlin eine bekannte große Likörfirma, die ständig mit dem Spruch inserierte" keine Feier ohne Meyer." Als dann die Flugzeuge über Berlin erschienen, ulkten wir, daß das kein Wunder wäre, weil die Firma **Meyer** doch überall "Niederlagen" hatte.

Ich wußte im übrigen nicht mehr wann der erste Luftangriff auf Berlin war. Wir haben nun hier verschiedene Berliner Freunde. Da rief ich einige an. Vielleicht hatten sie behalten, wann es eigentlich losging. Nein, sie wußten es nicht, sie wollten es auch nicht wissen. Nein, sie wollten auch nicht zurückdenken. Aber diejenigen, die noch jünger und damals nicht dabei gewesen waren, machte es gar nichts aus zu überlegen und nachzuforschen. Und ich fand sogar eine Bekannte im deutschen Klub, die das Datum ganz genau wußte, denn sie war am ersten Luftangriff auf Berlin in einem Luftschutzkeller geboren worden. Es war der 26. September 1940.

Am Anfang wurden meist nur Brandbomben geworfen, vor denen man keine Angst hatte. Wir sind auch oft nicht einmal hinuntergegangen. Aber dann wurde es Pflicht. Alle mußten im Luftschutzkeller erscheinen. Die Sache machte Sinn. Im Falle einer Verschüttung würde man dann nicht nach Leuten suchen, die gar nicht im Hause gewesen waren. Der Hausobmann, der politische Wachhund hatte dafür zu sorgen, was er auch mit der größten Begeisterung tat. Man mußte auch die Wohnungstüren während des Angriffes offen halten. Dabei war man natürlich auch in der Lage durch die Papiere der Leute zu gehen um eventuelle politische Feindseligkeiten aufzudecken. Vielleicht war die ganze Sache auch damit sich keiner vor den Nazis verstecken konnte, um Menschen zu finden, nach denen gefahndet wurde.

Durch die offenen Wohnungstüren konnte man natürlich auch nach Brandbomben suchen und sie löschen. Bei uns im Hause hat es ein paar mal gebrannt. Aber man war imstande das Feuer mit Sand zu ersticken. Einmal stand bei Papa und Mutti ein Teil des Daches ihres vierstöckigen Wohnhauses in hellen Flammen. Papa war sehr mutig und kletterte auf das steile Dach, trotzdem er Höhenangst hat.Ein paar alte Männer und er retteten das ganze Haus. Wir besaßen keinerlei Feuerlöscher. Sand war alles, was uns zur Verfügung stand. Aber alle Eimer, die wir hatten, standen mit diesem kostbaren Stoff gefüllt in jeder Ecke.

Am Anfang kamen die Flugzeuge nur einmal die Nacht, aber später zweimal. Man hörte die Warnung erst über das Radio. Sie kamen von Hannover Braunschweig eingeflogen, und ihr Ziel war meist Berlin. Sie kamen in kleinen und auch großen Geschwadern. Manchmal war der ganze Himmel voll, ganz gut geordnete Formationen, als wenn es eine Parade sein sollte. Man hörte die tiefen entsetzlichen Töne ihrer Motore ganz laut, denn sie flogen sehr tief. Erst kamen Vortruppen, die von oben Ziele setzten. Die sahen aus wie erleuchtete Weihnachtsbäume, und wenn man einen von denen über seinem Dach schweben sah, dann wußte man, daß alle kommenden Flugzeuge ihre Bomben darauf werfen würden. Man hatte aber nicht mehr Zeit wegzurennen, sondern nur in den Keller zu laufen und zu hoffen, daß er stark genug gebaut war.

Im Luftschutzkeller lernte man alle Mieter kennen, die man sonst nur immer auf den Treppen gegrüßt hatte. In Berlin war es nicht Sitte sich um den Nachbarn zu kümmern, ganz anders als in der Kleinstadt oder auf dem Lande. Und man sah jetzt auf einmal, daß manche, die man für hochnäsig und unangenehm gehalten hatte, eigentlich nette Leute waren, und manche ungesellig aussehende sogar die lebensgefährlichen politischen Witze erzählten. Man sah auch welche ungeheure Feindseligkeit gegen Hitler vorhanden war. Im Luftschutzkeller waren alle seltsamerweise gar nicht so vorsichtig wie sonst. Nachts sagt man wohl mehr, besonders wenn man aus dem Schlaf gerissen und wütend ist.

In der Hitlerzeit hieß das Ende jeder großen oder kleinen Rede, in denen man unseren Halbgott über alles pries- sei es in der Schule, bei Kundgebungen oder über den Rundfunk- wie glücklich wir uns schätzten, **und daß, wir alles unserem geliebten Führer Adolf Hitler verdankten.**

Eines Tages nun, als wir uns bei Mutti wieder einmal Nachts müde in den Keller schleppten, erblickten wir ein Hitlerbild, ein eingerahmtes von beträchtlichem Ausmaße. Der Hausobmann hatte es dort hingestellt. Entweder auf Parteibefehl oder aus eigenem Impuls. Wutentbrannt ging eine Frau auf das Bildnis zu und rief:

"Was soll den DER hier?" Und eine andere entgegnete:

"Na DEM verdanken wir doch alles."

Die versammelten Mieter brachen in ein schallendes Gelächter aus.

Bald kamen die Flugzeuge jede einzige Nacht. Erst einmal vor Mitternacht und dann drei bis vier Stunden später, wenn man gerade wieder eingeschlafen war, und morgens um fünf mußten die Meisten schon wieder aufstehen, um in die Rüstungsfabriken zu gehen. Die Angriffe dauerten oft sehr lange, manchmal stundenlang. Da saßen wir nun. Wir froren. Wir waren müde. Wir hatten Hunger. Die Rationen für den Durchschnittsbürger waren sehr, sehr gering. Es gab praktisch kaum Fleisch, kaum Fett, es gab keinen Zucker, nur sehr wenig Mehl, lausige Grammrationen. Wir erhielten nur soviel um nicht totzuhungern. Wir lebten hauptsächlich von Kartoffeln und träumten von Fett in jeder Form. Aber Leute mit Übergewicht wurden schlank und nahezu alle waren gesund. Da gab es keine Herzinfarkte und auch keine Allergien. Allergien, die kannte man damals gar nicht, die waren überhaupt nicht in unserem Wortschatz. Aber ich muß hinzusetzen, daß wir - das heißt Leute die nicht Nazis waren und keinerlei Naziverbindungen hatten - sehr gesund lebten, denn wir hatten keinen Kaffee, keinen Tee, keine Sodas oder andere schädliche Getränke. Wir hatten nur das Wasser aus der Leitung, aber es war nicht chloriniert und schmeckte gut. Und unsere mageren Rationen waren nicht mit Chemikalien überladen. Vielleicht was das der Grund warum die Bevölkerung damals so kerngesund war.

Da gab es natürlich auch Leute, die höhere Rationen erhielten, die Schwerarbeiter und die Nazis natürlich. Die letzteren wußten auch wie man zusätzlich etwas bekommen konnte, zum Beispiel einfach durch ärztliche Verordnungen. Die Nazis hatten sicher auch die vielen guten Dinge, die man im Ausland beschlagnahmte, die vielen Delikatessen. Das hing dann vom Rang ab. Ich sprach neulich mit einer Dame, die erklärte, daß es am Anfang des Krieges noch möglich war im Kaufhaus des Westens Delikatessen und Wein (und Parfüm) aus den eroberten Ländern zu kaufen. Das mag vielleicht so gewesen sein.

Aber bei uns in den östlichen Kaufhäusern jedenfalls, gab es diese Sachen nicht. Das, was das elegante KDW verkaufte, waren sicher winzige Dosen mit Gänseleberpastete und Dinge, die so unverschämt teuer waren, daß die Durchschnittsbevölkerung sie nicht kaufen konnte, daß sie darum auch gar nicht in den anderen Kaufhäusern geführt wurden. Vielleicht wurden diese Dinge auch nur an manchen Tagen und zu manchen Stunden ausgelegt. Und manche Leute wußten eben Bescheid. Ferner hatten die Nazis ja alle Geld. Sie bekamen all die gutbezahlten Stellungen. Darum waren ja so viele in der Partei. Ich habe die Dame leider nicht fragen können welchen Posten ihr Mann bekleidete und welchen Rang er in der Partei hatte. Die Nazis erhielten auch irgendwie Kaffee und starken Alkohol. Aber das geschah ihnen Recht. Sie wurden dann später süchtig und wir nicht. Dafür waren wir aber immer hungrig und unsere Gedanken drehten sich ums Essen, ständig ums Essen.

Im Luftschutzkeller saßen wir oft neben einer netten Dame, die mit ihren erwachsenen Töchtern zusammen lebte. Die Eltern dieser Dame besaßen vor dem Kriege eine Konditorei in einem Ostsee Kurort. Sie selbst hatte einen reichen Offizier aus Berlin geheiratet, der natürlich gleich, wie die meisten andern, im ersten Weltkrieg gefallen war. Ihre Töchter pflegten in den Ferien jedes Jahr die Großeltern zu besuchen. Beide Mädchen arbeiteten an der Charité. Aber sie sprachen nie von Krankheiten. Sie sprachen immer nur von einer Sache, vom Kuchen. Nämlich von dem Kuchen, den sie bei den Großeltern gegessen hatten. Da waren die Liebesknochen mit der gut riechenden herrlichen Schokolade und der köstlichen Schlagsahne, und diese himmlischen Windbeutel, und vor allem der Bienenstich. Braun und knusprig waren die Mandeln mit Zucker und Butter gebräunt. Und sie beschrieben wie groß die Stücke waren, und womit sie gefüllt wurden, und dann die Negerküsse. Und alle lauschten begierig und konnten sich nicht satthören an den Beschreibungen dieser Backwaren. Jeden Abend fingen sie wieder an davon zu erzählen. Und da waren noch alle diese besonderen Törtchen, die ein Anderer wieder beschreiben konnte. Eine Frau berichtete, wie sie immer Kuchen gebacken hatte und wie viele Eier da hinein kamen. Schon bei dem Worte Eier allein wurde uns bereits ganz warm. Eier, meine Güte Eier, die kannte man nur noch vom Hörensagen. Da saßen wir nun alle und kosteten im Geiste, was wir schon so lange nicht gegessen , bis die Sirenen zur Entwarnung heulten, und man wußte, daß man auch diesen Angriff überlebt hatte.

Da kauerten wir nun jeden Abend stundenlang. Wenn es in der Nähe einschlug, dann bebte und federte der Boden unter uns. Später kamen dann die Luftminen, die alles verschütteten, wo es möglich war, daß man nicht mehr herauskam. In den Kellern waren überall Durchgänge von einem Haus zu dem andern gemacht worden. Da befanden sich auch Äxte an den Seiten, mit denen man sich herausschlagen sollte.
Aber meist wurden ganze Häuserreihen getroffen, dann war das auch nicht mehr möglich. In Berlin gab es nur vierstöckige Häuser, und wenn eine Luftmiene einschlug, dann fiel alles in sich zusammen. Da gab es keine abstützende Stahlbalken. Manchmal standen die Keller, aber die Menschen waren dann darin lebendig begraben. Die Steinhaufen, die über ihnen lagen, waren nicht zu beseitigen. Es wurde meist auch gar nicht versucht, denn nach ein paar Stunden war ja schon wieder ein Angriff, wieder neue zusammengestürzte Häuser. Man hatte einfach keine Zeit und auch keine Menschenkraft es zu tun. Manchmal sah man verzweifelte Leute in den Steinen graben. Aber es war hoffnungslos.

In der Memelerstraße ist in einer Nacht eine ganze Hochzeitsgesellschaft mit Braut und Bräutigam, verschüttet worden. Der Bräutigam hatte Heiratsurlaub von der Front erhalten. Und niemand konnte helfen.

Allmählich wurde man stumpf. Wenn es traf, hatte man eben Pech, und jeder hoffte, daß er nicht dazu gehören würde. Die Amerikaner und sie Engländer wechselten sich ab mit dem Bombardieren. Die Russen haben uns nie von oben bombardiert. Die hatten ja kaum Flugzeuge.

Einmal, war ich mit dem kleinen Ottfried am Alexanderplatz, der ein beliebtes Ziel der Bomber war, und ich konnte nicht mehr zu meinen Schwiegereltern gelangen, die nicht weit entfernt wohnten, und deren Haus einen ziemlich starken Luftschutzraum besaß. Da lief ich in den nächstliegensten Keller. Es waren nur ein paar Leute dort, die anscheinend auch nicht dorthin gehörten und nur einkaufen wollten. Plötzlich wurde das Haus getroffen. Man vernahm erst einmal einen heulenden sausenden Ton, und dann hörte man einen furchtbaren grollenden. Das Haus fing an einzustürzen. Das obere Stockwerk fiel auf das nächste. Dann war es ein klein bißchen still, und wir hatten schon Hoffnung, aber dann hörte man wieder das krachende grausige Herunterbrechen. Das vierte Stockwerk war auf das dritte gefallen, und dann fiel das dritte auf das zweite, und dann das zweite auf das erste. Es bestand kein Zweifel was jetzt kommen würde.

Ich hatte mich über das Kind gebeugt. Seltsamerweise fühlte ich gar keine Angst. Es schien nur eine Vorsichtsmaßnahme. Ich betete auch nicht. Gott wußte ja was geschah. Ich habe Gott nur einmal um etwas angefleht, und das war als ich klein war. Um nichts Großes und um nichts Geringes habe ich ihn seitdem gebeten. Ich war, und bin immer noch der Meinung, daß Gott Menschen nicht leiden kann, die ihn immer anbetteln, die dauernd etwas haben wollen, die ständig eine Extrabehandlung verlangen. Wenn Gott der Ansicht war, daß ich sterben sollte, dann mußte es eben geschehen. Aber warum sollte Gott wollen, daß mein Kind und ich schon sterben mußten. Nein, das glaubte ich nicht, auf keinen Fall. Hier in diesem häßlichen Raum und jetzt schon. Das Leben hatte doch erst angefangen. Warum sollte es schon wieder zu Ende sein? Nein, bestimmt nicht. Warum also Angst haben?

Alle saßen unbeweglich, versteinert. Keiner gab einen Ton von sich. Keiner rührte sich. Alle hatten die Köpfe eingezogen und den Rücken gekrümmt. Und dann war es still, ganz still. Es schien klar, daß das Haus zusammen gefallen war, und nur noch der Keller stand. Aber auch der konnte jeden Augenblick zusammenbrechen.

Da war kein Schreien oder Weinen im Keller, aber da war die grausige Erkenntnis, das nun das ganze zusammengestürzte Haus über uns lag, dieses riesige Haus mit all seinem Geröll und Schutt, und daß wir nun vielleicht lebendig begraben waren, und ich dachte, daß Fritz und meine Eltern es nie wissen würden.

Die Männer sprangen auf, ergriffen die Äxten und rannten zu dem Ausgang. Sie schaufelten in rasender Eile. Wer weiß wie lange die Kellerdecke noch halten würde? Dieses Schaufeln erschien mir endlos, Stunden, Tage. Es schien keinen Begriff der Zeit mehr zu geben. Da waren nur drei Schaufeln, aber wir lagen alle auf dem Boden und kratzten mit bloßen Händen an dem Schutt.

Plötzlich schrie jemand, er sähe Licht, und die Männer schaufelten schneller und schneller. Ja und das Gefühl, das mich erfüllte, als wir den ersten Lichtschein erblickten, das war ein ergreifendes.

Bald darauf konnten wir durch das Geröll an das Tageslicht kriechen. Und wir sahen welch großes Glück wir gehabt hatten. Ein Stockwerk über dem Keller stand noch. Es war ein Geschäftshaus, und man hatte Eisenbalken eingezogen, um einen großen Lagerraum abzustützen.

Als wir dann den Himmel über uns sahen und die Entwarnungssirenen aufheulten, da empfand ich erst die Furcht und das Entsetzen, da kam es nach, und es wurde mir ganz schwindlig, und ich fing an zu zittern und wischte mir verstohlen die Tränen von den Wangen, und die anderen Frauen taten das Gleiche, und dann habe ich Gott gedankt, aus tiefen Herzen. Bedankt habe ich mich immer.

Aber innerhalb von ein paar Stunden, da war wieder ein Angriff und wieder einer und wieder einer, und jedes mal war man froh wenn man den Angriff überlebt hatte. Jetzt kamen sie pausenlos. Es nahm kein Ende. Jetzt kamen sie in unheimlich riesigen Formationen. Hunderte sah man am Himmel, einer am andern, ganz tief, und man hörte ganz laut ihre grauenerregenden heulenden Töne. Sie flogen in dichten Reihen. Es schien wie ein einziges, großes unbeschreiblich entsetzlich teuflisches Tier.

Da geschah oft etwas Seltsames. Wir saßen im Keller und wußten, daß dieses Untier uns zerreißen, verbrennen, verschütten wollte. Aber gleichzeitig wußten wir, daß die Menschen, die dieses Untier formten, nur diese Menschen uns befreien konnten von einem Untier, das noch viel schlimmer war. Es war das Brummen der kommenden Befreiung. Nur sie konnten es vollbringen. Wir selbst saßen in der Falle, wie ein Hase in der Falle sitzt. Ganz Deutschland war in einer Falle, einer engmaschigen, starken, durch die man sich nicht durchbeißen konnte. Da gab es kein Eckchen zum Entschlüpfen. Alle Grenzen waren fest geschlossen, und alle Länder würden uns im Falle der Flucht ausliefern. Für uns gab es nur eins: Wir mußten versuchen in der Falle auszuhalten, lediglich lebendig durchkommen. Für uns war nur die Hoffnung, daß Jemand von Außen die Falle öffnen würde. Von innen war es nicht möglich.

Die Flugabwehr schoß. Sie bestand meist aus Schuljungen, die noch zu jung für den Heeresdienst waren. Manchmal trafen sie ein Flugzeug, und dann hörte man es mit dem pfeifenden Ton abstürzen, mit dem gleichen, den seine Bomben machten, wenn sie auf uns fielen. Doch wie leid tat es uns. Darin waren Menschen, die uns befreien wollten, auch wenn sie gekommen waren uns grausam zu töten, uns zu verbrennen und lebendig zu verschütten. Das war der irrsinnige Widerspruch an diesem ganzen irrsinnigen Irrsinn.

Der arme Flieger. Wir hofften im Keller Alle, daß er noch rechtzeitig abspringen, sich retten konnte, daß er nicht noch von der Flak getroffen wurde. Aber eins war mir unverständlich. Warum warfen sie immer Bomben auf uns? Wir waren doch ihre Freunde. Uns wollten sie doch befreien. Warum warfen sie es auf Wohnhäuser, auf Schulen. Hier waren doch nur noch Kinder und Frauen und die ganz Alten. Warum warfen sie es nicht auf Fabriken. Warum nicht auf militärische Lagerhäuser. Warum immer nur auf die Bevölkerung, auf die Leute, die doch Hitler haßten, die keine Nazis waren. Jedes mal, wenn wir aus dem Keller kamen, gleichgültig wie schwer der Angriff war, und wie viele Häuser oder ganze Stadtviertel man zerstört hatte, immer konnten wir Licht anschalten, immer gab es den lebenswichtigen Strom. Wir waren natürlich froh, daß wir ihn noch besaßen. Aber ohne Elektrizität hätte man auch keine Munition mehr herstellen können, hätte Hitler nicht mehr schießen lassen können, wäre der Krieg zu Ende gewesen.

Täglich kamen die Flugzeuge eingeflogen, und nicht einmal machten sie auch nur den Versuch die Kraftwerke zu treffen, die durch ihre hohen Schornsteine weithin sichtbar waren, und die selbst ich getroffen hätte. Man konnte sie gar nicht verfehlen.

Spandau, ein großer Bezirk von Berlin war ein enormes Munitionszentrum. In Spandau waren die bedeutendsten Fabriken für die Elektroindustrie, und allem anderen technischen Kleinkram, ohne den es endgültig Schluß hätte sein müssen. Spandau ist vollkommen unversehrt durch den ganzen Krieg gekommen, während alle anderen Teile zu Schutt und Asche gebombt wurden.

Eine Sache ist mir auch unklar, warum wurden nie die Bahnstrecken bombardiert. Der große Rangierbahnhof lag direkt vor unseren Fenstern in der Brombergerstraße. Ein riesiges Feld von Schienen, die man brauchte um die Züge zusammenzukoppeln, diese unendlich langen Züge, die Soldaten und den so lebenswichtigen Nachschub an die Front brachten. Der Nachschub, der den Krieg überhaupt erst möglich machte. Auch im ganzen Stadtnetz wurde kaum eine Gleisanlage direkt bombardiert. Das Haus in der Brombergerstraße wurde erst getroffen als der Krieg ganz kurz vor dem Ende stand. Hätte man zum Beispiel die Stadtbahn lahmgelegt, so hätten die Arbeiter einige Zeit nicht zur Arbeit kommen können. Das haben wir damals nicht verstanden, und ich verstehe es auch heute noch nicht.

In Berlin gab es verschiedene Bunker, die ganz stark gebaut waren, Staatsbunker. Da hatten erst einmal die Parteigenossen Zugang. Aber es wurden auch andere hineingelassen, wenn noch Platz war und die Leute rechtzeitig erschienen. Der Zudrang war natürlich sehr groß. Viele warteten vorher schon stundenlang draußen. Manche kamen selbst mit kranken, fieberhaften Kindern oft sogar im Winter in großer Kälte, nur um ganz sicher zu sein. Ich bin einmal in einen solchen Luftschutzkeller gewesen. Dort war eine sehr unangenehme Atmosphäre von Nazis und Panik. Da waren welche, die vor Furcht zitterten und schreckliche Angst um ihr Leben hatten. Bei uns im Keller herrschte keine Angst. Allmählich wurde einem alles gleichgültig. Vielen war das elende Leben nicht mehr so kostbar. Was half es übrigens Angst zu haben. Wir haben sogar noch gelacht, so unglaublich es klingen mag.

Eine Schule von Fritz Luisenstädtisches Gymnasium

Manchmal hörte man Leute im Keller tuscheln und dann loskichern. Da wußte man dann mit ziemlicher Sicherheit, daß es wieder einen neuen politischen Witz gab. Bald wußte man wem man trauen konnte. Natürlich durfte der Hausobmann es nicht hören. Aber je weiter die deutsche Front zurück wich um so kleinlauter wurde der Mann. Und es hätte mich nicht einmal gewundert, wenn er selbst sogar ein politischer Gegner gewesen war.

In Berlin kursierten viele politischen Witze. Sie waren meist sehr geistreich. Zum Beispiel antwortete man auf die Frage wie es einem ginge mit" Bandwurmmäßig." "Wieso?" "Na man schlängelt sich durch die braune Masse und muß aufpassen, daß man nicht abgeführt wird." Viele Witze waren sehr gefährlich. Wenn man an die verkehrte Adresse kam, konnte es unweigerlich Konzentrationslager oder sogar gleich die Todesstrafe geben. Köpfe rollten leicht, damals. Die wurden oft abgeschlagen für die kleinsten Vergehen. Das gab es zum Beispiel einen Witz, der lange kursierte und sehr saftig war.

Ein Mann bekommt von der Partei drei Bilder für sein Büro geliefert. Ein Hitlerbild und eins von Göbbels und eins von Göring. Der arme Mann weiß nicht wie er sie am wirkungsvollsten anbringen kann. Da kommen seine Mitarbeiter und sagen: " Das beste wäre wenn wir die alle einfach aufhängen."

In Berlin entwickelte sich ein ganzes unterirdisches Leben, da man ja zweimal die Nacht in den Keller gehen mußte. Wir wurden mit der Zeit eine Gemeinschaft, eine Gemeinschaft der Not. Ich möchte noch betonen, daß, wenn wir trotzdem lachten, es nicht am Alkohol lag, denn den hatte keiner von uns, weder in der Wohnung noch im Keller, jedenfalls nicht der Durchschnittsberliner. Wir machten unsere Witze auch da ohne. Und nach schweren Luftangriffen hieß es:

"Wenn du jetzt noch lebst, hast Du selber Schuld."

Schule von Fritz Königstädtisches Realgymnasium

Noch heute frage ich mich oft wie konnten die Leute damals nur das ganze Elend aushalten,. Hitler, Krieg und die Bomben. Und ich fand eine überraschende Antwort. Es war die Musik, die uns hauptsächlich aufrecht erhielt. Für manche war es die klassische Musik, aber für die meisten war es die leichte Musik. Es war die Fledermaus, die lustige Witwe, die himmlischen Walzer von Strauß. Es war Franz von Supé und die Wiener Lieder. Es waren die sorgenfreien beschwingten Töne, die uns zurück in die glücklichen Stunden brachten, die jeder von uns irgend wann einmal gehabt hatte. Es waren die bezaubernden Melodien, die uns auch in die Zukunft führen würden, die gute Zukunft die einmal kommen würde, bestimmt kommen würde. Das Radio brachte fröhliche Musik Tag und Nacht. Und da die Alliierten niemals unsere Elektrizitätswerke bombardierten, hatten wir immer das Radio. Wenn wir aus unseren Luftschutzkellern stiegen oder krochen und in unsere Wohnungen kamen, knipste man sogleich das Licht und das Radio an, denn man wollte wissen ob schon wieder neue Bomber auf dem Wege nach Berlin im Anflug waren. Und fröhliche Musik begrüßte uns, gleichgültig ob rechts oder links alle Häuser, ob ganze Stadtviertel vom Erdboden verschwunden waren. Diese Musik brachte uns neue Energie, Freude am Dasein. Wir waren dankbar und konnten feiern, daß wir auch nach diesem Angriff noch lebten. Mit dieser Musik fürchteten wir nicht die neue Welle der Bomber, denn diese Musik war optimistisch.

Ich hörte übrigens neulich die gleichen Weisen in einem Fahrstuhl der berühmten Lahey Clinic in Boston, Eigentlich war ich etwas schockiert, denn diese Klinik war gefüllt mit Patienten, die an Krebs oder anderen schweren Krankheiten litten. Die Ärzte müssen wohl wissen welche positive Wirkung die fröhlichen Walzer von Strauß haben können. Sie geben sicher, den vom Schicksal geschlagenen die Hoffnung, daß nicht alle sterben werden. Die gleiche Hoffnung, die sie uns gaben.

Interessant war auch immer Leute zu beobachten. Zum Beispiel zu sehen, was jeder mit in den Keller nahm, was ihm als das Wichtigste galt, was er unbedingt retten wollte. Manche dachten praktisch und brachten Kleidung und Reste von den dürftigen Lebensmittelrationen. Manche brachten Bücher, kleine Päckchen mit Briefen oder andere Erinnerungsachen. Einmal sah ich den Kopf einer ausgeblichenen Puppe aus der Tasche einer alten Dame ragen.
Bei Papa und Mutti in der Brombergerstraße, da war nun diese seltsame Familie Klähn, die auf dem gleichen Flur nebenan wohnten wie wir.

Die Familie Klähn bestand aus Herrn und Frau Klähn , einem alten Kater und einem Kanarienvogel. Bei ihnen wurde immer nur geflüstert, als wenn Jemand in ihrer Wohnung schlief und auf keinen Fall geweckt werden durfte, wahrscheinlich der Kater. Der Mann ging jeden Abend an den Bretterzaun unserer Straße und fütterte die wilden Katzen der Umgebung, die auf dem Bahngelände lebten. Mir ist übrigens unklar womit er die Tiere überhaupt fütterte. Vielleicht sogar mit einem Teil der eigenen Ration. Das Ehepaar sah nämlich sehr mager aus.
Diese Klähns brachten bei Alarm stets einen großen Käfig mit ihrem Kanarienvogel hinunter und den Kater in einen Sack versteckt. Man durfte eigentlich keine Tiere mitbringen. Aber wo kein Kläger, da ist auch kein Richter.
Einmal war ich aber auf diese Familie Klähns sehr wütend.

Ich besuchte eines Tages meine Eltern in der Brombergerstraße mit dem kleinen Ottfried. Wir hatten das Kind ins Bett gelegt und es schlief. Meine Eltern hatten irgend etwas zu erledigen, und ich mußte dringend irgend wo hin. Es sollte nur ganz kurze Zeit dauern, und am Tage waren zu der Zeit meist noch keine Angriffe. Da ließ ich den Schlüssel bei Klähns, und bat sie, im Falle eins Luftangriffes, das Kind mit in den Keller zu nehmen. Als ich die Sirenen heulen hörte, rannte ich schnell nach Hause. Alle saßen schon im Keller. Frau Klähn hatte den Käfig mit dem Vogel auf dem Schoß und Herr Klähn den Sack mit der Katze. Als ich fragte wo Ottfried wäre, erklärten sie mir, sie hätten genug an ihren Tieren zu tragen und könnten sich nicht noch um mein Kind kümmern.

An diese Sache habe ich oft denken müssen. Daß es Menschen geben kann, denen das Leben ihrer Katze und ihres Kanarienvogels so viel bedeutete und denen das Leben eines fremden Kindes vollkommen gleichgültig war. Sie hätten das Kind ja nach der Rettung ihrer Tiere herunter holen können.
Später dann, kurz bevor die Russen einmarschierten, als das Haus in der Brombergerstraße von einer Luftmiene getroffen wurde, haben Herr und Frau Klähn sich aufgehangen. Ein großer Verlust für Katzen aber nicht für die Menschheit.

Als ich noch bei meinen Schwiegereltern lebte, da brannte eines Tages das Haus. Es war nichts mehr zu machen. Es war zu der Zeit als sie die Phosphorbomben warfen, gegen die unser Sand machtlos war. Die Männer hatten auf dem Dach alles versucht. Sie kamen kohlschwarz und hoffnungslos herunter. Der Brand war zu groß. Da gaben wir die Hoffnung auf, und alle Mieter rannten aus dem Haus. Jeder hatte noch schnell gepackt was er tragen konnte. Ich stand mit der alten Großmutter und dem kleinen Ottfried schon auf dem Hofe. Ich hatte für das Kind Kleidung und eine Decke, wichtige Papiere und alle unsere Fotos ergriffen. Plötzlich kam eine Frau die Treppe herunter gerannt. Sie hatte sich keinen Mantel übergezogen, trotzdem es bitter kalt war. Sie trug auch keine warme Decke. Sie trug lediglich einen Mülleimer in der Hand, einen Müll- eimer ganz voller Müll. Was haben wir gelacht, trotzdem es doch eigentlich sehr traurig war, daß da oben alles verbrannte, was uns gehörte.

Das Polizeipräsidium neben uns hatte auch einen Volltreffer abbekommen, und die Feuerwehr stand und löschte es. Die Feuerwehr durfte jedoch nur öffentliche Gebäude retten. Unten, in unserem Hause befand sich eine große, sehr bekannte alte Apotheke, zu der die Leute aus allen Gegenden kamen. Der Apotheker jammerte um seine seltene und so kostbaren Kräuter, Puder und Salben, die nun verbrennen würde, und die man im Kriege nicht mehr ersetzen konnte. Er beschwor die Feuerwehr, doch auch unser Haus einzuschließen. Aber er wurde keines Blickes gewürdigt. Sie schienen nicht krank und an keiner Medizin interessiert zu sein.
Plötzlich hatte Jemand einen Einfall. In der Apotheke lagerten mehrere große Flachen Alkohol. Man rannte hinein, holte sie heraus und versprach sie den Feuerwehrleuten, wenn sie unser Haus retten würden. Da ließen die Feuerwehrleute das Polizeipräsidium erst einmal brennen, und bei uns wurde nur die vierte Etage beschädigt. Ja pfiffig muß man sein, wie der Berliner sagte, und zwar gleich, nicht am nächsten Tag. Später hätte ich auch an die Möglichkeit gedacht. Aber gleich darauf zu kommen. Das war es.

Übrigens meinte Fritz, die Frau hatte vielleicht Geld oder Schmuck oder andere Kostbarkeiten unter dem Müll in dem Abfalleimer versteckt. Aber das glaube ich kaum. Sie blickte viel zu erschrocken, als wir auf den Eimer zeigten. Ich habe sie leider aus den Augen verloren, denn eines Tages, da brannte doch alles ab, und ich konnte sie nicht mehr fragen.

Stalingrad

Es war das Jahr 1942. Ich wohnte noch immer bei meinen Schwiegereltern. Mein Schwager Heinz, der nach wie vor Medizin studierte, lebte in der gleichen Wohnung. Ich hatte schon eine ganze Weile keine Post von Fritz erhalten. Da er sonst täglich schrieb, beunruhigte das die ganze Familie. Eigentlich alle, nur nicht mich.

Ottfried war bereits ein Jahr alt und konnte schon laufen. Eines Tages kam Heinz in mein Zimmer, was er sehr selten tat. Er ging an das Bettchen des Kleinen. Er hob ihn in die Höhe. Er warf ihn in die Luft. Er setzte ihn auf die Erde und fing an mit ihm zu spielen. Heinz hatte das nie getan. Er hatte höchstens einmal im Vorbeigehen auf dem Korridor einen Blick auf das Kind geworfen. Als er nun aber mit Ottfried anfing auf dem Boden herumzukriechen, begann ich mich zu wundern. Er wurde auch auffallend freundlich zu mir. Nach meiner Eheschließung hatte er großen Abstand gehalten. Jetzt kam er jeden Tag herein, brachte mir Bücher zu lesen oder andere Aufmerksamkeiten.

Auch der Pianist, mein ehemaliger Klavierlehrer, erschien bei uns. Auf seinen Konzertreisen für die Soldaten hatte er von höheren Offizieren etwas sehr Beunruhigendes erfahren. Hitler versuchte die Ölfelder des Kaukasus zu erobern und zur gleichen Zeit Stalingrad einzunehmen. Der vierten Panzerdivision wurde befohlen, der ersten zu helfen, die gar keine Hilfe brauchte, und dadurch kam es zur Einkesselung einer ganzen Armee von 200 000 Deutschen unter General Paulus. Ferner verbot Hitler General Paulus die Einkesselung von innen selbst zu durchbrechen. Um den Ring nun von außen zu öffnen, wurden alle möglichen und unmöglichen Truppen vom ganzen Lande eingesetzt. Alle vorbereiteten und unvorbereiteten Soldaten wurden hineingeworfen, und die Verluste sollten unheimlich sein.

Der Pianist hatte ganz rote Wangen von dem Bericht, und seine Augen strahlten. Sicher freute er sich über Hitlers militärische Katastrophe, vielleicht aber auch noch über etwas Anderes. Ich hatte die Ahnung, daß er hoffte und Heinz fürchtete, Fritz könne dabei etwas passiert sein.

Diese Tragödie mit den Truppen war furchtbar. Der Gedanke, daß viele Soldaten bei der Kälte in Gefahr waren, erfrieren und verhungern mußten, wie schrecklich war das. Aber Fritz, nein Fritz war nichts geschehen, denn das hätte ich gefühlt, das war ganz außer Frage. Ich hatte seinen letzten Brief immer bei mir, und Nachts lag er unter meinem Kopfkissen. Jeden Abend nahm mich Fritz in seine Arme, und es bestand kein Zweifel, daß ich es bestimmt wahrgenommen hätte, wenn ihm etwas passiert wäre. Außerdem befand Fritz sich doch im Führerhauptquartier, und Hitler war ja gar nicht bei Stalingrad. Viele Frauen bekamen jetzt keine Post. Es war vielleicht eine Postsperre. Man hatte bestimmt andere Dinge zu transportieren. Unter Hitler war das leicht möglich.

Und alle warteten bei uns fieberhaft auf den Postmann. Es vergingen vierzehn Tage. Selbst nach drei Wochen kam kein Brief, und es wurden sogar vier Wochen daraus. Aber ich blieb eisern dabei, ich hätte es geahnt, wenn Fritz etwas geschehen wäre.

Nein, Fritz war nichts geschehen. Und nach fünf Wochen kam ein Anruf. Ein Anruf aus einem Lazarett, aus einem Lazarett in Wien.

Der Rückzug

Wieviel hängt doch manchmal von kleinen, oft sogar lächerlichen Dingen ab. Wieviel verdankte Fritz zum Beispiel damals der Backpfeife, wahrscheinlich sein Leben. Aber ich glaube, es ist besser ganz vom Anfang an zu erzählen.

In der Zeit der Stalingradumzingelung entschloß man sich, auch einen großen Teil vom Führerbegleit-Bataillon einzusetzen. Es ist ja auch dort nie gebraucht worden, da das Hauptquartier, wie alles andere Wichtige, niemals angegriffen und auch niemals bombardiert wurde. Fritz ist der Meinung, daß es für die Alliierten leicht gewesen wäre das Hauptquartier mit samt Hitler einzunehmen. Da waren sehr wenig Soldaten dort. Und in der Nähe lagen kaum andere stationierte Truppen. Fallschirmjäger hätten leicht alles erobern können.

Es erscheint mir jedoch völlig sinnlos sich damit zu beschäftigen, was hätte geschehen können, und lieber zu berichten, was geschehen ist. Und was im Hauptquartier nun geschah, war, daß bei Fritz eines Tages der Befehl zum Fronteinsatz kam. Seine Einheit wurde in großer Eile mit samt der Werkstatt auf Eisenbahnwagen verladen, und man fuhr Tag und Nacht in Richtung Osten. Tiefer Schnee und heulende Kälte. Ein Soldat in dem Güterwagen erfror sich beide Beine und mußte zurückgeschickt werden. Das war sicher sein Glück.

Nach Tagen hielt der Zug an, mitten in der Nacht und auf einer weiten Schneefläche. Man fuhr eine Rampe hinunter, und dann ging es mit eigenen Fahrzeugen weiter auf einem Weg, der nur durch Telegraphenstangen an den Seiten als solcher zu erkennen war. Man fuhr die ganze Nacht, den nächsten Tag und wieder die nächste Nacht. Fritz erinnert sich, daß er stundenlang immerzu nur weiße Gänse vor dem Fahrzeug herlaufen sah, und dann soll er plötzlich umgekippt sein, und niemand konnte ihn wachrütteln. Endlich wurde Halt gemacht.

Der kleine Ort führte den Namen Rossosh. Er lag ungefähr 150 Meilen nordwestlich von Stalingrad. Die Bevölkerung von Rossosh sah in den Deutschen ihre Befreier, begrüßte sie herzlich und war sehr freundlich. Niemand in der Gruppe von Fritz hatte jedoch auch nur die geringste Ahnung, was sich dicht bei ihnen in der Nähe abspielte. Sie wußten nichts von den 200 000 Soldaten, die umkreist waren, und denen sie helfen sollten, denn das Radio brachte, wie immer nur Siegesmeldungen. In Rossosh fand man einen Schuppen, in dem die Werkstatt in aller Eile aufgebaut wurde.

228

Die dreißig Soldaten der Einheit quartierte man bei der russischen Bevölkerung ein. Fritz und zwei Kameraden wurde ein Haus angewiesen, in dem eine alte Frau und ein kleines Kind lebte. Das Haus war mit Stroh gedeckt. Alles erschien sehr arm aber sehr sauber und gutgehalten. Der Schlafraum hatte einen riesigen warmen Ofen. In ganz Rossosh waren keine Männer oder auch nur Knaben zu entdecken, nur Frauen und kleine Kinder. Die Bevölkerung schien aber keinen Hunger zu leiden, denn sie baten die Soldaten nicht um Lebensmittel.

Nach zwei Wochen jedoch bekam die Gruppe von Fritz den Befehl, weiter vorzurücken, Richtung Stalingrad. Die Russen in Rossosh sahen ihnen mit traurigen Augen nach. Man fuhr wieder über weiße Schneefelder, ohne eine menschliche Siedlung zu sehen, bis die Anweisung kam in einer kleinen Mulde auf offenem Felde Halt zu machen. Ein Zelt wurde aufgestellt, und darin wieder die Werkstatt errichtet. Man hauste dort für ungefähr eine Woche.

Und dann kam Silvester. Für diesen besonderen Tag wurde nun Alkohol vorgeholt. Man wollte wenigstens etwas feiern. Und bei diesem Beisammensein, da entstand ein Streit. Ein Streit zwischen dem Leutnant, dem Leiter der Abteilung und einem Soldaten, der annahm ungerechterweise bei der Beförderung übergangen worden zu sein. Die Beförderung war für Viele äußerst wichtig.

Fritz jedoch hatte sich die ganze Zeit über bemüht nicht befördert, und vor allem nicht Offizier zu werden. Sehr wenige von den höheren Rängen haben den Krieg überlebt. Fast alle Klassenkameraden von Fritz, die eingezogen wurden, und als Abiturienten fast automatisch Offiziere wurden, sind nicht wiedergekommen. Am Ende blieben von allen Schulfreunden nur noch drei übrig. Zwei davon waren auf Grund ihrer jüdischen Vorfahren vom Heeresdienst befreit, da sie als wehrunwürdig erklärt wurden. Sie mußten dafür den ganzen Krieg über in Rüstungsfabriken arbeiten, und Fritz war der dritte.

Wie ich schon vorher erwähnte. Fritz haßte nicht nur das Militär. Er haßte auch für Hitler zu kämpfen. Er war einmal in Paris und einmal in Berlin etwas zu spät gekommen und hatte dafür je drei Tage Bau erhalten. Und Vorbestrafte wurden meist nicht befördert. So hatte Fritz erreicht, es die ganzen Jahre über nur zum Obergefreiten zu bringen. Aber Fritz sagt, es war gewiß nicht leicht, nur Obergefreiter zu sein und von jedem Affen angeschrien und herumkommandiert zu werden.

Diese große Sache mit der so äußerst wichtigen Beförderung löste nun Silvester den Streit aus. Der betreffende Soldat hatte getrunken, wurde gegen seinen Vorgesetzten handgreiflich und versetzte diesem eine Ohrfeige. Das war beim deutschen Militär eine völlig unmögliche Tat. Der geschlagene Offizier beschloß daher, diese Sache nicht auf sich beruhen zu lassen, sondern es am folgenden Tage bei der nächst höheren Dienststelle zu melden. Die nächsthöhere Dienststelle war natürlich weiter hinten. Aber dort, wo sie sich befunden hatte, war niemand mehr zu sehen. Man hatte nicht einmal Zeit, oder sagen wir, Verantwortung genug gehabt, die Vorposten zu alarmieren. Der Leutnant, der jetzt auch einfach hätte abhauen können, war aber von einem anderen Kaliber als seine Vorgesetzten. Er raste zurück und gab seiner Abteilung den Befehl zur Flucht: " Der Russe ist durchgebrochen, rette sich wer kann."

Man stürzte sich auf die Fahrzeuge. Der wichtigste Wagen jedoch, fuhr plötzlich nicht.

Jemand hatte Zucker in den Tank geschüttet. Und das muß einer von den eigenen Leuten gewesen sein.

Dieses Fahrzeug war ein gepanzerter, sehr schwerer Geländewagen, der allen Schutz geboten hätte. Ich kann vielleicht verstehen, daß man den Krieg sabotierte, aber so etwas den eigenen Kameraden zuzufügen, ist einfach unfaßbar. Hochwahrscheinlich war es ein Kommunist, der sowieso freudig in die russische Gefangenschaft ging. Er wird sich aber gewundert haben, denn die deutschen Kommunisten wurden nahezu alle nach Sibirien abtransportiert und sind dort zum großen Teil jämmerlich umgekommen. Die meisten starben schon durch die unmenschlichen Verhältnisse in den Zugwaggons. Stalin traute keinem, der den Kapitalismus erst einmal kennengelernt hatte, und deutsche Kommunisten waren außerdem oft Idealisten, die gefährlich werden konnten, wenn sie erkannten was eigentlich los war.

Nachdem der gepanzerte große Wagen ausfiel, eilten die Soldaten nun zu den anderen Fahrzeugen, denn man hörte schon das Anrollen der Panzer und wußte, daß es sich nicht um deutsche handelte. Man floh querfeldein, denn auf der Rollbahn, der regulären Straße waren schon die Russen. Bald jedoch fiel ein Fahrzeug nach dem andern aus. Sie blieben im tiefen Schnee stecken, da sie zu leicht waren. Fritz befand sich auf einem großen Wagen mit festeingebauten Maschinen, der dadurch gut vorankam. Unterwegs stießen sie auf eine Gruppe von Verwundeten. Man entschied ihnen zu helfen. Die Maschinen wurden mühsam abgeschraubt, abgeworfen und die Verwundeten aufgeladen. Aber da fuhr der Wagen nicht mehr, weil er ja nun auch zu leicht war. Und Niemand konnte die schweren Eisenmassen wieder hochheben. Es gab nur eins, man mußte zu Fuß fliehen. "Rette sich wer kann". Inzwischen hatte sich eine lange fortlaufende Reihe von Soldaten gebildet. Am zweiten Tage stieß man auf eine kleine Seitenstraße. Da sah Fritz plötzlich den Rückspiegel eines Wagens, und dann konnte er sich an nichts mehr erinnern. Als er wieder aufwachte, befand er sich in einer Scheune, ohne eine Ahnung zu haben, wie er dort hingekommen war. Jemand mit einem guten Herzen muß ihn dort hingetragen haben. Es können sogar mehrere gewesen sein. Wir werden ihnen nie persönlich danken können. Wissen nicht, ob sie selbst überhaupt durch diesen grausigen Krieg gekommen sind, haben aber oft liebevoll an sie gedacht und gehofft, daß ihre gute Tat irgendwie belohnt worden ist.

Fritz hatte eine Kopfwunde und Gesicht und Uniform voller verkrustetem Blut. Er muß dort also längere Zeit gelegen haben. Fritz sagt immer wieder, er hätte absolut nichts gefühlt, keinen Schmerz, keinen Gedanken. Welch schöner Tod am Kopf getroffen zu werden. Nachdem er wieder zu sich gekommen war, konnte er kaum gerade stehen, aber der Mensch kann viel, wenn er muß. Von seinen Kameraden war niemand zu sehen. Fritz hörte die rollenden Panzer und eilte mit all den andern Fliehenden den Weg entlang.

In der Ebene konnte man jetzt eine unendliche Kette laufender Menschen erkennen, wie ein langer dunkler Fluß. Auch Italiener tauchten zwischen den Deutschen auf. Sie waren in leichter Kleidung, absolut nicht für den Winter ausgerüstet. Sie hatten alle blauschwarze Bärte und viele trugen getötete weißwollige Schafe um den Hals und sahen aus wie die geschnitzten Figuren in den Weihnachtskrippen, die immer hinter Maria und Josef stehen.

Da fand man auch einen Unterstand mit einem italienischem Feldtelefon, welches ununterbrochen schrie: "FUGGIRE, FUGGIRE, FUGGIRE."

Dieses Wort ist Fritz heute noch immer im Kopf.

Flugzeuge flogen manchmal über die Fliehenden. Aber sie schossen nicht viel. Es handelte sich um Aufklärungsmaschinen. Hell leuchtete in der Nähe ein Brand. Das waren die riesigen Benzinlager, deren Flammen hoch in den Himmel schossen. Oft sah man russische Panzer von der Seite kommen, die den Weg abriegeln sollten. Fritz befand sich jedoch zum Glück stets vor der Durchbruchstelle.

Einmal wurden sie von vorn von einer Anhöhe beschossen. Da es keine Führung mehr gab, wußte keiner was zu tun. Fritz entschloß sich jedoch die Höhe zu nehmen. Er begann sie schießend hochzusteigen. Das war das erste mal in seinem Leben, sagt Fritz, daß er auf Menschen geschossen hat. Aber es schien der einzige Weg. Er wollte auf keinen Fall in russische Gefangenschaft, da er ihren Versprechungen nicht traute. Nachdem mehrere Soldaten sich Fritz angeschlossen hatten, wurde nicht mehr zurückgefeuert. Die Russen kämpften nur, wenn sie mußten, denn sie hofften, genau wie manche bei uns, den Krieg zu verlieren. Der Weg war nun wieder frei.

Im Dunkel der kommenden Nacht jedoch, begegnete man einer sonderbaren Gruppe, die in der entgegengesetzten Richtung auf der Straße entlang lief. Aber man war zu müde und erschöpft um sich zu wundern. Aber plötzlich bemerkte man, daß diese Kolonne, welche auch Pferde und Schlitten mit sich führte, seltsame hölzerne Bogen über ihren Pferden hatten, und man erkannte, daß es eine Abteilung russischer Soldaten war, die ganz dicht neben ihnen herliefen. Man hielt an. Und die Russen taten das Gleiche. Erstaunt blickte man in die Gesichter der Feinde, und dann machten beide Gruppen kehrt und gingen langsam wie im Traume weiter. Keiner dachte auch nur im Geringsten daran einen Schuß abzufeuern. Es war alles so unwirklich.

Eine kurze Strecke konnte Fritz auch auf einem Schlitten fahren. Er war aufgesprungen, als ein Pferd sich langsam vorbei schleppte. Ein Toter, der am Wege lag, wurde von dem Fahrzeug erfaßt und lange mitgeschleift. Man war aber zu apathisch um anzuhalten und den Toten zur Seite zu legen, aber bald brach das Pferd zusammen.

An einer Seite des Feldes trafen sie auf einen zerstörten russischen Panzer. Eine Hand hing noch oben heraus, und draußen lag ein Russe auf dem Rücken. Seine Brust war aufgerissen, und die Fotos seiner Familie lagen über ihn gestreut. Es waren Bilder von fröhlichen Kindern, von Vater und Mutter und einer jungen Frau.

Schwierig war es stets ein Nachtlager zu finden. Wer nicht in den vollkommen überfüllten Häusern und Scheunen Unterschlupf erkämpfen konnte, der war am Morgen erfroren oder zu schwach um weiter zu laufen. Meist schafften es die Verwundeten nicht mehr hineinzukommen, denn es galt das Recht des Starken. In den ersten Tagen sah man viele erschöpfte Soldaten und auch Sterbende am Wege liegen. Viele, die sich nicht mehr weiterbewegen konnten, und auch viele, die schon ihren Verletzungen erlegen waren.

Um gegen die Kälte anzukämpfen, kam Fritz auf die Idee sich Stroh in die Uniform zu stecken. Aber es stach in die Haut. Weiches Heu wäre gut gewesen. Aber das war nirgends zu finden. Die armen Bauern hatte jedes kleinste bißchen verfuttert.

In den ersten Tagen der Flucht warfen deutsche Flugzeuge etwas Verpflegung ab. Das waren kleine Pakete, die an kleinen Fallschirmen hingen. Aber Fritz konnte nur vier Behälter mit Schokolade finden. Und die waren nicht größer als kleine Schuhcremebüchsen. Fritz hob sich die Schokolade als eiserne Ration auf.

Fritz hob sich die Schokolade als eiserne Ration auf. Zu der Zeit gelang es ihm auch ein Huhn zu fangen, das er tötete um das warme Blut zu trinken. Er war zu erschöpft um es zu essen. Später jedoch gab es keinerlei Nahrung mehr. Auf dem ganzen Rückweg gab es absolut nichts mehr. Fritz lief drei Wochen durch den tiefen Schnee ohne einen anderen Bissen zu sich zu nehmen als ein winziges Stückchen seiner eisernen Ration. Seltsamerweise hat er keine Erinnerung an Hunger auf dem Rückmarsch. Darüber wundert er sich heute noch. Vielleicht schaltet der Körper einfach Vieles ab, wenn es um das Leben geht.

Und Alle liefen. Sie liefen unaufhörlich drei Wochen in Richtung West. Heute noch spricht Fritz immer wieder von dem Rückzug. Immer wieder sieht er diese weiße Ebene vor sich und die Soldaten, die sich entlang schleppten.

Fritz hat gestern auf der Karte nachgesehen. Erstaunt stellte er fest, daß es nur 300 Meilen waren, die er in den drei Wochen zurücklegte. Aber es waren drei Wochen Laufen ohne Nahrung. Es war meist ein Hinschleppen von völlig Erschöpften, teilweise Verwundeten. Man konnte auch nur durchhalten, weil etwas Unglaubliches geschehen war. Es war Winter, tiefer russischer Winter. Und in all dieser Zeit, da schien die Sonne. Sie schien jeden einzigen Tag. Es gab keinen eiskalten heulenden Sturm, keine meterhohen Schneefälle, die doch in allen russischen Geschichten zum Winter gehören. Es gab nur Sonnenschein, herrlichen Sonnenschein, die ganzen drei Wochen lang. Und sie liefen und liefen, und die hinfielen, blieben am Wege liegen, und man ging an ihnen vorbei, denn es konnte keiner dem andern mehr helfen.

Man erreichte Charkow. Hier hatte sich ein deutscher Widerstand gebildet. Die Verwundeten wurden gesammelt, und da Fritz noch die Kopfwunde hatte, steckte man ihn in einen Lazarettzug.
Und der fuhr nach Wien.

P. S. Fritz ist der Typ, der nicht gerne viel spricht, besonders von sich selbst. Es war nicht so leicht die ganzen Informationen über dem Rückzug von ihm zu erhalten. Man mußte ständig Fragen stellen. Aber eins habe ich doch vergessen mir beschreiben zu lassen, und das war die Fahrt mit dem Lazarettzug von der Stadt Charkow.

Gestern Abend erzählte uns unser Freund Wolfgang seine grausigen Erinnerungen an seinen überfüllten Lazarettzug. Das war in der Zeit nahezu gegen Ende des Krieges. Und nach dieser Erzählung begann Fritz mir plötzlich mitten in der Nacht von seiner Fahrt im Lazarettzug zu berichten. Von der grausigen Fahrt des Lazarettzuges von Charkow nach Kiev, von der Fahrt, über die er niemals hatte etwas verlauten lassen, der Fahrt, von der er gehofft, sie für immer vergessen zu können.

Plötzlich sprach er über den Zug, den Lazarett Zug, in den man alle die verwundeten deutschen Soldaten legte, die den ungeheuerlichen Rückmarsch hinter sich gebracht hatten in der wochenlangen, unglaublichen Flucht durch den Schnee im Winter von 1942; alle die Soldaten, die trotz teils schwerer Verwundungen mit einem eisernen Willen und ihren allerletzten Reserven die deutschen Linien erreichten, alle die, die entschlossen gewesen waren nicht aufzugeben, nicht zu sterben.
Der Hospitalzug war nur ein Güterzug, der aus Viehwagen bestand.. Aber es waren deutsche Viehwagen. Es war ein deutscher Zug. Jetzt fühlten sie sich sicher.

Jetzt bestand Hoffnung, daß sie doch noch einmal ihre Liebenden wiedersehen würden. Sie hatten es geschafft, Sie hatten ihr Ziel erreicht.

Aber genau in diesem Augenblick, genau zu dem Zeitpunkt, da griff der Tod nach ihnen, da konnten Viele ihn nicht mehr abwehren. Jetzt hieß es auch noch Infektion und Fieber zu bekämpfen. Sie hatten alle ihre körperlichen und seelischen Kräfte aufgebraucht, in dem grausigen Rückzug. Und der Tod ist ein schwerer Widersacher. Man legte sie sorgfältig auf das Stroh des Frachtzuges. Einige Sterbende hatten brennende Augen. Sie wollten nicht aufgeben. Sie schienen mit dem Schicksal verzweifelt zu ringen. Aber Viele fielen in einen tiefen Schlaf, und der Tod trug sie sanft davon. Manche Verwundete verlangten nach Wasser. Aber da gab es keines auf diesem Güterzug. Da waren auch kein Verbandsmittel. Da war absolut nichts auf diesem Güterzuge, und die völlig Erschöpften hatten doch schon nahezu drei Wochen nichts zu sich genommen.

Und jetzt fing das große Sterben an, und da waren so viele Tote in dem Güterwagen, und da begann ein furchtbarer Geruch von den infizierten Wunden und den verwesenden Körpern. Von Zeit zu Zeit hielt der Zug auf gerader Strecke, damit man all die Toten hinauslege. Man konnte sie jedoch nicht beerdigen. Die Erde war steifgefroren. Man legte sie neben die Schienen, einen neben den andern. Man war in Eile. Man wollte so schnell wie möglich noch all die Lebenden in ein Lazarett bringen.

Jedesmal wenn der Zug stehenblieb, begab Fritz sich in den nächstvorderen Wagen. Aber überall was das Gleiche. Zuletzt kletterte er direkt hinter die Dampfmaschine. Da war frische Luft.
Und die große schwarze Lokomotive puffte und ratterte über die russische Ebene und ihre leichten Hügel, und die brennenden Kohlefunken flogen glitzernd in die schwarze Nacht. Und da war überall Schnee, tiefer Schnee, nur der weiße Schnee, Schnee wo immer man hinblickte.

Endlich erreichte man Kiev. Die Kleidung, der noch lebenden Soldaten wurde desinfiziert, und da Fritz noch laufen konnte, setzte man ihn in einen Lazarettzug, und der fuhr in Richtung Wien.

Das Lazarett in Wien

Der Anruf von dort kam zum Glück von Fritz selbst, denn sonst hätte ich furchtbare Angst bekommen. Es wäre keine gefährliche Kopfverletzung. Ich solle mich nicht beunruhigen, aber gleich zu ihm kommen. Wie schlug mein Herz. Der gefallene Otto war eine Zeit als Soldat in Wien stationiert gewesen und hatte dort, wie in vielen anderen Orten eine Freundin gehabt. Und dieses Mädchen und ihre Mutter luden mich freundlichst ein bei ihnen zu wohnen. Und ich fuhr nach Wien. Es war herzzerbrechend sie weinen zu sehen. Ich schämte mich richtig vom Schicksal so besser behandelt und glücklich zu sein.

Oh dieses Wiedersehen mit Fritz, welche himmlischen Stunden. Nur in seiner Nähe zu sein und unsere Hände zu halten, und der Krieg und alles Böse verschwand. Und Wien, ich war noch nie in dieser schönen Stadt gewesen, kannte alles nur von Bildern. Aber ich habe damals gar nicht viel gesehen, war nur immer in der Straßenbahn und im Lazarett bei Fritz.

Zum Glück lag Fritz nicht in der Abteilung der Schwerverletzten, so, daß man nicht ganz von dem Grauen umgeben war. Doch wie oft sah ich schluchzende Frauen und Kinder durch den Haupteingang gehen.

Wieviel Glück hatten wir gehabt, und wie dankbar waren wir Gott dafür. Wie dankbar, daß Fritz wieder zurückgekommen war. Wie kostbar erschien uns doch diese Zeit.

Und das hat sich bei uns auch auf später übertragen. Wir sind immer noch dankbar für alle Stunden, die wir zusammen haben können. Wir haben nicht vergessen. Es hat sich ganz, ganz tief eingegraben. Wie oft hält Fritz, selbst beim Autofahren meine Hand ganz fest. Wie umschlungen schlafen wir noch heute die ganze Nacht. Wie oft sagen wir, wie gut, daß es nicht nur Urlaub ist.

Aber jetzt wo wir älter werden, kommt uns doch manchmal der Gedanke, daß unsere Tage hier, ja auch eigentlich ein Urlaub sind. Und wie bald einer von uns zu seiner Einheit zurück beordert werden kann.

Bautzen

Fritz hatte wieder Glück. Er wurde vom Hauptquartier angefordert. Alle einigermaßen ausgeheilten Verwundeten wurden nämlich sonst nicht zu ihrer Truppe, sondern auf den schnellsten Wege ganz vorne an die Front geschickt. Das sollte wahrscheinlich auch verhindern, daß Soldaten sich Verletzungen selbst zufügten um wenigstens für kurze Zeit nach Hause zu kommen und etwas Genesungsurlaub zu erhalten.

In Berlin hatte der Bombenkrieg weitaus schlimmere Ausmaße angenommen, und ich erwartete wieder ein Kind. Fritz meinte, ich müsse unbedingt Berlin verlassen. Er hatte in der Nähe von Rastenburg ein kleines Zimmer bei einer privaten Familie für uns besorgt. Aber die Freude dauerte nur ein paar Tage. Es muß wohl irgendwie herausgekommen sein. Es war verboten, daß Angehörige auch nur in der Nähe vom Hauptquartier lebten. Hitlers Aufenthalt sollte ein großes Geheimnis bleiben. Dabei wußte es ganz Deutschland. Und die Soldaten vom Hauptquartier trugen eine Armbinde mit Großdeutschland und eine mit Führerhauptquartier groß darauf geschrieben. Aber vielleicht nahm man an, daß die feindliche Spionage nicht Deutsch lesen konnte.

Es war nun sehr traurig, daß wir wieder abziehen mußten. Aber es half nichts. Außerdem war ich so froh, daß Fritz wieder hier bei dieser Gruppe war, daß ich dem Schicksal gegenüber nicht unverschämt sein wollte. Fritz hatte nun einen sehr netten Vorgesetzten, der ihm ein paar Tage Urlaub gab, um für uns irgendwo anders eine Unterkunft zu finden. Aber wo, das war die Frage. Meine Verwandten wohnten alle zu tief im Osten. Und wir hatten durchaus kein Vertrauen zu Hitlers strategischem Talent.

Da kam Fritz eine Idee. Seine Mutter hatte einen Bruder, den Onkel Joseph, der in Sachsen, in Bautzen lebte. Das war von Berlin nicht all zu weit entfernt. Onkel Joseph war mit einer Frau verheiratet, die man Tante Else nannte. Diese Tante Else war kinderlos. Fritz hatte sie früher ein paar mal besucht. Sie sollte sehr nett sein. Wir setzten uns auf die Bahn in Richtung Bautzen.

Die Züge waren jetzt immer ganz voll, voll von Menschen, die versuchten etwas zusätzliche Nahrung vom Lande zu bekommen. Sie trugen große Taschen, Rucksäcke und Koffer, die sie hofften vollgefüllt mit Lebensmitteln wieder nach Hause zu bringen. In ihrem Gepäck befanden sich Tauschobjekte. Der deutsche Bauer traute dem nationalsozialistischem Gelde auch nicht mehr. Man verlangte Bettwäsche, neue natürlich, Perserteppiche, Pelzmäntel. Um eine Gans zu ergattern, mußte man schon eine Menge bieten. In den Zügen befanden sich auch noch viele Frauen mit Kinder, wie ich. "Die Berliner Bombenweiber" wie wir verächtlich von denen genannt wurden, die man nicht jede Nacht bombardierte. Die Bombenweiber hofften eine Stelle zu finden wo sie wohnen konnten. Manche hatten Adressen, andere fuhren, wie man bei uns sagte, auf blauen Dunst. Wir selbst hatten ja nun zum Glück eine Anschrift und würden sicher gern aufgenommen werden. Tante Else würde sich bestimmt sehr freuen.

Aber Tante Else freute sich nicht. Sie freute sich weder Fritz wiederzusehen, noch mich, noch den kleinen Ottfried. Wir hatten sehr kostbare Geschenke mitgebracht. Eine ganze Kiste voller Zigarettenpäckchen, die ein Vermögen darstellten. Da keiner von uns rauchte, und wir alle Rationen erhielten, hatten wir gesammelt, um sie als wertvolles Tauschgut zu benutzen, denn sie waren damals mehr wert als Gold. Onkel Joseph rauchte, und er war froh seinen Neffen und dessen Familie zu begrüßen. Aber er hatte scheinbar nicht allzuviel zu sagen. Ich konnte auch eine Menge Lebensmittelmarken bieten, weil ich nicht nur als werdende, sondern auch als stillende Mutter besondere Rationen erhielt. Und da Bautzen eine Stadt war, wurden diese Marken besonders geschätzt.

Bautzen war ein wunderhübscher kleiner Ort. Ein Paradies für Maler. Uralte Gebäude, Stadtmauern und Wachtürme und die herrlichen Kopfsteinpflaster. Wir bekamen ein freundliches Zimmer oben im Hause angewiesen. Wie schön war es dort. Die Sonne schien hell durch die Fenster, und ganz frische saubere Luft bewegte schlohweiße, duftige Gardinen. Und dieser herrliche Ausblick über die märchenhaften Dächer dieses bezaubernden alten Städtchen. Es schien, als hätte der Krieg Bautzen übersehen.

Aber die Freude währte nicht lange. Schon am nächsten Tage wurde uns eröffnet, daß ich auf keinen Fall dort bleiben könne. Die Leute im Nebenhaus mochten keine Kinder leiden. Kinder würden weinen, Kinder würden schreien, Kinder würden Unfug anstellen. Und sie wollten auf keinen Fall die Nachbarn verärgern. Selbst die Versicherung, daß meine Kinder nicht schreien würden, was übrigens wirklich stimmte, nutzte absolut nichts. Ich konnte auch nicht ein Weilchen bleiben. Ich konnte auch nicht ein ganz kleines Weilchen bleiben. Ich konnte überhaupt nicht bleiben. Und am gleichen Tage zogen wir los. Die gesparten Zigarettenrationen haben sie uns nicht wiedergegeben, und es war mir zu peinlich danach zu fragen.

Übrigens ist der Onkel Joseph ganz kurz nach dem Kriegsende an Lungenkrebs gestorben, und Tante Else blieb allein in Bautzen. Sie soll nach dem Kriege einmal nach Berlin gekommen sein. Das war aber zu der Zeit als Ost und West schon getrennt, aber die Mauer noch nicht erbaut war. Sie ist jedoch nicht nach Westberlin gegangen, trotzdem der Bruder von Fritz sie einlud. Und zwar deshalb nicht, weil sie so schreckliche Dinge vom Westen gehört hatte.

Ihr Haus in Bautzen wurde nicht von den Bomben getroffen. Aber es hatte keinen in der Familie interessiert wie lange sie noch darin herum lief. Daher kann ich nichts weiter von ihr berichten.

Wir fuhren jedenfalls gleich zurück nach Berlin, denn Fritz hatte wieder eine Idee. Und dieses mal schien es eine zu sein, die auch klappen würde.

Woltersdorf

Die Idee, die Fritz hatte, war das Haus in Schönblick, Schönblick an den Fuchsbergen in Woltersdorf bei Erkner. Das lag nicht allzuweit von Berlin entfernt, ganze 20. Kilometer. Es war das Wochenendhaus meiner Schwiegereltern. Fritz hatte schöne Stunden dort verlebt. Woltersdorf wurde von uns vorher gar nicht in Betrag gezogen, da es kein elektrisch Licht besaß, und trotzdem es ein Steinhaus war, doch zu primitiv erschien. Aber nach dem, was ich auf meinen Wanderfahrten gesehen, gehört und erlebt hatte, kam es mir höchst unwichtig vor, wie ich wohnte, solange ich alleine war und von niemanden abhing.

Schönblick war das gleiche Landhaus, in dem wir vor gar nicht so langer Zeit Silvester gefeiert hatten. Alle die halbwüchsigen Jungs, die damals dabei gewesen waren, hatte Hitler allesamt in das Ehrenkleid des deutschen Soldaten gesteckt, in Eile gedrillt und hinaus zu den Schlachtlinien geschickt, wo sie schnell oder grausam langsam umgebracht oder bestenfalls schwer verwundet wurden. Aber seltsamerweise dachte ich gar nicht mehr an die sorglose heitere Zeit, als wir hier noch alle lachten. Irgendwie hatte man es abgeschaltet, dieses luxuriöse Etwas, das man früher Erinnerung nannte. Es gab keine Vergangenheit mehr, nur noch das Jetzt, dem man gegenüberstand. Und dann war da noch das ungewisse Morgen, die weitentfernte Zukunft, von der Jeder hoffte, daß er sie erreichen würde, erreichen müsse.

Ja das kleine Häuschen an den Fuchsbergen. Hier wollte ich meinen Kinder das Morgen ermöglichen. Hier hoffte ich dem grausigen Krieg zu entgehen. Und da ich stets im Leben bemüht war positiv zu denken, war ich sicher, daß wir es schaffen würden, und inzwischen versuchte ich die guten Sachen zu sehen. Selbst jetzt tief im Krieg gab es immer noch Dinge, die das Herz höher schlagen ließen, die Schneeglöckchen im Winter, den weißen Flieder im Frühling, das duftende Getreidefeld im Sommer, das Kinderlachen, die Sonne, den Regen.

Ja, das liebe Woltersdorf. Die Eltern von Fritz hatten natürlich nichts dagegen, daß ich in dem Landhaus wohnte. Es lag allerdings dicht bei Erkner. Das war ein sehr wichtiges Rüstungsgebiet. Dort befanden sich die Rütgerswerke. Die Rütgerswerke waren ein großer Komplex. Die Rütgerswerke stellten wichtiges Kriegsmaterial her, und würden sicher bombadiert werden. Aber allmählich hatten wir schon gemerkt, daß man an solchen Stellen sicherer war als irgend woanders, denn die Bomber schienen offensichtlich den Befehl zu haben nur Zivilisten und deren Wohnhäuser zu treffen, und nicht etwa Rüstungsfabriken, weil dann der Krieg vielleicht nicht hätte weiter gehen können, und das wäre bestimmt jammerschade gewesen, denn die Kriegsmaschinerie war doch gerade angelaufen, und sie lief so schön auf vollen Touren. Dann wäre vielleicht Frieden gekommen und man hätte die ganzen Sachen verschrotten müssen. Man bedenke den finanziellen Verlust. Es hätte der regierenden Partei geschadet. Es hätte Wallstreet ins Wanken gebracht. Dann wären die Aktien sicher runter gegangen, und was das wieder mit sich gezogen hätte, gar nicht auszudenken.

236

Aber ich will mal lieber das Politisieren sein lassen, denn erstens bin ich nicht sehr gut auf diesem Gebiet, und zweitens kann es immer eine unangenehme Diskussion auslöscn, weil kluge Leute ständig ein Gegenargument finden und klar und deutlich beweisen können, daß der Krieg gegen die Bevölkerung unbedingt nötig war, da Frauen und Kinder doch...........

Keine Angst, das Thema wird von mir nicht weiter behandelt. Ich werde Politik nicht mehr berühren, besonders weil das, was ich eben schrieb, ja das ist, was ich jetzt denke, und nicht das, was wir damals dachten. Darum will ich von nun an nur noch meine Erlebnisse bringen und erst einmal von unserem Überleben in Woltersdorf berichten.

Das erste was mir bei unserem Umzug nach Woltersdorf in den Sinn kam, war die Kälte, die wir ja Silvester auch schon gespürt hatten. Daher ließ Papa mir erst einmal elektrisch Licht legen. Papa hatte einige Verbindungen durch seinen, jetzt kriegswichtigen Betrieb. Und dann ließ er mir sogleich einen neuen Kachelofen setzen, damit wir einigermaßen warm waren. Heizmaterial war damals eine große Kostbarkeit. Zu der Zeit bekamen wir zwei Presskohlen pro Familie, und wer weiß wie lange wir die überhaupt noch erhalten würden. Daher erschiene es klug, sie wenigstens in einen guten Ofen zu tun.

Den alten Töpfermeister habe ich noch so gut in Erinnerung. Es war ein so netter Mann. Bei uns zu Hause, bei Mutti, da hat einmal ein Ofensetzer eine kleine Reparatur vorgenommen, und die ganze Wohnung war voller Lehm. Davor hatte ich eigentlich etwas Angst, denn es gab wohl Wasser in diesem Hause (einen kleinen Hahn in der Küche) aber leider keinen Abfluß. Man mußte das Wasser hinaustragen. Aber der alte Töpfermeister machte überhaupt keinen Schmutz, weder beim Abreißen des alten, noch beim Aufbau des neuen. Der alte Mann hat ziemlich lange an dem Kachelofen gebaut. Er wollte ihn ganz gut machen, und hoch bis zur Decke, damit ich nicht frieren würde mit meinen Kindern. Er erklärte mir auch genau wie die Züge liegen mußten, und wie sie arbeiteten. Ich hatte diesen alten Meister richtig lieb gewonnen. Er besaß ein so schön geschnitztes Gesicht, herrliche Hände, wie die, die Tilman Riemenschneider für seine Altäre immer formte. Und er besaß eine so anständige Weltanschauung. Ich war richtig traurig als er seine Arbeit beendet hatte. Was mag wohl aus ihm geworden sein? Wie ist er wohl durch den Krieg gekommen? Aber ich vergesse völlig wie viel Zeit inzwischen vergangen ist. Bald fünfzig Jahre, ein halbes Jahrhundert. Die meisten Menschen, von denen ich hier berichte, können ja gar nicht mehr am Leben sein. Das ist übrigens ein ziemlich unheimlicher Gedanke.

Ich hatte beschlossen nur in einem ganz kleinem Zimmer zu wohnen, in das auch der Kachelofen gesetzt wurde. Neben dem Zimmer lag eine winzige Küche. Damals erschien sie mir eigentlich gar nicht so klein, denn ich war so froh überhaupt eine zu haben. Da war das aus Ziegeln gebaute Herdfeuer. Und dann hatte noch ein winziger Tisch und zwei Stühle Platz, und ein kleiner Wandschrank mit Geschirr war auch noch vorhanden. Im Sommer wurde bei Fritz immer auf der großen Veranda gegessen. Aber dort war es mir jetzt meist zu kalt. Ich freute mich eigentlich über diese kleine Küche. Sie erinnerte mich an Omas Märchenbücher. Im Übrigen brauchte ich auch gar keine große, denn es gab ja gar nichts zum Kochen. Dennoch hatte ich mehr als andere, denn als stillende und werdende Mutter bekam man extra Rationen. Aber selbst das Wenige zuzubereiten oder die Milchflaschen anzuwärmen war nicht so leicht. Das Feueranmachen war äußerst schwierig, denn es gab auch kaum Brennholz. Aber wenn es brannte, dann knisterte es so idyllisch und roch so schön.

Das ganze Haus war eigentlich so paradiesisch verträumt. Es war von einer hohen alten herrlich duftenden Jasminhecke umgeben. Und hinten im Garten befanden sich Obstbäume mit allen Sorten Spalierobst, und da befand sich auch unser kleines hölzernes Toilettenhäuschen. Das Ganze war natürlich eingezäunt, wie es in diesen kleinen Orten immer üblich war. Es bot auch mehr Sicherheit, und in der Russenzeit habe ich diesen Zaun schätzen gelernt.

Es hätte eine schöne Zeit sein können, wenn nur nicht Krieg gewesen wäre, dieser elende, verdammte Krieg. Wenn nur nicht Hitler gewesen wäre. Aber es war Krieg ,und es war Hitler. Und man mußte eben damit fertig werden. Wie oft dachte ich. Warum sind wir nur gerade in dieser Zeit geboren worden? Aber wer weiß was dann gewesen wäre? Wer weiß? Vielleicht hätte Fritz und ich, uns dann gar nicht getroffen. Das wäre undenkbar gewesen. Nein, es war viel besser so. Und die Leute sangen: "Es geht alles vorüber, es geht alles vorbei. Nach jedem Dezember, kommt wieder ein Mai." Und die Spaßvögel ulkten: "Und nächsten Dezember gibst wieder ein Ei."

Und eines Tages kam die erstaunliche großartige Nachricht, daß Fritz ein paar Tage Urlaub erhalten würde. Es war ein besonderer Urlaub. Fritz hatte beim Hauptquartier eine Verbesserung für den Volkswagen eingereicht. Sie bestand in dem Vorschlag ein kleines Loch unter die elektrischen Drähte zu bohren, damit die oft entstehende Feuchtigkeit abfließen konnte. Diese Feuchtigkeit führte nämlich vielmals zum Versagen der Anlagen. Auf diese Idee hätten die Volkswagenwerke eigentlich selbst kommen können. Aber wir waren sehr froh, daß sie das nicht getan hatten, denn Urlaub war schwer zu erhalten. Eigentlich wurde Urlaub überhaupt nur gewährt, weil Hitler neue Soldaten für sein tausendjähriges Reich wünschte, und man besser an dieser Idee arbeitete solange es überhaupt noch deutsche Männer gab.

Fritz hat dann später für die grandiose Idee mit dem Loch, also für die Verbesserung des Vokswagens das Kriegsverdienstkreuz von unserem Führer Adolf Hitler erhalten. Wir haben uns darüber köstlich amüsiert, und es dem kleinen Ottfried gegeben, da es ihm gefiel. Er hat dann aber draußen auf dem Weg in der Erde damit gebuddelt, und das hat einer von Hitlers Getreuen gesehen der den armen kleinen Ottfried anschrie, wo er diesen kostbaren Orden herhabe. Der arme Ottfried hat sich dann tapfer verteidigt und gesagt, Den hätte er sich nicht genommen, den hätten seine Eltern ihm zum Spielen gegeben. Das hätte schief gehen können. Zum Glück kam ich dazu und erklärte, daß es sich um eine Verwechslung handelte. Ottfried bekam verblüfft etwas auf den Hosenboden, und ich trug den Orden ehrfürchtig ins Haus. Kinder konnten in der damaligen Zeit äußerst gefährlich werden. Man mußte ständig aufpassen, damit sie nicht etwa etwas mithörten.

Welche herrliche Stunden diese Urlaube waren. Wie köstlich, wie wunderschön. Und wie schnell waren sie stets zu Ende. Am letzten Tage dieses bewußten Urlaubes fand Fritz hinten in unserem Schuppen eine alte Büchse mit weißer Ölfarbe. Voller Begeisterung beschloß er damit die Wände meiner kleinen Stube neu zu streichen. Ich war natürlich entschieden dagegen. Die Zeit war zu wertvoll, und wer kümmerte sich um tadellos weiße Wände mitten im Kriege. Aber Fritz war nicht von seiner Idee abzubringen.
Und zum Unglück fand er dann auch noch einen Pinsel. Der war allerdings morsch, steif und vor allem zu weit. Aber Fritz weiß immer eine Lösung, und so wurde die Ölfarbe in eine große Schüssel geschüttet, die ich, Unheil ahnend, vorsichtig auf die Erde stellte. Das war natürlich der große Fehler.

Denn es dauerte nur ein paar Minuten bis Fritz, voller Arbeitseifer rückwärts in dieselbe trat. Der Schüssel blieb nichts anderes übrig als sich verzweifelt aufzubäumen und ihren Inhalt auf die Stiefel zu spritzen. Den Rest saugte der Fußboden auf. Die bewußten Stiefel waren jedoch die Militärstiefeln von Fritz. Es gab aber kein Terpentin oder anderes Mittel die Farbe zu entfernen. Solche unwichtigen Dinge wurden schon lange nicht mehr hergestellt. Es war schlimm. Und Seife gab es auch nicht. Ein Stückchen pro Monat, und das bestand aus einer klebrigen etwas fetten Mas-

se. Wir rieben die Stiefel stunden-
lang mit Sand und Kies ab, natür-
lich ohne Erfolg. Und Fritz mußte
nun nach Rastenburg in Ostpreußen. Das Hauptquartier hatte jedoch einen Sonderzug. Aber um
den zu erreichen, mußte er an unendlich vielen Vorgesetzten vorbei.
Und solche Stiefel in der deutschen
Armee waren undenkbar. Trotzdem unsere Truppen schon im
Rückzug begriffen waren, spielte
der tadellose Zustand der Solda-
tenstiefel noch eine äußerst wichtige Rolle. Fritz hätte eine schwere
Strafe bekommen, sogar aus dem
Hauptquartier geworfen werden
können. Aber Fritz hat immer
Glück. Fritz trifft immer nette
Leute, jedenfalls in den meisten
Fällen.

Nachdem ich dann gehört
hatte, daß Fritz und seine Stiefel
gut bei seiner Einheit angekommen

waren, betrachtete ich den Farbentopf mit weniger Haß und beschloß mit den kümmerlichen Resten alle Ka-
cheln meines neuen Ofens und die Türen meines Zimmers mit gefälligen Volkskunstornamenten zu bemalen. Und das sah wirklich sehr hübsch aus. Den befleckten Fußboden bedeckte ich mit einem Teppich. Später fand ich noch einen alten Lampenschirm, den ich von der Decke hängen ließ und dessen Felder ich mit den Bildern der mittelalterlichen manessischen Handschrift bemalte. Ich belegte mein Bett mit einer hübschen Decke, so daß man es am Tage als Sofa benutzen konnte. Ich besaß auch einen kleinen antiken alt-holländischen Tisch und zwei Armstühle, die sehr hübsch in den Raum paßten.

Wenn das Kind schlafen sollte, schob ich diese Armstühle einfach zusammen, und sie bildeten ein entzückendes Bettchen. Wenn man in die Mitte ein dickes Federbettchen legte, merkte man die Rille überhaupt nicht. Und dann konnte man in dem Raum noch das winziges antikes Schränkchen unterbringen, und darauf stand immer eine Vase mit Jasmin, Rotdorn oder den roten Vogelbeerzweigen aus dem Garten.

Mit Ottfried und der Ziege des Nachbarn

Das Haus an den Fuchsbergen schien gebaut für Schneewittchen und ihre Zwerge und ein Kornfeld lag genau vor der Tür. Und es begann für mich eine kurze, jedoch selten friedliche Zeit. Das ist bei mir jedoch nur möglich durch völliges Abschalten von allem, was ich nicht ändern kann, was nur Angst und Verzagen bringen würde. Ich hatte ja beschlossen mir mein Leben von Hitler nicht völlig verderben zu lassen. Ich stellte auch kein Radio an. Wozu, es waren ja doch nur Lügen, die dort gebracht wurden. Ich zeichnete, malte und lebte für mein Kind und die tägliche Post von Fritz. Das Schöne war, daß ich jetzt so viel Zeit für den kleinen Ottfried hatte. Jeden Morgen kletterte er aus seinem Bettchen und kam in das meine gekrabbelt. Und jeden Morgen kam er früher, bis er bald schon zu Mitternacht erschien, und die ganze Angelegenheit grundlegend geändert werden mußte.

Und der Herbst kam, und ich sammelte das Obst aus dem Garten und legte es in dem großen Zimmer aus. Dadurch erhielt das ganze Haus einen so köstlichen Geruch. Ein paar Nachbarn waren übrigens auch vorhanden, obgleich viele in Berlin wohnten und nur Sonntags oder noch seltener herauskamen. Ich hatte nicht allzuviel Kontakt mit den Nachbarn, da ich leider nicht die Eigenschaft von Mutti geerbt habe an Leute heranzugehen, und sie einfach anzusprechen. Ich kann immer nur warten, daß Jemand mit mir Kontakt aufnimmt.

Da war nun eine Frau, die mich kurzerhand besuchen kam. Sie hieß Frau Bachmann. Sie war sehr schlank, eigentlich sah sie sehr elend aus, war aber immer frohen Mutes. Durch ihre ständige gute Laune war es angenehm mit ihr zusammen zu sein. Diese Frau Bachmann wohnte nur ein paar Häuser weiter. Ihr Man war ein Architekt. Er hatte eines Tages beschlossen sein Traumhaus zu entwerfen und selbst zu bauen, hatte die Außenwände und das Dach schon fertig, setzte die Fenster und die Außentür ein, und dann hatte er nicht mehr Geld oder Lust oder beides. Jedenfalls ist er eines Tages verschwunden, und sie war allein mit vier kleinen Kindern. Aber Frau Bachmann verzweifelte nicht. Sie hat auch niemals ein schlechtes Wort über ihren Mann gesagt, statt dessen fing sie an das Haus, diese unfertige Hülle, ständig sauber zu machen.

Innen waren die Wände noch gar nicht isoliert, verkleidet oder gar verputzt. Der Fußboden war noch rohes Holz, und gestrichen war nichts. Aber Frau Bachmann schrubbte und reinigte unentwegt. Bei ihr wurde ständig irgend etwas gewaschen, gebügelt oder abgerieben, und die Kinder waren stets tadellos gekleidet. Für Frau Bachmann hatte der Krieg etwas Gutes gebracht. Ihr verschwundener Mann wurde eingezogen, und das Militär sorgte nun für den Unterhalt der Familie.

Frau Bachmann hatte nur eine schlimme Eigenschaft. Sie rauchte. Sie tauschte sogar Lebensmittelkarten ihrer Familie für zusätzliche Zigaretten ein. Damals rauchten nur sehr wenige Frauen. Ich wußte zum Beispiel außer Frau Bachmann keine einzige Bekannte, die eine Zigarette auch nur angerührt hätte. Das Rauchen der Frauen kam erst viel später in Mode, und durch den Krieg natürlich.

Frau Bachmann kam mich oft besuchen. Sie hatte ständig so viel zu erzählen, und ich hatte so wenig Kontakt mit der Welt. Sie wußte auch politisch Bescheid. Sie wußte immer genau wo die deutschen Truppen standen, und wo sie zurückwichen und wo die Russen schon vorgedrungen waren. Man hörte, was sie berichtete, offiziell erst Wochen später, wenn die Nazis es nicht mehr verheimlichen konnten. Ich habe sie nie gefragt woher sie das alles wußte, und habe es auch niemanden weitererzählt, denn das hätte uns beiden das Leben kosten können.

Frau Bachmann war auch kein Freund der Nazis. Trotzdem es ihr doch jetzt viel besser ging als zuvor. Ich möchte an dieser Stelle betonen, daß man durch mein Schreiben vielleicht den Eindruck bekommen könne, daß alle Deutschen Hitler haßten. Der Grund dafür ist natürlich, daß ich Leute vermied, die Hitler liebten. Dieser Kategorie ging ich grundsätzlich aus dem Wege. Zu der Gruppe gehörten nämlich die Idealisten, die Dummen und die Gemeinen. Und diese Sorten waren äußerst gefährlich in der Zeit eines teuflischen Tyrannen. Ich weiß daher nicht ob in Woltersdorf viele Leute wohnten, die an Hitler glaubten. Es gab ja immer welche, die nicht merkten was eigentlich los war. Leute, die trotz aller Geschehnisse noch begeistert blieben, waren meistens die, die das Schlechte nicht sahen, denn es stand nicht in den Zeitungen, oder die, die es nicht sehen wollten, weil sie sich irgend welche Vorteile erhofften oder schon erhalten hatten. Besonders Leute, die vorher keinerlei Beförderung erwarten konnten. Es war unter Hitler so ähnlich wie unter Napoleon, wo jeder einfache Soldat General werden konnte. Unter Hitler erhielten manche Ungeschulte und oft sogar generelle Versager Positionen, die für sie sonst unerreichbar gewesen wären.

Das ist natürlich früher auch oft der Fall gewesen. Unter dem Kaiser erhielt man automatisch eine bessere Stellung wenn man zur Aristokratie gehörte. Mein Vater hat oft wütend von der Kaiserzeit gesprochen. Das lag aber zum großen Teil daran, daß die Nachrichtenblätter, selbst lange nach der Abdankung des Kaisers, über ihn herzogen.

Mir ist jedoch neulich ein interessanter Gedanke gekommen. In Deutschland war es Sitte den Kindern den Namen einer Person zu geben, die man liebte oder verehrte. Der Vorname vieler unserer Herrscher war Wilhelm und Friedrich. Und da gibt es doch nun eine Unmenge von Wilhelms, zärtlich zu Willi gekürzt. Und eine Unmenge von Friedrichs liebevoll Fritz genannt. Friedrich der Große war bei seinen Untertanen "der alte Fritz". Der Name Fritz wurde sogar so oft gebraucht, daß das Wort Fritz im Ausland oft das Wort Deutscher ersetzt. Da ist nun aber keine einzige Person, die ich, oder einer meiner Freunde kennt, die seinem Kinde den Namen Adolf gegeben hat.

Da sind wohl noch ein paar aus früheren Zeiten. Aber nach 33 scheint man keine neuen Adolfs mehr zu haben. Der Name Adolf war nie in den Geburtsanzeigen der Zeitung zu finden. Das ist seltsam. Die Sache zeigt eigentlich sehr deutlich, daß selbst die, die den Führer liebten, ihn doch eigentlich nicht so sehr liebten. Die Berliner, übrigens, gaben ihrem, über alles verehrten Adolf den "Kosenamen" **GRÖFARZ**. die Benennung über die sich alle totlachten. Das war nämlich die Abkürzung von

GRÖßter **F**eldherr **A**lle**R Z**eiten

Aber laß uns wieder nach Woltersdorf und Frau Bachmann zurückkehren. Eine Sache machte Frau Bachmann sehr unterhaltsam Sie kannte allen Klatsch. Ich selber höre Klatsch sehr gerne, aber mir erzählt bis heute nie jemand welchen. Ich weiß wirklich nicht warum. Vielleicht weil ich selbst nichts zu bieten habe. Klatsch ist immer so interessant, denn man hört Geschichten von Menschen und deren Handlungsweisen von ganz anderen Seiten. Es ist, als wenn man um eine Statue herumgeht und sie nicht nur von vorne betrachtet. Frau Bachmann erzählte es auch nie giftig. Sie freute sich nie über anderer Leute Leid. Sie wollte einfach nur immer alles wissen.

Da hatte zum Beispiel die junge Bäckersfrau, deren Mann im Felde stand, ganz rotgeweinte Augen. Der Mann schien gefallen zu sein. Und Frau Bachmann wußte gleich, daß er in einem gefährdeten Panzerregiment diente. Und die Leute, die hinter uns wohnten, hatten eine Tochter verloren. Sie war ganz plötzlich verschieden. Sie war noch so jung und gesund gewesen. Woran konnte sie nur gestorben sein? Frau Bachmann wußte es. Man hatte das hübsche Mädchen vor ein paar Tagen in einem kleinen Holzhaus gefunden. Sie lag nackt im Bett. Da waren leere und volle Flaschen von Alkohol. Der eiserne Ofen in dem Zimmer war zu früh zugemacht worden, und es hatte sich das tödliche Kohlenmonoxid gebildet. Aber Frau Bachmann wußte noch mehr. Sie wußte, daß das Mädchen nicht alleine dort war. Sondern da lag noch ein Soldat, der Fronturlaub bekommen hatte, tot neben ihr. Frau Bachmann wußte auch noch, daß dieser Soldat verheiratet war, aber lieber seinen kurzen Urlaub mit der Freundin verbringen wollte als mit Frau und Kindern. Frau Bachmann wußte auch noch, daß dieser Soldat der Mann der Bäckersfrau war.

Ich habe oft mit ihr über diese traurige Begebenheit gesprochen. Ich war der Ansicht, daß es doch viel gnädiger gewesen wäre, wenn die Frau gehört hätte, daß der Man gefallen, statt auf diese Weise umgekommen sei. Aber Frau Bachmann meinte, daß es für die Frau so viel besser war. Sie hätte sonst immer den Mann in Ehren gehalten und um ihn getrauert. Die meisten Kriegerwitwen haben nicht mehr geheiratet. So aber hat sie die Erinnerung an ihn in den Mülleimer geworfen und ein neues Leben angefangen. So konnte sie wieder heiraten. Was sie dann auch später wirklich getan hat.

Mutti kam öfters zu uns heraus. Sie war ständig um uns besorgt, nähte von abgelegten Sachen. Für Ottfried Hemdchen aus alten Unterröcken und Höschen aus alten Kleidern, denn es gab schon jahrelang nichts zu kaufen. Sie bestand auch darauf unsere Wäsche zu waschen, da es bei uns mit dem Wasser heraustragen schwierig war. Ich sollte auch nicht viel heben, denn der kleine Christian oder die kleine Christiane sollte bald geboren werden. Dieses mal war ich nicht ganz so sicher, ob es wieder ein Junge werden würde. Da wollte Mutti noch schnell vorher aufs Land fahren um etwas zu hamstern. Sie hatte noch unbenutzte Bett und Tafelwäsche, die sie eintauschen wollte, damit ich nach der Entbindung etwas Nahrhaftes zu essen hätte.

Sie würde in ein paar Tagen wieder zurück sein, damit ich nicht allein wäre. Meine Schwester war mit ihrer Firma in Straßburg, und Papa war in Berka in Sachsen. Dort hatte er ein zweites Werk aufgebaut, falls sein Betrieb in Berlin getroffen werden würde. Das Kind sollte in vierzehn Tagen geboren werden. Alles war auf das Beste vorbereitet. Aber entweder muß ich mich nun verrechnet haben, was ich heute immer noch tue, oder irgend etwas Anderes war Schuld. Jedenfalls kam alles anders.

Die Geburt von Christian

Am Nachmittag des 5. Dezembers wurde mir seltsam zu Mute. Ich krümmte mich, und wußte ja nun schon vom ersten Mal, was das zu bedeuten hatte. Als Ottfried geboren wurde, war mein Wunsch gewesen ganz allein zu sein. Aber dieses mal wollte ich das nicht mehr, denn man hatte mir solche Angst gemacht, nachdem Ottfried ohne Hebamme und andere Hilfe zur Welt kam. Was da alles hätte geschehen können, dem Kinde und der Mutter. Es schien jedoch falsch jetzt daran zu denken. Ich überlegte, was ich machen sollte. Ich konnte mich nicht mehr viel bewegen um Hilfe zu holen, da die Wehen wieder in der gleichen Weise und ohne Unterbrechung losgingen, genau wie bei Ottfried.

Da kam mir etwas in den Sinn. Ich hatte oft in den Romanen von den Schweden und Norwegern gelesen wie die Frauen auf den einsamen Fjorden entbunden hatten. In "Christian Lawrence Tochter" von Sigrid Undset zum Beispiel. Dort ist vor der Geburt einer schnell in die Küche gegangen um ein Feuer zu machen und Wasser aufzusetzen. Heißes Wasser mußte man also haben. Ich hatte allerdings keine Ahnung wozu man das gebrauchen würde. Vielleicht um das Kind später zu baden. Aber überlegen ging jetzt beim besten Willen nicht. Ich gelangte gerade noch in die Küche, legte Holz in den Herd und setzte einen Kessel mit Wasser auf. Jedoch dann konnte ich aber auch gar nichts mehr tun.

Etwas sehr Schwieriges war dieses mal der kleine Ottfried. Er war unglücklicherweise wach. Und er wollte nicht nur spielen. Er wollte auch etwas zu essen haben, und da ich gar nicht auf seine Wünsche einging, und mich seiner Meinung nach ganz seltsam benahm, bekam er Angst und fing an zu schluchzen. Aber ich konnte ihm nicht helfen. Und dann fing er an zu weinen und dann zu schreien, und dann jammerte und schrie er immer mehr. Ob bei mir nun einfach alles abgeschaltet wurde, oder ob er allein aufhörte und einschlief, das kann ich nicht sagen. Jedenfalls als das Kind endlich geboren wurde, lag ich auf dem Boden meiner Stube und der kleine Ottfried still zu meinen Füßen und schlief.

Das Neugeborene war wieder ein großer, starker, blonder, hübscher Junge. Bis jetzt was alles gut gegangen. Er hatte keine Nabelschnur um den Hals gehabt. Und alle anderen schrecklichen Möglichkeiten waren auch nicht eingetreten. Aber was jetzt? Ich wollte ihn in meine Arme nehmen. Aber er war noch mit der Nabelschnur an der Nachgeburt befestigt. Es war klar, er mußte jetzt abgenabelt werden. Aber ich hatte keine Ahnung wie das gemacht wurde. Hatte bei Ottfried nicht aufgepaßt. In den Romanen war von solchen Dingen nicht die Rede gewesen. Warum hatte man uns das nicht beigebracht, als ich in die Unterrichtsklassen ging? Es konnte doch immer mal geschehen, daß die Mutter ganz alleine war.

Das wäre doch wichtiger gewesen als endlos das richtige Falten der Stoffwindeln zu zeigen. Aber es war meine Schuld. Ich hätte ja selbst so klug sein und hätte mit der Möglichkeit rechnen müssen, da ich ja so alleine wohnte.

Ich trug das Kind mit der Nachgeburt in mein Bett und bedeckte es mit einer Decke. Was machten die Tiere in solchen Fällen? Vielleicht bissen sie die Nachgeburt einfach durch. Aber dazu hatte ich nicht den Mut, vielleicht würde das Kind verbluten. Aber was nun?

Es war eine so dumme Sache, die man damals glaubte und lehrte, nämlich, daß die Wöchnerin auf keinen Fall aufstehen dürfe. Es konnte Furchtbares geschehen. Man könne auf der Stelle verbluten, hieß es. Man durfte nicht einmal auf die Toilette gehen. Man mußte ganz "fest im Bett" bleiben. Ich hätte nämlich gar nicht "fest im Bett" zu liegen brauchen, hätte ohne weiteres aufstehen können, wenn man mir das nicht eingeredet hätte. Es stimmt natürlich, daß man nicht sofort aufstehen soll, da dann alle Geburtskanäle noch offen sind. Es ist sicher, daß früher öfters Frauen verbluteten. Man hat jedoch in den letzten Jahren des Bombenkrieges alle Wöchnerinnen und alle Frischoperierten in den Luftschutzkeller gebracht und dabei festgestellt, daß es durch das leichte Laufen viel weniger Todesfälle gab, als früher, wo manche an Blutklumpen, die ins Herz gelangten, starben. Es bilden sich kaum Blutgerinnsel, wenn man bald aufsteht. Aber das wußte ich damals leider noch nicht. Ich hatte jedenfalls Angst, blieb lieber liegen. Es schien klüger zu sein den Weisheiten der erfahrenen Alten zu folgen, denn verbluten wollte ich ja nun auf keinen Fall.

Ottfried wurde bald wach. Jetzt hatte er aber wirklich Hunger. Er war auch naß, und seine Mutter unternahm immer noch nichts. Ich versuchte ihn zu beruhigen. Er sollte sich selbst etwas zu essen holen. Aber er fand nichts. Er zerbrach nur verschiedene Gläser in der Küche, fiel vom Stuhl und kam schreiend ins Zimmer zurück. Das Schlimmste war aber, daß er jetzt wenigstens zu mir ins Bett krabbeln wollte. Und das sollte er auch nicht. Er fing an zu schluchzen und bitterlich zu weinen. Schließlich ließ ich ihn, mußte aber ständig aufpassen, daß er nicht zu nahe an den kleinen Bruder kam. Es interessierte ihn nämlich mächtig, was ich da unter der Decke versteckt hatte, und warum ich dauernd dahin schaute. Er wollte es auch sehen, und er war nicht davon abzubringen. Ich war nun ziemlich erschöpft und wollte nur einen kleinen Augenblick ruhen. Aber das war nicht möglich, da Ottfried nicht aufgab und immer wieder versuchte über mich hinweg zu der geheimnisvollen Sache unter der Bettdecke zu gelangen.

Ich begann zu überlegen, was ich tun könnte. Frau Bachmann war meine einzige Hoffnung. Vielleicht würde sie kommen. Vielleicht war irgend etwas Aufregendes geschehen, das sie mir mitteilen wollte. Aber nein, heute gerade würde sie nicht zu Hause sein. Heute war sie irgendwo eingeladen, und könnte wer weiß wann wiederkommen, und dann natürlich würde es zu spät sein, mich zu besuchen. Aber mir fiel noch etwas ein. Heute war ja Sonntag. Der kleine Christian war auch wieder ein Sonntagskind. Wir waren alle drei Sonntagskinder, und da würde bestimmt etwas geschehen, davon war ich überzeugt. Aber es geschah nichts, und es wurde spät. Es wurde Abend, und es wurde bald Mitternacht. Es schien als seien nicht nur Stunden sondern Tage inzwischen vergangen.

Aber dann geschah doch etwas, nämlich ein Luftangriff. Die Sirenen heulten auf. Die Flugzeuge flogen wieder einmal über Hannover Braunschweig nach Berlin. Ottfried hatte es geschafft das Licht anzuschalten.

Unser Fenster war nun aber nicht verdunkelt, und das Licht schien weit hinaus. Der Straßenobmann, ein strenger SA Hauptsturmtruppführerhäuptling sah es natürlich sogleich. Er schrie, ich solle es ausmachen. Aber er hörte mein Rufen nicht. Als das Licht nun doch nicht ausging, schlug er gegen die Tür. Und als sein Befehl immer noch nicht ausgeführt wurde, begann er wütend zu werden und riß die Tür auf, die ich zum Glück nicht verschlossen hatte. Aber ein neugeborenes Kind und eine hilflose Mutter, das war nach seinem Geschmack. Er begann zu lächeln. Der Straßenobmann verdunkelte erst einmal und beglückwünschte mich, und als der Angriff vorüber war, benachrichtigte er Frau Bachmann. Frau Bachmann kam nach einer Weile mit einer Bekannten, die wußte wie man das Abnabeln machte. Sie wollte dann sogleich im Dorf bei meinen Schwiegereltern anrufen und Bescheid sagen, damit Jemand herauskam, um bei mir zu sein. Wir hatten Glück. Sie bekam auch Anschluß bei ihrem Anruf. Das war nicht immer so sicher nach einem schweren Luftangriff. Leider nahm das Hausmädchen den Anruf an. Sie schien die ganze Sache aber nicht verstanden zu haben, wußte nicht, worum es überhaupt ging. Sie beschloß auch nicht die Schwiegereltern zu wecken, und am nächsten Morgen hatte sie die ganze Bestellung überhaupt vergessen. Erst beim Abendessen fiel es ihr wieder ein. Meine Schwiegermutter eilte sogleich zur Bahn, denn Privatwagen gab es ja gar nicht mehr und Taxis schon gar nicht.

Die vielen Stunden aber, die ich inzwischen allein mit den beiden Kindern verlebt hatte, die waren wirklich unbeschreiblich. Frau Bachmann war die ganze Zeit über der Ansicht, daß ich mich längst gut versorgt in den Händen meiner Schwiegermutter befinden würde. Frau Bachmann hatte am Montag selbst etwas Dringendes vor. Es hing irgendwie mit Ämtern zusammen, mit irgend welchen Geldern, die nachgezahlt werden sollten. Und mit den Amtsstellen war nicht zu spaßen. Da mußte man pünktlich erscheinen.

Aber der kleine Christian war ja abgenabelt, und ich hielt ihn fest in meinen Armen, und Ottfried hatte inzwischen etwas zu essen gefunden und lag daneben.

Am Montag Abend kam dann meine Schwiegermutter herein. Es war inzwischen eiskalt im Hause geworden.

Aber es hat Niemandem geschadet. Und es wurde bald Alles gut.

Frohe Großmutter

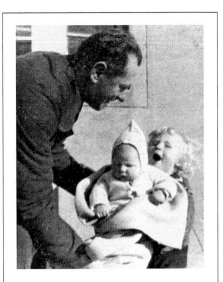

Froher Großvater

Im Roggen vor der Tür

Ulli

Mutti war viel eher von ihrer Hamsterfahrt zurückgekehrt. Sie sei plötzlich unruhig geworden. Und nun übernahm sie die Führung. Erst einmal die Wöchnerin. Das schien in Hinterpommern wichtiger gewesen zu sein als alles andere. Es war natürlich in gewissem Sinne richtig, denn wenn der Mutter etwas passierte, dann war die ganze Familie in Gefahr. Die Wöchnerin mußte mindestens eine Woche fest im Bett bleiben, weil sie sicher nicht dabei geblieben wäre den Kindern nur das Brot aufzuschneiden, sondern weil sie womöglich anschließend in den Stall geeilt wäre um die Schweine zu füttern und die Kühe zu melken, und das sollte verhindert werden. Denn bei zu früher schwerer Arbeit sind sicher manche zu Schaden gekommen.

Mutti hatte auf ihrer Fahrt ein Huhn eingetauscht. Das kochte sie nun auf unserem kleinen Herd. Ich mußte die Brühe trinken. Ottfried bekam auch eine Tasse voll. Aber für sie nicht einen Schluck. Es war nur für uns bestimmt. Die gekochten Stücke wurden dann später einzeln gebraten, jeden Tag eins. Sie selbst hatte schon immer gegessen, wenn ich darauf bestand, daß sie auch davon haben solle.

Ich war nun schon eine Woche fest im Bett, da klopfte Jemand an die Tür. Unglücklicherweise hörte ich es nicht. Es war Ulli. Er hatte ganz kurzen Urlaub nach dem Lazarett und war auf dem Wege zur Front.

Aber ich habe ja noch gar nichts von Ulli geschrieben. Will nur noch erzählen, daß Mutti ihn nicht hereinließ. Ihre Tochter hätte entbunden und läge im Bett. Mutti wußte natürlich nicht wie wichtig es war, daß ich mit Ulli noch gesprochen hätte. Warum konnte er nicht hereinkommen? Im Krankenhaus lag man doch auch im Bett. Was war der Unterschied zwischen einem Krankenbesuch im Hospital und einem im einer Wohnung, vor allem, wenn andere zugegen waren. Diese altmodischen, sinnlosen, lächerlichen, idiotisch blöden Ansichten. Ich sprang auf, als Mutti es mir erzählte und wollte im Nachthemd über die Felder rennen. Vielleicht konnte ich ihn noch vor der Straßenbahn einholen. Aber es war schon eine Stunde vergangen, bevor es mir überhaupt mitgeteilt wurde. Es war hoffnungslos.   Ich bin der felsenfesten Überzeugung, daß Ulli damals nichts passiert wäre, wenn wir das, was er vorhatte, noch einmal hätten besprechen können, denn er hatte ja schon selbst Bedenken.

Ulli war ein sehr schöner Mensch. Ich meine nicht außen, trotzdem er auch gut aussah. Ich meine die Seele. Ulli hatte eine so sehr, sehr edle. Er besaß die schönsten Augen, die ich kannte. Sie waren tiefbraun und verträumt, und man konnte bei ihnen bis auf den Grund blicken. Ulli war einer von den Jungen, die uns in Bornholm auf den Klippen entdeckt hatten. Er war der beste Freund von Fritz. Sie sind zusammen zur Schule gegangen und haben dort gemeinsam allen Blödsinn gemacht.

Wie gerne hatte ich Ulli. Seine warme kräftige Stimme mit dem wundervollen langsamen singenden Akzent. Er kam aus Ostpreußen, wo sein Vater evangelische Pfarrer gewesen war. Dieser aber hatte sich geweigert für den Führer und den Sieg in der Kirche zu beten und vielleicht noch ein paar andere Sachen zu tun. Er wurde entlassen und eine Weile eingesperrt. Er zog dann mit seiner Familie nach Berlin um trotz seines Alters an der technischen Hochschule zu studieren. Jedoch die Erscheinung und die strengen Erziehungsmethoden eines protestantischen Pastors aus Ostpreußen, die verlor er nicht.

"Aber Pfarrers Kind und Müllers Vieh, gedeihen selten oder nie". Ulli war "Nie". Ulli hatte eine schlimme Eigenschaft. Immer wenn Jemand nur sagte: "Ulli, du traust dich nicht." Und Ulli traute sich. Ulli traute sich aber auch wirklich alles. Über hohe Brückengeländer zu balancieren, Leute nach den unmöglichsten Sachen zu fragen, und ganz kurz vor dem Abitur in seinem Klassenzimmer alle Fenster einzuschlagen. Das hätte schwerwiegende Folgen haben können. Man überlegte damals ob man ihn aus der Schule werfen solle in der Art, die es für ihn unmöglich gemacht hätte, jemals wieder eine deutsche Schule oder Universität zu besuchen. Es geschah nur nicht, weil Ulli sonst ein lieber Kerl war. Ich weiß gar nicht warum er es eigentlich tat. Da lag eine gutmütige Selbstverständlichkeit darin. Es war nicht zum Angeben, bestimmt nicht, oder zum Großtun. Er tat es stets mit so einer ergebenen Miene, als wollte er sagen. "Na gut, wenn sich kein anderer traut, dann muß ich es eben machen."

Bei ihm zu Hause war alles düster und spartanisch. Da hingen furchterregende mittelalterliche Waffen und Wappenschilder in riesigen Größen an den Wänden. Seine Mutter war eine englische Adelige aus einem uralten bekannten tapferen Geschlecht. Sie war leider verwachsen, hatte einen großen Buckel. Sie besaß ein sehr schönes Gesicht, das jedoch in den Höcker eingebettet lag, eine Art von Höcker, den es heute gar nicht mehr gibt. Er entstand durch eine TBC Erkrankung der Wirbelsäule, die man früher nicht heilen konnte. Fritz kannte sie näher, fand sie sehr warmherzig und konnte sie gut leiden. Der Vater war sehr ernst und sehr streng. Sogar während des Abendessens wurden den beiden Söhnen mathematische Gleichungen und chemische Formel abgefragt, und wehe wenn sie diese nicht wußten.

Die ganze Familie von Ulli waren wütende Gegner der Nazis. Aber die Mutter schien politisch besonders leichtsinnig und unklug zu sein. Einmal machte sie in einem Kino während der Wochenschau eine giftige Bemerkung und nannte Hitler laut einen Schurken. Ein Mann in SS Uniform wollte sie sogleich festnehmen. Aber es gelang Ulli und ihr, mit der Beihilfe anderer Leute im Kino, durch den Notausgang zu entkommen und sich in einem Nachbarhaus zu verstecken.

Ullis Augen haben mich lange sehnsüchtig angesehen. Er war hoffnungslos in mich verliebt. Das war damals, als Fritz mich noch nicht interessierte. Mit großem Mut hat Ulli mich sogar beim Nachhausebringen an der Haustür einmal geküßt. Aber da passierte gar nichts. Ich hatte weder Herzklopfen noch Luftmangel. Das war schade, denn ich hatte Ulli sehr, sehr lieb. Ulli gab erst auf, als ich Fritz heiratete, und dann sagte er mir, er wolle sich eine ganz häßliche Frau suchen, die ihm keiner wegnehmen würde.

Kurz vor dem Kriege, strich man bei den Jungen einfach die Oberprima. Die Schüler sollten zum Arbeitsdienst und dann gleich zum Militär. Ein Jahrgang mehr Soldaten. Nachdem Ulli den Arbeitsdienst beendet hatte, war er noch sehr jung und studierte daher mit Fritz zusammen auf der technischen Hochschule ein paar Semester. Aber eines Tages meldete er sich freiwillig zum Heer.

Ulli, Foto für mich aufgenommen

Es wäre natürlich auch bald eingezogen worden, aber sich freiwillig zu melden, erschien uns unfaßbar. Es hatte eine furchtbare Wirkung auf seine Eltern. Warum tat er es? Wo er doch so ein Gegner von Hitler war. Vielleicht hat Jemand gesagt:" Ulli, Du traust dich nicht." Ich glaube, er wollte nicht in den Ruf eines Feiglings kommen. Er wollte seine Pflicht tun, für sein Vaterland kämpfen. Wieviel Angst hatte ich um Ulli. Ich besaß ein kleines Kreuz aus Granaten, das ich mir einmal in der Passage der Friedrichstraße gekauft hatte. Es war ganz mit diesen leuchtend warm roten Steinen besetzt. Das gab ich ihm, und bat ihn es immer bei sich zu tragen, und niemals eine Dummheit zu begehen, wenn irgend ein Tapferer gebraucht wurde, und alle Andern sich nicht trauten. Er versprach.

Immer, wenn Ulli Urlaub hatte, kam er mich besuchen. Da ist noch ein kleines vergilbtes Foto, wo er mich auf dem kleinen See im Tiergarten rudert, und der winzige Ottfried seine Militärkappe auf dem Kopfe trägt. Ulli hatte jedoch inzwischen gemerkt, daß es gar nicht um das deutsche Vaterland ging, sondern einzig und allein um Hitler und seine Parteigenossen. Das sollte verteidigt werden, damit diese noch lange auf ihren kleinen Thronen saßen. Was alles dabei kaputt ging, inner und außerhalb des Reiches, das war den allen vollkommen gleichgültig, solange es ihnen nicht selbst an den Kragen ging.

Und eines Tages wurde Ulli verwundet. Er hatte einen Schuß durch das Knie bekommen. Er vertraute mir an, daß er genug gehabt habe, daß alles nur noch ein bewußtes, vollkommen sinnloses Hinschlachten von Soldaten sei, und daß er sich diese Wunde selbst zugefügt hätte. Ulli würde sich also nicht, wie so viele andere Tapfere, auf dem Altar des Vaterlandes opfern. Aber Ulli mußte zur Weiterbehandlung in ein anderes Lazarett. Und da wurde sein Schicksal besiegelt, in Form einer Krankenschwester. Ulli verliebte sich wieder, aber leider in seine Krankenschwester, eine ganz besondere Krankenschwester. Einen der wenigen Menschen, denen ich noch heute, nach all den vielen Jahren, den Hals umdrehen könnte, langsam, nicht schnell, so wie man eine Schraube anzieht. Ulli vertraute ihr das Geheimnis seiner Verletzung an. Sie erstarrte. Nein, nun könne sie ihn nicht mehr lieben, nicht mehr achten. Es wäre alles aus zwischen ihnen. Und da gab es nur eins. Er mußte es wieder gutmachen. Er mußte irgend eine große Leistung vollbringen. Die Fahne durch das Feuer tragen. Nur sein Tod konnte diese Schandtat auslöschen. Er sollte sich, trotz seines verletzten Knies zum Fronteinsatz an einer ganz gefährlichen Stelle melden. Hatte dieses Weibstück oder ihre Familie Kriegsverbrechen begangen? Es war typisch für diese Kreaturen andere in den Tod zu schicken, nur um selbst etwas mehr Zeit zu gewinnen.

Ulli versprach, aber es müssen ihm doch Bedenken gekommen sein, denn er wollte noch einmal meinen Rat hören. Er kam nach Woltersdorf. Und da wurde er von Mutti weggeschickt, weil ich im Bett lag und es nicht schicklich war einen männlichen Besuch zu empfangen.

Ulli hat mir dann einen langen Brief geschrieben. Und in diesen hat er alles Geld gelegt, das er besaß, und mich gebeten, damit Rosen für seine Mutter zu kaufen. Fünfzig Rosen habe ich dafür aufgetrieben. Seine Mutter hat sie empfangen, ganz kurz vor der Nachricht von seiner schweren Verwundung. Trotz seiner großen inneren Verletzungen, hoffte man ihn retten zu können. Die Mutter fuhr sogleich ins Lazarett, und da geschah nun etwas ganz Furchtbares. Der Chefarzt hatte die Abflußröhre etwas zu früh entfernt. Der Eiter konnte nun nicht heraus. Die Mutter forderte den Arzt entrüstet auf, sie sogleich wieder einzusetzen. Er habe sie zu früh herausgenommen. Wahrscheinlich hätte er sie selbst wieder eingesetzt.

Aber welcher militärische Chefarzt läßt sich nun von einer Frau sagen was er zu tun habe, und was er verkehrt gemacht hätte. Mit der Wiedereinsetzung hätte er ja ihrem Befehl gehorcht. Nein, die Abflußröhre kam nicht wieder hinein. Die Mutter versuchte alles mögliche. Aber im Kriege hat nur der Chefarzt etwas zu sagen. Nein, er hatte richtig gehandelt. Und so starb Ulli einen qualvollen langsamen vollkommen sinnlosen Tod.

Wie oft denke ich an ihn. Und immer stelle ich ihn mir als liebenden Familienvater vor, mit vielen Kindern. Ich sehe ihn als Professor an der technischen Hochschule. Ich sehe sogar das Haus, das er gekauft und bewohnt hätte. Ich sehe ihn Weihnachten feiern. Bei manchen Toten kann ich mir nicht vorstellen, was sie später gemacht hätten. Bei dem lustigen Otto zum Beispiel. Aber bei Ulli ist das ganz anders. Manchmal habe ich sogar das Gefühl, daß er, seine Frau und Kinder uns Weihnachten besuchen kommen könnten.

Ullis Bruder war nur etwas älter als er selbst. Wir haben ihn aufgesucht, als wir das letzte mal nach Berlin kamen. Detlef war in Italien Soldat gewesen und hat dort eine Italienerin kennengelernt und geheiratet. Seine Mutter war schon tot, als wir ihn besuchten. Und der Vater lebte doch auch schon lange nicht mehr. Wußten wir denn das nicht? Gleich nach 1945, gleich nach dem Kriegsende war ein kleines Zugunglück, nur ein Toter im letzten Wagen, und der Tode war Ullis Vater

Und dann hat Detlef uns noch etwas erzählt, was uns in Erstaunen setzte. Ullis Vater war Volljude gewesen. Ulli und sein Bruder haben es nicht gewußt. Warum hat man es ihnen nicht gesagt. Hätte Ulli dann auch noch für Hitler gekämpft?

Die schöne Wohnung der Schwiegereltern

Die Luftangriffe wurden laufend häufiger und schlimmer. Zweimal den Tag gab es jetzt schwere Angriffe. Meine Schwiegereltern hatten einen jüdischen Arzt und dessen Ehefrau aufgenommen. Diese waren ausgebombt. Sie hatten alles verloren und besaßen gar nichts mehr, nur die Kleidung, die sie trugen und ein paar Bücher. Trotzdem die Frau Nichtjüdin war, getraute sich niemand das Ehepaar bei sich wohnen zu lassen, denn das konnte von den Nazis als Mißachtung ihrer politischen Doktrin ausgelegt werden. Ich weiß nun nicht, ob das Ehepaar ein Jahr oder länger bei meinen Schwiegereltern lebte. Ich weiß nur, daß es eines Tages Zerwürfnis gab um die Mitbenutzung des vorderen Salons. Ich habe immer vermieden mit Otto dem Großen in Meinungsverschiedenheiten zu geraten, und der jüdische Arzt muß wohl auch vorgezogen haben dem Ärger aus dem Wege zu gehen, denn er suchte und fand auch eine andere Stelle, wo er Unterschlupf finden konnte. Aber bald danach riß eine starke Bombe, die viel weiter entfernt gefallen war, die Fenster und einen Teil des Erkers aus dem Raum heraus, um den man das Zerwürfnis hatte. Es war das sogenannte Herrenzimmer, das mit dem großen herrlichen gelben Teppich. Otto der Große pflegte dort wegen der riesigen Fläche täglich seine endlosen Freiübungen und Dauerläufe zu machen.

Man bemühte sich aber trotzdem nicht, wieder neue Rahmen und Fenster einsetzen zu lassen. Auch das Loch in der Wand wurde nicht zugemacht, nur etwas Holz vorgenagelt und Möbel und Teppiche zurückgeschoben. Und das schöne Parkett wurde nun naß von dem Regen, der doch hereinwehte, und manchmal sogar von dem Dackel, den man jetzt ab und zu vergaß hinunter zu bringen. Seit Ottos Tod war meine Schwiegermutter verändert. Sie saß nur immer in einer Ecke des Wohnzimmers und stickte wie besessen an einem enorm großen Wandteppich mit mittelalterlichen reitenden Liebespaaren und vielen Blumen und Vögelchen. Den sollte Heinz bekommen, wenn er mit seiner Arztausbildung fertig sein würde.

Meine Eltern hatten noch Glück gehabt mit ihrer Wohnung. Es stand noch alles. Aber Mutti war Jemand, der vorsorgte. Jedesmal wenn sie nach Woltersdorf kam, brachte sie Sachen mit heraus. Jedes Stück, das ihr wertvoll erschien, befand sich allmählich bei uns draußen und wir stapelten alles in der oberen Etage des Hauses auf. Vor allem brachte Mutti auch ihre Lebensmittelreserven. Das heilige Nierenfett und die Kiste mit dem Vorrat, den sie seit dem ersten Weltkrieg immer aufgefüllt und nachgefüllt hatte.

Eines Tages, als Fritz gerade einen kurzen Urlaub hatte, war ein schwerer Luftangriff. In unendlichen Scharen waren die Flugzeuge über uns hinweg nach dem Stadtinneren von Berlin gezogen mit ihrem grausigen tiefen Brummen. Und dann sah man hinten den Himmel aufleuchten. Es wurde in der Nacht so hell, daß man fast lesen konnte. Und dann begann Asche bis zu uns nach Woltersdorf zu wehen. Braungebrannte Papierstücke kamen angeflogen und legten sich auf den Rasen. Man sprach davon, daß ein ganzes Stadtviertel verschwunden sei. Ein Teil im Westen, den man vorher niemals bombardiert hatte. Es war immer grauenvoll dieses Nichtwissen, was nun zu Hause geschehen sein konnte. Waren sie diesmal dran? Lagen sie unter Schutt begraben. Erst am nächsten Tage konnte man es erfahren. Fritz eilte sogleich nach der Wohnung seiner Eltern. Sie waren jedoch glücklicherweise verschont geblieben. Aber Fritz befand sich noch in der Stadt, als ein Tagesangriff Bomben auf das Gebiet des Zentrums warf. Dieses mal wurde auch das Haus der Schwiegereltern getroffen. Es fing an zu brennen und war nicht mehr zu löschen. Die Flugzeuge benutzten jetzt Phosphorbomben. Die brannten schnell, und man konnte nichts dagegen tun. Als Fritz die Straße erreichte, da stand die oberste Etage schon in hellen Flammen. Der jüngere Bruder Ernst war zu Hause. Er war nach dem Tode Ottos von der Front weggeholt und reklamiert worden, da er im väterlichen Betrieb mitarbeiten konnte, und dieser kriegswichtig war.

Fritz, der Bruder und die Mutter versuchten noch herunterzutragen was sie konnten. Aber das war nicht viel. Die Eltern von Fritz hatten gar nicht vorgesorgt. Sie glaubten, daß sie verschont bleiben würden. Warum, ist mir allerdings unklar, da sie in der Stadtmitte wohnten, die dauernd bombardiert wurde. Aber es ist sicher wohltuend und vor allem leichter stets das Angenehme zu hoffen. Göbbels hatte auch das Gerücht von einer Wunderwaffe verbreitet, die Hitler im letzten Augenblick einsetzen, und die dann alles retten würde. Viele Leute glaubten wirklich an ein Wunder, daß vielleicht kommen würde.
Ich weiß nicht ob die Mutter von Fritz daran glaubte. Ich weiß nur, daß sie jetzt bei dem Brande kopflos war. Sie stand nur da und sah alles an. In Hinterhaus loderten die hellen Flammen, und auch über ihnen brannte es.

Die hintere Tür zu dem Dienstbotenaufgang war so heiß, daß man nicht in ihre Nähe kommen konnte. Fritz aber sagte, es machte ihm gar nichts aus, daß nun bald alles verbrennen würde. Ich konnte das gar nicht verstehen, denn er hatte doch so viele schöne Stunden in diesem Elternhaus verlebt. Aber er meinte, Otto war ja nicht mehr da. Da konnten die Sachen auch verschwinden.

Weil die Mutter vollkommen ratlos erschien und immer nur alles anblickte, entschieden die beiden Brüder was man retten müsse. Sie fanden wichtig seien Sachen zum essen und Sachen zum schlafen. Daher brachte man die große Couch und Betten herunter, und Töpfe zum Kochen. Einen Teil vom Silber hatte man schon vorher gerettet. Man hätte noch mehr herunterschaffen können, aber die Brüder waren der Meinung, daß das vollkommen sinnlos sei, da es ja doch alles zum Teufel gehen würde, und man nur die Sachen herumschleppen mußte. Je mehr man rettete, um so mehr Ballast.

Es soll übrigens vielen Leuten genau so ergangen sein, wenn sie beim Brande ihrer Wohnung schnell wählen sollten, was man noch in Sicherheit bringen könne.

Wir sprachen vor kurzem mit einem Deutschen, der damals in Berlin als junger Soldat eingesetzt wurde um nach Luftangriffen Rettungsarbeiten zu leisten. Er erzählte uns, daß viele Besitzer abwinkten, wenn sie noch eifrig versuchten wertvolle oder lebenswichtige Dinge herunterzutragen. Es geschah oft, daß die Besitzer sagten. "Laßt sein, laßt es brennen, laßt alles brennen. Rettet nichts mehr. Es ist viel besser wenn endlich alles weg ist, wenn endlich Ruhe ist. Wenn man nicht mehr jeden Tag und jede Nacht Sorge zu haben braucht ob es nun in die Luft fliegt oder verbrennt oder nicht. Wenn endlich alles weg ist. Dann braucht die liebe Seele sich nicht mehr um den ganzen Krempel zu kümmern und zu sorgen."

Aber das waren sicher Männer. Männer brauchen die Dinge nicht so sehr wie wir Frauen. Ich mußte dabei an Papa denken, der sich doch auch freute als ihm alles versteigert und die Fabrik weggenommen wurde. Denn dann war endlich alles zu Ende, endlich Ruhe, endlich Schluß.

Ich habe Fritz neulich gefragt warum sie nicht auf die Idee kamen Teppiche oder andere unzerbrechliche Gegenstände einfach aus dem Fenster zu werfen. Fritz meinte jedoch, das wäre gar nicht möglich gewesen, denn trotz des brennenden Hauses liefen unten Passanten vorbei, die eifrig auf dem Wege zur Arbeit oder sonstigen Geschäften waren, die Straßenbahn fuhr und Lastwagen rollten. Ein brennendes oder zusammengestürztes Haus interessierte nach einem Angriff keinen, höchstens wenn es sich um das eigene handelte. Alle Leute gingen nachtwandlerisch ihrer Betätigung nach. Sie schienen sich alle in einem Stadium der Unzurechnungsfähigkeit zu befinden, und bewegten sich in einer irren Eile.

Die Rettungsarbeiten in der Wohnung meiner Schwiegereltern waren übrigens ziemlich gefährlich, denn die Decke der oberen Etage konnte in Kürze herunterstürzen. Die Jungen beschlossen bald aufzuhören. Nicht weil es ein Risiko war, sondern weil sie nach ihrer Meinung nach nichts weiter benötigten. Als sie schon auf der Treppe waren, da eilte der Bruder Ernst noch einmal schnell in einen Raum hinein und suchte eine gewisse riesig große Porzellanvase, die er schon als Kind nicht hatte leiden können. Er ergriff sie und warf sie gegen die Wand, daß sie zerschellte. Das wäre schon immer sein großer Wunsch gewesen, und jetzt konnte er es endlich tun, und diese Gelegenheit wollte er sich nicht entgehen lassen.

Otto der Große stand während der ganzen Zeit unten und paßte auf die Sachen auf, was völlig unnötig war, weil, wie ich ja schon erwähnte, es plötzlich keine Diebe mehr gab. Da müssen also die vier Jungen den Mut von der Mutter geerbt haben, die immer klein und bescheiden im Hintergrund stand. Der orthopädische Laden und die Werkstatt mit den Kunstgliedern wurde bei diesem Angriff nicht beschädigt. Nachdem meine Schwiegereltern ihr Heim verloren hatten, zogen sie zu Freunden nach Dahlem. Sie begaben sich jedoch täglich in ihr Geschäft um Prothesen für die Verwundeten herzustellen. Nach einiger Zeit fanden sie durch Vermittlung von Freunden dann in Dahlem eine schöne große Villa.

Das vornehme elegante Dahlem ist seltsamerweise nie bombardiert worden. Es blieb vollkommen verschont bereit für den Einzug der Russen und dann der Amerikaner.

Unser Luftschutzbunker

Die Bombenangriffe wurden stärker und stärker. Das grausame Heulen der Luftwarnung und der entsetzliche Ton der niedrig fliegenden riesigen Formationen feindlicher Flugzeuge war ständig in unseren Ohren und

Ottfried hilft graben

unserem Gemüt. Die Amerikaner bombten bei Tag und die Engländer in der Nacht. Bis jetzt war das Ziel der Angriffe immer nur das Stadtzentrum gewesen und noch nicht die Vorortsgebiete. Man war scheinbar der Meinung, daß die Bomben in der dichter besiedelten Stadt mehr Menschen zerreißen würden. Aber das waren hauptsächlich Frauen und Kinder. Das war alles war in Berlin war. Da waren keine Soldaten, und kaum Männer mit der Ausnahme von Verwundeten und Kriegsgefangenen, die in den Fabriken arbeiten mußten.

Aber Fritz war nicht so sicher, daß sie sich nicht eines Tages doch die Randgebiete vornehmen könnten, und dazu würde dann nun wohl auch Woltersdorf gehören. Und da unser kleines Häuschen keinen Keller besaß, entschied Fritz, daß ich unbedingt einen Luftschutzraum haben müßte. Und als er wieder einmal Urlaub bekam, grub er Tag und Nacht um mir einen zu bauen. Aber der Urlaub war kurz und der Bunker groß.

Fritz hatte ihn in den Garten gesetzt und er sollte drei Meter tief und vier Meter lang werden mit einem schmalen zur Seite gerichteten Eingang, da Fritz annahm, daß die erobernden Soldaten sicher hineinschießen würden. Es wurde also ein großes Projekt und Fritz konnte es nicht völlig beenden.

Da erzählte mir Frau Bachmann, daß ich Ukrainer anfordern könnte um den Rest fertig zu graben. Die Ukrainer lebten in Lagern. Es waren russische Zivilisten, die die Soviet Union mit den zurückziehenden deutschen Truppen fluchtartig verlassen hatten. Wir fanden es seltsam und unerklärlich, daß man diese Männer in Lager sperrte. Diese Ukrainer waren starke Männer mit traurigen Augen. Ich konnte sie sehr gut leiden und gab ihnen von meinem Essen ab. Sie nahmen es dankbar an, aber da war nie auch nur das kleinste Lächeln auf ihren Gesichtern zu sehen. Ich fand auch keinen Weg mich mit ihnen zu verständigen. Sie waren viel zu deprimiert um auf irgend welche Gestensprache einzugehen.

Neben Frau Bachmanns Grundstück lebte eine russische Dame. Ihr Name war Frau Jemzeff. Frau Jemzeff besaß ein kleines Landhaus in Woltersdorf, in dem sie sich jetzt, wegen der Bomben ständig aufhielt. So lange Fritz zurückdenken konnte, berichtete Frau Jemzeff immer und immer wieder die grausigen Dinge, die sie mit ihren eigenen Augen gesehen und erlebt hatte, diese entsetzlichen Taten der Bolschevistischen Horden. Alle Leute hatten stets mit tiefstem Mitgefühl zugehört, was da so geschehen war vor langer, langer Zeit tief im guten alten Rußland. Aber seit einiger Zeit wurden ihre Geschichten aktuell, weil die gleichen Bolshevistischen Horden nun vor unseren Toren standen und die genau gleichen Sachen auch uns bald passieren könnten. Ich bat Frau Jemzeff nun doch bitte mit den Ukrainers zu sprechen und sie zu fragen ob ich irgend etwas für sie tun könnte. Sie erzählten Frau Jemzeff, daß sie nichts brauchten, aber so große Furcht vor den vorrückenden Russen hatten, da sie freiwillig nach Deutschland mitgegangen wären. Und sie sprachen von ihren Familien und was die Kommunisten ihrem Heimatlande angetan, und wie sie dieses Regime haßten und fürchteten.

Ich weiß nicht genau was später mit diesen Männern geschah. Ich hörte nur, daß es einigen gelang kurz vor dem Ende zu entfliehen und sich durch die Russen zu den Amerikanern durch zu kämpfen. Aber später habe ich dann erfahren, daß die Amerikaner nahezu alle Ukrainer den Soviets übergeben haben, die sie dann auf der Stelle erschossen.

Nachdem mein Bunker fertig gebaut war, habe ich ihn dann doch nicht oft benutzt. Es war zu kalt die Kinder in dieses dunkle feuchte Loch zu bringen. Man bekam dort Angst. Es erschien mir wie ein Grab. Es ist seltsam wieviel Angst man vor neuer Gefahr bekommen, und wie man sich an die Alte gewöhnen kann. Nach einer Weile scheint alte Gefahr gar keine Gefahr mehr zu sein. Wenn dir nichts Schlimmeres geschehen ist, bekommst du allmählich das Gefühl, daß es auch niemals wird, daß du irgendwie gehärtet, immune dagegen bist. Das würde auch irgendwie erklären warum die arme Bevölkerung in Berlin und anderen Großstädten die laufende Bombardierung jahrelang überhaupt durchhalten konnte. So blieb ich im Haus während der Angriffe. Aber ich setzte die Kinder immer unter einen starken Tisch, und Ottfried nahm stets einen hölzernen Block in seine kleine Hand. Es war ein Block, der mit Märchenbildern beklebt war. Diese Waffe wollte er an die Flugzeuge schleudern, wenn sie es wagen sollten Bomben auf seine Mutter und seinen kleinen Bruder zu werfen.

Und eines Tages passierte es doch. Eines Tages war das Ziel der Bomber der Vorort von Erkner, das lag sehr dicht bei uns. Es geschah sehr schnell und ohne jegliche Warnung. Die meisten Leute in Erkner waren nicht in ihren Kellern und daher wurden viele verwundet, und viele einfach in Stücke zerrissen. Das Ziel der Bomber können die Rüdgerswerke gewesen sein. Aber ich weiß nicht, ob die auch getroffen wurden. Eine menge verwundete Frauen rannten über die Felder zu uns nach Woltersdorf. Viele mit schreienden Kinder in ihren Armen. Die Dorfgemeinde baute dann winzige hölzerne Baracken mit übereinanderliegenden hölzernen Betten und einem eisernen Ofen. Diese Baracken wurden einzeln auf noch freie Wohnplätze gestellt und den Opfern als Wohnung zugewiesen. Eins befand sich ganz in unserer Nähe. Eine Frau aus Erkner und ihre zwei kleinen Kinder lebten dann in dieser primitiven Behausung.

Zum letzten mal in der Brombergerstraße

Trotzdem es alles ziemlich trübe aussah, wußten wir doch, daß Alles nicht mehr viel länger dauern konnte. Wenn nur bald das Ende dieses grausigen Mordens kommen würde. Wir hatten auch schon gute Zeichen bemerkt. Das Benehmen der Nazis hatte sich verändert. Der SA Sturmtruppenführer, der auf unsere Straße aufzupassen hatte, wurde schon ganz nervös. Einmal hatte er mich eine dumme Ganz genannt, weil ich die Haustür während des Heulens der Sirene aufgemacht hatte, und ein Lichtschein herausgefiel. Fritz hatte ihm damals eine runtergehauen, weil er das Wort nicht zurücknehmen wollte. Ich war sehr beunruhigt deswegen, denn ich fand es sehr unklug in solchen Zeiten Feinde zu haben, und vor allen Dingen solche.

Aber ich brauchte mir nicht allzulange Sorgen zu machen, denn eines Tages war der große Held verschwunden. Er hatte es vorgezogen nicht tapfer gegen die Russen zu kämpfen. Bloß gut, denn wo sich Widerstand bildete, ist es den Leuten schlimm ergangen. Seine Frau hat der Held nicht mitgenommen, es ging wohl besser alleine . Seine Frau hat sich dann später in einen Russen verliebt, der dort eine Weile stationiert war. Frau Bachmann wußte ja immer alles. Als der Russe dann versetzt wurde, ist die Frau auch verschwunden. Ich weiß nun nicht, ob sie mit dem Russen nach Rußland ging. Aber ich glaube, das war damals gar nicht möglich. Frau Bachmann hatte auch keine Ahnung. Ich habe diesen Russen einmal gesehen. Er machte einen sehr guten Eindruck, sah auch viel besser aus als der lange ekelhafte SA Häuptling

Aber ich war ja noch dabei, von der Zeit zu reden, als der Russe erst im Anmarsch war. Fritz hatte damals wieder einmal Glück. Das Hauptquartier schickte ihn mit noch zwei anderen Soldaten nach Berlin. Dort sollten sie für eine kurze Zeit einige leere Baracken des früheren Hauptquartiers bewachen.
Da konnte Fritz des öfteren für ein paar Stunden nach Hause kommen. Und das war gerade die Zeit als Papa und Mutti eines Tages auch, wie so viele andere ausgebombt wurden. Es war eine Luftmine, die herunterkam. Diese Luftminen hatten eine seltsame Art der Zerstörung. Wir beobachteten, daß die Vernichtung in Wellenlinien stattfand.

Da konnte zum Beispiel eine ganze Häuserreihe dem Erdboden gleich gemacht werden, und die davor blieb völlig unversehrt, und bei der nächsten setzten die Verwüstung wieder ein.

Eines Nachts als Mutti und Papa aus dem Keller kamen, da war die ganze Vorderfront ihres Wohnhauses abgerissen. Alles andere stand noch. Es sah genau aus wie eine Puppenstube. Genau wie eine leere Puppenstube, denn die Möbel waren alle herausgeflogen oder herausgesogen worden. Mutti hat so gelacht wie sie es uns erzählte. Ich dachte erst, daß dieses Lachen vielleicht Verzweiflung wäre. Aber ich glaube kaum, denn sie hat lange Zeit, auch viel später noch immer darüber gelacht. Niemals darüber geweint, wie damals als sie uns die Möbel wegnahmen. Sie hat niemals darüber geklagt wie einige Leute, die ständig davon erzählten, was sie alles verloren hätten. Nicht Mutti, nein, es war abgetan. Wie froh konnte man sein, daß man nicht verschüttet worden war. Man mußte jetzt in die Zukunft blicken. Und Mutti begann sich sogleich damit zu beschäftigen wie sie eine neue Wohnung bekommen könne. Und Papa, na ,für Papa war sowieso alles unnützer Krempel, wenn es nicht um seine Maschinen oder Betriebe ging.

Ich bin dann auch hingegangen zur Brombergerstraße, mußte es mit eigenen Augen sehen. Man konnte die Treppe noch genauso hochsteigen wie sonst, genau wie früher. Die Wohnungstür war herausgeflogen. Ich ging hinein und fand, daß Mutti Recht hatte. Es wirkte schrecklich komisch, und ich mußte auch lachen. Es erinnerte wirklich an ein Kinderspielzeug. Wie groß und doch entsetzlich klein, sah alles aus. Da war der hübsche winzige Flur und die weiße holzverkleidete Decke mit dem verspielten Muster. Die Wohnung schien saubergefegt, als hätte jemand reinegemacht. Es war kaum Schutt zu sehen. Da war die Küche und die Ecke wo Oma immer gesessen hatte. Der Kohlenkasten war natürlich auch weg und Muttis Speisekammer war leergefegt. Der große grüne Kachelofen stand aber noch, der wo unsere liebe Oma früher immer die Märchen erzählte, und die kleine Tür war, wo die Bratäpfel immer hineinkamen.

Wie klein war die Fläche, die wir gehabt hatten, und wieviel Freude und Liebe hat sie ausgefüllt. Wie wenig braucht man doch um glücklich zu sein. Wie hat Mutti stets alles geputzt und geschont, ständig sauber gemacht. Alles mußte immer in allerbestem Zustand sein.
Und nun war es plötzlich nicht mehr da, war es fort, einfach verschwunden vom Erdboden, nur noch die Hülle war übrig geblieben. Der Balkon war natürlich auch weggeblasen. Dicht an die abgebrochene Wand zu gehen, traute ich mich aber nicht, da ich schreckliche Höhenangst habe. Aber Mutti schaute hinunter, und das macht mich schon fast ohnmächtig. Aber ich konnte doch noch von weiter hinten den Ausblick sehen, der mich meine ganze Jugend über begleitet hatte, den Ausblick auf den Rangierbahnhof der Warschauerbrücke. Und ich wußte, daß ich ihn nun zum letzten mal von unserer lieben alten Wohnung aus erblicken würde, zum allerletzten mal.

Bei dem Nachbar Klähn war die Wohnung im gleichen Zustand. Das waren die Leute, die den kleinen Ottfried nicht in den Luftschutzkeller, wie versprochen mitnahmen, sondern einfach oben liegen ließen, da sie angeblich genug mit ihren zwei Tieren zu tun hatten.
Die Sache mit der kaputten Wohnung muß ihnen wohl sehr ins Gemüt gegangen sein, denn sie hatten sich nämlich gleich, nachdem sie ihre leere Behausung erblickten, beide dort aufgehängt. Papa sah sie, als er am Morgen nach dem Angriff hinaufging, da ihre Wohnungstür auch weggeblasen war.

Rechts hing Herr Klähn, und links hing Frau Klähn, und unter ihnen der Kater, dem sie das Genick gebrochen, und der Kanarienvogel, dem sie den Hals umgedreht hatten.

Papa hat die Kähns dann beide abgeschnitten und heruntergetragen. Als ich kam, lagen nur noch die Tiere auf der Erde. Der Tod dieser lieben Nachbarn hat mich aber absolut nicht betrübt, weder damals noch heute. Mir taten nur die Tiere leid. Wie konnte man sich nur aufhängen nur weil die Wohnung weg war, und die Russen bald kommen würden. Nazis waren sie bestimmt nicht.

Unten im Hause, wo ein Bildhauer gewohnt hatte, sah es seltsam aus. Die eine ganze Seitenwand war eingestürzt, und der Eingang zu seiner Wohnung verschüttet. Er hatte sich aber einen schmalen Weg durch den Schutt gebahnt, so daß er einen Zugang zu seiner Wohnung besaß, die jetzt nur noch eine Wohnhöhle war. Man mußte fast hineinkriechen. Dicht vor diesem Eingangsloch war eine hohe Steinwand der oberen Etage stehen geblieben, und auf diesem Gemäuer sah man etwas, daß man glaubte im Traum zu sein. Dort war zwei Tage nach dem Zusammensturz eine große Alpenlandschaft aufgemalt worden. Über diese ganze Fläche von vielleicht drei Meter Breite und zwei Meter Höhe sah man hohe Berge, grüne Tannen, blauen Himmel und Blumen im Vordergrund. Der Bildhauer hatte mit dem Rest aller seiner, damals so kostbaren Ölfarben, dieses Wandgemälde geschaffen. Mit denselben Farben, die er bei jedem Angriff liebevoll in den Luftschutzkeller brachte.

Ich glaube, es gibt kein besseres Beispiel für den Geist von manchen Berlinern der damaligen Zeit. Ich konnte leider nicht in den Eingang kriechen, hätte es aber gerne getan, nur um dem alten Mann die Hand zu schütteln und zu drücken. Ich habe ihn leider nie wieder gesehen, denn er mußte bald darauf seine Alpenwohnung verlassen, da Einsturzgefahr bestand.

Ob nun das Haus in der Brombergerstraße eins damals oder später zusammenfiel, weiß ich nicht, denn ich bin nicht hingegangen. Es hieß, es sollen dort Menschen umgekommen sein. Das war das Eckhaus, das uns einmal gehörte, und das wir so tragisch verloren. Damals zu der Zeit,als Oma sagte: "Wer weiß, wozu das noch einmal gut sein wird." Ja , vielleicht, sonst wären wir möglicherweise dort verschüttet worden. Aber dieses, "Wer weiß wozu das noch einmal gut sein wird". Diese Redewendung wird niemals die meine werden. Ich finde nämlich, daß das Alles zu nichts gut war, zu absolut gar nichts.

Die Verwundung

Es war im letzten Jahr des Krieges, als eines Tages mein Schwager Heinz in Woltersdorf erschien. Er war herausgekommen um mir schonend beizubringen, daß man Fritz ein Bein amputieren mußte. Ich bekam einen tödlichen Schreck, denn ich befürchtete, daß das nur ein diplomatischer Anfang war, und danach die Aufzählung von weiteren Verletzungen kommen würde. Aber das war nicht der Fall.
Fritz hatte wirklich nur ein Bein verloren. Fritz hatte selbst mit Heinz gesprochen, und es ginge ihm gut. Welche Angst überkam mich. Wenn es nun wahrhaftig stimmte, daß es nur ein Bein, und wirklich nicht noch anderes war, wie sehr konnte man Gott danken, und wie tief und innig habe ich das getan.

Die Verwundung geschah durch ein Bahnunglück. Die Front war jetzt nahe an Ostpreußen, und die Züge daher vollkommen überlastet. Die fliehende Bevölkerung lag oft sogar während der Fahrt auf den Dächern der Züge. Die Soldaten fuhren auf den Aufstiegstufen und sogar zwischen den Waggons. Fritz hatte vom Hauptquartier den Auftrag erhalten eilig ein wichtiges elektronisches Teil aus Königsberg zu holen. Beim Rückweg sprang er auf einen überfüllten Zug und mußte dicht an den Puffern stehen. Er hat nie erfahren was geschehen ist. Er kann sich nur daran erinnern, daß er unter einem Wagen lag, und dann wurde er ohnmächtig. Er hatte eine Kopfwunde und das linke Bein mußte sogleich amputiert werden.

Ein Betäubungsmittel gab es nur während der Operation und einen Tag danach. Die Krankenschwestern hatten die strenge Anweisung auch keinerlei Art von Tabletten zu geben, nicht einmal leichte wie Aspirin, da man befürchtete die Verwundeten könnten süchtig werden. Ich glaube, daß man Recht hatte. Aber man war doch eigentlich sonst nicht so besorgt um die lieben armen Soldaten. Einen Verband, das war alles was Fritz bekam, keinerlei andere Behandlung oder Heilmethoden wurden angewandt. Und es wurde auch kein Desinfektionsmittel auf die Wunde getan. Es bildeten sich bald viele weiße Maden, die darauf herumkrabbelten. Die Ärzte entfernten diese aber nicht, da die Tiere die Wunde sauber hielten. Es war eine Heilung auf ganz natürliche Art. Und bei Fritz ging alles gut. Besser als hier heute bei uns, wo er mit Antibiotika und anderen Behandlungsmitteln überladen worden wäre. Und das Bein heilte schnell.

Im letzten Jahr bekam unsere Jersey Kuh die Mastitis. Das ist eine Infektion des Euters. Das Kalb hatte nur an drei Titzen getrunken. Die Kuh wurde sehr krank, und der Tierarzt gab das Tier auf, nachdem Antibiotika und andere Mittel nicht gewirkt hatten, und er schlug die Tötung vor. Aber die Kuh blickte uns so traurig an und klapperte mit ihren hübschen langen Augenwimpern, so daß wir es nicht fertig brachten. Wir mußten ihr einfach eine Chance geben, und wir taten nicht weiter als sie ihrer Natur zu überlassen. Nach kurzer Zeit wurde der kranke Teil des Euters ganz schwarz, und dann fingen an viele Maden darauf herumzukriechen, und eines Tages fiel das ganze Viertel des Euters in einem Stück ab, und darunter war ganz gesunde Haut. Die Maden hatten nur den kranken Teil gefressen, und die Kuh war wie durch ein Wunder geheilt. Sie lebte noch lange und gab gute Milch auf den verbliebenen drei Teilen des Euters.

Die Madenmethode der Kuh war genau die gleiche, die man bei Fritz im deutschen Lazarett anwandte. Jedoch es wirkte vielleicht auch nur weil Fritz eine genau so starke Natur hatte wie die Kuh. Aber nicht alle hatten Glück. Der Soldat, der im Bett neben Fritz lag, war am Morgen ganz blaß. Er war über Nacht verblutet. Laufend wurden neue Verwundete hereingebracht, viele und grausam verletzte.

Fritz ließ mir sagen, ich solle auf keinen Fall versuchen zu ihm zu kommen, da er weit im Osten lag und der Russe schon ganz in der Nähe war. Er würde bald in ein Berliner Lazarett überwiesen werden. So hatte ich nur seine Briefe, die immer nur den einen Satz enthielten:
"Ich kommen bald. Ich komme bald."
Und nach schier endloser Zeit war der Tag da, wo Fritz unerwartet an der Gartentür in Woltersdorf stand. Ich hatte Christian auf dem Arme und Ottfried an der Hand. Wir wollten gerade hinausgehen.

Wie hat er uns alle geküßt, daß wir keine Luft mehr bekamen. Immer wieder, und immer wieder. Fritz hatte die Krücken weggeworfen, als er uns umarmte, und dann ganz vergessen, daß ja ein Bein fehlte. Er verlor das Gleichgewicht, und wir fielen in die Hollunderhecke. Aber er hörte nicht auf uns zu küssen.

Und dann haben wir alle vor Glück gelacht.

Das Hoffen und das Warten

Und dann kam der 6. Juni. Das war im Jahre 1944.

Die Alliierten waren gelandet. Die Nachbarin, deren Grundstück an das unsere grenzte, kam zum Zaun gelaufen und rief mir diese Nachricht zu. Diese Leute kamen selten in ihr Landhaus. Und da sie während des Krieges im Stadtinneren dienstverpflichtet waren, kannte ich sie kaum.

"Die Amerikaner sind gelandet" rief sie jubelnd. Ich rannte zu ihr. **"Die Amerikaner sind gelandet'**, und ihre Augen leuchteten.

"Die Amerikaner sind gelandet" und meine Augen strahlten. Mehr konnte man sich nicht getrauen zu zeigen. Es war immer möglich, daß Jemand mithörte.

Die Landung der Alliierten machte uns und alle unsere Freunde unbeschreiblich glücklich. Endlich sah man einen Lichtschein in dem dunklen Tunnel, sah man etwas Hoffnung diesen schrecklichen Krieg doch zu überleben. Es war seit langem klar, daß die Wahnsinnigen in unserer Regierung nur durch militärische Macht von außen beseitigt werden konnten. Sie wären nie zu Friedenverhandlungen bereit gewesen. Es ging seit langem nicht mehr um Deutschland. Es ging um ihr Leben. Das Leben aller andern Deutschen war ihnen völlig gleichgültig. Sie wollten ganz Deutschland, das schöne Deutschland mit samt allen seinen Männern Frauen und Kindern opfern, nur um ein bißchen länger zu leben. Alle sollten den Heldentod sterben. Aber von den Feiglingen in der Regierung hat später kein einziger die Verteidigungswaffen in die Hand genommen um bis zum letzten Atemzug zu kämpfen, um das zu tun was sie von uns allen verlangten.

Jetzt wurden alle erreichbaren Soldaten auf dem schnellsten Weg an die Kampflinien des Westens gebracht. Wie gut, daß sie Fritz nicht gleich an die Front schicken konnten, Sie beabsichtigten natürlich auch ihn baldmöglichst einzusetzen. Ihm wurde gesagt, daß es nicht mehr sehr lange dauern würde. Ein Soldat mit einem Bein konnte doch ohne weiteres einen Panzer fahren. Aber meine Hoffnung war, daß sie bald keine Panzer und auch gar kein Benzin mehr haben würden. Zum Glück was der Stumpf noch nicht vollkommen ausgeheilt, wenigstens nicht für eine Weile.

Fritz war jetzt des öfteren zu Hause, da das Lazarett in der Nähe lag. Fritz wußte übrigens wo Frau Bachmann alle ihre politischen und militärischen Neuigkeiten her hatte. Auch wir stellten jetzt das Radio auf den Sender ein, der mit dem Trommelton begann, und der dann die neuesten Nachrichten über den siegreichen Vorstoß der Alliierten berichtete. Mit welcher Freude folgten wir den Weg ihres Durchbruchs, ihres Marsches über den Rhein, und wir markierten auf einer Karte alle Orte, die schon befreit waren.

Diese Sache mit dem Abhören des verbotenen Senders war übrigens sehr riskant. Sie konnten einen zum Tode verurteilen, auf der Stelle erschießen wenn man dabei überrascht wurde, selbst wenn es nur Musik war, die man auf diesen Feindsendern hörte. Darum mußte ich laufend das Haus umkreisen während Fritz das Ohr an das ganz leise gestellte Radiogerät legte.

Aber es waren nicht nur gute Nachrichten, die wir hörten. Wir hörten auch die schlechten. Wir hörten auch von den Vorstößen der russischen Armee, der Armee von Zhuikov, von der Armee des Konievs. Wir hörten von Rokossovski, von Chuikov. Die Ostfront war zusammengebrochen. Die Deutschen im Osten waren gezwungen ihre Stellungen aufzugeben. Die tapferen deutschen Soldaten kämpften ständig gegen eine überwältigende Übermacht von 1 zu 10. Sie hielten ihre Linien bis zum letzten Mann. Nahezu alle wußten daß der Krieg verloren war, aber sie hofften mit ihrem Opfer den Russen aufzuhalten. Sie hofften, daß inzwischen die westlichen Truppen kommen würden und nicht die russischen Horden. Und manche hofften auch auf einen separaten Frieden mit den Westmächten.

Wir persönlich wünschten keinen separaten Frieden. Wir wünschten die Bestrafung der Nazis für all ihre verbrecherischen Taten. Wir wollten, daß diese verdammte Bande sich bedingungslos ergeben sollte, alle, jeder einzige, die großen und die kleinen Schufte.

Im übrigen betrachteten wir die Russen und die Nazis als unsere Feinde und die Westmächte als unsere Freunde. Wir wußten, daß die Alliierten aus verschiedenen Nationen bestanden. Aber wir bezeichneten sie immer nur als die Amerikaner. Wir hatten das größte Vertrauen zu der technischen Größe der Amerikaner, und wir nannten sie liebevoll Amis. Wir hatten ein kindliches Vertrauen zu ihnen. Nein, sie würden uns bestimmt nicht im Stich lassen. Sie würden bald hier sein. Und wir setzten uns still hin und warteten und hofften, und hofften und warteten.

Christian

Es war zwei Tage vor Heiligabend. Fritz war zu Hause. Seine Amputationswunde heilte sehr gut. Er brauchte jetzt nur noch zweimal die Woche zum Lazarett zur Untersuchung. Er würde daher zu Weihnachten bei uns sein. Die russische Armee war jetzt nicht mehr als vielleicht zwei Autostunden von uns entfernt. Es war 1944, nur noch Monate vor dem großen Ende. Aber wir wußten nicht wie dieses Ende sein würde. Aber es sollte trotzdem ein Weihnachtsfest werden, denn die Kinder wußten nichts von dem, was uns sicher bevorstand. Weihnachten war für uns immer der allerschönste Tag des Jahres. Wenn der Christbaum in das Zimmer gestellt wurde und der Duft seiner Nadeln die Wohnung füllte. Es war jetzt die dunkelste Zeit des Krieges, aber wir besaßen noch ein paar Lichter und etwas Lebensmittel, die wir extra für diesen Tag gespart hatten.

Wir saßen am Kachelofen und versuchten etwas Spielzeug zu reparieren und aufzupolieren. Es gab schon lange kein Spielzeug mehr. Man konnte schon lange nichts mehr kaufen. Ganz am Anfang des Krieges war es noch möglich in sehr teuren Geschäften etwas Kleidung finden, aber bald gab es gar nichts mehr. Wenn man völlig ausgebombt war, bekam man in der ersten Bombenjahren einen Schein für eine Decke und ein Kleid.

Aber bald konnte man nichts mehr mit diesen Scheinen anfangen, da es ja gar nichts mehr gab. Aber früher hat man immer alles aufgehoben, und wer noch seine Wohnung besaß, fand daher stets irgend etwas Altes, das man tragen konnte, für sich und den ausgebombten Nachbar.

Weihnachten hatten wir eine besondere Überraschung vor. Ottfried war jetzt vier Jahre alt, und da war noch die große elektrische Eisenbahn von Fritz, die Fritz immer so sehr geliebt hatte, und die wir daher vor der Zerstörung durch die Bomben retteten. Wir beschlossen Ottfried eine Lokomotive und vielleicht ein oder zwei Wagen davon zu geben. Und Fritz begann die Schienen in einen Kreis zu legen.

Es war sehr kalt, ungewöhnlich kalt im Hause. Wir bekamen auch so wenig Heizmaterial. Ottfried und Christian hatten wir schon zur Ruhe gelegt. Der Kleine schien eine ganz geringe Erkältung zu haben. Aber so wenig, daß es kaum der Rede wert war. Es war ein sehr großes, starkes, gesundes Kind, das nie eine Krankheit gehabt hatte. Lange Zeit hatte ich ihn völlig stillen können, und auch jetzt noch immer etwas. Vor ein paar Tagen hatten wir seinen ersten Geburtstag mit einer kleinen Kerze gefeiert. Die Kälte war schlimm, fast so schlimm wie der Hunger. Die Lebensmittelrationen waren sehr gering. Aber man hatte sich zum Teil schon an das wenige Essen gewöhnt. Aber mit der Kälte, da war es irgendwie schwerer fertig zu werden. Vielleicht war es auch die Kombination von beidem.

Was mir die meiste Sorge machte, waren die eiskalten Hände des kleinen Christian, wenn er Nachts in seinem Bettchen lag. Das kam daher, daß er sie stets hoch neben sein Köpfchen legte. Sie waren nie zugedeckt. Ich versuchte, ihm Handschuhe anzuziehen, die er aber sogleich wieder abriß. Er konnte sie absolut nicht leiden. Da kam ich auf eine unglückselige Idee. Ich bat Mutti, mir doch einen kleinen Sack aus weichem Flanell zu nähen. Sie sollte oben Träger für die Schultern daran befestigen. Hier hinein steckten wir das Kind. Oben, direkt an der Brust war das Flanell ganz eng, so daß es seine Händchen nicht herausbekommen konnte, aber sonst war reichlich Raum. Ich hatte gehört, daß die Norweger ihre Kleinkinder so schlafen legen und auf mittelalterlichen Bildern sah man, daß kleine Kinder sogar ganz in Bandagen einwickelt wurden, und nur oben das kleine Köpfchen herausragte. An diesem Tage war es nun das erste mal, daß ich Christian damit ins Bett legte. Fritz hielt ihn noch vorher in die Luft, und ich meinte lachend, er sähe aus wie eine kleine Mumie.

Christian konnte noch nicht laufen, doch versuchte er gerade seine ersten Schritte. Aber er hatte noch kein einziges Wort geredet. Ottfried hatte viel eher sprechen gelernt. Die Kinder schliefen beide im Nebenzimmer. Wir ließen jedoch die Tür weit offen.

Als nun unsere Weihnachtsvorbereitungen beendet waren, legten wir uns zur Ruhe. Mitten in der Nacht wurde ich wach. Nebenan hatte sich ein Kind gerührt. Es schien unruhig zu sein. Ich ging leise in den Nebenraum. Der Mond schien hell durch die Fenster. Ottfried schlief mit tiefen Atemzügen. Ich ging zu Christian. Ich konnte ihn ganz deutlich sehen. Zu meinem Erstaunen war er wach und lächelte. Ich beugte mich über ihn. Er sah mich an, und ganz glücklich strahlend sagte er "Mama." Ganz klar und deutlich "Mama." Meist sagen die Kinder das erste Wort, wenn man es ihnen vorspricht, dann formen sie es nach. Aber ich hatte gar keinen Ton verlauten lassen.

Ich küßte ihn lange, klopfte die Federn seines Bettchens auf und ging wieder zurück um zu schlafen.

Am nächsten Morgen kam Ottfried natürlich wieder in aller Frühe in unser Bett gekrabbelt. Aber im Nebenzimmer, in dem Christian immer noch schlief, war es ganz still. Ich bereitete leise das Frühstück vor, denn ich wollte ihn nicht wecken. Aber Fritz meinte, willst Du nicht doch mal nachsehen, warum er so ruhig ist. Auf Zehenspitzen ging ich in den Nebenraum. Da war das Kind aber gar nicht zu sehen. Alles was ich erblicken konnte war das Federbett und eine Vertiefung darin.

Das Kind war mit seinem Gesicht und seinem ganzen Körper tief in das Federbett gesunken. Aber es bewegte sich nichts. Plötzlich wußte ich, Christian war tot.. Ich ergriff ihn und rannte hinaus Draußen lag Schnee. Ich warf das Kind hinein. Vielleicht würde es einen Schreck bekommen, und aufwachen. Man wußte damals noch nichts von der Mund zu Mund Wiederbelebung.

Aber das hätte auch bestimmt nichts mehr genutzt, denn Christian war ja tot, ganz ohne Zweifel tot, trotzdem er noch ganz warm war.

Er war erstickt. Er hatte keine Luft mehr bekommen, weil sein Körperchen tief in dem Federbett lag, da konnte er ja nicht mehr atmen. Er war erstickt. Und ich hatte ihn getötet mit meiner wahnsinnigen Idee. Ich hatte Schuld daran. Es war meine Schuld. Ich hatte ihn getötet. Ich hatte ihn erstickt. Er hatte sicher versucht aufzustehen, als er wach wurde, hatte es geschafft, sich trotz des kleinen Sackes aufzurichten, und dann muß er das Gleichgewicht verloren haben und vorn über gefallen sein, denn er konnte sich ja nicht festhalten. Seine Mutter hatte ja seine Hände festgelegt, hatte sie in diesen irrsinnigen Sack gesteckt, und dann fiel er in das große dicke Federbett, das ich Nachts noch extra hochgeklopft hatte. Und da ihm nicht die Arme zur Verfügung standen, um sich hochzustemmen, da ist er erstickt, da mußte er ersticken.

Diese grausame Tatsache war aber zu entsetzlich um sie zu begreifen. Ich konnte es nicht erfassen, und ich konnte auch nicht weinen. Warum sollte ich auch weinen. Diese ganze Sache war einfach zu unwahrscheinlich, zu theatralisch. Es war einfach zu dick aufgetragen. So etwas gab es nur in ganz kitschigen, dummen Theaterstücken.

Und plötzlich wußte ich es, ja natürlich Theaterstück. Daß ich das nicht vorher gesehen hatte. Das Ganze war ein albernes melodramatisches Narrenstück. Aber so etwas vor Weihnachten zu bringen war ganz geschmacklos. Zu Weihnachten brachte man stets nur Geschichten, die ein gute Ende hatten. Vielleicht kam es darin mal vor, daß Jemand krank wurde. Aber dann konnte man mit Bestimmtheit damit rechnen, daß er am heiligen Abend wieder genesen würde. Nichts mit Tod gab es zu Weihnachten.

Mir war auch nicht ganz klar, wie der Autor aus dieser Todesgeschichte mit Christian wieder herauskommen konnte. Wie wollte er da ein gutes Ende finden. Das ganze war dumm, und ich hatte genug. Es war ja kein Wunder, daß ich nicht weinen konnte. Da war ja die beste Schauspielerin nicht imstande Tränen zu vergießen, höchstens zu lachen, lachen über soviel Blödsinn.
Und außerdem wollte ich doch niemals Schauspielerin werden. Hatte wohl höchstens mal eine Hauptrolle in Schöneiche übernommen. Aber das war in Stücken, die wir selbst geschrieben hatten, und nicht in so dummen, kitschigen, lächerlichen Aufführungen wie diese.

Ich wollte raus aus diesem dummen Drama. Ich eignete mich nicht für diese Rolle. Wußte zum Beispiel gar nicht wo die Hände hin zu tun. Man müßte sie jetzt sicher in Verzweiflung ringen, aber das lag mir nicht. Und die Kulissen waren auch nicht gut. Das Zimmer war viel zu klein, und die Möbel gar nicht passend. Und weinen konnte ich absolut nicht. Also warum nicht endlich Schluß machen, und das Ganze absetzen, oder andere Schauspieler finden.

Aber es ging weiter. Das schien erst einmal der erste Akt zu sein. Im zweiten kam dann der Doktor herein, und dem mußte ich sagen, daß ich mein eigenes Kind umgebracht hatte.
Und er schrieb dann den Totenschein aus und vermerkte "Tod durch Ersticken."

Und im dritten Akt, da kam Jemand von der Polizei und fragte, ob ich das Kind nicht hätte leiden können, und ob ich es loswerden wollte, und daß ich sicher mildernde Umstände bekommen würde wegen der Kriegszeiten. Ich verstand nicht ganz, aber laut Skript mußte ich sagen. "Nein, ich habe das Kind sehr geliebt."

Und im vierten Akt klopfte es an die Tür, und ich glaubte jetzt würde Jemand kommen und sagen, daß alles ein Irrtum sei und daß Christian doch die ganze Zeit über bei meiner Mutter gewesen war.
Vor der Tür stand ein Mann. Der Mann war ganz freundlich und machte ein fröhliches Gesicht. Ich war daher sicher, daß das der Mann war, der mit der guten Botschaft kommen und die Sache mit dem Irrtum sagen würde. Ich bat ihn Platz zu nehmen und wartete darauf, daß er es sagte. Aber der Mann sagte es nicht. Er sagte, er käme von der Nationalsozialistischen Ortsverwaltung und sollte die Kaninchen und Hühner zählen, die manche Leute sich jetzt im Kriege angeschafft hatten. Wir selbst besaßen wirklich auch drei Kaninchen. Aber als ich das hörte, fing ich plötzlich ganz laut an zu schreien, ganz furchtbar, laut und kreischend und konnte gar nicht aufhören. Der Mann hatte keine Ahnung was los war. Er bekam Angst und verließ ganz schnell das Haus. Er war sicher, ich hätte den Verstand verloren, was ja auch stimmte. Aber das Theaterstück war zu Ende. Aber Christian war immer noch tot.

Plötzlich war mir klar was ich tun müßte. Ich mußte ihn malen. Er war ein gutes Modell. Ein totes Kind hatten wir noch nie in der Kunstakademie gehabt. Ich hatte zwar keine Ahnung wie man es hatte auftreiben können. Die arme Mutter. Aber damit konnte ich mich jetzt nicht beschäftigen. Auch nicht mit dem Gedanken wie sie ihr totes Kind hatte als Modell weggeben können. Ich mußte das Kind jetzt malen. Das Kind hatte ein ganz friedlichen, sehr reifen Ausdruck auf seinem Gesicht. Zuerst macht ich einmal ein paar Skizzen.

Und dann kamen Papa und Mutti. Und Papa meinte Christian können gar nicht erstickt sein, denn das Flanell saß doch nur oben an den Schultern eng an, und innen hatte er doch genug Spielraum gehabt, um die Hände nach vorne zu stämmen und dann den Kopf etwas zur Seite zu drehen und zu schreien.
Ich hätte das doch sicher gehört, denn die Tür zu unserem Schlafzimmer stand doch offen. Das stimmte eigentlich. Aber ich mußte der Sache auf den Grund gehen.

Ich legte unser großes Federbett hin und fiel hinein ohne viel Raum zur Armbewegung und versuchte den Kopf zu drehen. Manchmal ging es. Aber manchmal nicht. Es hing ganz davon ab wieviel Spielraum seine Händchen in den kleinen Flanellsack hatten und wie tief das Federbett war. Aber als ich ihn fand, war er doch so tief darin versunken, daß ich ihn erst gar nicht sehen konnte. Nein, er war erstickt. Er hatte keine Luft mehr bekommen. Ich wußte ja was es heißt keine Luft mehr zu bekommen, als mein Kopf tief unter Wasser gehalten wurde. Und plötzlich kamen diese Minuten wieder klar in mein Gedächtnis zurück und sie wurden grauenvoll. Viel, viel schlimmer als ich sie in Erinnerung gehabt hatte.

Aber Papa blieb fest dabei, daß das Kind gar nicht erstickt sein konnte. Es wäre an Herzschlag gestorben. Da gab es auch den Thymustod, der besonders bei großen starken Kindern in dem Alter vorkommen soll, ein plötzlich ruckartiges Wachstum, sagten sie. Später hörte ich dann in Amerika von dem Crib-death, dem plötzlichem Kindertod-Syndrom, aber das war viele Jahre später. Aber noch lange, noch lange Jahre nach Christians Tod habe ich immer wieder versucht meinen Kopf in das Federbett fallen zu lassen, und ihn dann zur Seite zu drehen und zu rufen.

Wir wollten das Kind untersuchen lassen. Aber gerade in den folgenden Nächten waren wieder große Angriffe auf das Stadtinnere. Wir hätten das tote Kind mit der Straßenbahn, dann der Stadtbahn zur Chariteé tragen müssen. Es fuhren keine Taxis oder Wagen mehr. Und man hatte in den Krankenhäusern in Berlin anderes zu tun als die Todesursache eines einjährigen Kindes festzustellen. Man konnte sich nicht um Tote kümmern. Man hatte nach jedem Angriff mit den noch Lebenden zu tun. Da gab es immer viele Verletzte und Halbtote zu behandeln.

Damals bat ich Fritz, einen Bildhauer kommen zu lassen. Ich wollte eine Totenmaske von Christian haben. Ich selbst konnte ihn nicht mehr malen. Die kleinen Augen waren schon eingefallen, und als der Bildhauer die Maske abhob, blieben viele von den goldenen Wimpern des Kindes daran hängen.

Ich legte die Maske in einen Schmuckkasten, der mit vielen farbigen seltenen Hölzern ein feines phantastisches Muster bildete. Innen war er mit dunklem Samt ausgeschlagen, der das Weiß der Maske noch weißer machte. Und da befindet sie sich heute noch.

Fritz saß in der Nacht ganz still bei dem toten Kinde und sagte kein Wort. Ich hatte auch schon zwei Tage nicht geschlafen. Und dann meinte Papa, wir müßten den Kleinen jetzt wegbringen. Er müsse zum Friedhof. Ich wollte ihn nicht weglassen. Aber ich war so sehr müde, und mein Widerstand wurde schwächer. Ich legte Christian eine goldene Kette mit dem wertvollsten Schmuckstück, das ich besaß, um den kleinen Hals und deckte ihn mit einer kostbaren antiken Brokatdecke zu.

Papa hatte aus alten Brettern einen kleinen Sarg gezimmert. Es war ein weiter Weg zum Friedhof. Da gab es auch in Woltersdorf keinerlei Fuhrwerke mehr. Papa hob den kleinen Sarg auf unseren Schlitten. Es war der gleiche mit dem ich die Kinder immer habe herunter rodeln lassen.

Draußen wurde es dunkel, ganz kalte klare Luft. Es standen so viel Sterne am Himmel, genau wie damals im Arbeitsdienst an der Weichsel. Aber die Russen waren ja längst an der Weichsel, und sie waren auch nicht mehr weit von uns entfernt. Sie waren schon an der Oder.

Papa sage, ich solle mich nur ein Weilchen hinlegen, und dann würden wir zusammen gehen. Ich hatte nur ein bißchen geruht, da ist Papa gleich alleine losgezogen. Er wollte nicht, daß ich mitkomme. Ich sollte schlafen.

Heiligabend, wenn es dunkel ist, daß war in Deutschland immer die Zeit wenn die Kerzen an dem Baum angezündet wurden. Nicht so wie hier bei uns in Amerika wo die künstlichen schon lange vorher brennen. Als Papa nun seinen Schlitten mit dem kleinen Sarg die Dorfstraße entlang zog, da leuchteten in vielen Häusern die Lichter der Weihnachtsbäume bis weit auf die Straße. Manche Fenster lagen so dicht an dem Laufweg, daß Papa die Kinder unter den Bäumen sitzen sehen konnte. Und bei vielen erklangen Weihnachtslieder.

Papa fuhr den Sarg zu der kleinen Kapelle des Friedhofes. Die Beerdigung sollte am nächten Tage sein. Aber der Totengräber erklärte, er könne kein Grab schaufeln, da die Erde tief festgefroren sei. Nur unsere gesamte Zigarettenration konnte ihn dazu bewegen.

Ich muß ein bißchen eingeschlafen sein, denn als ich wach wurde, war Papa schon weg, und ich konnte ihn nicht mehr einholen. Da fiel mir ein, daß ja Heilig Abend war. Heiligabend war immer der Tag der Freude gewesen. Darum nahm ich den großen Sack, in dem der Weihnachtsmann seine Geschenke gebracht hätte, und ich legte alle Spielsachen hinein, die wir besaßen. Auch die gute elektrische Eisenbahn von Fritz, auch die Teile, die Ottfried zu Weihnachten erhalten sollte, auch die Bauklötze mit den bunten Märchenbildern. Das Buch vom Struvelpeter, und das von den Gebrüdern Grimm, und die hübsche Trommel, den gestiefelten Kater, das kleine Pferdchen mit dem Wagen, und die Autos groß und klein, und was ich noch finden konnte, und oben auf tat ich meinen lieben großen Teddybär, mit dem ich als Kind immer gespielt hatte. Ich ließ ihn oben ein bißchen hervor gucken, daß man ihn gleich sehen konnte. Und das alles trug ich zu der Nachbarsfrau, die in Erkner ausgebombt war. Sie besaß nur die winzige Bombenbaracke. Dort hauste sie kümmerlich mit ihren zwei Kindern. Jemand sollte sich an diesem Weihnachtsfest freuen, auch wenn wir es nicht konnten.

Ich bin dann doch wieder eingeschlafen, an diesem heiligen Abend. Der Mond schien so hell, und da sah ich über mir das Gesicht des kleinen Christian. Es war ganz klar und deutlich, und er lächelte. Er lächelte genauso wie in der Nacht, als er das erste mal Mama sagte. Aber auf einmal hatte ich das Gefühl, daß er sich zu entfernen schien. Instinktiv griff ich zu um es zu verhindern, und ich konnte ihn noch gerade am Hemdenziffel erwischen. Da lächelte er wieder und sagte "Mama".
Aber mit einem Mal wußte ich, was wir tun mußten. Wie dumm, das erst jetzt zu sehen. Es war doch ganz klar. Ich durfte ihn nicht weggehen lassen. Ich mußte ihn festhalten, ganz doll festhalten.
Und alles was ich zu tun hatte, war ihm einen neuen Körper zu geben. Er brauchte nur einen neuen Körper um wieder bei uns zu sein. Die kleine Seele war ja noch immer da, die wollte ja gar nicht weg, und wir würden sie auch gar nicht weglassen.

Und Fritz nahm mich in seine Arme, und genau neun Monate später ist die kleine Saskia Christiane geboren worden.

Die Angst

Wenn ich zurückdenke war es eigentlich sehr gnadenvoll, daß Christian gerade in dieser furchtbaren Zeit starb, in der Zeit wo all dein Sinnen und Fühlen, alle deine Energie den Lebenden galt und ihrem Durchkommen. Jetzt kamen die Bomber in unbeschreiblichen Mengen. Der ganze Himmel war oft von ihnen bedeckt. Manche Stadtbezirke waren vollkommen verschwunden. Hunderte von Straßen lagen allmählich in Schutt und Asche. Da waren Alleen, die nur noch tiefe Krater zeigten, und an deren Rändern hohe Berge von Geröll lagen. Da waren überall schwarz verkohlte Skelette von früheren Häusern. Wenn eine Straße zerstört war, zogen die Leute in die nächste und fanden Unterschlupf irgendwo - irgendwie.

Neben der Bombardierung hatte eine zusätzliche Furcht die Menschen in und um Berlin ergriffen. Die Furcht vor der russischen Armee. Ende Januar konnte man schon das Donnern ihrer Kanonen hören. Der Russe stand doch bereits an der Oder, ganze 60km von uns entfernt. Er hatte eine ungeheure Menge von Artillerie Panzer und Soldaten dort angehäuft. Glücklicherweise waren die russischen Verbindungslinien überzogen und die Generäle mußten nun auf Nachschub warten. Die Oder ist ein weiter Fluß, der jedes Jahr weit über seine Ufer tritt. Es bildet sich dann für längere Zeit sumpfiges Gelände. In diesem Schlamm waren die Tanks und die schwere Artillerie unbeweglich. Bald jedoch würde dieses Gebiet austrocknen und dann könnte der Russe für seinen Todessprung ansetzen.

Das deutsche Radio brachte jetzt unentwegt entsetzliche Geschichten über die Brutalität der unmenschlichen russischen Horden. Über ihre barbarischen Vergewaltigungen, ihre grausamen Tötungen. Ich habe niemals ein Wort von dem geglaubt was Göbbels uns einzuhämmern versuchte. Aber jetzt trafen bei uns Flüchtlinge von den östlichen Provinzen ein. Leute, die Hunderte von Kilometern geflohen waren, weit, wie von Polen, Ostpreußen, Pommern und Schlesien. Sie brachten Flugblätter mit, die der sovietische Staatspoet Ilya Ehrenburg verfaßt hatte: "Die deutsche Rasse ist teuflisch. Tötet, tötet. Vergewaltigt und tötet während ihr vorwärts stürmt, ihr edlen russischen Soldaten." In einem seiner Gedicht hieß es.
"Schneidet die Kinder heraus aus den Leibern ihrer Mütter."

Die Flüchtlinge berichteten entsetzliche Geschichten, und wenn du in ihre Gesichter schautest ,wußtest du das Alles wahr war. Oft wurden Frauen vergewaltigt und Ehemänner, alte Väter und Kinder mußten zusehen. Vielfach wurden Frauen nach der Vergewaltigung sadistisch getötet. Lange Flüchtlingslinien bewegten sich mit Pferden oder Ochsen gezogenen Wagen die Straßen entlang. Oft trieben sie Tiere vor ihrem Fuhrwerk her. Manche liefen zu Fuß und trugen noch Kinder auf ihren Rücken, oder in primitiven Schiebkarren, Bündel über ihren Schultern mit dem Rest ihrer Habseligkeiten. Da hinten auf der Hauptstraße, da sah man das ganze Elend der fliehenden Bevölkerung in endlosen Reihen. Frauen, die ihre schon toten Kinder noch in den Armen hielten, Scharen von kopflosen, angsterfüllten Menschen. Da liefen Frauen mit Säuglingen. Einige hatten schon Hunderte von Kilometer hinter sich. Frau Bachmann sah einen Gartenwagen, in dem eine alte Großmutter saß, die in Federbetten eingehüllt war. Und der Wagen wurde von zwei kleinen Kindern gezogen, die nicht älter als sechs Jahre zu sein schienen. Alle waren auf der Flucht vor dem Russen und dem Grausen, das sie gesehen und miterlebt hatten, dem Grausen, dem sie mit knapper Not entkommen waren. Sie wollten nicht anhalten.

Sie hatten nur ein Ziel, Richtung Westen, nur die amerikanischen Truppen zu erreichen, nur nicht wieder dem Russen zu begegnen. Aber der Russe war nur 60 Kilometer entfernt und der Amerikaner 400.

Fritz war der Ansicht, daß ich mit Ottfried auch nach dem Westen fliehen sollte. Er bezweifelte, daß der Amerikaner erst hier sein würde. Und Woltersdorf lag im Osten von Berlin. Der Bruder Heinz war jetzt Arzt. Er und seine Kollegen bestätigten die Berichte der Flüchtlinge. Sie hatten Hunderten von verstümmelten Frauen erste Hilfe geleistet. Aber ich war gegen das Weggehen. Ich wollte bei Fritz bleiben. Und überhaupt man konnte doch gerade in die Kampflinie kommen wenn man in Richtung der amerikanischen Truppen floh. Die SS war gegen sie eingesetzt. Da würden verbissene Kämpfe sein. Da würde man auch die Zivilisten nicht ausschließen. Dort mußten die Nazis aufpassen, daß die neuen SS Jungen nicht überlaufen konnten. Jetzt wurden nämlich viele ganz junge Menschen gewaltsam von ihrer Wehrmachtseinheit in die Waffen SS versetzt. Nein, ich wollte nicht fliehen. Ich erwartete ein Kind, und ich wollte bei Fritz bleiben. Heute weiß ich natürlich, daß es falsch war. Aber dann hätte man es eher tun sollen. Und ich wollte auch nicht meine Eltern und meine Schwester, die von Straßburg zurückgekommen war, alleine lassen. Und was wäre dann mit all unseren Sachen geschehen, die wir in Woltersdorf aufgestapelt hatten? Muttis letzter Besitz und auch unser eigener. Man ist viel stärker, wenn man nicht allein ist.

An der Ostfront versuchten die Soldaten verzweifelt den Russen aufzuhalten. Sie hofften, daß die Regierung inzwischen die Bevölkerung evakuieren würde.

Was die Soldaten aber nicht wußten war, daß Hitler gar nicht die Absicht hatte die Bevölkerung zu retten. Er hatte auch nicht die Absicht die Soldaten zu retten, die Soldaten, die so tapfer für ihn kämpften. Er wollte Niemanden retten. Alles was er wollte war Sieg. Er wollte Sieg oder Tod. Und da es nicht mehr Sieg sein konnte, so sollte es Tod sein. Hitler erwartete keine Gnade vom Feind. Und wenn er sterben mußte, so wollte er ganz Deutschland mitnehmen. Alle Soldaten, alle Frauen alle Kinder, alles das früher Deutschland war. Sieg oder Untergang. Untergang für ganz Deutschland. Er wollte in die Geschichte dramatisch eingehen, dramatisch erlöschen in glorreichem Ende.

Plötzlich erkannten manche was Hitler eigentlich beabsichtigte, daß sein Ziel war Deutschland völlig zu zerstören. Er bestimmte die Auslöschung von allem. Jeder General oder Offizier, der seinen Befehl der verbrannten Deutschen Erde nicht befolgte, wurde entlassen, erschossen oder mußte wie Rommel Selbstmord begehen. Wie ich später hörte, bestand schon eine offizielle Anordnung von Hitler, daß im Falle der Krieg verloren sein würde, die ganze Nation unterzugehen habe. Alles sollte in die Luft gesprengt werden: Kraft, Wasser und Gaswerke, alle Lebensmittel und sonstige Vorräte jeglicher Art, alle Dämme, Häfen, Industriekomplexe, alle Verbindungslinien, alle Brücken, alle Fahrzeuge, und die Straßen des ganzen Landes. Berlin war Hitlers letzte Stellung und er erwartete, daß die gesamte Bevölkerung in einer letzten Haus zu Haus Schlacht bis zum letzten Mann kämpfen würde. Jeder Überlebende sollte erschossen werden, da er ja offensichtlich nicht seine Pflicht getan hätte. Glücklicherweise haben die meisten westlichen Städte diese Anordnungen zum Kampf bis zum Tode des letzten Deutschen nicht befolgt, sondern die weiße Fahne hochgezogen, wenn sie nicht durch Fanatiker daran gehindert wurden. Aber uns in und um Berlin würde die weiße Fahne nicht helfen. Die Nazis hätten uns dann gleich erschossen.

266

Sie besaßen die Waffen und wir nicht. Und man konnte nie wissen wer ein fanatischer Nazi war und wer nicht Die Deutschen haben ferner die Gewohnheit einen Befehl solange zu befolgen, bis sie einen neuen Befehl erhalten. Im Westen hing man die weiße Fahne aus wenn die Alliierten vor den Toren der Stadt standen. Bei uns war das anders. Wo waren die Alliierten?

Unsere einzige Hoffnung war, daß der Amerikaner bald kommen, bald hier wäre, bevor Hitler uns tötete, allesamt tötete.

Die Russische Armee setzt an zum Todessprung

Die Bombardierung nahm pausenlos ihren Fortgang. Zu diesem Punkte war es uns völlig gleichgültig, wer nun zuerst nach Berlin kam. Der Russe oder der Amerikaner. Wenn es nach uns ginge, konnte es der Teufel selbst sein, oder Beelzebub mit allen seinen Verwandten einschließlich aller seiner Cousins und Cousinen, wenn nur das Bombardieren aufhören, nur der Krieg beendet sein würde - für immer und ewig. Was danach kam, mit dem würden wir schon fertig werden, auf die eine oder die andere Art.

Und in den gespenstischen Ruinen von Berlin ging das Leben weiter. Bei dem Durchschnittsberliner schien jetzt äußerlich eine kaltblütige, fast geistesgestörte Gelassenheit zu herrschen. Zu der Zeit begannen dann auch verschiedene Gerüchte zu kursieren.

Ein Gerücht war, daß Hitler eine geheime Waffe besaß. Eine ganz neue Wunderwaffe. Eine Bombe, die imstande war ganze Städte in Sekunden zu zerstören. Eine Waffe, die man in der allerletzten Minute einsetzen würde, die dann das Schicksal wenden könne.

Das zweite Gerücht begann als viele Blinde behaupteten Hitler sei gar nicht mehr Hitler. Sie erklärten fest und steif, daß Jemand anders die Stimme von Hitler nachahmen würde, daß Hitler vielleicht tot sei und eine andere Person ihn zu ersetzen versuche. Da Hitler jedoch ständig brüllte, war es für mich unmöglich einen Unterschied festzustellen. Im letzten Stadium des Krieges übrigens sprachen alle obersten Nazis nicht mehr sondern schrieen nur, sei es über das Radio oder sonst wo, Sie hielten alle ihre Reden in hysterischer Ektase.

Wir dachten übrigens, es sei durchaus möglich daß Hitler schon tot wäre. Im Falle es wirklich Jemanden gelungen sein sollte Hitler zu beseitigen, würde es sicher keine Schwierigkeit bereiten einen Schauspieler zu finden, der Hitler imitieren konnte. Der possierliche lächerliche Schnurrbart und das unübliche Scheiteln seines klebrigen Haares war ideal dafür. Vielleicht leitete jetzt Jemand anders das Trauerspiel und sie hatten zehn Hitler in der Kleiderkammer für alle Fälle. Aber das hätte alles absolut nichts ausgemacht.

Wir hatten schon immer das Gefühl, daß ein menge Andere die ganze Sache arrangieren würden, Leute, die nie ihr Gesicht zeigten.

Das dritte Gerücht war, daß Hitler seine Anordnungen von Moskau erhalte und in Wirklichkeit ein geheimer russischer Agent sei. Hitler hatte tatsächlich nach den ersten glorreichen Siegen alles in die Hände von Kamerad Stalin gespielt. Alle seine militärischen Aktionen und sein Ziel Deutschland völlig zu vernichten paßten in das Bild. Der unglaublich, scheinbar wahnsinnige Befehl die Panzer vom Osten zu entfernen, die Abziehung der Truppen aus dem Osten, die dringend zur Verteidigung gegen den Russen nötig waren. Das machte in dem Falle Sinn. Zur Verstärkung neue ungeübte ganz junge Soldaten dorthin zu schicken und ihnen nur ein paar Waffen aus anderen Ländern zu geben in die unsere Kugeln nicht paßten. Bald bekamen alle Soldaten im Osten keine Munition mehr und von Hitler den Befehl nicht einen Zentimeter zurückzugehen, sondern bis zum Tode zu kämpfen. Alle Vorräte und die besten Truppen wurden gegen den Westen eingesetzt. Wenn Hitler irre war, war eigentlich zu viel System in seinem Irrsinn.

Die meisten Leute glaubten das erste Gerücht. Es war das angenehmste. Und wir selbst? Ja, wir fanden, daß es eigentlich keinerlei Rolle spielte was man glaubte. Erstens erschien es jetzt ein bißchen spät sich überhaupt damit zu beschäftigen, und zweitens würde es nicht den kleinsten Unterschied gemacht haben, weder früher noch später. Wir waren alle im Augenblick nur damit beschäftigt wie wir selbst überleben könnten.

Eines Tages begannen die meisten prominenten Nazis in wilder Hast zu fliehen, trotzdem es bei Todesstrafe verboten war, Berlin ohne amtliche Erlaubnis überhaupt zu verlassen. Sie benutzten Staats und Militärfahrzeuge, beluden sie mit ihrem oder anderer wertvollem Gut und türmten auf dem schnellsten Wege. Eine menge verbrecherischer Nazis tauchten auf diese Art unter.

Jetzt verloren manche Leute ihren Kopf und viele beschlossen Selbstmord zu begehen falls sie den russischen Bestien ausgeliefert sein würden. Und diese Leute waren nicht einmal unbedingt Nazis. Verzweifelt versuchten manche sich Tabletten zu besorgen, Zyanid Kapseln und Rasierklingen, sogar Rattengift und viele hielten ihre Pistolen bereit. Andere wieder suchten nach Plätzen wo sie sich oder Angehörige verstecken könnten. Sie schoben Schränke vor Zimmertüren und fahndeten nach Nischen in den Kellern.

Ich selbst hatte bis zum letzten Augenblick gehofft, daß die Alliierten kommen würden. Da waren doch General Bradleys Soldaten, die von Sieg zu Sieg schritten, und General Pattons kühne Truppen. Einige Gruppen der Alliierten hatte bereits die Elbe überschritten und waren nur noch 45 Meilen von Berlin entfernt. Aber plötzlich befahl Eisenhower den Rückzug zu dem westlichem Ufer der Elbe und überließ alles Land westlich der Elbe den Russen. Das war fast halb Deutschland. Wie wir später erfuhren, waren die alliierten Truppen maßlos wütend über diesen unvorstellbaren Entschluß. Sie waren entschlossen gewesen vor dem Russen Berlin zu erreichen. Alles war darauf vorbereitet, sogar die Landung von Fallschirmtruppen im Berliner Flughafen von Tempelhof. Berlin war das Ziel, war der Siegespreis. Der Preis, den jeder wollte seit der Invasion in der Normandie. "To Berlin" hatten sie auf ihre Panzer und Fahrzeuge geschrieben. Aber als Soldaten mußten sie jedem Befehl gehorchen.

Und der Befehl lautete überlaßt Berlin den Russen, überlaßt Berlin Kamerad Stalin.

Und um es leichter für Kamerad Stalin zu machen schickte die Airforce ihre Bomber jetzt nach Berlin zu einem alles übertreffenden erbarmungslosen Bombardieren der Stadt. Jetzt war die Anordnung bombardiert Berlin ohne Pause, bombardiert Berlin Tag und Nacht, erlöscht alles Leben in Berlin.

Sie kamen manchmal mit eintausend Flugzeugen. Nein, wir haben die Bomber nicht gezählt um zu wissen mit wie vielen sie kamen. Das konnten wir nicht. Aber sie haben später selbst damit geprahlt wie viele es waren und wieviel Tonnen Sprengstoff sie auf uns warfen. Wir haben es nur erlebt und die Resultate gesehen. Dieser Befehl wurde gegeben trotzdem man wußte, daß sich keinerlei Soldaten in Berlin aufhielten.

Da waren noch, wie ich später erfuhr, zwei Millionen und siebenhundert tausend Menschen in Berlin. Zwei Millionen davon waren Frauen und da waren noch 100000 Kinder unter zehn Jahren, abgesehen von den vielen Flüchtlingen, die in Berlin gestrandet waren. Und die Alliierten wußten, daß die Menschen in Berlin in allen freien Wahlen gegen Hitler gewählt hatten, daß die Leute in Berlin Hitler haßten. Sie wußten auch daß die Nazis in Berlin jetzt in sicheren Bunkers saßen, daß Hitler und seine Gruppe tief in ihrer Untergrundwelt von keiner Bombe getroffen werden könne.

Ich möchte an dieser Stelle eine kleine Pause einlegen und von den tapferen Leuten in Berlin sprechen. Die meiste Bevölkerung war gezwungen in der Stadt zu bleiben und in den kriegswichtigen Fabriken zu arbeiten. Es stand Todesstrafe auf das Verlassen des Arbeitsplatzes. Sie mußten meist Munition herstellen, die dringend gebraucht wurde. Die Leute waren der festen Ansicht, daß ihre Munition die Russen aufhalten würde. Sie wußten nicht, daß Hitler nahezu alles nach dem Westen schickte. Übrigens selbst in der Zeit dieser schwersten Bombardierung wurde das kriegswichtige Gebiet von Spandau überhaupt nicht angegriffen.

Viele Leute blieben auch in Berlin weil sie ihre Angehörigen nicht verlassen wollten. Wenn ich jetzt von dem Berliner rede, spreche ich nicht von den wenigen, die mit besonderem Ausweis sich in besonderen Bunkern aufhielten, wie der große Bunker am Bahnhof Zoo. Ich will von der Masse, von dem einfachen Berliner berichten. Diese Leute zeigten keine Panik. Sie wollten tapfer dem Schicksal die Stirn bieten. Selbst unter denen, die von Hitler zu seiner letzten Armee befohlen waren. Die Armee der kleinen Jungen, alten und kranken Männern, Hitlers geheime Waffe wie wir sie nannten.

Selbst in dieser letzten Armee sah man wohl wütende aber keine verzweifelten Gesichter. Man hatte nur wenige Gewehre für sie. Ein paar bekamen eine einzige Granate, die sie an die russischen Panzer werfen sollten. Und sie hatten den Befehl auf ihrem angewiesenen Platz zu stehen bis zu ihrem Tode. Jeder der sich auch nur eine kurze Weile entfernte wurde erschossen und an einem Laternenpfahl aufgehängt.

Und eines Tages kam dann die Stunde in der der Russe die Oder überquerte. Es begann mit einem mörderlichen Getöse aus ihren 11000 Geschützen (nach ihren Berichten) und schien endlos anzuhalten. Es hörte sich an wie ein nicht endender Donner. Die Erde in Woltersdorf begann zu beben und plötzlich kam ein Orkan ähnlicher Wind vom Osten her. Ein seltsamer Geruch lag in diesem Sturm.

Der Russe hatte seine Offensive begonnen.

Fritz befand sich zu der Zeit gerade in Berlin um sein Kunstbein anzuprobieren. Er war im Geschäft seines Vaters als die russische Artillerie alle ihre verfügbaren Kanonen einsetzte.

Man konnte es klar und deutlich im Zentrum von Berlin hören. Fritz sagte auf Wiedersehen zu seinem Vater und Bruder.

"Das ist der Anfang vom Ende. Hoffentlich sehen wir uns noch einmal wieder."

Man umarmte und küßte sich nicht in Berlin. Man reichte sich die Hand: " auf ein Wiedersehen."

Und Fritz eilte schnell zurück nach Woltersdorf.

Wolfgang

Ich glaube es wäre angebracht an dieser Stelle von dem grausigen Kriegserlebnis unseres Freundes Wolfgang zu berichten. Wolfgang wurde östlich der Oder verwundet, kurz bevor der Russe die Oder in der großen Offensive überquerte, um seinen Siegeszug nach Berlin zu beginnen. Die Deutschen Soldaten kämpften verzweifelt den Russen aufzuhalten. Sie gaben ohne Bedenken ihr Leben für das Vaterland. Und dieser Bericht von dem grausigen Geschehen, das Wolfgang erlebte, zeigt klar und deutlich wie der Krieg eigentlich geführt wurde.

Wolfgang, als er eingezogen wurde

Wolfgang war von Halle in der Provinz von Sachsen Anhalt. 1943 mußte Wolfgang sein Notabitur machen. Man hatte den Jungs bereits vorher ein ganzes Schuljahr gestrichen, und jetzt wurde es noch weiter gekürzt. Aber das schien Niemanden sonderlich zu bekümmern. Lehrer und Schüler wußten das alle Jungs zur Front geschickt wurden, und es höchst gleichgültig war ob man nun mit oder ohne Abitur getötet wurde. Offiziell zog man Jungs im Alter von achtzehn ein. Im Kriege war es siebzehn, und jetzt schon sechzehn. Wolfgang mußte erst einmal drei Monate Arbeitsdienst absolvieren. Im Arbeitsdienst wurden die Jungs militärisch gedrillt und hatten Bombengeröll von einem Haufen zu einem anderen zu schaufeln. Die Sache machte wenig Sinn, da jeden Tag wieder ein neuer Angriff und damit neuer Schutt da war. Aber das spielte keine Rolle, denn der Sinn des Schaufeln war sie zur körperlichen Erschöpfung zu bringen um starke Muskeln zu formen und Denken zu verhindern.

Die Jungen vom Arbeitsdienst kamen im Allgemeinen von allen Teilen des Landes und Schichten des Volkes. Manche arbeiteten auf Höfen, andere waren Gesellen und einige kamen von den Schulen. In Wolfgangs Lager befanden sich ungefähr 120 junge Burschen, die nach Wolfgangs Meinung alles nette freundliche Kerle waren. Eines Tages erschien in Wolfgangs Lager eine Gruppe von SS Leuten und befal die Jungs in die Speisehalle. Seltsamerweise war keiner von ihren eigenen Vorgesetzten zu sehen. Die SS Leute wollten für die Waffen SS werben. Ein Mann sprach lange von der großen Ehre zur Waffen SS zu gehören. Er sprach von dem großen Privileg Teil dieser gutaussehenden Elite Truppe zu werden. Sie fochten stets die glorreichsten Schlachten, besaßen die größten Helden (und größten Verluste, wie Jedermann wußte.)

Die Waffen SS gehörte übrigens gar nicht zur Arme und war gehaßt von ihnen. Himmler war der oberste Vorgesetzte. Es war eine getrennte Arme, die am besten geschulte und am besten ausgerüstete. Die Nazis hatten diese SS Gruppe erschaffen, um gesichert zu sein, im Falle die Deutsche Armee gegen Hitler vorgehen würde.

Aber egal wie die Werbeleute ihre guten heldenhaften Elitetruppen anpriesen, keine Hand erhob sich um einzutreten.

Da suchten die SS Werber einzelne Jungs heraus und fragten sie in drohendem Ton warum sie sich nicht freiwillig melden wollten. Ein Student sagte ihnen, daß er es leider nicht könne, da er sich bereits freiwillig zur Armee gemeldet habe. Die SS Leute befahlen ihm daraufhin den Raum zu verlassen. Zwölf andere Jungs, einschließlich Wolfgang erklärten das Gleiche. Manche von diesen hatten ein Gerücht gehört, daß die SS einen nicht schnappen konnte, wenn man sich gleich zur Armee verpflichtete. Sich freiwillig zu melden war übrigens keine große Sache, da ja Jeder sowieso in Kürze eingezogen wurde. Die SS Leute versuchten nun die restlichen Jungs zu überzeugen. Aber Alle weigerten sich einstimmig und hartnäckig.

Plötzlich wurden sie von der SS zum Exerzieren beordert. Die SS hatte überhaupt kein Recht die Arbeitsdienstmänner zu exerzieren. Trotzdem verschwand die SS mit den Jungs im Staub des Übungsgeländes. Am Abend kamen sie in vollkommen erschöpften Zustand zurück. Ihre Kleidung war zerrissen und Arme und Knie bluteten und alle hatten sich " freiwillig" zur Waffen SS gemeldet. Im Allgemeinen wurde den Jungen gesagt, wenn sie sich nicht "Alle" freiwillig meldeten das Exerzieren nicht eher aufhören würde bis sie alle tot umfielen. Die SS wußte, daß die Deutschen einen starken Kameradschaftsgeist besaßen. Alle Jungs unterschrieben, weil sie ihre Freunde nicht im Stich lassen wollten.

In Kürze befand Wolfgang sich in der Armee. Für ein paar Wochen schulte man ihn als Panzergrenadier, und dann wurde er zu einem großen Truppenübungsplatz in der Lüneburger Heide beordert. Hier versuchte man neue Kampfmethoden mit Panzern zu entwickeln.
Die Russen hatten nur eine Sorte von Panzern, die robuste und einfache Art, die schnell repariert werden konnte und zu denen alle Ersatzteile paßten.
Aber Hitler wollte neue Panzer. Er wollte nicht mehr seine alten, die guten alten, die ihm die großen und schnellen Siege gebracht hatten. Er glaubte es wäre jetzt der richtige Zeitpunkt mit neuen zu experimentieren, und er befal daher die Herstellung von riesigen komplizierten und automatisierten Monstern.

Sie hatten besondere Namen. Da gab es den Typ Tiger, Typ Panther und Typ Königstiger. Jeder Typ war größer, schwerer und unbeholfener als der vorige und schwieriger zu handhaben, und Alle mußten ständig repariert werden.

Auf dem Truppenübungsplatz wurden Manöver abgehalten. Da lernten die Grenadiere im Schutze der großen Panzer zu kämpfen. Einmal wurde mit künstlichem Nebel experimentiert. Jeder Grenadier mußte sich schnell ein Loch graben, tief und groß genug um sich hineinzulegen, und dann sollten die eisernen Riesen über sie hinwegrollen. Als die Panzer dann wirklich ankamen, dachte Wolfgang, daß es doch sehr dumm wäre, in dem Loch zu bleiben und flitzte schnell heraus. Das bedeutete ein schweres Vergehen. Es wurde jedoch nicht bemerkt, da der Nebel dicht war und man entdeckte, daß man zwei Soldaten zu Tode gequetscht hatte, weil die Panzer zu schwer und die Heide zu sandig war. Aber im großen Ganzen war es für Wolfgang eine friedliche Zeit. Besonders schön war es Nachts Wache zu stehen in dieser herrlichen Heide. Und es schien als hätte der Krieg die Panzergrenadiere übersehen.

Aber eines Tages im Februar 1945, nahezu am Ende des Krieges wurden alle Panzergrenadieren auf einen offenen Güterzug verladen. Es ging Richtung Osten. Wolfgang erinnert sich, daß sie an einer Reihe von kahl geschorenen, erbärmlich aussehenden Gestalten vorbei fuhren, die Stellungen für den Volkssturm aushoben. Die Soldaten nahmen an, daß es sich hierbei um Leute aus den Konzentrationslagern handelte, die sie vorher niemals selbst gesehen hatten. Man war ergriffen von den gespensterhaften hohlen Gesichtern und Körpern dieser armen Männer, und Wolfgang machte eine Bemerkung gegen die Regierung, die ihn das Leben hätte kosten können. Aber alle Anwesenden mußten das Gleiche gefühlt haben, denn Keiner widersprach und Niemand zeigte Wolfgang an.

Wolfgangs Einheit bestand aus ungefähr einhundert Mann. Die Meisten waren sehr jung, viele nur knapp achtzehn oder neunzehn Jahre alt. Die ganze Kompanie wurde zur Oder gefahren und in einer kleinen Stadt mit dem Namen Greifenhagen entladen. Greifenhagen war ein Brückenkopf. Da befand sich eine der letzten, noch in deutscher Hand befindlichen Brücken.

Die Soldaten wurden nun ausgerüstet. Man erhielt fabrikfrische neu entwickelte Kampfanzüge aber nicht viele Waffen. Wolfgang selbst bekam nur eine Panzerfaust, die man auf der Schulter trug und ein paar kleine Handgranaten, ferner eine Pistole und sechs Kugeln. Diese Pistolen waren belgischer Herkunft, und die Jungs wurden gewarnt die Pistolen nicht auszuprobieren, da sie diese sechs Schuß für den äußersten Notfall aufheben sollten. Man hatte einfach nicht mehr Munition. Ferner wurde ihnen gesagt, daß jetzt die deutsche Offensive begonnen hätte, und daß jetzt Hitlers enorme Panzer mit den Panzergrenadieren die Russen zurückjagen würden und damit der Sieg gesichert sei.

Die Soldaten wurden auf gepanzerte Wagen geladen und über die Oderbrücke gefahren. Hier mußten sie jedoch wieder ausgeladen werden. Da wurde nämlich ein Fahrzeug dringend gebraucht. Sie erfuhren auch wozu: Ein Hauptmann hatte sich nämlich geweigert den Befehl auszuführen, seine Leute in diese sinnlose mörderlich Schlacht zu bringen, die er als nichts weiter als eine Todesfalle ansah. Ein Feldwebel mit einer Pistole mußte nun diesen Hauptmann zum obersten Kommando fahren. Hier würde er ohne Zweifel sofort verurteilt und auf der Stelle erschossen werden.

Nach meiner Ansicht waren Männer, wie dieser Hauptmann wirkliche große Helden. Sie starben für ihre Leute ohne Orden, und wenige wußten oft überhaupt von ihrem Opfer. Wolfgang erinnert sich, daß dieser Hauptmann mittleren Alters war und sehr würdevoll aussah. Der Mann wußte was ihm bevorstand und schien trotzdem seine Tat nicht zu bereuen.

Wolfgangs Kompanie mußte nun antreten und zur gleichen Zeit wurde ihnen mitgeteilt, daß man alle ihre wunderbaren Panzer vorausgeschickt habe. Die Tiger, die Panther und die Königstiger, alle die, mit denen man so lange exerziert hatte, und, daß diese allesamt von der Russischen Artillerie zerstört worden waren. Es standen also den Panzergrenadieren keine Panzer mehr zur Verfügung. Und die Panzergrenadiere mußten nun ohne den Schutz der Panzer für ihr Vaterland kämpfen. Der Befehl lautete" vorwärts zu Fuß." Wolfgang mußte seine Panzerfaust tragen und die Munition für ein kleines Maschinengewehr. Als es dunkel wurde, grub man sich für die Nacht in den Grund ein. Da lagen viele tote Pferde, und aus der Ferne hörte man das Brüllen von Kühen, die scheinbar verwundet und auch nicht gemolken worden waren. Ein leichter Regen fiel.

In der Morgendämmerung ging man vorwärts bis man verschiedene lange Reihen von Kartoffelmieten erreichte. Die Grenadiere nahmen hinter diesen Mieten Schutz. Wolfgang und zwei weiterer Kameraden wurde jedoch befohlen sich mit dem kleinen Maschinengewehr vor die schutzbietenden Mieten zu begeben. Während ihres ganzen Trainings hatte man ihnen immer wieder eingeschärft stets hinter einem Wall oder sonstigem Schutz zu kämpfen. Jetzt jedoch sollten sie sich davor aufstellen. Sie könnten dort besser sehen. Ja, aber sie würden jetzt auch besser gesehen werden. Aber da gab es keine Diskussion mit dem Truppenführer. Man hatte einfach jeden Befehl auszuführen.

Die Soldaten hatten auch keinerlei Ahnung wo der Feind stand. Da sie sich nahe am Ufer der Oder befanden, war der Nebel dicht und hob sich in dicken Fladen von der feuchten Erde. Inzwischen hatte man eine kleine Vertiefung für das Maschinengewehr ausgehoben.

Plötzlich nahm ein russischer Scharfschütze Wolfgang ins Feuer. Wolfgang warf sich flach auf die Erde und versuchte sich liegend schnell etwas in die der Ackerboden einzugraben. Er erinnert sich dabei gesungen zu haben. Zur gleichen Zeit sahen die Jungs ungefähr 80 Meter entfernt Figuren im Nebel auftauchen, die scheinbar sorgenlos hin und her liefen. Aber diese Figuren sprachen Russisch.

Die Grenadiere erstarrten und gaben dem Jungen, der das Maschinengewehr bedienen sollte ein Zeichen, ja nicht zu schießen. Aber als die im Nebel herumwandernden Russen näher zu kommen schienen, verlor der Junge seine Nerven und feuerte. Er gab aber nur ein paar Schüsse ab, denn das nagelneue Maschinengewehr hatte sogleich Ladehemmung und stoppte. Daraufhin aber griffen die Russen an. Sie stürmten "Urräh" schreiend auf die Mieten zu. Wolfgang nahm alle seine Handgranaten. Er hatte noch nie welche geworfen, wußte aber, daß man die Schnur ziehen und einige Sekunden warten mußte. Er riß an allen zur gleichen Zeit und warf sie auf die Angreifer. Eine große Explosion folgte und danach war Stille.

Aber dann begannen Scharfschützen wieder zu feuern. Wolfgang sah einige tiefe Krater neben sich. Diese waren von der russischen Artillerie, die die Soldaten vor ihnen vernichtet hatte. Wolfgang sprang von einem Krater zum andern bis er seine Kameraden in der Kartoffelmiete erreicht hatte.

Aber plötzlich fühlte Wolfgang einen scharfen Schmerz. Ein Schrapnell hatte ihn unter das rechte Auge ge-troffen. Wolfgang meldete, daß er leicht verwundet sei. Der Kamerad neben ihm wollte die Wunde untersuchen und verbinden. Im gleichen Augenblick hatte die russische Artillerie die Grenadiere in den Kartoffelmieten in ihrem Fokus und begann ein mörderliches Feuer. Ihre Stalinorgel bedeckten die Erde Meter um Meter. Mit dem ersten Ton des Angriffes hatte der Kamerad, der sich um Wolfgangs Wunde kümmerte, über Wolfgang geworfen. Er wollte ihn beschützen, da Wolfgang verwundet und den Helm abgenommen hatte. Das Sausen des folgenden Kugelhagels war unbeschreiblich.

Der Kamerad, der über Wolfgang lag, stöhnte, wurde schwerer und schwerer und dann bewegungslos. Erst viel später wurde Wolfgang klar, daß der Körper des Kamerad ihn vor dem sicheren Tod bewahrt hatte. Nach einer Weile verstummte die Stalinorgel, denn man wußte, daß nun alle deutschen Soldaten in den Kartoffelmieten vernichtet waren. Wolfgang richtete sich langsam auf. Der Kopf des Kameraden war aufgerissen und Wolfgang sah daß das Gehirn heraushing. Dann entdeckte Wolfgang einen anderen Jungen neben sich. Der saß ganz aufrecht aber bewegungslos in dem Graben und die Hälfte seines Gesichts fehlte. Dieser Junge war ein besonderer Freund. Schüchtern, zartfühlend, sehr musikalisch und immer fröhlich pflegte er ganze Passagen von Bruchs Violinen Konzert zu pfeifen. Und Wolfgang begriff, daß alle Jungen in dieser Reihe der Miete tot waren.

Wolfgang sprang eine Reihe zurück. Auch hier lag alles tot oder im Sterben. Einen neuen Angriff fürchtend, jagte Wolfgang aus dem Graben. Aber er wurde bald entdeckt und einige male getroffen. Eine Kugel durchschoß seine Wade, eine sein Knie und eine seinen Ellbogen. Er war jedoch imstande weiter zu robben. Wolfgang fuhr fort sich von den Kartoffelmieten wegzuschleppen. Da war ein abschüssiger Berg hinter dem ein deutscher Panzer stand. Dieser Panzer war noch der alte Typ, der gute alte "Nummer vier". Der Kom-mandant der Besatzung kam Wolfgang zur Hilfe. Er stelle den Panzer vor Wolfgang und forderte ihn auf einzusteigen. Es gelang Wolfgang mit Mühe. Durch die Sichtöffnung konnte Wolfgang dann sehen, daß seine ganze Kompanie in ihrem Blut lag. Einige schienen noch zu schreien und nach Hilfe zu winken.

Jetzt aber wurde Wolfgangs Panzer von den Russen entdeckt und angegriffen. Der Beschuß hörte sich an wie ein schwerer Hagel. Aber plötzlich gab es eine starke Explosion. Die Russen hatten die Kanone des Panzers getroffen. Gleichzeitig ergossen sich alle leeren Geschützkartuschen des Panzers über Wolfgang. Da der Panzer nun nicht mehr in Stande war zu kämpfen, zog er sich aus dem Feuer der Russen, und sie fuhren über die Oderbrücke zurück nach Greifenhagen. Wolfgang war einer von drei Überlebenden seiner ganzen Kompanie.

Man brachte Wolfgang zuerst nach Stettin wo seine Wunden verbunden wurden. Es hatte jedoch Niemand Zeit die Kugeln zu entfernen, da der Russe bereits vor den Toren von Stettin stand, und ihre Artillerie die Stadt schon unter Beschuß hatte. Daher lud man alle Verwundeten, soweit es möglich war, in einen Lazarettzug. Dieser Zug war so lang, daß er drei Lokomotiven brauchte. Man fuhr von Stadt zu Stadt. Aber jeder Ort konnte nur ein paar Soldaten aufnehmen. Alle verfügbaren Räume waren überfüllt mit schwerver-letzten Soldaten, Oft konnte man sie nur auf Stroh in große Hallen legen. Der Zug fuhr sogar nach Dänemark. Wolfgang landete dann in Bergedorf bei Hamburg in einem Schulgebäude.

Hier waren Betten aber kaum Ärzte und ein paar Krankenschwestern.

Eines Tages erschien ein medizinischer Inspektor und erklärte jeden Verwundeten, der noch stehen konnte, als kampffähig. Aber nicht lange danach eroberten die Engländer, zur großen Erleichterung der meisten Deutschen dieses Gebiet. Manche Engländer nahmen die Armbanduhren der deutschen Soldaten und forderten auch deren Ringe. Aber sie berührten nicht die Verwundeten.

Bald befanden sich alle in Kriegsgefangenschaft. Wolfgang gelang es jedoch, aus der Gefangenschaft zu entkommen, als er zufällig hörte, daß Belgien deutsche Kriegsgefangene für ihre Bergwerke angefordert hätte.

1963 wanderte Wolfgang mit seiner Frau und seinen vier Kindern nach Amerika aus. Kurz bevor Wolfgang Deutschland verließ, laß er zufällig in einer Zeitung, daß keiner der deutschen Kriegsgefangenen, die in belgische Bergwerke geschickt worden waren, die Zeit dort überlebt hätten.

Wolfgang ist jetzt Professor für deutschen Literatur an der State University of Albany. Wolfgang ist praktisch unserer nächster Nachbar. Da sind immer noch Granatsplitter unter seinem rechten Auge und in verschiedenen anderen Teilen seines Körpers, Das wurde erst neulich bei einer Röntgenaufnahmen Untersuchung festgestellt.

Ich habe übrigens vergessen zu schreiben, daß die Pistole, die die deutsche Armee Wolfgang und seinen Kameraden gab um die Russen zu bekämpfen, überhaupt nicht funktionierte, nicht einen einzigen Schuß, wie Wolfgang später feststellte. Die deutsche Munition paßte nämlich nicht in die belgischen Pistolen.

Wolfgangs Bericht zeigt klar und deutlich die typische Handhabung des Krieges. Genau wie die jungen Panzergrenadiere den russischen Stalinorgeln ausgeliefert wurden, Welle um Welle, trotzdem man wußte, daß keiner dieser Jungen die geringste Chance zum Überleben hatten, genau so wurde der ganze Krieg geführt. Nach den ersten glorreichen Siegen bestand Hitlers Taktik hauptsächlich darin möglichst viele Soldaten zu verlieren. In unglaublichen Zahlen wurden Soldaten sinnlos gegen den Feind eingesetzt. Es war ein Massenhinschlachten größten Ausmaßes.

Die Armeen, die Berlin verteidigten

Die Bevölkerung von Deutschland war nie genau informiert was eigentlich so vor sich ging. Manche Leute wollten es auch gar nicht wissen. Sie überließen alles Gott und der Regierung. Und die Regierung versicherte ständig, daß alles in bester Ordnung sei. Aber allmählich hatte Jeder gemerkt, daß alles nicht in bester Ordnung sei, denn die Geschütze, die man hörte, waren russische Geschütze.

Trotzdem bewahrten Viele ihren Glauben und hofften auf ein Wunder. Aber auch die Wenigen, die es wagten, die ausländischen Sender zu hören, wußten auch nicht richtig Bescheid. Man berichtete uns nämlich nur, was man uns wissen lassen wollte. Viel später, erst nach dem Kriege, haben wir erfahren was für ungeheure Geschehnisse sich in unserer nächten Nähe abgespielt hatten.

Ich finde es ist nötig in diesem Kapitel den Leser über die generelle militärische Lage bei dem Kampf um Berlin zu informieren. Manche wissen es natürlich. Aber vielen, der jüngeren Generation werden manche Einzelheiten nicht bekannt sein. Hier sind nun einige Tatsachen, die ich teils gehört, teils aus Briefen, Zeitschriften und deutschen, englisch oder amerikanischen Büchern entnommen habe.

Schon früh in 1944 hatten einige Generäle im Hauptquartier eine starke Verteidigungsfront gegen die russische Militärlavine gefordert. Darum bildete man die Armee Vistula. Vistula ist ein Fluß nahe an Danzig, ungefähr 400 km von Berlin entfernt. Diese Armee Vistula sollte eine eiserne Verteidigungslinie bilden.
Da nun Hitler selbst der oberste Feldherr war, so konnte er den Mann bestimmen, der die Armee Vistula befehlen würde. Und er ernannte Himmler. Von allen Personen Himmler. Himmler soll damals der zweitmächtigste Mann im Deutschen Reiche gewesen sein.

Zu der Zeit wußten wir, und viele andere Leute in Deutschland , diese Tatsache gar nicht. Himmler war ekelhaft, und grausam. Er war gehaßt von nahezu jedem Deutschen und verpönt und verachtet von dem männlich spartanischen Militär. Er besaß einen eigenen Eisenbahnzug, dessen Ausstattung an die einer weiblichen Prostituierten erinnerte. Himmler war der Chef der Gestapo, der Vorgesetzte der SS, Chef der gesamten deutschen Polizei und des Geheimdienstes, außerdem war er ferner noch Innenminister. Himmler hatte jedoch keinerlei militärische Schulung oder Erfahrung.

Wenn auch die deutschen Soldaten tapfer an der Ostfront kämpften waren sie doch nicht imstande den Russen aufzuhalten. Himmler sorgte dafür, daß große Einheiten umzingelt wurden, und dann gab er, wie Hitler, den Befehl nicht zurückzuweichen und bis zum letzten Mann zu kämpfen. Die Wenigen, die sich ergaben, fielen in die Hände der Soviets.

Der zivilen Bevölkerung im Osten wurde auch verboten rechtzeitig zu fliehen. Sie mußten in ihren Städten oder Dörfern bleiben bis sie die Erlaubnis erhielten mit ihrem Treck loszufahren, und das war manchmal kurz bevor der Russe einzog.

Als der Russe nun an der Oder stand, fand Himmler die Sache unbehaglich, und auch Hitler und seinen Beratern wurde es etwas ungemütlich. Die russische Armee hatte nämlich drei Millionen Mann zur Verfügung. Man beschloß daher einen richtigen General mit militärischen Kenntnissen einzusetzen. General Heinrici wurde vorgeschlagen. General Heinrici war ein Meister der Verteidigung. Er hatte die Russen trotz zehnfacher Übermacht laufend zurückgehalten so weit es unter den wahnsinnigen Befehlen seiner Vorgesetzten überhaupt möglich war. Hitler war gegen Heinrici, denn Heinrici war ein tief religiöser Mann. Aber da Heinrici von allen Generälen stark empfohlen wurde, gab Hitler nach und setzte Heinrici ein.

Heinrici selbst haßte die Übergabe dieser vollkommen hoffnungslosen Situation. Jetzt sollte er der Sündenbock werden. Aber er versuchte trotzdem zu retten was noch zu retten war. Das jedoch war schwer, denn Hitler machte alle militärischen Entscheidungen.

Heinrici sah, daß ihm zur Verteidigung von Berlin nur zwei Armeen zur Verfügung standen auf die er sich verlassen konnte.

Im Norden von Berlin war es die dritte Panzerarmee unter General von Manteuffel, welcher eine Linie von 100 Meilen zu halten hatte, und im Süden war es Busses Neunte. Heinricis größte Armee war Busses Neunte, das Verteidigungsschild direkt vor der Stadt Berlin. Beide Armeen waren jedoch in äußerst schlechtem Zustand. Sie waren in endlose Kämpfe eingesetzt worden und hatten bereits ihre besten Männer verloren.

Aber gleich nachdem man Heinrici die Armee Vistula übergab, befahl Hitler ihm den Brückenkopf in Küstrin anzugreifen. In Henricis Meinung war dieser Befehl schierer Wahnsinn. Das bergige Gelände war ein ideales Gebiet für die Russen. Die Russen würden den Angriff sogleich entdecken, und die Deutschen unverzüglich pulverisieren. Wie konnte er, den so wertvollen Rest seiner letzten, so dringend benötigten Soldaten opfern, für absolut nichts. Heinrici eilte sogleich zum Führerbunker. Aber seine Beteuerungen machten keinerlei Unterschied. Der Angriff wurde befohlen, und das traurige Resultat war genau das, was Heinrici vorausgesagt hatte, nämlich eine Massenzerstörung von unersetzbaren Truppen. Truppen äußerst wichtig für die Verteidigung von Berlin. Diese Tatsache jedoch schien Hitler nicht im geringsten zu beeindrucken. Er befahl auf der Stelle einen zweiten Angriff mit neuen Truppen, der natürlich das gleiche Resultat brachte.

In der Zwischenzeit hatte Heinrici durch Beobachtung und Spionage herausgefunden, daß der Beginn der großen russischen Offensive zur Einnahme von Berlin ohne Zweifel am 16. April stattfinden würde, und daß der Russe beabsichtigte, Busses Neunte anzugreifen, die Armee, die direkt vor Berlin stand. Darum forderte Heinrici von Hitler alle irgendwie zur Verfügung stehenden Truppen, vor allem die, die sich noch in Frankfurt an der Oder zur Verteidigung dieser Stadt befanden. Hitler jedoch erklärte Henricis Annahme von einem russischen Angriff auf Berlin als Blödsinn und verbot jegliche Truppenabziehungen von Frankfurt. Außerdem befahl Hitler am 5. April, also nur noch Tage vor dem vorausgesehenem Generalangriff, die Versetzung von vier großen Panzereinheiten nach Prag. Hitler war der Ansicht, daß der Russe gar nicht die Absicht hätte, Berlin anzugreifen, sondern Prag einnehmen wolle. Und einige seiner Marionettengeneräle im Hauptquartier gaben ihm Recht. Auf diese Panzer hatte Heinrici seinen ganzen Verteidigungsplan gebaut. Außerdem verbot Hitler nochmals ausdrücklich, jeglichen Truppenabzug von Frankfurt, und befahl die Verteidigung der Festung bis auf den letzten Mann, und ferner erhielt Busse den Befehl ohne Rücksicht auf Verluste nicht einen Meter zu weichen.

Die russische Offensive begann wie vorausgesehen am 16. April. Mit einem mörderlichen Feuer aus all ihren Kanonen wurden die Linien, der meist unerfahrenen und oft ganz jungen Soldaten belegt. Und dann strömten die russischen Soldaten über die Oder. Die ersten der 100 000 Russen, warfen sich mit Kampfesgeschrei ins Wasser und schwammen an Land und überrannten Hitlers Volkssturm Armee., die Armee der ganz alten Männer und Kinder der Hitlerjugend. Diese Armee hatte kleine Graben ausgehoben, in die sie jeden Mann steckten, der noch imstande war zu laufen, und jeden kleinen Jungen, den man finden konnte. Fanatische SS Männer zwangen alle mit angelegten Gewehren in die Gräben. Selbst Ärzte und Personal der Krankenhäuser und Feldhospitäler mußten ihre Patienten im Stich lassen, selbst vom Operationstisch. Manche bekamen eine Pistole oder ein Gewehr in die Hand. Oft gab man ihnen gar keine Waffen. Sie konnten nur Steine an die Panzer werfen. Und gleichzeitig wurde ihnen befohlen die Gräben auf keinen Fall zu verlassen, ihr Vaterland zu verteidigen bis zum letzten Mann und einen ehrenvollen Tod zu sterben. Jede Person, die sich auch nur einen Augenblick von den Gräben entfernen wollte, wurde auf der Stelle erschossen.

Göbbels war verantwortlich für die Verteidigung und das Wohlergehen der Bevölkerung von Berlin. Der fanatische Gnom jedoch hatte beschlossen zu sterben, wenn die Russen an das Tor seines Bunker kommen würden. Er hatte vor heroisch zu sterben. Heroisch wie die Männer seiner Helden. Er starb jedoch nicht wie seine heroischen Helden starben. Er starb nicht kämpfend, wie er von Jedermann verlangte. Er starb feige in seinem Bunker zitternd, Cyanide Kapseln schluckend. Da er nun die Absicht hatte seine Frau und seine sechs Kinder in den Tod mitzunehmen, war es ihm vollkommen gleichgültig was mit den 100 000 anderen Kindern geschah, die noch in der Stadt eingeschlossen waren.

Göbbels verbat die Evakuierung jeglicher Personen. Verzweifelte Zivilisten, meist Frauen und Kinder versuchten aus der Stadt zu entkommen. Aber die Ausfallstraßen waren von SS bewacht. Keinerlei Personen durften Berlin verlassen. Göbbels verbot ferner jegliche Planung für die Ernährung der belagerten Stadt. Jedem Offiziellen, der noch schnell Proviant in die Stadt bringen wollte, wurde gesagt, daß es Göbbels Gebiet sei und er handeln würde wenn die Zeit käme. Die Anhäufung von Lebensmittel in den Lagerhäusern könnte eine Panik unter den Berlinern hervorrufen. Göbbels selbst schien zu dem Punkt gekommen zu sein, wo er seine eigene Propaganda glaubte. Er sprach, als wenn der Sieg an der nächsten Ecke stand. In seinem letzten Aufruf an die Berliner erklärte er, daß nun die letzte Schlacht bevorstünde, die letzte Schlacht, in der wir alle bis zum Tode kämpfen würden. Jede Person, die den Befehl zum Rückzug geben würde, sollte erschossen werden gleichgültig welchen Ranges sie sei.

Dann ging das Radio aus, das elektrische Licht erlosch, Wasser kam nicht mehr, und auch alles andere hörte auf zu funktionieren.

Heinricis Ziel war die Stadt von ihrem äußeren Zirkel zu verteidigen. Kämpfe innerhalb der Stadt würden einen großen Verlust an Menschen bedeuten, besonders für die Zivilisten. Denn während der Schlacht würde der Russe keinen Unterschied zwischen der Bevölkerung und den Soldaten machen. Heinrici wollte die Stadt solange wie möglich verteidigen, dann den Rückzug antreten zu dem Rest der Deutschen Arme, die sich an der Elbe befand. Das war die Armee von General Wenck. Auf diese Art würde er einen Fluchtlinie für die Soldaten und auch Zivilisten zu den Amerikanern schaffen.

Aber Hitlers Befehl für Heinrici hieß, nicht einen einzigen Schritt zurück. Henrici versuchte alles was in seiner Macht stand. Er warnte auch Hitler und seinen Stab, daß in ganz kurzer Zeit die Armee von Busse umzingelt und vollkommen zerstört werden würde. Hitlers Befehl jedoch blieb: "Keinen Rückzug." Heinrici versuchte nun Busse dazu zu bringen, den Befehl Hitlers zu ignorieren. Aber das hätte für den General Busse bedeutet, sein Leben aufs Spiel zu setzen. Manchen Leuten fällt es leicht, ihren Untergeordneten zu befehlen, ihr Leben dem Vaterland zu opfern. Aber in diesem Falle war es nicht das Leben von Tausenden seiner untergebenen Soldaten, sondern das Leben von Busse selbst.
Und wenn es nun um das eigene geht, ja dann ist es natürlich eine ganz andere Sache.

Busse jedenfalls ordnete den Rückzug nicht an, und nach ganz kurzer Zeit war Busses Armee - wie Heinrici vorausgesagt hatte - umzingelt. Und es war nur noch eine Zeitfrage wann sie alle vernichtet werden würden.

Die einzig zur Verteidigung noch brauchbare Armee war jetzt die von General Wenck. Sie befand sich östlich der Elbe gegenüber den amerikanischen Truppen. Bis jetzt jedoch hatten die Amerikaner noch keinerlei Anstalten gemacht die Elbe zu überqueren. General Wencks Armee war überladen mit Flüchtlingen. Jedermanns Flucht nach dem Westen endete an diesem großen Flusse. Da waren alle gestrandeten Flüchtlingszüge. Tausende von Menschen lagen dort in verzweifelter Lage. Viele alt und krank und ohne Nahrung für sich und ihre Tiere. Und General Wenck wurde der Vater der Flüchtlinge. Er ernährte mehr Flüchtlinge als Soldaten. Er ernährte eine halbe Million Menschen.

General Wenk tat das Alles ohne Wissen des obersten Heeresleitung. Wenck war in der Lage zu helfen, weil ein vollkommenes Durcheinander herrschte. Viele Sendungen irgend welcher Art bei Luft, Schiff oder Bahn blieben an der Elbe stecken. Und Wenck beschlagnahmte sie alle, und was immer davon zu gebrauchen ging, verteilte er unter die Flüchtlinge.

Die Armee von General Wenck waren die armseligen Reste von Eliteeinheiten, Divisionen von Kadetten und Splittergruppen aller Art. Wenck besaß noch eine Menge von Benzin, aber kaum noch Munition. Am 23 April erschien Keitel im Quartiere Wenck. Keitel, war der neue, von Hitler ernannte, Oberste General. Er ersetzte den herausgeworfenen Guderian. Keitel überbrachte Wenck den Befehl des Führers sogleich mit seiner ganzen Armee nach Berlin zu kommen und gegen den Russen innerhalb der Stadt zu kämpfen. Das schien für Wenck heller Wahnsinn zu sein. Aber Wenck war klug, er widersprach nicht. Er hatte von dem Schicksal anderer Generäle gelernt. Er sagte: "Der Befehl wird sogleich ausgeführt." Aber er dachte gar nicht daran diesen Befehl auszuführen, sondern zu tun, was seiner Meinung nach das Beste war. Wenck Armee hatte nicht mehr viele Soldaten, kaum noch Panzer. Kämpfe innerhalb der Stadt Berlin wären ein vollkommen sinnloser Verlust von Menschen gewesen. Wenck war es gleichgültig, ob er für seine Entscheidung erschossen werden würde. Er erklärte seinem Stab: "Wir werden nicht unsere Position an der Elbe, wie verlangt, aufgeben. Wir werden an der Elbe bleiben und uns lediglich bis nach Berlin ausdehnen. Auf diese Weise wird eine Fluchtlinie entstehen. Gleichzeitig werden wir die Umzingelung von Busse durchbrechen und mit Busses Neunten alle überlebenden deutschen Soldaten und Zivilisten zu den Amerikanern nach dem Westen bringen."

Inzwischen hielten General Manteuffels Truppen noch immer im Norden von Berlin tapfer die Russen auf. Sie hatten kaum noch Benzin und keinerlei Geschütze. Es standen ihnen nur noch ein paar Luftwaffen- abwehrgeschütze zur Verfügung, die aber fest montiert und nicht beweglich waren. Und selbst für diese war kaum noch Munition vorhanden. Manteuffel war ein Panzergeneral ohne Panzer. Er beschloß trotz allem den Russen so lange zu bekämpfen bis sich Wenck und Busse vereinigt hatten. Er hatte auch nicht die Absicht Hitlers Befehl des Kampfes bis zum letzten Mann zu gehorchen. Er entschied, seine Linien so lange zu halten wie es nur Menschen- möglich war, aber sich gleichzeitig mit allen seinen Soldaten zurückzuziehen. Schritt für Schritt, Arm an Arm, Schulter an Schulter den ganzen Weg über bis zum Westen. Er schwor, daß kein einziger seiner Soldaten dem Russen in die Hand fallen würde.

Mit großer Bewunderung und Stolz kann ich berichten, daß Wenck und Busses Leute die Umzingelung der Russen durchbrachen. Man erreichte es mit einer fast unmenschlichen Anstrengung, in einer verzweifelten heroischen Leistung, nach tagelangen Kämpfen ohne jegliche Ruhepause mit den letzten körperlichen und militärischen Reserven. Mit ihren letzten Kugeln hielten sie die Russen auf und mit ihren letztem Atem fielen sie einander in die Arme. 100 000 Soldaten erreichten am 6. Mai die Elbe und ergaben sich völlig erschöpft den Amerikanern.

Aber von Busses 200 000 Soldaten hatten es nur 40 000 überlebt.

Papa und Mutti verlassen die Stadt

Bald nachdem meine Eltern ihre Wohnung verloren hatten, erhielten sie eine Notunterkunft. Die war sehr primitiv, praktisch nur ein kleiner Raum. Da standen jedoch noch zwei Betten, und eine kleine Kochstelle war auch vorhanden und etwas Geschirr und einige Töpfe. Hier hatte vorher Leute gelebt. Aber ich weiß nicht was mit ihnen geschehen ist, vielleicht sind sie in einem Angriff umgekommen. Die Wohnung war auf einem Hinterhof. Sie hatte auch ein kleines Fenster zu einem Lichtschacht hin. Aber das Fenster war mit Hartpappe zugenagelt. Schon seit langer Zeit setzte Niemand mehr Glas in die Fenster. Mutti störte das Alles nicht. Sie war so froh, daß sie eine Kochstelle hatte. Das war ihr wichtig. Papa sah so dünn aus und die mageren Rationen waren doch viel nahrhafter, wenn man sie zubereiten und warm essen konnte. Die Wohnung lag in der Kinzigstraße wo Papa seinen Betrieb hatte.

Papa durfte, wie so viele Andere die Stadt nicht verlassen, und Mutti wollte unbedingt bei Papa sein, statt zu dem doch so viel sicheren - Woltersdorf zu kommen. Papa stellte immer noch die kriegswichtigen Transformatoren her. In Berlin beschäftigte er jetzt ungefähr 40 Frauen und außerdem auch noch viele Spulenwicklerinnen in Heimarbeit. Die meisten Frauen hatten ihre Wohnung verloren und ihre Männer waren im Felde. Einige Frauen wußten bereits schon, daß ihre Männer gefallen waren. Andere hatten noch keine Todesnachricht erhalten. Und in der Ungewißheit ist immer Hoffnung.

Es sah nicht gut aus für Berlin. Wir hatten gehofft, daß unser geliebter Führer sich nach Berchtesgaden verduften würde. Das war übrigens das, was alle Getreuen ihm rieten. Aber nein, er wollte nicht. Er wollte in Berlin bleiben. Ich habe nie verstehen können, warum er gerade in Berlin sterben wollte, in Berlin, der Stadt, die er haßte, in der Stadt, die ihn haßte. Aber Berlin war nun wieder die Hauptstadt des tausendjährigen Reiches. Vielleicht wollte er auch sicher machen, daß keiner von den verhaßten Berlinern übrigblieb. Er war nämlich nicht so sicher, daß die Generäle seine Anordnung für die totale Zerstörung der Stadt und ihrer Bevölkerung(einschließlich ihrer Kinder) auch wirklich durchführen würden. Das war auch der Grund warum er im letzten Augenblick einen neuen General einsetzte. Er ernannte General Weidling zum Verteidiger von Berlin und befahl ihm seine Truppen in die Stadt zu führen. Er war sicher, daß Weidling es auch tun würde.

Und Weidling tat es.

Weidling marschierte mit dem Rest seiner Soldaten und dem Rest des Volkssturmes in die Stadt. Zu ihnen gesellten sich einige ganz Getreue, und einige ganz Fanatische, die von Weit und Nah zur letzten Schlacht nach Berlin gerufen worden waren.

Und dann kam Hitlers größte Leistung, seine größte, seine edelste Tat. Er übergab den Rest seiner Hitlerjungen (Alter von 15, einige 13 und noch jünger) der SS. Sie sollten zusammen kämpfen und zusammen einen heroischen Tod sterben. Oft gab man den kleinen Jungen ein Fahrrad und eine Panzerfaust auf die Schultern und befahl ihnen damit die russischen Panzer in die Luft zu sprengen. Und viele kleinen Knaben, begierig Helden zu werden, gehorchten, und die, die nicht gehorchten, wurden an nächsten Laternenpfahl aufgehängt. Es gelang Hitler wirklich eine große menge Berliner umzubringen, aber doch nicht alle.

Manche kamen trotzdem durch und konnten später alles berichten

Allen Anzeichen nach mußte der Russe in ganz kurzer Zeit seinen Endangriff auf Berlin beginnen. Daher beschloß Papa mit Mutti die Stadt schnellstens zu verlassen.

Eines Tages schickte Papa alle seine Arbeiterinnen nach Hause. Das war bei Todesstrafe verboten. Papa aber tat es trotzdem. Die Nazis konnten ja nicht alle Leute erschießen. Sie besaßen gar nicht genügend Kugeln dafür. Jetzt war den meisten alles egal. Papa hatte Glück, daß sie ihn nicht gleich in die Volkswehr steckten. Aber Papa behauptete, daß er erst einmal viele Drähte verlegen müsse, um im Falles des Russen Einmarsches seinen Betrieb in die Luft sprengen zu können. Papa tat es natürlich nicht, sondern zog mit Mutti gleich durch kleine Nebenstraßen los in Richtung Woltersdorf.

Bald danach packte Panik die Stadt Berlin. Verzweifelte Frauen und Kinder und der Rest versuchten einen Unterschlupf zu finden bevor der Russe die Stadt stürmen würde. Und der mörderliche Artilleriebeschuß begann, wie uns durchgekommene Freunde berichteten. Wenn die Häuser brachen, versuchten die Überlebenden in die nächsten zu kriechen bis auch die zusammenfielen. Die meisten Straßen waren nun zerstört, und es blieben nicht mehr viele Keller übrig in die man flüchten konnte. Jetzt lebten alle, die noch lebten, unter der Erde in Löchern und Höhlungen.

In manchen Gegenden der Stadt war die Bevölkerung in die Untergrundbahntunnel geflüchtet. Später hörten wir, daß Hitler die Teile sprengte, die unter der Spree lagen. Im gleichen Augenblick strömte das Wasser in den Tunnel, der so eng mit Menschen gefüllt war, daß oft nur noch Stehplätze zu finden waren. Zu der Zeit befanden sich auch noch drei Lazarettzüge im Tunnel, alle vollbeladen mit Verwundeten. Das steigende Wasser ertränkte viele, eine menge Leute wurden auch zu Tode getreten.

Die Meisten wagten nicht die Stadt zu verlassen, es wurde berichtet, daß an den Rändern starke Kämpfe im Gange wären. Man hörte das Donnern der russischen Kanonen, die die Armee von Busse eingezirkelt hatten. Zu diesem Zeitpunkt war bereits kein Wasser und auch keine Elektrizität mehr in der Stadt.

Meine Eltern waren der Ansicht, daß die Reste der deutschen Armee sich sicher östlich von Berlin befinden würden. Und Woltersdorf lag östlich. Jedoch Busses Armee stand südöstlich vor der Stadt. General Weidling, dem neu ernannte Verteidiger von Berlin war befohlen worden, sich mit Busse bei Königswusterhausen zu vereinen. Das war nicht weit von Berlin und auch nicht weit von uns in Woltersdorf. Manche Leute behaupteten Panzer gehört und gesehen zu haben. Aber Niemand wußte, ob es sich dabei um russische oder deutsche handelte.

Wir persönlich nahmen an, daß es russische waren. Man glaubt meistens das, was man wünscht. Hitler hatte ja gar keine Panzer mehr. Und wenn, dann wäre das sinnlose Töten noch weiter gegangen. Es war ein schreckliches Gefühl für viele Deutsche. Deutschland war dein Vaterland. Das Land deiner Väter und Vorväter zurück bis nahezu zum Beginn der Zeit. Und jetzt wurde es zerstört und erobert von den Russen. Wie konnte man das wünschen? Aber auf der anderen Seite würde das das Ende sein, das Ende dieses schrecklichen Krieges, das Ende der Nazis und all des Leidens.

Trotzdem meine Eltern annahmen, daß sich starke Kämpfe in unserem Gebiet abspielten, beschlossen sie zu uns zu kommen. Sie wollten da sein im Falle wir Hilfe brauchen würden. Es ist immer ratsam in großer Gefahr zusammen zu stehen. Das Schlimmste in diesen grauenvollen Zeiten war immer nicht zu wissen was deinen Lieben geschah. Man hörte jetzt viele Gerüchte. Manche wußten, daß die Russen die Stadt vom Norden schon genommen hätten und nun dabei wären alle Leute umzubringen. Diese Gerüchte wurden künstlich verbreitet, um den Widerstand der Bevölkerung zu kräftigen. Aber das konnte natürlich auch stimmen, und ich bekam große Angst um meine Eltern und all die Armen, die jetzt fest in der Stadt eingeschlossen waren.

Aber plötzlich erschienen Papa und Mutti in Woltersdorf und bald darauf auch meine Schwester Ellen. Die Firma Auer hatte auch ihre Tore geschlossen. Man kann sich nicht vorstellen wie glücklich wir uns in die Arme fielen. Wir dachten nicht daran, daß auch wir in Kürze den russischen Horden ausgeliefert sein würden. Wir lebten nur vom Augenblick zum Augenblick. Und im Augenblick waren wir alle glücklich. Wir waren glücklich, daß wir alle zusammen waren und alle noch immer lebten.

Der Einmarsch der Russen

Bis jetzt waren wir in Woltersdorf noch nicht bombardiert worden. Die wenigen Nazis, die es bei uns gab, hatten schon seit einiger Zeit das Weite gesucht, und daher bereitete Niemand eine Verteidigung vor. Wir lagen auch glücklicherweise nicht an irgend einer Eisenbahnlinie oder einem wichtigen Verkehrsknotenpunkt. Ferner waren wir von Seenplatten umgeben, die Panzer im allgemeinen zu vermeiden suchten. Durch unsere östliche Lage war uns jedoch klar, daß wir die Ersten sein würden, die den russischen Horden in die Hände fallen würden. Das Grausamste war bis jetzt, daß man alle Männer, einschließlich aller kleinen Junges und Greise in das vollkommen zerstörte Stadtinnere von Berlin geschleppt hatte. Dort sollten sie gegen die einrollenden russischen Panzer kämpfen. Im übrigen hatte wir keinerlei Ahnung was überhaupt so dicht in unserer Nähe geschah. Die geplante Verteidigung von Berlin östlich vor der Stadt hatte nicht stattgefunden.

Reste vereinzelter deutschen Armeen waren ganz dicht bei uns in der Nähe von Königswusterhausen gesehen worden. Sie marschierten unter Weidling um die eingekreiste Neunte Armee unter Busse frei zu kämpfen.

Trotzdem wir bei uns noch nicht unter irgend welche Kampfhandlungen zu leiden hatten, war uns klar, daß wir unseren Teil auch noch abbekommen würden. Es geschah jedoch nicht in der Art wie wir es befürchtet hatten. Ich kann euch sagen. Es war schlimmer.

Die Bevölkerung, die in Woltersdorf ständig wohnte, waren typische Vorörtler mit ihren kleinen Häusern und kleinen Gärten. Es war eine gute Mittelschicht, und es waren sogar einige Arme darunter. Hier wohnten keinerlei höheren Nazis.

Zu der Zeit als meine Eltern und Schwester bei uns erschienen, packte die Angst auch Woltersdorf. Es war keine direkte Panik, denn ich würde nicht sagen, daß die Leute kopflos wurden.

Ja und wir? Wir waren eigentlich nicht voller Furcht. Fritz kennt ja das Wort Furcht überhaupt nicht. Er ist der furchtloseste Mensch, dem ich je begegnet bin. Er fürchtet absolut nichts. Ich habe mich immer darüber gewundert. Aber er ist wahrscheinlich so geboren. Meine Eltern hatten eigentlich auch keine Angst. Mutti vor allem blühte auf unter Gefahr. Sie schien eiserne Nerven zu haben. Und Papa, na der war ja immer ruhig. Es war so froh darüber, daß der grausige Alptraum der Nazis nun zu Ende ging. Für ihn war es klar, daß wir dafür bezahlen mußten. Aber warum sich vorher Sorgen machen. Seiner Meinung nach wartete man bis es kommt.

Mit mir selbst war es anders. Eigentlich bin ich ziemlich mutig, vor manchen Dingen hatte ich aber doch Angst. Zum Glück habe ich eine Methode gefunden um bis jetzt mit allen entsetzlichen Dingen fertig zu werden. Es ist eigentlich ein Trick, aber bei mir arbeitet er. Wenn immer etwas Furchtbares vor mir steht, dann versuche ich mich nicht zu fürchten, sondern es als ein Abenteuer zu begrüßen. Nein, begrüßen ist nicht das richtige Wort, sagen wir lieber, zu betrachten, als einen Test oder ein Erlebnis anzusehen.

Ich war zum Beispiel einmal im Stadtinneren, als nach einem großen Luftangriff eine ganze Häuserreihe brannte. Die Flammen schossen himmelhoch, und die Luft war gefährlich heiß. Man konnte kaum atmen in der Hitze. "Warum bin ich nur in einer solch entsetzlichen Zeit und gerade hier geboren worden?"

Aber eigentlich konnte ich doch froh sein, denn ich lebte an einem Ort und in einer Epoche von der einmal die Geschichtsbücher berichten werden. Ich war Zeuge von Dingen, die man später in Filmen sehen und in Büchern lesen wird. Ich war drin, mitten drin. Ich habe es selbst erlebt. Ich sah mit meinen eigenen Augen die Hölle. Und darum begann ich es fasziniert zu beobachten mitsamt den Schwingungen meiner Seele. "Also der Russe wird bald hier sein." Wenn man nun versucht sich persönlich von der Tragödie zu entfernen, kann man es tief, aber ohne Panik erleben, sogar mit Interesse verfolgen, wie es denn nun weiter gehen wird. Dann kann es dich nicht zerdrücken, weil du doch nur ein Zuschauer bist. Das Wichtigste ist Panik zu vermeiden, denn Panik lähmt das Tun und das Denken, und gerade in den Zeiten kann das die Differenz bedeuten von Tod oder Leben.

Und die russische Armee rückte näher. "Wird es nun wirklich wahr sein, was wir gehört haben, werden sie morden?" Vielleicht wird es wahr sein. Vielleicht aber auch nicht.

Es schien unfaßbar aber unbegreiflicherweise begannen bei uns verzweifelte Hausfrauen in großer Hast das Haus zu reinigen, die Fenster zu putzen und Gardinen zu waschen, Fußböden zu schrubben, als wenn ein bedeutendes Fest vor der Tür stünde, ein wichtiger Besucher erwartet würde. Vielleicht wollten sie die Nerven mit Arbeit beruhigen. Ich hörte neulich von einem deutschen Soldaten, der im Kriege im Osten kämpfte. Er erzählte, daß sie während des Rückzuges in viele Häuser und Wohnungen kamen, die die Leute in größter Eile verlassen mußten. Und in den meisten Behausungen in Stadt oder auf Bauernhöfen hatten die Frauen die Betten gemacht und noch schnell alles Geschirr abgewaschen bevor sie vor den grauenhaften Russen flohen.

Auch ich fing an aufzuräumen. Wir hatten aber allerdings inzwischen allerhand für die Ankunft der roten Horden vorbereitet. Unter unserem kellerlosen Hause befand sich ein Zwischenraum. Der sollte scheinbar das Gebäude nur von der Feuchtigkeit des Bodens fernhalten. Fritz löste einige Fußbodenleisten, und wir verstauten dort unten nun alles was uns wertvoll und in Gefahr schien, geraubt zu werden. In verlorenen Kriegen wurde immer geplündert. Und dann begannen wir das Haus so häßlich zu machen wie es nur immer ging. Wir waren zwar keine Kapitalisten. Aber man wußte ja nun auch nicht welche Maßstäbe der Russe anlegen würde. Und da damals in der russischen Revolution meist wohlhabende Leute getötet wurden, erschien es ratsam, so arm wie möglich zu erscheinen Es ist übrigens erstaunlich wie schnell und mit wie wenig man einen hübschen Raum abscheulich machen kann. Man braucht nur Schmutz und Unordnung. Eine zerrissene Zeitung, Abfälle auf den Möbeln und Fußböden, alte Pappkartons in den Ecken. Natürlich alles Hübsche von den Wänden entfernt, statt dessen häßliche Zeitungsbilder an die Wand genagelt, und wir sahen zünftig aus. Trotzdem wurden wir später von einem russischen Soldaten als Kapitalisten entlarvt. Er rief nämlich:
"Du Kapitalist."
"Nein, Ich nix Kapitalist" Doch er bestand auf sein **"Du Kapitalist"**, Und dann erklärte er:
" Du fünf Menschen, Du fünf Betten."
Oh ja, eine Sache machten wir noch. Papa war der Ansicht, daß wir die Uniform von Fritz schnellstens beseitigen sollten. Mutti war natürlich dagegen. Die Uniform der Soldaten vom Hauptquartier war aus dem besten Material hergestellt. Und solch einen Stoff gab es schon seit Jahren nicht mehr. Der schöne warme Mantel brauchte doch nur ein paar Änderungen und von dem Rest konnte Mutti dann noch schöne Hosen und Jacken für den kleinen Ottfried schneidern. Mutti entfernte schnell alle Knöpfe und Schulter und sonstige Klappen. Und sie würde alles so gut verstecken, daß es kein Russe finden könne, und das tat sie dann auch. Die breiten Armbänder jedoch, das eine mit der großen Beschriftung Großdeutschland und das andere mit Führerhauptquartier, wurde verbrannt. Ich hätte es gerne behalten als Erinnerungsstück, als Mahnmal an diese schreckliche Zeit. Aber es schien zu riskant das aufzuheben. Die Russen würden bestimmt glauben, daß Jemand aus dem Führerhauptquartier auch ein Nazi gewesen sein müsse.

Und man hörte das Donnern der Geschütze immer näherkommen und dann sah man Leute rennen. Alle hatten Schüsseln und Tüten. Es hieß, der Kaufmann sei verschwunden, und man könne aus dem Lebensmittelladen holen, was noch vorhanden sei. Die Russen wären in höchstens einer Stunde hier. Auch wir nahmen unsere Töpfe und eilten zum Kaufmann. Dort war inzwischen ein wütendes Gewirr

Niemand konnte hinein und Niemand konnte heraus. Fritz und ein Mann organisierten sogleich eine Reihe, in der sich alle Anwesenden anstellen sollten, und beide begaben sich hinter den Ladentisch und verteilten was sie noch finden konnten. Aber sehr bald war alles ausgegeben. Ich hatte gehofft, daß Fritz etwas für uns aufgehoben habe, aber er hatte nicht. Als nun die letzten Glücklichen den Laden mit ihren gefüllten Behältern verließen, geschah etwas, was mir bis heute noch als etwas sehr Trauriges vor Augen steht. Einige Wenige von denen, die nichts mehr bekommen hatten, eilten auf diejenigen zu, die zu den Letzten gehörten, deren Schüsseln noch gefüllt worden waren, und ich sah, daß manche es ihnen aus der Hand schlugen, so daß es auf die Erde fiel. Und da es sich meist um Mehl oder Grieß handelte, konnte man nichts davon retten. Sie wollten es lieber vernichtet sehen, als daß ein Anderer mehr hatte. Vielleicht haben sie auf eine nochmalige Teilung bestanden und die anderen haben nicht eingewilligt. Das Essen war damals knapp, aber es gab noch nicht solchen Hunger wie es später der Fall war. Wie gerne hätte ich meine Schüssel diesen Unmenschen auf ihren Köpfen zerschlagen. Aber da war keine Zeit sich mit bösen Deutschen zu beschäftigen, denn die bösen Russen sollten in kurzer Zeit hier sein.

Als wir nun von dem Kaufmannsladen zurückkamen, hörten wir schon die Russische Armee die Hauptstraße entlang rollen. Frau Bachmann und ihre Kinder und Frau Jemzeff rannten schnell zu uns in den Bunker. Und dann waren noch meine Eltern, meine Schwester Ellen und Fritz und Ottfried und ich. Fritz hatte unseren Bunker so schön groß gebaut, daß auch die Nachbarn darin Raum finden konnten.

Und da saßen wir nun alle in dieser dunklen Höhle und unsere Herzen klopften. Jetzt würde der Augenblick kommen, der Augenblick, vor dem sie uns so viel Grauenhaftes erzählt hatten. Es würden nun nicht die Amerikaner sein, sondern die unmenschlichen asiatischen Russen. Man fühlte direkt die Angst die im Bunker ausgestrahlt wurde, und all die schrecklichen Geschichten, die man jemals gehört hatte, jagten durch unser Denken. Was werden sie mit uns machen? Werden sie uns töten, werden sie uns foltern? Wie können sie wissen, daß wir hier alle in unserem Bunker keine Nazis waren, daß wir alle Hitler mit Inbrunst haßten. Sie werden sicher jeden Deutschen für einen Nazi halten, und uns dafür verantwortlich machen was die verbrecherischen Monster getan haben.

Und dann fielen die ersten Schüsse in der Nähe.

Wir waren an allerhand Tötungsgeräusche gewohnt. Aber diese Töne waren anders. Dieses mal kamen sie nicht vom Himmel, und sie waren auch nicht weit entfernt. Sie waren dicht bei, und sie konnten jeden Augenblick in unserem Bunker sein. Wir hatten gelernt, daß Schüsse vom Himmel oft an einem vorbei gingen, aber Schüsse mit dichtem Abstand würden wohl kaum ihr Ziel verfehlen.

Frau Jemzeff hatte eine entsetzliche Angst vor ihren Landsleuten. Jahrelang erzählte sie immer wieder die grausigen Revolutionsgeschichten. Und jetzt war Frau Jemzeff kurz dabei ihren Verstand zu verlieren. Plötzlich überfielen sie all ihre grausigen Erinnerungen. Die Erinnerungen an die verzerrten, die unmenschlichen Gesichter der mordenden Bolschewiken und die grauenerfüllten Blicke ihrer Opfer. Und jetzt würden sie kommen diese Bolschewiken, jetzt würden sie auch hier sein. Sie hatte geglaubt, daß sie ihnen entkommen sei. Aber nein, zwanzig Jahre später hatten sie sie eingeholt, doch noch eingeholt.

Und sie würden ihren Akzent erkennen und wissen, daß sie ein russischer Flüchtling war, einer der ihnen damals entwich, und sie würden sie töten, weil sie ihr Land verlassen hatte. Frau Jemzeff zitterte am ganzen Körper.

In dem Augenblick als wir den ersten Pistolen Schuß hörten, sprang Frau Jemzeff auf und schrie, jetzt sei es soweit.

Frau Jemzeff stand nun aber, trotz der langen Zeit, die sie in Deutschland verbracht hatte, noch immer mit der deutschen Sprache auf Kriegsfuß. Und den Unterschied zwischen ei und ie und verschiedene andere Sachen würde sie nie erlernen, und daher schrie sie ganz laut in diese unheimliche stille Spannung:
"Die Russen scheißen schon. Ich höre Russen scheißen schon."
Da brachen wir alle in ein schallendes Gelächter aus, und konnten uns absolut nicht beruhigen. Frau Jemzeff blickte angsterfüllt. Nein, das war zu viel. Sie wußte nicht warum wir lachten. Sie wußte nur, die Russen waren da, und sie befand sich in einem tiefen Erdloch, viele Klafter unter der Erde mit einer Horde von Deutschen, die einwandfrei den Verstand verloren hatten. Wie konnten sie sonst in dieser Situation so lachen. Und sie sprang zum Ausgang des Bunkers und rannte hinaus in den Garten, in den die Gewehrkugeln hinein sausten. Die Russen zogen nämlich die Straße vor unserem Hause entlang und schossen auf jedes Gebäude, um zu sehen, ob sich Widerstand zeigen würde. Das war ein ziemlich unangenehmes Gefühl, denn es bestand durchaus die Möglichkeit, daß sie auch in unseren Bunker hinein zielen würden.

Und da verlor meine Schwester Ellen auch ihre Nerven oder vielleicht noch etwas anderes. Jedenfalls schien Kurzschluß bei ihr zu sein. Meine Schwester Ellen, die immer so selbstlos alles geteilt hatte und mit allem zufrieden gewesen war, fing in diesem Augenblick an, daß sie heute noch nichts zu essen bekommen hätte. Sie wolle etwas zu essen haben, und zwar gleich, gleich auf der Stelle. Und als keiner etwas entgegnete, wurde sie lauter und rief. Sie habe Hunger, und sie wolle essen. Als sie aber nun nicht aufhörte, wurde Fritz sehr wütend und schrie sie an, sie solle ihre dämlich Klappe halten. Und da sprang Ellen beleidigt auf und rannte gleichfalls aus dem Bunker.

Und nun kam Mutti an die Reihe. Sie wollte Ellen nacheilen, und man mußte sie festhalten. Und da beschloß Fritz Ellen zu suchen. Jetzt wurde ich wütend. Fritz sollte nicht gehen. Wie konnte er auf Krücken in den Kugelregen gehen. Aber er ging trotzdem. Und dann ging Papa raus, Fritz zu suchen und Mutti lief raus um Papa zu beschützen. Schließlich fand ich auch, daß es besser wäre, wenn ich ebenfalls wissen würde, was da alles so vor sich ging, und verließ den Bunker. Und da fing Ottfried an zu schreien, er wollte mit. Bald aber schienen die Schüsse weiter entfernt zu fallen. Da gaben wir den Bunker auf. Und auch Frau Bachmann eilte mit ihren Kindern in Richtung ihres Hauses.

Inzwischen hatte Fritz Ellen gefunden, und Papa und Mutti Fritz, und dann gingen wir alle ins Haus und waren glücklich, daß wir doch wieder alle beisammen und auch noch nicht tot waren.

Und dann ging die Tür auf, und die ersten Russen traten herein. Welche Überraschung. Sie sahen nicht ein bißchen furchterregend aus sondern sehr freundlich. Sie stellten sich vor, sogar mit einer leichten Verbeugung. Wir konnten es gar nicht glauben.

Und welche Angst haben wir vor den Russen gehabt, die rauben und morden sollten. Sie schienen sehr wohlerzogen, sprachen ein gutes Deutsch, auch Englisch wenn man wollte. Einige schüttelten herzlich unsere Hände, und alle benahmen sich tadellos und waren sehr höflich. Sie schienen alle Studenten zu sein. Sie waren jung und außergewöhnlich gut aussehend.

Ich wußte doch, daß ich recht haben würde, daß alles nur böse Propaganda war. Dann entdeckten die Russen das Klavier. Wir sollten etwas vorspielen, und sie fanden das russische Liederbuch, das meine Freundin Lisa mir in Schöneiche einmal gegeben hatte. Die Texte waren in russischer Sprache und Schrift. Da spielte ich nun die Lieder ihrer Heimat, und die Russen sangen dazu, mit ihren tiefen kräftigen Stimmen.

Sie blieben ziemlich lange, mußten sich aber dann doch leider schweren Herzens verabschieden. Sie drückten uns nochmals die Hände, und wir taten das Gleiche, und hofften von ganzen Herzen, daß ihnen nichts geschehen möge, denn sie fuhren ja jetzt als erste Kampftruppen nach Berlin, um das Stadtinnere einzunehmen. Und wie leicht konnten sie dabei verwundet oder gar getötet werden. Wir hatten sie lieb gewonnen, diese jungen Russen mit ihrer echten Herzlichkeit und ihrer klangvollen Sprache.
Als sie gingen, sagten sie uns, daß die Russen, die nach ihnen kämen, böse Russen wären, und daß Ellen und ich uns verstecken sollten.

Aber nun bekamen wir doch Angst, denn sie würden doch nicht grundlos ihre eigenen Kameraden schlecht machen. Es würden also doch noch böse Russen kommen. Ich beschloß mich als Mann zu verkleiden. Aber Papa meinte, das wäre eine schlechte Idee, denn junge Männer würden sicher alle eingesammelt werden. Also bleib nur, sich häßlich zu machen, so häßlich wie nur möglich. Aber als ich mich dann im Spiegel betrachtete, gefiel mir diese Sache ganz und gar nicht. Ich hatte das Gefühl dadurch irgendwie im Nachteil zu sein.
Zu unserem Erstaunen sahen wir aber lange Zeit überhaupt keine Russen. Auf der Hauptstraße hinter dem großen Felde, da hörte man Wagen und Fuhrwerke aller Art rollen Tag und Nacht. Berlin, Berlin, alle wollten nach Berlin. Unser kleiner Vorort galt nicht als Berlin. Alle wollten die Ersten sein, die Berlin erreichten. Wir wußten übrigens nicht ob diese ersten Russen zu Shukovs oder Konvievs Armee gehörten. Viel später erfuhren wir, daß diese Soldaten meist Belorussen waren. Es schienen viele Universitätsstudenten unter denen gewesen zu sein, die Berlin einnehmen sollten. Stalin machte nämlich seltsamerweise die gleiche Sache wie Kollege Hitler, die klugen und geschulten in die Frontlinien zu senden, und damit so viele wie möglich umzubringen. Es regiert sich besser mit unausgebildeten Menschen.

Wenn wir russische Soldaten trafen, so hatten sie nur eine Frage, die sie in tadellosem Deutsch stellten. Wie weit Berlin? Wie weit Berlin? Niemand war interessiert sich in diesem kleinen Vorort aufzuhalten, Sie wollten nach Berlin. Berlin erobern. Aber man hatte jedoch auch das Gefühl, daß sie Berlin sehen wollten. Berlin die Hauptstadt der Kapitalisten. Berlin das Paradies, die Stadt mit den unermeßlichen Schätzen, den Reichtümern ohne Ende.

Nicht lange nach der ersten Erscheinen der Russen war Ottfried plötzlich verschwunden. Er war nirgends zu entdecken. Ich rannte über das Feld ihn zu suchen, und da sah ich die russische Armee zum ersten mal ganz dicht vorbeiziehen. Ein Wagen stand an der Seite. Er hatte ein großes Geschütz aufgeladen.

Und auf dem Kanonenrohr saß ein Kind. Es war Ottfried. Er hatte beschlossen diese Ungeheuer, von denen immer gesprochen wurde, doch einmal näher zu betrachten. Die Russen spielten mit ihm und hoben ihn in die Luft. Sie lachten und reichten ihn mir zu. Und er hielt glücklich ein Stück Brot in der Hand, das sie ihm gegeben hatten.

Einnahme von Berlin

Bevor die Russen die belagerte Stadt einnahmen, hatten die Alliierten sie pausenlos bombardiert. Die Flugzeuge flogen ein, Welle um Welle. Der ganze Himmel war dann bedeckt mit den erbarmungslosen Maschinen, so weit man blicken konnte. Und wir hörten das grausige Brummen ihrer Motore und wußten was sie geladen hatten. Die Alliierten sprachen von 1000 Flugzeugen für einen Angriff, und sie griffen jetzt ununterbrochen an, Tag und Nacht. Da waren unaufhörlich die Töne des Aufschlages ihrer Bomben.
Und wir hörten auch die Artilleriekämpfe der eingeschlossenen deutschen Armeen.

Und dann kam der endgültige Artilleriebeschuß der Stadt durch die Russen, und die grauenvollen Laute der Schlacht, das Hissen, das Detonieren. Es war wieder feuerrot in Richtung Westen, und ein greulicher Geruch wehte zu uns. Es schien ein nicht endendes grausiges Schrecken. Weidlings Soldaten hatten den Befehl sich nicht zu ergeben und bis zum Tode zu kämpfen. Und da waren auch noch die SS Fanatiker, und die hatten die Gewehre, und die hatten auch Munition.

Fritz stand dauernd draußen und blickte ständig in die Richtung. Berlin mußte die Hölle selbst sein. Was würden seine Eltern und sein Bruder machen? Er wollte hinlaufen und nachsehen. Was für eine wahnsinnige Idee. Ich hielt ihn zurück. Was könne er schon helfen? Er würde mit Sicherheit erschossen werden. Er würde von Bomben zerrissen werden. Er hatte doch nur ein Bein, hatte noch keine Prothese, hatte doch nur seine Krücken. Wie konnte er da in das kämpfende Berlin gehen. Ich beschwor ihn zu bleiben, zu warten bis die Beschießung aufgehört oder wenigstens nachgelassen hätte.

Aber gerade da gab es unglücklicherweise wieder einmal Krach zwischen Mutti und Ellen und Ellen und Mutti, und da mischte sich Fritz ein, und da hieß es, er solle sich gefälligst um seine eigenen Sachen kümmern. Und da konnte er es angeblich nicht mehr aushalten und ergriff seine Krücken um loszugehen. Aber ich glaube, er hat das nur als Vorwand genommen. Jedenfalls konnte ich ihn nicht beschwichtigen. Das ist immer unmöglich, wenn er wütend ist. Er sagte, er wolle nur ein Stückchen laufen um sich abzureagieren, und er schwang sich mit langen schnellen Schritten auf seinen Krücken davon. Wenn ich gewußt hätte, was Fritz wirklich vorhatte wäre ich ihm nachgerannt. Aber ich nahm an, daß er es unmöglich ernst meinen könne, und seine Meinung ändern würde, wenn er dem Beschuß näher käme.
Aber das tat er nicht. Er lief durch Schönblick und dann den langen schmalen Weg entlang, den, der durch den ganzen Wald geht und bis nach Rahnsdorf führt. In Rahnsdorf stand ein weiblicher russischer Posten vor einem Gebäude Wache. Keinerlei andere Personen waren zu sehen. Von dort benutzte er den engen Fahrradweg nach Friedrichshagen. Auch hier war alles leer und niemand zu erblicken. Nur eine Frau kam auf ihn zugelaufen. Sie suchte ihren sechzehnjährigen Sohn.

Die Russen hätten ihn mitgenommen, und das war schon zwei Tage her. Sie mußte ihn finden und lief aufgeregt weiter. Fritz sah jetzt ab und zu russische Soldaten Posten stehen, aber niemand kümmerte sich um ihn. In Friedrichshagen nahm er die Hauptstraße nach Köpenick, wo sich noch schwere Artillerie befand, die in Richtung Berlin schoß. Von dort lief er nach Karlshorst und dann nach Rummelsburg. Hier hatten sehr schöne Neubauten gestanden, die alle vom Erdboden verschwunden waren. Von Rummelsburg wählte Fritz dann den Weg zur Frankfurter Allee. Diese breite große Hauptstraße war ganz und gar verwüstet. Die Häuser rechts und links alle zusammengefallen, und Geruch und dicker Staub von Schutt und kaltem Ruß stand noch in der Luft. Es war ein seltsamer Anblick. Wie eine Landschaft auf einem anderen Planeten, sagt Fritz. Die Straße erschien wie ein tiefes trockenes Flußbett, das sich durch hohe Felsen und Steingeröll einen Weg gebahnt hatte. Am Rande standen noch schwere Belagerungsgeschütze, die ständig ins Stadtzentrum zielten. Sie waren in Reihen aufgestellt, und Fritz konnte ihre Geschosse durch die Luft zischen sehen. Es waren unheimlich laute Töne und pulverisierter dicker Kalk lag über allem, nahm die Sicht, brannte in den Augen und auf der Zunge mit einem bitteren Geschmack.

Und dann sah Fritz Gruppen von russischer Infanterie in dieser Gespenster Allee entlang marschieren. Ohne Unterbrechung so weit man sehen konnte. Sie kamen in ganz geordneten Formationen in sechser Reihen, richtig im Gleichschritt in Reih und Glied. Es schienen Elite Truppen zu sein. Die gleichen, die man immer auf Paraden in den Wochenschauen vorgeführt bekam, tadellos gekleidet. Sie waren alle hellhäutig und viele blond. Man konnte sie für deutsche Truppen halten, wenn sie nicht die andere Uniform getragen hätten. Alle waren jung und voller Vitalität. Sie schienen begeistert und kampfesfreudig. Jeder Soldat trug ein Gewehr. Ganze Divisionen schienen vorbeizumarschieren. Fritz stand dicht bei ihnen, da die Straße durch das Geröll nur in der Mitte passierbar war. Von Zeit zu Zeit rief ein Soldat in gutem Deutsch zu Fritz
"Wie weit Reichstag. Wie weit Reichstag?"
Der Reichstag war ihr Ziel. Das große Ziel, seit sie begannen mit allen verfügbaren Kräften die Deutschen zu besiegen, die Deutschen, die so schwer zu besiegen waren. Da war ein Wettlauf zwischen der Armee von Koniev und der Armee von Zhukov wer zuerst Berlin erreichen würde. Und ihre Divisionen waren es, die gewonnen hatten, und nun ging es darum wer zuerst den Reichstag erreichen würde, den berühmten Reichstag auf dem sie die rote Fahne errichten wollten, um zu zeigen, daß die Stadt Berlin genommen war.

Sie wußten, daß Hitler in der Nähe des Reichstag in der Wilhelmstraße in einem tiefen Bunker hauste. Aber sie wußten nicht, daß Hitler in gerade diesem Augenblick Selbstmord beging. Feige natürlich, nicht heldenhaft kämpfend wie er von jedem Deutschen, Mann und Frau und Kind verlangte. Und Fritz wußte es auch nicht. Es hätte ihn auch nicht sonderlich interessiert, denn es war wohl klar, daß es sowieso Schluß mit Hitler war. Es interessierte Fritz mehr diese Russen zu beobachten und festzustellen, daß diese Soldaten kaum zu den Greueltaten fähig wären mit denen man uns Angst zu machen versucht hatte.

Niemand schien inzwischen auf Fritz geachtet zu haben, der als einziger dort stand und die Kolonnen betrachtete. Kein anderer Deutscher war zu sehen. Alle Leute, die in dieser Straße in den Keller gehaust hatten, lagen tot oder verschüttet unter dem Geröll, und die sonst noch lebten, hatten sich in Löcher verkrochen. Die Russen nahmen keinerlei Notiz von Fritz. Sie waren zu beschäftigt den Reichstag zu erreichen.

Die marschierenden Truppen waren in kleine Untergruppen aufgeteilt, an deren Seite Vorgesetzte liefen. Da Fritz sich jedoch sehr dicht neben den vorbeimarschierenden Soldaten befand, wurde einer mißtrauisch, trat plötzlich aus seiner Einheit, ging auf Fritz zu und nahm ihm eine seiner Krücken aus der Hand. Die Krücke war aus Metall. Es war die moderne Art mit einem Winkel am Armgelenk. Der Russe untersuchte das Stück gründlich und schaute hinein. Ihm kam sicher der Verdacht, daß es sich um eine neue, besonders tückische Waffe handeln könne. Aber er reichte sie bald wieder an Fritz zurück, da er seine Truppe einholen mußte. Fritz atmete auf, denn es bestand ja immerhin die Möglichkeit, daß der Soldat dieses unbekannte Gebilde zu weiteren Untersuchungen einfach mitgenommen hätte.

Gleich mit den kämpfenden Einheiten erschienen einzelne Mannschaften, welche riesige Propagandaschilder aufstellten. Die sonst so üblichen Spruchbänder, die sie in jedem ihrer besiegten Länder flattern ließen, konnten dieses mal nicht benutzt werden, da es absolut keinerlei Wände und auch sonst nichts mehr gab, woran man sie hätte befestigen können. In Berlin mußten sie Pfosten in die Erde schlagen. Die Kanonen donnerten noch vor den rauchenden Ruinen. Die Luft war noch dick vom Steinstaub der zusammengebrochenen Häuser, als es ihnen so wichtig erschien ihre blöden Propagandaverse anzubringen.
Und Fritz las: "Die Hitler kommen und gehen, aber das deutsche Volk bleibt bestehen" (Unterschrieben Stalin.)

Fritz versuchte nun den Alexander Platz zu finden. Endlich erreichte er die Stelle wo er hätte sein sollen. Aber Fritz konnte nicht glauben was er sah. Es konnte einfach nicht möglich sein, daß das wirklich der Alexander Platz war. Der Alexander Platz, das Zentrum von Berlin. Auch hier war alles nur ein Schutthaufen. Wo war Wertheim, wo Aschinger, wo war der Bahnhof? Man sah nur ein paar verbogene Metallgerüste in die Luft ragen, und rechts und links von der Königsstraße zwei zerschossene Hochhäuser. Es war so unwirklich. Wie oft war Fritz hier entlang gelaufen an diesem früher so belebten Ort seiner Jugend, wo die Menschen sich in Scharen drängten. Zu Tausenden in alle Richtungen strebten, in die Geschäfte hasteten, sich zu den Büssen und den Bahnen schoben, die über und unter der Erde fuhren. Wo das Hupen der Autos unentwegt klang, Verkäufer ihre Ware anpriesen, wo Jeder in Hast und Eile war. Und jetzt war nicht eine einzige deutsche Seele zu finden. Die noch Überlebenden waren irgendwo versteckt, nur ein paar russische Soldaten standen Wache. Alles war verschwunden. Die Häuser, die Läden, die Straßen, die Züge, die Autos und die vielen Menschen, einfach verschwunden, einfach vom Erdboden weg. Alles war zu Schutt und Staub zerfallen zu einer einzig verheerten Steinwüste.
Es war ein unrealistisches Bild, ein unsäglich trauriges.

Aber auf einmal kam ein große Erleichterung über Fritz, denn es wurde ihm plötzlich klar, daß auch etwas Anderes verschwunden war. Die Nazis waren verschwunden, die SS, die SA. Der Krieg war zu Ende und damit das ganze deutsche Militär, daß er nicht mehr die verwünschte Uniform anziehen müsse, keinem arroganten oder dämlichen Vorgesetzten mehr zu gehorchen brauchte, denn der ganze Spuk war ja weg, verschwunden vom Erdboden, endgültig weg. Aber vielleicht war alles überhaupt nur ein Traum, und er würde aufwachen und müßte wieder Heil Hitler schreien und sich wieder bei der nächsten Dienststelle melden. Aber es war kein Traum. Es war wirklich wahr.

Fritz bog die frühere Kaiserstraße ein, da sah er hohe Barrikaden, die die Volkswehr noch kurz vorher errichten mußte. Die Volkswehr, die nur aus Greisen und ganz jungen Knaben bestanden hatte. Diese Barrikaden sollten die russischen Panzer aufhalten. Vor den Barrikaden lagen viele tote Zivilisten. Sie schienen von der Artillerie getroffen zu sein. Es waren verschiedene Frauen dabei, darunter auch ein besonders hübsches junges Mädchen. Sie lag ausgestreckt und Jemand hatte ihr die Röcke hochgehoben. So lag sie dort.

Wie viele Leute mußten noch umkommen in diesem unbegreiflich irrsinnigen letzten Kampf um Berlin?

Fritz konnte nirgends eine Spur seiner Eltern entdecken. Das Haus, wo das Geschäft seines Vater sich befunden hatte, war nur noch ein Berg aus Schutt und Stein. Er nahm an, daß sie sicher in den letzten Tagen nicht mehr in ihr Geschäft gingen, sondern in ihrer Wohnung in Dahlem blieben. Fritz jedoch hatte keine Ahnung, daß sein Bruder Ernst in einem Keller in der Alexanderstraße, unter einem verschütteten Hause war, genau an einer Stelle, an der er vorbeilief.

Wir hörten später Berichte von Leuten, die in Kellern überlebt hatten, daß das Schlimmste was dir passieren konnte, war, wenn kämpfende deutsche Soldaten in die Keller kamen. Zu Beginn des Krieges hatte man Durchbrüche in die Kellerwände geschlagen, so daß die Menschen im Falle von Verschüttungen von Keller zu Keller fliehen konnten, wenn das Haus über ihnen zusammenbrach. Diese Durchgänge wurden nun manchmal von den kämpfenden Soldaten benutzt. Wenn die Russen das jedoch entdeckten, warfen sie Bomben hinein oder kamen mit Flammenwerfern, die dann jegliches Leben in den Kellern verbrannte oder erstickte.

Der Beschuß auf das Zentrum hatte inzwischen aufgehört. Es war ja nichts mehr da zum Zerstören. Die Artillerie zielte jetzt nach dem westlichen Teil der Stadt. Fritz begab sich nun zu dem ausgebrannten früheren Wohnung seiner Eltern. Das Haus war inzwischen völlig zusammengefallen. Aber das große Polizeipräsidium, das sich genau daneben befand, das stand noch, als einziges Gebäude in der ganzen weiten Gegend. Es war das Ziel vieler Bombenangriffe gewesen, schien aber auf eine besonders feste Art gebaut worden zu sein. Auch der Beschuß hatte nur große Stücke herausreißen können.

Fritz beschloß zurückzugehen. Dabei mußte er über eine hohe Schutthalde steigen. Und plötzlich rutschte eine seiner Krücken. Der Gummiaufsatz, der unten auf das Metall gesteckt war, hatte sich durchgerieben und war hochgerutscht. Die Krücke besaß nun nicht mehr die Unterlage. Das Laufen war nahezu unmöglich, da die Krücke ständig wegglitt. Fritz versuchte mehrere Schritte weiterzukommen, Aber es ging einfach nicht.

Und da geschah etwas, das so unglaublich ist, daß ich erst Bedenken hatte, es überhaupt zu schreiben, weil es vielleicht die ganze Glaubhaftigkeit meines Schreibens in Zweifel stellen könne. Um diese Sache noch besonders unwahrscheinlich zu machen, muß ich auch noch berichten, daß es nicht etwa nur zwei, sondern acht verschiedene Größen dieser Gummipuffer gab. Fritz fand nämlich drei Meter weiter eine nagelneue Gummikappe, und diese hatte die genau richtige Nummer, die er brauchte.

Ich habe Fritz damals, als er mir das erzählte, immer wieder gefragt, ob er sich bestimmt nicht geirrt hätte. Nein, Fritz blieb fest dabei, daß kein Irrtum möglich gewesen sei. "Vielleicht sei sie von der Krücke abgefallen und dahin geflogen."Nein, auch nicht"

Das durchgeriebene Stück befand sich noch an dem Metallstock. Der Schutt hatte es hochgeschoben, da es keine Unterfläche mehr besaß. Diese war sicher von den scharfen Glas und Steinresten abgerieben worden. Fritz besaß auch keinen Reservepuffer, da er die Krücken ja noch nicht so lange hatte, und wir überhaupt nicht mit der Abnutzung der Puffer rechneten. Ich muß eigentlich noch betonen, daß Fritz bei irgend welchen Berichten nie übertreibt, eher das Gegenteil tut.

Als ich immer wieder nach einer Erklärung für diese seltsame Begebenheit suchte, fand ich doch eine. Die Stelle nämlich, wo Fritz den neuen Puffer fand, war vielleicht nur 100 Meter von dem zerstörten Geschäft seines Vaters entfernt. Es war jedoch ein vierstöckiges Haus gewesen und daher lagen jetzt große Trümmermassen darüber. Aber da sich in dem Laden und in der Werkstatt viele Kisten voll von diesen Gummipuffern befunden hatten, besteht die Möglichkeit, daß das Geschäft noch vor der völligen Zerstörung geplündert wurde. Daß sich vielleicht Jemand die Taschen mit allen möglichen Dingen vollgestopft hat, und das ganz Unbrauchbare dann wegwarf. Es wurde von der verzweifelten Bevölkerung alles, aber auch alles gesammelt, was man vielleicht doch noch verwerten konnte. Vielleicht ist das Teil auch durch die Explosion dorthin geschleudert worden. Aber trotz aller möglichen Erklärungen, bleibt es doch ein großes Wunder, ein ganz großes Wunder. Übrigens lag der Gummipuffer zwischen zwei toten Frauen. Das hat Fritz mir erst gestern erzählt. Auf meine erstaunte Frage, warum er es nicht gleich gesagt hat, meinte er, die Sache wäre zu grausig gewesen um darüber zu sprechen.

Mit dem neuen Puffer konnte Fritz sich nun zum Glück wieder weiter bewegen. Er mußte jedoch über hohe Schutthaufen steigen, die überall die Wege versperrten. Nachdem der Beschuß in dieser Gegend nachgelassen hatte, krochen einige Zivilisten aus ihren Löchern. Auf einem großen Hügel sah Fritz eine Gruppe, die um einen Mann standen, der in der Mitte des Schutthaufen lag. Dem Mann war wenige Minuten vorher ein Bein abgerissen worden. Er hat auf eine Miene getreten, die in dem Steingeröll lag.

Spät in der Nacht erreichte Fritz den Betrieb meines Vaters, der sich in der Kinzingstraße, einer kleinen Seitenstraße, nahe, der doch völlig zerstörten Frankfurter Allee befand. Eine zweite Fabrik war nach Berka in Sachsen verlegt worden. Papa hatte großes Glück gehabt. Es stand alles noch. Sogar die kleine Notwohnung, die meinen Eltern nach ihrer Ausbombung angewiesen worden war. Sie lag dicht daneben. Es waren nur Türen und Fenster herausgerissen. Fritz übernachtete dort, konnte aber nichts Eßbares finden, da Mutti alles nach Woltersdorf mitgenommen hatte. Und Wasser und Strom gab es doch auch nicht mehr.

Auf seinem Wege zurück, sah Fritz in der Nähe der Kinzingstraße eine Gruppe von Russen in einer Ruine sitzen und essen. Inzwischen war Fritz nun auch sehr hungrig und durstig geworden. Er bat die Russen um ein Stück Brot. Es waren sehr freundliche Burschen. Sie luden ihn sogleich ein Platz zu nehmen und teilten mit ihm was sie hatten. Fritz konnte leider kein Russisch, und sie auch nur sehr wenig Deutsch. Sie wollten wissen was mit seinem Bein geschehen sei. Er tat ihnen leid, und um ihn zu trösten klopften sie ihm auf die Schultern und riefen:**" Hitler kaputt. Hitler kaputt"**
Und sie lachten und Fritz lachte mit und rief mit der gleichen Freude:

"Hitler kaputt. Hitler kaputt"

Als Fritz weiter gehen wollte schenkten sie ihm sogleich einen großen runden Käse, der einen Durchmesser von 40 cm hatte und mindestens 25 Pfund wog. Nur Jemand, der in der damaligen Zeit gelebt hat, kann ermessen was diese Kostbarkeit bedeutete. Fritz schnitt ein Loch in die Mitte und hing es sich mit einer Schnur, die sie ihm reichten, um die Schulter, da er beide Arme und Hände für seine Krücken brauchte. Mit vielem Dank verließ er dann die netten Russen. Und alle wünschten sich gegenseitig Glück.

Fritz lief zur Warschauerbrücke, da sah er viele tote Russen vor einem Tunneleingang liegen. Es schien, als wären sie bei der Einnahme der Brücke von deutschen Widerstandsgruppen am anderen Ende beschossen worden, lauter junge Soldaten. Es waren die gleichen sympathischen Typen, wie die, die in unserem Hause gesungen hatten. Es konnte erst vor kurzem geschehen sein.

Auf dem Weg nach Rummelsburg ruhte Fritz einen Augenblick in einer Ruinenecke aus. Er kann sich jedoch nicht erinnern, daß er einschlief, muß es aber doch getan haben, denn als er wieder weiterlaufen wollte, war sein Käse verschwunden. Jemand muß ihn gestohlen haben. Bloß gut, daß er nicht wach war, denn sie hätten ihn für den Käse erschlagen können. Fritz sah jetzt auch mehr Deutsche. Einige kamen aus ihren Verstecken, alle waren auf der Suche nach Wasser.

Hinter Köpenick stieß Fritz auf eine Gruppe von Zivilisten, die ihn umringten. Es waren Polen, die sehr feindselig aussahen. Sie schienen zwar nicht bewaffnet, aber Fritz hatte ein unangenehmes Gefühl. Es wäre für ihn unmöglich gewesen sie alle alleine abzuwehren, besonders mit einem Bein und Krücken. Sie wollten wissen wie viele Polen Fritz umgebracht hätte. Aber sie ließen ihn wieder laufen. Er sah wohl nicht so aus wie einer der Polen umbringen würde.

In einer Seitenstraße lagen mehrere tote Pferde. Sie waren von der Artillerie getroffen worden. Fritz schnitt sich ein großes Stück Fleisch heraus und hing es sich um die Schulter, wo der Käse gehangen hatte. Später kam er an einer Stelle vorbei wo die Russen Brot für die Kommandantur von einem großen Wagen abluden. Er streckte seine Hand aus, und sie warfen ihm ein ganzes Brot zu. Fritz verbarg es in seinem Hemd. In Friedrichshagen begegnete er einem Pferd, das sich langsam fortbewegte. Es schien vom Himmel gesandt. Fritz versuchte es zu besteigen, aber das ist schwer mit einem Bein, endlich gelang es. Aber jetzt wollte das Pferd keinen Schritt mehr tun. Es war zu erschöpft, hatte sicher tagelang nichts gefressen und getrunken. Fritz versuchte es dann wenigstens hinter sich herzuziehen. Aber es war nicht mehr imstande sich viel weiterzubewegen und blieb dann endgültig stehen. Da mußte Fritz aufgeben.

Er machte einen tiefen Atemzug und schwang seine Krücken und zog los und lief und lief. Ja, und dann ist Fritz in Woltersdorf angekommen. Er ist übrigens mit den vielen Umwegen nahezu 60 Kilometer gelaufen, und viele davon über Geröll und Stein.

Am 1. Mai 1945 wurde öffentlich bekannt gegeben, daß Adolf Hitler tot war. Er sei kämpfend an der Spitze seiner Truppen gefallen. Es interessierte uns herzlich wenig, und wir haben es auch nicht geglaubt, denn solche Burschen sind meist Feiglinge wenn es ans Sterben kommt. Er war auch gar nicht bei seinen Truppen. Er bebte und zitterte in seinem Bunker.

Am 2. Mai ergab sich General Weidling dem russischen General Zhukov,

Der Hunger

Es war eine schlimme Zeit, die Tage, in denen Fritz weg war. Aber ich hatte mich mit der Hoffnung getröstet, daß er sicher nicht in die Stadt hineingegangen war, denn es wurde ja noch immer um die Einnahme gekämpft. Vielleicht waren seine Krücken zerbrochen. Sicher hatte er Unterschlupf bei Jemand lange vor Berlin gefunden. Die Angst kam dann später nach, als er zu erzählen anfing. Ich zitterte noch nachträglich am ganzen Körper, und ich wurde sehr böse, daß er sich unnötig solchen Gefahren ausgesetzt hatte. Welch wahnsinniges Unternehmen, in die noch kämpfende Stadt zu gehen. Natürlich wollte er sehen ob seine Eltern und sein Bruder Hilfe brauchten. Aber er hätte doch erst das Ende der Kämpfe abwarten können. Fritz hat auch heute noch kein Erklärung dafür als die, daß er einfach gehen mußte. Und zum Glück ist ihm nichts passiert.

Fritz war auch nicht ein bißchen müde von dem vielen Laufen. Er hatte doch immerhin eine sehr lange Strecke hinter sich gebracht, davon viele schwer laufbare Wege über Schutt und Gestein. Er hatte und hat heute noch immer eine unerschöpfliche Energie.

Mutti kochte schnell das Pferdefleisch. Es schmeckte sehr gut. Ein bißchen süß, fand ich. Papa rührte es nicht an. Aber wir andern verschlangen das große Stück ganz schnell und restlos, denn wir waren so sehr hungrig und hatten auch Angst, daß Jemand kommen und es uns wegnehmen könne.

In den nächsten Tagen ließ das Artilleriefeuer nach, und allmählich verstummte es ganz. Berlin war eingenommen, Berlin war befreit. Dann aber begann in Berlin noch viel Schlimmes loszugehen, das waren die wochenlangen Vergewaltigungen der meisten Frauen jeden Alters, die Selbstmorde und die Deportierungen von unschuldigen Menschen, die keine Nazis gewesen waren. Das haben wir erst später erfahren. Aber nach einiger Zeit hörte auch das auf, und Berlin erhielt etwas Lebensmittel.

Wir in Woltersdorf, in dem Berliner Vorort jedoch waren wohl von den Kampfhandlungen verschont geblieben. Aber jetzt begann für uns das Grausamste vom ganzen Kriege. Das waren die Vergewaltigungen in unserer Gegend und der Hunger. Die Vergewaltigungen waren schlimm. Aber der Hunger, der Hunger war schlimmer. Unser ziemlich dichtbesiedeltes Gebiet wurde nämlich von den Russen als Selbstversorgungsgebiet eingestuft. Das hieß, daß wir keine, absolut keinerlei Lebensmittel in irgend einer Form erhalten würden. Unser Vorort bestand nur aus Einfamilien häusern mit kleinen Ziergärten und Wochenendhäusern mit ein paar Obstbäumen vielleicht. Aber meist Blumen und winzigen Rasenflächen. Manche Leute, wie ich selbst, hatte natürlich etwas Gemüse angepflanzt. Aber es war Frühling, und da wäre höchstens im Sommer oder Herbst etwas zu ernten gewesen. Ferner gab es keinerlei Samen, keinerlei Saatkartoffeln.

Wir hatten einen russischen Kommandanten, der für Ruhe und Ordnung der Besiegten und die Ernährung seiner stationierten Truppen zu sorgen hatte. Aber die Ernährung der Deutschen in diesem Gebiet war nicht seine Aufgabe. Uns wurde gesagt, daß wir selbst für unser Essen zu sorgen hätten. Von Stadtbezirk Berlin würden wir auch nichts bekommen, da die Stadtgrenzen ganz kurz vor uns aufhörten. Es lebten zwei oder drei Bauern hinten im Dorf, die ein paar Milchkühe besessen hatten. Aber diese Tiere wurden bei dem Einzug der Russen alle restlos geschlachtet und von ihnen aufgegessen.

Und dadurch erhielt Niemand auch nur einen Tropfen Milch. Säuglinge, die nicht von ihrer Mutter genährt werden konnten, starben in ganz kurzer Zeit .Es gab keinerlei Ersatz wie Trocken oder Büchsenmilch. Die hatte es schon unter Hitler kaum gegeben, so daß sich niemand einen Vorrat davon hinlegen konnte.

Viele Mütter waren auch sehr bald nicht mehr imstande die Kinder zu stillen, da ihre Milch versiegte, weil sie ja selbst keine Nahrung erhielten. Sie hörten das Wimmern ihrer Kinder bis es verstummte, und die Kinder tot waren. Die Kindergräber wo Christian begraben lag, wurden mehr und mehr. Reihe um Reihe wuchsen sie. Auch die größeren Kinder fingen an zu sterben. Kinder haben nicht so viele Reserven wie Erwachsene und können nicht lange ohne Nahrung leben. Viele Leute hatten gar nicht vorgesorgt, hatten überhaupt nicht mit dieser Möglichkeit gerechnet. Wir hatten wenig erwartet, aber auf keinen Fall geglaubt, daß es Nichts sein würde. Wir hatten ja nun auch die ganzen letzten Wochen sehr wenig erhalten. Schon eine ganze Weile vor dem Endkampf gab es nichts mehr auf unsere Marken. Daher war alles aufgebraucht, was immer jeder an Vorrat zusammengespart haben mochte. Nach der "Befreiung" hofften wir nun, daß der Russe uns etwas geben würde. Aber der dachte gar nicht daran. Die Lage der Bevölkerung von Woltersdorf wurden verzweifelt.

Es ist heute schwer, sich vorzustellen in welcher schrecklichen Situation wir uns befanden. Wenn ich denke wie viel Lebensmittelreserven der heutige Durchschnittsbürger in seinem Hause gelagert hat, gefroren, getrocknet und in Büchsen. Welch lange Zeit könnte man damit überleben.

Die meisten Leute hatten höchstens noch ein paar Pfund Kartoffeln als unsere Hungerzeit begann, und wie lange reichen die, wenn man nichts weiter zubekommt. Man stelle sich nur vor wieviel eine Familie pro Tag ißt, welche Mengen an Lebensmitteln man zur Zeit von Supermärkten ins Haus schleppt.

Mutti holte jetzt ihre eisernen Lebensmittelvorräte hervor. Die gleichen, über die wir immer so gelächelt hatten. Die Lebensmittel, die sie seit dem Ende des ersten Weltkrieges, das waren 27 Jahre lang, stets aufgehoben, frisch nachgefüllt, gelüftet und ständig geprüft hatte.

Die Mutter meiner russischen Freundin Lisa besaß ein kleines Restaurant in Berlin. Sie schenkte Fritz, noch kurz vor dem Einmarsch der Russen einen Beutel mit getrocknetem Grünkohl, den sollten wir für die schlimmsten Notzeiten aufheben. Aber jetzt war diese Notzeit ja nun hier, und da wurde auch das heilige Nierenfett angegriffen, von denen wir verschiedene Gläser voll im Garten vergraben hatten. Muttis Lebensmittel reichten aber nicht lange, auch wenn wir sie stark rationierten. Wir waren zu viele Personen, die davon aßen. Und bald gab es nur noch eine Suppe. Mutti tat ein paar Grünkohlblätter in Wasser und vielleicht eine oder zwei Kartoffeln hinein, und dazu tat sie einen Löffel von dem Nierenfett. Anderes hatten wir nicht mehr. Nur diese Suppe gab es. Erst zweimal, und dann aber nur noch einmal am Tage. Aber wir verhungerten nicht, wie so viele andere, da wir täglich einen Teller von Muttis Suppe aßen. Wir merkten auch, daß man weniger Nahrung brauchte, wenn man sich viel hinlegte. Aber dazu hatte Niemand Ruhe. Wir hofften von Tag zu Tag, daß der Kommandant uns nicht zu Tode hungern lassen würde. Aber das schien ihn nicht ein bißchen zu bekümmern. Wahrscheinlich hatte er seine Vorschriften.

Ich war im fünften Monat.

Woltersdorf bekam dann endlich einen deutschen Bürgermeister, und jeder hoffte, daß der nun etwas für uns tun und für etwas Nahrung sorgen würde. Man gab uns Jemand, den man aus einem Konzentrationslager befreit hatte. Der Mann tat jedoch nichts weiter als den Besitz geflohener Leute zu beschlagnahmen und auszuräubern. Es kamen noch ein paar andere. Aber man redete davon, daß alle Vorbestrafte waren. Man hatte kriminelle und politische Gefangene zusammen ins Konzentrationslager gebracht. Zum Kriegsende wurden viele Politische dann erschossen, die Kriminellen ließ man leben. Man hatte aber auch wirklich alles getan, was man tun konnte, um den Zusammenbruch vollkommen zu machen.

Und das grausige Hungern nahm seinen Fortschritt. Auf den Feldern war nichts zu finden. Es war Mai und der Flieder blühte. Aber niemand war an Blumen interessiert, nur an Dingen, die man essen konnte. Leider hatten wir gar keine Ahnung welche wilden Pflanzen zu dieser Gruppe gehörten. Papa wußte, daß die Bauern in seiner Heimat Löwenzahn auf den Wiesen suchten. Aber da waren nicht allzu viele auf diesem kargen märkischem Sandboden zu finden. Brennesseln wurden zubereitet. Aber bald gab es von denen auch keine mehr. Wir versuchten Gras. Aber das konnte man leider gar nicht verdauen, weder gekocht, noch zermahlen oder sonst wie.

Verzweifelt suchte die Bevölkerung Hilfe bei den Russen, aber da gingen die Vergewaltigungen bei uns los, so daß sich keine Frau hinaus traute. Auch für Männer war es gefährlich draußen herumzulaufen, denn sie konnten von irgend einem Russen in einen Transport gesteckt und nach Rußland verschleppt werden. Ein Freund erzählte uns, daß er zufällig sah wie bei einem Abtransport von angeblichen Kriegsverbrechern ein Mann entkam. Zwei russische Soldaten waren verantwortlich für den Transport. Da ergriffen die Russen einfach einen von den Zuschauern, nahmen ihm seine Papiere weg und reihten ihn ein. Der Mann protestierte und tobte, aber es half ihm nichts. Er wurden mit den Andern abgeführt. Wie konnte er später seine Identität beweisen. Es verschwanden viele Leute in dieser Zeit, von denen man nie wieder etwas hörte. Es gab keinerlei Gesetze oder Stellen, die irgend etwas zu sagen hatten. Wir besaßen keinerlei Rechte mehr, nur die Willkür herrschte. Wir waren vollkommen den Launen und der Gnade eines jeden russischen Soldaten ausgesetzt. Nur der russische Kommandant herrschte, und der war nicht für Deutsche zuständig. Bei uns kümmerte sich der russische Kommandant anscheinend um rein gar nichts. Er erließ lediglich einen Aufruf, gleich zu Beginn der Besetzung, daß alle Radios, Fotoapparate und Waffen jeder Art, auch antike, abgeliefert werden müssen. Natürlich stand Todesstrafe darauf, im Falle man es nicht tat. Unsere roten Herrscher schlugen die Köpfe genau so schnell ab wie unsere früheren braunen.

Nach längeren Debatten brachten wir schweren Herzens unser Radio zur Kommandantur. Unsere Fotoapparate waren schon in Berlin bei Luftangriffen drauf gegangen. Meine Schwester Ellen dachte jedoch nicht daran ihre gute teure Kamera herzugeben und versteckte sie.

Fritz bestand darauf seine einzige Waffe, die Armeepistole zu behalten. Er wickelte sie in Ölpapier und vergrub sie im Garten. Ich war dagegen, da ich schreckliche Angst hatte, daß Fritz davon Gebrauch machen würde im Falle es in unserem Hause zu Vergewaltigungen kommen würde, und ich habe heimlich versucht sie zu finden und wegzuwerfen, konnte aber nicht die Stelle entdecken. Ich hatte mehr Angst davor, was Fritz mit der Pistole anrichten könne, als vor den Vergewaltigungen selbst.

Frau Bachmann hatte eine Methode gefunden um zu überleben. Sie schickte ihre Kinder mit kleinen Näpfchen zu den Russen, die weit hinten ihr Lager aufgeschlagen hatten. Die meist gutmütigen Soldaten füllten die Schüsseln mit ihrer Kantinensuppe, die sie aus Kohl und Fleisch zubereiteten. Leider war Ottfried noch zu klein, um ihn den weiten Weg gehen zu lassen. Die andern Leute wußten von dieser Möglichkeit auch nichts. Es bestand kaum keine Verbindung, nicht einmal zwischen engen Nachbarn. Man traute sich nicht hinaus. Die meisten Menschen waren auch zu apathisch um irgend etwas zu unternehmen. Sie waren zu geschwächt vom Hunger. Manche legten sich einfach hin, und viele starben.

Eines Tages stand plötzlich Ernst, der jüngste Bruder von Fritz an der Gartentür. Wir fielen ihm um den Hals, froh und glücklich ihn unversehrt und guten Mutes zu sehen. Er schien auch gar nicht ausgehungert zu sein. Ernst hatte einen großen Sack auf dem Rücken und sagte, der wäre voll mit Essen für uns. Wir dachten erst wir hätten Halluzinationen. Wie man in der Wüste bei großem Durst Oasen sehen soll.

Ernst war nach dem Tode seines Bruders Otto von der Front zurückgefordert worden, um in dem kriegswichtigen Betrieb seines Vaters zu arbeiten. Aber in den letzten Tagen vor dem Kampf um Berlin, mußten alle Männer, egal wie alt und alle Jungen, egal wie jung zum Volkssturm antreten um Schützengräben zu schippen und sich darin zu verschanzen um Berlin siegreich gegen die Russen zu verteidigen. Ernst befand sich in dieser Zeit noch am Alexanderplatz, da er bis zur letzten Minute arbeiteten mußte, um Prothesen für Verwundete fertig zu stellen. Als er nun ein Gewehr in die Hand bekam, war es für ihn klar, daß er damit nicht auf die Russen, sondern höchstens auf jemand anders schießen würde. An manchen Laternenpfählen und Bäumen hingen jedoch Leute, die versucht hatten sich aus den angewiesenen Gräben zu entfernen.

Da gab es wirklich Deutsche, die im allerletzten Augenblick noch aufpaßten, daß auch keiner mit dem Leben davon kam, damit Hitler erst ein paar Minuten später Selbstmord zu begehen brauchte. Warum sind diese Halunken nicht später als Kriegsverbrecher verurteilt worden. Warum hat man sie nicht später auch an Laternen und Bäumen aufgehängt. Aber später waren ja keiner Laternen und Bäume mehr da, und diese Schufte sind auch schnell in andere Bezirke geflohen oder haben sich eiligst nach dem Westen abgesetzt.

Ernst hatte den Vorteil, daß er in der Gegend genau Bescheid wußte. Er fand ein paar Gleichgesinnte, die auch nicht die Absicht hatten ihr Leben für Hitlers irrsinnige Ideen zu opfern. Sie flüchteten in einem unbeobachteten Augenblick in der Alexanderstraße in einen verschütteten Keller. Hätte der Aufseher sie verfolgt, hätten sie ihn erschossen. Aber es war nicht nötig. Vielleicht hatte der Aufpasser ebenfalls die Absicht abzuhauen. Ernst und seine Freunde krochen durch verschiedene Ruinen und fanden einen unterirdischen Gang, der noch offen war und in einen Kellerraum führte. Die Häuser darüber war schon vor einigen Tagen zusammengestürzt. Sie verbarrikadierten die Zugänge für alle Fälle mit Steinen und Geröll und blieben in ihrem Versteck die ganze Zeit, in der die Stadt über ihnen unter schwerem Artilleriefeuer stand. Sie hörten das Sausen der Geschütze und fühlen das Beben der Explosionen. Es war stockdunkel. Allmählich fing sie jedoch der Durst an zu plagen, und sie begannen im Keller herumzukriechen, in der Hoffnung vielleicht ein Wasserloch zu entdecken. Auf einmal machte einer von ihnen einen seltsamen Fund. Er fühlte etwas, daß ihm wie Büchsen erschien. Man opferte ein paar der letzten Streichhölzer und machte eine unbeschreibliche Entdeckung.

In diesen Gewölben befanden sich Lebensmittel. Der Keller war nämlich das Vorratslager von Schönings Delicatessenladen. Fritz erinnert sich, daß früher, wenn man dort die Straße entlang lief, es in der Nähe immer so schön roch, wenn Schöning seine Kaffeebohnen in dem Keller röstete. Und in diese Kellerräume waren Ernst und seine Freunde durch Zufall gelandet. Hier sahen die Durstig und Ausgehungerten Regale bis an die Decke brechend voll mit den köstlichsten Delikatessen von all den Ländern, die Deutschland besetzt hatte. Büchsen gefüllt mit Gänseleberpastete von Frankreich, Schinken aus Polen, Käse aus Holland, Butter, Kaffee, Kekse, Schokolade, Marzipan, Wein und Fruchtsäfte. Ernst beschrieb und beschrieb diese herrlichen Dinge, die wir schon vor dem Krieg nicht zu sehen bekommen hatten, die nur die Nazibonzen erhielten. Das einzig Schlechte in diesem Schlaraffenland war die Dunkelheit. Aber es schien ihnen nicht so viel auszumachen. Man aß und trank und schlief. Sie blieben in ihrem Paradies lange, weit über eine Woche. Dann fanden sie einige Säcke, die sie mit Lebensmitteln füllten, und dann beschlossen sie sich hinauszuwagen um nach ihren Angehörigen zu forschen. Aber als sie ans Tageslicht krochen, bot sich ihnen ein unbeschreiblicher Anblick. Sie konnten nur ein Feld von Schutt entdecken. Der Alexander Platz war schon in einem schlechten Zustand als sie in die Ruinenkeller flohen. Aber jetzt waren nicht einmal mehr die ausgebrannten Häuser zu sehen, keine Barrikaden, keine Schützengräben, kein Volkssturm, keine SS, keine SA. Da waren überhaupt keine Leute mehr. Sogar die Toten, die vorher dort gelegen hatten waren auch alle weggeblasen worden. Sie sahen nur noch eine Tümmerlandschaft. Ernst nahm schnell seinen Sack auf den Rücken und begab sich auf den Weg nach Woltersdorf, den gleichen, den Fritz gelaufen war.

Während der ganzen Zeit, in der Ernst berichtete, sahen unsere Augen immer nur den Sack an, den er mitgebracht und 20 Kilometer hierher geschleppt hatte, und der nun dort stand..Was mochten wohl für Lebensmittel darin sein? Der Sack war sehr schwer, das hatte ich beobachtet, als er ihn hereintrug. Also hatte er sicher nicht nur Kekse mitgebracht. Am liebsten wären mir Büchsen mit fettem Fleisch gewesen, darauf hatte man jetzt den größten Appetit, davon würde man am längsten zu essen haben. Vielleicht war es aber auch Wurst. Vielleicht Salami. Der ganze Sack voller Salami, unvorstellbar. Aber es war möglich, denn es hatte sich auch so hart angehört als Ernst den Sack auf den Boden setzte. Vielleicht auch Büchsen mit Wurst, ja, sicher Wurstbüchsen.

Ich kam mir vor wie zu Weihnachten, wo man ständig den Sack des Weihnachtsmannes betrachtete, um zu raten was wohl darin sein könnte. Bei uns zu Hause wurde er nämlich nicht gleich geöffnet. Man mußte immer erst sein Gedicht aufsagen. Erst ich und dann Ellen, und dann noch das schrecklich lange Singen der Weihnachtslieder, die nie ein Ende nahmen, denn manche Lieder hatten so furchtbar viele Strophen, und die mußten wir alle singen und schneller singen durfte man auch nicht. Dabei habe ich auch immer den Sack des Weihnachtsmannes nicht aus den Augen gelassen. Man konnte nämlich manchmal an den Formen, die sich oft abhoben, Rückschlüsse ziehen. Alle andern schienen jetzt genau so wie ich ständig auf die eine Stelle zu starren. Und wir baten Ernst doch bitte später weiter zu berichten was sie alles in dem Schlaraffenland gegessen und getrunken hätten und uns erst zu zeigen was er uns mitgebracht habe.
Ernst sagte, die Entscheidung sei sehr schwer gewesen. Die beiden andern hätten nur Schokolade und Kaffee eingepackt. Er wollte es auch erst tun, aber dann hätte er an die Großmutter gedacht.

298

Die Großmutter vertrat immer die Meinung, daß Firlefanz nicht gut wäre, und daß die beste Nahrung aus Gemüse bestand, das sei das Beste, das Gesündeste, das Nahrhafteste. Das andere wären Leckerbissen, völlig unnötiges Zeug. Außerdem sei ihm die Entscheidung ganz leicht gefallen. Da stand nämlich ein Tisch in der Mitte des Raumes, auf diesem hatte sich schon jemand Sachen bereitgestellt, die er scheinbar mitnehmen wollte. Das konnten nur die Angestellten von Schöning gewesen sein, und die hatten sicher gewußt was das beste war. Außerdem sei es im Keller stockdunkel gewesen. Und da hätte er alles eingepackt was auf dem Tische stand.

Und dann schüttete Ernst stolz den Sack aus und Konserven rollten auf den Boden, ja, und alle hatten aufgebeulte Deckel, jede einzige. Man hatte sie ausgesucht und dort hingestellt, weil sie alle schlecht waren.

P.S.   Ich muß allerdings doch noch etwas hinzufügen, damit Ernst nicht in den Verdacht kommt ein großer Dummkopf zu sein. Ich muß nämlich schreiben, daß man damals absolut keine Konserven benutzte. Hitler brauchte alles Metall für seinen Krieg, und man hielt Büchsen für ungesund, und dann waren sie auch noch sündhaft teuer, so daß der arme Ernst Büchsen ja gar nicht kannte. Ernst kam selten in die Küche. Männer gingen damals nie einkaufen. Und in Küchendingen und Lebensmittelfragen wußten die Männer der damaligen Zeit in Deutschland absolut nicht Bescheid, denn sonst hätte man sie für Pantoffelhelden und unmännlich gehalten.
Und das war wohl das Allerschlimmste was man einem Manne früher nachsagen konnte.

Die Französischen Kriegsgefangenen

Zum Glück lief Ernst dann bald wieder nach Berlin, so hatten wir einen Esser weniger. Er wollte zu seinen Eltern, um die wir uns aber keinerlei Sorgen machten, denn wir hatten inzwischen erfahren, daß Dahlem von den Kampfhandlungen verschont worden war.

Jeden Tag, schon ganz früh am Morgen zogen Fritz und Papa in die verschiedensten Richtungen, um zu versuchen irgend etwas Eßbares aufzutreiben. Papa hatte jedoch niemals Glück. Einmal hat er ein paar alte vertrocknete Kartoffeln in einem weit entfernten Felde gefunden. Aber das war auch alles. Da waren zu viele Leute, die nach alten Kartoffeln gruben, und neue wurden nicht gepflanzt, da es keine Saatkartoffeln gab. Es war immer nur Fritz, der etwas mitbrachte. Meist bestand es nur aus einem Stückchen Brot, das aber in so viele Teile zerschnitten, oft nicht mehr als ein kleiner Bissen war. Ottfried bekam immer das meiste. Aber sonst schob jeder es heimlich dem andern zu, mit der Begründung, daß der jünger oder älter war und es darum nötiger hatte, trotzdem wir alle solchen Hunger hatten, oder gerade deshalb. Fritz erhielt von den Russen manchmal etwas, weil er doch nur ein Bein hatte, und die Soldaten im allgemeinen mitleidige Seelen besaßen.

Für uns Frauen war es leider nicht möglich uns am Essensuchen zu beteiligen, denn in dieser Zeit konnte keine Frau in Woltersdorf sich hinauswagen.

Aber auch im Hause war man nicht sicher. Bis jetzt hatten wir Glück gehabt. Unser bester Schutz war die breite großen Jasminhecke mit dem davor liegenden Zaun und der hohen Eisenpforte, die man abschließen konnte. Das war alles nicht so leicht zu überklettern. Die Russen wählten meist die Häuser mit dem leichtesten Eingang.

Und eines Tages standen an dieser Gartentür drei Männer in einer anderen Uniform. Es waren drei Franzosen, drei französische Kriegsgefangene. Sie sahen nicht schwungvoll aus wie siegreiche Eroberer, sondern völlig erschöpft, staubig und hungrig. Es waren Henry und noch zwei Kameraden.

Schwester Ellen

Ja, das hätten wir nicht gedacht, wie es das Leben meiner Schwester Ellen verändern würde, als sie als technische Zeichnerin zu Auer kriegsverpflichtet wurde. Auer war eine große Rüstungsfabrik, bei der auch französische Kriegsgefangene arbeiten mußten. Und da traf Ellen den Henry, den Henry Cleron.

Ellen war sehr hübsch. Sie hatte ein sanftes Lächeln, eine Fülle von herrlichem Haar und eine sehr gute Figur. Aber Ellen war scheu. Sie ging selten aus, und hatte daher noch nie einen festen Freund. Es war ja auch Krieg und alle Jungen im Felde. Henry sah sehr gut aus und besaß eine hohe Intelligence. Aber da war eine ganze Menge warum wir eigentlich alle gegen Henrys Freundschaft mit Ellen waren. Unter anderem war er wesentlich älter und geschieden, schuldig geschieden. Das war eine schlimme Sache in der damaligen Zeit. Aber das kümmerte Ellen alles nicht. Es war ihre erste Liebe, und wo die hinfällt, wie man ja bekanntlich weiß. Es war damals streng verboten auch nur ein Wort mit Kriegsgefangenen zu sprechen. Aber da das Verbotene immer besonders reizt, schoben sie sich heimlich Zettel zu. Henry hatte Ellens Anschrift, und er suchte sie auf, als die Russen da waren, und die Gefangenen frei wurden. Da haben Nachbarn ihm wohl gesagt, wo sich Ellen aufhalten könne. Jedenfalls hat er sich zu uns durchgeschlagen. Henry sprach ein fließendes, sehr gutes Deutsch. Alle drei Franzosen kamen völlig ausgehungert bei uns an. Sie hofften vor allem erst einmal richtig gut essen zu können, nach dem jahrelangen geschmacklosen Lageressen. Als wir ihnen nun schweren Herzens von unserer Suppe etwas abgaben, erklärten sie höflich aber fest, daß sie einen solchen Schweinefraß nach dem Kriegsende nicht essen würden. Es war schwer ihnen klar zu machen, daß wir selbst nichts anderes besaßen und noch heilfroh waren diese Suppe kochen zu können, und daß es uns außerdem schwer fiel, sie mit ihnen zu teilen. Aber ich bin nicht sicher, daß sie uns auch wirklich glaubten. Sie waren außerdem sehr erstaunt zu hören, daß wir den ganzen Krieg über auch nichts Besseres zu essen bekommen hatten als sie selbst. Sie waren immer der Ansicht gewesen, daß wir so leben würden wie die Franzosen in Frankreich vor dem Kriege, da Hitler doch so viele gute Lebensmittel in allen Ländern beschlagnahmte.

Ja, wir wunderten uns auch ständig wo all diese Dinge hingingen. Wir wußten nur eins, nicht zu den Deutschen, die wir kannten.

Alle drei Franzosen waren vollkommen erschöpft, hatten wunde Füße von Laufen und wünschten sich erst einmal richtig ausschlafen zu können. Eigentlich waren sie viel weniger als halb so viel unterwegs gewesen wie Fritz als er in die kämpfende Stadt lief um nach seinen Eltern und dem Bruder Ernst zu suchen. Und er hatte doch nur ein Bein und nur seine Krücken. Daran kann man sehen was man in Gefahr leisten kann.

Als wir uns nun nach langem Erzählen zur Ruhe gelegt hatten, hörten wir draußen plötzlich russische Stimmen. Die Sprache klang nicht so schön wie bei den ersten Soldaten, die wir kennengelernt hatten. Es waren scheußlich unartikulierte Töne. Die Russen schienen getrunken zu haben, und auf einmal schlugen sie gegen die Haustür. Sie waren nicht über den Zaun geklettert, sondern hatten das Tor einfach aufgebrochen.

Unglücklicherweise besaß ich die Angewohnheit ohne mein Nachthemd zu schlafen. In der Panik und Dunkelheit war es nirgends zu finden. Licht konnte man nicht machen, da sie schon im Garten standen, und man von dort mit Leichtigkeit ins Zimmer hätte sehen können. Sie schlugen so stark gegen die Tür, daß ich Angst bekam, sie könne zerbrechen. Da lief ich schnell splitternackt die Treppe hinauf. Fritz öffnete dann.

Es waren vier bewaffnete Russen, die etwas Deutsch sprachen und stark nach Alkohol rochen. Sie schienen gar nicht davon beeindruckt zu sein, daß Fritz ein Bein fehlte. Er konnte in der Aufregung seine Krücken nicht finden, und daher nicht einmal gerade stehen und sich nur auf einem Bein springend fortbewegen. Wenn die Russen getrunken hatten, wurden sie andere Menschen. Sie wollten zwei Sachen, Schnapps und Frau und hielten die Gewehre in Anschlag. Nachdem sie sich vergewissert hatten, daß keine Frau und kein Schnapps unten waren, begaben sie sich in die obere Etage. Dort schliefen meine Eltern, meine Schwester und die drei Franzosen. Ellen versteckte sich rasch unter einem Sofa und Mutti richtete sich im Bett auf und sagte ganz laut mit einer Kopfverbeugung "Guten Abend" zu ihnen. Sie antworteten nicht. Henry zog schnell seine Uniform an und erklärte ihnen, daß sie französische Kriegsgefangene seien, die mit ihnen auf der gleichen Seite gekämpft hatten. Sie seien Alliierte. Die Russen hörten sich die Rede an, und dann sagte einer ganz laut und deutlich in Deutsch "Scheißfranzosen." Und dann nahmen sie allen drei Franzosen die Armbanduhren ab. Diese wagten keinen Widerstand. Es wäre auch völlig zwecklos und außerdem sehr gefährlich gewesen.

Ich war inzwischen auf den Dachboden gerannt. Dort war es dunkel, man konnte nur Umrisse erkennen. Alles war ganz ordentlich. Hier hatte Mutti leider aufgeräumt, und daher gab es auch nicht das kleinste Eckchen und Fleckchen um dahinter, darunter oder dazwischen zu kriechen. Trotzdem die Russen die Franzosen als Scheißfranzosen bezeichnet hatten, war es ihnen doch scheinbar nicht so recht geheuer mit den fünf Männern im Hause, denn sie hatten sicher schon Fälle erlebt wo Soldaten von Männern angegriffen wurden, wenn sie Frauen vergewaltigten. Aber sie waren betrunken und sie suchten "Frau".Und da die sich meist auf dem Dachboden versteckten, bestanden sie darauf auch diesen nach Frau zu untersuchen und ich hörte sie herauf poltern. Da stand ich nun alleine und völlig nackt. Nach einer Weile hatten sich meine Augen an die Dunkelheit gewöhnt, und ich sah eine Decke auf einem Stuhl zusammengefaltet liegen.

Ich stellte mich gegen die Giebelwand, ergriff verzweifelt das dicke Tuch und hielt es mit ausgestreckten Armen hoch vor mich hin. Achtete aber darauf, daß es auch meine Füße bedeckte.

Die Russen blickten in den ordentlichen Boden, sahen unter ein paar Stühle und schoben einige Dinge zur Seite, um sicher zu sein, daß "Frau" sich nicht darunter versteckte, und dann leuchteten sie mit ihren Taschenlampen auch kurz die Decke an, die ich vor mich hielt. Ich kann nicht verstehen, daß meine Hände nicht zitterten. Vielleicht haben sie auch, und die Russen waren nur zu betrunken um es zu bemerken. War es nun die Anwesenheit der vielen Männer, die sie nicht so gründlich weiter suchen ließ, oder etwas anderes, jedenfalls zogen sie wieder ab, wenn auch mit drohenden und wütenden Lauten.

Sie sind dann, dicht bei uns in eine Nebenstraße gegangen. Dort sahen sie Licht in einem Haus. Hier hatten sich mehrere Frauen angsterfüllt zusammengefunden. Manche fühlten sich sicherer in der Gegenwart von vielen Andern. Aber oft war das gerade verkehrt.

Es waren fünf Frauen, die man am nächsten Morgen dort erschossen fand. Niemand weiß, was sich hier abgespielt hat. Wahrscheinlich haben die Frauen geschrien. Man will es in der Nachbarschaft gehört haben. Vielleicht haben sie sich zu sehr gewehrt, und die Russen fühlten sich bedroht. Oder sie haben sie aus Spaß nach dem Vergewaltigen erschossen, das ist auch manchmal vorgekommen. Aber da befanden sich noch kleine Kinder, und die erzählten, daß Russen dort gewesen seien, und die hätten die Kaninchen aus dem Stall geholt und mit ihnen und den Kaninchen gespielt, ganz lange, als die Mutti schon still dagelegen hat.

Die Ernährungslage wurde immer schlimmer. Da war absolut nichts für die Leute außerhalb des Stadtbezirk. Zu diesem Zeitpunkt hatte jeder aufgebraucht was immer er sich etwas gespart hatte. Frau Jemzeff war die Einzige, die Lebensmittel erhielt. Die Russen, die sie so gefürchtet hatte, küßten und drückten sie jedes mal wenn sie sie sahen und überschütteten sie mit allem, was sie nur haben wollte. Sie waren so selig einen russischen Emigranten zu treffen. Sie gab uns auch ein paar mal etwas ab, schlug sich dann aber nach Berlin durch, um zu ihrer Tochter zu gelangen.

Muttis Vorräte wurden erschreckend weniger, selbst mit den Lebensmitteln die Frau Jemzeff uns gegeben hatte. Die Gläser mit dem Nierenfett, die wir sicherheitshalber im Garten vergraben hatten, waren nicht mehr da, als wir sie holen wollten. Jemand muß sie genommen haben. Und die französischen Kriegsgefangenen waren noch immer bei uns und wollten miternährt werden. So mußten wir den Franzosen sagen, daß wir nicht mehr unser letztes bißchen mit ihnen teilen könnten. Wir baten sie zum russischen Kommandanten zu gehen und einfach Nahrung zu verlangen. Vielleicht würde er ihnen ein paar Kartoffeln geben.
Das wäre eine große Hilfe für uns gewesen.

Aber nach der Begegnung mit den Russen in der Nacht waren ihnen die Russen nicht mehr geheuer, und der russische Kommandant war ein Wesen, das jeder fürchtete. Er konnte jeden Menschen ohne Gerichtsverhandlung erschießen lassen, einfach weil ihm dessen Gesicht nicht gefiel oder was andere über ihn erzählten. Ich habe später gelesen, daß die Russen ihre Kommandanten auch laufend wechselten, damit diese nicht zu viel Kontakt mit der deutschen Bevölkerung bekamen oder gar Freundschaften schließen konnten. Ich habe immer vermieden jemals einen von den unseren zu treffen. Ein witziger Mann sagte einmal:

"Gehe nie zu deinem Fürst, wenn du nicht gerufen würst."

Die Franzosen müssen das Gleiche empfunden haben. Sie hatten ja früher auch einen König. Jedenfalls entschlossen sie sich daraufhin lieber abzuziehen und sich nach Frankreich durchzuschlagen als zu dem Kommandanten zu gehen. Sie hatten mindestens 10 Tage bei uns gelebt.

Nur Henry wollte noch bleiben. Er bestand darauf Ellen mitzunehmen. Was haben wir alles angestellt, um sie davon abzubringen. Aber "gegen die Liebe ist kein Kraut gewachsen" sagte Oma immer. Und ich glaube, sie hatte recht. Wir versuchten Henry nun dazu zu bringen, alleine zu gehen, und Ellen nachkommen zu lassen, wenn ruhigere Zeiten sein würden. Aber nein, er hatte Angst, daß Ellen vergewaltigt werden könne, was ja auch leicht möglich gewesen wäre. Sie wollten unbedingt zusammenbleiben, beide zusammen weggehen.

Da wurde nun lange Kriegsrat gehalten, was Ellen alles mitnehmen solle. Aber man konnte doch nicht viel tragen. So brachten wir den großen Haufen wieder weg, und stellten Koffer und Bündel mit etwas Schmuck, Silber, ihre Kamera, Fotos, Kleidung zurecht, und gaben ihnen noch einen kleinen Bissen Brot, das Fritz von einem Russen erhalten hatte.

Als dann der Morgen des Abschieds kam, war es herzzerreißend. Man konnte sich nicht trennen. Wir hingen sehr aneinander. Ellen war und ist immer noch ein sehr lieber Mensch, immer helfend, immer positiv. Die Trennung fiel uns schwer. Da man in der Zeit nicht wußte, ob man sich jemals wieder sehen würde. Wir liefen ein paar Schritte, um uns dann noch einmal zu küssen und zu umarmen, und noch einmal, und noch einmal. Mutti saß voller Tränen noch immer Abends am Fenster, an der gleichen Stelle, an der sie sich am Morgen weinend hingesetzt hatte. Da saß sie immer noch, als die beiden Weggewanderten plötzlich das Gartentor öffneten. Sie waren nicht weit gekommen. Die Russen hatten ihnen alles weggenommen und sie zurückgejagt.

"Es war verkehrt," meinte Ellen, "am Morgen zu gehen, man müsse es vielleicht in der Nacht versuchen." Nochmals wurde Reisegepäck zusammengestellt, wieder nach Dingen gesucht, die ihr lieb, und die sie brauchen würden. Es war wieder ein schwerer Abschied, und die Beiden zogen wieder los, geküßt und beweint von allen. Aber dieses mal kamen sie schon nach einer Stunde mit dem gleichen Resultat zurück. Wir versuchten Ellen einzureden, daß das kein gutes Omen sei, und Henry doch lieber erst alleine gehen solle Aber sie war nicht zu beeinflussen. Beim dritten Versuch beschlossen sie nichts mitzunehmen. Wir sollten es dann später nachschicken, wenn wieder alles normal wäre. Es wurde auch nicht mehr so doll Abschied genommen. Sie würden ja doch bald wieder zurück sein, und Mutti setzte sich jetzt nicht mehr hin und weinte, sondern begann sogleich mit dem Aufräumen. Aber dieses mal kamen sie nicht zurück. Sie haben sich durchgeschlagen und sind nach Potsdam gekommen. Dort war gerade zu der Zeit das große Treffen von Stalin, Churchill Truman. Ich glaube nicht, daß De Gaulle auch dabei war, aber genau weiß ich es nicht.

Jedoch alle Leute, die sich dort befanden, wurden genau untersucht, und es herrschte dadurch Polizeiaufsicht und Ordnung. Die Franzosen wurden in einem Lager gesammelt. Aber denjenigen, die sich freiwillig nach Deutschland gemeldet hatten, rasierten ihre Landsleute die Haare ab. In Le Havre, der Heimat von Henry angekommen, fanden Ellen und Henry die Stadt und Umgebung in einem schlimmen, vom der Invasion völlig zerstörten Zustand vor. Sie hatten lange keine Unterkunft und dann nur vorläufig eine Stelle, wo noch nicht einmal Wasser vorhanden war.

Ellen und Henry haben dann dort geheiratet. Die Ehe wurde aber nicht glücklich. Sie bekamen jedoch später zwei schöne Kinder.

Henry ist sehr jung an Magenkrebs gestorben. Ellen hat ihn liebevoll bis zu seinem Tode gepflegt. Sie ist dann mit den Kindern in Frankreich geblieben, lernte ihnen allerdings fließend Deutsch. Aber heute sind Kinder, Enkel und Urenkel alle in Frankreich. Ellen hingegen lebt die Hälfte der Zeit in ihrer Eigentumswohnung (der ehemaligen meiner Eltern) in Bremen und die andere in ihrer Wohnung in Le Havre.

Ellen und Henry in Frankreich

Mutti und Papa haben uns dann auch bald verlassen, um nach Berlin zu kommen. Papa wollte sich um seine Betriebe kümmern, und Mutti wieder eine eigene Wohnung haben. Sie sind aber doch zu früh gegangen, denn Mutti bekam Typhus, der mit der Ruhr damals in der Stadt wegen der zusammengebrochenen Wasserversorgung herrschte. Die meisten Krankenhäuser waren zerstört, und es wütete auch Diphtherie und Tuberkulose. Da gab es noch keine Autos oder Transportmittel irgend welcher Art. So setzte Papa Mutti in einen kleinen hölzernen Schrebergarten Leiterwagen, den er irgendwo auftreiben konnte. Es war einer, in dem jemand seinen letzten Besitz herumgezogen hatte. Darin zog Papa Mutti zu einem Seuchenkrankenhaus, wo die ausgehungerten, erschöpften Menschen nun zuletzt doch noch hingerafft wurden.

Nach dem Fall von Berlin starben 600 Menschen täglich und bei August waren es 4000, wie ich später erfuhr. Das waren alles Berliner, die die Nazis, die Bomben und die letzten Kampfhandlungen überlebt hatten.

Aber Mutti kam durch. Ein paar Kartoffeln und etwas Nierenfett, das sie für den alleräußersten Notfall in ihrer primitiven Wohnbehausung in der Kinzingstraße versteckt hatte, halfen ihr wieder gesund zu werden.

Vergewaltigungen

Die begannen bei uns jetzt erst richtig loszugehen. Nachdem Berlin eingenommen und nicht mehr das leuchtende Ziel war, entdeckten die stationierten Russen die Frauen in den Vororten, und damit auch uns in Woltersdorf. Jetzt hatten wir leider nicht mehr die netten ersten Kampftruppen. Jetzt hatten wir eine Mischung von allem Möglichen. Manche sahen aus wie Russen. Aber manche konnten nicht einmal Russisch.

Manche schienen aus der Steinzeit zu kommen. Und da gab es auch Einige, die sahen aus und benahmen sich wie Wesen aus Darwins Entwicklungsgeschichte, wie homo erectus.

Es gab natürlich eine Möglichkeit ihnen zu entgehen. Man konnte sich verstecken. Irgend eine Doppelwand bauen. Auf diese Art ist es einem von unseren Bekannten in Berlin gelungen seine Tochter durchzubringen. Aber wer konnte bei uns draußen sich schon tage oder wochenlang verbergen. Die Frauen mußten doch die Kinder besorgen und ständig auf der Suche nach Essen sein.

Die Bevölkerung bestand in Woltersdorf zum größten Teil nur aus Frauen und Kindern. Die Männer waren entweder gefallen oder in Gefangenschaft, oder lagen verwundet in Hospitälern.
Fritz war einer, der wenigen Glücklichen, die zu Hause waren. Der Einzige in der ganzen Umgebung. Der Volkssturm hatte noch vorher alle restlichen männlichen Wesen weggeschleppt, und viele von denen, die diesen letzten irrsinnigen Kampf überlebten, wurden dann vom Russen abtransportiert und wenige von denen kamen wieder.

Papa hat großes Glück gehabt. Er hat dem Volkssturm erklärt, daß es seinen Betrieb erst einmal zur Sprengung vorbereiten müsse, und dann ist er einfach abgehauen und zu uns nach Woltersdorf gekommen, und bei uns war er nicht registriert. Das war eine sehr gefährliche Situation. Aber unsere großmäuligen Nazihelden, die ihn bestimmt abgeholt hätten, waren ja schon lange nach dem Westen geflüchtet. Das war ein Segen.

Die Frauen standen meist alle ohne Männer mit den Kindern vollkommen alleine da, ohne jegliche Nahrung und dazu noch die Vergewaltigungen. Ich glaube nach verschiedenen Wochen waren die eigentlich gar nicht mehr erlaubt, aber auch nicht verboten. Und da kamen wir Frauen in Woltersdorf auf eine gute Idee. Wenn wir eine Vergewaltigung hörten oder sahen, liefen wir schnell auf die Straße und hämmerten mit einem großen Löffel an einen Kochtopf, oder schlugen Deckel zusammen. Alle Nachbarn taten das Gleiche, so daß der Kochtopflärm sich die ganze Dorfstraße fortpflanzte, den ganzen Ort entlang bis zum Ende des Dorfes, wo sich der russische Kommandant befand. Wir hofften dann, daß dieser etwas unternehmen würde. Was vielleicht auch manchmal geschehen ist. In jedem Falle wurde es dann dem, oder den Russen ungemütlich. Es war unser einziger Schutz. Viel besser als das Schreien. Das machte die Russen oft so wütend, daß sie auf die Frauen schossen. Mir selbst war bisher noch nichts passiert. Das hat sicher zum Teil daran gelegen, daß bei uns so viele Männer gewesen waren. Und dann wohl auch an der Jasminhecke und der hohen eisernen Eingangspforte.

Aber eines Tages sah ich einen Russen, der gerade dabei war, darüber zu klettern. Da packte mich eine große Wut, und ich rannte auf die Tür zu und schrie ihn an, er solle sich gefälligst herunter scheren.
Und tatsächlich tat er das dann auch. Er stieg zurück und trollte sich mit schuldbewußter Miene.
Ich hatte es durch Zufall gefunden. Nicht Angst haben, sondern anschreien.
Jeder starke Mann war einmal ein kleiner Junge und ist von seiner Mutter scharf angefahren worden, und er gehorcht noch immer, besonders wenn er etwas vorhat, was er nicht tun dürfte. Man mußte nur eine strenge Mutter spielen. Es klappte jedesmal.

Einmal jedoch stand ein Soldat mit einem Gewehr vor der Tür. Er verlangte Einlaß. Er sprach etwas Deutsch. Meine Methode schien für einen Mann mit angelegter Waffe zu riskant. Er suchte "Partisan". Er wollte ins Haus, "Partisan suchen." Er sah sehr offiziell aus, und es war noch zu der Zeit als jeder Russe jeden Deutschen mit oder ohne Grund einfach erschießen konnte.

Ich ließ ihn zögernd ins Haus, und er begann seine Durchsuchung. Er schaute unter und in die Betten. "Du hast Partisan "sagte er. Allmählich wurde mir aber klar was er suchte. Er schien seinen Trick schon oft angewandt zu haben.

Da verschwand meine Angst und ich sagte. "Ja, Partisan da."

Und zeigte auf einen 10 Zentimeter hohen Spalt unter einem Schrank. Er erschrak, sprang aufgeregt zur Seite, riß sein Gewehr in Anschlag. Er schien schreckliche Angst zu haben. Nach einer Weile jedoch besann er sich seiner männlichen Würde und soldatischen Pflicht. Geduckt, in sprunghafter Haltung begann er dann die 10 Zentimeter unter dem Schrank mit seinem Gewehr vorsichtig nach Partisan zu untersuchen. Es war so komisch, und ich fing ganz doll an zu lachen. Das war verkehrt. So etwas soll man niemals tun, nie über einen Mann mit Gewehr lachen.

Der Russe fuhr bei meinem Gelächter auf und wurde knallrot. Seine Augen funkelten vor Wut. Er lud seine Waffe mit einem knackenden Geräusch durch und richtete sie jetzt auf mich. Da bekam ich aber doch Angst und lächelte schuldbeladen, aber begann dabei fieberhaft zu überlegen. Die Anschreistrategie schien mir jetzt äußerst unklug zu sein. Die freundliche, um Entschuldigung bittende Kleinmädchenmethode jedoch würde unweigerlich zur Vergewaltigung führen. Aber plötzlich war mir klar was ich tun mußte. Ich erhob mein Haupt ganz stolz, blickte auf ihn hoheitsvoll und sagte mit einer überheblichen Geste, ob er denn wirklich nicht wisse, daß ich die Freundin vom Kommandanten sei. Ich hatte nämlich festgestellt, daß das Einzige, wovor der Russe eine Heidenangst zeigte, der Kommandant war. Wahrscheinlich noch viel mehr als vor seiner Mutter. Der Soldat blickte erschrocken auf. Es schien, als wenn sich seine Ohren anlegten, und er verschwand ganz schnell, ganz still und leise.

Ich hatte scheinbar die Lösung gefunden. Erstens durfte man absolut keine Furcht zeigen, oder besser haben, und dann eine Respektperson oder aber die Freundin einer Respektperson sein.

Es kam mir auch zu Nutze, daß ich stets in meinem Leben in allem das Gegenteil tun mußte, was andere Leute taten. Die meisten Frauen hatten sich so häßlich wie möglich gemacht. Was hatte es ihnen genutzt. Sogar Frauen, die sehr alt aussahen und älter als achtzig waren, wurden vergewaltigt. Warum nicht das Gegenteil versuchen? Ich zog jetzt ein schönes Kleid an, färbte meine Lippen und drehte mir wieder meine langen Stocklocken, die ich in der Schule des öfteren getragen hatte. Die Sache wirkte kolossal.

Erschrocken sahen mich die Russen an. Ich schien ein unnahbares Wesen aus einer anderen Welt, und die Sache mit der Freundin vom Kommandanten schien glaubhaft.

Da war aber einmal einer, den das nicht so sehr zu stören schien. Als ich merkte, daß alles nichts nutzte, sagte ich ihm, daß ich gerne mit ihm schlafen möchte, da er viel besser aussähe als der Kommandant.

Aber dieser wäre so sehr eifersüchtig, und daher müsse er erst einmal draußen nachsehen, ob da wieder ein heimlicher Posten versteckt wäre. Er soll vor allem unter Büsche und hinter Bäume schauen, und wenn er ganz sicher wäre, daß dort Niemand sei, solle er wieder reinkommen. Ich würde die Tür für ihn offen halten. Er kam nicht wieder, und auch kein anderer, den ich zum Suchen ausschickte.

Fritz, der nun ständig unterwegs war, um etwas Eßbares aufzutreiben, hatte mir eine Klingel ans Bett gebaut. Wenn man den Knopf berührte, dann schlug draußen am Gartentor eine Glocke an.
Ich war nun bereits im sechsten Monat meiner Schwangerschaft.

Eines Tages war ein besonders frecher Soldat eingedrungen. Die Sache mit dem Kommandanten hatte er entweder nicht verstanden, oder verstehen wollen. Als ich ihm aber sagte:
"Ich Freundin Kommandant, Kommandant Klingel."
Da lachte er ungläubig und drückte auf den Knopf, als dann aber draußen der Krach losging, eilte er davon.

Ich hatte jetzt gar keine Angst mehr vor den Russen, und ließ sie in unser Haus, auch wenn Fritz nicht da war. Ich wusch Wäsche für sie. Man konnte ein Stückchen Seife bekommen, und manchmal ein bißchen Brot.

Einmal gab mir ein netter gutmütiger Russe ein keines Päckchen dafür. Es waren herrliche Dinge darin. Das köstliche Vollkornbrot und sogar zwei Eier und ein Stückchen Käse. Wir aßen schnell die Hälfte und hoben den Rest als eiserne Ration auf, denn man wußte nie wann man wieder etwas zu essen bekommen würde. Wie dankbar waren wir dem Russen, aber wie verwundert, als er am nächsten Tage erschien und sein ganzes Paket zurückhaben wollte. Auf unsere erstaunte Frage warum, erklärte er uns, daß er Hunger habe. Scheinbar hatte er gestern nicht daran gedacht, daß das eintreten könne, wenn er seine Ration für zwei Tage weggab. Wir hätten gleich alles aufessen sollen. Aber wer weiß, was uns dann passiert wäre. Die Russen waren unberechenbar.

Trotz aller Vorsichtsmaßnahmen, mich vor den Vergewaltigungen zu schützen, ist mir doch eines Tages etwas passiert, was schwerwiegende Folgen nach sich zog. Aber das war viel später, und ich werde es auch berichten.

Wir hatten ständig Hunger, und waren ständig auf der Suche nach etwas Eßbarem. Hätten wir bloß nicht die Gläser mit dem Nierenfett im Garten vergraben, im Hause wären sie nicht verschwunden. Fritz war schon lange hinter einem Hund her, der noch herumlief. Aber er schien es zu ahnen und ließ sich nicht fangen. Aber bald war er nicht mehr zu sehen. Ein Anderer muß ihn verspeist haben. Katzen gab es schon lange nicht mehr.
Wir hätten auch Mäuse oder Ratten oder sonstige Tiere gegessen, aber die waren alle nicht mehr zu bekommen. An Regenwürmer habe ich nie gedacht. Diese Idee kam mir neulich, als ich im Garten grub und die Hühner sie aufpicken sah. Vielleicht hätte man die Würmer weichkochen können.

Vielleicht, aber das kann man alles nur verstehen, wenn man damals gelebt hat. Nicht einmal in Berlin, sondern in Woltersdorf, wo wir monatelang zu Selbstversorgern ernannt wurden.

Es gab noch eine Möglichkeit etwas Nahrung zu erhalten. Das war der Tauschhandel mit den Russen. Allerdings hatten die Russen jetzt selbst nicht mehr viel zum Weggeben. Und alles woran sie interessiert waren, hatten wir schon längst eingetauscht. Einen Goldring ein Brot, einen Mantel ein halbes Brot, ein Kleid ein Stückchen Brot. Und wir besaßen in der Hitlerzeit nicht viele Kleider. Und wie lange reichte schon ein bißchen Brot, wenn man sonst absolut nichts anderes zu essen hatte. Armbanduhren waren noch das Einzige um ein wenig Nahrung zu erhalten. Aber die hatte man uns schon längst abgenommen. Viele Russen trugen den ganzen Arm voll. Sie hatten wohl Angst, daß ihre Kameraden sie sonst stehlen könnten.

Da kam Fritz auf die Idee, Uhren für die Russen zu reparieren, trotzdem er gar keine Ahnung davon hatte und auch keinerlei Ersatzteile besaß. Sehr oft brauchte er die Uhren aber nur aufzuziehen. Sie wußten nicht ,daß das nötig war. Wenn sie jedoch die Uhren innen geöffnet und selbst versucht hatten sie wieder in Ordnung zu bringen, dann war es hoffnungslos. Einmal kam ein Russe zu Fritz. Der Soldat sah nicht einmal beschränkt aus. Es war sogar einer, der etwas Deutsch konnte. Dieser Russe brachte einen Wecker. Fritz sollte aus diesem Wecker drei kleine Armbanduhren machen. Zwei für den Russen. Die dritte konnte er sich für die Arbeit behalten.

Sie schienen aus eine seltsamen Welt zu kommen, bestaunten unser elektrisches Licht. Ich hörte von Fällen wo sie die Glühbirnen mitnahmen um zu Hause auch dieses Licht zu haben. Wasserhähne waren ein Weltwunder für manche. Sie sagten: "In Deutschland sauberes Wasser aus Wand, schmutziges in Wand." Die meisten von ihnen schienen keine Toiletten zu kennen. Oft schnitten sie Löcher in die Fußböden der beschlagnahmter Häuser, benutzten dann diese Öffnungen als Toiletten, und die ganz Sauberen rollen dann jedes mal wieder einen Teppich darüber. Sie waren der Ansicht, daß die Deutschen schmutzige Leute wären, wenn sie in ihre eigenen Wohnungen machten.

Aber eine Sache hat mich doch in Erstaunen gesetzt. Keiner wollte ein Kommunist sein. Das war die größte Beleidigung, die man ihnen zufügen konnte. "Ich nix Kommunist" schrieen sie.
Allerdings habe ich die ersten, die intelligenten Russen nicht danach gefragt. Diese Thema kam uns damals bestimmt nicht in den Sinn. Und sie wären auch viel zu klug gewesen, um ehrlich zu antworten. Ein Russe erzählte mir später ganz stolz, daß seine Mutter die Leiterin eines großen Kinderheimes war. Mit dem habe ich natürlich nur vom Wetter in seinem Land gesprochen. Der einfache Russe hatte aber keinerlei Bedenken seine politische Meinung zu äußern. Wir hätten uns das unter Hitler bestimmt nicht getraut.

Sie haben leider nicht ganz verstanden, daß unser Essen nur nicht vorhanden war, weil der Krieg alles zerstört hatte. Sie glaubten, die Kapitalisten wären ja noch schlechter dran als sie selbst.

Viele Russen sprachen übrigens ein ziemlich gutes Deutsch, auch wenn sie sonst nichts wußten. Sie müssen in der Grundschule Deutsch gehabt haben. Und wir versuchten dann auch etwas Russisch zu lernen. Nur erst einmal die wichtigsten Wörter.
Guten Tag. Hunger. Brot. Essen. Danke. Bitte. Auf Wiedersehen.

Wassil

Die Zeiten, die der Krieg mit sich brachte, wie seltsam waren sie doch. Und wie seltsam die Erlebnisse. Wie köstlich wurde ein Stückchen Brot. Wie köstlich ein menschliches Wesen unter all den tierischen Neandertalern. Da war so viel Schwarz in unserem Leben, daß ein kleines Fleckchen Weiß leuchtend wurde wie ein heller Stern, ein kleines Fleckchen, an dem man früher vorbeigegangen, das man kaum beachtet hätte.

Ich habe mir oft überlegt, wie es wohl gewesen wäre, hätten wir Wassil in Amerika getroffen. Wir hätten uns sicher angeregt unterhalten, von seiner Heimat gesprochen, ihn sehr nett gefunden, zum Abschied gesagt. "come and see us"(Komm uns besuchen). Aber da das keine richtige Einladung ist, wäre er sicher nicht gekommen. Wir hätten dann gesagt. Wir müssen den netten Jungen unbedingt einladen. Aber da wären so viele andere Sachen zu tun gewesen. Man wäre einfach nicht dazu gekommen. Vielleicht zu einer größeren Party mit vielen Menschen zusammen. Und was hätte man sich da schon erzählen können. So wäre er weggeschwemmt worden, wie so vieles andere, das man nicht greifen kann, weil es einfach zu viel, und die Strömung zu schnell ist. Wie langsam lief sie doch in jenen Nachkriegstagen.

Es begann alles mit einem Keks. Einem Keks, den heute Niemand ansehen würde, der aber damals, schon während des ganzen Krieges eine ungeheure Kostbarkeit war. Nazi mußte man sein, und dann noch die richtigen Leute kennen. Und da uns weder das eine, noch das andere lag, hatte ich schon ewig keinen gesehen.

Der kleine Ottfried brachte ihn an. Er hatte hineingebissen, und wollte ihn nun mit mir teilen. Ich konnte die Sache gar nicht glauben, ein Keks, ein richtiger. Wo hatte er ihn her? Er zeigte mir, da draußen von einem Manne durch das Gitter. Ottfried war damals vier Jahre alt. Er war ein sehr hübsches Kind mit goldenen Ringellocken und einem warmherzigen Lächeln.

Ich ging durch das Gartentor hinaus und erblickte einen Russen. Er sah anders aus als die andern. Viel größer und langgliedriger. Er trug seinen Mantel nicht auf die übliche Art, sondern hatte ihn über eine Schulter gelegt, wie die Offiziere in der zaristischen Zeit. Ottfried rannte ihm nach, und da drehte der Russe sich um. Er hatte tiefschwarze dichte Haare, gar keine ausgeprägten Backenknochen, aber seine Augen waren leicht schräggestellt. Er erblickte mich, und plötzlich ging ein Leuchten über seine Züge. Und da geschah etwas ganz Seltsames mit mir. Ich kannte diesen Russen. Ich wußte nur nicht woher.

Nicht die Sache mit dem vorigen Leben, nein, absolut nicht. Aber irgendwie kannte ich ihn. Nein, kennen ist nicht das richtige Wort. Es war mehr ein Wiederfinden. Ein Wiederfinden von etwas, was man lange vergessen hatte. Was man als ganz kleines Kind vielleicht einmal gesehen, und das dann irgendwie verloren ging. Wie ein Bruder, den man nur ganz kurz kannte, der dann verschollen war. Es schien nicht nur ein seelisches, sondern auch ein rassisches Band zu sein. Ich habe keinerlei Erklärung dafür. Allerdings besitze ich ziemlich ausgeprägte Backenknochen, über die ich mich schon immer gewundert habe. Aber Wassil hatte ja gar keine.

Und Wassil breitete seine Arme aus, und wir liefen auf einander zu wie Cousin und Cousine, und er umarmte und küßte mich. Das war etwas Unerhörtes, ganz Unglaubliches.

Es gibt nun natürlich Menschen und Völker, die sich bei der Begrüßung immer umarmen und küssen. Vielleicht war es in Wassils Heimat so Sitte. Aber bestimmt nicht in der meinen. Man küßte nicht viel in Preußen. Ich habe nie meine Tanten, Onkel oder Kusinen geküßt. Mutti und Papa als ich klein, und später als sie alt waren, und Oma und Ellen natürlich. Mich hatten überhaupt außer Fritz nicht viele geküßt. Kurt selbstverständlich und einmal Ulli und einmal Heinz. Aber von einem wildfremden Russen. Hier bei uns in Amerika ist es auch bei Freunden so üblich. Aber ich habe eine große Scheu davor. Weiß nicht warum. Faschingsfeste haben mich deswegen immer abgestoßen. Körperlicher Kontakt ist für mich etwas Kostbares und auf wenige beschränkt.

Wassil hatte nun die gleiche Herzlichkeit auch Fritz gegenüber als sie sich kennenlernten. Wassil kam scheinbar aus dem Kaukasus. Er sprach mit seinen Kameraden immer in seiner heimatlichen Sprache, nie in Russisch. Sein Deutsch bestand nur aus einigen Worten. Er studierte, aber was, habe ich nie richtig verstanden. Es war irgend etwas technisches, glaube ich. Wassil war 22 und Fritz und ich 25 Jahre alt. Seine Einheit war in unserer Nähe stationiert.

Er kam von nun an uns jeden Tag besuchen. Es brachte Gedichte, die er mir vorlas und schenkte. Ich glaube aber nicht, daß er sie selbst verfaßt hatte, einige vielleicht. Ich konnte es nicht beurteilen, denn ich verstand nichts von der Sprache. Er war auch kaum imstande es zu übersetzen. So konnte ich nur sein Vorlesen bewundern.

Wassil war ein einfacher Soldat. Seine Heimat schien in der Nähe vom Kaukasus und dem Caspischen Meeres zu liegen. Sie war erst seit 1920 unter russischer Herrschaft. Wassil haßte die Russen, das Militär und ihr Regime. Alle seine Kameraden schienen aus der gleichen Gegend zu kommen und der gleichen Ansicht zu sein.

Aber da waren seltsame Gestalten bei. Einer, der sich Mahmet nannte, und der kein Wort Russisch konnte, erschien eines Tages bei uns im Garten. Plötzlich hörte man furchtbare Wutschreie. Als Wassil hinauseilte, stand der liebe Mahmet da und schlug sein gutes, neuerworbenes Motorrad ständig gegen einen Baum, und schrie dabei Worte, die wir zum Glück nicht verstanden. Das Rad schien kaputt zu sein. Es war "kaputt, kaputt". Wassil versuchte ihn zu beruhigen und meinte, Fritz solle doch mal sehen, ob er das geliebte Stück wieder in Ordnung bringen könne. Nachdem man Mahmet beruhigt hatte, untersuchte Fritz das Fahrzeug, fing es an wieder gerade zu biegen und konnte die Reparatur sogar in ganz kurzer Zeit bewerkstelligen. Das Ding hatte nämlich nur kein Benzin mehr.

Wassil war in all seiner freien Zeit bei uns. Er fürchtete, daß Hillikatt, wie er mich nannte, etwas geschehen könne, wenn er nicht im Hause war. Da kam er nun und brachte Blumen und Gedichte, und ich hatte doch solchen schrecklichen Hunger. Unsere Verständigung war sehr schwer, trotzdem er versuchte mir Russisch beizubringen und ich, sein Deutsch zu verbessern. Ich besaß ein kleines Lexikon Deutsch Russisch, Russisch Deutsch und darin blätterten wir endlos.

Aber immer, wenn ich auf die Wörter, wie Hunger zeigte, fing er an mir zu erzählen, wie gut es in seiner Heimat wäre, und was es dort alles in diesem herrlichen Lande zu essen gäbe. Hier bei uns wäre es nicht gut, hier müsse man weg, war seine Ansicht.

In Woltersdorf bekamen die Russen nun auch keine reichliche Verpflegung mehr. Sie wurden jetzt ausschließlich von einer Feldküche versorgt. Ihr Essen bestand nur aus Eintopf, den sie auf der Stelle aufessen mußten, so daß sie praktisch nichts mitnehmen konnten, denn man hatte schon bemerkt, daß sie Vieles wegschenkten oder eintauschten. Als ich Wassil einmal bat, mir doch ein kleines Näpfchen mit Essen mitzubringen, fing er an zu lachen. Welche Idee einer Frau Suppe zu bringen. Blumen oder Früchte brachte man in seiner Heimat, aber keine Suppe. Ein paar mal hat er uns etwas Brot gegeben.

Fritz hat meist unser Essen besorgt. Fritz war ständig unterwegs und versuchte für die Russen irgend etwas zu tun, damit wir nicht verhungerten. Aber es war immer noch sehr gefährlich für einen Mann dicht in die Nähe der Russen zu kommen. Man konnte ihnen nicht trauen. In einem Augenblick waren sie nett und im nächsten konnten sie dich erschießen.

Einmal wäre beinahe etwas Schlimmes passiert. Die Russen besaßen ganz alte Fahrzeuge, die aus dem ersten Weltkrieg zu sein schienen, und da funktionierten die elektrischen Anlagen oft nicht mehr.
Fritz hatte nun einmal bei einer Gruppe längere Zeit einen Wagen repariert. Diese Einheit zog dann ab. Als sie sich nun freundlich verabschiedeten und davonfuhren, sah Fritz den Wagen, an dem er gearbeitet hatte, in Flammen aufgehen. Da hat er sich schnell versteckt. Man hätte vielleicht denken können, daß es Sabotage war. Aber sie hielten nicht lange an. Man ließ ihn einfach stehen. Sie schienen es schon gewöhnt zu sein, daß ihre Wagen von Zeit zu Zeit abbrannten.

Ich wußte natürlich, daß Wassil in mich verliebt war. Ich muß seine erste große Liebe gewesen sein. Daher erschien es mir so unmöglich ihn nach Essen zu fragen. Einmal sprach Frau Bachmann mit ihm und machte ihm mit Zeichensprache und ein paar russischen Worten klar, daß wir alle großen Hunger hätten, da wir absolut nichts zu essen bekämen. Wassil verstand und meldete sich sogleich in seiner Einheit zum Lebensmittelfahren. Aber diese Position war schwer zu bekommen. Man gab ihm nur den Transport von Kohlköpfen für eine Weile. Aber er brachte sogleich Frau Bachmann einen großen Sack davon. Sie sagte ihm, er solle uns auch einen geben. Es war ihm jedoch äußerst peinlich, und er stellte ihn heimlich in eine Ecke der Veranda. Das war ein großes Ereignis in unserem Leben, und wir haben lange Zeit davon gelebt. Wie herrlich schmeckte der Kohl mit einem kleinen bißchen Nierenfett, von dem wir noch einen winzigen Rest besaßen.

Ich war nun bald im sechsten Monat.

Eines Tages bat Wassil feierlich mit Fritz zu sprechen. Er wollte Hillikatt haben, und bot Fritz dafür einen ganzen Koffer voller Geld und zwei von seinen Schwestern. Er konnte gar nicht verstehen, daß Fritz nur den Kopf schüttelte, und ihm zu erklären versuchte, daß man das bei uns nicht machen würde. Es waren übrigens zwei bildhübsche Mädchen, die er uns auf dem Foto zeigte, ungefähr achtzehn Jahre alt. Sie hatten lange dicke Zöpfe und ein freundlich glückliches Lächeln. Die sollten nun alle beide Fritz heiraten. Es war scheinbar auch gar nicht nötig sie vorher zu fragen. Sie mußten vermutlich dem großen Bruder gehorchen und hatten noch nie etwas von Frauenrechten gehört. Der Koffer voller Geld war übrigens nicht etwas so ein kleines Köfferchen, nein, ein richtiger Reisekoffer, vielleicht einen Meter lang und einen dreiviertel hoch.

Ich habe auch keine Ahnung, wo er den ganzen Koffer voller Geld her hatte. Vielleicht von einem Kameraden eingetauscht. Vielleicht sich auf irgend einer Bank in irgend einer Stadt organisiert.

Privatpersonen würden doch nicht einen Koffer voller Geld haben. Aber vielleicht hat ihn sich Jemand, der an einer Bank arbeitete, gefüllt, bevor er vor den Russen floh. Alles war damals möglich. Ich wußte auch nicht, ob es sich um Zehn, Hundert oder gar Tausend Markscheine handelte. Es war mir zu unangenehm darüber zu sprechen. Aber warum sollte sich Jemand einen Koffer mit niedrigen Markscheinen füllen. Das ist ziemlich unwahrscheinlich. Aber eigentlich auch ziemlich unwichtig sich jetzt damit zu beschäftigen. Das hätten wir damals tun sollen. Aber damals waren wir unbeschreiblich dumm. Und außerdem waren wir damals davon überzeugt, daß diese Scheine alle völlig wertlos seien.

Es gab im übrigen zu der Zeit noch gar keinen schwarzen Markt und auch keinen weißen, schon gar nicht in Woltersdorf. Und Niemand hätte das Geld in Zahlung genommen, denn man war der Ansicht, daß mit Hitler auch sein Geld futsch war. Aber es war nicht, noch lange nicht. Aber das wußte man damals natürlich nicht.

Als Wassil dann wegkam, hat er bei einem glücklichen, und heute hochwahrscheinlich steinreichen Deutschen den ganzen Koffer voller Geld für mein Abschiedsgeschenk eingetauscht, das er mir stolz überreichte. Es war ein mindestens 50 cm langer schrecklicher Porzellanlöwe von Hutschenreuther. Mir brach das Herz. Aber ich habe mich herzlichst dafür bedanken müssen. Da er Frau Bachmann so sehr gefiel, habe ich ihn ihr später, nachdem Wassil weg war, geschenkt. Sie hat ihn aber bald wieder für ein Pfund Butter bei einem Russen einge-tauscht. Dabei mußte ich dann an das Märchen vom Hans im Glück denken.

Wassil blieb mindestens zwei Monate in unserer Nähe. Aber nachdem Fritz das Kaufangebot abgelehnt hatte, wurde Wassil sehr traurig. Tiefbetrübt blickte er auf alles. Und auch seine Gedichte schienen deprimiert zu werden. Aber er gab nicht auf, und er begann mir von seinem Heimatland zu erzählen. Dort muß es wirklich herrlich sein. Ein Klima so wie in Norditalien. Die hohen Berge im Hintergrund. Stundenlang suchte er im Lexikon alle die Früchte und Blumen, die in seiner Heimat wuchsen. Dort gab es alle Obstsorten, die man nur wünschen konnte. Die Felder waren voll vom Weizen, und Mais und Baumwolle. Und vor allem die unermeß-lichen Flächen von wilden Blumen. Ganze Matten voller Azalien und Rhododendron. Und Nüsse, wieviel Nüsse, und wieviel Wein gab es dort zu essen und zu trinken. Und dann beschrieb er, wie lieb seine Mutter und sein Vater und seine Schwestern seien. Immer fröhlich, immer lachen, immer singend.

Fritz behauptete gestern, ich wäre in Wassil verliebt gewesen. Aber das ist nicht wahr. Es stimmt nicht, wirklich nicht. Ich war immer nur in Fritz verliebt. So wie die Gänse oder die Schwäne, die auch immer nur einen haben, Natürlich hatte ich Wassil lieb. Man mußte einfach. Sogar Mutti und Papa konnten ihn gut leiden. Vielleicht hat er mich etwas angesteckt. Liebe ist bestimmt ansteckend. Aber verliebt, nein, das war ich nicht. Verlieben tut man sich meist nur in das was man selber nicht ist. Ich habe immer nur starke Männer gesucht, und Wassil hatte eine sehr weiche Seele.

Mir ist später dann auch noch eingefallen, wie gefährlich es doch eigentlich war, wie leicht es für Wassil gewesen wäre, in jenen Zeiten Fritz zu beseitigen. Er hätte es nicht einmal selbst zu tun brauchen Aber uns kam niemals diese Befürchtung. Sicher weil sie in Verbindung mit Wassil einfach undenkbar war, ganz undenkbar.

Und eines Tages erhielt Wassil die Nachricht, die er schon lange gefürchtet hatte. Seine Einheit sollte zurück nach Rußland. Man wollte die Russen nicht zu lange in Deutschland lassen. Sie konnten später erzählen, daß die bösen Kapitalisten oft nur einfache Arbeiter und sehr nette Leute waren.

Wassil gab nicht auf, mich zu bitten doch mitzukommen, trotzdem ich ihm nie auch nur die geringste Hoffnung gemacht hatte. Trotzdem es immer ein ganz klares Nein gewesen war. Aber der Standpunkt einer Frau schien in seiner Heimat keinerlei Gewicht zu haben, schien absolut nicht ernst genommen zu werden. Wie gut würde seine Mutter und seine ganze Familie zu mir sein. Wie würden sie meine Kinder liebhaben. Die schienen offensichtlich gar nicht zu stören. Er zählte die Stunden, die er noch bei uns sein konnte, und dann bat er mich und Fritz, ihn doch zur Bahn zu begleiten.

Wir stiegen in ein Militärauto. Wassil setzte sich nicht neben uns, sondern vorn auf den Kühler. Er wollte Hillikatt noch so lange ansehen, wie es möglich war, und schaute durch die Windschutzscheibe auf mich. Ich hatte Angst um ihn. Die Russen fuhren ein mörderliches Tempo, und die Straßen waren immer noch in schlechtem Zustand.

Beim Abschied sagte er, er würde wiederkommen, um mich abzuholen. Er wollte unser Nein nicht glauben. Wir nahmen traurig Abschied und waren sicher, ihn nie wieder zu sehen. Er fuhr doch zurück in sein Heimatland, und der Weg dorthin schien so weit weg zu liegen wie zu einem anderen Stern.
Und doch habe ich noch viel über Wassil zu berichten.

Saskia

Es waren Monate seit dem Kriegsende vergangen, und immer noch wurden keine Lebensmittel bei uns ausgegeben. Es ist schwer diese Hungerzeit zu beschreiben. Es war nicht der Hunger, den man spürt, wenn man eine Weile nichts gegessen hat, denn unsere Magen schienen eingeschrumpft zu sein. Es war der Hunger, den man empfindet wenn nur ganz wenig da ist, und man weiß, daß morgen und auch übermorgen und auch in absehbarer Zeit nichts, rein gar nichts da sein wird.

Der Hunger, wenn dein Kind dich mit großen Augen anblickt, und du seine dünnen Ärmchen siehst.

Die Leute hatten den Ackerboden mit bloßen Händen durchwühlt. Da war auch kein bißchen Eßbares mehr auf den paar Feldern zu finden, auf den paar, die es in unserem Vorort Woltersdorf gab. Man sah auch kaum noch Menschen. Viele waren durch den Hunger gestorben, einige zu Verwandten auf das Land nach dem Osten geflohen. Aber da gab es auch kaum etwas zu essen. Der Krieg hatte alles zerstört und die Russen den Rest weggeschleppt, und da waren nur noch Frauen und Kinder und Verwundete und ganz Alte.

Manche Leute aus Woltersdorf waren nach Berlin geflüchtet. Wir dachten auch daran. Aber man sagte, daß in Berlin auch Hunger herrsche und man dort keine Unterkunft finden könne. Und Flucht würde bedeuten, daß wir das noch verlieren würden, das wir durch den Krieg gerettet und nach Woltersdorf gebracht hatten. Und manches davon war doch gar nicht unser eigenes. Ein Teil gehörte Mutti und einiges auch meinen Schwiegereltern. Nein, wir mußten noch eine Weile aushalten bis wir die Flucht wagen konnten. Und man hoffte von Tag zu Tag, daß es doch besser werden müsse. Aber es wurde nicht besser. Es wurde schlimmer.

Die russischen Soldaten, von denen man ab und zu etwas bekommen konnte, und die manchen deutschen Frauen geholfen hatten, wurden und waren abtransportiert. Und die, die noch blieben, waren Berufssoldaten, und die hatten sehr wenig, und das, was sie hatten, gaben sie nicht weg, sondern tauschten es ein für Dinge, die ihnen wichtig erschienen, wie Fahrräder, Motorräder oder Goldzähne.

Fritz besaß jetzt eine Behelfsprothese. Aber es war nicht so einfach sich damit fortzubewegen. Zum Glück hatte er das Knie behalten. Aber beim Laufen lastete sein ganzes Körpergewicht mit jedem zweiten Schritt auf dem Knochen unterhalb des Gelenkes, und die Stelle wurde oft blutig gerieben. Aber Fritz hat niemals viele Worte darüber verloren. Er lief weiter, auch wenn der Druck auf dem durchgeriebenem rohen Fleisch ruhte. Er hat niemals geklagt, es nicht einmal erwähnt. Auch nicht in all den kommenden Jahren. Er hat mit einer eisernen Energie weitergemacht, und sogar schwere körperliche Arbeit gesucht um seine Muskeln zu stärken. Nicht das dumme Gewichtheben oder den Dauerlauf. Er wollte sich bei nützlichen Sachen kräftigen. Er hat später in Amerika hier bei uns auf der Farm körperlich schwer gearbeitet, heute noch immer Zentnersäcke voller Getreide abgeladen, im Wald unser Feuerholz geschnitten. Er setzt sich nicht einmal hin, wenn er seine Bilder malt, und ist immer noch vom frühen Morgen bis spät Abends auf den Beinen. Das ist auch der Grund warum er jetzt mit nahezu achtzig noch so unverschämt jungendlich wirkt. Es kann natürlich auch davon kommen, daß er immer noch seinen vollen goldblonden Haarschopf besitzt. Aber ich glaube das Jungsein ist damit verbunden nicht aufzugeben, nicht nur weiter, sondern besser zu machen, denn je älter man wird um so kostbarer wird auch die Zeit, und die will man nicht im Müßiggang verschwenden. Aber damals in den ersten Tagen mit der neuen Prothese sah ich ihn doch oft die Zähne zusammenbeißen wenn er aufstand und laufen wollte.

Ja und gerade da hatte er ein Fahrrad auftreiben können. Es war uralt, und er mußte viel daran reparieren und ganze Teile neu bauen. Aber endlich fuhr es.

Mit diesem Fahrrad machte Fritz nun Streifzüge in die verschiedensten Richtungen, um aber nur festzustellen, daß überall das gleiche Elend herrschte.

Eines Tages kam er einen kleinen Hügel herabgefahren, als er von einem Russen angehalten wurde, der den Berg herauf radelte. Dieser saß auf einem sehr guten, fast neuen Fahrrad. Er stoppte Fritz und befahl ihm in einem scharf drohenden Ton die Räder zu wechseln. Erst hatte Fritz nicht begriffen warum jemand ein gutes neues in ein altes umtauschen wollte. Aber dann kam ihm die Erleuchtung. Der Russe hatte beobachtet, daß Fritz nicht die Pedale zu bewegen brauchte, daher war es für ihn klar daß Fritz das bessere Fahrrad besaß, trotzdem es verrostet aussah. Ihm kam scheinbar nicht die Idee, daß es damit zusammenhängen könne, daß er den Berg rauf, und Fritz den Berg runter fuhr. Fritz verschwand mit dem neuen Rad ganz schnell in eine Nebenstraße und ist dem Russen zum Glück auch nicht wieder begegnet .Aber die Freude war kurz. Nach ein paar Tagen wurde ihm das kostbare Stück wieder weggerissen. Da begann Fritz sich aufzuregen. Er ging sogleich zur russischen Kommandantur und verlangte, daß sie ihm sein Rad wieder beschaffen sollten, oder ihn ein anderes geben. Da er jetzt aber eine Prothese trug, erweckte er keinerlei Mitleid mehr, und man sagte ihm er solle sich zum Teufel scheren. Da wurde Fritz sehr wütend. Das ist bei ihm nicht oft der Fall. Aber wenn es passiert, dann wird es beängstigend. Als Fritz nun aus der Tür der Kommandantur stürmte, kam gerade ein bewaffneter russischer Bote mit einem Fahrrad an, das er an die Seitenwand stellte. Fritz ergriff dasselbe und radelte davon. Das war sehr unklug, denn wenn der Russe gleich wieder herausgekommen wäre, hätte er bestimmt nach ihm geschossen. Zum Glück passierte nichts. Dieses Rad besaß Fritz aber nur ein paar Stunden, denn der erste Russe, dem er begegnete, nahm es wieder weg. Es war absolut sinnlos auf ein Fahrzeug zu hoffen, solange sich auch nur noch ein Russe in Woltersdorf befand.

Die kurze Zeit jedoch, in der Fritz ein Fahrrad besaß, hatte etwas sehr Gutes für uns gebracht. Auf einem seiner Fahrten, stellte Fritz nämlich fest, daß jetzt alle Russen vom Bahnhof Erkner abtransportiert wurden. Hier erhielten sie auch ihre Ration für die lange Bahnfahrt.

Es gab also doch noch eine Stelle wo der Russe Nahrungsmittel besaß, und wo man vielleicht etwas Eßbares von ihm ergattern konnte. Man mußte aber hochwahrscheinlich etwas sehr Gutes zum Tauschen bieten.

Wir begannen zu überlegen, was sie interessieren könne. Es mußte etwas Neues sein. Kleidung und alle die Sachen, nach denen sie immer fragten, waren längst weggegeben. Die wertvollen Dinge befanden sich alle eingenagelt unter dem Fußboden und hätten die Russen sicher auch gar nicht interessiert. Sie schienen andere Dinge zu werten. Wir durchstöberten das ganze Haus und den Dachboden, und da sahen wir sie. Die Kiste mit dem **"Grand Monsieur"**

Da muß ich aber erst einmal etwas vorher erzählen. Er hieß damals noch gar nicht so. Den Namen hat er erst viel später bekommen. Also die Geschichte vom **"Grand Monsieur:"**

Eines Tages, mehr in der Mitte des Krieges, lief Fritz durch eine vollkommen zerbombte Straße in Berlin. Da sah er zwischen den Trümmern noch einen Laden. Rechts und links und darüber war alles zusammengefallen. Das Schaufenster dieses ehemaligen Friseurgeschäftes stand aber noch. Die Scheibe war natürlich zertrümmert, und Schutt und Geröll überall. Aber inmitten der Verwüstung befand sich ein vollkommen unversehrter Kopf. Eine Schaufensterdekoration.

Es war eine naturgetreue Nachbildung eines Männerkopfes mit echten frisierten Haaren und Wimpern und lebensnaher Haut. Die Bomben hatten nicht ein Härchen an seiner eleganten Frisur gekrümmt, und er blickte mit ernst erhabenem Ausdruck in seinem tadellosen Zustand auf Fritz und all die Trümmern um ihn. Es war ein vollkommen surrealistisches Bild.

Fritz beschloß diesen Kopf unbedingt irgendwie zu erwerben. Wir hatten oft solche verrückten Ideen, die selbst der Krieg bei uns nicht beseitigen konnte. Warum nicht mal etwas Ulkiges in diesen trüben Tagen tun? Der Kopf schien Möglichkeiten in sich zu haben. Fritz stieg über das zerbröckelte Gestein in den Laden, hinter dem der Friseur noch in einem kleinen Raum hauste. Dem Friseur lag nichts mehr an dem Wachskopf. Natürlich konnte Fritz ihn kaufen und alles andere was er noch haben wollte. Der Mann hatte sowieso die Absicht in den nächsten Tagen abzuziehen. Er holte noch alles hervor, was er finden konnte Kämme, Lockenwickler, Haarklammern. Fritz war nicht interessiert. Aber da war eine große Kiste mit lauter kleinen Glasflaschen. In diesen hatte sich einmal Probeparfüm befunden, das natürlich längst verbraucht war. In der damaligen Zeit jedoch hob man alles auf was kein Brot aß, und die leeren Glasflaschen fielen in diese Kategorie. Fritz kann sich heute auch gar nicht mehr erinnern, ob er sie überhaupt haben wollte, oder ob sie sich nur in dem Karton befanden, der die richtige Größe für den Kopf maß. Vielleicht ließ man sie einfach darin liegen, weil der Kopf dann sicherer in den vielen Flaschen ruhte, da man ja damals keinerlei Verpackungsmaterial mehr besaß. In den letzten Kriegsjahren gab es meist nicht einmal Toilettenpapier. Man mußte sich die paar Seiten von den Zeitungen in Streifen schneiden.

Jedenfalls blickten wir jetzt beide auf den Grand Monsieur und die vielen kleinen Probegläser. Der Grand Monsieur schien ungeeignet. Man konnte uns für Mörder halten. Jedoch hat er uns dann bald auch noch große Dienste erwiesen. Aber davon später. Doch die Fläschchen, diese Fläschchen. Wie schade nur, daß sie leer waren. Aber warum nicht selber füllen. Ich besaß noch etwas Parfüm. Meine Schwester Ellen hatte es in Straßburg für mich gekauft. Die Firma Auer verlegte während des Krieges eine Zweigstelle nach Straßburg. Und dort an der französischen Grenze gab es noch alle Luxusartikel. Da ich nun zu der Sorte der Allesaufheber gehöre, so war erst wenig davon verbraucht. Das schien ein Rettungsanker. Wir füllten einige Gläser mit dem köstlich duftenden Stoff, und Fritz begab sich nach Erkner. Die Russen rissen sich um dieses Parfüm, und er konnte Lebensmittel für zwei Tage mit nach Hause bringen. Das war vielleicht eine Freude. Da füllten wir neue Fläschchen, und Fritz lief wieder die lange Strecke nach Erkner. Aber dieses Mal ging es nicht so gut. Ein Wachtposten nahm ihm alle ab und jagte ihn davon. Das war sehr schade, aber so leicht konnte man natürlich nicht aufgeben. Vielleicht war jeden Tag ein anderer Aufseher da, und ich beschloß mitzukommen. Ich war im neunten Monat.

Es war ein weiter Weg. Wir ließen Ottfried bei Frau Bachmann, und dann gingen wir durch den Wald und über das Feld bis wir die Hauptstraße erreichten, das war die über die Russen einmarschiert waren, und die zum Dorf führte. Wir liefen diese Straße entlang, und von dort kamen wir zu der Kiesgrube. Dann ging es immer weiter die Chaussee entlang. An der linken Seite konnte man den großen Flakensee erkennen, und dann immer weiter bis der Flakensee nicht mehr zu sehen war, und dann ging es noch eine Weile durch den Wald.

Das war ein langer Weg aber ich sah die ganze Zeit Essen vor mir, das Essen, das wir vielleicht bekommen könnten. Als wir Erkner erreichten, gingen wir sogleich zum Bahnhof. Hier war das Ende der Berliner Stadtbahn und der Beginn der Russischen Fernzüge. Es war zu der Zeit immer noch gefährlich sich ins Land zu wagen mit den vielen Russen in der Nähe. Da gab es immer noch Vergewaltigungen und Morde. Es ließ wohl nach aber hörte erst auf, als die Russen viel später in eingezäunte Baracken kamen. Selbst in der DDR sollen am Anfang sogar die Frauen und Töchter bekannter Politiker angefallen worden sein, wie ich einmal las. Diese Vergewaltigungen werden für Jahrhunderte in dem Gedächtnis des deutschen Volkes leben, mehr als alle anderen Entsetzen des Krieges die uns betroffen hatten. Genauso wie die Schandtaten an der armen hilflosen Bevölkerung im dreißigjährigen Krieg noch nach 300 Jahren bei uns tief eingebrannt sind. Ohne die fürchterlichen Vergewaltigungen der Russen wäre es schnell zu einer Verbrüderung zwischen Deutschen und den östlichen Eroberern gekommen. Die Vergewaltigungen erweckten eine Wut und Verachtung.
Die russische Regierung hat bis jetzt nie diese Vergewaltigungen eingestanden. Sie sprachen von vereinzelten Ereignissen getan von deutschen Soldaten in russischer Uniform.

Ich las neulich ein Buch gedruckt in Amerika bei der Harvard Universitäts Presse. Der amerikanische Autor spricht von zwei Millionen Vergewaltigungen durch den Russen, viele mit teuflischen Tötungen. Alles dokumentiert bei deutschen und russischen Berichten. Es mag sicher eine halbe Million bei uns allein in und um Berlin gewesen sein. Als ich nach Erkner ging, war es mir klar in welche Gefahr ich mich begab. Aber die Gefahr des Verhungerns, besonders wenn es um Kinder geht, war die größere. Und von zwei Übeln wählt man bekanntlich das kleinere.

Als wir unser Ziel erreichten, stand gerade ein Zug zur Abfahrt bereit. Die Russen waren in fröhlicher Stimmung. Es sollte nach Hause gehen. Sie blickten aus den Fenstern und viele sangen. Ich nahm meine Parfümfläschchen. Fritz wollte mich nicht alleine gehen lassen, aber ich bestand darauf.
Er blieb jedoch in der Nähe. Man sah nur Russen, keinerlei Deutsche. Es war klar, daß ich vorsichtig sein mußte, nicht zu dicht an die Türen gehen, da dann die Möglichkeit bestand, daß man in den Zug hineingezogen werden konnte, um als Belustigung während der Fahrt zu dienen. Ich versuchte daher durch die offenen Zugfenster die Verhandlungen zu führen. Aber Viele kamen doch herausgerannt und umkreisten mich. Bei mir war übrigens immer gar nicht viel zu sehen, wenn ich ein Kind erwartete, selbst nicht in den letzten Monaten. Als die vielen Russen mich nun umdrängten, bekam ich doch etwas Angst, durfte es natürlich nicht zeigen. Außerdem waren alle meine Gedanken auf die Lebensmittel gerichtet, die ich unbedingt erhalten mußte. Ich dachte nur immer an corned beef Büchsen. Ich hatte einmal von einer gekostet, und die Erinnerung wollte nicht von mir weichen. Ich sah sie im Geiste ständig vor mir. Fleisch und Fett, was konnte es Köstlicheres geben. Heute stehen sie bei uns hier im Supermarket in jeglichen Mengen. Ich kann so viele kaufen wie ich will, und jetzt mag ich sie überhaupt nicht, finde, daß sie gar nicht gut schmecken. Wie sich doch alles ändern kann. Aber damals corned beef, corned beef. Das Eintauschen in Erkner ging damals schnell und glatt vonstatten. Das Parfüm schien ein ideales Geschenk für ihre Frauen zu sein, und man hatte nicht lange Zeit zum Verhandeln, da der Zug bald abfahren sollte.

Der Russe ist kein schwieriger Händler. Er ist vertrauensselig und gibt leicht und gerne wenn er hat. Und ich bekam sogar später einmal eine kleine ganze Büchse mit corned beef.

Wie schön war der Weg zurück. Wir setzten uns erst einmal abseits vom Wege unter einen Baum und begannen einen Teil von diesen kostbaren eingehandelten Dingen mit einem Heißhunger zu verschlingen. Wir konnten einfach nicht warten, bis wir nach Hause kamen. Allerdings wußte man ja auch nie, wie lange man die Schätze haben würde. Es konnte jederzeit jemand kommen und einem alles wieder abnehmen. Das Nahrhafteste wurde immer erst einmal für Ottfried eingewickelt und besonders versteckt. Und dann versuchten wir uns gegenseitig immer das Beste zuzuschieben. Aber Fritz gewann meistens mit der Begründung, daß ich ja auch für das Kind essen müsse. Ich sehe uns im Geiste unter dem herrlichen Baum sitzen und fröhlich lachen. Wir waren so glücklich wie man einfach nicht glücklicher sein konnte, und wie dankbar waren wir für diese köstliche, wonnevolle, himmlische Speise. Ein Stückchen Brot und ein Stückchen Käse, man bedenke Käse. Mit wie wenig kann man doch glücklich sein.

Da war nur ein Problem, wir hatten auf keinen Fall genug Parfüm um noch viele Flaschen zu füllen. Weil man jedoch in der Not stets gute Ideen bekommt, fiel uns ein, daß man aus dem Parfüm Eau de Cologne machen könne. In anderen Worten es mit Wasser zu verdünnen. Und da kam ich dann noch auf die hinterlistige Idee, an den Stöpsel und den oberen Rand etwas von dem starken Zeug zu tun. Manche Russen waren nämlich mißtrauisch und öffneten erst einmal, um daran zu riechen.

Ich gab auch ein paar Flaschen an zwei Nachbarn, und sagte wie man es machen müsse. Aber keiner tat es. Alle hatten Angst. Meine Güte, ehe ich meine Kinder verhungern lasse, würde ich alles wagen, würde ich hingehen und den Russen das Brot wegreißen. Aber die Menschen sind eben verschieden. Ich weiß nicht wie sie alle überlebten. Wir kannten auch sehr wenige. Die meisten Leute waren gar nicht mehr da. Frau Bachmann, die hat ja immer ihre Kinder in das russische Lager geschickt. Den Kindern ist übrigens nie etwas passiert, auch nicht dem achtjährigen Mädchen. Ich habe Niemals von Grausamkeiten gegen Kinder gehört. Die Russen liebten Kinder. Frau Bachmann wollte auch nicht nach Erkner gehen. Wir haben ihr manchmal ein klein wenig von unseren Schätzen abgegeben. Aber das war auch alles, was man tun konnte.

Jeden einzigen Tag liefen wir nun nach der Abfahrtstation und versuchten etwas Lebensmittel einzuhandeln. Manchmal klappte es und manchmal nicht. Wie oft denke ich daran. Wie haben wir nur monatelang die viele Nahrung auftreiben können. Das meiste hat allerdings Fritz besorgt, und dann Muttis Vorräte und vor allem war es das Nierenfett, das uns das Leben rettete.

Wir versuchten nun so viel wie möglich von Erkner zu holen. Wie leicht konnten die Russen eines Tages ihre Bestimmungen ändern. Und dann würde diese wunderbare Quelle versiegen.
Es waren mindestens zehn Kilometer die wir täglich liefen. Das war schwer für Fritz mit der neuen Prothese.

Ich war jetzt bald nahe daran, daß das Kind geboren werden sollte.

Der lange Weg fing schon jeden Tag an länger zu werden. Aber es war eine seltsame Sache mit dem vielen Laufen. Ich weiß noch vom Arbeitsdienst her, welche große Aufregung es immer bei den Bauern war, wenn eine Kuh ein Kälbchen bekommen sollte. Man ging dauernd zum Stall um nachzusehen. Man bleib oft die ganze Nacht auf. Man schlief sogar manchmal bei dem Tier, denn es konnte Komplikationen geben wo man Geburtshilfe leisten mußte, wo manchmal noch Nachbarn nötig waren.

Nun haben wir hier bei uns in Amerika Etwas beobachtet. Wir haben seit einigen Jahren zwei Kühe und eine ganze Menge von Ziegen. Diese Tiere sind aber nicht im Stall angebunden, wie es bei vielen deutschen Bauern im Osten oft der Fall war, sondern sie befinden sich Sommer und Winter auf einer großen Wiese, die mit einem elektrischen Draht umzäunt ist, so daß die Tiere mindestens eine Fläche von fünf Hektar zum Laufen haben. Sie haben auch einen Stall, in den sie jederzeit gehen können, aber meist wandern sie draußen herum. Alle unsere Tiere hatten nun aber immer ganz leichte Entbindungen. Kühe und Ziegen.
Von den letzteren sind bei uns mindestens über 600 geboren worden, und niemals hat es Schwierigkeiten gegeben. Nur einmal haben wir einer Ziegen geholfen, da hat Fritz durch Zufall gesehen, daß es nicht so leicht ging. Aber alle andern waren einfach da. Am Morgen standen stets neue Zicklein auf ihren kleinen wackligen Beine neben der Mutter, auch bei Tieren, die das erste mal gebaren.

Wir gehörten hier in Amerika nun zu einem Ziegenklub. Da sind Leute drin, die oft nur eine oder ein paar Ziegen besitzen, und die meisten von ihnen haben ihren Tieren nicht einen so großen Auslauf geben können wie wir, und ständig wird nun bei dem Treffen darüber gesprochen, was für Probleme sie bei den Geburten ihrer Ziegen erlebten und die vielen Dinge, die noch nach den Entbindungen eintraten, und wie oft man den Tierarzt holen mußte, der bei uns hier sündhaft teuer ist. Da haben wir nun festgestellt, je weniger die Tiere herumlaufen können, um so mehr Schwierigkeiten entstehen bei den Geburten. Ich selbst war in diesen Nachkriegsmonaten wohl genau so viel herumgewandert wie unsere Ziegen.

Am neunten September kamen wir nun wieder von unserem Erknerweg nach Hause. Wir hatten gerade die Eingangspforte erreicht, als mich plötzlich die Wehen auf die Erde zwangen. Wie bei den anderen Geburten brachen sie über mich ohne die kleinste Vorwarnung und fuhren fort ohne die geringste Unterbrechung oder Atempause. Dieses mal war Fritz bei mir. Er hatte sich vorher genau informiert, was man tun müsse. Sauberkeit sei das erste Gebot. Das hatte sein Bruder Heinz ihm eingeschärft. Fritz lief daher aufgeregt, um sich die Hände zu waschen, und dann in die obere Etage um einen weißen Kittel zu holen, den er natürlich nicht gleich entdecken konnte, und als er ihn endlich gefunden hatte und schnell herunter kam, da war das Kind schon geboren.

Es war ein großes, starkes, gesundes Mädchen. Es war nicht Christian. Vielleicht hat Gott ihn aus irgend einem Grunde behalten. Wir waren aber dennoch froh. Fritz wollte schon immer ein kleines Mädchen haben. Es war das erste in seiner Familie nach einer endlosen Reihe von Jungen. Wir nannten sie Saskia, da mir mein Traum von Rembrandt noch nicht aus dem Sinne war. Fritz nabelten das Kind ab. Dieses mal wußte ich wie man so etwas macht.

Wir betteten sie in einen Korb, in dem wir einmal Kartoffeln von einem Russen eingehandelt hatten. Und da lag nun das kleine Wesen. Es war im Frieden geboren, war unversehrt durch den Krieg gekommen. Wie leicht hätte ihm etwas geschehen können in den grausigen Vergewaltigungszeiten. Wir hatten einen Schutzengel. Und welch ein Wunder war es, daß mein Körper dieses große starke Kind in dieser furchtbaren Hungerszeit mit so wenig Nahrung hatte bilden können. Jetzt mußte es nur noch ernährt werden, und dann würde alles gut sein. Ich hatte auch Milch. Bei Ottfried kam so viel, daß ich noch größere Mengen an kranken Kinder abgeben konnte. Bei Christian reichte es allerdings nur noch für ihn. Und nun war die große Angst, wieviel würde ich für das kleine Mädchen haben?

Es ist wohl eines der schönsten Gefühle das Kind an die Brust zu legen und den saugenden Ton des Trinkens zu hören. Dieses befriedigende Schnucksen und das selige Geräusch des Schluckens. Ich selbst hatte stets große Schmerzen beim Stillen. Die Geburtskanäle ziehen sich dabei wieder zusammen, und man spürt ähnliches wie die Wehen. Aber das spielte gar keine Rolle. Wie schön war es doch.

Ich finde die Natur arbeitet immer mit Tricks. Einer der größten ist die Belohnungssache. Wenn man etwas richtig gemacht hat, ist einem so wohl. Und nach der Entbindung das Kind zu stillen, den Körper des kleinen Wesens zu fühlen, den Duft des kleinen Köpfchens einzuatmen, auch mit großen Schmerzen, wie himmlisch war das.

Das Geld und die Milch

Fritz begann seine Unternehmungsstreifzüge nach Berlin auszudehnen, und mußte dabei feststellen, daß man jetzt zum Leben nicht nur Lebensmittel, sondern auch etwas, was man Geld nannte, benötigte. All unser Denken und Sinnen, all unsere Energie war bis jetzt darauf gerichtet gewesen lediglich zu überleben, und wie und wo man etwas Nahrung bekommen könne. Und da es damals besonders in Woltersdorf noch keinen schwarzen Markt und schon lange keinen "weißen" gab, keinerlei Geschäfte und noch keinen offiziellen Handel, hatten wir überhaupt nicht mehr an Geld gedacht, gar kein Geld gebraucht. Seit unserer Ehe war Geld für uns übrigens noch nie ein Problem gewesen. Fritz erhielt stets seinen Sold als Soldat, und ich mein Geld von der Wehrmacht, Und wenn ich mehr brauchte, hätte Papa es mir gegeben, denn Papa war wieder ziemlich erfolgreich. Aber ich brauchte nie mehr.

Da wir von Anbeginn kein Vertrauen auf den deutschen Endsieg besaßen, und sicher waren, daß mit Hitler auch seine Währung beseitigt sein würde, so ließen wir nur eine einzige Mark auf unserem Konto. Hitler hatte einfach jede Menge Geld gedruckt. Er deckte sein Geld nicht mit Gold sondern mit Waffen ab. Da nun seine Waffen nicht mehr existierten, nahmen alle an, daß auch sein Geld nicht mehr existieren würde. Unsere Ehe fiel ja auch in die Kriegszeit, daher brauchte ich kaum Geld. In dem ersten Jahr wohnte ich doch bei meinen Schwiegereltern, da waren keine Unkosten, und später in Woltersdorf auch nur sehr wenige. Die Läden hatten nichts zu verkaufen. Es wurde ja kaum etwas hergestellt. Der generelle Lebensunterhalt war nicht sehr hoch.

Heizung und Essen waren rationiert und billig, da alles unter scharfer Kontrolle der Regierung stand. Unter Hitler gab es auch keinen Schwarzmarkt. Die Todesstrafe wirkte bei allen Verboten. Die einzige Stelle wo man damals noch etwas finden konnte, waren die Geschäfte in denen man Kleidung oder sonstiges gegen anderes eintauschte. Aber dazu mußte man erst einmal etwas zum Eintauschen haben. Und nach dem Bombardieren hatte das ja bald keiner mehr.

In Berlin gab es im Kriege noch ein paar Antiquitätengeschäfte. Aber die Leute waren nicht an Antiquitäten interessiert. Man brauchte Sachen die man tragen, oder sonst benutzen konnte, und nicht nutzlose Dinge, die beim nächsten Luftangriff sowieso zerstört werden würden. Aber da ich nie ein praktischer Typ war, so wurde ich von den zauberhaften Antiquitätenläden angezogen. Das war, als ich noch bei meinen Schwiegereltern wohnte, und der Krieg noch nicht so grausam schien. Ich gab in diesen Läden alles Geld aus, das ich erhielt. Das war natürlich nicht viel, denn der Armeesold war gering. Ich verpulferte jeden Pfennig den ich hatte, denn ich wollte nicht, daß das Geld verfallen sollte, wie es doch nach dem ersten verlorenen Kriege geschehen war.

Die meisten Antiquitätengeschäfte befanden sich in dem westlichen Teil von Berlin, in der Lützowstraße. Diese Läden verkauften wertvolle Objekte, aber die waren sehr teuer, bald teurer als heute und daher außerhalb meiner Reichweite. Aber in manchen Ecken konnte man auch billigere Stücke finden. Wie herrlich waren diese Antiquitäten. Sie schienen aus einer ganz anderen Welt zu kommen, aus einer erfreulichen Welt, in der es noch Sinn machte sich mit Schönem zu umgeben. Aus einer Zeit, in der es noch keine bombenwerfenden Flugzeuge gab, wo man nicht Angst zu haben brauchte, daß schon bald Morgen alles unter Ruinen im Schutt und Asche lag.

Wieviel Arbeit und Liebe hatte man damals für diese kleinen Schuckkästchen verwand, für diese feingemalten Vasen, diese so lieblich klingenden Uhren. Wieviel Stunden muß Jemand voller Eifer daran gearbeitet haben. Einige Stücke waren so phantastisch, daß ich meine Hand immer darüber gleiten ließ, nur um sie zu fühlen und zu streicheln, immer mit dem Gedanken, daß ich damit auch die Person berühre, die das Stück erschaffen hat. Als wenn man Jemand die Hand reicht und sagt, wie sehr man sein Werk bewundert. Schade, daß man zum Kaufen Geld brauchte.

Ja, das liebe Geld. In den damaligen Zeiten war Alles so vollkommen anders, daß es sehr schwer ist, jemanden, der es nicht miterlebt hat, zu erklären. Viele Menschen waren während und besonders gegen Ende des Krieges weder am Geld noch überhaupt irgend welchem Besitz interessiert, nicht einmal dem eigenen, harterworbenen.

Und Geld, meine Güte was war Geld. Geld verliert seinen Wert wenn man nichts dafür kaufen kann oder überhaupt will. Zu der Zeit mußte man oft seine Habseligkeiten mit sich herum tragen. Man bekam damals das Gefühl, daß alle Werte sich umgedreht hatten, daß plötzlich etwas anderes wertvoll war, etwas ganz anderes. Etwas anderes als Geld und aller irdischer Besitz.

Es gab natürlich welche, die anders dachten. Viele Kluge zum Beispiel. Aber ich fürchte, daß wie leider selten zu denen zählten. Manche Leute saßen nach den großen Luftangriffen auf Geldbündeln, die man aus brennenden Banken warf, und die kaum jemand mitnahm.

Es war allen ziemlich klar, daß diese Papiernoten wertlos sein würden. Aber sie waren es nicht, noch lange nicht, noch jahrelang nicht, und dann wurden sie ja doch später 10 zu 1 eingetauscht. Der Koffer voller Geld von Wassil fiel uns jetzt ein. Wie hatten wir darüber gelacht, wie dumm von uns. Wassil hätte ihn mir gerne gegeben. Ich hätte ihn nur zu fragen brauchen. Und plötzlich war es wieder notwendig. Plötzlich war es wieder wichtig, dieses Geld. Und das Schlimme war, daß man sich jetzt mit dem Erwerb desselben beschäftigen mußte, gerade jetzt wo man doch noch so viel mit dem Essenranschaffen zu tun hatte.

Fritz fing an verschiedene Freunde aufzusuchen, zu sehen, ob sie überlebt hatten, und was sie taten um es weiterhin zu tun. Die meisten waren nicht mehr aufzufinden. Die Wohnungen waren nur noch Schutthaufen, und keiner wußte ob sie überhaupt noch lebten, und wo und wie sie sich befanden. Einer der ersten, den er suchen wollte, war sein Zeichenlehrer, der Herr Thoma vom Gymnasium. Dieser Zeichenlehrer hatte Fritz immer zum Malen ermuntert und angeregt. Er erkannte das große Talent von Fritz, und sie hatten Freundschaft geschlossen. Die hübsche Mansardenwohnung des Lehrers stand noch, wenn auch schwer beschädigt, inmitten großer Verwüstung der Umgebung. Auch die Frau hatte überlebt. Aber der Lehrer selbst befand sich in Gefangenschaft. Wenn die Gefangenschaft auch die nächstbeste Sache war, die einem Soldaten damals passieren konnte, so begannen sich doch schon viele Angehörige Sorgen zu machen. Die Heimkehrer berichteten von den grausigen Verhältnissen in den Gefangenenlagern, besonders den russischen. Auch die Frau des Lehrers war in großer Angst.
Durch Zufall lernte Fritz in ihrem Hause einen Mann kennen, der schon angefangen hatte zu fabrizieren. Er baute Lampen und suchte jemanden, der seine Lampenschirme bemalen konnte. Fritz nahm dieses Heimarbeit an und brachte sie nach Hause. Und ich fand, daß ich sie leicht machen konnte.

Aber auch Fritz entdeckte einen Weg etwas Geld zu verdienen. In der Nähe von Friedrichshagen wohnte ein Zahnarzt, der soviel Geld einnahm, daß er nicht wußte wohin damit. Er machte nämlich Goldzähne. Einen Goldzahn zu besitzen, schien damals der höchstbegehrteste Besitz bei den Russen zu sein. Er zeigte auf den ersten Blick einem jeden, daß er es mit einem reichen Manne zu tun habe. Vor allem konnte dieses Juwel nicht so leicht gestohlen werden, was in Rußland ein ziemlicher Faktor gewesen sein muß. Soldaten ließen sich gute Vorderzähne herausziehen oder herunterschleifen und mit Goldkronen überdecken. Sie brachten viel Gold und zahlten außerdem noch ungeheure Summen für diese so begehrenswerte Verschönerung. Fritz half diesem Zahnarzt nun bei vielen Dingen. Er machte die Reparaturen an seinen Apparaten und Maschinen, half beim Kronenbauen und erledigte Botengänge. Dafür bekam er sogar zweimal extra ein Stückchen Speck.
Ich selbst saß nun zu Hause und malte auf meine Lampenschirmstreifen meine Blümchen. Diese Lampenschirme waren winzig. Vielleicht nur 5 cm hoch. Man hatte damals keinerlei oder nur ganz wenig Material. Eine kleine Lampe war immerhin besser als gar keine Lampe, daher konnte der Fabrikant diese winzigen Dinger verkaufen. Ich malte vom Morgen bis ganz spät Abends. Und es machte mir sogar großen Spaß. Nicht etwa das Blümchenmalen, nein, das bestimmt nicht, aber das Geldverdienen. Das war etwas, was ich noch nie gemacht hatte. Was ich immer mit ziemlicher Verachtung betrachtet, und vorgehabt hatte, in meinem Leben nur so nebenbei zu tun.

Es bereitete große Freude diese Arbeit hübsch, und dann schnell und hübsch, und dann ganz schnell und hübsch zu machen. Und ich verdiente mehr und mehr Geld.

Inzwischen hatte sich ein schwarzer Markt gebildet auf dem man Kartoffeln kaufen konnte. Ich habe leider vergessen welche Unsummen dafür ausgegeben werden mußten. Aber diese herrlichen Kartoffeln würden uns nun vorm Verhungern schützen. Unser kleines Mädchen wuchs und gedieh. Nach zwei Monaten wurde jedoch meine Mich weniger, und bald konnte ich, trotz der erworbenen Kartoffeln, nur noch sehr wenig bilden. Ich hatte einfach zu schlechtes Essen. Meine Reserven schienen bei der Entwickelung des Kindes aufgebraucht zu sein. Egal welche Mengen von Kartoffeln ich zu verschlingen versuchte, es brachte keinerlei Erfolg. Wie und wo konnte man nun etwas Milch besorgen? Und Fritz zog los um Milch für das Kind zu finden.

Eines Tages traf Fritz die Mutter eines Schulfreundes. Es war Gerhard, der Junge, der mir damals in Bornholm am besten gefallen hatte. Aber da er kaum, und wenn, dann, nur von seinem Segelklub und Dingen gesprochen hatte, die mich absolut nicht interessierten, hatten wir uns nicht verabredet. Seine Mutter besaß noch keinerlei Nachricht von ihm. Sie hoffte, daß er in Gefangenschaft sei. Auch der zweite Sohn war noch nicht zurückgekehrt. Der Familie gehörte ein bekanntes altes Juweliergeschäft. "Königliche, Kaiserliche Hoflieferanten." Der Laden war vom Kriege völlig zerstört. Aber sie hatten allen Schmuck retten können, und die riesengroße Wohnung war wie durch ein Wunder unversehrt. Sie lag am Steinplatz.

Ganz deutlich erinnere ich mich an diese Wohnung. Den feudalen Treppenaufgang, vor allem an das Badezimmer, dieses enorme Badezimmer. Es war riesengroß. Es war ein einfach unvorstellbarer Raum. Diese goldenen verzierten Wasserhähne. Heute würde diese Badestube mich natürlich nicht mehr so beeindrucken, aber damals erschien sie mir traumhaft. Die Badewanne war aus schwarzem Marmor und ganz in den Boden versenkt mit Pflanzen und Teppichen davor. Meine Güte, das war eine Badewanne, das war ein Badebasin. Fritz sagte gleich, als ich es bewunderte, daß er mir genau so eine Badewanne in unser erstes Haus bauen würde. Aber als es dann so weit war, da wollte ich so etwas gar nicht mehr haben, denn ich hatte inzwischen entdeckt, daß man sich bei der versenkten Badewanne ja zum Saubermachen auf den Boden knien müsse, und das kam mir für eine Badewanne zu entwürdigend vor. Damals in Berlin, da machten ja in solchen Badestuben die Hausangestellten diese Arbeit. Und wie sie das zustande brachten, das interessierte niemand.

Die Mutter des Freundes war eine gerissene Geschäftsfrau und sie riet Fritz gleich, als er sie traf, daß wir uns alle bei ihnen anmelden sollten. Erstens würden wir dann reguläre Lebensmittelkarten erhalten, die Friedhofsrationen, wie man sie nannte, aber dabei würde auch etwas Milch für das Baby sein. Sie selbst tat das natürlich nicht aus Menschenliebe. Sie hatte den Vorteil, in ihre riesige Wohnung nicht Flüchtlinge aufnehmen zu müssen, diese schrecklichen schmutzigen Flüchtlinge.
Wir würden natürlich nur pro forma bei ihnen wohnen, nicht etwa richtig.

Fritz war froh, denn der Steinplatz lag viel näher an Woltersdorf, als Dahlem wo seine Eltern lebten. Die Hoflieferantin schlug auch vor, ihr die Lebensmittelkarten des Babys zu geben. Sie würden die Milch gleich kaufen und sie aufheben, und wir könnten sie dann jeden zweiten Tag abholen.

Natürlich müßten wir ihr auch einen Teil von diesen Milchmarken für sie selbst geben, für die Arbeit natürlich. Fritz kann selten nein sagen, und so galt die Sache als abgemacht. Ich war sehr wütend, als ich es erfuhr. Aber es sollte ja auch nur für ganz kurze Zeit sein, denn wir hatten vor so bald wie möglich mit all unseren Sachen die Flucht zu wagen, und dann würden wir uns bei den Eltern von Fritz anmelden.

Unser kleines Mädchen bekam nun etwas Milch in der Flasche dazu. Aber es wurde dünner und weinte sich oft in den Schlaf, daß es uns in der Seele weh tat. Und bald war es nicht mehr möglich für mich überhaupt noch zu stillen, trotz der schönen Kartoffeln. Es kam einfach keine Milch mehr. Die kleine Saskia mußte nun mit der Milchflasche auskommen. Aber eins Tages fing sie an ganz jämmerlich zu weinen, dann zu schreien und sie schrie und sie schrie. Ottfried versuchte seine Faxen, aber ohne Erfolg. Wir schaukelten und wiegten, wir sangen und küßten sie. Aber es half alles nichts. Ich gab ihr Fencheltee zu trinken. Vielleicht war das Kind krank. Ich bekam Angst, und wir beschlossen zu Mutti zu fahren. Sie wußte vielleicht was man in solchen Fällen tun mußte. Mutti kannte doch so viele Heilkräuter. Die Züge fuhren zum Glück schon. Die waren das Erste was man repariert hatte. Das Kind schrie ununterbrochen, die ganze Bahnfahrt über. Es war einfach nicht zu beruhigen oder einzuschläfern. Als wir nun mit dem schreienden Baby zu Mutti kamen, rief sie gleich entsetzt, wie elend das Kind aussähe. Es wäre so dünn wie eine kleine Maus, genau wie ein kleines Mäuschen, und den Namen hat Saskia dann auch beibehalten bis auf den heutigen Tag. Mutti wußte natürlich auch gleich was der kleinen Maus fehlte.
Sie hatte Hunger. Das Kind hatte Hunger. Das war Hungergeschrei. Ich hatte es niemals vorher bei meinen Kindern gehört, denn ich stillte die ersten über ein Jahr, und sie hatten niemals als Kleinkinder Hunger gekannt.

Mutti kostete auch die Milch, die ich mitgebracht hatte, und sie rief ganz entrüstet, diese Milch ist ja völlig verwässert. Ich selbst habe dummerweise, niemals, auch nur einen Schluck von dieser Kostbarkeit getrunken, da ich jeden Tropfen für das Kind aufheben wollte. Mutti ergriff sogleich eines ihrer letzten Kleider und lief zur Milchfrau. Sie bekam dafür eine Kanne von Milch, die wir sogleich dem Kinde zu trinken gaben. Es verschlang sie in gierigen Zügen und schlief tiefatmend ein.

Diese Sache mit der verdünnten Milch war ungeheuerlich. Wir konnten sie gar nicht glauben, und mußten uns erst selbst davon überzeugen. Wer bei dem Hoflieferanten hatte es nun getan? Vielleicht die Hausangestellte. Aber sie besaßen ja damals gar keine mehr, und die Dame des Hauses war der Typ, der alles unter Schloß und Riegel hatte. Aber wie dem auch sei. Wir haben dem Hoflieferanten sogleich die Milchkarten wütend weggenommen und sie Mutti gegeben, und die kleine Saskia bei ihr gelassen.

Der eine Sohn der Juwelierfamilie, der Gerhard ist nicht mehr aus der russischen Gefangenschaft heimgekehrt. Ein Kamerad hat später berichtet, daß er dort verhungert sei. Der andere Sohn kam zurück, aber er hatte beide Augen verloren.

Die Flucht nach dem Westen

Nach der Kapitulation hatten die Alliierten die Stadt Berlin erst einmal zwei Monate lang dem Russen völlig überlassen. Die Russen konnten tun und bestimmen was immer sie wollten. Und das taten sie dann auch, und ich kann dir sagen, sie nutzten die Zeit, die man ihnen gegeben hatte. Das Erste was sie in Angriff nahmen, war, alle Widersacher zu beseitigen. Die Deportationen begannen. Die Russen schienen überhaupt nicht daran interessiert zu sein, verbrecherische Nazis aufzuspüren, Die waren ja auch sowieso alle rechtzeitig in den Westen entflohen. Sie suchten vor allem Leute, die Hitler Widerstand geleistet hatten.

Sie waren mit Recht der Ansicht, daß Diejenigen, die Feinde der Nazis gewesen waren auch Feinde von Stalin und seinem Kommunismus sein oder werden würden. Sie fahndeten sogar nach Papa, der nie politisch tätig gewesen war, jedoch seine Meinung nie verbarg. Aber Papa war zum Glück damals noch bei uns in Woltersdorf. Als dann die Alliierten in Berlin erschienen, ließen die Deportationen nach.

Ein weiterer Grund warum der Russe erst einmal allein in Berlin herrschen wollte, war ferner die Plünderung sämtlicher Fabriken und Betriebe, wie zum Beispiel die, des ganz großen Bezirkes von Spandau, welches wie "durch ein Wunder" vollkommen unversehrt der Bombenzeit und auch dem Endbeschuß der Artillerie entkam. Die Russen nahmen vorsichtig alle Maschinen auseinander.

Aber die Deutschen Zuschauer schauderten und amüsierten sich in welcher Art der Russe jegliche Teile unzusammengehörig sogleich auf Lastwagen warf und dann alles auf Eisenbahnwaggons verfrachtete. Die Russen hatten keinerlei Ahnung wie diese Maschinen funktionierten. Ihnen war nur wichtig auf alle Fälle sämtliche elektrischen Birnen mitzunehmen und auch alle sonstigen Glühbirnen, die sie finden konnten. Sie warfen sie uneingewickelt auf riesige Wagen, die bis oben hin mit diesen zerbrechlichen elektrischen Zutaten aufgefüllt waren. Leider wurden auch zahlreiche Spezialarbeiter dieser Firmen mit nach Rußland geschleppt. Von vielen dieser beklagenswerten Leute hat man nie wieder etwas gehört.

Übrigens haben wir später gemerkt, daß es eigentlich ein Vorteil war, daß uns alles zertrümmert und weggenommen wurde, dadurch mußten wir von Null anfangen und uns alles neu bauen, und dabei kommt man oft auf gute und bessere Ideen.

Die Alliierten hatten die Stadt in vier Teile geteilt und beabsichtigten sie zusammen zu verwalten. Als jedoch dann die Amerikaner, die Engländer und die Franzosen in Berlin einzogen, hatten die Russen alles bereits zu ihrem Vorteil reguliert. Und als die andern es voller Wut ändern wollten, kam das russische "Njet". Und wenn nun ein Partner ein Veto einlegte, konnte nichts revidiert werden. Und der kluge Russe rieb sich schmunzelnd die Hände, und die Andern knirschten mit den Zähnen.

Ein großer Teil des deutschen Ostens war an Polen und Rußland gefallen. Der Rest, das Land zwischen Oder und Elbe wurde zur russischen Zone erklärt. Es wurde später eingezäunt und eingemauert und dann zu dem unglückseligen Teile Deutschlands, DDR genannt. Berlin war jetzt eine kleine Insel in der Mitte eines von den Russen dominierten Gebietes. Russische Zone bedeutete zu der Zeit erbarmungslos den Russen ausgeliefert zu sein.

Unser Unglück in Woltersdorf war nun, daß wir nicht zu dem russischen Sektor von Berlin, sondern der russischen Zone zugeteilt wurden. Da bestand ein großer Unterschied zwischen dem russischem Sektor und der russischer Zone. Da der russische Sektor dicht an den Sektoren der Alliierten lag, mußte der Russe Haltung waren. Man gab den Leuten in dem russischen Sektor nicht viel, aber doch etwas Nahrung. In der russischen Zone dagegen fühlten sie sich nicht beobachtet und konnten tun was sie wollten. Das kleine Woltersdorf, ganz dicht an der Stadtgrenze von Berlin gelegen, wurde jetzt endgültig zu dem Bauernland des Ostens geschlagen wo jeder sich selbst zu ernähren hatte. Aber selbst in diesem Gebieten was das schwer, denn der Krieg hatte dort durch die langen Kämpfe alles zerstört, und der Russe hatte dann alles weggeschleppt. Viele Bauern waren gefallen, deportiert, in Gefangenschaft oder verwundet. Alle Schlachttiere, alle Milchkühe, alle Pferde, selbst Pflüge, Maschinen, Traktoren und Wagen waren verschwunden. Mancher Bauer hatte nicht einmal mehr einen Spaten. Da gab es keinen Samen und keine Saatkartoffeln.

Wir begriffen, daß wir nun aller schnellstens aus der Ostzone entfliehen mußten. Es war noch nicht alles eisern und lebensgefährlich eingezäunt. Aber wir fürchteten, daß das in Kürze passieren könnte, und dann würde die Falle zuschnappen. Und Fritz überlegte, wie man die Flucht am besten handhaben könnte.

Bis jetzt war es immer noch möglich nach Berlin hineinfahren, aber man durfte nichts mitnehmen. Wir waren jedoch fest entschlossen alle unsere letzten Habseligkeiten nach dem Westen zu bringen, egal wie gefährlich das Unternehmen schien, denn es waren alles Dinge, die uns lieb und teuer waren. Da war außerdem noch das Silber meiner Schwiegereltern, und Muttis viele Sachen, die sie so schätzte und brauchte.

Wir hatten beschlossen nach Dahlem zu ziehen. Meine Schwiegereltern wohnten dort in einer schönen Villa, und sie boten freundlich an zu ihnen zu ziehen. Aber dazu hatte ich keine große Lust. Wenn man erst einmal die Selbständigkeit kennengelernt hat, will man sie nicht wieder verlieren. Aber jetzt eine eigene Wohnung in Dahlem zu finden, war aussichtslos, völlig ausgeschlossen. Da es jedoch für uns nie eine Unmöglichkeit gab, ging Fritz sogleich auf das dortige Wohnungsamt, welches damals das Verfügungsrecht über alle leere oder freie Wohnungen in Dahlem besaß. Und Fritz hat immer Glück. Das liegt einfach an der Tatsache, daß alle Leute ihn gerne mögen. Männer und Frauen, jung und alt. Aber bei dem weiblichen Geschlecht tippt die Wagschale dann doch ein bißchen mehr.

Habelschwerdter Allee 12
Erstes Stockwerk mit Balkon

Auf dem Wohnungsamt saß eine Dame mittleren Alters. Und sie hatte, man stelle sich vor, eine Wohnung für uns. Eine Bedingung war jedoch daran geknüpft. Der Bcsitzcr dcs Hauses mußte mit uns als Mieter einverstanden sein. Und das schien, wie sie andeutete, eine äußerst schwierige Sache. Er hatte schon viele andere Mieter abgelehnt.

Die Wohnung war in einem Hause in der Habelschwerdter Allee. Dieses Gebäude schien ein Zwischending von einer Villa und einem Wohnhause. Vier Wohnungen befanden sich in diesem idyllisch gelegenen Haus.

Der Mann, dessen Erlaubnis wir einholen mußten, wohnte gleich um die Ecke in einem sehr schönen Heim mit einem entzückenden Garten. Er war Professor an der Technischen Hochschule. Unsere Schulbildung interessierte ihn am meisten, und er fragte sogar nach unseren Eltern und Geschwistern. Besonders freute ihn, daß Fritz vor dem Kriege an der technischen Hochschule studiert hatte. Niveaumäßig lagen also keinerlei Bedenken vor. Aber würden wir auch imstande sein seine Miete zu bezahlen?

Ich hatte es inzwischen mit meinen Lampenschirmen auf 1000 Mark den Monat gebracht, das war damals eine ganze menge Geld und etwas was mich ziemlich stolz und selbstsicher machte. Aber als der Professor hörte womit ich dieses Geld verdiente, da fielen seine Augenlieder, seine Stimme sank:

"Kunstgewerbe." Dann holte er tief Luft und sagte wieder, "Oh Kunstgewerbe." Würde ich etwa jemals an sein Haus ein Schild anbringen. ? ? ? Dieser Gedanke erschien ihm so furchtbar, daß die ganze Sache in Gefahr stand, jämmerlich zu scheitern.

Nein, ich haßte Schilder aus tiefster Seele. Was übrigens wirklich stimmte. "Niemals würde ich ein Schild dort anbringen, niemals, ganz bestimmt nicht, auf gar keinen Fall." Ich versprach es hoch und heilig. Und da ich es wirklich aufrichtig meinte, muß ich ihn überzeugt haben. Er konnte es von uns aus auch in den Mietvertrag schreiben. Aber das hielt er angesichts meiner Beteuerungen für unnötig. Es war eigentlich ein sehr netter Mann, auch wenn er Kunstgewerbe nicht leiden konnte. Und wir schieden als Freunde.

Wir liebten Dahlem, dieses herrliche Dahlem, das wie "durch ein Wunder" nicht zerstört war wie der Rest von Berlin. Es atmete Frieden, Schönheit, Wohlstand und Kultur. Es war der hübscheste Teil von Berlin, und die Elite wohnte hier. Viele Häuser waren von herrlichen Gärten umgeben, Und diese vielen prächtigen Parkanlagen und Reitwege. Diese vielen duftenden Blumen und Bäume. Und vor allem diese vielen Vögel. Vögel, schwirrende, piepsende, singende, zwitschernde Vögel. Plötzlich entdeckte ich Vögel. Den ganzen Krieg über hatte ich sie nicht gehört, schien es keine Vögel mehr zu geben. Im Schlosse von Schöneiche gab es viele. In den hohen Eichenbäumen lagen ihre Nester, und Futter war reichlich auf dem Gutshofe vorhanden. In Woltersdorf gab es zweifellos die gleichen Vögel. Aber da habe ich sie absolut nicht gehört, hatte sie vollkommen vergessen. Ich kann mich dort an kein Vogelgezwitscher erinnern. Nur an das Heulen der Alarmsirenen und das Brummen oder Nichtbrummen der Flugzeuge, die immer über Hannover Braunschweig einflogen.

Das kleine Haus an den Fuchsbergen in Schönblick ist für mich nur mit Flieder, Bomben, einigen Jasminblüten, Essensuchen und Russen verbunden.

Aber hier in Dahlem schien nie Krieg gewesen zu sein. Es schien ein anderer Erdteil, ein anderer Planet. Hier gab es keine Russen mehr, nur Amerikaner, vor denen man sich nicht zu fürchten brauchte.

Und es war endlich Frieden, Frieden. Und wir waren im Westen angemeldet. Wir würden eine hübsche Wohnung haben. Das Leben war plötzlich, groß, weit, herrlich, himmlisch voller Erwartung und unendlicher Freude. Alle Walzer von Strauß kamen mir in den Sinn. Es würde wieder eine Zeit kommen, wo man tanzen konnte. Tanzen und Lachen. Lachen und Tanzen.

Aber etwas lag noch vor uns. Wir mußten all unseren Besitz, den wir in Woltersdorf durch den Krieg gerettet hatten, nun auch sicher aus der Ostzone herausbringen. Das war keine leichte Aufgabe, denn es stand Gefängnis und Todesstrafe auf den Transport von Metallen und wertvollen Gegenständen nach dem Westen. Und da es bei dem Russen keinerlei Gesetze, Bestimmungen und absolut kein Recht gab, so konnte man schon bei der Mitnahme eines Schuhanziehers verhaftet werden, da es sich ja um einen metallenen Artikel handelte. Und was die Gruppe wertvolle Gegenstände betraf, so hatten wir wohl sehr viel verloren aber zum Glück doch noch eine ganze Menge gerettet. Es war also eine sehr gefährliche Sache, die wir da vorhatten.

Aber "Wer nicht wagt, der nicht gewinnt."

Das hat meine Großmutter übrigens niemals gesagt, und die von Fritz auch nicht. Sie waren nicht für Risiko. Wir selbst haben es auch nie unnötig gesucht. Aber wenn es sich einmal in unseren Weg stellte, so hat es uns weder gestört noch aufgehalten.

Die große Sache war nun Jemanden zu finden, der noch einen großen Lastwagen besaß und sich nicht fürchtete ihn zu gefährden, da bei einer Fluchtentdeckung das Fahrzeug mit Sicherheit beschlagnahmt werden könne. Wer würde das riskieren? Es gab praktisch kaum noch Fahrzeuge. Die meisten waren ja von Hitler während des Krieges, und später von den Russen beschlagnahmt worden. Aber Fritz entdeckte doch einen Mann, und sogar in Woltersdorf, der noch einen Lastwagen sein eigen nannte und gewillt war für eine große Summe den Umzug zu wagen.

Der Tag kam heran. Wir hatten in der Nacht vorher den Fußboden geöffnet und alles hervorgeholt was die ganze Russenzeit dort unten versteckt gewesen war. Manches roch etwas muffig. Aber sonst schien alles noch in Ordnung zu sein. Ottfried befand sich bei meinen Schwiegereltern, da Kinder die Eigenschaft haben alles auszuplaudern. Und die kleine Saskia war immer noch bei Mutti.

Als der Lastwagen am Morgen erschien, wurde sehr schnell verladen. Frau Bachmann half mit. Es war nicht so leicht alles einigermaßen vorteilhaft in kurzer Zeit zu verstauen. Und wir hatten viel mehr als wir dachten. Wir ließen Vieles zurück, und gaben Frau Bachmann was sie haben wollte. Über die Möbel und Gegenstände dieses Urlaubhauses meiner Schwiegereltern konnten wir natürlich nicht verfügen. Es war uns klar, daß nach dem Abzug das Haus und alles was sich noch darin befand, sogleich beschlagnahmt werden würde. Aber wer immer nach uns einzog, der konnte sicher alles gebrauchen und würde sich darüber freuen, daher war es nicht so schwer, manches zurückzulassen.

Während des ganzen Umzuges hatte ich eine kleine Spieluhr laufen lassen.Man mußte sie nach einer Weile immer wieder aufziehen. Als alles fertig war und es losgehen sollte, lief ich noch schnell zurück ins Haus um sie zu holen und Abschied zu nehmen. Ich zog die Spieluhr noch einmal auf, und sie spielte zum hundertsten Male: "Auf in den Kampf Torero" von Bizet, und den Feldprediger von Millöcker."

Da war es, das kleine Zimmer, welches wir die meiste Zeit bewohnt hatten. Es erschien so groß und fremd ohne unsere Gegenstände. Ich lief zum Kachelofen, den der nette Töpfer mir setzte. Ich streichelte die Fläche und die Stellen, an denen sich die Kinder immer ihre kleinen kalten Händchen gewärmt hatten.

Dieser Raum, wie viele Erinnerungen, die seligen, die schweren, die tragischen und manchmal sogar lustigen Tage, waren hier. Auf Wiedersehen wollte ich nicht sagen, denn ich wollte es nicht wiedersehen, nein, nichts hier, nein, niemals, nie zurück. Glück für den Nächsten, der hier wohnen würde. Viel Glück und eine gute Zukunft, die auch hier sicher wieder einmal kommen wird.

Und der Lastwagen setzte sich in Bewegung, langsam, sehr langsam, denn er war sehr schwer beladen. Er war schon alt, und er war auch nicht mehr so ganz in Ordnung. Seine Reifen waren nicht mehr gut, sein Motor schon gar nicht. Aber wir besaßen genug Benzin, hatten es auf dem schwarzen Markt für einen unheimlich hohen Preis auftreiben können. Fritz hatte Geld von dem Zahnarzt für seine Hilfe erhalten, und ich hatte auch fleißig gearbeitet. Das würde uns nun zum Westen bringen. Wenn alles gut ging, natürlich.

Aber...da ist meist ein Aber im Leben. Und es kam auch dieses mal.

Wir konnten nur ein ganz langsames Tempo fahren, weil die Straßen oft schwer beschädigt waren. Wir begegneten keinem anderen Fahrzeug. Aber plötzlich gab es einen großen Ruck und einen komischen Ton. Wir kamen quietschend zum Stehen. Ein Rad war kaputt, und vielleicht sogar noch mehr. Der Fahrer und Fritz bemühten sich fieberhaft es in Ordnung zu bringen. Man besaß leider kein Ersatzrad. Die Männer bockten den Wagen auf und liefen eilig davon ein neues zu besorgen. Ich blieb als Wächter im Wagen sitzen.

Aber, jetzt kommt ein zweites Aber. .....

Die Stelle, an der Wagen zusammengebrochen war, befand sich genau gegenüber der russischen Kommandantur in Köpenick. Ich hatte schon bemerkt, daß es die seltensten Zufälle im Leben gab. Aber manche brachten einen doch zum Kopfschütteln. Warum war es nicht ein Stückchen vorher, oder ein Stückchen danach passiert? Aber es half nichts. Man mußte die Tatsachen nehmen, wie sie kamen

Da war nun ein eifriges Leben in dieser Kommandantur. Die Türen gingen ununterbrochen auf und zu. Die Russen liefen emsig hinein und heraus und auch Deutsche. Ob es schon deutsche Polizei gab, wußten wir nicht, aber es schien unwahrscheinlich. Während ich nun so alles aufmerksam betrachtete, fiel mir plötzlich etwas ein. Die Mädchen in meiner Schule hatten sich doch immer umgedreht, wenn ich sie konzentriert von hinten ansah. Wenn ich also nicht wollte, daß mich jemand bemerkte, schien es nicht klug in die Richtung der Kommandantur zu blicken. Ich rutschte daher aus dem Blickfeld zum Boden des Wagens. Das war nicht so bequem aber ratsam. Aber nun konnte ich nicht wissen ob plötzlich ein Russe mit Gewehr neben mir stehen würde. Bei jedem Geräusch zuckte ich zusammen und horchte auf Stiefeltritte. Aber alle verliefen sich in der Ferne, und keinen hörte man dicht am Wagen. Es schien noch niemand unser Fuhrwerk bemerkt zu haben. Das war seltsam. Mit einem male wurde mir jedoch klar, daß es ein großes Glück war, daß der Wagen gerade hier seinen Geist aufgab. Man konnte nämlich denken, daß es der Kommandantur gehöre, und von ihr beschlagnahmt worden war. Und Fritz und der Mann kamen und kamen nicht. Ich besaß zum Glück meine Uhr längst nicht mehr, sonst hätte ich gewußt wie viele Stunden ich schon in dem Wagen kauerte. Bei uns besaß kein Deutscher mehr eine Uhr. "Uri" das wollten die Russen noch mehr als "Frau".

Da kauerte ich nun in dem Lastwagen voller Angst, daß das gefürchtete "Frau" neben mir erklingen könne. Aber plötzlich hörte mein Herz auf Überzeit zu schlagen, denn mich beschäftigte auf einmal eine wichtige Sache, bei der man überlegen mußte. Und beim Überlegen kann man Herzklopfen absolut nicht gebrauchen. Mir fiel nämlich ein, was ich nun bloß sagen könnte, wenn die russische Kommandantur uns entdecken würde. Wir hätten uns das vorher überlegen sollen. Es bestand ja hochwahrscheinlich kein Verbot innerhalb der Russenzone umzuziehen. Man mußte jedoch sicher die Erlaubnis einholen. Aber da konnte man ja immerhin behaupten, daß man das nicht gewußt habe. Aber wir mußten dann doch mindestens eine neue Anschrift parat haben, wissen wo wir überhaupt hinziehen wollten. Man würde sicher mißtrauisch sein und nachforschen. Ich überlegte und überlegte, und es wurde dunkel, und es wurde ganz dunkel. Das schien gut zu sein.

Endlich kamen die Männer. Sie hatten ein anders Rad auftreiben können, und es war sogar noch in Ordnung, und es hatte sogar die richtige Größe. Aber wie sie das bekommen hatten, das wäre eine ganze Geschichte für sich selbst, und es könne zu lange dauern sie zu berichten.

Schnell wurde das Rad angemacht und leise, ganz leise und vorsichtig zogen wir weiter Da waren viele Umleitungen, weil man manche Straßen noch nicht befahren konnte, und da waren viele Löcher auf Wegen, die für gut galten. Und wir hielten mit angehaltenem Atem Umschau. Aber auf einmal rief Fritz: **Wir sind jetzt auch raus aus dem Russensektor."**
Ja, das war vielleicht ein Gefühl. Ein Gefühl, das ich nie vergessen werde. Schade, daß ich nicht jodeln konnte, wie es die Bergsteiger tun, wenn sie die Spitze des Gipfels erreicht haben. Danach war mir zu Mute.

Um drei Uhr Nachts kamen wir dann endlich in Dahlem an. Wir hatten in all den vielen Stunden nur eine Strecke von zirka 45km zurückgelegt.

Unsere Wohnung in Dahlem

Jede Wohnung hat ihren eigenen Geruch. Die in der Brombergerstraße roch immer nach geöffneten Fenstern und frischgewaschener Wäsche. Die meiner Schwiegereltern nach Bohnerwachs, und Woltersdorf nach dicken Steinmauern. Und die in Dahlem hatte den Duft von Blättern in einer Maikäferkiste. Zu Ostern oder Pfingsten kauften bei uns alle Kinder Maikäfer. Nicht etwa die aus Schokolade, nein die richtigen, krabelnden. Sie waren überall in den Tierläden zu haben. Man konnte sie auch bei Tante Lieschen von den Bäumen schütteln, dabei jedoch bestand die Gefahr, daß sie einem auf dem Kopf landeten. Aber egal wo man sie her hatte, man tat sie stets in eine alte Zigarrenkiste oder anderen Behälter, in den man oben kleine Luftlöcher stach, und dann bekamen sie viele Blätter hinein zum Aufessen. Übrigens sangen wir Kinder immer dabei:" Maikäfer fliege, dein Vater ist im Kriege. Deine Mutter ist in Pommerland, Pommerland ist abgebrannt, Maikäfer flie-ge."Damals wußten wir noch nicht, daß Pommerland wieder bald abbrennen würde, und diesmal noch schlimmer als im 30 jährigen Kriege, als dieses Lied entstand.

Ich will nicht wieder einmal vom Thema abkommen, aber ich kann Etwas absolut nicht verstehen. Warum sind gerade die Maikäfer in Deutschland das Symbol des Frühlings , dieses gräßliche Viehzeug. Wir leben hier jetzt auf dem Lande, und die Ankunft dieser und anderer lästigen Schädlinge wird bestimmt nicht mit Jubel begrüßt. Aber als Kinder freuten wir uns über diese Käfer und mußten sie unbedingt haben. Die Maikäfer mit den weiß gemalten Zacken an der Seite, die nannten sich Müller, glaube ich. Es hieß, daß das die Männchen wären. Vielleicht stimmte es sogar. Ich hatte immer von beiden Sorten in meiner Schachtel. Und dann begannen die Maikäfer an den Blättern zu nagen. Und die Stellen, die sie frisch abbissen, die rochen immer ganz besonders gut. Wahrscheinlich konnte man den Saft der Blätter spüren. Ich liebte diesen Duft. Und ganz genauso roch die Wohnung in Dahlem. Es gab dort auch so viele herrliche Bäume. Die ganze Habelschwerdter Allee war voll davon. Und die Parkanlagen und die Gärten, in denen die schönen Villen lagen, waren beladen von Blättern und Blüten. Wir wohnten doch auch ganz dicht am Botanischen Garten. Vielleicht kam dieser Duft noch dazu.

Die Wohnung war geräumig. Sie hatte eins, zwei, drei, vier, ja fünf große Zimmer und eine Diele. Man bedenke so viele Räume, und das gleich nach dem Kriege. Es war einfach unglaublich, Und so dicht an den zerstörten Teilen von Berlin, wo doch alles in Schutt und Asche lag. Ich nehme an, daß man Dahlem mit Absicht nicht beschädigte, weil die Amerikaner ja dort später wohnen wollten. Es schien auch unglaublich, daß wir diese schöne Wohnung erhielten. Wie glücklich waren wir. Ich hatte oft das Gefühl, daß vielleicht alles nur eine Wahnvorstellung war, und ich morgen wieder in der russischen Zone aufwachen würde um angsterfüllt zum Gartentor zu blicken. Aber es war keine Träumerei. Es war wirklich und wahrhaftig wahr. Wir waren wirklich in Dahlem und in dieser herrlichen Wohnung. Ein Zimmer und die Diele unserer Wohnung waren besonders riesig. Alles war so hell. Das kam auch durch die französischen Türen, welche aus kleinen Glasfenstern bestanden, die Durchblicke ermöglichten, und alles noch größer erscheinen ließen. Wir brauchten gar nicht viel zu verändern. Nur einen Raum strichen wir mit einem Hellblaugrün an. Fritz hatte diese Farbe noch irgendwo auftreiben können. Und der Geruch von dem Anstrich kam noch zu meiner Freude zu. Ich rieche nämlich frische Farbe für mein Leben gerne. Sie bedeutet immer Fortschritt, Bessermachen, Neues.

Besonders schön war das Badezimmer und vor allem die riesige Badewanne. Die ganze Familie hätte darin Platz gefunden. Das Badewasser mußte jedoch auch in einem extra Ofen erwärmt werden. Aber dabei hatte man nicht den köstlichen Geruch wie bei dem Badeofen, den ich mit Oma immer anheizte. Es muß wohl an dem Lack des Ofens gelegen haben, der bei Erhitzung diesen besonderen Duft erzeugte.

Fritz und ich badeten immer zusammen. Es war so schön einander zu fühlen in diesem vielen warmen Wasser. Aber nachdem die Frau D. dann zu uns kam, taten wir es nicht mehr. Aber das war viel später, und ich will auch absolut noch nicht davon reden, nicht bevor ich es unbedingt muß.

Wir richteten unsere Wohnung auch phantastisch ein. Wir besaßen wenige, aber sehr schöne antike Möbel. Vor allem echte große Teppiche und bezaubernde Gardinen. Die reichten für zwei Zimmer und die große Diele. Ansonsten bauten wir uns selbst Möbel für die anderen Räume. Es wirkte enorm, nicht so überladen. Viele machen den Fehler, daß sie immer mehr und mehr Dinge in die Wohnungen bringen. Und da es langsam geschieht, so merken sie es meist selber gar nicht, denn Gewohnheit ist eine schlimme Sache.

Oh diese herrliche hohe Stubendecke

Unsere Wohnung

in Dahlem

Ich finde, daß jeder schöne Gegenstand Raum braucht, und je schöner, je mehr Raum. Wir kennen jetzt hier in Amerika viele sehr reiche Leute, die unheimlich kostbare Werte ihr eigen nennen. Und ich habe oft das Gefühl, daß in ihren wertvollen Wohnungen eine Kriegsstimmung herrscht. Ein Bild faucht das andere an. Man spürt richtig die bösen Blicke von einem Prunkstück zum anderen. Die armen Sachen. Ich muß oft an das phantastische Bild von Goya in einer Wohnung denken, das sich absolut nicht mit dem Rubens befreunden wollte, was man ihm natürlich nicht verdenken kann.

Eine Sache haben wir jedoch beim Einrichten falsch gemacht, und das lag hauptsächlich an mir, weil ich immer alles anders tun wollte als andere Leute. Ich wollte absolut nicht ein regelrechtes Schlafzimmer. Diese bürgerlichen braven Betten in der Mitte, und dann rechts und links die Nachtische, und über den Betten das Bild, je nach Geschmack, von der büßenden Magdalene bis zu Raffaels Madonna mit den kleinen Engeln unten in der Ecke. Nein, wir wollten gar kein Schlafzimmer. Wir bauten uns eine Eckcouch, die man Nachts zusammenschob, und das ganze bildeten dann ein breites Bett. Aber dabei war die dumme Sache, daß in der Mitte doch eine Ritze entstand. Wir hatten so aufgepaßt, daß sie sich nicht bilden sollte, aber es ist trotzdem geschehen. Und das war schlimm. Da wir immer ganz eng umschlungen schlafen, so blieb uns nur übrig auf der einen Hälfte der Couch zu liegen, und die war sehr schmal. Als wir später nach Amerika gingen, waren das erste, was wir uns anschafften richtige Ehebetten und Nachtische, ja Nachtische auch. So hatten wir am Ende doch ein richtiges Schlafzimmer. Allerdings muß ich hinzufügen, daß es ja in Amerika auch damals schon die breiten Betten gab, die man in Deutschland zu der Zeit kaum herstellte, da man sie für unmoralisch hielt.

Ferner wollten wir in Dahlem kein Speisezimmer, nicht den großen Tisch mit den artigen Stühlen herum. Aber dieser Einfall war verständlich, da es ja doch nichts zu speisen gab. Man konnte die Rationen auch im Stehen einnehmen. Wir hatten ein niedriges kleines Gebilde vor die Eckcouch gestellt. Dumme Idee.

Ja, das Essen, das war 45 auch noch in Dahlem ein Problem. Wir waren ja das Hungern gewöhnt. Aber leicht war es nicht. die Lebensmittelkarten lieferten sehr wenig, und auf dem schwarzen Markt erschien alles unerschwinglich. 500 Mark für ein Pfund Butter. Natürlich kam uns der Gedanke etwas von den Amerikanern zu besorgen. Wir stellten zu unserer Freude sogar fest, daß wir sehr gut Englisch sprachen, alles verstanden und auch verstanden wurden. Aber es war nicht so leicht an die Amerikaner heranzukommen wie an die Russen, Sie waren reservierter. Fritz zog wieder los, aber er brachte nie Lebensmittel. Von den Russen hatten wir Brot für unsere Kleider und Schuhe bekommen können, aber die Amerikaner suchten Dinge, die auch wir schätzten und von denen wir uns nicht trennen wollten. Wir hatten unser Leben gewagt um unsere letzten Werte aus der Zone nach dem Westen zu bringen.

Einmal hatte eine nette Amerikanerin uns eingeladen, um 6 Uhr abends. Das war vielleicht ein Gefühl. Um 6 hieß doch einwandfrei zum Abendessen, kein Zweifel, ein üppiges Mal. Beglückt zogen wir los.

Die Besatzungsmächte hatten die meisten Villen um uns beschlagnahmt. Wir hatten Glück. Aber unser Haus gehörte ja auch nicht zu den schönsten. Viele Hausbesitzer waren als Hausangestellte in ihren Villen geblieben, denn dann konnten sie darauf achten, daß ihr Haus gut behandelt wurde.

Aber sie brauchten kaum Sorge zu haben, man benahm sich in der Regel tadellos. Manche Deutsche hofften zweifellos auch dabei von dem sagenhaften guten Essen der Amerikaner etwas abzubekommen. Aber da hatten sie sich verrechnet. Die Amerikaner aßen meist gar nicht zu Hause, und sie waren nicht so wie der Russe. Sie schenkten nichts weg. An Mädchen vielleicht. Aber das würde ich nicht als Schenken bezeichnen, das hatte oft andere Motive.

Wir haben uns übrigens oft den Kopf zerbrochen warum die Amerikaner wohl so anders waren als die Russen. Ich glaube, das lag einfach an der Tatsache, daß die Soldaten und die Besatzungsmacht, die wir trafen, ja im Gegensatz zum Russen, wohl nie Hunger kennengelernt hatten. Vielleicht mal während einer Diät. Aber das dürfte eine entschieden andere Sache sein. Es ist klar, daß man eine andere Einstellung hat, wenn man arm ist oder einmal arm war. Ich denke oft daran wie verschieden sich die Leute in der schlimmen Zeit der großen Arbeitslosigkeit benahmen. Als ich noch klein war gab es vor Hitler in Berlin viele Bettler, die an den Wohnungen klingelten und um Essen baten. Und es gab auch die Leierkastenmänner, die immer die hübsche Musik machten. Die Leute warfen ihnen eingewickelte Geldstücke herunter, die wir Kinder dann schnell zusammensammelten und den Leierkastenmännern hinbrachten. Das meiste Geld erhielten diese Männer auf den armen Hinterhöfen, und bei den Bettlern soll es das gleiche gewesen sein. Die Bettler und Leierkastenmänner wurden übrigens unter Hitler sofort verboten. Diese Leute hätten nämlich Botschaften übermitteln können. Das Netz, das die Nazis gleich über uns legten, besaß feine Maschen, durch die nicht einmal die geringsten Nachrichten schlüpfen konnten.

Ja, ich wollte von der Einladung erzählen. In der Erwartung der amerikanischen Leckerbissen hatten wir den ganzen Tag über nichts gegessen, natürlich um Essen zu sparen. Ich fürchtete nur, daß mein Magen laut knurren könne. Wir waren voller Erwartung was es da wohl zu essen geben würde. Vielleicht sogar Fleisch und vielleicht sogar Fleisch mit viel Fett, das wäre unvorstellbar gewesen. Fett war eigentlich das was uns am meisten fehlte.

Sie war sehr nett und freundlich, hieß Mrs Goodween, kam aus den Südstaaten und bot uns gleich einen Drink an. Es stand auch eine kleine Schüssel mit winzigen Pretzeln und zwergenhaft zierlichen Salzstangen vor uns. Das Getränk war scharf und furchtbar, jedenfalls für mich. Fritz schien es nicht so viel auszumachen. Ja, und dann mußten wir erzählen. Von Hitler natürlich. Der interessierte die Besatzungsmächte am meisten. Sie sprachen mit großer Ehrfurcht und scheinbarer Bewunderung von ihm. Hatten wir ihn reden gehört ?? Hatte er eine magische Wirkung auf Frauen.? ??

Meine Güte, der und Wirkung auf Frauen. Die Frauen möchte ich mal sehen, die diesen lächerlich verkrampften, eisern aufmontierten unmännlichen Hysteriker wirklich ehrlich gutaussehend fanden. Und dann natürlich waren alle Deutschen Nazis gewesen. Alle hatten ihn doch gewählt. Hatten sie nicht? ? ?

Aber aus der Küche kamen keinerlei Gerüche. Noch einen Drink und nach zwei Stunden war es klar. Es gab kein Abendessen. Es gab überhaupt kein Essen. Die Salzstangen waren alles. Da habe ich schnell heimlich ein paar in meine Tasche gesteckt, um sie den Kindern mitzunehmen. Als aber nur noch wenige den Boden bedeckten, mußte ich leider aufhören, da man ja anstandshalber immer etwas drin ließ.

Ich habe Mrs. Goodween dann gefragt, was denn nun die Deutschen für einen Eindruck auf sie gemacht hätten. Da hat sie etwas gesagt, was wirklich wert ist aufgeschrieben zu werden.

Sie meinte nämlich, was sie am meisten erstaunt hat, war, daß die Deutschen niemals die gleiche Farbe Schuhe, Handtasche und Handschuhe tragen würden. Was haben wir gelacht. Sie konnte nicht glauben, daß ich keinerlei Handschuhe, nur noch ein einziges paar Straßenschuhe mit festen Sohlen und eine uralte Handtasche besaß, daß wir schon vor dem Kriege wenig gutes und später bald nichts mehr kaufen konnten, das meiste verloren hatten in Bomben und Brand und der Rest an die Russen eingetauscht wurde.

Die Amerikaner sahen die wohlhabenden unzerstörten Häuser in Dahlem, und sie hatten keinerlei Ahnung, was bei uns überhaupt los gewesen war.

Fahrt nach Halle

Es war kurz vor dem Oktober 1945 als eines Tages Frau Bachmann aus Woltersdorf uns eine große Neuigkeit mitteilte. Wassil war bei ihr gewesen. Er war aus Rußland zurückgekehrt, hatte ihr viele Lebensmittel und Zigaretten gegeben, und war maßlos enttäuscht, daß wir nicht mehr in Woltersdorf lebten. Wassil hatte sich zur russischen Armee verpflichtet, der Armee, die er maßlos haßte, nur um vielleicht wieder nach Deutschland zurückzukommen. Er war jetzt in Halle stationiert und hatte die weite Reise ohne Erlaubnis gewagt. Wassil konnte es absolut nicht fassen, daß wir nicht mehr im Osten waren, und hatte einen Brief geschrieben, den sie uns mitschickte. Ich habe alle Briefe von Wassil hier vor mir liegen. Sie sind mit nach Amerika gekommen. Der Brief, den Frau Bachmann uns sandte war vom 3. August 1945

"Treue und gelibte Hillikatt erst kusse und wunsche ich alles gute vur dein junges und bluhendes leben. Hillikatt vileicht du mich schon vergeszin aber ich will dich nicht vergeszin und das kan nicht. Meine liben Hillikatt ich war schon zu hause und wider zuruck, nur ich will dich sehn. Hillilkatt ich gern nicht Soldat und gehin ich zuruk nach dojschlant nur fur dich. Mein Herz tut mir weh und ich mochte sterben vor dich." Und dann noch viele dichtbeschriebene Seiten in Russisch.

Der arme Wassil. Was hatte ich verkehrt gemacht? Hatten wir ihm nicht ganz klar gesagt, daß Fritz mich nicht eintauschen würde, daß ich auch absolut nicht eingetauscht werden wollte. Hatte er nicht verstanden, oder wollte er nicht verstehen? Ich wußte, wie er das Militär haßte. Wassil beschwor mich ihn in Halle zu besuchen. Aber Halle war tief in der russischen Zone. Was sollten wir tun? Ich wollte ihm einen langen Brief schreiben, aber schob es hinaus. Und da war wieder einmal ein seltener Zufall.

Fritz hatte vor einiger Zeit einen netten Deutschamerikaner kennengelernt, dessen Namen man nicht so leicht vergessen konnte. Er hieß nämlich Marx. Ich glaube sogar Karl Marx. Dieser Herr Marx besaß deutsche Verwandte in Leipzig. Und da er nun ein sehr netter Mann war, hatte er ihnen schon einige Lebensmittelpakete geschickt, die aber immer auf der Post verschwanden. Da bat Herr Marx nun Fritz doch auf dem schwarzen Markt 15 Pfund Fleisch zu kaufen und es persönlich zu seinen Verwandten zu bringen.

Er wollte uns dafür eine Menge Geld geben. Fritz erstand einen Schweineschinken, der ein Vermögen kostete, und der einen unvorstellbaren himmlischen Geruch von sich gab. Als wir ihn nun zu Hause abwogen, stellten wir etwas Herrliches fest. Es waren 100 Gramm zu viel. Man bedenke 100 Gramm, bald ein viertel Pfund. Das war vielleicht eine Freude. Nur Jemand, der in damaligen Zeit gelebt hat, wird verstehen können, was das bedeutete. Unsere Freude war so groß, daß sie sich bei uns ganz tief festgesetzt hat, so tief, daß wir für immer daran denken werden. Es bedeutete nämlich, daß wir uns 100 Gramm von dem Schinken für uns selbst abnehmen konnten. Von welcher Seite war natürlich klar, selbstverständlich vom Fett.
Und wir schnitten langsam und feierlich Scheibchen für Scheibchen von dieser Köstlichkeit ab, bis es genau 100 Gramm waren.

Wir leben jetzt hier in Amerika auf dem Lande und haben unsere eigenen Tiere, die wir, nachdem jemand sie für uns geschlachtet hat, selbst aufschneiden um sie für die Kühltruhe zurechtzumachen. Beim Zerteilen eines Rindes zum Beispiel entstehen dann viele Eimer voller Fettstücke, denn jetzt schneiden wir nicht mehr das Fett ab um es zu essen, sondern es vom Essen zu entfernen. Und jedes mal wenn wir Fett abmachen, sagen wir: "Weißt Du noch?" Und dann denken wir an die 100 Gramm von dem Schinken, den wir für Herrn Marx kauften. Über 50 Jahre ist das nun schon her, und wir haben es nicht vergessen, und werden es auch niemals vergessen. Und Fett wegzuwerfen, das geht einfach nicht. Ich haben schon unheimliche Mengen von Nierenfett aufgehoben. Mit dem Rest kann man die Vögel, unsere Enten und die Hühner füttern, und auch Seife machen. Aber nichts wegwerfen. Wenn es jedoch wirklich zu viel wird, dann bringen wir es im Winter in den Wald. Da sind immer Tiere, die sich besonders im tiefen Schnee genauso darüber freuen, wie wir damals über die 100 Gramm von dem Schweineschinken von Herrn Marx im Jahre 1945.

Leipzig liegt nun ganz nahe bei Halle, und da meinte Fritz, warum nicht Wassil besuchen. Erstens tat ihm der arme Kerl leid, und dann war auch vielleicht ein kleiner Nebengedanke, daß wir sicher etwas zu essen bekommen könnten. Wir brachten die Kinder zu den Schwiegereltern und zogen los.

Zu der Zeit konnte man immer noch in die Ostzone reisen. Die Soviets hatten die Grenzen noch nicht fest verschlossen. Aber es war eine äußerst unangenehme und auch riskanten Sache. Die Russen konnten Jedem ohne weiteres die Papiere abnehmen, und Jeden ohne weiteres nach Sibirien schicken. Man besaß absolut keinerlei Rechte. Jeder Russe konnte jeden Deutschen irgend einer Sache beschuldigen, oft nur um sich wichtig zu machen. In den Zügen wurde streng kontrolliert. Man prüfte die Papiere und oft das Gepäck. Wir hatten eigentlich keine Angst, denn wir glaubten zu wissen wie man mit den Russen umzugehen hatte und nahmen an, daß das Schlimmste was uns passieren konnte, die Abnahme des Schinkens gewesen wäre. Und außerdem zeigten unsere Papiere deutlich, daß wir im Westsektor von Berlin lebten.

Alles klappte. Wir wurden auf den Bahnhöfen nicht angehalten und auch im Zug nicht von Soldaten genauer durchsucht. In Leipzig fanden wir schnell die Straße wo die Leute wohnten, und sie waren auch zum Glück zu Hause. Es waren alte Leutchen, und sie konnten vor Freude kaum sprechen. Wir gingen zurück zum Bahnhof, und Fritz suchte den Schalter um Fahrkarten nach Halle zu lösen.

Ich hatte Wassil geschrieben, aber vor allem dabei gesagt, daß er sich keinerlei Hoffnungen machen solle. Wir wollten ihn nur ganz kurz besuchen. Während Fritz die Karten kaufte, hatte ich mich inzwischen in den großen Vorraum begeben und auf eine Bank gesetzt. An der Eingangstür stand ein Russe. Seine Stiefel waren auf Hochglanz poliert. Er hatte ein Gewehr und ein steinernes Gesicht. Er stierte dauernd unbeweglich in eine Richtung, schien einem russischen Propaganda-Plakat entstiegen zu sein. Wie gut war es doch, daß wir nicht mehr in diesem schrecklichen Osten lebten. Die Russen hatten übrigens in Dahlem auch grausig gewütet als sie dort einmarschierten. Es war ja der Wohnort der reichsten Leute von ganz Deutschland. Auch viele Nazigrößen besaßen Villen in Dahlem. Die hatten natürlich zu der Zeit schon längst das Weite gesucht. Aber da waren ihre Weinkeller, gefüllt mit den besten alkoholischen Getränken aus der ganzen Welt. Das Haus des Außenministers Rippentrop befand sich ganz in der Nähe meiner Schwiegereltern. Rippentrops Frau war die Erbin der Henkel Champagners Firma. Tagelang tranken die Russen den besten Champagner. Hier in Dahlem fanden sie das kapitalistische Paradies unbeschädigt von Alliierten Bomben und russischer Artillerie. Nachdem die ersten freundlichen Russen abgezogen waren, erschienen die unmenschlichen, und die entdeckten nun hier was sie immer suchten. Frau und Wodka. Und sie gerieten in ein Delirium. Die Vergewaltigungen unter dem Einfluß vom Alkohol waren immer besonders grausam. Auch meiner Schwiegermutter ist es passiert. Ich habe es nur so um verschiedene Ecken gehört, denn man sprach nicht davon. In ganz Dahlem wurde diese schreckliche Zeit niemals mehr erwähnt. Durch Zufall erfuhr ich von einem Bericht, was sich in Haus Dahlem zugetragen hatte. Haus Dahlem war ein katholisches Institut, das von Nonnen geleitet wurde und schwangeren Müttern für die Zeit der Geburt Hilfe bot. Es war ein Entbindungsheim. Es lag nur um die Ecke von der Villa meiner Schwiegereltern. Die Russen haben nicht nur alle Nonnen von Haus Dahlem, sondern auch alle Frauen, die dort lagen vergewaltigt. Auch alle hochschwageren und solche, die gerade entbunden hatten. Sie vergewaltigten sie in Horden und tagelang.

Während ich nun diesen Russen an der Tür betrachtete kamen mir alle die schrecklichen Dinge wieder zum Bewußtsein, die damals passiert waren. Manche Frauen wurden getötet wenn sie sich weigerten, andere wurden trotzdem getötet. Einige dieser Unmenschen schlugen den Frauen die Köpfe nach der Vergewaltigung ein, andere schlitzten sie auf. Sie vergewaltigten und verletzten sie so, daß sie zu Tode bluteten, und Horden setzten die Vergewaltigungen danach noch fort, wenn die Frauen schon tot waren. Jeder, der sie am Vergewaltigen hindern wollte, wurde erschossen, sogar ihre eigenen Leute. Es hatte keine Rolle gespielt, ob es sich um hübsche junge Mädchen oder alte Frauen handelte. Sie schienen ältere sogar zu bevorzugen, da ihre eigenen jungen Frauen, durch die mangelhafte, meist proteinlose Ernährung in Rußland sehr alt aussahen, wie die Soldaten immer erzählten.

Nachdem nun Monate vergangen waren, und die Bevölkerung mehr Kontakt mit einander bekommen hatte, erfuhr man so manches Grauenvolle. Viele waren durch Bomben getötet, viele durch den Endkampf aber auch durch die Vergewaltigungen. Eine Menge begangen danach Selbstmord, sogar ganze Familien nahmen sich deshalb das Leben. Mir fielen furchtbare Dinge ein und ich blickte auf diesen russischen Soldaten da an der Tür mit Grauen und Abscheu.

Das hätte ich lieber nicht tun sollen, denn plötzlich drehte er sich um und sah mich an. Er nahm sein Gewehr zur Seite und marschierte auf mich los."Passport", rief er. Fritz hatte meinen.
Ich versuchte ihm das klar zu machen. Aber er wollte kein Deutsch verstehen. Da sagt ich ihm, daß ich im amerikanischen Sektor von Berlin wohne. Als er aber das Wort Amerikanisch hörte, schrie er: "Spion", packte mich am Ärmel und zog mich mit einem eisernen Griff aus dem Bahnhof.

"Kommandantur" rief er. Draußen stand ein Jeep. Er befahl mir einzusteigen. Ich hatte nicht viele Bedenken. Alles würde sich aufklären. Wir konnten ja beweisen, daß wir im Westen von Berlin lebten und besaßen ja zum Glück den Schinken nicht mehr. Ich versuchte ein Gespräch anzufangen. Aber der steinerne Mensch bewegte keinen Muskel in seinem Gesicht. So einem Lebewesen war ich noch niemals begegnet. Wir fuhren lange und kamen an einen Waldweg, in den er einbog. Dann machte er Halt und befahl mir auszusteigen.

Allmählich wußte ich nun aber, was das alles zu bedeuten hatte. Wegrennen war hoffnungslos. Er konnte garantiert schneller laufen als ich. Und dann bestand ja auch die Möglichkeit, daß er böse werden und nach mir schießen würde. Er konnte ja immer sagen, daß ich ein Spion sei, den er auf der Flucht erschossen hatte. Schreien, das war das Dümmste, das wußte ich, und außerdem, wer würde es hier hören, und wenn, wer würde zur Hilfe kommen. Und mein alter Trick mit dem Kommandanten, der wirkte hier nicht, denn er wußte ja, daß ich aus dem Westen kam, so konnte ich nicht die Freundin seines Kommandanten sein. Aber ich sagte ihm, klar und deutlich, daß ich die Freundin von einem amerikanischen General wäre, und der würde garantiert zu einem russischen General gehen und für seine Bestrafung sorgen. Ich wußte nicht ob er überhaupt hinhörte. Bei diesem steinernen Menschen konnte man so etwas nicht feststellen.

Aber plötzlich wurde mir klar, daß ich einen großen Fehler gemacht hatte, einen sehr großen sogar. Es war das Verkehrteste was ich hätte sagen können. Sicher waren die Vergewaltigungen gar nicht mehr erlaubt. Und er machte ganz den Eindruck eines sowjetischen Mustersoldaten, der niemals etwas Verbotenes getan hat und auch nie tun würde. Vielleicht würde er nun Angst bekommen, daß ich ihn später beschuldigen könne. War es da nicht möglich, daß er die Idee bekam, daß ein toter Spion nicht mehr reden könne. Dieser Gedanke machte mir plötzlich mehr Angst als die Vergewaltigung selbst. Der Verbrecher hatte mich ja damals als Kind vielleicht nur ertränkt, weil er Angst vor der Bestrafung hatte. Weil er fürchtete ich könne ihn identifizieren. Und eine große Panik kam über mich.

Es war ein dunkler Wald mit vielen großen Bäumen und weichem Moos. Er warf mich auf die Erde. Als ich da nun lag, hatte ich das Gefühl in einem Krankenhaus zu sein und eine Operation bevorstünde, und ich wünschte flehentlich eine Narkose, und da fiel mir die Technik ein, mit der ich ja meine eigene Narkose einleiten könne, die Technik, die ich immer beim Zahnarzt anwandte, und ich kniff die Haut meines Armes so stark, daß sie später ganz blutunterlaufen war. Und es war wirklich ähnlich wie beim Zahnarzt, aber wie bei einer größeren Sache, zum Beispiel beim Ziehen meines Weisheitszahns, und die Erleichterung die man fühlte, wenn alles vorbei war und man feststellte, daß man eigentlich keine Schmerzen gefühlt hatte und auch weiter nichts Schlimmes eingetreten war.

Aber plötzlich kam die Angst wieder und die Befürchtung, daß er mich töten könne. Ich zeigte weder Wut noch andere negativen Gemütsbewegungen. Ich versuchte sogar etwas freundlich auszusehen, aber das schien dem eisernen Wesen höchst gleichgültig zu sein. So etwas wie Gefühle, schien es sowieso nicht zu kennen. Mit dem gleichen steinernen Gesicht befahl es mir ins Auto zu steigen und fuhr zur Bahnstation zurück.

Fritz hatte mich inzwischen gesucht. Als er mich erblickte, kam ich ihm etwas komisch vor, aber ich erzählte ihm, daß ich Sorge um ihn gehabt, ihn suchen ging, und mich verlaufen hätte. Ich wollte ihm nicht die Wahrheit sagen, denn ich hatte die Furcht, daß er den Russen anfallen könne. Mit dem wäre er schon fertig geworden, aber nicht mit all den andern die dazu gekommen wären. Fritz ist zu allerhand fähig, wenn er sinnlos wütend ist. Als wir dann in der Bahn nach Halle saßen, habe ich ihm alles berichtet. Aber er ist gar nicht wütend geworden, hat mich nur gestreichelt, die ganze Fahrt über.

Wassil wartete schon stundenlang voller Ungeduld am Bahnhof. Wie freute er sich. Er hatte ein kleines Zimmer bei einer netten Frau für uns gemietet, und dort stand ein Tisch voller Blumen und Lebensmitteln. Aber mir war gar nicht zum Essen zu Mute. Es war genau wie beim Arzt. Man merkt alles nicht so, aber später wenn die Narkose weg ist, dann geht es meist los.

Wassil berichtete, daß er im Kaukasus krank wurde, da er immer nur an mich dachte, und seine Mutter dann sagte, er solle gehen und mich holen, damit er wieder gesund werden würde. In Halle hatte er Karten für die Oper besorgt.

Es war uns unverständlich, wie man so kurze Zeit nach dem Zusammenbruch schon wieder Theaterspielen spielen konnte. Ich habe später erfahren, daß die Russen Schauspielern die allerhöchsten Lebensmittelrationen gaben, höher als die, der Schwerstarbeiter. Daher zog es viele Schauspieler nach dem Osten. An dem Tage brachte man "Hoffmanns Erzählungen" von Offenbach. Während der ganzen Vorführung ging mir die Sache mit dem grauenvollen Russen nicht aus dem Kopf. Ich wurde allmählich immer wütender und fand, daß ich etwas unternehmen müsse, da das gräßliche Wesen es ja laufend mit allen Reisenden machten konnte.

Ich erzählte es Wassil, und bat ihn zu seinem Kommandanten zu gehen. Ich wußte den genauen Zeitpunkt, und man konnte daher sicher genau feststellen, welcher Soldat Wache gestanden hatte. Zu meinem großen Erstaunen war Wassil aber gar nicht entsetzt oder zornig darüber, nur sehr traurig. Er machte auch keinerlei Anstalten etwas zu unternehmen. Er schien Angst zu haben. Der Russe würde doch nicht bestraft werden. Und dann erzählte Wassil uns: während des ganzen Krieges und nach der Einnahme, hieß es, sie sollten die deutschen Frauen vergewaltigen. Später sollten sie es einschränken, und dann wurde es nicht mehr erwünscht. Aber auch nicht bestraft, wenn es vorkam.

Und es wurde mir klar, daß ein Russe nie zu seinem Vorgesetzten gehen würde um sich über irgend etwas zu beschweren.

Man beschwerte sich in Rußland nicht.

Wassil tat mir so sehr leid, als wir uns verabschiedeten. Aber da war absolut nichts was ich weiter machen konnte, als ihm zu sagen, daß ich nie von Fritz weggehen würde, und daß er sich ein hübsches gutes Mädchen in seiner Gegend suchen und heiraten solle. Daß wir ihn niemals, niemals vergessen würden.

Aber Wassil wollte auch dieses mal nicht aufgeben. Er bestand darauf, daß er wiederkommen würde um mich in seine geliebte Heimat zu bringen. Er drückte mir nochmals seine Anschrift in die Hand, obgleich er sie mir schon so viele male gegeben hatte, und wir waren sicher, daß wir Wassil nie wieder sehen würden.

Aber wir haben uns doch noch einmal wiedergesehen. Aber dieses Wiedersehen stand unter einem bösen Stern.

Die Folgen und etwas von Heinz

Die Rückkehr war traurig, und nicht einmal Dahlem konnte uns aufheitern. Und nach einiger Zeit merkte ich mit Entsetzen, daß ich meine Periode nicht mehr bekam. Das konnte natürlich leicht mit der Aufregung zusammenhängen. Aber bald wurde es klar, daß ich ein Kind erwartete. Wir hatten uns noch eins gewünscht. Aber konnte es nicht auch von dem Russen sein?

Ich hielt das natürlich für ganz ausgeschlossen, wäre jede Wette eingegangen. Aber die Ärzte, die ich fragte, meinten, es sei unwahrscheinlich, aber durchaus nicht unmöglich. Was sollten wir tun? Abtreibungen waren zwar verboten. Aber das hätte mich kaum gestört. Nein, was mich störte, war der Gedanke ein kleines Lebewesen umzubringen. Es war sicher unseres, ohne Zweifel, vielleicht ein kleines niedliches Mädchen wie Saskia oder ein lieber Junge wie Ottfried, und das sollten wir töten. Aber Nachts lag ich wach und sah immer das steinerne Gesicht dieses entsetzlichen Russen vor mir. Wenn es sich noch um ein menschliches Wesen gehandelt hätte, aber das war keins gewesen.

Nein, wenn auch nur die kleinste Möglichkeit bestand. Und damals gab es noch kaum Teste, und zu der Zeit schon gar nicht. Und wann würde ich es wissen? Ich besaß ja auch starke Backenknochen. Es war ein grauenhafter Gedanke. Und Fritz beschloß einen Arzt zu finden. Sein Bruder Heinz war noch nicht zurückgekehrt. Aber zwei von seinen Kollegen erklärten sich sogleich bereit, es zu tun. Sie kamen zu uns ins Haus und legten mich auf einen Tisch. Ich wollte keine Narkose. Aber sie bestanden darauf.

Und als ich aufwachte, lag ich im Bett, und alles war vorbei. Was mich beschäftigte war nur, was sie mit dem Kind gemacht hatten. wurde es in den Abfall geworfen? Wurde es begraben?
Wir würden sicher ein neues haben. Und das Leben ging weiter.

Ja, Heinz war noch nicht zurückgekehrt. Alle Ärzte, die die Nazis bei uns erreichen konnten, mußten in den letzten Kampftagen ihre Patienten in den Hospitälern verlassen, und wurden als Soldaten gegen die Russen eingesetzt. Sie bekamen ein Gewehr in die Hand um die Panzer abzuschießen.
Heinz wurde bei Fürstenwalde, 40 Kilometer vor Berlin verwundet und kam in russische Gefangenschaft.

Mehrere leichtverletzte Ärzte aus seinem Hospital befanden sich in dem Lazarett des gleichen Gefangenenlagers. Heinz hatte einen glatten Oberschenkeldurchschuß, der schnell heilte. Als seine Kollegen entlassen wurden, hieß es, Heinz würde in den nächsten Tagen auch kommen. Sie erzählten, daß sie es bei den Russen gut gehabt hätten. Es wären dort sehr nette junge hübsche Ärztinnen gewesen, und daß Heinz eine besonders gut gefallen habe.

Aber Heinz ist nicht in den nächsten Tagen nach Hause gekommen, auch später nicht. Heinz ist nie nach Hause gekommen. Wäre Heinz nun im Lazarett gestorben, hätte man es doch zu der Zeit sicher erfahren. Da kamen jetzt so viele Heimkehrer aus den Gefangenenlagern zurück. Und dieses Lager war doch dicht bei Berlin, und schien ein sehr humanes gewesen zu sein.

Heinz war auch niemals in irgend einer Partei oder irgend einer Organisation. Seine Sympathie lag mehr nach links als nach rechts.

Ich habe die felsenfeste Überzeugung, daß Heinz freiwillig nach Rußland mitgegangen ist. Er hatte doch der schrecklichen Käte versprochen sie zu heiraten, und sie war doch der Meinung, daß man keine Kinder haben dürfe, und Heinz wünschte sich eine große Familie. Die einzige Möglichkeit sein Versprechen nicht zu halten, war natürlich ‚für Jemand wie Heinz, nur wenn man es nicht halten konnte. So hat er vielleicht einen Ausweg gesucht, um aus der Sache herauszukommen. Vielleicht hat er die russische Ärztin geheiratet, und sie haben viele hübsche Jungen und Mädchen. Aber es ist jammerschade, daß wir sie wohl niemals kennenlernen werden. Ich bin sicher, daß Heinz noch lebt und glücklich ist.

Bruder Heinz

Übrigens hat der große Otto eines Tages etwas Eigenartiges erzählt, nämlich, daß da später einmal ein Soldat ihn aufgesucht habe, der eine Botschaft von Heinz bringen wollte. Aber Otto der Große war gerade mit einem Kriegsversehrten beschäftigt und bat den Boten zu warten. Er muß ihn aber zu lange haben warten lassen, denn als er endlich Zeit für ihn hatte, war der Mann schon weg.

Aber diese Sache beichtete der große Otto erst als er schon sehr alt war. Vielleicht stimmt sie auch gar nicht. Aber ich würde sagen, sie könnte doch stimmen.

P.S. Es sind inzwischen viele Jahre vergangen, seitdem ich dieses Kapital schrieb. Inzwischen haben sich viele Dinge geändert. Vor allem in Rußland. Sobald als es möglich war dort Kontakt aufzunehmen begannen wir nach dem Bruder Heinz zu forschen.

Vor Kurzem trafen wir drei Russische Wissenschaftler, die sich einige Tage in den Staaten aufhielten. Sie sagten, daß wir alle Hoffnung begraben sollten den Bruder Heinz wieder zu sehen. Im Rahmen von Stalins grausamen Reinigungsgesetzen seien alle Ausländer, die in Rußland lebten, beseitigt worden, und daß es keinerlei Rolle spielte, ob sie aus politischen Gründen kamen oder nur wegen der Liebe.

Nathaly

Eigentlich habe ich noch gar nichts von Nathaly berichtet. Nathaly war ein junges amerikanisches Mädchen, das im mittleren Westen, in der Nähe von Chicago lebte, in einem Orte wo sich viele schwedische Auswanderer niedergelassen hatten. Vor dem Kriege fing man in Deutschland an den Schüleraustausch mit andern Ländern zu fördern. Wie gerne wäre ich nach England oder irgendwo hin gereist, aber unsere Wohnung war ja viel zu klein für einen Austausch.

Bei Fritz in der Schule gab es jedoch Schülerbriefwechsel mit dem Ausland. Und da Fritz schon immer von Amerika träumte, wählte er amerikanische Mädchen zum korrespondieren. Da waren drei, die ihm besonders gefielen. Eine heiratete, und die andere schrieb auch bald nicht mehr. Aber mit Nathaly riß die Post nicht ab, und es wurden sogar halbe Liebesbriefe daraus, und dann kam der Krieg, und dann kam keine Post mehr aus Amerika.

In der Ostzone konnte man es natürlich nicht wagen Briefwechsel mit anderen Ländern zu führen. Nachdem wir jedoch im Westen lebten, schrieb Fritz sogleich an alle Freunde im Ausland. Eine Familie, die er gut kannte, war eine sehr vermögende dänische, die ihm auch sogleich antwortete. In einem vier Seiten langen, dicht beschriebenen Brief zählten sie alle in Dänemark verübten Schandtaten der Deutschen auf, dann alle Schäden, die sie durch uns erlitten hatten, einschließlich aller Aktienabwertungen. Und ihr Endsatz betonte, wie gut und gerecht von Gott, daß es uns jetzt so schlecht ginge.

Nathaly hatte inzwischen geheiratet, und ihr Schreiben war ein entschieden anderes. Wie könne sie uns helfen, die armen Deutschen, und ob sie uns etwas zu essen schicken solle? Und dann kamen Pakete von Nathaly. Das erste war sehr schwer und mußte ein Vermögen an Porto gekostet haben. Man stelle sich unsere Freude vor, ein Eßpaket aus Amerika. Es war doch immer noch die Hungerzeit. Erwartungsvoll öffneten wir es und fanden große Büchsen mit eingeweckten rohen Kartoffeln vor. Sie hätten in Amerika gehört, daß Deutsche gerne Kartoffeln essen. Mir kamen die Büchsen von Schönings Delikatessengeschäft in den Sinn, die der Bruder Ernst den ganzen Weg von Berlin nach Woltersdorf getragen hatte. Aber die Kartoffeln von Nathaly waren wenigstens nicht schlecht.

Ja und dann schickte Nathaly uns Pakete mit Kaffee und Zigaretten, die wir gut gegen Lebensmittel eintauschen konnten. Gleich nach dem ersten Schreiben bot Nathaly an unsere Kinder zu sich zu nehmen, damit sie gut ernährt werden würden. Sie selbst hatte mehrere Fehlgeburten gehabt, da sie während des Krieges arbeiten mußte. Ottfried war selbstverständlich gleich dafür nach Amerika zu reisen, gleich auf der Stelle, wegen der Cowboys und der Indianer natürlich.

Nathaly and Ray Morton

Als Nathaly nun hörte, daß wir auswandern wollten, schickte sie uns sofort die Bürgschaft. Das war eine sehr großzügige Tat von ihr und ihrem Ehegatten Ray Morton. Bürgschaften waren sehr schwer zu bekommen. Meist taten es nur Verwandte, denn Nathaly und Ray mußten sich verpflichten für alle Gelder gerade zu stehen, die eventuell von uns nicht bezahlt werden konnten. Es waren ja immerhin unverschuldete Unfälle oder Krankheiten möglich. Es wurde ihnen auch von ihrem Konsulat ausdrücklich abgeraten es zu tun, da sie uns doch gar nicht kannten. Das haben wir Nathaly und Ray nie vergessen.

Sie bekamen auch gleich nach dem Kriege drei eigene reizende, sehr gut geratene Kinder, und die vielen Enkel sind von der gleichen Art. Wir besuchen uns heute noch immer, trotzdem Nathaly und ihre Familie über 1500 Kilometer von uns entfernt leben.

Aber ich komme entschieden vom Thema ab, denn jetzt sind wir immer noch erst in Dahlem und immer noch im Jahre 1945.

Tante Flora

Tante Flora war ein sehr schöner Mensch. Trotz ihres Alters konnte man es noch ganz deutlich erkennen. Aber es war nicht nur die äußere Schönheit, die bemerkenswert war, sondern auch die innere, die sich ja, wie bekannt, bei manchen Erdenbürgern mit zunehmendem Jahren steigert.

Tante Flora wurde im Jahre 1872 geboren. Sie hat noch die gute alte Zeit erlebt. als der Adel regierte, und es noch Schlösser mit viele Bedientesten gab.Der Preußische Adel liebte im großen ganzen die Schlichtheit. Aber Berlin war immerhin die Hauptstadt des Reiches und hatte ganz Deutschland zu repräsentieren.

Aber dann kam der erste Weltkrieg. Die Todesrate unter den adlige Offizieren war besonders hoch. Und dann dankte der Kaiser ab, und mit ihm verschwand die gute alte Zeit. Tante Flora verlor alle ihre Privilegien, und die bald drauf folgende Inflation verwandelte ihr Geld, wie das aller anderer, in wertloses Papier.

Die Welt, in der sie aufgewachsen war, bestand nicht mehr. Die Sozialisten gaben dem Kaiser und dem Adel die Schuld am Zusammenbruch des Reiches. Es mußte ja immer jemand Schuld haben.

Tante Flora befand sich plötzlich in einer Zeit, wo man sie nicht mehr achtete, sondern gehässig behandelte. Jetzt regierte nicht mehr der Adel. Jetzt regierte das Geld. Und Geld hatten wenige. Tante Flora versuchte nun in dieser neuen Welt durchzukommen ohne die Werte der alten Welt zu verlieren.

Tante Flora trug den Namen Flora von Krakewitz. Sie behielt den Namen ihres Mannes, trotzdem sie sich hatte scheiden lassen. Diese Scheidung war ein mutiger Schritt. In ihren Kreisen ließ man sich nicht scheiden. Selbst im deutschen Bürgertum gab es kaum Scheidungen. Wenn in früheren Zeiten eine Ehe schief ging, dann versuchte man es zu verdecken. Man sprach nicht davon. Man hielt tapfer aus. Eine Scheidung konnte Schande auf die ganze Familie laden.

Tante Flora

Tante Flora war eine geborenen von Waldenburg. Warum nahm sie eigentlich nicht wieder ihren Mädchennamen an? Das war sicherlich damals nicht üblich. Vielleicht wäre die Scheidung dadurch überall bekannt geworden. Vielleicht liebte sie ihren Mann noch immer. Ich weiß es nicht. Sie hätte es nie eingestanden. Und die Frage danach wäre taktlos gewesen.

Die von Krakewitz waren zweifellos ein uraltes edles preußisches Geschlecht. Ritter und Helden zurück zu den Urzeiten der deutschen Geschichte. Die von Waldenburgs waren neuer Adel. Nebenbei bemerkt, in den obersten Schichten da zählte das Alter des Adels. Die Menschen müssen immer Rangordnung haben, das war schon immer so, und wird auch wohl immer so bleiben.

Tante Flora kümmerte sich aber gar nicht um irgend eine Rangordnung. Sie war außerdem zu einem gewissen Grad ein moderner Mensch. "Schriftstellerin" schrieb sie mutig auf jedes Formular wenn der Familienstand oder der Beruf verlangt wurde.

Sie hat sogar Geld mit ihrem Schreiben verdient. In ehemaligen Zeiten durfte eine Baronesse nur Briefe schreiben und Poesie in ihr Tagebuch. Aber als Beruf und für Geld. Das wäre ganz unmöglich gewesen. Früher verdiente man in Tante Floras Kreisen kein Geld, man hatte es.
Aber diese Zeiten waren verschwunden, unwiderruflich entwichen.

Ich fand übrigens Tante Floras Arbeiten talentiert. Tante Flora war sehr künstlerisch. Sie hatte eine romantische Seele und glaubte an das Gute im Menschen.

Tante Flora hatte besonders Fritz in ihr Herz geschlossen. Er zeigte eine Ähnlichkeit mit ihrem Vater, als dieser jung war. Und ihren Vater liebte sie sehr. Auch mich konnte sie leiden. Wir hatten so viel gemein. Hätten wir das gleiche Alter gehabt und in Schöneiche zusammen gelebt, wäre sie sicher schon damals meine beste Freundin gewesen.

Tante Flora gehörte auch zu denen, die uns rieten nach Amerika zu gehen. In jüngeren Jahren hätte sie Deutschland sicher auch verlassen, wäre vielleicht sogar nach dem wilden Westen gegangen. Der Mut ihrer Vorfahren lag in ihrem Blut. Sie blickte begeistert auf die Möglichkeiten. Wir würden in ein neues Land kommen und Abenteuer erleben.

Trotzdem Tante Flora uns zur Auswanderung ermutigte, glaube ich, daß sie im stillen hoffte, daß wir vielleicht doch noch in Deutschland bleiben würden. Tante Floras Ehe war kinderlos geblieben, und sie sah in uns ihre Kinder, denn sie hatte einen starken Mutterinstinkt. Tante Flora litt darunter, keine Nachkommen zu haben, und eines Tages bot sie uns an ihren Namen anzunehmen. Ihr Mädchenname war von Waldenburg. Das war gewiß ein schöner, romantisch klingender Name. Aber andererseits war bei uns doch vieles, was dagegen sprach.

Fritz trug den Namen Fritz Karl Josef Bohm. Die Sippe der Bohms war älter als die der Waldenburgs. Es waren stolze sehr schöne Menschen, die aus den Niederlanden eingewandert waren. Auch ihr Wappen war älter. Das Wappen zeigte kein Schloß, wie das der Waldenburgs ,aber es trug selbstbewußt einen Baum in der Mitte, mit starken weitausladenden Ästen. Es war eine große Sippe, und ich ging einmal zu einem

ihrer Treffen. Das war in Berlin, kurz vor dem Kriege. Damals sind viele gekommen. Die meisten sahen aus wie die alten Germanen, große Gestalten. Sie hatten gerade prominente Nasen, eine aufrechte Haltung und nahezu alle hatten es zu etwas Hervorragendem gebracht, auf das sie stolz sein konnten.

Ich erinnere mich, als damals unsere Schülergruppe von Schöneiche die Fahrt nach Bornholm machte, ein Junge mit dem Namen Bohm über den Schiffslautsprecher gesucht wurde. Der Stadtschulrat Bohm war auch auf dem Schiff. Der Kapitän Bohm und der Stadtschulrat hatten entdeckt, daß ihre Vorfahren aus den Niederlanden eingewandert waren und sie zu der gleichen Sippe gehörten, und sie entnahmen aus den Schiffslisten, daß sich auch ein Knabe mit dem Namen Bohm unter den Passagieren befand , und den wollten sie sehen. Fritz war nicht so ganz wohl als sein Typ gesucht wurde, denn er hatte, wie immer ein schlechtes Gewissen, wußte nur nicht was er diesmal verbrochen haben sollte. Allerdings hatte er sich die Maschinenräume des Schiffes genauer angesehen, und das war strengstens verboten. Man brachte Fritz dann sogleich zum Kapitän. Neben dem Kapitän Bohm stand der allmächtige Stadtschulrat Bohm. Es mußte sich also um ein großes Verbrechen handeln wenn sie beide zusammen hinter ihm her waren.
Vielleicht wollte man seine Hosen untersuchen, in deren Umschläge er sich Silbermünzen für die Reise genäht hatte. Unter Hitler durfte zu der Zeit kein deutsches Geld ins Ausland gebracht werden.

Aber zu seiner Erleichterung hatte die ganze Sache nichts mit der Schule, und auch nichts mit dem Schiff zu tun. Und seine Hosen wurden auch nicht untersucht. Fritz wurde lediglich gefragt wo seine Vorfahren herkämen. Und als die beiden Männer hörten, aus den Niederlanden, da schüttelten sie ihm freundlich die Hände. Fritz sagt, sie waren beide größer als er, sahen beide sehr germanisch aus, und er konnte sie gut leiden.

Ja das war nun die Sache. Die Sippe der Bohms war eine alte Linie, und sie bestand außerdem aus sehr erfolgreichen Menschen der Gegenwart. Die Waldenburgs kamen von der Vergangenheit. Aber es war eine romantische Vergangenheit, und die Waldenburgs gehörten zum Adel. Es war allerdings niederer Adel. Außerdem war der Name Waldenburg mit einem Skandal verbunden. Ein Prinz hatte eine Bürgerliche geheiratet. Die Ehe war linker Hand geschlossen, also, in den Augen des höheren Adels keine richtige Eheschließung.

Aber bei diesem Prinz handelte es sich um einen Märchenprinzen. Es war der Typ von Prinzen die immer auf weißem Pferden durch flüsternde Wälder streiften. Und der Prinz war jung und gut aussehend genauso wie die Prinzen in Märchenbüchern auszusehen haben. Und der Prinz war außerdem noch der Sohn eines Königs, und er war ferner der Bruder eines herrschenden Monarchen. Und das war der König der Preußen, das war Friedrich Wilhelm III.

Friedrich Wilhelm III wird nicht so ruhmreich in der Reihe der Hohenzollern erwähnt, wie zum Beispiel einer seiner Vorfahren Friedrich der Große. Friedrich Wilhelm III hatte das Unglück ein Zeitgenosse Napoleons zu sein. Das war ein kriegerisches Zeitalter. Friedrich Wilhelm III jedoch haßte den Krieg. Und friedliebende Herrscher haben selten einen großen Platz in der deutschen Geschichte eingenommen.

Friedrich Wilhelm III war ein äußerst anständiger, moralischer Mann, dem das Wohl seiner Untertanen sehr am Herzen lag. Er versuchte die Vernichtung seines Landes und das Hinschlachten seiner Soldaten zu verhindern, und das war schwer wenn ein Feldherr, wie Napoleon vor den Toren stand. In dem Falle gab es nur Krieg oder Verträge. Friedrich Wilhelm III versuchte beides, aber leider ohne Erfolg, sehr zum Mißbehagen seiner preußischen Offiziere und Studenten. Sie nannten ihn schwach. Vielleicht hatten sie recht. Ich kann es nicht beurteilen. Seine Gemahlin war übrigens, die von allen so geliebte Königin Luise.

Unser Märchenprinz auf dem weißen Pferde, von dem hier die Rede ist, war Prinz August von Preußen. Er war, wie ich schon sagte, der Bruder des Königs Friedrich Wilhelm III. Ich habe vergessen an welcher Stelle der Thronfolge Prinz August stand. Ich weiß nur daß ihn die Thronfolge nicht sonderlich interessierte. Aber ob Thronfolge oder nicht Thronfolge, ein preußischer Prinz hatte zu heiraten, und von jeher eine Prinzessin aus königlichem Blute. Möglichst eine aus einem Lande, das man Preußen einverleiben wollte, oder von einem Königreich mit dem man freundliche Beziehungen zu fördern vorhatte. Da gab es nun eine lange Reihe von vielen hübschen Prinzessinnen, die in diese Gruppe gehörten. Prinz August aber wollte keine von diesen Prinzessinnen, denn er hatte sich schon unsterblich in eine andere Prinzessin verliebt. Und diese andere war eine Bürgerliche.

Zu allem Unglück war sie noch die Tochter eines Malers. Hofmaler natürlich. Aber immerhin ein Maler, in anderen Worten ein Künstler.

Kunst war selbstverständlich respektiert am preußischen Hofe. Aber heiraten... Zu der Zeit hätte eine gutbürgerliche Familie sogar ihre Bedenken gehabt sich mit Künstlern zu verehelichen.

Prinz August jedoch hatte im Gegensatz zu seinem Bruder den starken Willen seiner Vorfahren geerbt, und er bestand eisern darauf kein anderes Mädchen zu heiraten, als das Mädchen seiner Liebe, und das war Friederike Wichmann.

Der König, sein Bruder hatte nun gerade den ganzen Ärger mit diesem schrecklichen Napoleon, weil Friedrich Wilhelm III aber ein netter Kerl war, so gab er seine Erlaubnis zur Eheschließung. Aber selbst im autokratischen Preußen hatte der König nicht alleine über solche wichtigen Dinge zu entscheiden, da waren noch andere Stellen, die auch ein Wörtchen mitzureden hatten, und diese anderen Stellen sagten: zu dem Prinzen"

"Du kannst eine Bürgerliche nur zur linken Hand heiraten, die rechte muß frei bleiben für eine Prinzessin, die wir genehmigen.

Eine Ehe, die linker Hand geschlossen wurde, nannte man eine morganatische Ehe. Es war die Ehe eine Mannes aus königlichem Blute mit einer Frau, die unter seinem Stande war. Die Kinder galten als legitim, konnten aber nicht den Namen des Vaters tragen noch irgend welche Erbansprüche stellen.

Das war den Liebenden recht, und Prinz August heiratete sein Friederikchen. Im Jahre 1810, als dann ihr erstes Kind geboren wurde, erhob der König alle Nachkommen dieser Verbindung in den Adelstand und gab ihnen den Namen von Waldenburg.

Da waren drei Mädchen und ein Junge. Der König bestimmte ferner, daß diese und ihre Nachkommen in einem seiner Schlösser leben könnten. Und gerade das wurde das Unglück, denn nur der Hochadel lebte in diesen Schlössern, und die drei Mädchen, die Eveline, die Emilie und die Mathilde fanden unter dem Hochadel keinen, der ihnen gefiel, und der gewillt war jemanden zu heiraten, der aus einer morganatischen Ehe stammte. Und einen Bürgerlichen zu ehelichen, das war außer Frage, So wurden sie alle drei Stiftsdamen. Ein Stift war ein religiöses Institut für Damen des Ranges. Eine Art protestantisches Kloster. Wo sie lebten und gute Taten verrichteten. Sie waren natürlich alle drei Ehrenstiftsdamen. Aber der Bruder, der Friedrich August Eduard, der wurde Hofmarschall, also ein sehr hochstehender Rang, und er heiratete auch, und zwar eine Orlinda von Klitzing, und sie hatten vier Kinder. Und der älteste Sohn war der Vater von Tante Flora.

Die Liebesgeschichte des Prinzen August und seiner Friederike ist übrigens eine richtige Märchengeschichte, denn in den Märchen gibt es immer ein gutes Ende, was bei vielen anderen Liebesgeschichten nicht immer der Fall ist.

Der Prinz August von Preußen ist seinem Friederikchen treu geblieben. Er hat nicht jemand anders zur rechten Hand geheiratet. 1840 ist dann der König Friedrich Wilhelm III gestorben. Er hat Napoleon doch noch glorreich geschlagen. Prinz August starb 1843, und seine Friederike lebte nur noch ein Jahr nach seinem Tode und folgte ihm nach.

Ja, das ist eine herzerwärmende Liebesgeschichte, und das war auch der Grund warum meine Abstimmung mehr zu dem Namen von Waldenburg neigte. Fritz überläßt solche Dinge meistens mir. Und fünf Jahre bevor wir auswanderten, adoptierte Tante Flora uns dann. Wir überlegten lange ob wir beide Namen benutzen sollten Bohm von Waldenburg oder Von Waldenburg Bohm. Wir haben es auch eine Weile getan, aber dann erschien es uns zu lang.

Vielleicht werden unsere Enkel oder Urenkel die eine oder andere Art wählen.

Aber eins muß ich doch noch schreiben, nämlich, daß Otto der Große unheimlich wütend wurde, sogar noch viel mehr als wütend.

Was man ihm eigentlich auch wieder nicht verdenken konnte.

Das liebe Geld

Es waren seltsame Zeiten damals. Das Geld war beides, wertvoll und wertlos. In der ersten Zeit gab es keine Gehälter, keine Pensionszahlungen und kaum eine Hilfe von der Regierung. Manche Leute besaßen gar nichts mehr. Sie hatten alles verloren. Und dann gab es wieder welche, die hatten alles behalten. Der Staat legte die Preise der rationierten Lebensmittel fest und verbot die Erhöhung der Mieten. Alles andere konnte, glaube ich, in der freien Wirtschaft nach Bedarf in die Höhe gehen. Ein Pfund Fleisch auf dem schwarzen Markte stieg auf drei hundert, und ein Pfund Kaffee wurde für fünfhundert verkauft. Die Löhne dagegen blieben auf ihrem alten tiefen Stand, da es ein Überangebot von Arbeitskräften und keinerlei Arbeit in Berlin gab.

Die einzige Beschäftigung, die man finden konnte war das Wegräumen der Trümmern und das Abklopfen noch brauchbarer Steine. Da ja zu der Zeit wenig Männer in Berlin vorhanden waren, fiel diese Tätigkeit meistens den Frauen zu, die man Trümmerfrauen nannte. Die Arbeit, die sie verrichten mußten war anstrengend und gefährlich, da sich ja immer noch unexplodierte Geschossen in dem Geröll befinden konnten. Sie mußten die Steine und den Schutt mit kleinen Schiebkarren auf andere Stellen schieben. Das Geröll wurde dann weg befördert. Man brachte es zu vollkommen flachgebombten Plätze der Stadt und baute damit Berge auf. Den größten Berg errichtete man im Grunewald. Es ist der 400 Meter hohe Teufelsberg, von dem man heute weit über die Stadt Berlin blicken kann, weit bis ins Land Brandenburg. In diesem und anderen Teufelsbergen befindet sich viel von unserem geliebten zerstörten Berlin. Zerbrochene Hausreste, Leitungen, Türen und Fensterrahmen, Dachziegeln, Waschbecken, zertrümmerte Badewannen und Kacheln von Öfen, an denen einst Großmütter ihre Märchen erzählten. In diesen Bergen befinden sich auch die zersplitterten, zerrissenen und verbrannten Teile unserer Freunde und Nachbarn, und alles das was übrig blieb von unserem geliebten Berlin, unserem Berlin wo unsere Eltern lebten, und wir selbst groß geworden und glückliche Stunden verlebt haben, von der majestätischen Stadt Berlin, die einst vollen Eifer, Humor und Lachen war, und die man dazumal zu den größten Städten der Welt zählte. 12 Jahre soll es gedauert haben bis all der Schutt weggebracht und aufgehäuft war.

Heute wächst Gras und Bäume auf den Teufelsbergen, und Kinder rodeln im Winter mit ihren Schlitten herunter. Im Grunewald soll sich sogar zwei Skischanzen darauf befinden.

Die Trümmerfrauen, die diese Arbeit verrichteten, erhielten nur Pfennige für ihre Arbeit, aber man gab ihnen etwas mehr Lebensmittelrationen. Das war der Hauptgrund warum sich viele zu dieser Arbeit meldeten, denn diese Rationen konnten sie ihren hungernden Kindern geben. Ich hoffe, daß diese Kinder nie vergessen haben was ihre Mütter für sie taten.

Allmählich fing man jedoch an aufzubauen. Es ging langsam vonstatten, denn Berlin war stärker getroffen als jede andere Stadt in Deutschland. Aber verschiedene Unternehmer begannen trotzdem schon wieder langsam Leute einzustellen. Unser Lampenschirmfabrikant berichtete stolz, daß sein Betrieb bereits eine Million Kapital besitze. Eines Tages jedoch kam Fritz mit der traurigen Botschaft nach Hause. Der Betrieb sei dort geschlossen. Die Papierreserven für die Schirme waren aufgebraucht, und man konnte kein neues Papier mehr bekommen. Man hatte Bankrott gemacht. Vielleicht hat der Mann zu optimistisch Metall eingekauft. Der Arme. Ich mußte an Papa denken.

Und dann fiel uns natürlich wieder Wassils Koffer voller Geld ein, den wir uns nicht einmal angesehen hatten. Aber was nun? Wir hatten plötzlich kein Einkommen mehr. Wir hatten keinerlei Reserven. Wir hatten jeden Pfennig, dem Mann für unsere Flucht gegeben. Wir hatten zwei Kinder und noch keinen Beruf, und Fritz hatte nur ein Bein, und wir besaßen keinerlei Erfahrung im Geldverdienen, und wir lebten in einer sehr teuren Wohnung. Aber ich muß sagen, daß uns das alles nicht sonderlich aufregte. Wir waren so froh diesen Krieg überlebt zu haben, daß wir vor nichts Angst hatten. Bei uns ist das heute noch immer der Fall. Wenn irgend etwas Schlimmes passiert, sagen wir stets: Ach das ist doch gar nichts. Wir sind damals mit dem allen fertig geworden, da werden wir auch alles andere schaffen. Nach den grausigen Zeiten erscheint einem alles andere als Lappalie. Das war übrigens damals die Meinung vieler Leute in Berlin.

Arbeit zu finden war fast unmöglich. Wir versuchten es erst gar nicht. Da wir beide nicht rauchten, verkauften wir unsere Zigarettenrationen. Für ein Päckchen konnte man auf dem schwarzen Markt hundert Mark bekommen. Ich habe vergessen wie hoch unsere Zigarettenzuteilung war. Jedenfalls hatten wir genug für die Miete. Wir kamen auch auf die Idee wie Papa irgend eine Fabrikation für dringend benötigte Gegenstände zu beginnen. Aber es gab keinerlei Material um irgend etwas herzustellen, und die meisten Deutschen hatten sowieso kein Geld um auch nur das Geringste zu kaufen.

In der Zwischenzeit kamen immer mehr Amerikaner nach Dahlem. Das waren nicht nur Soldaten sondern auch Angestellte der Besatzungsmacht. Die meisten Häuser wurden von ihnen besetzt, und die Straßen waren mit ihnen gefüllt. Da kamen wir auf die Idee etwas herzustellen was die Amerikaner kaufen würden. Fritz nahm Kontakt auf und fragte einige ob sie etwas haben wollten, was wir selbst produzieren könnten. Ja Ansichtskarten von Berlin, handgemalte, daran wären sie interessiert.

Ich besaß noch etwas festes Zeichenpapier. Also setzte ich mich hin und malte das Brandenburger Tor. Aber das ging nicht so schnell wie das Blümchenmalen auf den Lampenschirmen. Es mußte genau sein, und das nahm viel Zeit in Anspruch. Wir kamen jedoch bald auf die Idee, die Ansichtskarten leicht vorzudrucken und dann mit der Hand fertig zu malen. Aus Samtgardinen, die uns die Bomber zerrissen hatten, schnitten wir kleine grünen Schleife, die wir an der Seite der Karte befestigten. Das wurde dann eine Scheußlichkeit, die bei den Soldaten aber besonders gut zu verkaufen ging. Jedenfalls konnte man diese Karten veräußern und sich über Wasser halten, denn die rationierten Lebensmittel waren sehr billig.

Mir selbst war diese ganze Sache nicht so recht geheuer. Wie lange konnte man noch so leben. Es war doch klar, daß die Zeiten sich bald ändern würden.

Ich hatte absolut keine Lust noch lange diese idiotischen Karten zu malen. Fritz jedoch schien diese wacklige Geschichte gar nichts auszumachen. Erstens war er (und ist übrigens immer noch) chronisch optimistisch. Und dann hatte er ja auch noch nie in seinem Leben irgend etwas Unangenehmes im Zusammenhang mit Geld kennengelernt. Bei ihm zu Hause wurde nie über Geld geredet. Über Geld sprach man nicht. Es war ein Thema, das man nicht erwähnte. So wie der Gesunde niemals Krankheit diskutiert.

Bei uns in der Brombergerstraße war es ja wesentlich anders gewesen. Und ich wollte auf keinen Fall, daß meine Kinder das gleiche erleben sollten. Fritz war damals immer der Meinung, es sei dumm sich vorher irgend welche Sorgen zu machen. Es würde schon bestimmt etwas kommen. Und es kam auch immer etwas. Aber sehr oft habe ich diesem Kommen nachgeholfen.

Allmählich wurde es auch wieder wichtig gute Kleider zu tragen. Leider waren bei mir nur noch zwei Stücke übrig geblieben. Da nahm ich mir eins vor und entwarf ein phantastisch breites Muster um den Saum und Halsausschnitt, und dann bestickte ich die Umrisse mit weißer Seide, die Mutti noch gerettet hatte. Da mir aber diese Arbeit zu langweilig wurde und zu viel Zeit in Anspruch nahm, so kam ich auf die Idee die dazwischenliegenden Flächen einfach mit Ölfarbe auszumalen. Es sah erstaunlich gut aus. Und zwei Amerikanerinnen, denen ich es zeigte, fanden es enorm, und ich sollte ihnen auch solch ein Kleid besticken.

Aber das Sticken, dieses Sticken. Ich habe schon als Kind Handarbeiten immer gehaßt. In der Volksschule war es ein wichtiges Fach. Das einzige mal wo es Spaß machte, war die Zeit wo man uns Zierstiche an kleinen Nadelkissen zeigte. Da konnte man eigene Muster aussuchen und zusammenstellen. Dann aber kam das furchtbare Strumpfstricken. Allerdings konnte man die Farbe selber wählen. Grau oder Braun oder Schwarz. So nahm ich natürlich eine, die keiner kaufte, nämlich ein knalliges Gelb, und oben herum einen roten Rand. Nach der Wahl der Farben war aber bald die Freude aus. Dann kam nämlich das gleichmäßige Maschenaufnehmen. Meine Güte, meine Güte. Oma hat dann immer, wenn ich nach Hause kam all meine schlechte Arbeit wieder aufgetrennt und neu gestrickt. Als die Söckchen dann fertig waren, sollten wir sie auch noch anziehen. Meine Freundin Ingeborg Birkefeld hatte die gleichen Farben gewählt, und alle Jungen riefen "Kanarienvögel."Ich habe sie nur einmal angehabt. Das war aber nicht wegen der Jungs sondern weil die gräßlichen Dinger doch so schrecklich piekten. Mutti hat sie dann wieder aufgeräufelt und die Wolle Tante Minna gegeben. An der Oberschule, da gab es zum Glück kein Handarbeiten mehr. Im Schloß Schöneiche waren aber einmal ein paar Mädchen, die stickten Decken während wir Abends am Kamin vorlasen. Ich habe es dann auch versucht, wollte Mutti eine Freude bereiten und sie ihr zu Weihnachten schenken. Aber es fiel mir sehr schwer die Arbeit zu beenden.

Ich habe nämlich eine komische Feststellung gemacht. Bei mir sind die Hände einwandfrei mit dem schöpferischen Denken des Gehirnes verbunden. Beide arbeiten ständig zusammen.
Meine Hände und Arme schwingen automatisch mit, wenn ich spreche. Wenn ich nun etwas machen soll wie Sticken, Kartoffelschälen oder den Suppentopf umrühren, dann wird mein Gehirn ganz nervös.
Es muß dann scheinbar diese gleichmäßigen langweiligen Bewegungen mitmachen. Und da kann ich es ihm nicht verdenken, daß es revoltiert. Bei den meisten anderen Menschen scheint es nicht verbunden zu sein.

Sie können alle Arbeiten verrichten und den Geist frei wandern lassen. Bei mir geht das absolut nicht, wenn meine Hände langweilige Sachen machen, kann mein Kopf nur an öde Dinge denken.

Um nun aber auf Dahlem zurückzukommen. Da ich nun das Sticken so haßte, wie konnte ich da die Kleider für die Amerikaner fertig stellen. Und da kam mir der Einfall eine Frau zu suchen, der diese Arbeit Freude bereiten würde. Das Arbeitsamt versprach mir Jemand zu schicken. Gleichzeitig bat ich auch um eine Person, der es nichts ausmachte Postkarten zu malen.

Am gleichen Tage noch meldete sich ein Herr. Er war schon mindestens sechzig Jahre alt. Er sah genau aus wie Friedrich II, besaß auch die Gesichtsfaltengruppierung die Würde und Hoheit dieses Preußenkönigs. Der Herr war trotz des Krieges noch tadellos gekleidet. Von Beruf war er Architekt. Ich versuchte ihm klarzumachen, daß die Arbeit, die ich gemalt haben wollte, bestimmt unter seinem Niveau lag. Aber er war durchaus nicht meiner Meinung. Er hatte spät geheiratet und einen kleinen Sohn. Mit jeglicher Arbeit wollte er seine Familie ernähren.

Gleichzeitig erschien auch eine junge Frau, die man mit einem Wort beschreiben kann, nämlich "Lieblich." Sie schien dem Bilderbuch von Richter entstiegen zu sein. Sie war ein immer freundlich warmherziges Wesen. Ihr Mann befand sich noch in Kriegsgefangenschaft. Leider war sie vollkommen taub, und konnte nur Lippenlesen. Mit großer Freude setzte sie sich hin und fing an zu sticken.

Jetzt hatten wir nun zwei Angestellte. Das bedeutete aber auch, nicht nur für uns, sondern auch für diese Geld heranzuschaffen. Es wurden natürlich mehr Karten fertig. Aber andererseits mußte man auch mehr Amerikaner finden, die sie kaufen wollten.

Die junge Frau stickte Muster, die ich entwarf, und Fritz baute einen großen Schaukasten, den wir im Stadtbahnhof Lichterfelde West gegen eine geringe Gebühr anbrachten. Hier zeigten wir Muster unserer Arbeit. Aber kein Mensch war interessiert, kein einziger. Die Deutschen hatten andere Sorgen, als sich Kleider besticken zu lassen, und die Besatzung konnte es gar nicht einmal lesen, denn im Gegensatz zu den Russen, sprach bei ihnen kaum jemand Deutsch. Mein englischer Text muß wohl nicht ausreichend gewesen sein. Und die zwei Amerikanerinnen, die so begeistert gewesen waren? Ja, die eine wollte sich erst einmal ein passendes Kleid besorgen, und die zweite hatte eine andere Ausrede. Der Architekt versuchte kleine Bildchen von Vögeln zu malen, aber das war auch kein Erfolg.

Eines Tages jedoch sahen wir eine Möglichkeit etwas Geld zu verdienen. Mrs. Goodween suchte eine Porzellantänzerin, die gleiche, die ihre Freundin besaß.
Es war eine billig hergestellte Figur mit scheinbar kostbaren Porzellanspitzen. Man hatte diese Art entwickelt, als das reichgewordene Bürgertum nach figürlichem Porzellan verlangte, aber noch nicht imstande war das Gute vom Schlechten zu unterscheiden. Oft druckte man eine ausgedachte Dresdenmarke unten auf diese Ware, die die meisten Leute dann mit Meissen verwechselten. Genau solch eine wollte Mrs. Goodween haben, und sie bat Fritz die Figur zu besorgen.

Da entdeckten wir in einem Antiquitäten Geschäft eine ähnliche. Sie sollte 1200 Mark kosten. Das war viel Geld, aber diese Tänzerinnen waren sehr gefragt. Wir kauften das Stück und schlugen 100 Mark auf den Preis. Aber zu unserem Leidwesen sagte Mrs. Goodween, sie könne diese Figur absolut nicht leiden. Es muß wohl einen Grund gehabt haben. Ich habe ihn aber leider vergessen. Und der Händler wollte das Ding auf keinen Fall wieder zurücknehmen. Da saßen wir nun, hatten diese Gräßlichkeit auf den Hals, gekauft mit unserem letzten Geld.

Ich versuchte dann Porträts zu malen. Aber das klappte auch nicht. Ich mache es auch gar nicht gerne. Malt man die Leute so wie sie aussehen, sind die böse. Malt man sie wie sie aussehen wollen, sind sie nicht ähnlich. Oft bekam ich Fotos als sie noch ganz jung waren und danach sollte man nun malen, schrecklich. Aber der Lohntag kam, und wir mußten Geld ranschaffen. Wir hätten die Angestellten selbstverständlich wieder entlassen können, aber ich war ja die Tochter meines Vaters.

Ich hatte gehört, daß Porzellan sehr hohe Preise bringen sollte, daher nahm ich eine sehr hübsche Vase, deren Fehlen nicht so viel an der Dekoration unserer Wohnung ausgemacht hätte und versuchte sie zu verkaufen. In der Nähe des Botanischen Gartens befand sich ein Antiquitätengeschäft. Ich ging hinein und betrachtete erst einmal die ausgestellten Gegenstände. Der Händler saß an einem kleinen Rokokotisch und aß. Ich konnte sehen, daß er ein Hühnchen auf seinem Teller hatte und Spargel. Wie lange hatte ich schon kein gebratenes Hühnchen gesehen, viel weniger gerochen. Während des Krieges gab es keine. Man konnte noch welche bei den Bauern erhalten, aber nur wenn man ihnen ungebrauchte Bettwäsche dafür anbot. Aber die war noch knapper als Hühner. Und Spargel, meine Güte Spargel. Mutti holte ihn früher oft vom Markte, aber während des Krieges war er dann nicht mehr zu bekommen. Da schickte uns Tante Ida ein paar mal welchen. Aber der Antiquitätenhändler hatte nicht Spargel, sondern Spargelköpfe. Man bedenke Spargelköpfe. Es erschienen dann mehrere Deutsche, die Sachen verkaufen wollten. Eine Dame holte einen reizenden Engel hervor. Der Händler machte die Figur schlecht und bot einen lächerlichen Preis, so daß die Frau sie wieder entrüstet einwickelte. Eine andere Dame hatte einen bemalten Teller, der ebenfalls nichts wert sein sollte. Sie nahm aber die geringe Summe und verließ bedrückt den Laden. Meine Vase sollte auch minderwertig sein. Er schob sie von sich, als ob sie ihn schmutzig machen könne. Fünf Mark bot er mir. Dabei hatte ich 150 schon selbst gegeben als das Geld noch wertvoll war.

Plötzlich betraten Amerikaner den Laden. Das ganze Wesen des Händlers veränderte sich. Er wurde freundlich, blühte auf. Alle seine Gegenstände hatten keine Auszeichnungen, nur Nummern. Er schien die Preise zu machen, je nachdem der Käufer die Ware unbedingt, oder nur vielleicht haben wollte. Sein Englisch war schlecht und sein Benehmen widerlich. Die Amerikaner aber kauften trotzdem.
Ich wanderte nach Hause. Seltsamerweise wollten mir diese Spargelköpfe nicht aus dem Sinn.
Nicht, daß ich sie unbedingt essen wollte. Nein, ich habe sie auch später nicht gekauft, als ich es längst hätte können. Es war nur die Tatsache, daß es Menschen gab, die selbst jetzt so viel Geld hatten, daß es scheinbar keine Rolle spielte.

Unser Antiquitäten Geschäft

Der Mann mit dem gebratenen Hühnchen und den Spargelköpfen begann mich zu beschäftigen. Und als ich von meiner erfolglosen Tour zu Hause ankam, sagte ich zu Fritz, daß wir ein Antiquitätengeschäft eröffnen müssen. Fritz lachte. Wir haben keinen Laden, kaum Antiquitäten, keine Erfahrung und kein Geld.

Aber diese Gründe konnte ich alle widerlegen. Ich fand, wenn man nichts hat, besitzt man einen großen Vorteil, nämlich den, etwas Neues erfinden zu müssen. Erstens das Geschäft. Wir hatten doch eine sehr schöne große Wohnung mit phantastischen antiken Möbeln, viel hübscher als ein Laden. Die Lage unserer Wohnung war ideal. Sie war leicht zu finden, lag ein paar Minuten vom Bahnhof Lichterfelde West, nicht weit vom U-Bahn Thielplatz und in der breiten Habelschwerdter Allee, inmitten des wohlhabenden amerikanischen Gebietes. Und wenn wir kaum Antiquitäten besaßen, so mußten wir uns eben welche beschaffen. Da gab es doch so viele Leute, die sie noch ihr eigen nannten und verkaufen wollten um sich Lebensmittel zu besorgen. Sie konnten uns doch ihre Antiquitäten überlassen, und dafür würden sie dann einen viel höheren Preis erhalten. Und Erfahrung, ich war froh, daß wir die nicht hatten. Diese widerlichen Methoden der Händler mit dem Schlechtmachen der angebotenen Gegenstände, das war nicht mein Fall. Wie niederträchtig waren sie zu den Deutschen, und wie krochen sie vor den Amerikanern. Und was gehörte schon dazu ein Geschäft zu führen. Man nimmt die Sachen an, befestigt einen Preis daran und verkauft sie. Wir sprachen beide ein gutes Englisch, und wenn wir kein Geld hatten, dann mußte das Problem eben gemeistert werden.

Fritz fand die ganze Idee gut, war plötzlich auch dafür, und die Schwierigkeit mit dem fehlenden Geld, konnte er sogar lösen. Er hatte nämlich entdeckt, daß Silberservice einen hohen Preis brachten. Meine Schwiegermutter besaß noch ein großes schweres, massiv silbernes Tee und Kaffeeservice. Es hatte in Woltersdorf unter den Dielen gelegen, und wir hatten es sicher nach dem Westen gebracht. Fritz fragte seine Mutter nach dem Silber, und sie gab es uns sogleich. Das war sehr großzügig von ihr. Wir würden ihr ein neues besorgen, oder ihr das Geld später wiedergeben. Fritz verkaufte dann dieses wertvolle Stück für 16 000 Mark an einen Amerikaner. Jetzt konnten wir auch die Löhne bezahlen. Der Architekt aber hatte inzwischen Arbeit in seinem Fach gefunden, was uns sehr freute. Aber die Stickerin stickte noch immer weiter. Ich hatte nicht das Herz sie zu entlassen. Sie stickte ein Kleidchen nach dem anderen für Saskia, und auch einige für mich, und blieb noch zwei Jahre bei uns bis ihr Mann aus der Gefangenschaft zurückkam.

Nun war nur noch ein Problem zu lösen. Die Sache mit dem Schild. Ich hatte doch hoch und heilig versprochen, keins an das Haus anzubringen. Das galt dann natürlich auch für die Tür, die Fenster oder sonst wo. Und das mußten wir selbstverständlich halten. Aber genau vor unserem Eingang befand sich eine Straßenlaterne. Fritz wandte sich an die Gaswerke, und von der zuständigen Stelle erhielten wir dann die Erlaubnis gegen eine jährliche Gebühr an der Laterne ein Schild anzubringen. Erst war mir die Sache sehr peinlich, und wir haben es sehr dezent gehalten, denn richtig war es eigentlich nicht. Wir hatten den Professor eigentlich übervorteilt oder sogar betrogen

Aber der Professor hat es entweder nie gesehen oder sehen wollen, jedenfalls hat er es niemals erwähnt.

In der damaligen Zeit waren die Anzeigen in der Zeitung noch nicht in die Höhe gegangen. Es galten noch die alten, sehr niedrigen Friedenspreise. Da inserierten wir nun täglich in allen Berliner Tageszeitungen mit großen Spalten. Auch in sämtlichen U- und Straßenbahnen waren später Schilder von uns angebracht. Wir fanden es besser alles großzügig zu handhaben und benutzten unser ganzes Geld zum Inserieren. Gleichzeitig ließen wir Zettel drucken, die in alle von Amerikanern besetzte Villen gebracht wurden und anzeigten, daß wir ein Antiquitäten Geschäft in unserer Wohnung besaßen.

Am gleichen Tage noch, als wir die Druckblätter hatten verteilen lassen, klingelte es Abends bei uns. Fritz war gerade nicht da, und ich war damit beschäftigt der kleinen Saskia die Windeln zu wechseln. Ich hatte nur Zeit meine Hände notdürftig abzuspülen, konnte ihr jedoch keine neue umlegen. Ich öffnete die Tür. Da standen eine menge Leute, ein freundlich aussehender älticher Herr und lauter Damen um ihn herum. Es waren acht, wie ich später zählte. Sie sprachen Englisch und fragten, ob das hier das Antiquitäten Geschäft wäre. Meine Güte, so schnell hatte ich nicht damit gerechnet, daß jemand kommen würde. Was sollte ich tun? Ich überlegte nach irgend einer passenden Ausrede. Und dann dachte ich: "Ach Quatsch, warum schwindeln, warum nicht die Wahrheit sagen." Ich bat sie einzutreten und nachdem sie sich gesetzt hatten, erzählte ich die ganze Geschichte, von den Lampenschirmen angefangen. Sie lachten doll, fanden meine Idee enorm und sagten, das sei amerikanisches Denken, und sie wollten uns helfen. Dann kam Fritz, und ich konnte die Windelsache fertig machen. Fritz spielte auf dem Akkorden deutsche Volkslieder, und wir unterhielten uns so angeregt, daß es Mitternacht wurde. Es waren reizende Menschen. Sie hatten gar keine verschraubten Ideen, stellten kluge Fragen, wollten alles wissen und erzählten auch von sich selbst. Der ältere Herr war der Schulleiter der amerikanischen Schule und die Damen alle seine Lehrerinnen.

Am nächsten Tage erschienen auch schon die ersten Deutschen, die verkaufen wollten. Ich sagte ihnen, daß wir leider nicht genug Geld hätten für ihre Wertsachen, daß wir sie aber gerne bei uns behalten und versuchen würden sie zu verkaufen. Sie sollten die Preise selbst bestimmen. Nicht zu tief und auch nicht zu hoch setzen. Nahezu alle Leute ließen ihre Gegenstände bei uns. Wir müssen wohl einen Vertrauen erweckenden Eindruck gemacht haben.

Schon am folgenden Abend kamen unsere amerikanischen Freunde wieder. Sie nannten uns dann schon beim Vornamen und kauften sogleich einige Sachen. Wir hatten natürlich an jeden Gegenstand den Preis befestigt. Von nun an besuchten sie uns jeden Abend. Es war interessant für sie und auch für uns.
Wir sprachen über alles. Die ganzen Jahre unter Hitler hatte man ja kaum eine Ahnung was in der Welt wirklich passiert war. Sie selbst besaßen auch keinerlei Vorstellung, was es hieß unter solch einem Diktator zu leben. Sie schienen übrigens alle nicht sehr wohlhabend zu sein.
Bei uns in Deutschland hatte doch der Direktor einer Schule genügend Geld und eine gehobene soziale Stellung. Das war bei den amerikanischen Lehrern durchaus nicht der Fall. Sie erhielten drüben nur kleine Gehälter, und ich glaube damals noch keinerlei oder nur geringe Pensionen. Es schienen alles Idealisten zu sein, die in anderen Berufen viel mehr verdient hätten. Der Schulleiter sagte, er hätte nur ein kleines Häuschen und gerade genug um zwei Kinder auf die Universität zu schicken.
Es wurde uns klar, daß nicht jeder Amerikaner reich und am Gelde interessiert sei.

Diese Lehrerinnen brachten dann alle ihre Freunde zu uns, und die wieder alle ihre Kollegen und Bekannten. Es sprach sich schnell herum, daß wir alle unsere Waren nicht mit mysteriösen Nummern, sondern mit Preisen ausgezeichnet hatten, daß wir sehr ehrlich waren, daß sie von uns den wirklichen Wert jeder Antiquität erfahren konnten, daß man sich auf unser Wort verlassen könne. Es wurde auch bald bekannt, daß wir sehr unterhaltsam wären, und daß bei uns viel von der Hitlerzeit zu erfahren sei. Ferner waren wir auch spät Abends zu erreichen. In der Nähe befand sich außerdem das amerikanische Krankenhaus, und sämtliche Ärzte, Krankenschwestern und alle Patienten kauften dann ebenfalls bei uns. Unser Geschäft wurde ganz schnell ein großer Erfolg.

Ein Vorteil unseres Ladens bestand außerdem in Folgendem. Die militärischen und Besatzungsbehörden hatten es nicht gerne, daß ihre Leute bei Deutschen kauften. Einkaufen bei Deutschen war nicht gerade verboten, aber es wurde allen klar gemacht, daß sie sich in Berlin vorbildlich zu benehmen hätten, da man sie stets mit anderen Nationen vergleichen würde. Sie sollten in ihren eigenen Läden, dem zollfreien PX einkaufen. Viele unserer Kunden waren höhergestellte Amerikaner, denen es nun verständlicherweise unangenehm war beim Einkauf in Straßengeschäften von ihren Untergebenen gesehen zu werden. Bei uns jedoch konnte ihre Anwesenheit immer als Besuch ausgelegt werden.

Auch für die deutschen Verkäufer war unsere Lage ideal, denn wenn die Leute ihre Gegenstände einem Straßengeschäft anboten bestand immerhin die Möglichkeit von irgend Jemand erkannt zu werden. Deutschland war total besiegt, aber manche Glückliche besaßen noch Werte, die sie jetzt verkaufen wollten oder mußten. Das konnte man doch schließlich nicht als Schande ansehen. Aber Viele schämten sich trotzdem. Ich wußte wie furchtbar mir selbst zu Mute war, als ich loszog die Vase zu verkaufen.

Gertrud

Kurze Zeit nachdem wir das Geschäft eröffnet hatten, war der Haushalt nicht mehr zu schaffen, und wir suchten eine Hilfe.

Gertrud war eine üppige Schönheit. Sie wäre ein vollblütiges Modell für Rubens gewesen. Gertrud strahlte Gesundheit und Lebensfreude aus. Sie kam vom Lande, war aus der Ostzone entflohen und hatte keinerlei Referenzen. Aber danach fragte ich auch gar nicht. Ich mochte sie gerne, stellte mir vor, daß es angenehm wäre so einen fröhlichen Menschen um sich zu haben.

Wir boten ihr den doppelten Lohn, den andere zahlten, da wir fanden, daß die Gehälter viel zu tief waren. Aber zu unserer Verwunderung sagte Gertrud, sie sei absolut nicht an Geld interessiert. Da wäre jedoch etwas, das sehr wichtig für sie sei, sie müsse unbedingt bei uns wohnen und ihr eigenes Zimmer haben. Da wir keine Schwierigkeit darin sahen, kam Gertrud zu uns.

Gertrud arbeitete und sang von früh bis spät und erinnerte mich an eine Cousine Lydia. Gertrud duftete immer so schön. Sie hatte ja auch die amerikanische Seife, die den herrlichen Schaum bildete und deinen ganzen Körper mit Parfüm belegte.

Wir erhielten schon seit endloser Zeit nur das gräßliche Zeug, das nicht reinigte und schlecht roch.

Und diese phantastische Seife, die Gertrud besaß, benutzte sie nun sündhafterweise um ihre gesamte Wäsche damit zu waschen. Als ich das erstaunt betrachtete, schenkte sie mir sogleich mehrere Stücke, die auf dem schwarzen Markt mehr wert waren als ihr ganzes Monatsgehalt.

Und dann erzählte mir Gertrud ihre ganze Geschichte. Sie kam aus Sachsen, dem Teil, in den die Amerikaner zuerst einmarschierten. Und da hatte sie einen Soldaten kennengelernt, dessen Bild sie mir stolz zeigte. Er hieß Edi. Gertrud hatte sich hoffnungslos in Edi verliebt. Edi war aus Chicago und hatte versprochen zu schreiben, aber es nie getan. Gertrud jedoch war nicht der Typ, der aufgab. Sie ging Edi suchen und kam alleine nach Berlin.

In Berlin lernte ein Soldat der Militärpolizei sie kennen. Der war eine gräßliche griesgrämig Nuß. Er hatte aber beschlossen Gertrud auf alle Fälle zu heiraten. Gertrud konnte ihn absolut nicht ausstehen. Aber er war sehr beharrlich, und Gertrud konnte ihn absolut nicht loswerden, und da entstand bei ihr ein Plan. Wenn sie heiraten würde, käme sie nach Amerika, und könnte dann Edi suchen gehen.

Ich fand diese Idee nicht gut. Nicht, weil der Soldat mir leid tat, nein, nicht ein bißchen. Der Kerl kam laufend in unsere Wohnung und würdigte uns nicht mit einem Blick. Er nannte alle Deutschen "Pinsel", sagte nie guten Tag und erwiderte niemals einen Gruß. Er wollte, daß Gertrud im Haushalt arbeitete und nicht aus dem Hause ging, weil er Angst hatte, daß ein anderer sie ihm wegschnappen könne. Die Sache war zu verstehen, wenn man bedachte wie phantastisch Gertrud aussah. Aber er war ein ekelhafter Kerl. Er hatte ein so schreckliches Wesen, daß man ihn beim besten Willen nicht leiden konnte. Ich habe früher immer überlegt wie böse, gichtbrüchige, krumme, häßliche, alte Geizhälse als junge Menschen ausgesehen haben mögen. So wie der, genau wie der, wie dieser verhutzelte, griesgrämige Bursche.

Ich versuchte Gertrud den Plan auszureden. Sie würde einen anderen, einen besseren finden. Aber der MP Soldat paßte auf, und sie schien sich damit abgefunden zu haben, daß es keinen anderen, und keinen schnelleren Weg gäbe um zu Edi zu gelangen.

Gertrud nahm mir den ganzen Haushalt ab. Sie kochte und reinigte und sorgte für die Kinder. Alle Lebensmittel, die der Soldat ihr gab, teilte sie mit uns. Und wir konnten nun auch etwas zukaufen, so daß wir endlich einmal satt waren, seit langer, langer Zeit.

Gertrud wartete auf ihren Einwanderungsbescheid. Sie würden erst drüben heiraten können. Aber da geschah etwas, womit sie nicht gerechnet hatte. Gertrud bekam ihre Periode nicht, und es wurde klar, daß sie von dem gräßlichen Kerl ein Kind erwartete. Er beschleunigte die Auswanderung und Gertrud zog traurig ab. Sie versprach zu schreiben. Aber wir haben niemals einen Brief von ihr erhalten.

Vielleicht kam später einer, als wir nicht mehr dort wohnten. Meistens schreibt man nicht, wenn es einem sehr gut, oder wenn es einem sehr schlecht geht. Ich hoffe aber von ganzem Herzen, daß bei Gertrud nie das Letztere eintrat. Wir hätten so gerne gewußt wie es ihr ergangen ist. Vielleicht hat der böse Giftzwerg sich geändert, was ich kaum glaube. Aber es passieren im Leben ja manchmal die unmöglichsten Dinge.

Vielleicht hat sie Edi gefunden, was ich auch kaum annehme. Wir werden es leider nie wissen. Das ist schade. So können wir ihr nur alles Gute wünschen, und sie in Erinnerung behalten als einen selten schönen lebensfreudigen Menschen, der vielleicht einen großen Fehler, vielleicht aber auch nicht, begangen hat.

Papa und Mutti und die Familie Baumann

Papas Unternehmen in Berlin wurden von den Bomben nicht völlig zerstört. Es war ein großes Glück, da die Räume sich doch in der Kinzigstraße, also in dichter Nähe der vollkommen eingeebneten Frankfurter Allee befanden. Die Ausweichfabrik in Sachsen jedoch erlitt großen Schaden durch kriegsbedingtes Hochwasser. Die Maschinen schienen sehr ramponiert, da sie alle lange Zeit im Wasser standen. Nur der Kupferdraht, den Papa in großen mengen dort gelagert hatte, blieb unversehrt. Papa wollte in der Kinzigstraße in Berlin wieder anfangen und Leute einstellen. Aber dazu brauchte er Kapital.

Die Mäuse würden es ranschaffen, die weißen Aufziehmäuse, die vielen Tausende von weißen Mäusen. Papa hatte sie damals zu Beginn des Krieges in einen tiefen Keller gebracht. Da lagen sie nun die ganzen Jahre über. Es bombte über ihnen. Es brannte über ihnen. Das Haus fiel getroffen zusammen. Der Keller stand. Was haben wir immer alle über diese Tiere gelacht, wenn eins nach dem anderen, was wir besaßen, zerstört wurde. Papa hatte ja noch immer seine weißen Mäuse. Er mußte nur die Katzen weghalten.

Papa begann nun mühsam den Kellereingang freizuschaufeln, und nach vielen Tagen schwerer Arbeit, da waren sie, unversehrt. So vieles war kaputt und Tausende weißer Mäuse waren da. Papa fing erfreut an zu rechnen, pro Maus....

Ja, und das muß Jemand erzählt haben, und daraufhin kamen die Russen, und die nahmen sofort die Mäuse weg, ratzekahl. Vielleicht sind die Tierchen eine Weile in Moskau herumgelaufen, oder vorher einfach allesamt in die Oder geworfen worden und dort jämmerlich ertrunken. Vielleicht wußten die Russen nicht, daß man sie aufziehen mußte, genau wie unsere Armbanduhren. Ja, das kann auch passiert sein.

Aber Mutti hatte sich wieder eine Wohnung besorgt. Leider befand sie sich im Osten, in der Emanuel Kirchstraße. Eine schöne große sogar. Viele Leute verließen jetzt Ost-Berlin fluchtartig, und es war daher nicht unmöglich eine zu finden. So unwahrscheinlich es klingt, aber es gab wirklich noch Wohnungen in Berlin, die der Vernichtung entgangen waren. Das waren dann oft welche, die in der Nähe von kriegswichtigen Fabriken lagen. Auch Möbel konnte man erwerben, kriegsramponiert natürlich, aber es waren immerhin Möbel.

Diese Sache in Ost-Berlin zu bleiben, hielten wir nicht für ratsam, trotzdem der Osten von Berlin noch nicht abgetrennt war. Papa wollte auch unbedingt weg. Aber Mutti weigerte sich entschieden. Im Westen waren jetzt keine Wohnungen zu finden. Sie hatte gerade wieder Gardinen angemacht, alles geputzt. Sie hatte wieder ein Heim. Sie wollte nicht raus. Sie wollte nicht wieder ohne Behausung sein. Sie hatte genug, endgültig genug. Im Kriege war es eine andere Sache. Im Kriege da nahm man alles in Kauf. Aber jetzt war Frieden. Mutti wurde störrisch. Es kam nicht in Frage, auf keinen Fall. Dann sollte Papa alleine gehen, und das tat er natürlich nicht. Die Russen würden schon wieder abziehen, was sollten die denn in Deutschland?
Papa aber war anderer Ansicht.

Eines Tages traf Mutti auf der Straße Herrn Baumann. Das waren die Leute, die in der Brombergerstraße über uns gewohnt hatten. Sie waren es, deren Tochter Hildegard immer mit mir gespielt und deren Sohn die heimliche Liebe meiner Cousine Edith gewesen war.

Sie waren es auch, die uns nicht wiedergegrüßt hatten, nachdem das Haus verloren ging. Herr Baumann sah erbärmlich aus und bat Mutti ob sie ihm nicht ein paar Knöpfe an seinen Mantel annähen könne, und dann erzählte er etwas unendlich Trauriges.

Seine beiden Kinder hatten reich geheiratet. Das schien ein wichtiger Punkt im Berliner Osten zu sein. Aber sie waren nicht nur reich, sondern auch glücklich verheiratet. Während der schweren Bombenzeit lebte die Familie des Sohnes aus Sicherheitsgründen in einem Ferienhaus seiner Schwiegereltern auf einer einsamen kleinen Insel nicht weit von Berlin entfernt. Aber eine Bombe traf unwahrscheinlicherweise gerade das Gebäude. Der Sohn, der zufällig drei Tage Fronturlaub hatte, seine Frau und seine beiden Kinder wurden zerrissen. Man fand nur noch Teile von ihnen.

Hildegard Baumann jedoch fiel einer Horde betrunkener russischer Soldaten in die Hände, die sie vergewaltigten und anschließend töteten.

Frau Baumann aber, die Tag und Nacht genäht und Tag und Nacht gespart hatte, benutzte jetzt das schwerverdiente Geld um Tag und Nacht zu trinken.

Sie kümmerte sich um Nichts, rein gar Nichts mehr.

Alice im Wunderland

Allmählich wurde uns klar, welch großes Glück wir gehabt hatten. Wir sind wie Kinder übers Moor gelaufen und zufällig immer auf Stellen getreten, die fest waren. Es ist eine seltsame Sache mit der Angst. Wenn man richtig in tiefer Gefahr steckt, dann kommt sie manchmal gar nicht. Erst später stellt man oft fest, was alles hätte passieren können. Erst jetzt erkannten wir, was wir alles hinter uns gebracht hatte. Und wir sahen welch großes Wunder es war, daß wir überhaupt noch lebten. Die ganzen Hitlerjahre mit ihren Konzentrationslagern, die Kampfhandlungen, die Bomben, die Russen, der Hunger. Wie tief standen am Anfang unsere Chancen durchzukommen. Und jetzt war alles vorbei, alles vergessen. Jetzt lag das Schöne, das Sonnige vor uns. Der Frühling unseres Lebens, den wir nachholen wollten.

Aber damals wußten wir noch nicht, daß es nicht nur im Kriege Gefahren gab, und daß noch, besonders für mich, etwas bevorstand, was noch Schlimmer war, als alles Gewesene zusammen.

Jetzt waren wir glücklich, unendlich glücklich.

Ich kam mir vor wie Alice im Wunderland.

Ich war, wie Alice in ein tiefes Loch gefallen und rieb mir erstaunt die Augen, um etwas zu betrachten, das wie ein Märchen aussah. Welch andere Welt umgab mich.

Unser Geschäft nahm immer wunderbarere Formen an. Fritz hatte Regale gebaut und bald waren zwei Räume bis zur Decke mit Antiquitäten gefüllt.

Jede Ecke unserer Wohnung

war mit Antiquitäten gefüllt

Und auch in unserem Wohn und Schlafzimmer waren unsere Möbel davon beladen.

Wir hatten inzwischen entdeckt was die Amerikaner, die bei uns meist Amerikanerinnen waren, suchten. Echt Silber, in Form von Schalen, Servicen und Leuchtern und Porzellan in allen Arten. Sie wußten jetzt, daß Meissen und KPM (das für die Königliche Porzellan Manufaktur von Preußen steht) zum Besten gehörte und wollten es besitzen. Sie suchten ferner Schmuck, meist Granaten aus der Biedermeierzeit, die warmen funkelnden Steine, die auch ich so liebte. Oft fragten sie nach kostbaren Tischdecken und Spitzen.

Die Leute, die das alles zum Kauf anboten, wohnten überwiegend ganz in unserer Nähe. Die Bewohner von Dahlem hatten ihre Häuser und deren Inhalt behalten. Es wurde meist nicht aus Not zu uns gebracht, sondern vom Überfluß genommen. Man holte kostbare Handarbeitsdecken aus Wäscheschränken hervor, in denen noch ganze Stöße von ähnlichen in allen Größen angehäuft lagen. Man verkaufte oft Dinge, von denen man glaubte, daß man sie nicht mehr gebrauchen würde, Sachen, die schon jahrelang auf Böden ruhten, und für das Geld wollte man meist Lebensmittel und Kaffee auf dem schwarzen Markte erwerben. Natürlich haben auch Leute alte Erinnerungsstücke angeboten, von denen sie sich schwer trennten. Eine Dame wickelte ein Meissenservice aus und Tränen standen in ihren Augen. In welch glücklichen Stunden wurde es benutzt. Aber Mann und Sohn würden nie wieder an ihrem Tische sitzen. Es war manchmal sehr Trauriges was man zu hören bekam.

Die Bewohner von Dahlem waren sehr höflich, reserviert, würdevoll. Da war kaum jemand überheblich. Das schienen die Leute im Osten viel mehr zu sein, so wie sie ein klein bißchen mehr hatten als der Nachbar. Wenn man die Bevölkerung hier in Dahlem näher kennenlernte war sie im Schnitt klug, höflich und sehr oft warmherzig. Hier liebte ich alles und alle.

Wir sagten nur gnädige Frau zu einander. Das schien eine altmodische Form, die aber herrlich war. Man brauchte sich keine Namen zu merken, Gnädige Frau war immer korrekt und verbindlich. Im Osten mußte man bei der Begrüßung den Namen wissen, und wenn man den dann vergessen hatte oder gar nicht wußte, dann war es eine schlimme Sache und sehr peinlich.

Auch der Handkuß gefiel mir. Wie zerbrechlich und weiblich kam ich mir vor, wenn die Herren sich galant über meine Hand beugten. Ritterlichkeit gab es jedoch auch im Osten. Alle Männer, die ich kannte, waren stets in äußerster Fürsorge um das weibliche Geschlecht bemüht. Sogar meine Bauernonkel. Sie öffneten stets die Tür. Sie hielten den Mantel. Der Mann reichte den Arm, in den sich das schwache weibliche Wesen hilfesuchend einhängen oder anmutig anschmiegen konnte. Und der Mann ging stets auf der gefährdeten Seite der Straße. Papa war sehr ritterlich. Und bei Fritz zu Hause wurde diese männliche Höflichkeit besonders gepflegt. Sie ist ihm daher so in Fleisch und Blut übergegangen, daß er noch heute darauf besteht, erst um das Auto herumzulaufen und mir die Tür zu öffnen, bevor ich einsteigen darf, trotzdem er doch ein Bein verloren hat.

Am meisten faszinierte mich in Dahlem der Schönheitssinn, der dort herrschte. Diese edle formvollendete Pracht, die alles umgab. Die Art, wie man die Häuser gebaut hatte. Da waren manche sogar auf die alte Art mit Schilf gedeckt. Ich hatte eigentlich nie das Gefühl daß man auf Angabe bedacht war, wie man es heute in manchen neuerrichteten Häusern findet. In Dahlem war das Meiste einfach und vornehm .

Alle Gärten waren gefüllt mit Blumen und die Parkanlagen waren einfach unbeschreiblich. Da war nirgends die übertriebene Kurgartenatmosphäre wo die Blumen Parade stehen. Es herrschte schlichte Schönheit und Kultur in unserer neuen Umgebung.

Aber auch die Amerikaner gehörten zu meiner Wunderwelt. Sie fuhren in riesigen Autos

Und sie holten Milch in Tüten, wie Ottfried verwundert feststellte. Sie waren unheimlich groß und stark, da viele, die bei uns stationiert waren, aus dem mittleren Westen kamen. Zwei Soldaten hoben einmal ein ganzes Auto hoch und stellten es auf den Bürgersteig. Ein Rad war kaputt und es stand im Wege. Es handelte sich allerdings um ein kleines Auto. Aber uns erschien es eine erstaunliche Leistung. Sie erzählten von einem herrlichen Lande, von unermeßlichen Weiten und vielen seltsamen Dingen und Menschen, die es dort gab.

Bevor ich zehn Jahre alt war, hatte ich noch nie einen Neger gesehen. Es kamen damals Kinder angerannt und schrieen, ein Schwarzer sei in der Memelerstraße gesehen worden. Da sind wir alle schnell hingelaufen und haben ihn auch wirklich, allerdings nur ganz kurze Zeit von hinten bestaunen können. Heute ist man durch das Fernsehen und das viele Reisen ziemlich abgestumpft gegen alles wunderbare Neue.

Ich hatte auch die Amerikaner gerne, einige ausgenommen natürlich. Sie waren so witzig, voller Energie und Schwung, machten immer den Eindruck von Jugendlichen, die zum Glück noch nicht den bösen Ernst des Lebens kennengelernt hatten, für die noch alles ein Abenteuer bedeutete. Sie waren im allgemeinen genauso meine Freunde wie die Deutschen, die Sachen verkaufen wollten.

Fritz und ich, wir schienen beide Alice im Wunderland zu sein. Es war eigentlich auch gar kein richtiges Geschäft, das wir führten. Es war mehr, als wenn Kinder Geschäft spielten. Es fehlte uns völlig der tierische Ernst, den die Händler der Umgebung hatten. Und den wohl eigentlich jeder Kaufmann haben muß, der es zu etwas bringen wollte und brachte.

Aber vielleicht war das gerade der Schlüssel zu unserem Erfolg. Wir wollten gar nicht unbedingt kaufen und auch gar nicht unbedingt verkaufen. Wir sahen in allen unsere Freunde, denen wir ehrlich rieten was wir in ihrem Falle tun würden. Das muß es wohl gewesen sein, warum unser Geschäft so einmalig erschien und immer größer und größer wurde. Sogar die in der Nähe wohnenden Händler mit günstig gelegenen Antiquitätenläden brachten uns ihre Ware zum Verkauf. Einer schickte uns sogar später seine Tochter als Verkäuferin weil er ein Geheimnis witterte, dem er auf die Spur kommen wollte.

Zu der traumhaften Welt in die ich durch die Alice im Wunderland Öffnung gefallen war, gehörten natürlich auch die herrlichen Dinge, die ständig und immer neu bei uns angehäuft wurden. Wie freute ich mich über all diese wundervollen Gegenstände.

Und wenn Abends die Leute alle weggegangen waren, so schoben wir unsere Betten zusammen und küßten die Kinder. Wir öffneten die Fenster. Es würden keine Bomber mehr kommen, keine Russen mehr gegen die Tür schlagen, kein Hunger uns wachhalten. Der Duft der vielen grünen Blätter kam herein, und wir waren glücklich, so unendlich glücklich.

Das Desertieren

Eines Tages klopfte es spät Abends an unsere Tür. Alle Leute, die zu uns kamen, pflegten stets nur die Klingel zu benutzen. Ich öffnete und starrte erstaunt auf zwei erschöpfte Russen. Hier muß ich nun aber noch vorher hinzufügen, daß man im amerikanischen Sektor niemals einen Russen erblicken konnte. Die Sektoren waren für die Besatzungsmächte streng getrennt.
Es war bei hoher Strafe verboten in ein anderes Gebiet, als das eigene zu gehen. Nicht einmal die Amerikaner wagten sich damals in den russisch besetzten Teil.
Aber umgekehrt, undenkbar.

Und da standen nun zwei Russen vor unserer Tür. Ich traute meinen Augen nicht. Einer von den zwei Russen war Wassil. Er fiel mir um den Hals. Es war wirklich Wassil. Wassil und ein Freund. Beide warfen ihre Mützen in die Höhe und riefen jubelnd, sie wären desertiert. Ich habe selten so glückliche Menschen gesehen. Aber irgendwie machte mir diese Sache Angst. Schon das Wort desertieren klang schlimm. Für mich hing es zusammen mir Furcht, Erschießungskomandos, Verstecken und kopflosem Rennen durch dunkle Wälder. Aber Wassil schien die Sache ziemlich harmlos anzusehen. Er war bei Hillikatt. Das war scheinbar das Einzige, was zählte. Wir gaben ihnen erst einmal zu essen und zu trinken, und sie begannen zu erzählen, daß sie schon vor zwei Tagen von Halle desertiert wären und den Weg zu uns nur gefunden hätten durch Vorzeigen unserer Anschrift.

Eigentlich freute ich mich, daß sie den Russen entkommen waren. Aber was würde mit seinen Schwestern und Eltern geschehen? Stalin benutzte doch die Sippenhaft. Fritz äußerte noch andere Bedenken. Für ihn befand Wassil sich in großer Gefahr. Wir wollten erst einmal unsere amerikanischen Freunde fragen, was da am besten zu machen sei.

Der geeignetste Mann schien der Leiter des amerikanischen Krankenhauses zu sein. Er war ein guter Freund, war Colonel, Chirurg, mollig und gutmütig. Seine Frau kaufte viel bei uns ein. Als der gute Mann aber hörte was Wassil getan hatte, war er ganz entsetzt. Die Amerikaner lieferten jeden aus, der von der russischen Armee desertierte, und der Russe erschoß sie auf der Stelle. Wassil sollte sich auf keinen Fall zu irgend einer amerikanischen Behörde begeben, oder in die Nähe von MP Soldaten kommen, die bei uns haufenweise herumliefen. Sie hatten den strengen Befehl jeden Russen, den sie sehen würden sofort zu verhaften und ein-zusperren. Welches Glück, daß man die Beiden noch nicht entdeckt hatte.

Wir versuchten Wassil den Tatbestand schonend beizubringen. Aber er konnte und wollte es durchaus nicht glauben. Wenn er zurückgehen müsse, dann sollte ich aber mitkommen. Die Sache mit dem Erschießen schien ihm nicht allzuviel zu bedeuten. Als wir ihm aber klarzumachen versuchten, daß seine ganze Familie vielleicht nach Sibirien kommen könnte, blickte er schon bedenklicher. Der Freund war dafür zurückzugehen. Er war dafür sofort zurückzugehen. Aber Wassil wollte noch nicht. Er wollte noch ein Weilchen dableiben. Er fragte, ob das unsere Wohnung, und ob diese für uns ganz alleine sei? Ob keine anderen Familien als wir hier lebten? Ganz ausschließlich nur für uns? Er ging durch alle Räume und betrachtete jede Stelle.

Da war nun das viele Silber, das viele kostbare Porzellan. Ich versuchte ihm zu erklären, daß das nicht alles unser eigenes war. Aber ich glaube, er hat es nicht ganz verstanden. Er sah nur immer auf die vielen Schätze. Seine Gedanken wanderten sicher zu dem Porzellanlöwen, den er mir einmal geschenkt hatte, und für den er einen ganzen Koffer voller Geld gab. Wieviel Wert mußte in all diesen Gegenständen stecken. Wassil wurde ungeheuer traurig."Du nie mit mir kommen", sagte er "Du nie verlassen viele schöne Dinge" Er wünschte noch die Kinder sehen, die aber schon schliefen, und dann wollte er gehen.

"Es ohne Hoffnung ist", sagte er. Es waren die Antiquitäten, die ihn zum Aufgeben brachten, die vielen Dinge, die uns meist gar nicht einmal gehörten.

Fritz drängte zum Aufbruch. Er wollte beide in den russischen Sektor bringen. Im Falle sie Militärpolizei begegnen würden, konnte Fritz erklären, daß diese Russen sich nur verlaufen hätten.

Wassil versprach uns wissen zu lassen, wenn sie gut angekommen wären. Ich bekam plötzlich solche Angst um ihn. Zum Glück gelangten alle ohne Zwischenfälle in den Ostsektor. Von dort war es aber noch ein weiter Weg durch die Ostzone nach Halle. Da war noch viele russische Militärpolizeiposten zu passieren. Fritz versuchte ihnen eine Geschichte einzuschärfen, die sie bei ihrer Einheit erzählen sollten. Es schien nicht gut, daß zwei in die Sache verwickelt waren, denn so konnten sie einander widersprechen.

Wir warteten voller Sorge auf Post, die aber nicht kam. Wir haben nie wieder etwas von Wassil gehört.

Ich hoffe, daß sie im schlimmsten Falle strafversetzt wurden und daher nicht schreiben konnten. Die andere Möglichkeit, die habe ich niemals, auch nicht mit dem kleinsten Gedanken in Betracht gezogen. Bis jetzt, wo ich alles sachlich aufschreibe. Aber nein, das ist unmöglich, völlig ausgeschlossen. Wassil ist in seiner Heimat. Wassil hat ein hübsches Mädchen geheiratet, das genau so aussah wie seine reizenden Schwestern. Wassil hat Kinder, viele mit ganz schwarzen Haaren, und die Mädchen haben lange Zöpfe. Wassil lebt zwischen den Azalien, den Bergen und Reben seines Heimatlandes.

Anders ist es nicht, ganz bestimmt.

Der Gedanke, daß Wassil nun auch schon alt sein muß, der ist mir bisher noch nicht gekommen. So kann ich ihn mir absolut nicht vorstellen. Ich sehe ihn nur jung und strahlend, und stets den Mantel über nur eine Schulter gelegt, und wie er uns so oft auf Wiedersehen sagte, so viele Male.

Leider habe ich kein Foto von Wassil. Ich besaß verschiedene, die er mir gegeben hatte. Bevor wir die Flucht in dem Westen wagten erhielt Mutti all unsere Bilder. Ich hatte Angst, daß sie verloren gehen könnten im Falle unser Umzugsgut beschlagnahmt werden würde. Als ich später unsere Aufnahmen wiederbekam waren die von Wassil verschwunden. Mutti hatte sie alle herausgesucht und verbrannt. Ich war sehr wütend, und ich habe auch keine Ahnung warum sie das tat. Sie konnte Wassil auch gut leiden. Vielleicht fand sie es ungehörig, daß ihr Tochter Hildegard Fotos von einem Russen besaß.

Durch Zufall habe ich später einmal in einem Time Life Book über Russland ein Bild gefunden, darin ist ein Russe aus dem Kaukasus abgebildet. Genau so, ganz genau so hat Wassil ausgesehen. Der gleiche freudige strahlende Gesichtsausdruck. Übrigens ähnelte Wassil dem bekannten amerikanischen Schauspieler Dustin Hoffmann als dieser sehr jung war in erstaunlichem Maße. Seine Bewegungen und die leicht schräg gestellten Augen. Nur, daß Wassil viel größer war.

Oft habe ich daran gedacht Wassil zu schreiben, denn ich habe ja so viele Zettel und Briefe von ihm, alle mit seiner Heimatadresse. Aber ich fürchte, daß er Unannehmigkeiten dadurch bekommen könne.

Die Hoffnung aber, daß es einmal anders wird, daß man auch ohne Angst nach Rußland reisen und schreiben wird können, die habe ich nie aufgegeben. Ihn und seine Familie möchte ich doch so gerne einmal sehen, so sehr gerne.

P.S. In Augenblick als die Soviet Union 1993 in sich zusammenfiel, schrieb ich sogleich an Wassil und bat Freunde den Brief in Rußland aufzugeben. Sie hatten wenig Hoffnung aber taten mir den Gefallen. Später traf ich drei russische Wissenschaftler denen ich die Schreiben zeigte, die Wassil mir 1945 schrieb. Sie erkannten, daß Wassil einen Brief in der Sprache seiner Heimat Azerbaijan verfaßt hatte. Es war gerade die Zeit als die Aufstände und großen Kämpfe in Azerbaijan stattfanden und in allen Zeitungen davon berichtet wurde.

Ferner erklärten sie uns, daß Stalin alle Soldaten, die jemals den Westen kennenlernten oder auch nur während der Kämpfe sahen, irgendwie verschwinden ließ.

Ich aber habe die Hoffnung doch noch nicht aufgegeben Wassil oder einen von seiner Familie zu finden.

Die letzten Anschriften,
die Wassil mir gab

Zeitschriftfoto aus dem Kaukasus, das
genau so aussieht wie Wassil

Unsere neue Wirtschafterin

Nachdem Gertrud uns verlassen hatte, versuchten wir es mit einer Tageshilfe, die aber zu jung und unerfahren war und auch bald heiraten wollte. Es schien besser eine ältere Person zu wählen. Jemand konnte uns eine tüchtige Haushälterin empfehlen. Sie schien genau das zu sein was wir suchten. Sie besaß ein gütiges Wesen und hatte ihr ganzes Leben bei einer Familie gearbeitet, die aber leider jetzt nicht mehr imstande war, sie zu behalten. Sie legte auch ein Empfehlungsschreiben vor. Sicherheitshalber erkundigten wir uns auch bei ihren vorigen Arbeitsgebern, und man schilderte sie in den glühensten Farben. So daß wir uns wirklich glücklich schätzten sie gefunden zu haben.

Endlich kam der Tag heran, an dem sie einziehen sollte. Da meldete der Portier aufgeregt, unten stände ein riesiger Umzugswagen. Die Haushälterin hatte so viele Möbel und Besitz. Es konnte nur ein kleiner Teil davon in ihr Zimmer gebracht werden. Fritz erreichte aber nach langem Reden, bei der Familie über uns noch ein Zimmer abzumieten, um dort erst einmal all ihre Sachen vorläufig aufgestapelt unterzustellen.

Die Wirtschafterin war sehr sauber und freundlich. Sie kümmerte sich jedoch gar nicht um ihr Zimmer, sah es sich nicht einmal an, sondern begab sich sogleich in die Küche und fing an den Herd zu putzen. Dann begann sie die Wände zu scheuern. Eine nach der andern. Sie war nicht davon abzubringen. Und dann kochte sie das Abendessen. Es gab Reis, aber den konnte man leider nicht essen. Er war total versalzen. Das konnte schon mal vorkommen, wenn man neu und aufgeregt ist. Nach dem Abwasch begab sie sich aber noch immer nicht in ihren Raum, sondern putzte wieder den Herd, und scheuerte die gleichen Wände. Das schien ein bißchen viel Sauberkeit. Am nächsten Tage gab es wieder versalzenen Reis. Da bat ich sie doch bitte gar kein Salz mehr an das Essen zu tun, und bitte nicht mehr die Wände zu bürsten.

Sie blickte mich ganz ängstlich an und versprach, und dann kniete sie sich auf die Erde und begann den Fußboden zu scheuern. Mir wurde etwas komisch zu mute. Ich hatte Angst in die Küche zu gehen, da mich ihre furchterfüllten Augen verfolgten.

Nach ein paar Tagen bestand kein Zweifel. Die arme Seele war gestört. Was sollten wir nun tun? Wir setzten uns noch einmal mit der vorigen Familie in Verbindung und erfuhren dann die traurige Geschichte. Es war laufend schlimmer geworden. Wir konnten sie doch nun auf keinen Fall entlassen. Wo sollte sie hingehen? Wir konnten das arme Wesen auch nicht in eine Anstalt bringen. Nein, das hätten wir nicht fertig gebracht.

Bei uns waren jetzt nun ständig Antiquitäten anzunehmen, was nicht immer sehr schnell ging. Man mußte doch auch etwas mit den Leuten reden. Der Verkauf nahm eine menge Zeit in Anspruch. Diese vielen Unterhaltungen mit den Amerikanern. Da war das Einkaufen, das Essen kochen, die Wohnung sauber zu machen. Die Zentralheizung arbeitete noch nicht, so mußten in jedem Zimmer die provisorischen Öfen geheizt und Asche ausgenommen werden. Die Kinder waren zu besorgen. Die freundliche Stickerin verstand nicht, wenn ich sie bat mir zu helfen. Sie lächelte nur und stickte emsig weiter. Und die arme Frau in der Küche strahlte mich dankbar an und begann wieder den Herd abzuwischen, da wir ihr die Bürsten weggenommen hatten.

Wir baten dann das Arbeitsamt um eine Dame für die Annahme der Antiquitäten. Ein Mädchen erschien, das etwas Englisch sprach. Wir stellten sie ein. Sie war willig aber zu scheu um mit den Deutschen Verkäufern zu verhandeln. Fritz half wo er konnte. Aber ihm war diese Sache auch unangenehm. Er unterhielt sich lieber mit den Amerikanern.

Für den Haushalt meldete sich dann eine ältere Frau, die aber zum Glück ihre eigene Wohnung besaß. Nach ein paar Tagen jedoch stellte sich heraus, daß sie nicht so gut laufen konnte und daß die Arbeit für sie allein zu viel war. Unter Tränen bat sie uns, sie doch nicht wegzuschicken, weil sie ihre alte behinderte Freundin mitzuernähren hätte. Also mußten wir noch eine zweite Hilfe zum Saubermachen einstellen. Man schickte uns ein nettes junges Mädchen. Dieses aber hatte ihre Eltern in den letzten Kriegstagen verloren und weinte, ob sie nicht wenigstens vorläufig bei uns wohnen könne.

Es wurden immer mehr und mehr Leute in unserem Hause,

und es wurde allmählich ungemütlich.

Die Kinder

Bei uns kaufte nur die Besatzung, denn Niemand anders gab jetzt Geld für Antiquitäten aus. Aber leider kamen die Amerikaner praktisch nun zu jeder Tag und Nachtzeit, denn sie wußten ja, daß wir dort wohnten, und sie uns immer zu Hause antrafen. Manche arbeiteten lange und manche hatten abends Langeweile. Das wurde jedoch auf die Dauer etwas schwierig. Aber wir freuten uns so sehr über unseren Erfolg, daß wir alles gerne in Kauf nahmen.

Die eigentlich darunter litten waren die Kinder. Aber ich war der Meinung, daß diese günstige Sache nicht immer so weitergehen würde. Bei den Bauern hatte ich gelernt, daß es in der Erntezeit keine Müdigkeit gab, auf daß man im Winter die Scheunen und Keller gefüllt habe. Mein Plan war, dieses so wichtige, schreckliche Geld jetzt zu verdienen, um später etwas Neues anzufangen, denn unsere Kinder sollten niemals Not kennenlernen. Aber das konnte man ihnen natürlich nicht klar machen. Wir sollten wieder zusammen spielen. Aber immer wenn ich die kleine Saskia auf den Arm nahm, erschien Jemand, und ich mußte sie wieder absetzen, und dann fing sie an zu weinen.

Mutti nahm das Kind jetzt die meiste Zeit zu sich. Dort blieb sie gerne. Die Oma hatte immer Zeit für ihr kleines Mäuschen, und es entwickelte sich eine große Liebe zwischen den Beiden. Mutti machte ihr ein kleines dreieckiges Kopftuch aus alten Wollstoffen. Das band sie Saskia immer um das Köpfchen, damit das Kind nicht fror. Dieses Wolltuch wurde für Mutti ein Talisman. Als die Kleine später nicht mehr bei ihr war, legte Mutti sich dieses Tuch jede Nacht unter ihren Kopf. Wenn Mutti krank war, dann wurde es auf die Stelle getan, die weh tat. Und es half immer. Nach Muttis Tod suchte Saskia das Tuch überall, aber es tauchte nirgends auf.

Mutti starb im Alter von 83 Jahren an den Folgen eines Autounfalles in Frankreich. Bei der Einlieferung in das Krankenhaus bat sie Papa ihr das blaue Wolltuch zu bringen. Aber damals hat es nicht mehr helfen können. Und dann muß es wohl im Krankenhaus verlorengegangen sein.

Ottfried schickten wir dann ein Jahr eher zur Schule, als er eigentlich hätte gehen müssen. Aber er brachte der ganzen Angelegenheit nicht all zu viel Begeisterung entgegen. Zu der Zeit waren die Klassen auch überfüllt, da so viele Schulen in den anderen Bezirken nicht mehr existierten. In manchen Schulen waren an jedem Tage drei Schichten Unterricht. Das Schlimme war, daß ich nicht mit ihm Schularbeiten machen konnte. Ich hatte einfach keine Zeit. Und in unserer großen Wohnung, da war jetzt kaum Platz für ihn. Überall waren Antiquitäten und Angestellte. Spielgefährten waren in Dahlem wenige vorhanden. Die meisten Kinder dieser Gegend durften nicht ohne Aufsicht draußen sein. Aber in Ottfrieds Klasse, da gab es einen gewissen Jungen, der sich Pummel nannte. Seine Mutter war auch immer beschäftigt, und der Vater lag in Rußland begraben. Die Mutter spielte Geige in Gasthäusern. Pummel durfte überall hingehen wo er wollte. Und das war es was Ottfried gefiel. Sie hatten beide sämtliche Parkanlagen für sich und beide den Hang zu Abenteuern.

Ottfried wird ins Gewissen geredet

Pummel konnte oft verwegene Ideen produzieren. Außerdem war Pummel Spezialist im Geldranschaffen. Das war ein wichtiger Punkt, da beide keins besaßen und für manche ihrer Ideen war es eben nötig. Sie liefen dann beide zum U-Bahnhof Thielplatz, der bei uns um die Ecke lag, und baten die amerikanischen Soldaten ob sie ihnen Geld "borgen" könnten, und dann fuhren Pummel und Ottfried ständig in der Weltgeschichte herum.

Wir hatten natürlich keinerlei Ahnung davon. Erfuhren es erst als ein Polizist bei uns erschien. Er hatte die beiden Burschen aufgefangen als sie zur Abwechslung auf den Schienen der U-Bahn, die bei uns teilweise über der Erde war, entlang wanderten. Danach versuchten wir den Verkehr mit Pummel drastisch einzuschränken. Aber man stieß dabei auf Schwierigkeiten.

Erst einmal brachten wir Ottfried auf eine kleine Privatschule, die Bertold Otto Schule, die bei uns ganz in der Nähe war. Diese Schule hatte eine besondere Art zu unterrichten.

Die Lehrerin strickte zum Beispiel während der Klassen um eine häusliche Stimmung zu schaffen, und sie lernten spielend im wahrsten Sinne des Wortes. Dort waren auch nur wenig Schüler. Oft Kinder von Diplomaten aus anderen Ländern, die Ottfried sehr interessierten.

Eine gute Sache Ottfried von Pummel abzubringen war auch der Reitstall. Auf der gleichen Stelle, wo heute die freie Universität steht, war damals ein offenes Gelände mit schönen Reitwegen. Dort befand sich ein bekannter Reitstall. In unserer Umgebung wohnten viele Leute, die gerne ritten und auch viele berühmte Filmschauspieler, die es beruflich tun mußten. Das Reiten gehörte noch immer zum guten Ton.

Ottfried erhielt Reitunterricht und lernte schnell. Erstaunlich war seine Gabe, jedes Pferd dazu zu bringen, ihm zu gehorchen. Es gab dort einen phantastisch aussehenden Hengst, der aber nur Wenige auf sich reiten ließ. Ottfried war erst sechs Jahre alt und das Pferd gehorchte ihm. In kurzer Zeit konnte er auf allen Pferden in tadelloser Position sämtliche Kunstschritte machen. Manche große Helden, die in Abenteuerfilmen auftraten, wurden von dem Hengst abgeworfen, auf dem Ottfried stehend galoppieren konnte. Es schien ein Wunder zu sein. Wir waren ziemlich stolz und ließen kleine Reitstiefel und Reithosen für ihn anfertigen. Jeden Tag wanderte er nun zu diesem Reitstall, der nicht weit von uns entfernt lag.

Einmal erschien ein seriöser Herr bei uns und bat um eine Unterredung. Da Fritz nicht da war, erklärte er mir was auf seiner Seele lag. Er wollte Ottfried haben. Das hört sich etwas komisch an. Aber es war genau das, was er meinte. Der Herr war von einem großen internationalen Zirkus. Ottfried sollte als Kunstreiter bei ihnen ausgebildet werden. Mein entsetztes Nein, wurde natürlich von unserm Sohne tief bedauert. Welche phantastische Sache, welch Abenteuerleben, ein Zirkus, ein richtiger Zirkus. Nachher haben wir schrecklich darüber gelacht. Nur Mutti meinte, daß diese Sache gar nicht zum Lachen wäre, sondern daß man sich darüber schämen müsse.

Bevor wir das Geschäft eröffneten, hatte ich immer Zeit für die Kinder mit ihnen zu spielen und ihnen Märchen vorzulesen. Sie hörten sie so gerne. Und dann noch eine Geschichte, und dann noch eine ganz kleine, und dann einen Kuß, und dann Zudecken. Aber jetzt war ich meist mitten drin wenn die Klingel schellte, und ich wieder weg mußte. Ich vertröstete sie auf morgen. Aber meist geschah morgen genau das Gleiche. Und wenn ich dann wieder an ihre Bettchen kam, dann schliefen sie schon längst.

Suchtwährung

Der Grund dafür warum die Amerikaner über so viel Geld verfügten, lag in der traurigen Tatsache, daß eine Zigaretten und Kaffeewährung entstanden war. Zu den großen Schäden, die der Krieg mit seinen Gewehren, Kanonen, Bomben, Flugzeugen und Soldaten angerichtet hatte, kam noch eine schlimme Sache hinzu. Das waren die Linderungs und Anregungsmittel, die ausgegeben wurden um den lieben Krieg durchzuhalten.

Die Soldaten bekamen Zigaretten und Kaffee. Auch die Bevölkerung erhielt Zigarettenrationen. Da gab es natürlich manche, die erhielten mehr als die anderen. Die Nazis, die Offiziere und andere Leute, die man brauchte um die ganze Grausigkeit unter allen Umständen aufrecht zu erhalten.

Der Durchschnittsberliner hat seine Rationen meist nicht verbraucht, sondern aufgehoben und eingetauscht. Frauen waren damals sowieso gegen Zigaretten. Dieses Zeug machte die Luft scheußlich und die guten handgearbeiteten Gardinen schmutzig und braun. Außerdem kosteten sie noch Geld, das man lieber sparen wollte. Und der echte Kaffee, für ein Pfund mußte vor dem Kriege ein Handwerker viele Stunden lang arbeiten und das überlegte man sich.

Bei allen, die ich kannte, wurde gewöhnlich nur der Gerstenkaffee gekocht, bis auf Frau Kochinski. Das war die Dame, die in der Brombergerstraße in die Wohnung einzog in der Herr Prinz in der Badewanne ertrunken war. Sie war immer nett und hat uns auch weiter gegrüßt als wir das Haus verloren hatten. Das war die, die den ganz jungen Mann heiratete. Sie kam uns oft besuchen und sprach ständig vom Kaffee, den sie sich auf allerhand schwarzen Wegen besorgte, und fortwährend trank. Ihre Tochter war Sekretärin bei einem hochgestellten Mann in der Regierung. Ich bin ziemlich sicher, daß die Tochter die Freundin von dem Mann war. Das war auch die Stelle wo sie den vielen Kaffee meist herhatte. Mutti konnte die Frau Kochinski gut leiden, aber ich konnte sie nicht ausstehen. Nicht wegen der Heirat oder des Kaffees. nein, ich weiß auch nicht warum. Der viele Kaffee und die Ehe mit dem jungen Mann machten sie in unserer Gegend zu einem losen Vogel mit dem, außer uns, niemand etwas zu tun haben wollte. Die Frau Kochinski ist dann aber gleich nach dem Krieg gestorben. Und alle meinten, daß käme nur von dem vielen Kaffee, den sie immer getrunken habe.

Das dritte Übel im Bunde außer Zigaretten und Kaffee war der Alkohol. Alkohol gab es vor dem Kriege bei den meisten nur an Feiertagen, denn der kostete ja auch Geld. Und man hatte beobachtet, daß diejenigen, die ihn öfters zu sich nahmen, nicht mehr viel arbeiten wollten. Und wer nicht mehr viel arbeitete, mit dem ging es bald bergab. Es gab natürlich auch in Berlin, wie in jeder anderen Großstadt, Menschen, die dauernd in Lokalen saßen und tranken. Aber die zählte man zu den Verlorenen. Sie wurden damals nicht mitleidig akzeptiert, nein, man verachtete sie. Die meisten Berliner waren vom Lande gekommen und wollten es zu etwas bringen, und da gab es nur einen Weg, den geraden.

Während des Krieges war nun auch für die Bevorzugten der Alkohol, wie alles andere in Mengen vorhanden. Das Schlimme war, daß man in den Kampftagen nicht an Morgen dachte. Wer wußte, ob es überhaupt ein Morgen gab. In den schlimmsten Zeiten hätten wir jeden Vertrag unterschrieben nur für das Versprechen das Kriegsende und den Frieden zu erleben. Es gab eine ganze menge Offiziere und auch einfache Soldaten, die unversehrt heimkamen, die den Kampf draußen überlebt hatten, die aber dann mit dem Alkohol das ganze Leben lang kämpfen mußten. Und wie viele sind nicht draußen vom Feinde, sondern vom Alkohol besiegt worden.

Bei uns zu Hause, und auch in der Familie von Fritz, wie bei all unseren Freunden herrschte vor dem Kriege eine sehr puritanische Einstellung gegen die erwähnten drei Genußmittel. Ich wollte nun absolut keine Moralpredigt halten und die guten alten Zeiten loben. Aber es gab damals doch viele Ansichten, die absolut besser waren als die heutigen.

Aber ich sprach von den armen Bevorzugten. Diese hatten sich nun, als es ihnen scheinbar besser ging als den anderen, an diese Genußmittel so gewöhnt, daß sie sie zum Weiterleben unbedingt brauchten, und die nun alles aus und weggaben um sich diese Sachen zu beschaffen. Ja, und dadurch entstand die Zigaretten und Kaffeewährung. Man zahlte 100 Mark für ein Päckchen Zigaretten und 500 Mark für ein Pfund Kaffee. Und das in einer Zeit, als ein Tischler zum Beispiel 3 Mark die Stunde verdiente, und die meisten Arbeiter nicht mehr als 150 Mark im Monat nach Hause brachten.

Die Amerikaner konnten nun jede menge, von den sehr gesuchten Dingen in ihrem PX kaufen. Das war eine Einkaufsstelle, wo sie Lebens und Genußmittel und andere Waren verbilligt und vor allem zollfrei erhielten. Eine Stange mit 10 Päckchen kostete sie nur einen Dollar. Dafür konnten sie von irgendeinem Straßenhändler 1000 Mark erhalten. Sie konnten sie auch in vielen Läden direkt in Zahlung geben.

Das massive schwere, echt silberne, große Kaffee und Teeservice meiner Schwiegermutter hatte den amerikanischen Käufer nur 16 Dollar gekostet. Für 50 Stangen Zigaretten konnte man damals ein Haus erwerben. Ferner konnten die amerikanischen Soldaten im PX jeder Zeit jede Menge Zigaretten kaufen. Es gab keine Rationierungen. Auch Schokolade wurde gehandelt. Ein kleiner schmaler Streifen von 30 Gramm, für den die Amerikaner im PX nur 5 Cent zahlten, brachte 50 deutsche Mark.

Es herrschte aber keine Inflation. Nur wenige andere Sachen waren wesentlich teurer als unrationierte Lebensmittel und die Genußmittel. Die einzigen jedoch, die diese verrückten Schwarzmarktpreise aufbringen konnten, waren diejenigen, die noch Wertsachen besaßen, die die Besatzungsmacht interessierten und daher einen hohen Verkaufswert hatten. Durch diese ganze Geschichte kam es nun, daß die Amerikaner so reich erschienen und sich so viele schöne Dinge kaufen konnten, auch wenn manche von ihnen in ihrem eigenen Lande ziemlich arm waren.

Einmal erklärte eine amerikanische Sekretärin bedauernd, sie könne den Ring, den sie unbedingt haben wollte, auf keinen Fall bezahlen, da die dafür verlangten 10 000 Mark, sie ja die große Summe von 10 Dollar kosten würde. Es handelte sich bei dem bewußten Stück um ein wunderhübsches handgearbeitetes Goldschiedewerk. In der Mitte ragte von echten Perlen umgeben ein großer Brillant hervor. Er war ein Karat, lupenrein und blauweiß.

Die verhängnisvollen 10 Pfund Mehl

Ich glaube es ist nicht ganz richtig dem Mehl die Schuld an allem zu geben, denn es wäre bestimmt auch so gekommen. Wenn zwei Kinder wie wir, alleine durch den dunklen Wald gehen, da kommt ein Wolf. Garantiert kommt da einer. Und er kam.

Also von dem verhängnisvollen Mehl:
Bei Mutti in der Nähe, da wohnte der Hammelmaxe. Das war der Besitzer eines Restaurants. Er schien irgend welchen Kontakt mit Leuten zu haben, die beim Russen in den großen Markthallen arbeiteten.

Da bei uns zu Hause nun eine ganze Menge Leute angestellt waren, wurde mehr Essen verbraucht, denn alle waren immer noch sehr hungrig. So kauften wir etwas auf dem schwarzen Markte dazu, und beim Hammelmaxen konnte man allerhand erwerben.

Eines Tages fuhren wir nun mit 10 Pfund Mehl in der Straßenbahn. Wir hatten das Mehl gerade vom Hammel Maxen gekauft, da sahen wir die Frau D. Sie war die Schwester von einer näheren Bekannten. Es ging ihr sehr schlecht. Ihr Mann war noch in Kriegsgefangenschaft. Ihre zwei kleinen Kinder waren plötzlich beide gestorben. Sie hatte kein Einkommen. Sie hatte keine Arbeit. Wir schenkten ihr sogleich das ganze Mehl, und hofften, daß ihr Mann bald nach Hause kommen würde. 10 Pfund Mehl hören sich nun heute nicht nach einem großen Wertobjekt an. Aber damals konnte man mit dem Gelde, das wir dem Hammelmaxen dafür geben mußten, unsere Miete in Dahlem bezahlen.

Ja, und dann kam sie uns besuchen, und dann stellten wir sie ein. Und dann begann ein neues Kapitel in unserem bisher so glücklichen Dasein.

Dicht dran

Mir ist im Leben bisher noch nicht ganz klar geworden, ob man nach dem ersten Eindruck gehen soll oder nicht. Manchmal stimmt er, und ein andermal ist er durchaus falsch. Ich kannte die Frau D. ja nun schon lange, allerdings nur flüchtig. Aber bei Fritz war der erste Eindruck sehr negativ. Fritz, der eigentlich alle Menschen, und vor allen Dingen Frauen immer gut leiden kann, fand sie körperlich abstoßend und im allgemeinen widerlich. Ich war es, die ihn dazu überredete sie doch einzustellen, da sie mir so leid tat.

Sie war ein sehr freundlicher, für unseren Geschmack eigentlich zu freundlicher Typ. Aber sie paßte sich schnell an. Sie fand immer heraus was jeder gerne hatte. Sie war sehr klug und konnte sich geschickt in Menschen einschleichen. Sie fragte jeden nach den genauesten Einzelheiten seines Lebens, vergaß nie etwas, wußte für jeden und alle die wirkungsvollste Behandlung. Für die Hausgehilfen hatte sie ein nettes Wort, für die Angestellten ein lobendes, für Fritz ein respektvolles, für mich ein kollegiales. Sie hörte stets in seelentriefender Andacht jedem zu und heuchelte ständig das tiefste Mitgefühl. Sie besaß ein enormes Gedächtnis und benutzte es gut. Sie fand schnell heraus, daß wir klassische Musik liebten und ging nun natürlich laufend zu ernsten Konzerten. Man kann übrigens nie einen Fehler machen wenn man bei Mozart leise mitschwingt und bei Beethoven die Augen in stiller Andacht schließt. Sie selbst besaß jedoch, wie ich später entdeckte, nur schmalzige Schlagerschallplatten. Persönlich war mir die Frau D äußerst unsympathisch.

Aber da war etwas sehr Dummes mit mir. Ich schämte mich, sie nicht leiden zu können. Sie befand sich doch in so einer traurigen Lage. Beide Kinder tot und der Mann noch in Gefangenschaft. Ob und wann und wie würde er wiederkommen. Wie gut hatte mich doch das Schicksal dagegen behandelt, und wie konnte ich da so herzlos sein und den armen Menschen nicht leiden können. Vielleicht war sie nur so weil es ihr so schlecht ging. Sie war älter als wir, dick und formlos und Fritz fand sie sehr häßlich, ich eigentlich auch

Aber es war eine Häßlichkeit, die man gar nicht so sehr am Schopf fassen konnte, sicher weil sie von innen kam. Sie hatte dicke tief eingegrabene Fettringe um ihren kurzen Hals, und wenn man sie ansah und in ihre Augen blickte, so lief sie oft ganz knallrot an. Aber nur der Hals und Busen, den sie mit tief ausgeschnittenen Kleidern betonte. Sie ließ sich auch niemals photographieren, verschwand immer wenn wir mal Gruppenauf- nahmen machten. Sie schien etwas äußerst Unangenehmes auszustrahlen, etwas mit dem man nicht allein in einem Zimmer sein wollte.

Jedoch der erste Eindruck und unsere Abneigung gegen sie verblich allmählich. Das kam daher, daß sie sich ganz schnell in etwas entwickelte, das man in Deutschland mit dem höchst lobenswerten Worte "Tüchtig" bezeichnet. Sie konnte alles. Sie machte alles. Sie verstand Jeden und Jedes und lernte in Blit- zesschnelle. Sie kümmerte sich vor allem um Dinge, zu denen ich weder Zeit noch Lust hatte. Sie kümmerte sich sogar um die Beaufsichtigung der Hausgehilfen. In der Küche paßte sie auf, daß keine Lebensmittel verschwanden, daß das Essen rechtzeitig auf den Tisch kam. Ihre kurzen Hände und Füße schienen ständig in Bewegung. Selbst um die Kinder kümmerte sie sich. Sie laß ihnen Märchen vor wenn ich nicht Zeit hatte und schnitt ihre Fingernägel. Sie konnte alles und bestens. Ich kann gar nicht an sämtliche Dinge denken, die sie verstand. Das einzige was sie nicht konnte war die englische Sprache. Sie war katholisch und sehr fromm, ver- säumte nie eine Messe und war sehr moralisch, rechtschaffen und Gottesfürchtig sagte man früher. Trotz alledem war ich immer sehr froh wenn sie das Haus verließ und nach Hause ging.

Seit ihrer Ankunft schien ein frischer Wind bei uns zu wehen. Selbst die Sache mit der beklagenswerten Wirtschafterin wurde gelöst. Man fand die Schwester der armen Frau, die gewillt war sie zu sich zu nehmen. Und dem jungen Mädchen, das auch noch bei uns wohnte, wurde eine andere Stelle besorgt. Wir hatten jetzt nur noch zwei Hilfen für den Haushalt, die bei uns vollbeschäftigt waren, aber ihre eigene Wohnung besaßen.

Mit großer Freude verhandelte sie mit den Deutschen, die ihre Sachen zum Verkauf brachten. Sie war äußerst klug und geschickt mit Leuten geschäftlich umzugehen. Eine Sache, die Fritz und mir nicht absonderlich lag. Daher dauerte es nicht lange, daß nur noch sie es war, die Gegenstände von den Deutschen annahm. Ich selbst hatte so viel mit den amerikanischen Kunden zu tun, daß ich zu nichts Anderem kam. Und wenn Geld für die verkaufte Ware ausgezahlt werden mußte, und ich keine Zeit hatte, und Fritz nicht da war, so überreichte sie das Geld, und bald war sie es nur noch alleine, die den Verkäufern die Dinge abnahm und später auszahlte. Und es dauerte gar nicht lange, daß Frau D. unentbehrlich wurde. Da war jedoch immer etwas was mich die ganze Zeit zu warnen schien, und das waren ihre Augen. Sie schaute auf Jeden mit tiefster Anteilnahme. Aber wenn sie glaubte nicht gesehen zu werden, so flitzten ihre Augen, mit vollkommen still- gehaltenem Kopfe, von rechts nach links in bohrender Schärfe über und durch alle Dinge.

Hätte ich doch bloß auf die Warnungen meines Unterbewußtseins geachtet. Aber ich war jetzt meist sehr müde und einfach zu erschöpft um Jemanden anders zu suchen, und es schien unmöglich Einen zu finden, der ihre Qualitäten besaß.

Unser Betrieb wurde immer größer und größer. Nahezu alle stationierten Amerikaner in Dahlem kauften bei uns. Und von morgens früh bis spät in die Nacht lief unser Geschäft auf Hochtouren. Eine neue Sache kam hinzu.

Westberlin wurde Touristengebiet für die amerikanischen Soldaten. Viele hatten den Wunsch wenigstens einmal in Berlin gewesen zu sein bevor sie in die Heimat zurückkehrten, Sie wollten unbedingt Berlin sehen, diese vollkommen zertrümmerte Stadt. Daher entstanden organisierte militärische Touren. Die Leiterin war eine alte Kundin von uns, eine sehr liebe nette Amerikanerin. Es war stets Abends wenn die Besucher wieder zurück nach Westdeutschland fuhren. Einige von ihnen wollten dann oft noch etwas einkaufen, da sie Geschenke mit nach Hause bringen wollten, vor allem aus der Stadt, die sie beinahe erobert hatten, und die sie wutentbrannt den Russen überlassen mußten. Die Leiterin brachte dann die ganze Busladung in unser Geschäft, da die andern Läden ja abends geschlossen waren, und sie wußte, daß sie uns zu jeder Zeit antreffen würde. Aber der Einkauf mußte sehr schnell gehen. Er durfte nie länger als eine viertel Stunde dauern. Meist kam die Dame alleine, überreichte uns ein dickes Geldbündel und bat uns eilig für diese Summe Gegenstände auszusuchen und einwickeln zu lassen. Sie wußte, daß wir ehrlich sein würden. Die Soldaten wählten dann im Bus welches Stück sie haben wollten. Bei diesen schnellen Einkäufen konnte man oft Dinge von Leuten mitgehen lassen, die dringend Geld brauchten und auch Dinge, die uns selbst gehörten, da wir jetzt außerdem auf Auktionen kauften. Wir nahmen eine Unmenge ein. Aber zu meinem großen Erstaunen war jetzt nie etwas übrig, nachdem die Besitzer ausgezahlt waren.

Zur gleichen Zeit geschah auch eine seltsame Sache. Wir wurden alle beide so sehr nervös. Etwas, das wir nie gekannt hatten, und auch später nie kannten. Fritz sowohl wie ich. Fritz behauptete zu zittern, wenn er nur Kunden sah und verließ oft schon am Morgen das Haus. Auch ich wäre gerne weggelaufen, aber das war leider nicht möglich. Jetzt kam das Militär ständig in großen Gruppen von Reisenden. Wir wurden von den in Dahlem stationierten Amerikanern empfohlen, und sie wollten stets nur mit mir sprechen. Das ging den ganzen Tag über und stets bis spät in die Nacht. Es war sehr anstrengend und Frau D. stand mir immer zur Seite.

Aber unser Gesundheitszustand verschlimmerte sich. Es wurde bei mir so schlimm, daß ich zum Arzt gehen mußte, der jedoch nicht das Geringste feststellte. Ein Facharzt nach dem Anderen wurde zu Rate gezogen. Aber niemand konnte etwas entdecken. Das Seltsame dabei war aber, daß ich ganz rote Wangen hatte, und mir alle sagten wie gesund und blühend ich aussähe. Ein Spezialarzt meinte, daß es sich bei mir vielleicht um Langeweile handeln könne. Es lehnte es ab, mich überhaupt zu untersuchen, da ich, wie er sagte, nicht die Hautfarbe eines Kranken hätte.

Saskia war zum Glück ständig bei Mutti. Aber Ottfried erschien jetzt auch krank und nervös, und wenn er Mutti mal besuchte, stellte sie fest, daß er die ganze Nacht über im Schlaf tief stöhnte, was er früher niemals getan hatte.

Nach einer Weile erwartete ich wieder ein Kind, worüber wir uns sehr freuten. Eines Tages brachte die Frau D. mir einen Kaffee, der sehr seltsam schmeckte. Aber Kaffee konnte ja manchmal etwas bitter sein, wenn er stark war. Aber dieser war eigentlich gar nicht so dunkel. Bald darauf bekam ich Blutungen. Der Arzt legte mich sogleich ins Bett. Durch Einspritzungen wurde es etwas besser. Ich durfte jedoch zwei Wochen nicht aufstehen. Aber eines Tages mußte man mich eilig in ein Krankenhaus einliefern. Dort wurde festgestellt, daß das Kind schon eine Weile tot war, und ein chirurgischer Eingriff zu riskant schien, weil dabei die Gefahr bestand, daß Leichengift in meine Blutbahn gelangen könne.

374

Die einzige Möglichkeit war eine natürliche Entbindung einzuleiten.

Es ist etwas sehr Schweres die Geburt für ein totes Kind durchzuhalten. Alle Anregungsspritzen schienen nicht zu helfen und ich kämpfte stundenlang. Da überhörte ich eine Unterhaltung von zwei Krankenschwestern im Nebenraum. Sie sprachen über meinen Fall und meinten, daß die arme Frau es vielleicht nicht schaffen würde, daß sie vielleicht sterben müsse und doch zwei Kinder habe. Das gab mir irgendwie Kraft und das kleine tote Wesen wurde geboren. Es lag still auf dem Betttuch. Die kleinen Händchen waren zusammengelegt, genau wie die Engel immer auf Bildern die Hände zum Beten halten. Ich betrachtete es wehmütig und lange, und dann kam eine Schwester und nahm es mir weg.

Als ich nach einigen Tagen dann entlassen werden sollte, kam der Doktor und sagte, daß er mit mir sprechen müsse. Er wolle mich wissen lassen, daß ich großes Glück gehabt hätte mit dem Leben davongekommen zu sein, und daß er die Sache von Rechtswegen anzeigen müßte. Als ich ihn erstaunt ansah, erklärte er, daß meine Methode die Dümmste und Gefährlichste gewesen wäre, ein Kind, und noch zu dem fortgeschrittenen Zeitpunkt, abzutreiben. Ich versicherte ihm hoch und heilig, daß ich absolut nichts getan, daß wir uns das Kind gewünscht und darüber gefreut hätten. Aber er glaubte mir nicht. Er sagte, er könne an mehreren Dingen einwandfrei beweisen was ich getan hätte. Ich verstand diese Sache damals nicht.

Zu Hause ging wieder alles in alter Weise fort. Wieder diese roten Wangen, wieder diese nervöse Angst. Mehrmals wurde ich zur Beobachtung in ein Krankenhaus eingeliefert. Dort verschwanden nach einiger Zeit dann die Anzeichen, um dann zu Hause gleich wieder zu erscheinen.

Und dann kam eine neue Sache hinzu. Bei uns wurde plötzlich dauernd gestohlen. Wir brauchten nur etwas hinzulegen und es war garantiert verschwunden. Wir entließen Hausgehilfen, die zu dem Zeitpunkt des Diebstahls dort gesehen wurden. Aber es half nichts. Da waren wieder Sachen weg. Es waren jetzt immer Sachen weg. Und man konnte doch nicht alle Leute entlassen. Einmal war der nette alte Portier nur ein paar Minuten im Zimmer und schon verschwand eine wertvolle Uhr. Wir sagten natürlich nichts zu ihm. Aber es wurde immer schlimmer. Es wurde laufend und alles gestohlen. Die verrückte Sache war, daß alle Sorten von Dingen verschwanden, große und kleine, wertvolle und billige. Antiquitäten, Handtücher, Lebensmittel, Seife, und vor allem meine Nylonstrümpfe, die damals kaum zu bekommen waren. Sie schienen jedesmal einfach von Erdboden verschwunden zu sein. Wo ich doch schwören konnte, sie soeben noch gesehen zu haben.

Eines Morgens hingegen als ich aufwachte, da lag ein ganzer Beutel mit all meinen verschwundenen Strümpfen neben meinem Kopfkissen. Wir hatten zu dem Zeitpunkt keine Hausangestellte bei uns mehr wohnen, sondern nur die zwei, die täglich kamen. Kein Fremder war im Hause gewesen. Niemand besaß einen Schlüssel zu unserer Wohnung. Wir schüttelten nur die Köpfe. Das wäre etwas für einen Kriminalroman gewesen. Jemand schien versuchen mich als unglaubwürdig und verrückt erscheinen zu lassen.

Nachdem die Frau D in unser Haus kam

Die Glühbirne

Ja und dann kam die Sache mit der Glühbirne. Glühbirnen konnte man damals natürlich auch nicht bekommen. Wir mußten sie für 50 Mark das Stück auf dem schwarzen Markte kaufen. Fritz hatte den großen Flur, den wir als Empfangs und Warteraum benutzten, sehr hübsch dekoriert. Ein wundervoller antiker Teppich mit passenden Bänken. Der Raum wurde durch viele selbstangefertigte Lampen beleuchtet, von denen Fritz eine ganze Reihe an der Wand befestigt hatte. In der letzten Zeit verschwanden dort nun laufend Glühbirnen.

Eines Tages kam die Frau D. zu mir und sagte, daß wieder einmal eine Glühbirne entwendet worden sei. Mich interessierte diese Sache schon bald nicht mehr, da ja jetzt dauernd bei uns etwas verschwand. Sie betonte aber, daß sie diese Lampe noch vor ein paar Minuten hatte brennen sehen. Es konnte also erst vor ganz kurzer Zeit geschehen sein. Ich ging hin und sah mit eigenen Augen, daß die Birne fehlte.

Auf dem Flur saß ein sehr würdevoller älterer Herr, der des öfteren bei uns verkaufte. Nur er konnte es gewesen sein. Frau D. riet mir, es dem Manne auf den Kopf zuzusagen, oder aber noch besser die Polizei zu benachrichtigen und diese den Fall untersuchen zu lassen. Denn der Mann würde doch die Glühbirne noch bei sich haben. Ich war dagegen, das Objekt war doch zu lächerlich.

Und ich war sicher, daß dieser Herr niemals etwas entwenden würde. Aber es ging eigentlich nicht um die Birne, sondern um die Tatsache endlich einmal einen Dieb zu fassen. So ließ ich mich beeinflussen.

Die Polizei versprach zu kommen und ein Beamter erschien sogleich. Nachdem ich ihm die vielen Diebstahl- geschichten und diese insbesondere erzählte hatte, bat er darum die Lampe erst einmal zu sehen. Aber ich traute meinen Augen nicht, die Birne war wieder da, und ich hatte doch selbst vor ein paar Minute gesehen, daß sie wirklich fehlte.

Der Beamte blickte auf mich mit einem sonderbaren Ausdruck. Anscheinend hatte ich nicht mehr alle meine Tassen im Schrank. Er machte einen Vermerk in sein Buch und zog wieder ab. Wer hatte die Birne nun aber wieder eingeschraubt?

Der alte Herr, der verdächtigt worden war, konnte es auf keinen Fall gewesen sein, da ich ihn inzwischen gebeten hatte, in einem Nebenraum Platz zu nehmen.

Als Fritz Abends nach Hause kam und den Vorfall hörte, meinte er ich litte schon an Verfolgungswahn. Da es aber Frau D. doch auch gesehen hatte, so litten wir eben beide an der gleichen Krankheit.

Ich aber wurde mißtrauisch.

Das unglückselige Tischchen

Damals wäre noch Zeit gewesen vieles zu retten. Aber es sollte wohl nicht sein.

Also von dem Tischchen:

Alle Artikel, die wir verkauften waren handliche Gegenstände, die man leicht mit nach Amerika nehmen konnte. Wir führten daher keinerlei größeren Objekte. Einmal machten wir jedoch eine Ausnahme, als eine Dame ein kleines Tischchen anbot.

Wir würden versuchen es für sie zu verkaufen und fanden auch bald einen Abnehmer dafür. Wir hatten niemals mit irgend welchen Möbeln in unserem Geschäft gehandelt. Daher hatte sich dieses Tischchen bei mir besonders eingeprägt.

Bevor ich aber fortfahre, muß ich jedoch noch etwas erklären, nämlich wie wir unsere Buchführung handhaben. Von meinem heutigen Standpunkt gesehen, war unsere Art einfach himmelschreiend. Aber solange wir den Laden alleine führten, klappte es. Und später hatte es sich so eingeführt, daß man vergaß es zu ändern. Wir waren ja auch so vollkommen unerfahren im Geschäftsführung. Jedoch unsere einfache Methode mit Angestellten fortzusetzen war einfach idiotisch.

Unsere Buchführung wurde folgendermaßen gemacht. Man höre:
Wenn Jemand zu uns kam und Sachen zum Verkauf brachte, so füllten wir ein vorgedrucktes Formular aus. Datum, Name, Anschrift, Gegenstand und Preis wurden hierin vermerkt, und in eine Mappe getan. Wenn das Objekt nun verkauft wurde, so nahmen wir den Zettel aus der ersten Mappe und taten ihn in eine zweite. Erschien ein Kunde und fragte nach seinen Antiquitäten, so brauchte man nur diese Mappe durchzusehen. Im Falle es verkauft war, kam Frau D. dann zu mir oder Fritz, zeigte das Papier und erhielt das Geld. Die Leute unterschrieben, und dieses Schriftstück wurde dann in die dritte Mappe"erledigt" getan. Ich habe dann des öfteren versucht Bücher anzulegen. Aber die gingen ständig genauso schnell verloren wie jetzt alles andere bei uns. Sie waren einfach nicht mehr aufzufinden.

Eines Tages nun brachte Frau D. mir das Formular, auf dem das Tischchen stand. Die Dame sollte 2000 Mark erhalten. Da horchte ich auf, denn ich wußte ganz bestimmt, daß ich das Geld für das Tischchen ihr schon einmal, vor einem Monat gegeben hatte. Ich wußte es zufällig ganz genau. Ich hatte es mir nämlich gemerkt, weil der Tag gerade Muttis Geburtstag war, und ich dabei dachte, warum haben wir eigentlich nicht das kleine Tischchen Mutti geschenkt. Sie hätte es vielleicht lieber gehabt als die Decken mit den Spitzen. Aber wie gut, denn jetzt, jetzt hatte ich den Dieb endlich. Und sogar einen Beweis und sogar einen Zeugen. Ich konnte sie fassen, sie, die ich doch schon längst verdächtigte. Fritz schien meine Begeisterung nicht zu teilen. Ja, vielleicht hatte ich Recht, vielleicht aber auch nicht. Ich mit meinen dauernden widerlichen Verdächtigungen. Wie oft hatte ich mich schon geirrt. Man brauchte doch nur an die Sache mit der Polizei und der angeblich verschwundene Glühbirne zu denken und die verrückte Sachen mit den Strümpfen.

Da ich wieder einmal krank war und wieder einmal im Bett liegen mußte, so konnte ich die Sache nicht selbst erledigen. Fritz versprach jedoch noch am gleichen Tage zu den ehemaligen Besitzern des Tischchens zu gehen, um sich bescheinigen zu lassen, wann diese das Geld bekommen hatten. An dem Tage von Muttis Geburtstag oder jetzt. Fritz sagt, daß er wirklich hinging. Aber er tat es nicht gerne. Er hatte sowieso alle Lust an dem Laden verloren. Ihn machte alles nervös. Diese dauernden Aufregungen, dieser ewigen Ärger. Immer war jetzt etwas los. Immer etwas Unangenehmes. Und nun sollte er nach diesem dämlichen Tischchen fragen. Er fand nach langem Suchen die Wohnung der Leute. Aber sie schienen gerade nicht da zu sein. Niemand öffnete die Tür.

Inzwischen wartete ich voller Freude. Fritz hatte nun durchaus nicht Lust, noch einmal oder gar zweimal hinzugehen um nach dem Tischchen zu fragen. Ich mit all meinem verrückten Mißtrauen.

Alles würde schon seine Richtigkeit haben. Und so kam er nach Hause und sagte, alles wäre in Ordnung. Die Leute hätten das Geld erst jetzt erhalten und nicht an Muttis Geburtstag.

Der Gedanke, daß Fritz die Unwahrheit sprechen konnte, der ist mir wirklich nicht gekommen. Warum sollte er auch? Es lag doch auch in seinem Interesse endlich festzustellen warum wir absolut kein Geld hatten, wo wir doch so viel einnahmen. Aber Fritz hat die Tendenz, bei der Begegnung mit Unangenehmem erst einmal die Sache nicht zu glauben, und dann ihr einfach aus dem Wege zu gehen.

Ja, und als Fritz den Bescheid brachte, da erschien es mir möglich, daß ich wirklich nicht mehr bei Groschen sei. Ich konnte also meiner Erinnerung nicht mehr trauen. Ich mußte doch an Verfolgungswahn leiden. Vor allen Dingen hatte ich der Frau D. Unrecht getan. Es tat mir leid, sie verdächtigt zu haben. Gerade sie, die so viel bei uns arbeitete, sich so für alles einsetzte.

Irgendwie war ich auch müde. Es hatte alles gar keinen Sinn mehr. Ab und zu aber fing mein Unterbewußtsein doch wieder an zu rebellieren. Ich machte Notizen, die aber immer wieder verschwanden. Da trug ich die Aufzeichnungen in meinem Büstenhalter, um sie Fritz zu zeigen und ihm klar zu machen, daß wir bestohlen wurden, daß wir Geld haben müßten. Hier waren die Zahlen, die ich ausgerechnet hatte.

Aber Fritz schrie nur wütend. Er hätte es nicht. Er hätte kein Geld.

Da gab ich auf und ließ die Karre laufen.

Von Verschiedenem und wieder Traurigem

Der Mann, den Frau D. geheiratet hatte war ein redlicher, gottesfürchtiger, schlichter, ehrlicher sehr guter Mensch, der seine Frau über alles liebte und voller Ehrfurcht ihre vielen Talente bestaunte. Er war inzwischen aus der russischen Gefangenschaft heimgekehrt. Berlin war ein Trümmerhaufen.

Seine beiden Kinder fand er nicht mehr vor. Frau D. hatte bei den Luftangriffen oft den sicheren Staatsbunker aufgesucht. Eines Tages bekamen die Kinder eine unbekannte sehr mysteriöse Krankheit. Vielleicht ist diese durch das stundenlange Warten vor dem Staatsbunker entstanden oder aber beschleunigt worden. Jedenfalls starben beide Kinder ganz schnell und kurz hintereinander. Sie sollen nach ihrem Tode beide am ganzen Körper eine ganz ungewöhnliche starke seltsame Farbe angenommen haben. Ich habe das zur Zeit des Todes ihrer Kinder von Jemand aus ihrer Familie erfahren, vergaß jedoch welche Farbe das war, es soll aber etwas ganz ungewöhnliches gewesen sein. Die Frau D. hat das nie erwähnt, auch nie nach der seltsamen Todesursache mit der merkwürdigen Verfärbung geforscht.

Der Herr D. kam körperlich völlig erschöpft mit den letzten Kräften zurück. Er hatte eine jahrelange russische Gefangenschaft hinter sich. Eine, die nur wenige überstanden. Er sprach nicht viel davon, aber die Furcht starrte noch aus seinen Augen, und Angstträume kamen zu ihm jede Nacht.

Bald erwartete Frau D. ein Kind, was mich für sie beide so sehr freute.

Das Verhältnis zwischen Fritz und mir war ein seltsames geworden. Unsere ewige große Liebe wurde irgendwie gesteigert. Es war bald wieder wie im Kriege, wo man sich an einander klammerte in Angst vor einer Trennung. Wenn Fritz den Tag über wegging, was jetzt oft der Fall war, so rief er ständig alle paar Stunden an. Wenn er zurückkam, so brachte er Blumen und überschüttete mich mit Küssen, als wenn wir uns monatelang nicht gesehen hätten. Abends kam er nun auch oft spät zurück von irgend welchen Erledigungen. Er hatte Freunde getroffen, seine Eltern besucht, oder irgend etwas anderes.

Es gab damals kaum Autos. Sie waren alle beschlagnahmt worden. Erst von Hitler und dann von den Russen. Wir gehörten zu den wenigen, die bald eins besaßen. Fritz hatte unserem die Räder abgenommen, dadurch konnte es nicht weggebracht werden. Aber man hatte Teile entfernt, die wir nun erst wieder mühsam ergänzen mußten. Unser erstes nach dem Kriege hatte zum Beispiel kein Dach mehr, und im Regen spannten wir einen Schirm auf.

Ja, diese Autos, wie ich die gehaßt habe, natürlich weil Fritz immer mit ihnen davonfuhr. Wenn Fritz weg war, lag ich Nachts wach und horchte ob ein Auto vorbeikam, und achtete darauf ob es auch an der Kreuzung umdrehte. Man konnte das an dem verlangsamten Geräusch hören. Wenn es kehrtmachte, dann bestand die Möglichkeit, daß es unser Wagen mit Fritz war. Aber manchmal drehte eins um und fuhr weiter, dann war es nicht Fritz, und mein Herz sank wieder.

Nachts hielten wir uns fest umschlungen. Aber wir badeten nicht mehr zusammen. Und irgend etwas schien doch da zu sein, was mir Angst machte. Etwas was man nicht fassen, nicht sehen, nur ahnen konnte. Und ich fürchtete mich.

Oft lag ich wieder im Krankenhaus. Saskia lebte jetzt ständig bei meiner Mutter. Der kleine Ottfried aber wanderte jeden Tag nach der Schule den weiten Weg über viele Straßen und Alleen, um mich zu besuchen. Er saß lange an meinem Bett und streichelte nur immer verstohlen meine Hände. Im Krankenhaus hatte ich jetzt Zeit für ihn. Ich hob ihm immer meinen Nachtisch auf. Es war ein katholisches Krankenhaus, und die freundlichen Schwestern sagten nichts und holten ihm des öfteren noch etwas dazu. Es gab stets einen großem Abschied wenn Ottfried wieder gehen mußte, und ich sah ihm wehmütig nach wenn er mit seiner Schultasche auf dem Rücken langsam davon trottete.

Zu Hause mußte ich auch oft das Bett hüten. Da stellten wir zwei Damen, die Englisch sprechen konnten für den Verkauf ein. Und da viele Amerikaner nur mit mir sprechen wollten, so kamen sie an mein Bett, das aus einer Couch bestand, und ich verkaufte und führte das Geschäft von dort aus.

Einmal mußte auch Fritz ins Krankenhaus. Es waren seltsame Symptome, für die keiner der Ärzte eine Erklärung hatte. Und als Fritz dann nach einiger Zeit entlassen wurde, da war sein Herz angegriffen, und alles drehte sich vor seinen Augen. Der Arzt schlug vor ihn vier Wochen nach Bad Nauheim zu schicken. Da Frau D, die ihr Kind erwartete, auch aus irgend einem Grunde nicht kommen konnte, half Papa aus.
Ja, und da geschah etwas Seltsames. Meine Krankheit verschwand. Ferner verging nur ganz kurze Zeit, und wir hatten bald 10 000 Mark übrig, nachdem alle Leute ausgezahlt worden waren. Papa gab mir den Rat, auf keinen Fall irgend jemand etwas von dem Geld zu sagen, auch Fritz nicht.

Ich fand den Rat vernünftig, wickelte das Geld in einen Umschlag und legte es hoch oben in den Schrank, wie Mutti es immer gemacht hatte. Ich schob es in die großen Tischdecken, die wir nie benutzten, da sie viel zu groß waren. Eines Tages aber, fand Frau D. das Kuvert. Ich weiß nicht wie. Sie überreichte es Fritz, dem ich dann die ganze Geschichte erzählen mußte. Zu meinem Erstaunen aber war das Geld in ganz kurzer Zeit wieder restlos weg.

Ich hatte inzwischen eine neue Hilfe eingestellt um mit den Deutschen zu verhandeln. Es war eine nette und tüchtige Dame, die vorher in einem Antiquitätengeschäft gearbeitet hatte, auch Englisch sprach, und außerdem die Buchführung verstand. Ich konnte sie gut leiden. Bald jedoch kam Frau D. und teilte uns unter dem tiefsten Siegel der Verschwiegenheit mit, daß diese, von uns so geschätzte Hilfe ihr angeboten hätte, gemeinsam Unterschlagungen zu machen.

Fritz war für ihre sofortige Entlassung. Ich zögerte, aber ließ mich dann beeinflussen, und wir kündigten der Dame unter irgend einem Vorwand.

Kurt

Eines Tages tauchte Kurt in Dahlem auf. Kurt meine erste Liebe. Kurt, den ich mit meinem gelben Taftkleid auf meinem ersten Ball bei Kroll kennengelernt hatte. Das Kroll Opernhaus lag jetzt auch in Schutt und Asche wie alles was mit unserer Jugend zusammenhing. Alle Schulen, alle Häuser. Alle unsere Freunde waren vom Winde verweht, und es gab keinen Weg festzustellen ob sie in Gefangenschaft, in den Westen gegangen, im Osten verblieben oder überhaupt gar nicht mehr lebten. Daher war ich hoch erfreut Kurt zu sehen und zu hören wie es ihm ergangen war.

Kurt wurde schon zu Beginn des Krieges 39 eingezogen. 12 wöchentliche Truppenübungen, die er nicht ernst nahm, denn man versprach, er solle gleich danach entlassen werden.

Ja, Kurt hatte dem Führer vertraut. Er war doch auch in der Hitlerjugend, hatte dort sogar irgend einen Rang, aber keinen großen, glaube ich. Wir haben damals nie über Politik gesprochen. Nicht, weil ich ihm nicht traute, nein, das Gefühl hatte ich nie. Aber wir sprachen einfach nicht davon. So sehr begeistert kann er von unserem geliebten Führer also nicht gewesen sein, aber das bedeutete keineswegs, daß er Goebbels Propaganda nicht glaubte. Als er nun nach der Truppenübung doch nicht entlassen wurde, hoffte er, wie die meisten Deutschen, auf einen kurzen, natürlich siegreichen Krieg, denn der Mensch neigt dazu immer mit der angenehmeren Möglichkeit zu rechnen, selbst wenn der Verstand ihm sagt, daß es töricht ist.
Ich erhielt dann Feldpostbriefe. Aber bald mußte ich ihm mitteilen, daß ich mich in einen andern verliebt, und dann, daß ich mich verheiratet hätte, und dann kam keine Post mehr von Kurt. Einmal kam er mich in Woltersdorf besuchen. Er hatte kurzen Urlaub um seinen Doktor zu vollenden. Da stand er plötzlich vor mir in seiner gutaussehenden Offiziersuniform. Er blickte wehmütig auf mich und meine Kinder, und dann hatte ich nicht mehr von ihm gehört. Erst in Dahlem habe ich ihn wiedergesehen.

Kurt war auch einer von den wenig Glücklichen, die durchkamen. Aber es war auch bei ihm dicht dran gewesen. Frankreich, Rußland, Verwundung, und dann sah er endlich einen Hoffnungsschimmer. Er wurde Adjutant bei Oberstleutnant Nolte, der dem General von Hasse, dem Stadtkommandanten von Berlin unterstand. Kurt wurde Mädchen für alles. Vor allem Zwischenträger von Post und Mitteilungen zwischen den Offizieren, die an Hitlers Attentat beteiligt waren. Kurt hat mir nie anvertraut, ob und wie er darin verwickelt war. Er war ein sehr schweigsamer und durchaus nicht vertrauensseliger Mensch, das ganze Gegenteil von mir. Er lebte ja auch noch in der Ostzone, und da schien es klüger zu sein, nicht über irgendwelche früheren militärischen Verbindungen zu reden. Die östliche Regierung behandelte ja alle deutschen Soldaten als Kriegsverbrecher, einschließlich aller leicht und schwer verwundeten.

Nach dem Attentat am 20. Juli 1944 wurde Kurt sogleich verhaftet und eingesperrt. Die Gestapo warf damals 7000 Leute, meist Offiziere und deren Familie in die Gefängnisse.
Dort wurden sie verhört, gefoltert und 5000 hingerichtet, wie wir später erfuhren. Manche noch wenige Tage vor dem Ende des Krieges,
Man verurteilte Kurt nach lang hingezogenen Prozessen in verschiedenen Gefängnissen nicht, wie erwartet zum Tode, sondern zu fünf Jahren Kerker.
Ja, da war nun Kurt eines Tages wieder da.

Die Zerstörung von Schloß Schöneiche

Kurt war jetzt Rechtsanwalt in der Ostzone. Er zögerte in den Westen zu ziehen. Da gab es für ihn zu viel Für und Wider. Er wollte erst einmal abwarten, vielleicht würde es später doch....
Vielleicht würden sie doch noch.....Sicher käme dann vielleicht noch einmal .... Und dann würde es ihm leid tun. Aber er kam uns oft besuchen. Und einmal fragte mich Kurt, ob ich eigentlich wisse was mit Schloß Schöneiche geschehe. Ich hatte es seit der Schulzeit nicht mehr gesehen, hatte nur gehört, daß diese elende Hitlerbande alle riesigen Eichen, die Jahrhunderte alt waren, hatte absägen lassen, alle Eichen, den ganzen Weg entlang zum Schloß. Das wollte ich nicht sehen, das konnte ich nicht sehen. Dieser herrliche Weg mit den rauschenden uralten Bäumen.

Das Schloß selbst war unversehrt durch den Krieg gekommen. Man hatte es schwarz angemalt, und die Flugzeuge sind darüber geflogen ohne ihre Bomben abzuwerfen. Aber was mir Kurt erzählte, das war nicht zu glauben, das war einfach nicht möglich.

Schloß Schöneiche sollte zerstört werden. Jemand hatte es bestimmt. Selbst die eingefleischtesten Kommunisten der Gegend waren entsetzt. Das war ein wundervolles Gebäude mit festen starken Mauern. Es war kein Herrenhaus mehr. Es gehörte einer Schule, einer Schule, die von Sozialisten gegründet war, einer Schule, die immer idealistisch, nie nazistisch gedacht oder unterrichtet hatte. Man konnte es zu einem Krankenhaus, einem Altersheim, einem Raathaus, einem Ausflugort, man konnte es zu allem gebrauchen

Das Schloß Schöneiche- Alte Postkarte

Zerstörung 1949 Foto, das Fritz aufnahm

Foto, das die Dorfbevölkerung aufnahm

Der Ort selbst besaß nicht viele größere Bauwerke. Es hatte immer im Schutze des Schlosses gelebt. Es war das Symbol der ganzen Umgebung. Als 1946 Typhus herrschte, diente es bereits als Lazarett und Quarantänestation. Und jetzt 1949 also bereits vier Jahre nach dem Kriegsende sollte es abgerissen werden. Aber es half alles nichts. Die Bevölkerung mußte an ihren freien Tagen antreten und das Schloß zerschlagen, das herrliche Schloß, das so dicht bei Berlin gelegen, den Krieg wunderbarerweise über-standen hatte. Das Zerstören des Schlosses war gar nicht so leicht, denn die Mauern waren ungeheuer dick und man hatte keine Bulldozer. Man gab den Leuten Hämmer in die Hand. Die Ostzone erhielt ihre Befehle von Moskau, und in Moskau war man Spezialist in der Kunst der Zerstörung. Zerstören ist immer leichter als der Aufbau. Zerstören geht immer schneller. Das Dach, ja das Dach sollte zuerst abgetragen werden, dann würde der Regen hereinkommen und der Schnee, und es von oben her vernichten und dann würde man es nicht mehr benutzen können.

Ich fing an zu weinen. Dann aber packte mich eine maßlose Wut. Es gibt eine ganze Menge Wörter in der deutschen Sprache, die ein wohlerzogener Mensch nicht in den Mund nimmt. Alle kamen mir in den Sinn. Jedes einige, daß ich dieser Bande zuschreien wollte. Ihr verd.. verflu....Ihr elenden Schw. Ihr Saubande. Aber was hatte das für einen Sinn. Es änderte nichts, rein gar nichts an der Tatsache, daß unser geliebtes Schloß zerstört wurde.

Einen Fluch möchte ich auf die Verantwortlichen schleudern, der ihr Leben zur Hölle machen soll, daß jeder Stein, den sie von Schöneiche zerschlagen ließen eines Tages in ihre Seele gestopft werden möge bis sie...

Die eiserne Platte von 1617

Fritz fuhr hinaus. Er macht ein Foto. Das Dach war schon zerstört, war schon abgetragen, das schöne starke Dach aus den erlesensten Schiefern. Der Delfter Speiseraum mit den wundervollen Kacheln auch schon zerhauen. Der dortige Töpfer aber hatte einige wenige, die nicht ganz zertrümmert waren, gerettet. Fritz kaufte von dem Manne alle Kacheln, die er besaß. Und die große eiserne Platte, die brachte Fritz auch mit. Sie war über einen Zentner schwer und stammte aus dem Jahre 1617. Es war der Kamineinsatz des ehemaligen Schlosses, bevor Knobelsdorf das Rokokoschloß erbaute. Diese Platte muß den Besitzern viel bedeutet haben, denn sie ließen sie an der prominentesten Stelle des ganzen Gebäudes anbringen. Direkt in die Wand am obersten Schwung der kunstvollen Freitreppe, dieser herrliche Freitreppe. Wie oft sind wir dort vorbei gesprungen.

Was ist mit dem herrlichen schmiedeeisernen Gelände geschehen? Hat man es eingeschmolzen, zu einem Klümpchen Altmaterial gemacht? Was ist aus den herrlichen Türen geworden, dem prächtigen roten Damast der Wände?

Er verfiel doch sicher, schon während man ihn abriß. Er war doch über 200 Jahre alt. Was aus der bemalten Decke, nachdem der Regen durchtropfte? Und dem Parkett? Sicher hat es die arme Bevölkerung als Brennholz benutzt. Und die schönen großen Fenster? Die konnte doch niemand wieder gebrauchen, die waren doch viel zu groß. Und hat man nun auch die großen Eichen gefällt, die direkt vor dem Schlosse standen?. Das mußte doch tagelang gedauert haben, das Durchsägen. Diese riesigen uralten Bäume. Man hatte doch damals kaum richtige technische Hilfsmittel. Welch einen grauenhaften Ton muß es gegeben haben, als sie auf die Erde schlugen. Wie muß der Boden gebebt haben. Werden die Maiglöckchen dort noch blühen, und wo die vielen Vögel nisten? Wird ein Stalin Denkmal in dem Park, der nun kein Park mehr ist, aufgestellt werden?

Eine Weile wird das Schloß noch leben, wie es war in unserer Erinnerung, in den Träumen der Schüler, die dort lebten. Aber bald werden auch die tot sein. Und Niemand wird mehr wissen wie schön unser schönes Schöneiche war. Es hat mehrere Jahre gedauert, das Schloß Schöneiche zu zerstören, dieses zauberhafte Schloß Schöneiche. Es ist jetzt vollkommen vom Erdboden verschwunden. Nur eine alte Eiche steht noch da. Von der kleinen Schloßkirche aus kann man ausrechnen wo das Schloß überhaupt einstmals gestanden hat. Was haben sie mit dem tiefen Fundament gemacht, in dem sich die Kellerräume befanden? Sie waren doch so enorm hoch gebaut. Man hatte ferner schon Zentralheizung in das Schloß gelegt, und viele Brauseräume und Toiletten waren dort unten errichtet. Von dem abgerissenen Material des Schlosses sollten angeblich Arbeiterhäuser erbaut werden. Aber man wußte doch daß das Baumaterial luftgetrocknete Handstrichziegeln waren, die sogleich zerfielen wenn man sie aus dem Mauerverbands herausriß.

384

Die Delfter Kacheln, jetzt an unserem Kamin in Amerika

Diese Schufte waren sogar zu dumm sich bessere Ausreden auszudenken.

Wir haben ein paar Kacheln des Speisezimmers retten können. Und wir haben sie mit nach Amerika genommen und an unserem Kamin angebracht. Aber nicht etwas angeklebt. Nein, Fritz hat eine besondere Rückwand gebaut und eine besondere Vorrichtung sie zu halten, und besonderes Material benutzt, das auf keinen Fall den Kacheln schaden kann.

Und die große Eisenplatte, die Fritz trotz der Gefahr einer hohen Gefängnis oder Todesstrafe aus der Ostzone holte, die hängt heute an einem Ehrenplatz oben an unserer Aufgangstreppe, die zwar klein und elend ist im Vergleich zu ihrer vorigen Stelle. Aber niemand wird die Platte hier zerstören oder ihr etwas Böses zufügen können, nicht so lange wie ich lebe. Oft streichele ich sie, und ich gehe selten daran vorbei ohne sie liebevoll anzusehen.

P. S Übrigens habe ich gehört, daß das Schloß Schöneiche rekonstruiert werden soll. Dann werde ich ihnen die eiserne Platte geben, damit das Schloß wenigstens ein Originalstück besitzt.

Die Steuerfahndung

Ganz unerwartet erschien sie bei uns. Sie bestand aus zwei Männern, die unsere ganze Wohnung durchsuchten. In jede Ecke schauten sie. Jeder Schrank wurde geöffnet und durchkramt. Die Wände nach eventuellen geheimen Tresoren abgeklopft. Selbst die Speisekammer und Lebensmittelvorräte bis ins kleinste in Augenschein genommen. Sie machten Notizen und verschwanden. Wir mußten dann zu ihnen kommen. Wir waren von Jemand angezeigt worden. Der Beamte war sehr nett und zeigte uns das Schreiben. Er legte es umgekehrt auf den Tisch, so daß wir es lesen konnten, während er in einem anderen Raum etwas suchte. Wir sahen, daß es die nette junge Verkäuferin gewesen war, die Tochter von dem Antiquitätenhändler, der öfter zu uns Sachen zum Verkauf brachte. Er hoffte sicher hinter unser Verkaufsgeheimnis zu kommen. Sie hat nur kurze Zeit bei uns gearbeitet. Und als es für sie klar war, daß in unserem Geschäft durchaus nichts Geheimnisvolles vorsichging, hatte sie von alleine wieder aufgehört. Wir haben sogar bedauert, daß sie kündigte .

Wir haben uns herzlichst von ihr verabschiedet. Wir waren immer nett zu ihr. Warum wollte sie uns nun Böses antun? Vielleicht wollte sie Konkurrenz ausschalten. Aber das Geschäft ihres Vaters lag in einem ganz anderen Stadtteil. Das habe ich nie verstehen können.

Ich sprach nun mit dem Beamten eine lange Zeit und erzählte ihm unser ganzes Dilemma. Unseren Anfang, unsere Unerfahrenheit, die seltsamen Diebstähle und meine Verzweiflung, daß wir so viel verdienten und doch kein Geld hatten. Der Beamte wußte schon das meiste selbst. Er hatte alles bei der Hausuntersuchung festgestellt. Er hatte gesehen, daß wir kaum etwas für uns selbst besaßen. Nicht einmal ein Schlafzimmer, denn dieser Raum wurde ja am Tage als Aufenthaltstelle für die vielen, bei uns Beschäftigten benutzt. Nichts an gutem Essen in der Speisekammer, nichts an Kleidung in den Schränken. Wir besaßen weniger als unsere Angestellten. Ja, das laufende Verschwinden der Unterlagen, die vielen Diebstähle, die ablenken sollten, alles paßte in das Bild. Er kam zu der gleiche Überzeugung, die ich die ganze Zeit gehabt hatte. Er gab mir Anweisung wie wir die Buchführung handhaben sollten, und auch wer nach seiner Meinung für alles Unglück in Frage käme. Aber das Tischchen. Es hatte doch einwandfrei bewiesen, daß ich Unrecht gehabt hatte. Sein Ratschlag war auch die betreffende Person zu entlassen, und möglichst ohne viele Hilfe auszukommen, da wir anscheinend nicht die Typen waren um mit Angestellten fertig zu werden. Wir mußten dann eine geringe Summe an Versicherungsgeldern nachzahlen, die unser monatlicher Buchhalter übersehen hatte, bekamen aber keine Strafe für unsere schlechte Buchführung.
Gleichzeitig erfuhr ich auch, daß wir im Falle einer Steuerbestrafung, auch der kleinsten, nicht hätten nach Amerika einwandern können.

Der Rat, des netten Steuerbeamten war nicht so leicht durchzuführen. Fritz war entschieden dagegen die Frau D. zu entlassen. Sie wäre bestimmt ehrlich. Sie hätte nichts an Wertsachen, kein Geld, nichts an Nahrungsmitteln, nur rationierte. Allerdings war sie und ihre ganze Familie ziemlich fett von den rationierten und warum wurde sie oft plötzlich ganz rot, wenn man sie anblickte.
Aber Fritz meinte, daß könne viele Gründe haben. Und außerdem würde sie bald selbst aufhören, da ihr Mann eine Stellung gefunden habe, und sie wolle jetzt auch nur noch halbtags kommen. Wenn das Kind geboren werden würde, dann könne sie sowieso nicht mehr bei uns arbeiten.

Mein Widerstand schwand, denn ich wurde wieder krank und die Papiere gingen wieder verloren. Die ganze Sache war einfach zu viel. Ich war ständig von der Vorstellung verfolgt, daß ich jeden und jedes in unserem Hause körperlich auf dem Rücken tragen mußte, und es wurde schwer und schwerer, bis mich nur noch ein Wunsch beherrschte, weg, nur weg aus dieser grauenvollen Wohnung. Es war alles ein Angsttraum geworden. Selbst die Antiquitäten mochte ich nicht mehr sehen. Nur raus, weg, ganz weit, weit weg. Beide wollten wir weg, beide nichts als raus.

Einmal hatten wir beide plötzlich ganz ungewöhnliche Beschwerden. Uns war schwindlig und ganz komisch. Wir waren sicher irgend ein Gift zu uns genommen zu haben. Da gingen wir schnell zur Rettungsstelle. Wir wollten uns den Magen auspumpen lassen. Aber wir mußten lange warten, inzwischen wurde uns dann besser, und wir gingen dann doch wieder nach Hause.

386

Schade, daß wir nicht da geblieben sind, vielleicht hätte man sogar feststellen können, welches seltsame Substanz wir gegessen oder getrunken hatten.

Von dem Zeitpunkt an jedoch beschlossen wir Dahlem unbedingt zu verlassen.

Aber dann passierte etwas vollkommen unerwartetes, nämlich die Blockade, und da war es leider nicht mehr möglich.

Währungsreform und Luftbrücke

Von der Währungsreform wurde schon lange gesprochen und spekuliert, wie sie nun werden würde. Wir benutzten immer noch das Geld, das Hitler druckte. Das Geld von dem jeder annahm, daß es vollkommen wertlos sein würde. Aber es war nicht, bis jetzt immer noch nicht. Wir hatten nun inzwischen das Jahr 1948, das war bereits drei Jahre nach der Kapitulation. Die Pessimisten fürchteten eine vollkommene Entwertung des jetzigen Geldes. Die Optimisten hofften auf eine gute Eintauschrate. Einige sehr Zuversichtliche träumten davon für zwei alte Reichsmark eine neue Westmark zu erhalten. Und die Klugen überlegten, wie man diese einmalige Situation am besten ausnutzen könne. Aber alle waren der Ansicht, daß es mit diesem seltsamen Zustand des Geldes so nicht viel länger weiter ginge. Wir hatten Geld, das kein richtiges Geld war und eine Inflation, die man auch wieder nicht als Inflation bezeichnen konnte. Wir, in Westberlin waren vollkommen von unserem früheren Umgebung abgeschnitten und konnten nicht allein existieren. Um jedoch mit dem Westen verbunden zu sein, mußten wir eine gemeinsame Währung haben.

Das war es jedoch, was der Russe mit allen Mittel zu verhindern versuchte. Er begann alle möglichen niederträchtigen Aktionen gegen seine ehemals Verbündeten. Sie sollten abziehen, ihm Berlin ganz übergeben. Das sah nicht gut aus. Manche fürchteten die Westmächte könnten nachgeben und weichen, daher beschlossen viele, schnellstens Berlin zu verlassen.

Je näher der Termin der Währungsreform kam, um so aufgeregter wurden die Leute, und um so höher stiegen die Preise für Gold, Silber, Diamanten und Schmuck und besonders für die "Amiquitäten", so nannten wir die Stücke, die die Amis kauften. Man konnte also jetzt durch den Verkauf von einigen wahnsinnig überpreisten Sachen eine große Summe Geld erhalten, mit der man Schulden bezahlen oder Dinge erwerben konnte, die im Augenblick nicht so hoch im Kurse standen. Es schien eine wirklich einmalige Gelegenheit.

In der Ostzone und Ost-Berlin veräußerten viele ihre Häuser sehr billig, da sie vorhatten zu fliehen, aber auch in Westberlin boten Leute ihr Haus an, da sie lieber eins in Westdeutschland besitzen wollten. Man fühlte sich auch in West Berlin nicht mehr so sicher. Die Preise der Häuser hatten sich bei uns im Westen vielleicht verdreifacht. Daher beschlossen manche Leute, die die ganze Sache nicht so richtig mitbekommen hatten, ihr Haus zu verkaufen, weil sie glaubten nie wieder so viel dafür zu erhalten.

Aber da gab es natürlich auch wieder welche, die die ganze Sache mitbekommen hatten, und sich auch dumm anstellten, wie ich zum Beispiel.

Fritz wollte nämlich klugerweise für uns Geld anlegen und in Westberlin ein Haus kaufen. Durch Zufall erfuhr er, daß eine Villa in Zehlendorf angeboten wurde. Wir brauchten nur einige kostbare Spitzen und Tischdecken und ein paar kleine Meißenfiguren, die uns gehörten, zu veräußern, und mit dem Gelde wären wir imstande gewesen diese Villa zu erwerben. Ich war dagegen. Und warum? ? ? Man höre: Ich fand, daß diese Villa nicht "hübsch" wäre. Wirklich und wahrhaftig.

Ein sehr intelligenter Grund für so eine einmalige Geldanlage, muß ich sagen. Vielleicht wollte ich aber auch nicht, weil ich fürchtete, daß wir uns dadurch an Berlin binden könnten und dann vielleicht da bleiben müßten. Dieser Grund ist mir aber sicher erst später eingefallen um nicht ganz so geistig beschränkt zu erscheinen. Jedenfalls haben wir kein Haus gekauft, da wir uns immer gegenseitig beeinflußten. Manchmal zum Guten, manchmal aber auch zum Nichtguten.

Papa riet uns, große Mengen von Papierrollen zu besorgen. Papier, welches die Druckereien für Zeitungen verwandten. Man konnte es noch zu Vorkriegspreisen erhalten.

Aber der Gedanke erschien mir zu furchtbar. Was würde geschehen, wenn die Druckereien sie nicht haben wollten. Was würden wir nur mit dem Papier machen? Als Toilettenpapier war es zu unhandlich, zu steif und entschieden zu viel. Es würde ja bis zum Jahre 3000 reichen. Wir veräußerten dann einige unserer persönlichen Sachen und kauften statt dessen einen zweikarätigen Diamanten, von dem wir hofften ihn nach Amerika mitzunehmen und dort umzusetzen. Dumme Idee. Er hat es natürlich nicht nach Amerika geschafft, mit solchen Besitzer wie wir. Das war doch klar.

Hätten wir nun Papas Rat befolgt und für das Geld, das wir für den Diamanten ausgaben, das Papier gekauft, dann hätten wir gleich nach der Währungsreform von dem Verkauf des Papiers, um das man sich übrigens riß, die Summe von 200 000 neuer Westmark gehabt. Hätten wir nun eine große Menge von dem Papier gekauft, hätten wir ein Vermögen machen können. Aber wer weiß, was uns dann wieder passiert wäre, denn mit Geld scheinen wir Unglück anzuziehen, Wir haben natürlich von der Sache gelernt, und werden uns bei der nächsten Währungsreform nach dem nächsten Krieg wesentlich klüger verhalten.

Als übrigens dann die Eintauschrate bekannt gegeben wurde, war sie eine deutsche Westmark für zehn alte Reichsmark. Und da kam uns natürlich der Koffer von Wassil in den Sinn, der Koffer, der ganz mit Geld gefüllt war, und über den wir so gelacht hatten.

Ja und dann kam die Blockade. Es war im Juli 1948. Die Blockade war die Antwort der Russen auf die Währungsreform und damit auf die Hartnäckigkeit der Westmächte ihren Teil von Berlin unter allen Umständen zu behalten. Die Russen schlossen sofort alle Grenzen und blockierten damit alle in Westberlin stationierten Truppen. Berlin war ja eine kleine Insel in dem großen russisch besetzten Teile von Deutschland. Wir lagen mitten im Feindesland. Wir waren ein strategischer und politischer Stützpunkt, praktisch eine Festung, eine wunde Stelle inmitten russischen Gebietes. Durch die Blockade hoffte der Russe die kleine Insel Westberlin schlucken zu können. Die Blockade durchzuführen war für die Soviets sehr leicht, denn Berlin lag kilometerweit tief in russisch besetztem Land. Die einzige Lebenslinie nach Westdeutschland war die Autobahn nach Helmstedt, und die stand unter scharfer russischer Kontrolle.

Die Soviets hatten auch einen Wasserweg nach Berlin garantieren müssen. Aber sie beschlagnahmten einfach jede Barke nach dem Abladen als Reparationskosten, so daß Niemand mehr wagte den Wasserweg zu benutzen.

Um nun aber in Westberlin zu überleben, brauchten wir Essen und Elektrizität. Und gerade diese Dinge kamen aus dem Osten. Wir besaßen noch einige unzerstörte Elektrizitätswerke, aber die Kohle um sie laufen zu lassen, die kam aus dem Osten. Als die Russen im Juli die Grenzen schlossen, besaß wir nur noch für eine Woche Kohle und für einen Monat Lebensmittel. Westberlin konnte sich in keiner Weise selbst helfen. Auch wenn manche von uns verzweifelt den Tiergarten umgegraben hatten und etwas Gemüse anpflanzten.

Der Tiergarten, unsere früherer so wunderhübscher zweihundert Jahre alter Park im Zentrum der Stadt, hatte in den letzten Kampftagen unter starkem Beschuß gestanden. Die Bomben und die Geschütze haben alle die herrlichen alten Bäume pulverisiert, so daß ein riesiges Feld entstand. Es war jedoch eine verhältnismäßig kleine Fläche, und das Gemüse, das dort angebaut wurde, war zu wenig. Es lebten doch zu viele Bewohner in Berlin. Es waren inzwischen Unmengen hierher geflüchtet. In dieser Zeit befanden sich über zwei Million Menschen in Westberlin. Seit 1945 erreichten täglich 600 Flüchtling den Westsektor. Trotzdem entstand keinerlei Panik. Alle Leute im Westen, und die Mehrheit im Osten, glaubten felsenfest, daß der Amerikaner uns nicht im Stich lassen würde.

Wir selbst waren doch ein bißchen unruhig. Würde der Amerikaner wegen des kleinen Westberlins einen Krieg riskieren? Es schien sich ein bedeutendes Kräfteringen zwischen den großen Mächten abzuspielen. Wir hatten schon seit einiger Zeit den Eindruck, daß die Westmächte einsahen, daß man mit den Soviets nicht zusammenarbeiten konnte. Die riskante Sache war, daß die Soldaten sich gegenüberstanden und ihre Waffen noch nicht alle aufgebraucht hatten. Wir überlegten. Vielleicht waren sie alle kriegsmüde. Das einzig Gute schien, daß der Russe von der Wirkung der Atombombe wußte, daher beschloß er lieber seine hinterlistigen alten Methoden anzuwenden, statt einen offenen Kampf zu wagen.

Für Fritz und mich war es jedoch klar, daß, wenn die Amerikaner abziehen sollten, wir alles stehen und liegen lassen würden, um Berlin fluchtartig zu verlassen. Aber wir hatten die große Hoffnung, daß die Amerikaner bleiben würde.

Und sie blieben, und die Luftbrücke kam. Die Luftbrücke, die von uns allen bejubelt wurde. Die Luftbrücke war nun die einzige Verbindung mit Westdeutschland, die wir hatten. Nur der Luftweg war noch offen. Wir besaßen einen Flughafen in Tempelhof und einen in Gatow. Kleinere Flugzeuge jedoch konnten auch auf Wasser landen. Die Bevölkerung begannen sogleich die alten Flughäfen zu reparieren und zu erweitern, ferner einen neuen in Tegel zu errichten. Wie ich später erfuhr, waren es 19 000 Berliner, die sogleich kamen um eine Flugbahn zu bauen. Dazu benutzten wir den Schutt unserer zertrümmerten Wohnhäuser, der schon bereits stellenweise hoch aufgetürmt worden war. Es waren übrigens bald die Hälfte Frauen, die dort arbeiteten. Und Alle schafften Tag und Nacht nur mit der Hilfe von vier Bulldozern, und keiner ruhte bis die Start und Landebahnen fertig waren. Und die Luftbrücke rettete uns. Alle 90 Sekunden landete eine Maschine.

Es schien Ironie des Schicksals, daß noch vor drei Jahren die gleichen Piloten kamen um ihre tödlichen Bomben auf diese Frauen und ihre Kinder zu werfen, statt auf Hitlers Waffenlager und Fabriken in dem Bezirk von Spandau.

Es war noch nicht lange her, daß sie mit eintausend Maschinen täglich anflogen um uns zu zerreißen oder lebendig zu begraben. Und jetzt flogen die gleichen Flieger Tag und Nacht damit wir überleben konnten. Sie brachten Nahrung für uns und Kohle für unsere Elektrizitätswerke. Ein Freund erzählte mir, daß kleinere Flugzeuge während der Luftbrücke auch auf der Havel landeten. Viele Kinder saßen nun oft an den Wasserrändern um die Flugzeuge zu beobachten, und da warfen manche Piloten kostbare Schokolade und andere Süßigkeiten zu ihnen herunter. Und dieses mal nannten die Kinder sie liebevoll Ihre Schokoladenbomber.

Die Blockade machte uns allen klar auf welcher gefährlichen Stelle wir uns doch eigentlich befanden. Da war die Sorge, die Angst, daß wir vielleicht doch noch wieder den Russen ausgeliefert werden könnten. Im Kriege sahen manche in dem Russen den Befreier von dem Nazijoch.
Aber inzwischen wußte ja nun Jeder, daß die rote Pest genau so schlimm war wie die braune Pest. Sogar die eingefleischten Kommunisten fürchteten und verabscheuten ihre russischen Kameraden.

In der Zeit der Blockade waren viele Einschränkungen. Unser Heizmaterial war sehr knapp und auch der elektrische Strom. Er konnte nur zeitweilig geliefert werden, zwei Stunden am Tage und zwei in der Nacht, und der Zustand dauerte über ein Jahr. Aber wir Berliner waren an Schlimmeres gewöhnt.

Wenn man einmal diesen schrecklichen Krieg hier durchgemacht hatte, so besaß man zu allem eine andere Einstellung. Wir klagten nicht, daß es so wenig Strom gab, sondern wir waren dankbar und freuten uns, daß wir überhaupt welchen erhielten, denn wir wußten ja warum es keinen gab. Manche Leute benutzten Kerzenlicht. Das war romantisch. Aber die Kerzen waren teuer und schwer zu bekommen. Etwas Holz um zu kochen, konnte man jedoch noch in den Ruinen finden. Und wenn wir jetzt bei unserem teilweise kümmerlichen Licht in den meist kalten Räumen saßen, wußten wir, daß unsere amerikanischen Freunde nicht mehr kamen um uns zu bombardieren, und das war ein sehr schönes Gefühl.

Viele kleinere Betrieb, die gerade angefangen hatten zu produzieren mußten wegen der mangelnden Elektrizität schließen, und die Arbeitslosigkeit stieg.

Einige Leute wohnten noch immer in den Ruinen ihrer zerstörten Häuser

Eine der wenigen Arbeiten, die noch zu haben war, bestand im Wegräumen des Ruinenschuttes. Das Problem des Stromes war besonders hart für arbeitende Mütter, und jetzt gab es viele arbeitende Mütter. Die Frauen mußten mitten in der Nacht aufstehen um das Essen zu kochen. Aber jetzt stand man Nachts auf ohne Furcht für sein Leben.

Eine besondere Sache, an die ich mich stark erinnere war das Brot. Sie waren nett und brachten uns unser Brot schon gebacken. Sie brachten uns ihr Weißbrot. Man kann sich keine Vorstellung machen, was dieses Weißbrot damals für uns bedeutete. Für uns war es der Inbegriff des Luxus. Bei uns in Berlin gab es doch seit endlosen Zeiten immer nur das Roggenbrot, das Vollkorn, das schwere, feste, dunkle, herbe, leicht bittere. Nur zu besonderen Tagen gab es helle Brötchen.

Das Brot, das wir nun von der Luftbrücke erhielten, war aber nicht nur aus Weizen und hell, es war auch nicht nur weiß, es war sogar schneeweiß, und es war ganz leicht und ganz weich. Aber die stürmische Liebe zum Weißbrot hielt nicht lange vor. Bald kam die betrübliche Ernüchterung. Nach ein paar Wochen hatte man genug davon, und wir fanden es sähe nicht nur aus wie Watte, es schien auch deren Nährwert zu haben. Und wir begannen ohne Ausnahme nach unserem dunklen harten Roggenbrot zu jammern. Das Fehlen unseres Roggenbrotes war eigentlich schlimmer als die mangelnde Elektrizität und Heizung. Und wir begannen zu verstehen warum unsere Eltern immer von unserem nahrhaften gesunden Brote gesprochen hatten, wenn wir es nicht essen wollten. Und warum man immer betete: "unser täglich Brot gib uns heute." Damit war sicher nicht das weiße gemeint. Aber trotz des weichen Brotes beklagten die Berliner sich nicht.

Es ist eigentlich nicht nett von mir jetzt überhaupt irgend etwas Negativem zu erwähnen, und ich möchte auf keinen Fall undankbar erscheinen, denn das war keiner von uns in Berlin.

Die Lebensmittel, die wir erhielten, bestanden hauptsächlich aus getrockneter Nahrung. Das würde allmählich schwierig. Man hatte ein ungeheures Verlangen nach etwas Frischem. Die Soviets in Ost-Berlin boten uns großzügig ihre Hilfe an. Wir konnten von ihnen zusätzliche Lebensmittelmarken erhalten, Obst und Gemüse und das himmlische Vollkornbrot.

Aber nur 4 Prozent der Westberliner baten um diese Karten, und das waren hauptsächlich Leute, die im Osten arbeiteten oder Angehörige dort hatten. Wir anderen beabsichtigen den Russen zu zeigen, daß wir absolut nichts mit ihnen zu tun haben wollten, daß wir selbst ihre kostbaren Geschenke ablehnten, daß wir uns nie ihnen unterwerfen würden.

Als Stalin erkannte, daß er die Berliner nicht durch seine Blockade einschüchtern konnte, begann er einen neuen Weg zu suchen. Es war im August als er eine andere Methode anwandte. Es war die gleiche, die sein Kollege Hitler erfolgreich für seine Machtübernahme benutzt hatte. Er schickte politisches Pöbel zum neuen Rathaus, um die deutsche Regierung aus dem Gebäude zu jagen. Da war leider nichts was die Abgeordneten machen konnten. Sie mußten der Gewalt weichen. Aber der Plan klappte trotzdem nicht. 300 000 Berliner versammelten sich an dem früheren Reichstagsgebäude, und Ernst Reuter, der später der Bürgermeister von Westberlin wurde, sprach und appellierte an die Alliierten Berlin nicht aufzugeben. Es entstand eine ungeheure Begeisterung unter den Zuhörern.

Das war eine entschieden andere Stimmung als damals, wo stets das organisierte irrsinnig hysterische Beifalls-
geschrei losging wenn unser geliebter Führer seine Lügen über die Volksmasse brüllte.

Nach der Reuterrede begaben sich alle Anwesenden zu der Kommandantur der Alliierten, um gegen die
Unterdrückung der Ostberliner zu protestieren. Am Brandenburger Tor kam es zu einer unerfreulichen Begegnung mit bewaffneter kommunistischer Polizei. Wir waren nicht dabei, haben nur gehört, daß einige Berliner
auf das Brandenburger Tor kletterten, die verhaßte rote Fahne von dem Siegeswagen entfernten, und die Masse
sie zerfetzte. Daraufhin eröffneten russische Soldaten das Feuer. Verschiedene Deutsche wurden verwundet
und ein Junge getötet.

Wir selbst befanden uns zu der Zeit am russischen Kriegsdenkmal. Die Menschenmasse hatte sich zu
dieser verhaßten Stelle hingeschoben. Das Denkmal wurde jedoch ständig von Soviel Soldaten bewacht. Sonst
wäre es von den Berliner schon längst in Stücke zerschlagen worden, denn die Berliner dachte an die Vergewaltigungen, die Deportationen und die sonstige Behandlung. Zu dieser Zeit war es bereits bekannt, daß die
Konzentrationslager im Osten schon wieder gefüllt waren, und Menschen dort getötet und gefoltert wurden,
genau wie zur Zeit der Nazis.

An dem Tage war der Ärger der Bevölkerung, angefeuert durch die Versammlung und der Rede von
Reuter, auf einen Höhepunkt gestiegen, und man begann einen sovietischen Jeep mit Steinen zu bewerfen. In
diesem befanden sich russische Soldaten, die ihr Kriegerdenkmal bewachen sollten. Die angegriffenen Russen
wurden von Engländern gerettet, die in der Nähe stationiert waren.

An dem Abend hörten wir über das amerikanische Radio die Botschaft. " Berliner, wir haben Euch gehört."
Plötzlich war Berlin in den Schlagzeilen der Weltpresse.

Es war uns gleich vom Anbeginn klar, daß die Luftbrücke nicht aus Liebe geschehen war. Vielleicht
bei dem amerikanischem Volke, aber sicher nicht bei ihren Politikern. Wir hatten ja erst vor drei Jahren gesehen
wie sehr sie uns liebten, als sie hauptsächlich die Bevölkerung bombardierten, und auf einmal wurde unser
Wohlergehen zu einem Weltproblem. Ich möchte nicht, daß man das falsch auffaßt. Wir waren und werden
allen, die an der Luftbrücke beteiligt, für immer liebend verbunden sein. Die Luftbrücke war eine ungeheure
Tat, eine erstaunliche Leistung.

Die Luftbrücke änderte auch vor allem die Einstellung der westlichen Welt den Berlinern und sicher auch allen
Deutschen gegenüber. Plötzlich waren wir nicht mehr die bösen Feinde, sondern Partner in der Verteidigung
der Freiheit. Jetzt arbeiteten wir zusammen.

Stalin hatte gehofft, daß die Luftbrücke allmählich zu kostspielig sein würde. Er hatte vorausgesagt,
daß der Amerikaner abziehen werde. Aber er zog nicht ab, und im September 49 mußte Stalin nachgeben und
die Blockade aufheben. Die Blockade hatte etwas über ein Jahr gedauert. Von Juni 1948 bis September 1949.

Das bedeutete nun aber nicht etwa Frieden. Nein, es war immer noch Krieg. Nur eine andere Form des
Krieges. Der heiße Krieg gegen Deutschland war inzwischen durch den kalten Krieg der Sieger gegen einander
ausgewechselt worden. Wir aber saßen wieder einmal mitten drin. Wir waren wieder einmal in einer Falle.
Nicht ganz so wie in der Hitlerzeit, wo nur die Nazis die Ausgangsklappe bewachten.

Dieses mal war das Netz auch noch nicht so feinmaschig wie damals. Und wir beschlossen rauszukommen bevor es zu spät war. Dic Sovicts verschleppten immer noch Leute, selbst in der Mitte des Westsektors wurden sie plötzlich überfallen und entführt.

Wir hatten sowieso die Absicht abzuziehen. Das Konsulat jedoch erkläre uns, daß es noch eine ganze Weile dauern könne, bevor wir an die Reihe kämen, da viele Deutsche jetzt den Wunsch hatten auszuwandern. Deutschland war schön. Aber in dem Deutschland, das wir kannten war immer Krieg oder schlechte Zeiten. Da waren schlechte Zeiten vor dem Kriege, da waren schlechte Zeiten im Kriege und schlechte Zeiten nach dem Kriege. Und sicher würden bald wieder die Vorkriegszeiten beginnen und es würde wieder alles von vorne losgehen. In Europa saßen so viele Nationen dicht beieinander und schlugen sich ständig, Fahnen schwingend die Köpfe blutig. Nein, wir hatten genug. Auf keinen Fall wollten wir noch einmal das alles erleben. Amerika war das Land des Friedens, das Land der endlosen Flächen, und natürlich auch das Land der Abenteuer.

Da jedoch unsere Einwanderungsnummern noch immer nicht aufgerufen wurden, beschlossen wir inzwischen an einer anderen Stelle als in Berlin auf unsere Auswanderung zu warten.

Die Soviets schienen zu allem fähig zu sein. Sie konnten, unserer Meinung nach, eines Tages Lust bekommen ganz Deutschland zu verschlingen. Wir hatten ja nun die Russen gründlich kennengelernt und inzwischen erfahren was viele Andere durchmachen mußten. Und da wir fürchteten, daß wir das nächste mal vielleicht nicht so viel Glück haben könnten, beschlossen wir, erst einmal nach Bremerhaven zu ziehen. Bremerhaven lag in Westdeutschland. Dort könnte man in Falle, der Russe weiter vordringt, mit einem Schiff fliehen. Die Amerikaner schifften von diesem Hafen aus. Wir hielten es ratsam dicht bei den Amerikaner zu bleiben, im Falle einer Flucht.

Da war nur ein Problem Bremerhaven war zerstört, vollkommen zerstört. Und dort eine Unterkunft zu finden, schien äußerst schwierig.

Fritz fuhr sogleich nach Bremerhaven um dort irgend etwas für uns zu finden. Und da Fritz immer Glück hat, so fand er auch dieses mal etwas. Er mietete ein kleines Haus in Langen, das lag etwa eine halbe Stunde vor Bremerhaven.

Das kleine Haus in Langen hatte einen ziemlich großen Garten mit einigen Fruchtbäumen und vielen Sträuchern voller Beeren. Das Haus war neu und aus Stein. Aber zu der Zeit galten noch strenge Baubestimmungen. Die Regierung wollte sicher sein, daß nicht eine Person zu viel, von dem, noch wenig vorhandenem Baumaterial, für sich verbrauchte. Daher war das Haus eigentlich sehr primitiv. Aber das machte uns nichts aus. Wir würden mit allem zufrieden sein, und wir freuten uns auf das kleine Haus in Langen.

Leider konnten wir nicht gleich abziehen. Da waren noch Auszahlungen an Kunden offen, deren Antiquitäten wir schon verkauft hatten. Und das Geld für die Auszahlungen mußten wir nun erst wieder verdienen. Aber wir begannen nun eisern unseren Abzug vorzubereiten.

Und ich begann Licht in dem dunklen Tunnel zu sehen.

Das große Glück mit dem Eisenbahnwaggon

Papas ganzer Betrieb in der Kinzigstraße war, wie ich ja schon sagte, durch ein Wunder, von den Bomben ziemlich verschont geblieben. Gleich nach dem Kriegsende begann Papa wieder alle Türen und Fenster in seinem Betrieb einzusetzen und die, mit Schutt und Staub innen und außen völlig verschmutzten Maschinen, und sonst alles in Ordnung zu bringen.

Da war noch etwas Kupferdraht. Papa hätte ihn für viel Geld verkaufen können. Er entschloß sich jedoch, statt dessen damit seinen Betrieb wieder zu beginnen, und er fing an von dem Kupferdraht Spulen für Telefonhörer herzustellen. Von den Russen bekam er dann den Auftrag Zündspulen zu produzieren. Sie lieferten sogar etwas Material. Papa war ein Perfektionist und lieferte stets die beste Qualitätsware, daher wurde seine Arbeit sogar bei der russischen Kommandantur bevorzugt, und er konnte bald wieder mehrere Leute einstellen, die sehr glücklich waren in dieser schlechten Zeit Arbeit zu finden. In Kürze beschäftigte er 26 Leute. Als Nebenprodukt fabrizierte Papa dann noch Zigarettenroller. Damals drehten sich die Russen und auch viele Deutsche die Zigaretten selbst. Tabak war auf dem schwarzen Markt wesentlich billiger als die unerschwinglichen Zigaretten. Papa stellte diese Zigarettenroller aus alten Blechbüchsen her, und die russische Kommandantur war begeistert und meinte:" ihr Deutschen seid Teufelskerle, könnt aus alten Blechbüchsen Maschinengewehre produzieren."Aus den Blechabfällen von den Büchsen machte Papa dann auch noch kleine Pinzetten und aus Drahtabfällen baute er Lampenschirmgestelle für Tischlampen.

Leider aber waren bald alle alten Büchsen und Drähte aufgebraucht und Papa mußte dann die Fabrikation dieser Gegenstände einstellen. Eines Tages stoppten auch die Russen die Aufträge für die Zündspulen, da sie in großem Maße abzogen. Papa jedoch entließ seine Angestellten nicht. Er suchte statt dessen alle früheren Kunden auf. Einige wenige hatten noch Kupferdraht durch die letzten Kämpfe in Berlin gebracht, und sie waren froh, daß Papa noch seine Maschinen besaß. Und dann begann Papa für diese Firmen Spulen von ihrem Draht anzufertigen, und die Produktion lief auf hohen Touren.

Aber eines schönen Tages kam die deutsche rote Ostsektorenverwaltung und beschlagnahmte seinen ganzen Betrieb in der Kinzigstraße und entließ alle seine Angestellten. Man riet Papa zu reklamieren. Papa lief von Pontius zu Pilatius, und es hatte wirklich Sinn. Nach ein paar Monaten erhielt Papa seine Firma feierlich zurück. Aber er traute seinen Augen nicht als er seinen Betrieb wieder betrat.

Ausweisfoto vom wütenden Papa

Da war nichts mehr da, absolut nichts. Alles hatte die rote Regierung ausgeräumt. Alle Maschinen, alle Werkzeuge, allen Kupferdraht, alles sonstige Material, selbst alle Regale, Tische, Bänke und Stühle. Da waren nur noch die vollkommen leeren Räume vorhanden.

Papa sollte nun unterschreiben, daß er seinen Betrieb, wie versprochen, wieder zurück erhalten hätte. Da ihm die Fabrikräume aber gar nicht gehörten, hätte er ja dafür jetzt noch weiter Miete zahlen müssen. Und da hat Papa dann den Beamten einiges gesagt. Ich weiß nicht was, war nicht dabei, kann mir aber denken was es war. Jedenfalls war er zum Glück nicht zu hause als sie nach ein paar Stunden kamen und ihn verhaften wollten.

Papa hatte wieder einmal Pech gehabt. Aber Papa hatte in seinem ganzen Leben nicht immer nur Pech, sondern auch manchmal Glück, meist sogar ein bißchen mehr vom Letzteren. Wie zum Beispiel gerade nicht zuhause zu sein, als die Schergen kamen ihn abzuholen. Und das war doch wohl ein sehr großes Glück.

Aber jetzt hatte Papa wieder einmal nichts, rein gar nichts.
Da kam eine gute Fee daher und meinte, es wäre an der Zeit für eine Glückssträhne. Diese Sache habe ich übrigens auch geerbt, und sie ist wirklich eine schätzenswerte Gabe Gottes.

Gleich nach dem Kriege hatte Papa seine Ausweichfabrik in Sachsen besichtigt und dafür gesorgt, daß alles in große Kisten verpackt wurde. Er bat Jemand den ganzen Bestand nach Berlin zu schicken.
Berka in Sachsen lag nun tief in der Ostzone und die Bahnen waren stark überlastet, und es dauerte sehr lange bis auch wieder private Transporte angenommen werden konnten, darum mußte Papas Sendung warten. Das war ein großes Glück, denn sonst hätte sich alles in dem beschlagnahmten Betrieb in der Kinzigstraße befunden. Da die rote Regierung jetzt aber nach Papa fahndete, hielt Papa sich bei uns in Dahlem auf. Und da geschah nun eines Tages ein unverhoffter Zufall. Jemand konnte bei der Bahn in Berka nicht lesen ob das der Ost oder Westsektor von Berlin sei. Und die Bahnbehörde rief an, ob der Waggon nach Ost oder nach West Berlin geschickt werden sollte. Welche himmlische Frage.

Und so kam es, daß die ganze Waggonladung im Westen ankam. Papa konnte es gar nicht glauben. Er mietete einen großen Lagerraum und begann aus und aufzupacken. Die Maschinen waren verrostet und würden noch eine menge Arbeit erfordern. Aber der viele Kupferdraht war nahezu so viel wert wie Gold, und Papa konnte ihn für sehr viel Geld verkaufen.

Lisa Schmidt

Ich müßte doch noch eigentlich von Lisa Schmidt berichten, der armen Lisa Schmidt, meiner lieben Freundin, der kleinen schüchternen Lisa, die immer zu ängstlich war über den gepolsterten Bock zu springen, und doch so mutig an all unseren Streichen in Schöneiche teilzunehmen.

Es ist mir klar, daß man beim Erzählen aufzupassen hat, daß man nicht zu viel, nicht zu lange.. Aber ich muß unbedingt von Lisa schreiben.

Lisa wollte Medizin studieren. Sie sollte jedoch erst eine Weile in einem TBC Heim arbeiten. Und dort wurde ihr Schicksal besiegelt. Sie traf und heiratete einen erkrankten jungen begabten Maler, der jedoch schon auf dem Wege der Besserung war. Ihr erstes Kind wurde zwischen Bombenangriffen alleine zu Hause geboren. Aber die, von allen so gefürchtete Nabelschnur hatte es erwürgt. Gegen jeglichen Rat der Vernunft, beschloß sie, in dieser furchtbaren Zeit gleich wieder ein Kind zu haben, genau wie ich. Das Kind wurde auch groß und gesund geboren. Aber die Anstrengung in dieser Hungerzeit muß für die Mutter zu viel gewesen sein. Lisa erkrankte.

Ich werde den Tag nicht vergessen als ihre Mutter anrief und mich bat, ihr doch etwas Fruchtsaft von den Amerikanern zu besorgen, da Lisa nicht schlucken könne wegen ihrer Kehlkopf TBC. Da erst erfuhr ich die grausige Tatsache.

Aber ich hörte von unseren amerikanischen Bekannten, daß man jetzt in Amerika ein Wundermittel gegen diese heimtückische Krankheit gefunden habe. Ich ging sogleich zu unserem Freund, dem Leiter des amerikanischen Krankenhauses. Und es stimmte wirklich. Man konnte TBC jetzt heilen. Welch gute Sache war es doch, in der heutigen Zeit zu leben. Es sollten Tabletten sein, einfache Tabletten, keine Operation, keine schwierige medizinische Behandlung, nur Tabletten. Wie gut, daß ich die Amerikaner gefragt hatte, und auch so viele von ihnen kannte.

Aber nun geschah etwas Ungeheuerliches. Man wollte mir diese Tabletten nicht geben. Nein, Deutsche dürften sie nicht erhalten. Das konnte ich nicht glauben. Nein, nur amerikanische Soldaten.

Auch der Colonel verweigerte sie mir. Ich bot ihm alle irdischen Schätze. Aber es war ein absolutes Nein. Er war nur Soldat und mußte seinen Befehlen gehorchen, und alle unsere Freunde, die am Hospital arbeiteten, gaben die gleiche Antwort. In Amerika würde ich sie auch nicht bekommen.

Und so mußte die junge blühende Lisa sterben, weil sich niemand traute einer deutschen Frau ein paar Tabletten zu geben, weil es ja offiziell verboten war, und sie alle Angst hatten ihre Stellung zu verlieren. Wäre es doch nur ein klein wenig später gewesen. Aber so arbeitet das Schicksal nicht. Es zählt nur, was gerade da ist, wenn es passiert. Nicht ein klein wenig später, ein klein wenig anderes Land, klein wenig andere Menschen.

Die Mutter von Lisa war die Russin, die uns damals den getrockneten Grünkohl schenkte bevor die ganz große Hungersnot kam. Sie hat sich dann um das Kind von Lisa und deren Mann gekümmert. Ihr eigener Mann war ein Jahr vorher gestorben. Sie wollten nun alle drei nach Amerika auswandern, und sie kamen uns noch einmal kurz vorher besuchen. Leider waren wir nicht zu Hause. Mutti war nur da. Und Mutti muß sehr unfreundlich zu ihnen gewesen sein, denn Mutti erzählte sehr wütend, daß die Frau Schmidt sich so schändlich aufgedonnert hätte und mit dem jungen Mann die Hände hielt. Was ging das Mutti an?

Wir haben Frau Schmidt vor ihrer Abreise nicht mehr erreichen können. Das tat uns sehr leid, denn wir hätten sie später gerne in New York aufgesucht. Aber wir wußten nicht den Namen von Lisas Mann, und mit dem Namen Schmidt, da hat man absolut keine Chancen im New Yorker Telephonbuch.

Die Vorbereitungen

Wir hatten eine neue Haushälterin gefunden. Herta war aus dem östlich besetzten Gebiet nach Berlin entflohen. Sie war etwas jünger als wir, aber im Haushalt schon sehr erfahren. Sie sprach nicht allzuviel von ihren schlimmen Erlebnissen mit den Russen. Sie sprach immer nur von den Pilzen. Bei ihr zu hause ist eine grausame Sache passiert. Die ganze Familie starb an einer Pilzvergiftung. Alle, der Vater, die Mutter und die Schwestern. Dabei galt die Mutter als erfahrene Pilzsucherin. Immer schon hatten sie Pilze gegessen, solange Herta denken konnte.

An dem bewußten entsetzlichen Tage kam Herta von der Arbeit auf der Kolchose spät nach Hause. Die Mutter hatte ihr das Essen aufgehoben. Aber ihr, und auch den andern war nicht gut. Sie hatten sich alle, wie es hieß, den Magen verdorben. Herta rührte das Essen kaum an und begann sich um die andern zu kümmern. Aber bald wurde auch ihr schlecht. Sie lief zum Nachbarn um Hilfe zu holen, konnte aber nur unzusammenhängend reden und taumelte. Man hielt sie unglücklicherweise für betrunken und schickte sie wütend fort. Und im Krankenhaus ist dann die ganze Familie gestorben, bis auf Herta, die aber lange Zeit geistig verwirrt schien und erst nach Monaten entlassen werden konnte. Die Mutter soll immer wieder beteuert haben, sie hätte nur Pilze genommen, die sie kannte, und sie hätte jeden einzigen ganz genau geprüft. Wir haben lange Zeit keinen Pilz angerührt.

Unsere Entscheidung Berlin schnellstens zu verlassen war endgültig. Papa borgte uns Geld, um den Leuten, die schon verkauften Antiquitäten auszahlen zu können. Und wir begannen nun unseren Umzug vorzubereiten.

Wir dachten, daß wir in Bremerhaven vielleicht bis zur Auswanderung unseren Lebensunterhalt durch ein kleines Schmuckgeschäft bestreiten könnten, welches wir ohne Angestellte führen würden. Wir hofften, daß man in Bremerhaven sicher imstande wäre, an die abziehenden amerikanischen Truppen antike Granaten und anderen Schmuck zu verkaufen.

Wir hatten natürlich vor, alle unsere Sachen, die wir durch den Krieg gebracht und sicher aus der Ostzone herausgeholt hatten, auch wieder mitzunehmen. Man hätte alles leicht veräußern können, aber es waren nicht mehr Dinge für uns, sondern Kameraden, die mit uns durch gute und schwere Zeiten gegangen waren, und die man auf keinen Fall im Stich läßt. Wie viele Erinnerungen waren mit jedem einzigen Stück verbunden. Wir besitzen sie heute noch, vieles, was wir durch Krieg und Pestilenz gebracht hatten. Unsere alten schönen Möbel. Ich habe sogar noch die Hemdchen, die Mutti aus alten Unterröcken für den kleinen Ottfried nähte, seine kleinen Reithosen und die niedlichen Kleider, die Saskia trug, und die dicke grüne gewebte Tischdecke, das Mutti immer in der Brombergerstraße auf den Tisch legte, nachdem wir gegessen hatten. Einige Gegenstände, die wir später erwarben, boten wir den Amerikanern an.

Und nun begann das Packen. Die Blockade war ja nun zum Glück vorbei, und wir würden mit einem Möbelwagen nach Bremerhaven fahren können. Aber es war, wie wir gehört hatten, ein sehr schwieriges Unternehmen für einen Deutschen etwas nach Westdeutschland zu bringen.

Da war nur eine Straße nach dem Westen, das war die über Helmstedt. Und diese Fahrt würde durch die Ostzone gehen. Das hieß auf dem langen Weg der Willkür der Russen preisgegeben zu sein. Und in Helmstedt wurde man dann einer grausigen Kontrolle ausgesetzt. Russische Soldaten untersuchten den ganzen Wagen auf das genaueste. Und wenn sie nur einen Gegenstand, auch den kleinsten finden würden, der im Osten hergestellt war, so würde der ganze Umzug beschlagnahmt werden. Da konnte man nun, ohne es überhaupt zu wissen, viele Dinge haben die im Osten von Berlin gekauft waren. In früheren Zeiten war man stolz, wenn man etwas aus einem feudalen Laden in einer feudalen Straße erworben hatte. Unsere berühmtesten und feinsten Läden lagen ja im jetzigen Ost-Berlin, zum Beispiel unter den Linden. Da gab es nun Kisten und Kästchen, die Anschriften zeigten. Man druckte diese auf viele Gegenstände. Manchmal stand die Adresse unter oder in dem Stück. Selbst in Kleidung war sie zu finden. Ein Umzugwagen wurde beschlagnahmt weil man einige Garnrollen und ein anderer, weil man einen Kleiderbügel mit der Ost-Adresse in dem Wagen gefunden hatte.

Vor allem waren unsere Bücher eine große Schwierigkeit. Die meisten waren in Verlagen gedruckt worden, die sich in Sachsen, also der jetzigen Ostzone befanden. Wir hatten unsere Bibliothek von ungefähr 1000 Büchern durch den Krieg gebracht. Aber da war kaum ein Buch zu finden, das nicht im Osten hergestellt war.

Fritz löste das Problem, indem er alle unsere Bücher einem amerikanischen Freunde mitgab, der sie bei seinem Umzug bis nach Frankfurt nahm. Von dort holte Fritz sie dann ab und brachte sie in unser gemietetes Haus nach Bremerhaven. Die Amerikaner wurden natürlich von den Russen nicht untersucht. Ein weiterer Glücksfall kam durch einen netten Kunden. Er war von Schweden nach Amerika ausgewandert und jetzt Professor an einer Universität in Philadelphia. Er sollte im Auftrage der Regierung Aufzeichnungen über die Zustände in Berlin nach der Kapitulation machen. Zu seinem großen Bedauern mußte er und seine Gattin in Kürze in die Staaten zurückkehren. Da wir ihm nun erzählt hatten, daß wir auswandern wollten, bot er sich freundlich an unsere Möbel schon mitzunehmen. Die amerikanische Armee würde alles bestens einpacken und rübersenden, und er würde für die Sendung nicht zu bezahlen brauchen. Er besaß ein Sommerhaus in Vermont und man könnte dort alles in seiner großen Scheune unterstellen, bis wir rüberkämen. Wir nahmen das Angebot dankbar an und gaben viele unserer wertvollsten Stücke mit. Es handelte sich um äußerst kostbare echte Barockmöbel. Zumindest würden diese nun nicht den Russen in die Hände fallen, denn wir mußten doch mit einer eventuellen Beschlagnahme unseres Umzuggutes durch die Soviets in Helmstedt rechnen.

Wir haben damals nicht gewußt wie lange diese lieben Menschen unsere Möbel aufheben mußten. Als wir sie dann endlich nach zehn Jahren sie bei ihnen abholten, war der Professor schon tot. Aber seine Gattin hatte noch alles, tadellos original verpackt in der Scheune stehen. Nur eine Konsole hatte sie in ihrem Wohnzimmer aufgestellt, da die Holzkiste naß geworden war. Es ist ein schönes Gefühl an so edle Menschen zu denken, von denen wir doch so viele angetroffen haben.

Mutti und Papa waren inzwischen zu uns gezogen. Es war zu gefährlich für Papa sich in Ost- Berlin sehen zu lassen, da er jetzt von der dortigen Polizei als ein politischer Gegner gesucht wurde.

Mutti mußte nun doch schweren Herzens ihre Wohnung in Ost-Berlin verlassen, die schöne Wohnung in der Emanuel Kirchstraße, die sie erst vor kurzem gefunden und völlig gereinigt hatte. Und sie mußte sich auch wieder von all den Möbel trennen, die sie irgendwie und irgendwo entdeckt und erworben hatte, wenn es sich auch nur um alte sehr beschädigte handelte. Damals war alles kostbar, was noch zu verwenden ging. Man kann sich heute kaum vorstellen was es zu der Zeit bedeutete nur einen eigenen Raum und dann noch Einrichtungs-gegenstände in der nahezu völlig zerstörten Stadt Berlin zu finden. Mutti konnte wieder nur die Gardinen mit-nehmen und anderes Leichtbewegliche, das man vorsichtig mit der Stadtbahn nach Dahlem brachte.

Wir baten meine Eltern in unserer Wohnung zu bleiben und auf keinen Fall mehr in den Ostsektor zu fahren, egal aus welchem Grunde. Hier im amerikanischen Teil würden sie sicherer sein. Für unser Geschäft waren auch noch verschiedene Auszahlungen an Verkäufer offen, die laut Auszahlungszettel noch nicht erschienen waren um ihr Geld abzuholen. Und wir baten Papa, das inzwischen zu erledigen. Wir selbst wollten erst einmal in Bremerhaven Fuß fassen, und dann meine Eltern nachkommen lassen.

Der Umzug sollte mit einem großen Möbelwagen vor sich gehen. Wir wurden aber gewarnt, daß die Russen einen jeden Wagen mindestens eine halbe Stunde mit mehreren Soldaten durchsuchen würden. Da kam uns plötzlich eine Idee. Wir kannten ja nun die Russen und wußten, daß die meisten die Seele von Kindern hatten. Wir mußten also versuchen sie geschickt von ihrer Inspektion abzulenken. Und was lag da näher als ein amüsantes Spielzeug. Und da fiel uns der "Grand Monsieur" ein, der wächserne Friseurladenkopf. Der schien uns das genau Richtige zu sein.

Den Namen "Grand Monsieur" hat er übrigens von der kleinen Tochter meiner Schwester Ellen erhalten. Sie kamen uns ein Jahr aus Frankreich besuchen, und die Kleine hatte solche Angst vor dem Kopf, daß Ellen später immer drauf bestand, das arme Kind hätte von da an laufend Angstträume bekommen. Ich weiß nicht ob die Sache nun wirklich daher kam, aber möglich wäre es schon.

Einmal als Mutti noch in Ost-Berlin wohnte, da haben wir den "Grand Monsieur" in ein Bett gelegt, das sich ganz hinten in einem Zimmer von Muttis Wohnung befand. Wir haben dann die Federn der Zudecke unterhalb des Kopfes so hingeschoben, daß es wirklich so aussah als wenn Jemand dort schlief. Mutti ging nun bald darauf in den Raum. Sie kam ganz blaß zu uns in das Wohnzimmer gelaufen und erzählte zitternd, daß ihr toter Bruder Ernst dort hinten im Zimmer läge. Mutti war nicht davon abzubringen, auch nicht nachdem wir ihr alles erklärt hatten. Wir brauchten lange Zeit um sie zu beruhigen. Der Grand Monsieur wurde dann nicht mehr zum Spaßmachen benutzt. Uns war ja auch inzwischen nicht mehr so spaßig zu mute.

Aber jetzt beim Einpacken da bekamen wir die Idee. Der Grand Monsieur konnte die Russen bei ihrer Wagendurchsuchung erst einmal erschrecken und dann belustigen.

Sicherheitshalber fingen wir an alles Silber und andere wertvolle Stücke mit der Post nach Bremerhaven zu senden. Wir schickten sie aber nicht versichert, sonder ohne Wert auf die billigste Art und benutzten verschmutzte, schlecht riechende alte Pappkartons, lieblos verschnürt. Es war ein großes Risiko, da die Post durch die Russenzone ging, und laufend gestohlen wurde. Aber es klappte. Alles kam an, ohne auch nur nachgesehen worden zu sein. Die Pakete sahen zu ärmlich aus.

Der Bratapfel

Am nächsten Tage sollte die Fahrt nach Westdeutschland losgehen. Alles war eingepackt. Aber wir prüften noch einmal alles gründlich, auch die kleinsten Dinge, um sicher zu sein, daß wir nichts, absolut nichts übersehen hätten. Glücklicherweise bemerkten wir noch rechtzeitig, daß eine riesige Vase das Porträt eines Preußenkönigs zeigte, da mußten wir noch schnell etwas über seine Einrahmungskrone malen, und dann fanden wir noch viele Stücke mit Wappen und Kronen, die alle verdeckt werden mußten.

Ja, und dann kam noch im allerletzten Augenblick die Einladung von der Frau D. Sie wollte uns ein Abschiedsessen geben. Wie schrecklich. Ich hatte absolut keine Lust, aber wir gingen trotzdem, denn Fritz fand man könne nicht absagen, und er schien Recht zu haben.

Als wir ankamen, fiel mir auf, daß sie überfreundlich und äußerst nervös war. Der Tisch war schon feierlich gedeckt, und auf jedem Teller stand ein kleinerer mit einem gut riechenden Bratapfel. In ihrem Haus saß ich meistens auf einem bestimmten Stuhl. Aber aus irgend einem Grunde setzte ich mich an diesem Tage auf einen anderen. Da meinte sie aufgeregt, das wäre nicht mein Platz. Ich aber wollte durchaus dort bleiben. Weiß nicht mehr weshalb und fragte, warum ich nicht hier bleiben könne. Ihre Antwort war, daß sich auf der anderen Stelle der bessere Apfel befände, und sie nahm den Teller, der vor mir stand und tauschte ihn mitsamt des Bratapfels um. Irgend wie fiel mir ihr aufgeregtes Benehmen auf, denn sonst hätte ich mir eine solche Nebensächlichkeit auf keinen Fall gemerkt.

Sie zeigte stolz ihr Kind. Es war ein niedliches, sehr hübsches starkes, sehr blondes Baby.

Auf dem Nachhauseweg bekam ich heftige Krämpfe und es setzten starke Blutungen ein, die nicht aufhören wollten.

Umzug

Wir hatten unsere Hausangestellte Herta mit einem Flugzeug vorausgeschickt. Es schien zu gefährlich für sie den Weg über Helmstedt zu nehmen, da sie ja erst vor kurzem aus der Ostzone entflohen war und sicher auf der schwarzen Liste stand. Wir hatten ihr all unseren Schmuck mitgegeben, Urkunden, wertvolle Fotos und andere Dinge, deren Verlust wir nicht riskieren wollten.

Um unseren Besitz nun von Berlin nach Westdeutschland zu bringen, mußten wir mehrere Stunden durch die russische Zone fahren. Wir hatten schon vorher einmal einen kurzen Teil dieses Gebietes durchreist, als wir von Westberlin nach der Ostsee wollten. Und wir dachten noch immer mit Schrecken an diese Fahrt. Die Russen, die man traf, konnten mit einem machen was sie wollten. Man war jedem Russen restlos ausgeliefert. Auf der Strecke hatten uns damals russische Soldaten in ein Gebäude beordert. Wir mußten in einen besonderen Raum gehen. Dieser Raum hatte innen keine Türklinke.

Rechts und links standen bewaffnete Soldaten davon Wache. In der Mitte war ein Tisch und dahinter saß ein abscheulicher Kommissar, der unsere Papiere verlangte. Er starrte auf unsere Gesichter und schob unseren Kopf zur Seite um das Profil zu sehen, und dann alles mit dem Passbild zu vergleichen. Er hielt unsere Papiere gegen das Licht. Dann kniff er seine Augen zusammen als ob er etwas ganz Verdächtiges gesehen habe und verschwand mit unseren Pässen in einen Nebenraum. Wahrscheinlich um festzustellen ob wir auf der Suchliste der Kommunisten standen.

Da gab es nun verschiedene Gründe warum man gesucht werden konnte. Sie schienen damals, wie ich ja schon sagte, nicht so sehr an kriminellen Nazis interessiert gewesen zu sein, als vielmehr an Leuten, die gegen die Nazis gekämpft hatten, denn diese Leute waren in ihren Augen gefährlich. Sie würden auch gegen andere Tyrannen kämpfen. Und das sollte begreiflicherweise verhindert werden. Uns ist heute noch ganz klar in Erinnerung welche Angst wir ausstanden. Vielleicht wußte dieser Kommissar, daß wir aus Woltersdorf geflohen waren, vielleicht, daß wir mit dem Volksfeind Robert Graf verwandt waren und ihn bei uns aufgenommen hatten. Wie atmeten wir auf als der Kommissar uns unsere Papiere wiedergab und ein Soldat die Tür mit einem Schüssel öffnete und wir den Himmel und die Straße wiedersahen. Wie leicht konnte der Kommissar dich mit einer anderen Person verwechseln. Oder vielleicht mußte er jeden Tag fünfzig Kriminelle (so wurde man damals genannt) finden, und er hatte erst 48 und wollte nach hause gehen.

Man konnte natürlich auch von Westberlin nach Westdeutschland fliegen. Aber dann war es natürlich nicht möglich viel mitzunehmen.

An den Abschied von Dahlem habe ich keinerlei Erinnerung. Mutti und Papa blieben ja dort noch wohnen. Ich blutete immer noch und fühlte mich zu elend um irgend welche Gefühle zu empfinden. Über fünf Jahre hatten wir in dieser Wohnung gewohnt. Es war jetzt 1951, und nun würden wir weiter ziehen.

Unser Möbelwagen erschien in der Frühe. Wir packten alle wichtigen Sachen ganz nach hinten wo es schwerer war hinzukommen, und Fritz stellte den Grand Monsieur ganz dicht an die Tür und ein paar Spieluhren daneben. Wir folgten dem Möbelwagen mit unserem Auto. Fritz hatte mich hinten auf den Sitz gelegt, da ich mich durch den dauernden Blutverlust ziemlich schwach fühlte. Die Fahrt erschien mir endlos. Aber endlich hatten wir Helmstedt und damit die Grenze erreicht. Wir sahen verschiedene Wagen in einer Reihe stehen. Es waren aber lange nicht mehr so viele wie in früheren Zeiten. Die Leute scheuten sich jetzt durch das kommunistische Gebiet zu fahren, besonders mit Besitz, da vielen alles abgenommen wurde.

Wir warteten voller Ungeduld. Das meiste, was wir besaßen befand sich in dem Umzugwagen. Alle Dinge, die wir durch die Bomben und die Russenzeit gebracht hatten. Alle Sachen mit denen wir dann unter dem Einsatz unseres Lebens aus der russischen Zone nach Westberlin flohen. All das war jetzt hier, und es konnte nun von der Laune einiger russischer Soldaten abhängen, ob wir es am Ende doch noch verlieren würden. Nach langer Zeit waren wir endlich an der Reihe. Ich studierte die Gesichter der Soldaten in der Hoffnung sie freundlich zu finden. Aber sie sahen leider nicht sehr freundlich aus. Sie blickten mürrisch und finster und erschienen sehr streng und amtlich. Sie befahlen uns mit scharfen Befehlen den Wagen zu öffnen, und drei Soldaten sprangen hinein und begannen mit der Durchsuchung.

Plötzlich sprang einer zurück. Sein Gesicht erschien angespannt. Er war einem Morde auf die Spur gekommen. Sicher der Traum jeder Durchsuchung. Er hatte den Grand Monsieur entdeckt. Die schnell herbeigerufenen Kameraden waren auch erschreckt. Aber dann fing man an, den Toten zu betasten und ihn herauszuheben. Fritz erklärte ihnen, daß dieser Kopf kein richtiger wäre, und da brachen sie in ein schallendes Gelächter aus, und konnten sich gar nicht beruhigen. Und dann zeigte Fritz ihnen wie man die Musikuhren aufziehen konnte und hing Kleider um den Grand Monsieur, und man ließ ihn tanzen und alle sprangen lachend um das seltsame Wesen herum. Und keiner dachte auch nur einen Augenblick daran unseren Wagen weiter zu durchsuchen.

Sie hatten sich schon viel länger als eine halbe Stunde mit uns amüsiert, und mußten nun den Grand Monsieur wieder wegtun. Sie sagten "Dos widania", winkten freundlich als wir davon fuhren, und wandten sich dann schweren Herzens wieder ihrer Pflicht zu, den nächsten Wagen zu durchsuchen.

Es hatte geklappt.

Das neue Haus und der große Raubvogel

Dieser ewig sausende Wind und die herrliche Luft, diese köstliche salzige Seeluft. Der Garten, das kleine Häuschen, das so ganz anders roch. Nicht wie bei den Fischern an der Ostsee. Mehr wie...nein man kann es nicht beschreiben. Fritz meinte es läge an dem feuchten Keller. Aber mir war es absolut nicht unangenehm. So wie man vor die Tür ging, schmeckten die Lippen nach Salz, und der Wind zerzauste die Haare. Ottfried sagte am Morgen, nachdem wir eingezogen waren, daß es sich so angehört habe als sei ein Volkswagenbus die ganze Nacht um das Haus gefahren. Und Saskia hielt die Hand des großen Bruders ganz fest, denn sie hatte vom Moorboden gehört.

Ich selbst ging gleich zum Arzt, der mir eine Spritze gab und fragte welche Tabletten ich eingenommen hätte. Ich versicherte ihm, daß ich nie welche benutze, nicht einmal Aspirin. Er schüttelte verwundert den Kopf. Die Blutungen aber hörten auf.

Wir stellten uns ein breites Bett in das kleine Schlafzimmer, Ja, und dann schliefen wir, und schliefen. Fritz auch, alle beide. Wir schliefen fast ein viertel Jahr. Nicht ununterbrochen natürlich. Aber ich würde sagen die meiste Zeit. Ich hatte nicht mehr meine roten Wangen, sondern bekam ganz blasse, und dunkle Ränder um die Augen. Und Fritz schleppte sich auch nur um das Notwendigste zu erledigen, um dann wieder ins Bett zu fallen und zu schlafen, zu schlafen. Zum Glück war Herta da, die alles in die Hand nahm. Sie besorgte den ganzen Haushalt völlig selbständig. Man brauchte sie weder anzuleiten noch zu kontrollieren. Allmählich erholten wir uns, und unsere Lebensgeister fingen wieder an zu erwachen.
Papa hatte uns Geld geborgt um die ganze Zeit über leben zu können, denn selbst besaßen wir nicht einen Pfennig.

Manchmal gingen wir an den Deich und schauten über das unendliche Wattenmeer mit dem riesigen Himmel über uns.
Eines Tages wollte die Frau D. uns besuchen kommen. Wir sollten ihr Kind bewundern.

402

Mir grauste davor, und ich lehnte es mit irgend einer Ausrede ab, und wir beschlossen lieber nach Berlin zu fahren, und sie dort kurz aufzusuchen. Es waren auch noch verschiedene Dinge von Dahlem abzuholen.

Bald jedoch begann ich seltsame Erscheinungen zu haben. Nachts sah ich oft plötzlich einen riesengroßen Vogel, ganz nahe. Er hatte mindestens die Flügelspanne von drei Meter und schwebte ganz dicht über mir. Sein Kopf war der eines bösen Raubvogels mit scharfen, durchdringenden unbarmherzigen Augen, und der riesige gebogene Schnabel war ganz spitz. Ich konnte auch deutlich seine Krallen sehen.

Mich überkam dann immer eine entsetzliches Grauen, und ich sprang auf und rannte in eine Stubenecke, in die ich mich kauerte, zitternd vor Furcht. Fritz hatte stets Mühe mich wieder in das Bett zu bringen. Diese Erscheinung kam immer häufiger und war stets die gleiche. Es wurde so schlimm, daß ich Angst hatte ins Bett zu gehen. Es gab keinerlei Erklärung dafür, besonders da ich nie in meinem Leben Angstträume gehabt hatte. Es war auch kein Traum. Der Vogel war wirklich. Ich hätte ihn genau aufzeichnen können, besonders seine Augen, diese bösen stechenden Augen. Zum Glück kam der Tag näher, an dem wir nach Berlin fahren wollten. Diese Erscheinung konnte doch nur mit dem Hause in Langen zusammenhängen.

Wir kamen dann in Dahlem an und betrachteten unsere alte Wohnung mit gemischten Gefühlen. Es war schön Mutti und Papa wieder zu sehen. Aber dann sollten wir die Frau D. aufsuchen. Ich hatte mich schweren Herzens angezogen und schaute auf die Uhr.

Da kam Fritz herein. Er sagte, wir würden nicht gehen, und er bat, mich hinzusetzen, und dann sagte er, daß das Kind der Frau D. von ihm sei. Mein erster Gedanke war ein seltsamer, mir heute noch völlig unverständlicher. Ich sagte: "Wie schön, da wird es ein hübsches gesundes Kind werden." Ich hatte weder an ihren Mann noch an mich gedacht. Meiner Meinung nach, ist diese Reaktion durchaus nicht normal. Ich bat Fritz mir zu sagen wie das gekommen wäre. Ich nahm an, daß es nur ein einmaliger, sicher völlig unzurechnungsfähiger Augenblick gewesen sein konnte.
Dann begann Fritz mir alles zu erklären.
Das erste mal als ich ins Krankenhaus mußte, sei die D. mit einem Strauß roter Rosen vor ihm auf die Knie gefallen und hätte ihre Liebe gestanden. Das schmeichelte Fritz. Sie nannte ihn nur Chef und bewunderte ihn unentwegt. Das gefiel Fritz. Sie blieb ihm aber trotzdem unsympathisch. Aber seit sie bei uns im Hause war, entstand bei ihm ein unzügelbar großer Sextrieb. Nicht nur ihr, sondern allen Frauen gegenüber. Frau D. ließ nun, obgleich sie ein strenger Katholik war und nie eine Messe versäumte, in dieser Zeit mehrere Abtreibungen machen. Erst als ihr Man zurückkam, trug sie ein Kind aus.
Als ich das nun alles hörte, erinnerte ich mich, daß sie mich bei unserem letzten Treffen fragte, ob mir denn gar nicht auffiel, daß ihr Kind ganz genau so aussähe wie meine eigenen. Nein, das war mir nicht aufgefallen, und es fiel mir auch nicht auf, nicht einmal nach dem sie mich darauf aufmerksam machte.

Als Fritz nun sein Geständnis beendet hatte, geschah nicht das Gleiche wie bei Christians Tod, als ich es nicht glauben wollte und annahm, daß alles nur ein Theaterstück wäre. Nein, durchaus nicht. Ich glaubte es schon. Ja ich glaubte es, denn mein Unterbewußtsein hatte es ja die ganze Zeit über gewußt.

Nicht die Sache mit Fritz, nein, die bestimmt nicht. Aber, daß sie es war, die hinter allem stand, was bei uns an Bösem geschehen war. Jedoch das Tischchen, das verwünschte Tischchen hatte mich doch so irregeführt, hatte mir vorgegaukelt, daß ich die Frau D. unschuldig verdächtigt hätte.

Und jetzt, als alles klar und alle Rätsel gelöst waren, da hatte ich plötzlich das Gefühl als stände ich nahe an einer tiefen Schlucht. Mit dem Rücken den Abgrund zugekehrt, und dann, dann kam ein Gefühl der Ohnmacht über mich. Meine Glieder schienen sich aufzulösen, und ich fiel nach hinten in einen unendlichen Abgrund, und ich fiel und fiel.

An den Aufschlag kann ich mich nicht erinnern, denn dort schien kein Boden zu sein, es ging endlos in die Tiefe. Aber plötzlich bemerkte ich, daß mein Kopf sich immer von einer Seite zu der anderen bewegte. Hin und Her. Hin und Her, ganz langsam, als wenn man eine Wiege schaukelt. Das war sehr beruhigend. Sie war so schön, diese ewige Hin und Her-Bewegung, dieses ewige Schaukeln, wie die Wellen des Meeres. Es war als läge ich in Omas Armen, und sie wiegte mich. "Schlaf Kindchen schlaf, da draußen stehen zwei Schaf. Ein schwarzes und ein weißes, und wenn das Kind nicht schlafen will, dann kommt das schwarze und beißt dich."

Ich hatte keinerlei Bewußtsein von Dingen, von Zeit, von Fritz. Dieses Schaukeln war so wohltuend, so lindernd und sollte nicht aufhören, nie mehr aufhören. Fritz saß stundenlang an meinem Bett. Die ganze Nacht durch soll ich immer nur den Kopf bewegt haben. Gegen Morgen glaubte ich Umrisse wahrzunehmen. Ich wollte aufhören mit dieser Kopfbewegung. Ich versuchte, aber es gelang nicht. Allmählich aber sah ich die Kinder in meiner Vorstellung vor mir stehen, und ganz langsam ging es weg.

Einmal in Dahlem, als ich krank wurde, sagte ein junger unerfahrener Arzt, es könnten die Nieren sein. Ich durfte absolut nichts trinken. Das war nicht leicht, denn drei Tage sind endlos, wenn man wartet. Sie haben 72 Stunden, und ich wurde sehr durstig. Ich sah nicht Oasen vor mir, sondern immer nur einen kristallklaren Pokal, den eine Kundin zu uns gebracht hatte. Er war antik und hatte eine wundervolle Form und ein phantastisches Muster eingeschliffen. Es war der schönste Pokal, den ich je in meinem Leben gesehen habe. Und diesen herrlichen Kelch, den erblickte ich im Geiste die ganze Zeit über mit klarem kalten Wasser gefüllt. Daraus wollte ich den ersten Schluck trinken.

Als dann endlich die vielen Stunden um waren, reichte ihm mir Fritz. Nachdem ich nun getrunken hatte, stellte ich ihn vor mein Bett auf die Erde. Fritz, der immer sehr besorgt um mich ist, kam bald wieder herein, stieß aber aus Versehen mit seinem Fuß gegen das gläserne Kunstwerk. Es zerbrach.
Wir haben versucht es zu reparieren. Aber das war nicht möglich
Später, als wir beruflich Porzellan in Amerika restaurierten, waren wir imstande, die meisten zerbrochenen Stücke wieder in den alten Zustand zu bringen. Wir setzten sie zusammen, und dann übermalte ich den Riß, so daß er völlig unsichtbar wurde. Aber mit Glas geht das nicht, Glas kann man nicht übermalen. Es zeigt alles. Jeden Sprung. Auch wenn man versucht es mit alten Leimen und neuen Wunderstoffen zusammenzuhalten.

Nun kann man natürlich die Liebe nicht mit einem toten Gegenstand vergleichen, denn sie ist etwas Lebendiges, und das kann wieder heilen. Aber wie oft, oder fast immer bleibt doch eine Narbe oder ein Sprung.

Es ist inzwischen etwas Neues zwischen uns entstanden, etwas sehr Schönes, Starkes, Dickwandiges, das nicht so leicht zerbrechlich ist.

Aber dieser durchsichtige, feine, kostbare, glasklare, kunstvolle Pokal.

Wie schön war er doch.

Schlußstrich

Etwas sehr wertvolles habe ich in der Zeit auch noch verloren, das war der große Behälter, den ich unsere Erinnerungskiste nannte. Sie enthielt alle meine Tagebücher, alle Aufzeichnungen, alle Anschriften von Freunden ,und vor allem Briefe, die Fritz mir und ich ihm den ganzen Krieg über geschrieben hatte. Alles was mir lieb und aufhebungswert war, hatte ich dort gesammelt. Diese Erinnerungssachen standen auf dem Zwischenboden des Ganges zur Küche in der Dahlemer Wohnung. Niemand konnte dort so einfach hinaufklettern. Man brauchte dafür eine Leiter. Wir hatten die Wohnung allerdings ein paar mal in der Obhut der Frau D. gelassen. Als meine Eltern dann später Dahlem verließen und alles leer geräumt wurde, hat man diesen, mir so wichtigen Schatz, nirgends entdeckt. Für wen konnte das Wert haben? An Hand der Tagebücher und Briefe konnte man uns natürlich gut studieren. Ja, sie war sehr klug. Aber letzten Endes doch nicht.

Ich habe meine jetzigen Aufzeichnungen einem Freund zu lesen gegeben. Er machte mich auf verschiedene Flüchtigkeitsfehler aufmerksam. Außerdem stellte er einige Fragen. Eine davon war: "Warum wollte die D. Fritz denn auch vergiften, und womit hat sie das getan?"

Da wurde mir klar, daß ich diese Sache vielleicht nicht deutlich genug beschrieben habe. Vielleicht weil ich nicht gerne in diesen, so unangenehmen Dingen wühle. Aber ich sehe ein, daß es doch notwendig ist, es genauer zu erklären.

Nein, ich glaube nicht, daß die D. Fritz vergiften wollte. Es ist ja ziemlich klar, daß sie an meiner Beseitigung mit großer Energie arbeitete. Und was sie uns gegeben hat, das weiß ich auch nicht. Ich weiß nur, daß wir nach ihrer Anwesenheit immer so aufgeregt waren, ich vor allem diese roten Wangen hatte und so blühend aussah und trotzdem immer krank war, und daß diese Erscheinungen stets weggingen wenn ich mich woanders als zu hause aufhielt. Wenn ich zum Beispiel zur Beobachtung ins Krankenhaus kam, oder mich eine Weile bei Mutti befand. Und, daß wir später in Bremerhaven, als die D. nicht mehr in unserer Nähe war, richtig zusammenbrachen und nur schliefen.

Ich habe keinerlei Ahnung was es gewesen sein kann was sie uns heimlich ins Essen oder Trinken tat, und wo sie es herhaben konnte. Sie hatte allerdings eine geistesgestörte Schwester, die alle möglichen neue Versuchsmedikamente bekam. Das ist alles was ich weiß und natürlich die Wirkung, die es auf uns hatte. Daß Fritz, seit sie bei uns arbeitete, zitterte, wenn er nur Kunden sah, daß er nicht mehr im Geschäft sein wollte, und ihn alles aufregte. Und Fritz war vorher, und ist auch heute noch, ein sehr ruhiger Mensch mit eisernen Nerven, die durch nichts erschüttert werden können. Sie wollte uns beide krank und aus dem Geschäft haben.

Nur dadurch, daß wir arbeitsgeschwächt waren, konnte sie die ganzen Betrügereien machen, die so einfach waren, daß es mir heute unverständlich ist, warum wir es nicht bemerkt haben. Fritz wäre sicher eines Tages dahinter gekommen, denn er ist nicht so leichtgläubig und viel gründlicher als ich. Darum mußte Fritz aus dem Geschäft gehalten werden. Sie war sehr klug und hat auch damit gerechnet, daß es eines Tages doch gemerkt werden könne. Darum waren die ganzen Diebstähle, und darum sollten immer Leute verdächtigt werden. Denn wenn ihre Diebstähle eines Tages entdeckt werden würden, so konnte sie sagen. Wir sind unglaubwürdig, verdächtigen jeden unbegründet, leiden an Verfolgungswahn, wie die polizeilich festgelegte Sache mit der Glühbirne ja einwandfrei bewiesen hat.

Die Unterschlagungen machte sie auf folgende Art. Sie ließ sich ein paar mal das Geld für den gleichen Kunden geben, änderte nur immer das Datum. Darum hatten wir nie Geld. Darum waren immer Auszahlungen zu machen. Auszahlungen, Auszahlungen, Auszahlungen an die Leute deren Gegenstände wir verkauft hatten.

Ihre Methode arbeitete natürlich am besten, wenn ich im Bett lag und Fritz aus dem Hause war. Darum waren auch immer alle Buchhaltungspapiere verschwunden. Wenn ich dann plötzlich überraschend eine Inventur machte, wurde ich wieder krank und dann konnte die Frau D. alles wieder aufklären und zeigen daß alles seine Richtigkeit hatte, und die fehlenden Stücke gar nicht fehlten sondern manche nur verkehrt numeriert waren.

Als wir nach Bremerhaven zogen, bat ich Papa alles Verkaufte auszuzahlen. Es waren noch 5000 Mark offen. Die Frau D. hat ihm geholfen, aber Papa wurde mißtrauisch und hat sie weggeschickt und die Leute einfach benachrichtigt, und nahezu alle erklärten, daß sie das Geld schon vor langer Zeit erhalten hätten.

Wenn ich jetzt so durchlese was ich bis jetzt aufgeschrieben habe, so kommt es mir einfach unmöglich vor, daß wir, und vor allem ich so dumm gewesen sein konnten. Dabei bin ich doch gar nicht so dumm, aber natürlich sehr arglos und vertrauensselig. Man kann auch einfältig und naiv sagen oder beschränkt um es beim richtigen Namen zu nennen. Ich kann scheinbar Tarnung nicht durchschauen. Vielleicht weil ich nicht will, Weil es angenehmer ist an das Gute zu glauben. Aber das macht mich zu einem guten Ziel.
"I swallow the hook line"- wie man im Englischen sagt (Ich schlucke die Angelschnur). Mein Wesen hat mir oft Vor und Nachteile gebracht.
Aber es ist doch so schön, gutgläubig zu sein.

Wir haben die Frau D. nie wieder getroffen. Wissen nicht wo und wie und ob sie überhaupt noch lebt. Sie war ja viel älter als wir.
Lange Zeit habe ich mir unendliche viel Methoden ausgemalt sie umzubringen, besonders wenn ich an mein totgeborenens Kind dachte. Ich bin nämlich gar nicht so dafür die linke Backe hinzuhalten. Ganze Umbringungsromane erschienen in meinen Träumen. Aber dann sagte ich mir. Ich brauche es nicht zu tun. Das Schicksal wird es für mich tun. Es rechnet in der Regel mit all denen immer richtig ab.

Als Fritz alles klar wurde, wollte er hingehen und sie totschlagen. Ich hatte große Angst, daß er es wirklich tun könne, denn Fritz ist Jemand, der etwas tut und es sich nicht nur ausmalt.

406

Seltsamerweise wollte er das Kind danach nie wieder sehen, nicht ein einziges mal mehr. Der Junge muß jetzt bald 50 Jahre alt sein. Fritz wollte auch nicht wissen was aus ihm geworden ist. Das habe ich eigentlich nie verstehen können. Aber vielleicht sind Männer anders, vielleicht ist Fritz anders.

P. S.

1997 wurde diese Autobiographie für ein Jahr als Serienroman in der Deutschen New Yorker Staatzeitung gebracht. Da schrieb mir eine Leserin, daß es hochwahrscheinlich Arsenik gewesen ist, das die D. uns gegeben hat. Die Dame sandte uns auch noch verschiedene Literatur über Arsenik. Sie war auch davon überzeugt, daß der seltsame Tod der Kinder der Frau D. mit der absonderlichen Verfärbung der Leichen, wie die Angehörigen berichteten, die gleiche Ursache hatte. Bei Vergiftung von Arsenik soll der Körper der Toten eine lilane Farbe annehmen. Aber dieser Gedanke ist einfach zu entsetzlich um ihn auch nur zu erwägen. Es soll ein grauenhafter Tod sein an Arsenikvergiftung zu sterben und Kinder in dem Alter sind doch so anhänglich und so sehr lieb.

Wenn ich allerdings zurückdenke so fällt mir ein, daß die D. nie daran interessiert war herauszufinden woran ihre Kinder eigentlich starben. Vor allem, warum ihre Körper sich verfärbten. Verschiedene unserer Freunde, die oft in unserem Hause verkehrten, waren Mediziner, die sie leicht hätte fragen können. Welche Mutter sucht nicht die Todesursache ihrer beiden Kinder zu ergründen. Sie hat auch nie, auch zu Fritz nicht von ihren Kindern gesprochen. Sie zeigte auch keinerlei Trauer, was ich eigentlich nicht verstehen konnte. Sie hatte auch in ihrer Wohnung keinerlei Fotos von den beiden Kindern. Aber die Menschen reagieren ja verschieden, und die Zeiten waren so ungewöhnlich.

Im Kriege, als ihre Kinder starben, hat man ja Todesursachen nie untersucht. Aber würde sie nicht Angst haben, daß im Falle meines Todes das Arsenik hätte entdeckt werden können, denn jetzt waren ja Friedenszeiten. Sie hätte dann vielleicht gesagt, daß ich das Arsenik selbst eingenommen habe, für sex oder um hübsch auszusehen. In kleinen Mengen soll es früher manchmal als Anregungsmittel benutzt worden sein.

Im Falle sie noch leben sollte, wird man sie vielleicht doch noch mal überführen können. Kriminelle machen ja meist die gleiche Sache öfter und Arsenik kann man ja im Grabe leicht feststellen..

Das Dörfchen Langen

Übrigens stimmt es, wenn man sagt, was mich nicht umbringt, macht mich stärker. Ferner sagte uns ein Bauer einmal, wenn man einen größeren Baum umpflanzen will, soll man im Herbst rings um ihn die Wurzeln abstechen. Da kann der Baum im Winter heilen, und er wird neue Wurzeln nur dicht am Stamm bilden. Das kommt ihm dann zugute, wenn er in neue Erde gesetzt wird. In Bremerhaven haben wir uns ausgeheilt, und auch nur Wurzeln dicht am Stamm gebildet, und dadurch wurde uns später das Umpflanzen nach Amerika viel, viel leichter. Aber ich selbst bin doch etwas menschenscheu von dem Erlebnis in Dahlem geworden, fühle immer noch Angst vor Menschen, trotzdem ich inzwischen so viele edle und liebe kennengelernt habe.

Es war so gut, daß wir erst noch eine Weile in dem hübschen Dorf Langen wohnten bevor wir auswanderten. Dadurch kam wieder etwas Schönes in unser Leben. Wir denken gerne zurück an das kleine Dörfchen Langen am Strande der Nordsee.

Das Schöne an unserer neuen Wohnstätte war, daß sie sich in einer Gegend befand, die wir noch nie kennengelernt hatten. Der Wind, der Sturm und das hohe Firmament. Der Himmel wölbte sich viel größer als irgend wo anders über das tiefe Grün dieses vollkommen flachen Landes. Und die Wolken, diese herrlich Wolken, die so oft über uns hinwegbrausten. Und im Hause selbst war es still, so herrlich still. Keine Kunden klingelte an unserer Tür, keinen Ärger gab es, keine Aufregung irgend welcher Art. Es war herrlich. Ich hatte jetzt Zeit für die Kinder.

Das gemietete Häuschen in Langen

Langen war damals noch ein kleiner Ort, deren Einwohnern, oft noch ihren hübschen alten Angelsächsischen Dialekt sprachen. Langen lag zwischen dem Lande Wursten und Bremerhaven. Gleich östlich von uns kamen wir in die Leher Heide. Hinter unserem Garten fuhr die kleine Bahn nach Bederkesa. Man konnte im Hause stets das Bimmeln hören. Sie sah aus wie ein großes Spielzeug. Und die Kinder standen oft und betrachteten sie mit Bewunderung.

Die Umgebung von Langen war wunderschön. Die Ebbe ging fast bis zum Horizont zurück und legte das schimmernde Bett des Ozeans frei Und vor den Deichen des silbernen Wattenmeeres lagen die fetten Wiesen der Marsche des Landes Wursten. In den Geschichten der Gegend wurde erzählt, daß jeder, der seine Harke abends dort liegen ließ, sie am morgen nicht wiederfinden konnte, da das Gras sie über Nacht zuwuchs.

Dieser fruchtbare Boden war es nun um den seit Jahrtausenden Mensch und Meer erbittert kämpften. Seit Urzeiten hatten Menschen in dieser Gegend gesiedelt.

Ottfried und unsere Katze

Erster Schultag

8000 vor Christus die Erbauer der Großsteingräber, wie Ottfried in der Schule lernte, dann die Chauken und dann die Sachsen. Die Ersteren hatten die Hühnengräber erbaut, diese Ehrfurcht einflößenden Denkmäler ihrer Helden. Wie konnten diese Frühzeitmenschen nur diese riesigen Steine in dieser steinlosen Gegend finden, oder hierher befördern? Manche Brocken wogen bis zu 44 000 Pfund. Ein Hühnengrab war direkt in unserer Nähe erhalten. Paralell zu den Schienen der Bahn nach Bedakesa lag der Langenberg. Um diesen seltsamen heidebewachsenen Hügel hatten sich Volkssagen gerankt. Er war drei Meter hoch und fast 100 Meter lang. Dort sollte der König der Riesen begraben worden sein, und ein Zwergenvolk besaß hier einen verborgenen Eingang. Geheimnisvolle Dinge flüsterte man, waren hier vorgegangen, und die Altertumsforscher waren im Begriff ihnen auf die Spuren zu kommen. Selbst Kinder fanden manchmal beim Graben brozezeitliche Urnen. Es war eine Welt voller Geschichte, Märchen und Sagen, die uns umgab.

Wie oft sehe ich im Geist das malerische Dorf Sievern, das damals fast nur aus Fachwerkhäusern mit phantastischen Dächern bestand. Wie bezaubernd war die Straße, an der sie rechts und links lagen, und jener leicht grüne Moosschimmer, der sich über das Schilf ihrer Dächer gezogen hatte, wie märchenhaft tönte er dieses Bild. Selbst in Langen gab es sogar noch einige Häuser, die mit Stroh oder Schilfbündeln belegt waren, und die uralten Rauchwohnhäuser, die keinen Schornstein, sondern nur eine Öffnung in der Mitte des Daches besaßen. Wie haben wir sie bestaunt und die zwei alten Junggesellen, die noch immer in der Stätte ihrer Vorfahren hausten. Der alte Postweg war noch der gleiche auf dem die Ochsenwagen der altgermanischen Völkerwanderungen entlang gezogen sind, der gleiche, den Heinrich I nahm bei seinem Kriegszug gegen Holstein.

Wir stiegen auf den Jedutenberg, eine künstlich erschaffene Anhöhe. Er war eine Weihestätte der Götter und Wachhügel gegen die Wikinger, die raubend und plündert die Weser herauf schifften.
" Jed ute(jeder raus) war der Warnungsruf der Gefahr.

Oft gingen wir zur Pipinsburg, die nichts mehr war als eine runde bewachsene Erhebung mit einer Vertiefung in der Mitte. Wie schön war es dort zu liegen und die Zeit vorbeirauschen zu hören. Hier fand man Schutz gegen den Wind, der eigentlich ständig wehte.
Ich weiß nicht, ob ich es mir nur einbildete, aber ich war der Ansicht, daß es uns mit einer magischen Kraft immer wieder zu dieser Stätte zog, die nichts besaß als ihre Vergangenheit. Der Windschutz allein kann es bestimmt nicht gewesen sein, den hätten wir auch an anderen Stellen finden können, als in der Pipinsburg.

In der Nähe befand sich auch ein besonders schönes Hühnengrab, und da lag dann gleich die Heide mit ihren duftenden Gräsern, diese weite summende Heide. Und dann der Ochsenturm, und dann Wremen. Ja, der Ochsenturm auf den man noch steigen konnte, und der den weiten unvergeßlichen Blick bot über Land und Meer. Immer wieder gingen wir zu ihm und den uralten Grabsteinen. Und nach Wremen, dem winzigen Fischereihafen, wo die kleinen Kutter der Krabbenfischer lagen.

Es war ein Malerparadies. Man brauchte alles nur abzumalen. Da war nichts, aber auch gar nichts, was man für die Komposition des Bildes zu verändern wünschte.

Unser Laden in der Rickmerstraße

Die Stadt Bremerhaven war, wie ich schon erwähnt, durch Bomben völlig zerstört. Auf der langen großen Hauptallee, der Bürgermeister Schmidtstraße stand rechts und links auch nicht mehr ein einziges Haus. Es hatte sich jedoch eine neue Hauptstraße an ihrer Stelle entwickelt, die Hafenstraße. Hier gab es vielleicht noch zehn Häuser, die nicht ganz zerstört waren, und darin befanden sich ein paar Geschäfte. Und hier liefen die Bevölkerung und die Seeleute nun eifrig entlang um ihre Einkäufe zu machen.

Wir selbst mußten nun aber wieder ans Geldverdienen denken.
Ein Antiquitäten Geschäft war mit zu schlimmen Erinnerungen verbunden. Wir wollten dieses mal einen Juwelierladen eröffnen. Es erschien wieder ein unmögliches Vorhaben. Erstens mußte man Goldschmiedemeister sein, oder einen beschäftigen.

In Bremerhaven gab es nur wenige Juweliergeschäfte, und diese waren Familienbetriebe seit undenklichen Zeiten. Der Vater, der Großvater, und noch viel weiter zurück, waren alle Goldschmiedemeister gewesen. Allerdings hatte unsere neue Regierung, auf Anraten der Amerikaner, kurz zuvor sämtliche Zunftgesetze gestrichen. Man brauchte zur Geschäftseröffnung keinen Meisterbrief mehr vorzuzeigen und mit Innungen kämpfen. Das war ein Gückszustand, der uns aber damals gar nicht bekannt war.

Kurz bevor wir Dahlem verließen, hatte Fritz einen Schnellkurz bei einem Juwelier genommen. Die ganze Sache schien nicht so schwer zu sein wie man sie hinstellte. Aber leicht war es auch gerade nicht. Fritz ist jedoch sehr geschickt und konnte schon nach vier Wochen ganz alleine einen wunderhübschen Ring herstellen, den er mir schenkte. Und es ist heute noch fast immer dieser, den ich auswähle, wenn ich einen Ring tragen will. Zur gleichen Zeit ging Fritz auch in Berlin in das Naturkundemuseum und bat dort den Leiter der Steinabteilung um Privatunterricht. Fritz lernte ziemlich schnell wie und woran man Edel und Halbedelsteine erkennen könne. Man benötigt dazu ein Steinmikroskop und ein Instrument um die Lichtbrechung zu messen.

Das Wissen, das Fritz sich dort erworben hatte, brachte uns unverhofften Segen. Als wir noch in Dahlem wohnten, da waren die Goldpreise unheimlich gestiegen, und sie blieben auch lange noch auf unerreichbarer Höhe. Inzwischen waren Händler darauf gekommen Gold im großen Stile von den Leuten aufzukaufen. Diese Händler waren aber meist vollkommen unkünstlerische Barbaren, denen nur am Gold lag, und die keinen Sinn und keinerlei Ahnung von dem Wert eines Schmuckstückes besaßen. Sie kauften alles an, und dann setzen sie sich hin und brachen die Steine heraus, die ja nicht eingeschmolzen werden konnten. Einen Haufen für das Gold, einen für die Diamanten, und einen für die Farbsteine, die meist Glas waren und sich nicht lohnten aufzuheben.
Fritz sah zufällig diese grausame Sache, als er von ihnen Gold für seine Goldschmiedearbeiten brauchte. Er bat die Händler, doch alles scheinbar Wertlose für ihn aufzuheben, und er kaufte es ihnen dann laufend ab. Vieles war natürlich Glas, aber ab und zu war doch ein edler Stein dazwischen.
Als Papa uns dann nach dem Verkauf seines Kupferdrahtes Geld leihen konnte, da rettete Fritz manches kunstvolle Schmuckstück vor dem Tode des Einschmelzen indem er den Händler viel mehr als den Goldwert bot.

Als wir nach Bremerhaven zogen, besaßen wir dadurch nun einigen Schmuck und auch genug Kenntnisse um uns an ein Juweliergeschäft zu wagen.

Das Schwierige war nun jedoch einen Laden in der völlig zerstörten Stadt zu finden.

Da wir hofften auch an Amerikaner zu verkaufen, so mußte der Laden im Herzen der Stadt liegen. Dort war aber kein Laden, und würde auch in absehbarer Zeit, kein Laden frei sein. Und einen aufzubauen, das war erstens zu teuer, und außerdem bekam man damals wenig Baumaterial.

Von der so belebten Hafenstraße führte eine Abzweigung, Rickmerstraße genannt, direkt zum Hafen. In dieser lagen viele Bars und Restaurants, wo man nicht nur Alkohol, sondern auch Mädchen kaufen konnte. Und das eine Restaurant, die rote Mühle genannt, war nun bereit uns einen Raum abzugeben. Man konnte daraus einen kleinen Laden mit getrenntem Eingang und großem Schaufenster machen. Es schien eine gute Idee. Die Erfahrung, die wir in Dahlem gemacht hatten, zeigte ja, daß die Lage keine so große Rolle spielte. Man würde uns auch hier finden. Und die Amerikaner mußten auf dem Weg zum Hafen hier vorbeilaufen.

Wir begannen nun mit der Einrichtung unseres Geschäftes. Da war sehr viel zu tun. Nachdem man die Tür und das Schaufenster eingesetzt hatte, begannen wir die Wände zu verputzen. Das dauerte sehr lange weil die Wände in einem schlechten Zustand waren. Die Wände mußten aber ganz glatt und ganz eben sein, denn wir klebten eine wunderschöne hellgrüne sehr teure Tapete, die wir noch in einem unbeschädigten Geschäft in Bremen auftreiben konnten. Diese Tapete sah wie echte Seide aus, zeigte aber die kleinste Unebenheit der Grundfläche. Wir machten alle diese Arbeiten selbst.

Damals in Dahlem, bevor die D. zu uns kam, hatten wir einem Schnitzer den Auftrag gegeben uns einen altfriesischen Schrank aus einem Museum nachzubauen. Dieser bestand aus 12 einzelnen quadratischen Türen. Das Möbelstück wurde niemals fertig, aber wir hatten noch diese hübschen geschnitzten Türen. Sie kamen uns in den Sinn, als wir Ausstellungsschränke für den Laden bauten. In die oberen Schränke wurden Glastüren eingesetzt, und unten konnte man diese friesischen Teile verwenden. Diese geschnitzten Tür-Teile haben wir übrigens auch mit nach Amerika genommen, und sie befinden sich jetzt bei uns oben auf dem Boden. Wir wollen sie unbedingt eines Tages noch mal verwenden. Aber ob wir jemals dazu kommen werden, ist sehr fraglich. Es ist stets so viel anderes zu tun, was immer wesentlich wichtiger ist.

Ja, unser Juwelierladen in der Rickmerstraße, der war vielleicht was. Welche unheimliche Menge von Arbeit und Liebe wurde in den gesteckt. Alle die hübschen, sorgfältig entworfenen und tadellos gebauten Ladenschränke wurden dann innen mit grauem Samt ausgeschlagen, den wir noch von alten Samtgardinen her hatten. Aus dem gleichen Material bauten wir auch unsere Schmuckunterlagen. Von diesen brauchten wir weit über hundert, denn dadurch das jedes Schmuckstück seine eigenen Unterlage hatte, wirkte es viel mehr und erschien wertvoller. Um diese Unterlagen nun herzustellen, nahmen wir ein Stückchen Pappe, legten Watte darauf, und dann spannten wir den Samt darüber, danach wurde es in Messingrahmen gesetzt, die Fritz selbst herstellte. Das alles hört sich so leicht an. Aber es war eine nicht endende Arbeit. Um diese Rahmen zu bauen kaufte Fritz massiven Messing. Ein und einen halben Zentimeter weit und zwei Millimeter dick.

Er schnitt es auf die richtige Länge, stellte die Seiten aufrecht und lötete sie mit Silberlot zusammen, in der gleichen Art wie die Juweliere ihren Schmuck herstellen. Fritz baute sogar einen Fuß für jede Ecke.

Es sah dadurch hübscher aus, und dann wurden alle Lötstellen und alles andere mit Sandpapier ganz fein und sauber geschliffen. Aber da waren Hunderte von Seiten und Hunderte von Ecken, Hunderte von Lötstellen.

Wir arbeiteten für Monate bis tief in die Nacht. Aber es war die einzige Möglichkeit, denn die Samtkissen, die man damals kaufen konnte, die kosteten so viel Geld, daß sie für uns unerschwinglich waren. Sie hatten außerdem auch scheußliche Farben und waren grundhäßlich. Unsere waren wirklich sehr hübsch. Das mattgeschliffene Messing zu dem grauen Samt. Das Ganze sah sehr kostbar aus. Fritz baute dann noch winzige Birnen in die Schränke und der Schmuck auf den hübschen Unterlagen funkelte und leuchtete wie bei Kerzenlicht.

Allmählich wurde unser Laden immer schöner. Wir legten einen großen gelben dicken antiken Teppich auf den Boden. Diesen hatten meine Schwiegereltern noch aus dem brennenden Haus retten können. Wir stellten ein Ecksofa auf die eine Seite. Dieses Ecksofa wurde mit hellgelber Seide überzogen. Die Seide hatte Mutti noch durchgebracht. Diese Sache mit dem Ecksofa würde persönlicher sein, denn wir wollten keinen Ladentisch. Ich fand, daß durch diesen eine Schranke zwischen dem Käufer und Verkäufer entstand. Es war eine neue Idee, und warum nicht mal etwas Ungewöhnliches probieren? Vor das Ecksofa stellten wir ein kleines Tischchen, auf den man den Schmuck legen und zeigen konnte während man ungezwungen auf dem Sofa saß. Als nun endlich alles fertig war und wir es betrachteten, wurden wir richtig stolz auf unserer Ergebnis. Es sah phantastisch aus. Solch einen Laden habe ich bis heute noch nicht einmal in der 5th Avenue von New York entdeckt.

Unser Schmuckangebot mußte natürlich beim Auslegen geschickt in die Länge gezogen werden. Wir besaßen außer den Schmuckstücken von den Goldaufkäufern auch noch viele Granaten, die wir damals auf Auktionen erstanden hatten, und die sehr eindrucksvoll funkelten. Und das erhöhte die phantastische Wirkung unseres Ladens. Da nun für jedes Auslegeteil ein Schmuckstück genügte, so merkte man gar nicht, daß wir eigentlich nicht all zu viel besaßen.

Nach großem Abhetzen gelang es uns auch wirklich das Geschäft noch einen Monat vor Weihnachten fertig zu stellen. Bald würde das große Saisongeschäft beginnen. Aber bei uns begann es nicht. Wir vertrösteten uns von Tag zu Tag, von Woche zu Woche, aber niemand betrat den Laden, Nur einmal der Besitzer der roten Mühle und seine Frau, die sagten aber beide nur "Ohhhh" weiter nichts.

Und allmählich wurde uns klar, daß wir etwas Grundlegendes falsch gemacht haben mußten. Die Einheimischen gingen nämlich nicht in die Rickmerstraße, und ich konnte es ihnen kaum verdenken, und die Abreisenden fuhren direkt zum Hafen. Und die Matrosen, die die Rickmerstraße bevölkerten suchten Whisky und Prostituierte. Für die Matrosen waren wir ein rotes Tuch. Ein eleganter Laden mit Samt und Seide, der hatte sicher teure Preise, und überhaupt war es das Verabsscheuungsvollste für sie, das es gab. Warum weiß ich auch nicht. Habe es auch nicht herausbekommen.

Manchmal öffnete einer aus Versehen die Tür in der Annahme, daß es ein zweiter geheimnisvoller Gang zur roten Mühle sei, und zu einer besonders köstlichen Sache führe. Und dann die Enttäuschung auf den Gesichtern zu sehen...

Einmal kam einer herein, der war zu betrunken um es wahrzunehmen. Er setzte sich auf das gelbe Sofa und erzählte mir die ganze Zeit was er der englischen Königsfamilie alles Schlechte wünsche. Er war ein Ire, und er wollte absolut nicht wieder gehen. Er wollte weder den Laden, noch das Sofa verlassen. Ich wußte gar nicht, daß es so viele furchtbare Krankheiten gab, die er hoffte durch Flüche auf das englische Königshaus zu laden.

Und einmal kam ein Straßenmädchen. Die wollte aber etwas kaufen. Sie nahm auch auf dem Sofa Platz und ließ sich allerhand zeigen. Aber dann brach sie in Tränen aus und begann mir ihr Leid zu klagen. Sie war noch sehr jung, hatte ein unschuldig kindliches Gesicht und lebte in einem Bremerhavener Bordell, wo sie nur etwas Taschengeld und Essen bekam. Sie wollte da nun unbedingt heraus, wußte aber nicht wie, und die Tränen rollten über ihre Wangen und tropften auf das neue gelbseidene Sofa. Diese Flecke sind später nicht wieder herausgegangen. Die Seide muß wohl nichts getaugt haben. Nach ungefähr einer Stunde hörte sie auf zu schluchzen und verabschiedete sich. Ich versprach ihr eine Arbeit zu besorgen. Sie tat mir in der Seele leid, und ich brachte sie zur Tür, gab ihr die Hand. Und als ich die Schmuckstücke wieder in die Schränke zurücklegte, da fehlte ein besonders kostbares.

Zu Weihnachten verkauften wir für ganze fünf Mark irgend ein Ohringsteil, das einem Mädchen abgebrochen war. Da wir die Versicherung für den Laden nicht aufbringen konnten, so schliefen wir oft dort auf unserem eleganten gelben Ecksofa. Man hörte dann die Kapelle der roten Mühle und das Singen der Matrosen, manchmal so laut, daß der ganze Boden bebte, und dann das Lallen der Betrunkenen, wenn sie sich gegen Morgen zum Schiff zurück schleppten.

Wir fingen an einen Ausweg zu suchen. Fritz hatte die Idee, wenn die Matrosen nicht zu uns kamen, dann mußten wir eben zu ihnen gehen, und das taten wir dann auch. Mit "wir" meine ich natürlich Fritz, denn ich traue mich immer nicht, jedenfalls so was. Mir war diese Sache zu peinlich. Aber Fritz traut sich immer alles. Sowie ein Schiff einlief, ging Fritz direkt auf dasselbe und nahm Aufträge an. Wir hatten ja ein Geschäft und durften verkaufen.

Was manche Matrosen nun außer Alkohol und Mädchen suchten, waren Kuckucksuhren und"400 Tage Uhren" Das sind die mit dem sich ewig drehenden Metallkugeln und der Glasglocke. Diese konnten sie nämlich in geringen Mengen zollfrei nach New York bringen und dort wieder teuer verkaufen.

Es gab eine ganze Menge Matrosen, die das Schiff nicht verließen, wenn es im Hafen lag. Sie wollten sich nicht in Versuchung bringen. Das waren dann immer nette Käufer, die meist Uhren für Angehörige oder Freunde bestellten. Da Fritz überall beliebt war, verkaufte er gut, und wir konnten davon leben.

Immer wenn ein großes Schiff im Hafen erschien, fing die Stadt an aufzublühen. Die große Amerika zum Beispiel oder die noch größere United Staates. Da kamen die Matrosen und brachten so viel Geld in die Bars und zu den Mädchen. Von denen floß es dann wieder in andere Kanäle. Und ganz Bremerhaven schien etwas auf die eine oder andere Art davon abzubekommen, denn jeder gab das erhaltene Geld sogleich wieder aus.

Man sparte nach verlorenen Kriegen nicht mehr. Man hatte nämlich gelernt, daß das Geldaufheben eine sehr dumme Sache gewesen war.

414

Die Langener Bande

Bande ist vielleicht ein zu gewaltiges Wort für diese, eigentlich sehr friedliche kleine Horde. Aber sie hatten sich selbst diesen Namen gegeben, denn er klang abenteuerlich und gefährlich.

Das Lexikon definiert das Wort "Bande" als eine Gruppe von Menschen mit einem gemeinsamen Ziel, meist einem bösartigen. Aber die Bande, von der ich hier berichten werde, war in keiner Weise bösartig, nicht einmal sehr ungezogen. Aber der Trieb eine tapfere Gruppe zu formen lag in ihrem Blut, denn sie waren die Nachkommen von Menschen, die sich mutig und erfolgreich gegen die Wikinger und jegliche feudale Herrschaft gewehrt hatten.

Glücklich in Langen

Unseren Kindern gefiel es mächtig in der neuen Umgebung. Hier fanden sie Gleichgesinnte, nämlich Kinder, die auch gerne rumtobten und allerhand Streiche im Kopfe hatten. Auch die Schule war gut. Es war ein kleines Gebäude, welches aus roten Ziegelsteinen vor langer Zeit von der Gemeinde selbst erbaut worden war. Ein lieber netter alter Lehrer, und Mitschüler, die, wie Ottfried sagte, alle in Ordnung waren. Schon der Schulweg allein war schön. Er führte über Felder und Wiesen. Und die ganze Gruppe der Nachbarschaft trottete die Strecke dann immer zusammen, und beim Nach hausekommen wurde schon geplant, was man am Nachmittag wieder anstellen konnte.

Und das war nun die Langener Bande. Saskia, die ja vier Jahre jünger war als Ottfried, lief immer hinterher. Ihr allergrößter Wunsch war, ein vollwertiges, erstgenommenes Mitglied dieser Gruppe zu werden.

Da gab es verschiedene Eintrittsprüfungen zu bestehen. Über Gräber zu springen, die mit Jauche gefüllt waren. Die älteren Mitglieder mußten Spinnen essen. Saskia, nehme ich an, wurden diese Dinge erlassen.

Dorfschule Langen. Ottfried oberste Reihe, zweiter von rechts

Damals haben sie uns solche Sachen nicht erzählt. Ich glaube sie lieferte statt dessen ihr Taschengeld ab, denn Ottfried wollte sich ein zusammenklappbares Messer kaufen, was wir ihn ausdrücklich verboten hatten. Ferner mußte sie sicher äußerste Verschwiegenheit bewahren in all ihren Unternehmen, die nicht erlaubt waren.

Das Aufregendste der damaligen Tage war die Leherheide Bande. Das waren Jungs aus dem Nachbarort. Man hatte sich gegenseitig den Kampf angesagt. Mühsam aufgebaute Burgen und Höhlen wurden gegenseitig zerstört, nach der Art der Wikinger natürlich. Da mußten auch Wachtposten stehen, und wenn das Jed-ute erklang, dann bewaffnete sich jedermann mit Lehmklumpen, und manchmal sogar Steinen.

Ich weiß nicht ob Ottfried es jemals zum Bandenführer gebracht hat. Muß ihn doch mal fragen. Aber er wird denn sicher "na klar" sagen. Ich weiß nur, daß er ohne Mühe lebende Spinnen in großen Mengen verzehren konnte. Und daß er einmal nach Hause kam und ganz naß war und ganz furchtbar roch. Er war in einen tiefen Jauchegraben gefallen. Ein Ast brach ab, der über dieser grausigen Flüssigkeit schwebte. Es muß wohl eine Mutprüfung gewesen sein, denn Ottfried soll, wie Saskia erzählte an dem Ast gehangen haben.

Wir hatten nicht allzuviel Schnee in Bremerhaven. Aber wenn er am Boden lag, dann war es das größte und beste Ereignis, das es geben konnte. Und wenn der Milchmann kam. Der Milchmann, der seine Ankunft immer durch ein Glockengeläut ankündigte, und der dann die frische Milch aus den Metallkannen in unsere Behälter schöpfte. Dieser nette Milchmann wartete nun immer, bis alle Kinder ihre Schlitten an den Wagen angebunden hatten. Manchmal waren es zwanzig oder noch mehr, und dann fuhr diese lange Schlange unter Jubelgeschrei langsam und vorsichtig alle Seitenstraßen entlang, durch das ganze Dorf. Kurz bevor wir auswanderten, da durfte der Milchmann es aber nicht mehr erlauben. Die Versicherung hatte es verboten. Was diese Versicherungen an Kinderfreuden und Kultur vernichtet haben, ist nicht auszudenken.
Zum Beispiel haben wir gehört, daß die meisten der wunderhübschen Strohdächer dieser Umgebung jetzt verschwunden sind, weil diese schrecklichen Versicherungen sie nicht mehr oder nur sehr hoch versichern wollten.

Einmal haben Ottfried und seine Bande eine kleine Maus gerettet, die sich in einem überschwemmten Gebiet auf einen Stein geflüchtet hatte und nun verhungern mußte. Ottfried watete durch das tiefe Wasser und holte das junge, völlig erschöpfte Tierchen. Es war ganz zahm und lief bei uns zu Hause dann frei in der Wohnung umher, kam angelaufen wenn die Kinder erschienen und fraß aus der Hand. Meist lebte es jedoch in Ottfrieds Hosentasche. Aber einmal erschien es Saskia, als ob die Maus sie in den Finger beißen wollte, und sie machte eine schnelle Angstbewegung, die das Tierchen gegen den Tisch warf. Die kleine Maus schien verletzt. Auch der Tierarzt konnte nicht helfen, und dann starb sie in unseren Händen. Alle weinten, auch Ottfried wischte sich verstohlen die Augen ab.
Das geschätzteste Mitglied der Bande war unser Schäferhund, der bei allen Unternehmungen immer dabei sein mußte. Bremerhaven war Zollgebiet, und die Zollbeamten besaßen die besttrainierten Hunde. Der Stammbaum dieser wertvollen Tiere mußte lückenlos viele Vorfahren zurück beglaubigt werden. Alle hatten klingende Namen. Unserer hieß Fingal vom Auebett.

416

Ottfried und Fingal vom Rauebett

Abenteuer in Langen

Es durfte auch niemals der Familienname zweimal erscheinen, denn Inzuchttiere waren nicht so scharf. Alle mußten auch mit Muttermilch ernährt worden sein. Die Hündin durfte nur so viele Junge behalten wie sie selbst ernähren konnte, habe vergessen wie viele es waren.

Von dieses Tieren kauften wir nun einen. Man gab uns denjenigen, den man loswerden wollte, da er zu groß war. Das durften sie nämlich nicht sein, weil ein großer Hund weniger Kampfwendigkeit besitzt. Aber die Kinder wollten lieber einen großen Hund haben, denn der würde mehr Furcht in die Herzen ihrer Feinde bringen.

Fingal, der gute Fingal und die Langener Bande, welche Einheit war das. Sie gingen nie ohne ihn aus, und Ottfried nannte ihn seinen großen Bruder. Später haben wir Fingal auch nach Amerika kommen lassen, da die Kinder unentwegt darum bettelten.

Ja, Bremerhaven, der Fingal und die vielen Freunde. Wie viele gute hatten sie dort. Da war der kleine Günti, der genau die gleichen Sorgen wie Saskia hatte. Er sollte auch noch nicht in die Bande aufgenommen werden, zu dem alle seine Geschwister schon zählten.

Er war der Jüngste. Günti lief immer die Nase, und er schmiegte sich stets liebevoll an jeden, wenn ihm das lästig wurde, und er kein Taschentuch hatte, was meist der Fall war. Aber das schien keinen zu stören. Saskia hat sich niemals darüber beschwert. Nur immer darüber, daß die Bande sie und Günti wieder einmal nicht zu irgend einem Unternehmen mitgenommen hätten.

Alle Jungen liefen in kurzen Lederhosen herum, und die Mädchen legten wenig Wert auf hübsche Kleider, nur darauf, daß die Röcke weit genug waren, damit man gut rennen und springen konnte. Wie praktisch Lederhosen waren, merkte Ottfried einmal. Ich hatte weißen Flieder so sehr gerne. In unserem Garten war er noch nicht aufgeblüht, und war auch gar nicht weiß. Da wollte Ottfried mir eine Freude bereiten und welchen besorgen. Es wußte ein Haus mit schönen Fliederbüschen, dicke weiße volle Blüten. Alle Gärten in unserer Nachbarschaft waren nun fest eingezäunt. Ottfried hätte natürlich den Besitzer fragen können, aber das tat ein Mitglied seiner Bande nicht. Das wäre unter ihrer Würde gewesen. Ottfried kletterte lieber, als es dunkel wurde, an dem Zaun hoch. Das war viel abenteuerlicher.

Als Ottfried sich nun aber an der anderen Seite herunterlassen wollte, da packte ihn etwas in seine Hosen, und er hörte ein grimmiges Brummen.

Es war die riesige blinde Bulldogge, in deren Zwinger er aus Versehen gestiegen war. Dieses Tier galt in der ganzen Gegend als der bösartigste Hund. Unser Fingal, der unumschränkte Hundekönig, der noch nie einen Kampf mit einem anderen Hunde verloren hatte, geriet einmal in eine Meinungsverschiedenheit mit dieser Bulldogge. Sie biß sich in ihn fest, und es dauerte sehr lange bis der Besitzer sie trennen konnte. Der einzige Kampf seines Lebens, den

Auf Entdeckungsfahrt

Fingal nicht gewonnen hatte. Sicher rochen Ottfrieds Hosen dann noch nach dem Erzfeind. Zum Glück kam der Besitzer herbeigelaufen. Ottfried ist nicht allzuviel passiert. Aber das lag zum großen Teil an seinen Lederhosen, die er bis heute noch in Ehren hält.

Der Reiterkönig

Wenn ich an die Umgebung von Langen denke, dann ist es immer, als wenn ich in einem Bilderbuch blättere. Eines welches man kleinen Kindern kauft, wo man ihnen zeigen kann: Sieh hier sind die gescheckten Kühe, und dort die Kälbchen, und hier die Pferdchen, und dort die Schäfchen und da hinten die Gänse und die Entchen. Die Zäune waren hölzern und ganz gerade, nichts schien verfallen oder unordentlich. Alles war alt aber so gepflegt. Hier war es ganz anders als in den Dörfern im Osten, denn hier liefen die Tiere meist draußen herum. Man brauchte sie nur auf die fruchtbaren Wiesen zu lassen, und sie fanden reichlich Nahrung. Ungeheure Sauberkeit herrschte überall. Vor allem bei die Marschbauern, die gefielen mir. Sie fegten ihre großen Höfe mit der gleichen Gründlichkeit wie Mutti ihr Wohnzimmer reinigte. Ihre Häuser waren eine Pracht.

Wir lernten einige Bauern näher kennen, da Ottfried so gerne wieder reiten wollte. Es war unmöglich ein Pferd bei uns zu halten, unser Garten war viel zu klein. So mieteten wir es bei einem Bauern, der auf der Marsch viele schöne Reitpferde und einen prächtigen Hof sein eigen nannte, welch wunderbarer Besitz.

Bei den Marschenbauern war es Sitte, daß nicht der Älteste oder Alle, sondern der Jüngste erbte.

Die andern nur eine Ausbildung erhielten. Das machte Sinn, denn der Jüngste kam sonst oft am schlechtesten weg, und die Eltern waren dadurch noch lange Herren auf dem Hofe.

Im übrigen Deutschland mußte der Bauer oft seinen Besitz aufteilen, und aus einem wohlhabenden Bauern, der zehn Kinder besaß wurden zehn arme Bauern, die es kaum schafften ihre Familie zu ernähren. Die Marschenbauern jedoch blieben wohlhabend. Sie hatten alle große Hallen dicht bei ihren Häusern. Es waren aber keine Scheunen. Und als ich sie einmal fragte wozu diese benutzt wurden, sagte einer stolz, "zum Feste feiern". Hier konnte man riesige Tische aufstellen wo über hundert Leute Platz fanden, essen und trinken und tanzen konnten. Auf den Marschen machte jeder Hof den Eindruck eines Herrensitzes. Innen sah ich oft phantastische antike Möbel, kostbares altes Porzellan, wertvolle Bilder, und die buntbemalten Truhen waren mit dem besten handgewebten Leinen gefüllt. Dieser gepflegte, nicht protzige Reichtum war etwas ungeheuer Angenehmes.

Ihr großer Stolz waren die Reitpferde. Die weiten Flächen verlangten nach diesen Tieren. So wie in Amerika ja auch die Weite stets die Landschaft der verwegenen Reiter war, so hatte es sich auch hier entwickelt. Die Pferde waren früher äußerst wichtig für die Marschbauern zur Verteidigung gegen die Vickinger. Darum entstand ein ganzer Reiterkult. Der Reiterverein der Marschbauern war von altersher eine heilige Stätte. Der nette Bauer, der uns ein Reitpferd vermietete, war einmal Reiterkönig geworden. Er zeigte uns voller Stolz ein Bild, auf welchem er den Preis erhielt. Dieses Bild hing in seiner Wohnstube feierlich einge-rahmt, so daß es jeder gleich sehen konnte. Reiterkönig zu werden, wenn auch nur einmal, das war etwas wovon man das ganze Leben über zehren konnte. Ottfried erreichte es nun nach einiger Zeit in diesen Reiterverein aufgenommen zu werden. Sie erklärten ihn für einen guten Reiter. Welche Ehre, dort ein vollwertiges Mitglied zu sein.

Und dann kam der große Tag, auf den man das ganze Jahr wartete, das Reiterfest, wo beim traditionellen Ringstechen der Beste König wurde. Die Bauern der ganzen Umgebung erschienen festlich gekleidet. Ein ge-spanntes Stimmengewirr, aufgeregte Blicke. Die große Frage, wer würde es in diesem Jahr schaffen? Wer würde dieses Jahr feierlich gekrönt werden? Und dann der festliche Augenblick, der Einzug der Reiter. Sie erschienen mit ihren herrlichen gestrie-gelten Pferden. Welch Bild, alle diese gutaussehenden blonden starken Männer. Sie erschienen wie die alten edlen tapfe-ren Germanischen Urhelden, von denen in unseren Lese und Geschichtsbüchern immer berichtet wurde. Ottfried hatte zwar auch hellblonde Haare, aber er war ja erst 13 Jahre, und der einzige sehr junge schmächtige in dieser Gruppe. Heute ist er auch über sechs Fuß groß und breit gewachsen. Aber damals stach er doch sehr von allen andern ab.

Zum Ringstechen. Ottfried Mitte in schwarzer Jacke

Dieser Wettkampf des Ringstechens hatte schon seit Urzeiten in der gleichen Art in dieser Gegend statt gefunden. Hierbei wurde die Geschicklichkeit des Reiters geprüft und auch die Fähigkeit das Pferd vollkommen in der Hand zu haben. An einem eisernen dicken Balken hing ein metallener Ring. Der Reiter mußte nun im schnellen Galopp diesen Ring von dem Balken auf sein kurzes dolchartiges Schwert bringen. Wahrscheinlich wurden die Wikinger in dieser Art angegriffen. Die Wikinger konnten ja keine Pferde auf ihren Schiffen transportieren. Der Reiter mußte schnell, gut

Ottfried galoppierend den Ring zu stechen

trainiert und treffsicher sein. Das Abheben des Ringes schien gar nicht so leicht, denn wenn es einmal einem gelang, so hörte man begeisterte Zurufe. Ich bin überzeugt, daß die Teilnehmer lange vorher geübt hatten. Ottfried wurde es jedoch nur ein paar mal erklärt, denn man war sicher, daß es eine Zeitverschwendung wäre mit ihm zu üben, da Jemand aus der Stadt es ja doch nicht können würde. Man hatte sich aber entschieden verrechnet, denn Ottfried schien diese Sache keinerlei Schwierigkeiten zu bereiten. Nach jedem Galoppritt hielt er den Ring auf seinem Dolche.

Am Anfang vernahm man auch lauten Beifall, dann nur noch ein lobendes Gemurmel, das aber immer geringer wurde, und später waren es nur noch wenige junge Bauern, die ihre Anerkennung äußerten. Den älteren schien es äußerst unangenehm zu sein. Ein kleiner Junge, ein kleiner Junge aus Berlin. Ein Knabe sollte besser sein als sie, die alten stolzen Marschbauern. Manche Gesichter wurden hart. Man sah, daß sich eine Gruppe bildete und zu beraten anfing. Ottfried war es wirklich jedes einzige mal gelungen, den Ring abzuheben. Da erklärte man laut, daß die Höhe für den Jungen zu hoch sei, und es daher nicht fair für ihn wäre. Man setzte den Balken niedriger. Das war widersinnig, da Ottfried doch die ganze Zeit über immer den Ring gestochen hatte, auch wenn er den Arm unbequem sehr hochheben mußte. Natürlich hoffte man, daß die veränderte Höhe ihn etwas durcheinander bringen und nicht mehr gewinnen lassen würde. Alles ging sehr schnell vor sich. Man befestigte den Balken aber so niedrig, daß er sich in Ottfrieds Kopfhöhe befand. Das bedeutete eine große Gefahr, die wir beide aber dummerweise erst später erkannten. Immer mußte der dicke eiserne Balken über den Köpfen der Reiter sein, da sonst ein tödlicher Unfall geschehen konnte.

Ottfried aber hatte einen Schutzengel. Er ritt auch geschickt weit ab von dem eisernen Stück, und ergriff trotzdem einen Ring nach dem andern. Er war Reiterkönig, ganz ohne Zweifel. Er hatte jedes mal einen Ring gestochen.

Wenn man nun Reiterkönig wurde, so war das mit allerhand Dingen verbunden.

Erstens mit dem großen Ehrenpreis. Man erhielt einen wertvollen Sattel für sein Pferd. Dafür mußte der Reiterkönig jedoch die anschließende Feier bezahlen. Aber wer tat das nicht gerne? Jedenfalls kam es uns nicht in den Sinn, es zu bereuen.

Die Kapelle fing an einen Tusch und dann einen Marsch zu spielen. Ottfried wurde auf die Schultern gehoben und in der Mitte, der ganzen Menschenmenge in eine große Halle getragen, wo die Feier stattfinden sollte. Man brachte ihn mit Musik auf eine Art Bühne. Und nun sollte bekannt gegeben werden wie viele Ringe jeder Reiter gestochen hatte. Der Reitervorstand erschien und überreichte Ottfried feierlich eine Tafel Schokolade und schickte ihn von der Bühne, und dann wurde einem anderen Mitglied des Reitervereines der Sattel überreicht, und er wurde zum Reiterkönig ausgerufen. Der Mann konnte nur einen Bruchteil von Ottfrieds Ringen aufweisen. Man hörte jedoch kaum jubelnde Zurufe und manche Blicke senkten sich. Ich bin überzeugt, daß man gleich am nächsten Tag eine Altersbeschränkung in die Satzungen des Vereines einschrieb. Aber das hätte man vorher tun sollen. Es war eine große Ungerechtigkeit. Diese würdevollen Männer waren nun die Nachkommen der Großsteingräberhelden, die Nachkommen der Chauken, die man auch die "Edlen" nannte. Aber es kamen viele junge Marschbauern zu uns und schüttelten Ottfried die Hände, und das hat alles wieder gut gemacht.

In diesem Zusammenhang muß ich doch noch etwas berichten, nämlich das von dem Bremerhavener Schützenkönig. War es nun von ganz Bremerhaven oder nur von einem Teil, das habe ich vergessen, aber das ist im Grunde ja auch gar nicht so wichtig. Aber ich weiß, daß die Sache im gleichen Jahr passierte als Ottfried beim Ringstechen der Beste wurde.

Ich glaube Jedermann weiß, was es heißt, und schon immer geheißen hat, Schützenkönig zu werden. Da erschienen nun die Besten vom ersten und vom zweiten Weltkrieg und die Jäger, die niemals fehlten, die immer ins Schwarze schossen. Und bei dem großen Schützenfest, wo man den Besten als Schützenkönig krönte, da mußte man feststellen daß es ein kleiner amerikanischer Junge war, nicht viel älter als Ottfried damals. Und der wurde dann Schützenkönig.

Ob das nun geschah, weil sein Vater ein amerikanischer Colonel oder was ähnliches war, der sich eine solche Sache, wie sie bei uns passiert war, sicher nicht gefallen ließ oder gefallen hätte lassen, oder weil die Schützen ehrbarer waren als die noblen Reiter, die direkten Nachkommen der Chauken, die man die Edlen nannte, das weiß ich nicht. Jedenfalls zog der kleine amerikanische Schützenkönig vom Jubel der Bevölkerung begleitet durch die Straßen. Und sämtliche Schützen mit gemischten Gefühlen hinterher.

Ich bin aber sicher, daß es doch viele gefreut hat, denn ein stolzer amerikanischer Vater würde sicher ein großzügigeres Fest finanzieren als ein armer Deutscher der damalige Zeit.

Unser Geschäft in der Hafenstraße

Es war klar, daß wir einen neuen Laden haben mußten. Wir fragten Jeden, den wir kannten und jeden den wir nicht kannten, und wir beauftragten Leute, und alle sagten, es wäre völlig unmöglich einen gut gelegenen Verkaufsraum in Bremerhaven zu finden. Fritz jedoch gibt niemals auf, und er beschloß die Sache in die eigene Hand zu nehmen und machte sich auf den Weg. Er ging von Haus zu Haus, von Geschäft zu Geschäft. "Nein", sie hatten keinen. "Nein", sie wüßten auch keinen.

Am unteren Ende der Hafenstraße, dem belebtesten, dem einzigen unzerstörten Geschäftsteil von ganz Bremerhaven, kurz vor der Rickmerstraße, die zum Kai führte, lag das große Geschäft Ulfers. Es handelte seit Gedenkzeiten mit Tapeten. Hier kaufte jeder Bremerhavener seine Farben, seine Pinsel, sein Linoleum und seine Abtreter und Teppiche. Groß und geräumig war dieser Laden, den man ganz nach hinten durchlaufen konnte. Hier schien noch der Geruch der guten alten Zeit zu liegen wo jegliches in Ordnung, und nichts ausgebombt war. Dieses Familiengeschäft muß schon seit Generationen dort gewesen sein. Der Sohn des letzten Besitzers hatte jedoch studiert. Er war sogar ein Doktor der Volkswirtschaft geworden. War es nun die Liebe zu dem alten Laden, oder Liebe zum Einträchlicheren, jedenfalls führte dieser nette Herr das Tapetengeschäft seiner Familie trotz seines Doktortitels weiter, stand hinter dem Ladentisch, und wurde von allen Doktor Linoleum genannt. Nicht bösartig, sondern liebevoll, denn es war ein freundlicher Herr, den jedermann gut leiden konnte.

Ja, dieser Laden. Es schien hoffnungslos sich dort zu erkundigen. Zu der Zeit war dieser Laden der bestgelegenste von ganz Bremerhaven. Aber Fritz wollte es trotzdem versuchen. Er betrat das Tapetengeschäft Ulfers, fragte nach dem Besitzer und sagte, er habe gehört, daß hier ein Laden zu vermieten sei. Der Herr Ulfers wurde ganz blaß und stammelte: "Woher wissen sie das?" Er bat Fritz in sein Bureau, wo sie ungestört sprechen konnten, denn es schien dem Herrn Ulfers äußerst wichtig zu sein, daß kein anderer mithörte.

Da war nun folgender Zufall. Neben dem Tapetengeschäft befand sich ein kleiner Laden. Hier verkauften zwei uralte Leutchen Zigarren, Zigaretten, Kautabak und Lakritze. Ihr langer Mietvertrag war abgelaufen. Sie schienen auch zu alt zu sein um weiterzumachen. Dieses Geschäft gehörte nun auch dem Herrn Ulfers. Niemand wußte jedoch bisher, daß das Geschäft frei werden würde, denn wäre diese Tatsache bekannt geworden, hätte der arme Herr Ulfers sich nicht retten können. Als gebürtiger Bremerhavener besaß er nämlich unendlich viele allerbeste Freunde, von denen jeder den Laden unbedingt hätte haben wollen. Würde er nun ihn dem einen vermieten, dann wären die andern beleidigt, denn in jedem Falle hätte er doch dann einen dem andern vorgezogen. Es konnte viel böses Blut entstehen. Und deshalb war die Angelegenheit mit dem frei werdenden Laden ein großes Geheimnis gewesen, und mußte auch weiterhin eins bleiben.

Als nun der Herr Ulfers Fritz so gegenüber saß, fand er, daß Fritz eigentlich ein sehr netter Mensch sei, und da kam ihm plötzlich die Idee, warum nicht den Laden einem ganz Fremden zu geben, zum Beispiel uns. Und so kam es, daß wir das gesuchteste Objekt von ganz Bremerhaven erhielten.

Der Umzug ging ziemlich schnell vonstatten. Wir ließen jetzt selbstverständlich den dicken gelben antiken Teppich weg und das seidene Ecksofa natürlich auch. Sonst wurde aber alles wieder benutzt.

Unser Laden in der Hafenstraße

Ein regulärer Ladentisch kam aber auch diesmal nicht in den Laden. Statt dessen bauten wir an die Hinterwand des Schaufensters, an der Seite, die innen dem Geschäft zugekehrt war, einen großen echten venezianischen Spiegel, und vor diesen befestigten wir eine schmale lange Tischfläche, die als Ladentisch diente. Auf dieser Fläche wurde der jeweilig gewünschte Schmuck gezeigt, den der Kunde dann in gutem Licht sehen, anlegen, und sich dabei gleich zeitig im Spiegel betrachten konnte.

An diesen Spiegel hatte Fritz eine eiserne Konstruktion gebaut, so daß der Spiegel sich drehen ließ. Er war dadurch entweder im Verkaufsraum oder im Schaufenster zu sehen. Bei dieser Drehung konnten wir leicht Schmuck aus den Fensterausla-

gen erreichen, und im Falle er gewünscht wurde, herausnehmen. Das ging nun aber nicht so einfach, und ein Uneingeweihter war dazu nicht so leicht imstande. Nein, ganz so dumm waren wir nun doch wieder nicht, Wir hatten gelernt.

Wir nannten unser Juweliergeschäft Aspasia. Das war meine Idee. Aspasia, nach der großen Schönheit der Antike.

Das Schaufenster, ja das war in Bremerhaven äußerst wichtig, denn die Bewohner gingen oft Abends und fast jeden Sonntag in der Hafenstraße spazieren, denn das war ja jetzt die Hauptstraße, auch wenn dort nur noch ein paar Häuser standen. Man traf

Leute. Man begegnete Freunden. Man sah und man wurde gesehen, und man hörte Neuigkeiten. Gleichzeitig blickte man in die Schaufenster, obwohl dort meist stets nur das Gleiche zu betrachten war, denn die Geschäfte änderten ihre Auslagen höchst selten. Die Juweliere legten vielleicht manchmal einige neue Ringe hinein, wenn sie wieder welche fertiggestellt, und die Kunden sie noch nicht abgeholt hatten. Aber das war nicht so oft der Fall.

Als Fremder sieht man immer mehr was andere falsch machen. So erkannten wir, daß der Verkauf erst einmal vom Schaufenster ausgehen sollte. Dort mußte also viel, und vor allem ständig neuer Schmuck liegen.

Aber wie konnte man das nun erreichen?

Uns kam natürlich Dahlem in den Sinn und die Methode, die wir dort benutzt hatten. Aber so ging das hier nicht. Hier besaß man nicht so viel, und würde es auch gar nicht verkaufen wollen. Wie wäre es nun aber mit den Großhandlungen? Aber es schien äußerst unwahrscheinlich, daß diese ihren Schmuck einem kleinen neu aufgemachten Laden in Kommission geben würden. Was konnte jedoch ein Versuch schaden?

So schrieben wir an alle großen Firmen in Ida Oberstein und Pforzheim, daß wir Waren kaufen wollten, trotzdem wir gar kein Geld hatten. Wir erwarteten Vertreter, mit denen man vielleicht reden konnte. Zu unserer großen Überraschung erhielten wir aber sogleich Pakete mit wunderhübschem modernen Goldschmuck. Man bat uns auszuwählen und den Rest innerhalb von 8 Tagen wieder zurück zu senden.

Welche herrliche Sache. Man konnte also den ganzen Schmuck in unseren Laden tun. Wir entfernten sogleich die großen Firmen Nummernschilder, die an jedem Stück hingen, und befestigten daran unsere kleinen Etiketten. Und dann legten wir alles, mit Preisen offensichtlich versehen, in das Schaufenster.

Die Bremerhavener waren sehr interessiert. Sie schauten, und sie staunten, und sie kauften viel von diesen Stücken, die auch nicht so sehr teuer waren, da man sie nicht mehr, wie früher mit der Hand herstellte, und sie auch nicht mehr so schwer waren. Aber das kümmerte die Leute eigentlich wenig solange der Schmuck aus richtigem Gold und die Steine echt waren. Nach 8 Tagen mußten wir natürlich alles Unverkaufte von den ganzen Sendungen wieder zurückschicken. Es machte viele Arbeit den Auswahlschmuck aus dem Schaufenster zu entfernen, in den Laden zu nehmen, die alten Schilder an das richtige Stück zu befestigen, und dann mußte man doch auch wieder neuen Schmuck schön und interessant dekoriert in das Fenster legen. Das dauerte alles bald die halbe Nacht,

Die Firmen schienen erfreut, daß wir ihnen so viel abgekauft hatten, und wir erhielten laufend neue Sendungen. Unser Laden erregte Aufsehen in Bremerhaven. Mit großen Augen betrachtete man den vielen und kostbaren Schmuck, und vor allem, daß dieser so schnell verkauft wurde. Manche Leute überlegten nämlich längere Zeit, ob sie ein Schmuckstück erwerben sollten oder nicht. Und wenn sie sich dann endlich entschlossen hatten, dann war es nicht mehr da, also verkauft, wie sie annahmen. Ein anderer war schneller gewesen als sie.

Diese Methode der kurzfristig geschickten Schmuckstücke zur Auswahlen hatte nun aber nicht nur ihre Vor- sondern auch ihre Nachteile. Der Nachteil war, daß man ein oder zweimal die Woche oft die ganze Nacht durcharbeiten mußte, und erst gegen Morgen mit der neuen Dekoration fertig war. Manchmal sogar noch öfter, da die Sendungen von verschiedenen Firmen zu verschiedenen Zeiten ankamen und daher auch entsprechend verschieden wieder zurückgeschickt werden mußten. Allmählich sandten uns auch andere Schmuckfabriken, die wir gar nicht benachrichtigt hatten. Unser Geschäft sah durchaus nicht mehr dünn aus.

Auch wunderschöner Modeschmuck wurde angeboten. Die Deutschen kauften damals aber nur echten. Unechter war für den Fasching. Es wäre undenkbar gewesen so etwas zu tragen. Wenn man kein Geld hatte, dann legte man eben keinen Schmuck an. Das Unechte schien das Echte vortäuschen zu wollen, und das war Betrug. Man betrog nicht, weder sich noch andere.

Aber da waren einzelne jüngere Bremerhavnerinnen. Und die Ketten und die Broschen, die wir aus Italien erhielten, wie phantastisch, wie hübsch waren sie. Und eines Tages fingen mehrere an sie zu kaufen. Vor allem begannen die Schneiderinnen es vorzuschlagen. Es war kein Schwindel. Es war etwas Neues, eine ganz besondere Mode. Damals ließ man die Kleider auch noch anfertigen. Konfektionskleidung guter Garderobe kam erst später auf. Man traute der Massenherstellung noch nicht so recht. Der Bremerhavener war langsam in der Umstellung seiner Lebensweise. Aber man folgte doch oft dem Rat der Schneiderinnen.

Da erschienen nun die Frauen in unserem Laden und brachten ihre neu angefertigten Kleider und baten mich doch eine Brosche dafür auszusuchen. Wie erstaunt waren sie jedoch wenn ich manchmal meinte, daß man auf einem großgeblühmten Kleide keine Brosche tragen dürfe, daß das kleine goldene Kettchen, das sie umhatten, vollkommen genüge. Ich hätte damals sicher mehr verkaufen können, aber die Leute waren so nett und blickten mich so vertrauensvoll an, daß es einfach nicht anders ging.

Bald aber geschah das Gleiche wie in Dahlem. Wir verkauften mehr als alle anderen. Der Laden war immer voll, und wir hatten beide unentwegt zu tun. Wenn nur das nächtliche Dekorieren nicht gewesen wäre. Aber wir wollten das Schaufenster ständig neu, hübsch und vor allem ausgefallen machen. Wir führen in Bremerhaven auch die ungewöhnlichen Eheringe ein. Bisher trug man nur die schlichten goldenen. Wir verkauften viele Eheringe mit den modernen Mustern,

Unsere Käufer waren nun auch die Seeleute. Die gesuchten Kuckucksuhren hingen in allen Sorten und Größen an der Wand. Auch die 400 Tage Uhren mit den Glasdohmen konnten sie bei uns kaufen. Wir nahmen den Dollar etwas höher an, als er eigentlich war. Aber dafür wurde mehr umgesetzt. Die Seeleute suchten manchmal auch Verlobungsringe für ihre Bräute. Die amerikanischen mußten nun aber unbedingt einen Brillanten aufweisen. Die verlobten Mädchen kamen immer mit und wählten aus. Den größten natürlich, den er erschwingen konnte. Leider waren diese Verlobten nun meist durchweg Prostituierte, von denen wir natürlich bald viele kannten. Es waren fast immer die gleichen Mädchen, die sich verlobten, und dann den Ring wieder zum Verkauf anboten, wenn das Schiff den Hafen verlassen hatte. Interessant war es immer ihre Geschichten zu hören. Sie erzählten die unglaublichsten, die manchmal nicht einmal untalentiert berichtet wurden. Was ihnen Armen nicht alles zugestoßen, und von wo sie Armen nicht überall herkamen. Was dieser grausige Krieg diesen bemitleidenswerten zarten hilflosen Geschöpfen alles angetan hatte. Ein Unerfahrener oder Leichgläubiger konnte es vielleicht sogar glauben. Aber wenn man ständig neue Fassungen des unglücklichen Vorlebens hörte, so bot man nicht mehr sein Mitleid, oder gar Hilfe an. Und ich paßte wie ein Habicht auf, wenn sie erschienen, und besonders wenn Tränen aus ihren Augen flossen.

Einmal jedoch wußte ich nicht was ich tun sollte. Da kam ein amerikanischer Seemann. Ein prachtvoller Junge, noch so jung, voller strahlender Lebensfreude und Grundehrlichkeit. Er war sehr höflich, und wir sprachen lange miteinander. Er wollte heiraten, ein deutsches Mädchen. Seine Eltern waren selbst einmal aus Deutschland ausgewandert, Wie würden sie sich darüber freuen. Die Papiere hatte er schon alle besorgt, und er versprach mir seine Braut vorzustellen. Sie wäre etwas älter als er: Daß würde doch wohl nicht viel schaden? Nein, das würde nicht schaden. denn sie schien sonst wirklich alle Tugenden zu besitzen.

Bei der Einwanderung wurden nun immer zwei Dinge gefragt, ob man jemals in der kommunistischen Partei oder ob man jemals eine Prostituierte gewesen war. Und die Braut dieses enormen Jungen, das war nun eine. Das war eine, die ich kannte. Eine, die ich sehr gut kannte. Eine, von den ganz schlimmen, gerissenen. Ich habe lange mit mir gekämpft, dann aber doch nichts gesagt. Ich habe nur gefragt, ob sie schon auf dem Konsulat gewesen waren. "Ja, das hätten sie schon hinter sich." Und als er abzog und nochmals in den Laden kam, um sich zu verabschieden, da war ich auch still. Wie oft habe ich mir später Vorwürfe gemacht. War es Angst vor seiner Enttäuschung, oder war es einfach Feigheit. Aber er hätte mir doch nicht geglaubt. Vielleicht hat sie sich später sogar............

Aber so etwas hält man für unmöglich, wenn man ein paar Jahre ein Juweliergeschäft in Bremerhaven gehabt hat. So etwas gibt es nur in schlechten kitschigen Filmen, nicht in der Wirklichkeit.

Das Wattenmeer

Das mit dem Juweliergeschäft war ja nun alles schön und gut. Wir verdienten auch viel und niemand stahl uns das Geld weg. Leider wurden jedoch in Bremerhaven alle Geschäfte über Mittag geschlossen, und blieben dafür Abends lange auf. Für uns hingegen lohnte es sich aber nicht Mittags extra weg zu fahren. Die Kinder waren ja sowieso in der Schule, daher blieben wir im Geschäft. Es wurde nun dadurch jeden Tag sehr spät bis wir endlich nach Hause kamen. Dann war das Abendessen, und danach holte ich meinen Rechenschieber vor und addierte was wir eingenommen hatten, und noch irgend etwas Dringendes, und dann war der Tag schon wieder zu Ende. Ich kam wieder zu nichts mehr, zu keinem Buch, zu rein gar nichts.

Einmal saß ich in der Stube und nähte. Irgend eine Naht war aufgegangen. Da kam die kleine Saskia zu mir, legte ihren Kopf in meinen Schoß und sagte glücklich. "Jetzt bist Du eine richtige Mama."

Der Satz hat sich bei mir festgesetzt. Ich war also keine richtige Mama. Eine richtige Mama näht. Eine richtige Mama kocht und bäckt. Eine richtige Mama ist da, wenn man aus der Schule kommt. Meine Mutti war eine richtige Mama. Was war ich nun? Eine richtige Geschäftsfrau. Und das war doch das Allerletzte was ich sein wollte. Damals war es, im Gegensatz zu heute, noch sehr selten, daß Frauen, die Familien hatten, arbeiteten. Die meisten Mütter der Freunde unserer Kinder waren "richtige Mamas." Zu der Zeit gab es auch noch nicht so viele Arbeitsstellen.

Ja das Geschäft, immer das Geschäft, und was war mit meinem Malen? Das ging schon lange nicht mehr. Irgend etwas abzumalen, ließe sich vielleicht schon mal machen. Aber ich male nicht gerne die Natur ab, absolut nicht. Ich wollte immer etwas Neues formen, und das ging nicht so leicht, jedenfalls nicht so nebenbei. Dazu braucht man Ruhe. Und die gab es nicht bei uns. Und mit dem Malen von Fritz war es genau das Gleiche. Wenn wir schon mal Zeit hatten, dann gingen wir hinaus mit den Kindern.

426

Mein Mutterinstinkt hatte alles beiseite geschoben, was nicht wichtig war. Und dazu gehörte leider meine Malerei, denn die war nur für mich, für mich allein. Hätte ich durch meine Bilder eine Einnahme für die Familie gehabt, so wäre das schon etwas anderes gewesen.

Aber ich beschloß, ich würde später alles nachholen. Jetzt brauchten wir das Geld. Ich mußte immer an die Vögel denken, die auch unentwegt Futter ranschleppten. Bei den Menschen war es das Geld, das Fritz und ich unentwegt ranholen mußten, dieses schreckliche Geld, das zu allem gebraucht wurde.

Ich hatte jedoch einen Trost. Ich konnte ja Alles aufspeichern, konnte ja alles aufheben, all die vielen Erlebnisse, die vielen Eindrücke. Wie oft war ich in der Schulzeit auf mein Gedächtnis böse gewesen, wenn es sich nicht die Jahreszahlen und Formeln merken wollte. Aber jetzt finde ich, daß es eigentlich das Wichtige aufgehoben hat. Jetzt sehe ich alles vor mir, was ich damals nicht malen konnte, wozu nicht Zeit war. Es ist alles da, ganz klar und deutlich und gefiltert. Ich brauche es nur zu nehmen und zu verwenden. Das ist es auch, was mir keine Ruhe läßt und mich dauernd bittet, es doch zu gebrauchen, denn es wäre jammerschade, wenn man es die ganze Zeit unnütz mit sich herum getragen hätte.

Aber ich wollte ja vom Wattenmeer erzählen, bin wieder ganz vom Thema abgekommen. Aber eigentlich nicht so sehr, denn das herrliche Wattenmeer ist auch etwas, das tief in meiner Erinnerung ruht. Wie wunderschön war sie doch, diese Wattenlandschaft. Dieses Wunder der Natur. Dieses flache freigelegte schillernde Ozeanbett, das an manchen Stellen so weit reichte wie das Auge sehen konnte, dieses seltsame Ineinandergreifen von Land und Meer, dieses ewige Verweben mit den vielen kleinen Wasseradern, die wieder in größere mündeten und dann in ganz große flossen. Kilometerweit schien Land und Meer miteinander zu ringen. Beide waren stark und keiner wollte nachgeben. Manchmal fanden die Priele neue Wege, versuchten sich zu vereinen, um stärker zu sein. Wiederholt hatte das Land gewonnen, denn der Mensch war auf seiner Seite und baute Dämme und Vordämme und pflanzte Vegetation, aber dann siegte doch wieder das Meer.

Man konnte uns die Stellen zeigen, wo unter dem tiefen Schlick, die einst so wohlhabenden Dörfer lagen, die sich Lebstedt und Rominzeln genannt hatten. Manchmal ,wenn sich die Priele etwas veränderten, soll man Reste von Häusern und Fachwerk, Brunnen und Krüge dort entdeckt haben. Aber die bald kommende Flut, schwemmt alle Funde schnell wieder zu.

Hilfe bei den Schularbeiten

Lesen mit Ottfried im Bett

Wir haben leider niemals etwas finden können, nicht das kleinste bißchen, trotzdem Ottfried und Saskia und ich doch alle Sonntagskinder sind. Wie oft habe ich mir versucht vorzustellen, wie es dort unten wohl aussehen möge. Die See ist eines Tages gekommen mit einem großen Sturm und hat alles verschluckt. Die Dörfer sollen untergegangen sein, weil ihre Bewohner nicht gottesfürchtig waren, weil sie nicht Brot achteten und sogar auf Ähren tanzten. Wo lagen jetzt die Hallen, in denen sie feierten, wo die eisernen Balken ihres Ringstechens? Alles ist verschwunden, die Häuser, die Tiere, die Menschen.

Aber die Glocken ihrer versunkenen Kirchen, die vernahmen wir manchmal an ganz klaren Tagen, wenn auch nur ganz leise, denn die sollen Sonntagskinder wohl hören können. Darum war es mir auch so wichtig, daß alle meine Kinder an einem Sonntag geboren wurden.

Wir liefen oft weit in das Watt hinaus. Dicht am Strand lag der feuchte Schlick, in den man einsank. Aber dann wurde der Boden fester und elastisch und schien mit einer Lack ähnlichen Feuchtigkeit überzogen. Man konnte die zahlreichen Tiere sehen, die sich eifrig in den Sand gruben oder den Prielen zuliefen. Die Taschenkrebse, die Schlickwürmer, vor allem die kleinen Krabben, diese ganz durchsichtigen, gläsernen, kleinen Lebewesen mit den zerbrechlichen langen Beinen. Sie sahen so zierlich aus wenn sie über den Grund huschten besonders wenn die Sonnenstrahlen durch ihre zarten Körper schienen. Und da lagen Muscheln und Seesterne und Quallen. Man sah die vielen Vögel und hörte ihre Schreie. Die Sumpfwasserläufer, die Fischreiher und die vielen Seemöwen. Die Silbermöwen, auf die die Fischer so schimpften, weil sie Vogeleier fraßen. Ganze Kolonien von Brandseeschwalben sollen sie dadurch zerstört haben.
Aber ich glaube der Hauptgrund war doch, daß die Möwen es auch auf die Krabben abgesehen hatten, die gleichen Krabben, die die Fischer suchten.

Damals gab es noch Reusenfischer, die mit Hundeschlitten über das Watt fuhren um ihre vielen Reusenkörbe zu leeren. Die Krabben wurden gleich gekocht, dabei wurden sie rot, und dann boten die Fischer sie in den Dörfern an. Knot oder Granot, wie sie hießen. Granot, Granot riefen die Fischer, und darauf hin kamen die Frauen aus den Häusern und kauften diese gutschmeckenden winzigen Krabben, die man sich natürlich selbst pielen mußte. Aber das war schnell zu lernen und schmeckte um so besser. Denn alles was mit eigener Arbeit verbunden ist, ist immer köstlich.

Das Wremer Tief, das war auch ein Ort, den wir ständig aufsuchten. Dort lagen die malerischen Fischkutter. Eine schmale tiefe fahrbare Rinne lief durch das Wattenmeer bis nach Wremen. Durch diese konnten die Fischer mit ihren Kuttern schon hinausfahren bevor die Flut ihren eigenen kleinen Hafen erreicht hatte. Diese Fischer waren alles sympathische schweigsame Männer mit strahlenden blauen Augen und braungebrannten Gesichtern, die Wind und Wetter ausdrucksvoll geschnitzt hatte. Sie waren groß und kräftig und fischten in harter Arbeit mit langen Schleppnetzen. Manchmal war die Beute nicht groß, aber manchmal waren ihre Netze voll von dem Granot, dem kleinen Butt, Stint und manchmal auch von schillernden Aal und Seezungen. Gleich hinter dem Hafen in Wremen befand sich ihr langer Granotschuppen, wo sie die Krabben verkaufsfertig machten.
Die schlichten hübschen kleinen Kutter dieser Fischer hatten es uns angetan. Immer wieder betrachteten wir diese malerischen hölzernen Schiffe.

Wremer Tief

Sie waren alle seetüchtig und konnten es mit dem stärksten Sturm aufnehmen, der hier oft plötzlich und in großer Stärke kommen konnte. Ihre "Käppen" waren erfahrene Seeleute. Da standen wir nun oft an dem kleinen Hafen und Fritz und Ottfried schauten sehnsüchtig auf diese Boote. Der größte Traum von Fritz war immer ein seetüchtiges Boot selbst einmal zu besitzen. Eines mit mächtigen Segeln, mit dem man große Meere befahren konnte, nicht etwa ein Sport oder Vergügungsschiff. Fritz hat sich leider niemals so eins leisten können.

Ottfried aber erwarb später wirklich eins. Als Ottfried Arzt im eisigen Neufundland wurde, da standen die Boote seiner Träume. Ottfried heiratete ein Mädchen aus Paris, das seine Liebe zum Abenteuer teilte. Und als er dann in Neufundland seine erste Arztpraktis in einem kleinen Fischerdorf hatte, als er in dem alten Spukhaus auf dem steilen Felsen am Meer wohnte, da kaufte Ottfried sich einen alten echten Neufundland Schoner, vierzehn Meter lang, mit zwei riesigen phantastischen Segeln. Und er befuhr damit die eisbergbespikten Gründe, in denen die Titanic versunken war. Welche Angst haben wir damals ausgestanden. Als sie dann später nach Rockport bei Boston zogen, da konnte er das Boot zum Glück nicht mitnehmen, weil es in wärmeren Wässern nicht lange gehalten hätte.

Ich glaube, seine Liebe zum Meer stammte noch von damals, von den vier Jahren, die wir am Strande der Nordsee verlebten. Auch Saskia hat es zum Meer gezogen. Ihr Haus ist ganz dicht am Pazifischen Ozean in San Diego, das nur leider so weit von unserem New York Staate entfernt liegt.

Wie schnell ist doch die Zeit vergangen. Wie schnell sind sie groß geworden, der kleine Ottfried und die kleine Saskia. Jetzt haben wir acht Enkelkinder, und sogar schon einige Urenkel, und die werden auch wieder Kinder bekommen. Ja, die Zeit ist nicht aufzuhalten, unentwegt fließt sie. Ohne Aufenthalt geht es weiter. Ebbe - Flut. Sommer - Winter, und eine Generation nach der anderen.

Aber ich war dabei zu schreiben von damals, als wir noch in Langen bei Bremerhaven wohnten und Ottfried und Saskia noch Kinder waren. Ja, damals fuhren wir auch oft nach Cuxhaven, wo man baden konnte. Aber wir hatten meist das Pech, daß gerade Ebbe und das Meer weg war, wenn wir ankamen. Ein organisierter Mensch hätte natürlich eine Liste gemacht, wann Hochflut sein würde. Aber wir haben leider niemals zu der Gruppe gehört, immer nur gehören wollen.

Aber die Fahrt über das Wattenmeer, die muß ich unbedingt noch erwähnen. Diese Fahrt nach der Insel Neuwark, wo der Leuchtturm stand. Die einzige Verbindung nach der Insel Neuwark war ein Pferdefuhrwerk, das den wenigen Bewohners dieser Insel die Post und notwendige Dinge brachte. Und der nette Fuhrmann nahm uns einmal mit. Man bestieg einen Wagen mit riesig hohen Rädern, davor waren zwei große starke, sehr muskulöse Pferde gespannt, und dann ging es eilig über das Watt. Das war ein überwältigendes Erlebnis. Der frische Wind und die einmalige Luft, diese scharfkantige Luft mit dem Geruch voller Salz und Fisch und Krabben, die phantastische Wolkenbildung und der glänzende Schein des Grundes mit den glitzernden Wasseradern. Wie anders erschien es doch Alles auf diesem hölzernen Wagen. Vielleicht war es die erhöhte Position. Vielleicht aber auch, weil man jetzt alles ganz uneingeschränkt aufnehmen konnte. Beim Wandern über das Watt galt immer ein großer Teil meiner Aufmerksamkeit dem Boden zu meinen Füßen, denn die Angst wieder einmal auf einen Taschenkrebs zu treten, die war immer da, jedenfalls bei mir.

Welch Gefühl, wenn man die schnell steigende Flut sah. An dem Tage als wir losfuhren war man ein wenig spät, und die Flut kam rasch angeschossen und füllte in Eile die tiefen Priele, und ich erinnerte mich an die vielen Geschichten wo Leute und Pferde es nicht in der rechten Zeit geschafft hatten. Gerade kurz zuvor waren Touristen, die es auf eigene Faust versuchten, dabei ertrunken.
Unser Wagen mußte verschiedene tiefe Wasserkanäle überqueren in denen das Wasser in rasender Schnelle entlang floß. Die Flut stand an diesen Stellen unseren Pferden bis zur Brust, und sie mußten ihre ganze Kraft anwenden um sich gegen das Wasser zu stemmen um nicht weggetrieben zu werden bevor die schnell herankommende Flut uns erreichen konnte. Dieses steigende Meer konnte einem Angst machen, wenn man sich in der Mitte des Wattes befand und weder die Küste noch die Insel sah. Man begann sich vorzustellen was passieren könne, wenn die Räder dieses Wagens brechen oder ein Pferd ausfallen würde? Da gäbe es kein Zurück und kein Vorwärts. Und man sagte, daß man sich auch nicht durch Schwimmen retten könne, da man durch eine starke Strömung aufs Meer gezogen werden würde.

Die Leute an der See konnten auch meist gar nicht schwimmen. Aber darum sorgten sie auch ganz gewissenhaft dafür, daß sich die großen Räder, das Fuhrwerk und die Pferde immer im besten Zustand befanden. Unser Wagen mußte viele Wasseradern kreuzen. Aber trotz des hohen Wasserstandes schien der Mann auf dem Wagen sich keinerlei Sorgen zu machen. Aber ich fühlte doch eine große Erleichterung als wir den trockenen Grund auf der sicheren Insel erreichten. Und dann ging es dort die hübsche alte Straße entlang, polternd über die großen Steine.

Diese Fahrt nach Neuwerk wird uns unvergeßlich bleiben. Sie zählt zu den Dingen, die wir so gerne im Leben noch einmal machen möchten. Aber vielleicht ist sie schon längst von den Versicherungen verboten worden, oder die Fremdenindustrie hat sie übernommen mit Postkarten und Diet-kola für kamerabeladene Touristen. Vielleicht ist es besser nicht zurückzugehen zu den Stellen, die man liebte. Aber Fritz will unbedingt noch einmal nach Bornholm fahren, an die Klippen wo wir uns kennenlernten. Er ist sicher den genauen Platz noch zu finden.

Und ich möchte außerdem noch einmal zum Bodensee, zu dem schimmernden bezaubernden Meere, zu den Leuten, um dort nach denen zu suchen, die die großen Ohren haben.

Sturmflut

Ich glaube, es geschieht sehr oft, daß Menschen manchmal gar nicht wissen, wenn sie sich in großer Gefahr befinden. Uns ist es jedenfalls sehr häufig so ergangen. Das kommt mir in den Sinn, wenn ich an den 23. Dezember zurückdenke. Das war genau ein Jahr bevor wir Bremerhaven und damit Deutschland verließen. Es war das Jahr 1954.

Die Möwen sollen schon vor Tagen zu Hunderten in das Landinnere geflogen sein. Ein großer Sturm würde kommen, sagten die Marschleute, ein großer Sturm. Die Möwen wußten es immer besser und vor allem eher als alle Barometer und Wettervoraussagen. Pechschwarze Wolken stürmten vom Westen heran, und schaumbedeckte Wogen peitschten gegen den Deich. Sie sprangen an ihm hoch, und ihre Gischt schoß über den Rand. Und dann drehte der Wind auf Nordwest.

Das war derjenige, den man am meisten fürchtete, im Lande Wursten. Es war der, der das Meer direkt gegen die Schutzwälle peitschte. Im Wremer Tief sollen die Fischer auf den Deichen gestanden haben, auf dem man sich kaum aufrecht halten konnte. Sie hatten ihren Schiffen lange Sturmleinen gegeben und hofften, daß das Unwetter sie nicht zerschellen würde. Ein Kutter, die Nei-ut wurde jedoch ergriffen und mit solcher Gewalt gegen den Kai geschleudert, daß sie sogleich sank. Noch im Sinken riß der Sturm das Steuerhaus ab und warf es weit hinaus auf den Deich. Ein anderer Kutter wurde von einer Welle hoch in die Luft geschleudert und auf seinen Haltepfahl aufgespießt. Wehe dem Schiff und der Besatzung, die noch draußen waren.

An den Deichen stieg das Wasser mit rasender Geschwindigkeit. Bald hatte es den hochgelegenen Krabbenschuppen der Fischer erreicht. Das war das Haus wo die Fischer ihre Krabben zubereiteten.

Trotzdem das Gebäude auf einem starken festen Zementsockel befestigt war, wurde es vom Unwetter wie ein Papierhaus zusammen geknickt und fortgerissen. Der Sturm heulte mit unheimlichen Tönen. Windstärke 12 und noch immer unverminderter Nordwest.
Höchste Alarmstufe. Orkan an der Nordsee.
Am Nachmittag war Windstärke 14

Die Kinder vom Wremer Tief lagen flach auf der Erde um nicht vom Wind weggerissen zu werden. Lichtleitungen und Telegraphenpfähle, große Bäume und Scheunen fielen zusammen wie Streichhölzer. Schnee Hagel und Regen peitschten gleichzeitig auf Vieh und Menschen herunter, und dazu die grollende furchterregende See. Am späten Nachmittag stand das Wasser an der obersten Kante des Deiches, und es war Ebbe, der tiefste Stand. In Kürze würde die Flut einsetzen. Sechs Stunden lang würde das Wasser steigen, und es würde außerdem Springflut sein, die höchstmöglichste Flut, da gerade Voll oder Neumond war. Es war ein seltenes Zusammentreffen von Springflut und tagelangem Orkan aus Nord-West.

Es war der 23 Dezember, ein Tag vor Heiligabend. Bald würde die Flut kommen. In rasender Geschwindigkeit würden ihre Wassermassen über den Deich schießen, der dann an vielen Stellen brechen könnte.

Es war ganz unvorstellbar. Wir alle lagen unter dem Wasserspiegel. Ganz Bremerhaven und Langen und das ganze Land Wursten, weit hinauf die ganze Marsch. Mit harten Gesichtern standen die Männer auf ihren Posten. Sie wußten, daß da nichts mehr war, was Menschen jetzt noch tun konnten. Da blieb nur noch eins, auf ein Wunder hoffen. Und das geschah auch wirklich gegen Abend, genau an dem Punkt als die Flut herüber schießen mußte, da drehte das Orkantief plötzlich nach Nordost ab, und es trat nahezu Windstille ein.

Wenn man das in einem Roman lesen würde, so könnte man sagen:
"ja natürlich, wie spannend, im allerletzen Augenblick, wie immer. Und dann muß die ganze Geschichte auch noch gerade vor dem Heiligen Abend ein gutes Ende finden, wie rührend."

Viele Bremerhavener werden sich noch an den Tag erinnern können und bezeugen, daß es damals wirklich ganz so unvorstellbar war, denn den Tag werden sie niemals vergessen haben. Auch in Zeitungsarschiven kann man nachlesen und sehen, welch ein großes Wunder damals am 23 Dezember 1954 geschehen ist.

In unserem Leben sind auch später in Amerika oft solche unglaubwürdigen Dinge passiert, daß wir sie manchmal selbst kaum glauben konnten. Wir haben sie auch stets als große Wunder betrachtet, und uns immer in tiefer Demut dafür bedankt.

Damals als die große Sturmflut sich näherte, haben wir das Alles gar nicht richtig begriffen, haben die Gefahr nicht erkannt. Wir kamen ja aus Berlin, hatten nie eine Sturmflut erlebt, kannten nicht ihre Anzeichen. Wir hörten nie das Radio, nur manchmal spät abends Musik. Ja, wir wußten, daß Sturm war, denn es heulte und tobte, und der Himmel war schwarz als wir am frühen Morgen in unser Geschäft nach Bremerhaven fuhren, und wir sahen Bäume stürzen. Aber da waren ja immer Stürme in Bremerhaven und der Dezember war doch die Hauptzeit der Stürme. Wir wunderten uns natürlich, daß Niemand auf der Straße war, und sich auch absolut kein Mensch in der Stadt blicken ließ. Das kam uns seltsam vor, denn es war doch die Haupteinkaufszeit, aber es war ja Sturm. Später sahen wir ein paar Leute rennen und die riefen uns etwas zu. Sturm ein großer Sturm. Was bedeutete, daß dieser orkanartige Sturm aus Nord West kam, das wußten wir nicht. Es wurde immer dunkler draußen. Aber im Laden war ja Licht, und darum beunruhigte es uns nicht so sehr.

Plötzlich öffnete sich die Ladentür und Ottfried kam herein. Er hielt Saskia an der Hand. Sie hatten im Dorfe gehört, daß die Deiche brechen könnten, und dann das Meer über alles hereinbrechen und alles ertränken würde. Und daraufhin hätten sie sich schnell auf den langen Weg nach Bremerhaven gemacht, um zu sehen ob wir in Gefahr wären, und ob sie helfen könnten. Da aber unser Geschäft noch stand und auch noch kein Wasser zu erblicken war, beschlossen sie erst einmal diese Sturmflut aus der Nähe zu betrachten, und sie liefen zum Deich.

Dort wäre das Meer eine ganz große, ganz schwarze, ganz böse Masse gewesen, und die hätte gebrodelt, gegurgelt, geschäumt. Und das tobende Schwarze hätte ganz dolle angsterregende grollende Töne von sich gegeben, so wie ein Untier, wie ein richtiges Monster. Sie wären auch nicht imstande gewesen aufrecht gegen den Wind zu stehen, und das Atmen, das ging auch nicht. Aber wenn sie den Kopf in die Jacke zogen und diese ausbreiteten dann bekamen sie Luft, und dann konnten sie sogar fliegen, und das machte großen Spaß.

Ottfried erzählte, daß Saskia viel höher fliegen konnte als er. Aber das sei nur gewesen weil sie ja leichter war. Aber dann wäre ein ganz böser Mann gekommen mit einem grimmigen Gesicht, der hätte etwas geschrieen was sie man nicht richtig hören konnte, und der hätte sie dann wutschnaubend weggejagt.

Wäre das große Wunder nicht gekommen vor dem heiligen Abend, wer weiß was ihren geschehen wäre und den vielen Menschen und Tieren die unter dem Meeresspiegel hinter den großen Deichen lebten.

Herta und die Waschfrau

Herta, unser Hausmädchen besaß keinerlei Angehörige und auch keinerlei Freunde. Sie schrieb nie einen Brief, und sie bekam auch nie einen. Wir waren ihre Einzigen. Daher nahmen wir sie vollkommen in unsere Familie auf und überall mit und überall hin. Wir behandelten sie nicht wie eine Angestellte, sondern wie ein liebes Mitglied unserer Familie. Herta war eine ehrliche schlichte Seele, der es Freude bereitete den Haushalt zu besorgen. Wir zahlten ihr ein ungewöhnlich hohes Gehalt, und es galt als abgemacht, daß sie uns später auch nach Amerika folgen würde. Herta gab mir den Glauben an die Menschheit wieder. Man konnte sich vollkommen auf sie verlassen. Sie war nun schon mehrere Jahre bei uns, und nie war jetzt auch nur das Kleinste verschwunden. Sie führte den Haushalt vollkommen selbständig. Ich brauchte sie nie anzuleiten, nie zu kontrollieren. Sie schrieb alles auf was sie ausgegeben hatte, aber es war nicht nötig nachzurechnen, es stimmte immer auf den Pfennig. Sie entschied was und wann gereinigt werden mußte und auch was eingekauft und gekocht wurde. Wir waren ja nun auch nicht verwöhnt nach all den Hungerjahren und mit allem zufrieden, und es schien eine ideale Lösung für uns zu sein, da wir ja den ganzen Tag aus dem Hause waren und die Kinder nicht ohne Aufsicht lassen konnten. Ich hatte stets den Eindruck, daß sie und die Kinder auch sehr gut miteinander auskamen. Es gab niemals Beschwerden weder von der einen noch von der anderen Seite.

In der Zwischenzeit waren meine Eltern von Dahlem nach Bremerhaven gezogen und wohnten nun mit bei uns im Hause. Da jedoch erhielten wir des öfteren eine lange Klageliste von Mutti wenn wir Abends nach Hause kamen. Die Kinder hätten Suppe an die Tapeten gespritzt, ihren Salat nicht gegessen sondern ihn in den Kachelofen gesteckt. Scheinbar gehorchten sie dann Herta nicht mehr so gut.

Als Saskia später selbst eine Mutti war und vier Kinder hatte, war sie auch noch voll berufstätig. Ich schlug ihr vor, doch eine Hausgehilfin ganz zu sich zu nehmen, denn ihr Haus war sehr geräumig, und sie konnte es sich gewißlich leisten. Aber wie groß war mein Erstaunen als sie meinte: "Mutti du weißt gar nicht wie sehr ich darunter gelitten habe, daß in Deutschland immer Hausangestellte bei uns lebten, daß wir niemals alleine waren. Und das will ich meinen Kindern nicht antun." Hochwahrscheinlich kann die Abwesenheit einer Mutter nicht durch Hausangestellte ersetzt werden, gleichgültig wie gut sie sind, und ihre dauernde Anwesenheit kann die Kinder belasten.

Aber damals hatte ich durchaus nicht den Eindruck, daß es sie unglücklich machte. Herta war ein lieber treuer und zuverlässiger Mensch, dem man das Haus und die Kinder vollkommen anvertrauen konnte.

Damals war der Haushalt nicht so leicht zu führen wie heute. Zwei Dinge waren vor Allem eine große Belastung. Das war das tägliche Einkaufen und die Wäsche. Das Einkaufen war wirklich schwierig. Da gab es nur den kleinen Kaufmann in Langen, und der handhabte noch alles genauso wie vor vielen, vielen Jahren. Genau wie in den Zeiten als ich noch ein kleines Mädchen war und mit Mutti einkaufen ging. Ein sehr dickes Stück Papier wurde auf die Waage gelegt, und dann wog er ab. Ein Viertel von diesem, ein Achtel von jenem. Ein halbes Pfund Mehl. Ein bißchen mehr, noch ein bißchen mehr, bis es ganz genau stimmte. Nicht zu viel, aber auch nicht zu wenig. Er wollte ehrlich sein, und keiner sollte zu kurz kommen, weder er, noch der Kunde, der die Waage meist scharf im Auge behielt. Die Hausfrauen standen mit ihren Tragkörben geduldig bis sie an die Reihe kamen. Ich selbst bin nicht oft hingegangen, denn jedesmal mußte ich endlos warten. Immer waren welche vor mir, die viele Viertel und viele Achtel Pfunde kauften, denn das Nachhausetragen war schwer. Da nahm man lieber jeden Tag ein bißchen. In der ersten Zeit habe ich mich über die lieben alten Einkaufserinnerungen gefreut, dann jedoch gefunden, daß es bestimmt noch einen anderen Weg geben müßte. Dabei kamen wir auf die Idee bei einer Großhandlung in Mengen einzukaufen. Es war gar nicht so viel billiger, aber Herta würde es nun viel leichter haben.

Und dann die Sache mit der großen Wäsche. Damals gab es nur die Möglichkeit des gerillten Waschbrettes, auf dem man entweder alleine oder mit einer Waschfrau schrubbte. Wir wählten natürlich das Letztere. Lange Zeit hatten wir eine alte freundliche Frau. Ein Unikum, ein heiteres Original. Sie erzählte immer lustige Geschichten und war auf ihre neuen Zähne so stolz, daß sie sie ständig herausnahm und jedem zeigte. Eines Tages jedoch bekam die Frau ihre Altersrente und wollte zu ihrer Tochter ziehen. Wir bedauerten ihren Weggang und mußten nun eine neue Frau suchen. Die große Wäsche wurde damals nur einmal im Monat gewaschen, und dann hatten sich natürlich riesige Berge angehäuft. Die Waschmaschinen waren zu der Zeit in Deutschland noch vorsintflutlich aus Holz und unerschwinglich teuer.

Ein Nachbar empfahl eine Frau, die Arbeit suchte. Sie war in den mittleren Jahren, sehr ernst, sehr sauber, sehr pflichtbewußt, sehr redlich. Ihr Mann arbeitete bei der Bahn, und sie wollte etwas zuverdienen. Sie hatten zwei Kinder. Diese ordentliche Familie befreundete sich nun mit Herta. Herta lebte immer auf wenn der Waschtag kam. Und bald dauerte es gar nicht lange, und sie ging oft zu Besuch dort hin, denn die Leute wohnten nicht allzuweit von uns entfernt. Wir waren sehr erfreut darüber.
Herta hatte nun auch Freunde und schien direkt glücklich zu werden. Ich glaube, diese Frau wusch über ein Jahr bei uns. Die Familie besaß auch Kaninchen, und ihr großer Junge holte jeden Tag die Schalen und andere Abfälle bei uns in einem großen Sack ab.

Eines Tages jedoch, um die Mittagszeit, als der Laden geschlossen war, erschien die Frau bei uns im Geschäft. Sie war ganz aufgeregt, zitterte am ganzen Körper und sagte, ich müsse Herta sofort hinaus werfen. Sie ging nicht auf meine Verwunderung ein und wiederholte immer nur den einen Satz. Ich müsse Herta auf der Stelle aus den Hause weisen. Dann fing sie ganz doll an zu weinen.

Und unter Schluchzen hörte ich, daß Herta sich heimlich mit ihrem Manne getroffen hätte. Die Sache erschien mir äußerst unglaubwürdig. Herta würde das niemals tun. Das mußte ein Mißverständnis sein. Ich versprach mit ihr zu reden und die Sache aufzuklären. Nein, das genüge ihr nicht. Herta müsse weg, gleich heute noch, weg aus Bremerhaven. Auf der Stelle müsse sie weg. Ich sollte es versprechen. Nein, das konnte, und das wollte ich nicht. Ich mußte doch erst einmal hören was Herta zu sagen hatte. Nun, meinte die Frau, in dem Falle, bliebe ihr nichts weiter übrig als die ganze Geschichte zu erzählen, die volle Wahrheit.

Und sie begann zu berichten: Herta hatte öfter bei ihren Besuchen Geschenke für die Familie mitgebracht, die meist in eßbaren Dingen bestand. Und da hätte sie die Idee bekommen, daß ihr Junge doch jeden Tag mit einem Sack zu uns kommen könne um Schalen für die Kaninchen zu holen und, daß es für Herta doch leicht möglich wäre in diesen Sack laufend Lebensmittel zu legen. Beim langsam Verschwinden würde es doch gar nicht auffallen. Diese Sache schien aber an Hertas Ehrlichkeit zu scheitern. Ja, und dann hätte sie die Idee bekommen, und nun begann wieder ein hemmungsloses Weinen, dann hätte sie die Idee bekommen, ihr Mann solle doch Herta heimlich verliebt die Hand drücken und kleine zärtliche Zettel schreiben. Aber er sollte nur verliebt tun, nicht richtig, schluchzte sie, nicht richtig. Sie hatte sicher gehört, daß Verliebte alles tun, sogar stehlen. Die Frau begann wieder haltlos zu weinen. Ich war erstaunt, daß sie alles so ehrlich berichtigte. Die Aufregung schien sie vollkommen verwirrt zu haben. Diese respektable Frau hatte nun ihren Mann gebeten eine Liebschaft mit Herta anzufangen. Ja, und nun hatte sie erfahren, daß Herta sich heimlich mit ihrem Manne traf, daß ihre Ehe in Gefahr war.

Diese Frau tat mir nicht leid, nicht ein bißchen. Eigentlich begann ich mich schon lange darüber zu wundern, warum wir so viele Abfälle hatten, da wir doch gar keinen Gemüsegarten besaßen. Der Junge erschien jeden Tag. Aber mir kam einfach kein Mißtrauen, da Herta doch so viele Jahre treu und ehrlich bei uns gearbeitet hatte, und nie etwas vorgekommen war. Und dann fiel mir ein, wie oft wir doch eigentlich bei dem Großhändler einkaufen mußten. Wie schnell 50. Pfund Reis aufgebraucht waren. Nun wußte ich natürlich auch warum Herta seit einiger Zeit so glücklich war.

Während des ganzen Berichtes beobachtete mich das Weibstück aufmerksam. Da ich aber immer noch nicht sagte, daß ich Herta sogleich hinauswerfen würde, da ich anscheinend noch nicht wütend genug war, fuhr sie eifrig fort. Nein, es wären nicht nur Lebensmittel gewesen, auch vieles andere hätten sie von Herta erhalten.

Ja und dann sahen wir zu Hause nach und mußten feststellen, daß vieles fehlte. Vieles von Muttis Sachen, die sie vorläufig bei uns oben auf dem Boden gelagert hatte. Viel Silber war verschwunden, Meissenfiguren, Wäsche, viele echte Brüsseler Spitzen, von deren Wert die Leute sicher keine Ahnung hatten. Und von uns war auch eine Menge nicht mehr da, Schmuck und anderes, Wir hatten bereits für die Auswanderung Kisten gefüllt und verpackt, da waren viele Dinge, deren Fehlen man erst nach einer Weile entdeckte, die wir dann später auch nirgends mehr finden konnten.

Herta stritt nichts ab. Es war natürlich zum großen Teil meine Schuld gewesen. Warum hatte ich nicht kontrolliert. Aber wenn ich nun Abends müde und abgespannt vom Geschäft nach Hause kam, da sollte ich nachsehen wieviel Butter, wieviel Reis, wieviel Mehl verbraucht worden war, und ob alle Wäsche und alles Silber in Kisten und Kasten noch da war. Das war mir zu widerlich.

Herta zog dann ab. Ich mochte sie nicht mehr um mich haben. Ich würde ihr nie wieder trauen können. Und mit Mißtrauen ganz dicht zusammen zu leben, nein. Wir haben die gestohlenen Sachen natürlich nicht wieder bekommen,

Das Schönste, daß wir später in Amerika feststellten, war die Tatsache, daß man dort keine Angestellten brauchte. Die Maschinen erleichterten alles so sehr, daß man den Haushalt ganz alleine schaffen konnte. Und heute noch betrachte ich liebevoll meine große Waschmaschine, die so viele Jahre für mich wusch, ohne die Hälfte meiner Wäsche zu stehlen. Meinen Kühlschrank, der keinerlei Lebensmittel weder in großen noch kleinen Mengen verschwunden ließ.

Uns ist hier in Amerika nichts mehr weggekommen, und wenn mal etwas fehlte, dann wurde es bestimmt bald darauf gefunden.

Angestellte haben wir nie wieder gehabt, nie wieder haben wollen, nie wieder benötigt. Und darüber freuen wir uns heute noch.

Die Galipagos Inseln

Unsere Auswanderungsnummern waren immer noch nicht aufgerufen worden. Die Warteliste schienen endlos. Immer wenn wir nachfragten, waren unsere Nummern noch lange nicht in Reichweite. Es gab so viele, die bevorzugt behandelt wurden. Leute, die schon Angehörige in Amerika hatten, Leute, die in Gruppen auswanderten, oder von Arbeitsstellen angefordert wurden.

Bremerhaven hatte sich nun allmählich etwas von den Kriegsschäden erholt, und man begann an den Aufbau zu denken. Auch die Bürgermeister-Schmidtstraße, die frühere Hauptstraße sollte bald wieder errichtet werden. Verschiedene Leute begannen dort schon bereits Grund und Boden aufzukaufen. Unsere Hafenstraße würde also bald Konkurrenz bekommen. Es könnte noch einige Jahre dauern, aber die Geschäftszukunft lag einwandfrei in der neuen Straße. Wir müßten also auch daran denken dort ein Grundstück zu erwerben. Das bedeutete aber viel Geld aufzutreiben.

Da ist übrigens etwas, was wir beide absolut nicht verstehen können. Immer wenn wir heute an einem Juwelierladen vorbeigehen, dann läuft uns ein kalter Schauer über den Rücken. Das geht uns allen beiden so. Schon die Vorstellung wieder ein Juweliergeschäft haben zu müssen, wäre einfach grauenhaft. Das können wir uns nicht erklären. Wir waren damals so erfolgreich. Da war absolut nichts, was so schlimm daran war, außer des nächtlichen Dekorierens natürlich. Vielleicht war es das Eingesperrtsein. Dieses absolute Nichtrauskönnen. Bei mir kam allerdings noch etwas anderes dazu. Ich hasse Spinnen, wirklich mit tiefster Inbrunst. Das sind die einzigen Tiere, Mücken natürlich auch, die ich auf der Stelle töte. Ich kann Fritz absolut nicht verstehen, der sie Spinnlein nennt und jedes Einzige ins Freie trägt. Nein, ich schlage sie tot. Ich hasse diese Wesen. Ich glaube wegen ihrer Methoden. Ja, Ja ich weiß - andere Tiere töten auch. Aber das ändert gar nichts an der Tatsache.

Nachdem wir das Juweliergeschäft eine Weile geführt hatten und über die ersten großen Schwierigkeiten hinweg waren, da bekam ich laufend die Vorstellung, daß ich auch eine Spinnenmethode anwenden würde. Warum dekorierte ich denn stets das Schaufenster so liebevoll? Vielleicht aus Freude am Schönen, Freude am Erfolg. Vielleicht das auch. Aber sonst doch nur für die Leute, damit sie es sehen und hereinkommen und kaufen würden. Es war ein Fangnetz, das ich ausgelegt hatte.

Wir besaßen in unserem Geschäft einen ganz kleinen Nebenraum. So zwei Meter im Quadrat. Da hielt ich mich immer auf, wenn Niemand im Laden war. Man konnte dort an einem kleinen Tischchen sitzen und an irgend etwas arbeiten. Schmuck reinigen, Silber putzen oder Sonstiges machen. Wenn die Geschäftstür aufging, hörte man eine kleine Glocke schellen. Dann mußte ich hinaustreten und zu dem Kunden gehen. Und da hatte ich oft die furchtbare Vorstellung, daß ich eine Spinne wäre. Eine große Spinne, die nun ein Opfer im Netz hatte. Das war auch vielleicht der Grund warum ich so oft, aber meist erfolglos Kunden vom Kauf abriet. Allmählich wurde diese Vorstellung aber immer schlimmer.

Gab es nicht irgend etwas Anderes? Sollten wir nun unser ganzes Leben damit verbringen, Leuten mit schönem Schmuck und guter Dekoration das Geld abzulocken? Wie lange würde es dauern bis so viel zusammen wäre, um in die neue Hauptstraße ziehen zu können? Und wenn wir es dann endlich geschafft hätten? Was dann? Dann würde es weitergehen, endlos für immer und ewig.

Es mußte etwas Anderes geben. Irgendwie, irgendwas, irgendwo.
In den Märchen, die mir Oma immer vorgelesen hatte, da kam oft das Thema vor, daß Jemand einen unterirdischen Raum entdeckte, und dort lagen alle Schätze der Welt. Der Betreffende, der oft ein Sonntagskind war, konnte nun auswählen. Alles war dort Silber, Gold, Edelsteine. Aber immer war es ein kleiner unscheinbarer Gegenstand, der das Wichtigste, das Wertvollste war. In allen Märchen der Welt kommt diese Geschichte vor. Irgend eine kleine Sache, an der die Meisten vorbeigingen, die sie nicht achteten, das war das Wertvollste, das war es womit man den gläsernen Berg ersteigen konnte um die Brüder oder die Prinzessin von den bösen Hexen und Zauberern zu erretten.

Ich habe oft darüber nachgedacht. Ich war doch ein Sonntagskind. Was war nun das Wertvollste, und wo konnte man es finden? Wie oft hörte man auch die Rede vom verlorengegangenen Paradies. Wo lag dieses? Vielleicht war das Wertvollste dort. Es konnte doch nicht so schwer sein es zu finden. Vielleicht mußte man nur seinem Instinkt folgen.

Wir hatten einmal gelesen, daß eine deutsche Familie schon vor dem Kriege zu den Galipagos gezogen war. Sie lebten dort auf einer kleinen einsamen Insel, tief im Pazifischen Ozean ganz allein und ernährten sich von Pflanzen und Fischen. Das konnte es möglicherweise sein. Da waren, wie im Paradies keine anderen Menschen, die mir sowieso Angst machten. Die große Enttäuschung mit der Herta war ein neuester Beweis dafür, daß man Menschen am besten mied. Und dort auf einer einsamen Insel gäbe es auch kein Geld und auch keinen Krieg. Da könnte man eine Mama sein.
Und Nahrung würde man nicht vom Kaufmann besorgen müssen, dort gab es einen anderen Weg, der Fritz und mir herrlich erschien.

Und wir beschlossen auf eine ganz unbewohnte einsame Galipagosinsel auszuwandern. Wochenlang malten wir es uns aus. Fritz würde sich natürlich ein Boot bauen, und wir würden uns eine schöne Behausung errichten, und die Kinder würden am Strande spielen und auf großen Schildkröten reiten. Und wir fingen an zu überlegen, was wir dort alles brauchen, und was wir dorthin alles mitnehmen müßten. Und wir begannen mit großer Begeisterung Listen anzulegen und Bücher über die Gegend zu studieren.

Aber die Freude dauerte nicht lange. Mein Mutterinstinkt machte bald einen Strich durch alles. Hatten wir ein Recht die Kinder ohne Zivilisation aufwachsen zu lassen? Dass wir etwas nicht wollten, hieß doch nicht, daß auch sie später so denken würden. Sicher ständen sie dann am Strande und wünschten dort zu sein, wo sie einmal als Kinder gewesen, und es würde sie immer wieder dort hinziehen.

Und vor allem wie würden sie einen Ehepartner finden?

Nein, der Plan wurde nicht genehmigt.

Schade, sehr schade.

Die Auswanderung

Und eines Tages kam ein Brief, ein Brief vom Konsulat. Es war das Jahr 1955. Unsere Wartenummern wurden aufgerufen. Man bat uns hinzukommen. Fritz war Feuer und Flamme. Und ich? Ich weiß nicht so recht wie mir war. Jedenfalls gingen wir sogleich hin. Das Konsulat war in Hamburg. Wir wurden geröntgt und dann der übliche Papierkram. "Nein, wir waren niemals Kommunisten.""Nein, auch niemals Prostituierte." Und dann begann ein sehr junger Arzt uns zu untersuchen. Erst fragte er einmal ob wir uns noch erinnern konnten, wann wir geboren waren, und vor allem, welches Jahr wir jetzt hatten. Zum Glück wußte ich auch das Letztere. Jedenfalls schienen wir daraufhin zu qualifizieren.

Nun kamen die Kinder an die Reihe. Saskia wurde gefragt wieviel ist sechs mal sechs? Saskia war nun immer in allen Schulklassen die Allerbeste, und das kleine Einmaleins, das wurde damals noch sehr in die kleinen Köpfe gepaukt und laufend wiederholt. Und gerade für sechs mal sechs hatte man doch den besonderen kleinen Spruch erfunden: "Sechs mal sechs ist sechsundreißig, ist der Mann auch noch so fleißig, und die Frau ist liederlich, taugt die ganze Wirtschaft nicht."

Also Saskia sechs mal sechs? Saskia wußte es natürlich. Es war zweiundvierzig. Der Arzt blickte besorgt. Da griff ich schnell helfend ein und sagte: "Aber Saskia, es ist doch sechsundfünfzig."

Das war zu viel für den Arzt "Auch falsch" rief er mit einem strengen Seitenblick auf mich. Es war klar, daß er nochmals unsere Intelligenz untersuchen mußte, und zwar ganz gründlich, als er plötzlich den Kopf vorschob und rief: "Was ist denn das?"

Saskia hatte an der Halsseite eine geschwollene Drüse. Die kam daher:

Als wir noch in Dahlem wohnten, da sind wir einmal in den Ferien an die Ostsee gefahren. Unterwegs erblickten wir auf einer Wiese einen Bauern, der gerade dabei war eine Kuh zu melken. Wir hielten an. Das sollten die Kinder sehen. Der freundliche Bauer gab uns auch gleich von der schönen warmen Milch zu kosten.

Wir tranken alle zusammen ein kleiner Glas voll und zogen weiter. Nach ein paar Tagen jedoch entwickelten sich bei uns allen kleine Drüsen am Hals, die bei Fritz und mir bald verschwanden, bei den Kindern jedoch größer wurden, und bei Saskia sogar die Größe eines kleinen Taubeneies erreichte. Wir gingen natürlich gleich zum Kinderarzt. Der aber meinte, das sei gar nichts Beunruhigendes. Das hätten jetzt viele deutschen Kinder. Sie müßten einmal TBC haltige Milch getrunken haben. Da die wenigen Kühe, die den Krieg überlebt hätten in einem sehr schlechten Gesundheitszustand wären, gäbe es viele TBC kranke Tiere. Diese TBC Bakterien würden jedoch vom menschlichen Körper sogleich eingekapselt und damit unschädlich gemacht werden. In den kommenden Jahren würden dann diese Drüsen von ganz alleine verschwinden. Wir sollten sie einfach in Ruhe lassen.

Ich erklärte dem Arzt im Konsulat dummerweise was der Kinderarzt gesagt hatte. Aber die Bemerkung eingekapselte TBC war ein Schreckenswort für ihn. Es war das schlimmste für die Ohren eines eifrigen jungen Arzt, der die Einwanderer zu untersuchen hatte. Er machte einen großen roten Vermerk auf Saskias Papiere und untersuchte auch nicht weiter unseren zweifelhaften Geisteszustand. Er erklärte nur, Saskia könne nicht auswandern solange sie diese Drüse habe. Wir könnten vorfahren, und sie dann später nachkommen lassen.

Das kam für uns aber auf keinen Fall in Frage. Selbst wenn sie inzwischen bei meinen Eltern geblieben wäre, hätte sie womöglich traurig sein können. Niemals würden wir ohne unsere Saskia gehen. Wir suchten daraufhin dann den besten Facharzt in Bremerhaven auf. Jedenfalls stand er in diesem Ruf. Man hätte diese Drüse nun aber ganz leicht vorsichtig chirurgisch entfernen können. Der Arzt aber war kein Chirurg, und warum sollte er Saskia zu einem anderen Arzt schicken. Er wollte es erst einmal auf seine eigene Art versuchen, nämlich die Drüse zu punktieren und damit zu verkleinern. Jede Woche mußte nun Saskia zu dem Manne gehen, der mit einer dicken Spritze hineinstach und versuchte Flüssigkeit zu entfernen. Das war natürlich vollkommen verkehrt, denn er durchstach laufend die Schutzhülle, die der Körper um die TBC Bakterien gebildet hatte. Es war auch sehr schmerzhaft, aber die kleine Saskia klagte nicht. Die Behandlung half natürlich in keiner Weise, und dann schickte der Arzt sie zur Röntgenbestrahlung.

Saskia ist später auch Ärztin geworden. Sie hat sich dann auf Radiologie spezialisiert und ist jetzt Professor für Radiology und Kinderheilkunde an der Universitätsklinik in San Diego, school of medicine. Vor zwei Jahren hat sie mit ihrem Mann und einem Kollegen ein dickes Fachbuch veröffentlicht "Practical Pediatric Radiology" Es gilt als eines der besten Bücher auf diesem Gebiete. Außer ihrer Tätigkeit als Ärztin ist ihr außerdem noch die große Ehre zugefallen ein Editor des monatlichen medizinischen Fachjournals:"American Journal of Röntgenology"zu sein.

Eines Tages rief Saskia mich an und fragte ob ich zufällig wisse wieviel Röntgen Einheiten sie als Kind in Deutschland erhalten habe. Wir wandten uns an das Krankenhaus in Bremerhaven und erhielten die Mitteilung, daß es 1800 Einheiten gewesen waren. Saskia erschrak. Das war eine unheimlich große Menge. Man hatte in einer amerikanischen Fachzeitung einen Artikel veröffentlicht über deutsche Jugendliche, die nach dem Kriege wegen dieser TBC Drüsen mit Radium behandelt worden waren.

Alle diejenigen, die man als Kinder unter drei Jahren bestrahlt hatte, waren bereits gestorben und manche der anderen, je nach Alter an Blut oder Schilddrüsenkrebs erkrankt.

Bei einer normalen Röntgendurchleuchtung der Lunge zum Beispiel erhält man eine viertel Einheit.

Das hieße also, daß diese idiotischen Ärzte der kleinen Saskia innerhalb von zwei oder drei Monaten soviel Bestrahlung gegeben haben wie 7200 Röntgenaufnahmen. Saskia war damals acht Jahre alt. Dabei hat diese Bestrahlung, wie auch bereits viele wußten, in keiner Weise geholfen, da ja Röntgenbestrahlung überhaupt nicht TBC Bakterien abtötet. Warum wurden dann so viele Kinder bestrahlt? Es wäre doch leicht gewesen festzustellen, ob die Bakterien noch lebten, nachdem man sie so unheimlich hohen Röntgeneinheiten aussetzte. Warum hat man das getan? Brauchte man Versuchskanickel? Wer war für diese kriminelle Handlungen verantwortlich?

Ich kann auch heute noch nicht begreifen warum wir das Kind so gutgläubig den Ärzten anvertraut haben. Warum haben wir nicht gefragt, Wie viele Einheiten? Warum sind wir damals nicht so mißtrauisch den ärztlichen Methoden gegenüber gewesen, wie wir es heute sind. Warum bin ich nicht selbst zu den Bestrahlungen mitgegangen, sondern habe Saskia mit Hausangestellten hingeschickt? Warum habe ich statt dessen in dem dämlichen Juwelierladen gestanden? Warum habe ich nicht gefragt, gelesen und nochmals gefragt, wie ich es heute tue? Vielleicht vertraut man mehr wenn man jünger ist. Vielleicht wird man erst mißtrauisch mit der Alterserfahrung. Jedesmal wenn ich nur daran denke, würgt es mich im Halse.

Damals gingen wir dann nach Berlin zu dem berühmten Professor Sauerbruch, der aber zu der Zeit schon nicht mehr selbst arbeitete und Vertreter hatte. Diese operierten Saskia. Man gab sich große Mühe, aber das Punktieren des Bremerhavener Arztes hatte die schützende Einkapselunghülle der Drüse zerstört und die gesamte Umgebung infiziert, und daher war nicht allzuviel was man machen konnte. Sie versuchten das ganze Gebiet auszukratzen und zu reinigen. Aber nach ein paar Tagen entstand eine noch viel größere Schwellung.

Wir erhielten dann wieder eine Aufforderung vom Konsulat. Dieses mal war ein netter älterer Arzt dort. Er untersuchte Saskia noch einmal. Ihm war bekannt, daß Saskias Drüse in keinerlei Zusammenhang mit der gefürchteten ansteckenden Lungen TBC stand. Er wollte wissen ob Saskia gut im Turnen sei. Turnen hätten sie in der Dorfschule in Langen nicht, aber sie ginge in Bremerhaven laufend zum Ballettunterricht. Und sie tanzte ihm vor. Sie tanzte sehr gut und vor allem imponierte ihm ihr Spagat. Wer das könnte, müsse kerngesund sein, war seine Schlußfolgerung. Und Saskia bekam ihre Einreiseerlaubnis.

Fritz wollte sogleich auf der Stelle los segeln. Übrigens im wahrsten Sinne des Wortes, denn ein Bekannter besaß ein Segelboot, und der hatte die Absicht mit diesem Segelboot die Überfahrt nach Amerika zu machen. Es war ein kleines Segelboot, möchte ich noch bemerken. Zum Glück dauerten die Papiere dieses Mannes dann noch etwas länger,

Und Fritz wollte auf keinen Fall warten. Der Freund ist dann später tatsächlich mit seiner ganzen Familie, Frau und Kindern auf diese Art rübergeschifft und auch gut in New York angekommen. Fritz aber fuhr mit dem großen Schiff, der Amerika.

Ich hatte Fritz überzeugt, daß es besser wäre wenn er zunächst alleine rüber ginge, um sich dort erst einmal alles anzusehen. Da war doch noch so viel erst einmal in Bremerhaven zu erledigen. Und Papa meinte außerdem immer noch, daß es Blödsinn wäre jetzt auszuwandern. Wir hätten das phantastische Geschäft, das man doch nicht so leichtsinnig aufgeben sollte für eine ungewisse Zukunft in einem neuen Lande. Aber Fritz war von der sofortigen Auswanderung nicht abzubringen. Er würde also gleich losziehen, und wir dann bald nachkommen.

Da nun unser Plan, nach der menschenleeren Insel auszuwandern aufgegeben worden war, mußten wir uns wieder einmal damit beschäftigen womit wir denn nun Geld verdienen wollten. Also kein Juweliergeschäft mehr, auch keinen Antiquitätenladen. Diesmal wollte ich etwas machen wo ich nebenbei eine richtige Mama sein konnte. Ja, aber was? Bloß keine Ansichtskarten mehr. Das Schönste wäre natürlich gewesen mit dem Verkauf unserer Bilder etwas zu verdienen. Aber dazu müßte man malen was den lieben Leuten gefiel, die lieblichen Blümchen oder Schiffe auf dem wogenden Meere. Uns kam auch Kunstgewerbe in den Sinn, aber das würden Viele machen. Und außerdem Schwarz oder Weiß. Wir wollten ferner etwas Ungewöhnliches tun.

Da hörten wir von einem Freunde, der einen Bekannten hatte, und dem Bekannten hatte Jemand erzählt, daß er von einem Fall gehört habe wo ein Mann, ein Mann mit dem Namen Heinrich mit Frau und Kind vor ein paar Jahren nach Amerika ausgewandert war. Man sagte sie würden drüben Porzellan reparieren und es solle ihnen sehr gut gehen. Sie hatten sich sogar nach vier Jahren schon eine Villa gekauft. Das klang nicht schlecht. Dabei konnte man doch sicher zu Hause sein und bei den Kindern bleiben. Es schien eine gute Idee. Das Problem war jetzt nur, wie reparierte man denn nun um Himmels Willen überhaupt Porzellan? Wenn es jedoch eine Familie gab, die es fertig gebracht hatte, so würden wir auch in der Lage sein, das Gleiche zu schaffen. Es schien jedoch ratsam vorher ein klein bißchen vom Porzellanreparieren zu verstehen. Aber Keiner wußte es, keiner konnte es.

Endlich fand Fritz einen Mann, der Porzellan reparierte. Es war ein sehr netter Mann. Er lebte in den Resten eines zerstörten Hauses, war ein typisches Berliner Original und bereit Fritz zu zeigen was er sich erlernt hatte. Leider war das nicht viel. Er klebte das meiste einfach mit Hausenblase zusammen. Dieses gewann man aus der Haut von Fischen. Er hatte auch verschiedene Töpfchen zu stehen, in denen befanden sich Essenzen mit seltsamen Namen wie Safram und Drachenblut. Die benutzte er zum Übermalen. Seine Art Porzellan zu reparieren bestand darin, daß er die Stücke mit Porzellanfluß zusammensetzte und sie in einen großen Ofen stellte. Er türmte dort alles sorgfältig aufeinander und schloß danach die Ofentür fest und feierlich zu. Dann setzte er sich hin und betete. Manchmal hatte das Zweck, aber manchmal auch nicht. Gott schien nicht so sehr an Porzellan interessiert zu sein. Bei hoher Erhitzung konnten nämlich ganz furchtbare Dinge entstehen. Aber da der Mann jedoch selten kostbare Objekte zur Reparatur bekam, so war es niemals eine große Katastrophe, wenn sie völlig ruiniert oder zersprengt herauskamen.
Fritz wußte nun aber wenigstens wie man es nicht machen sollte, auf keinen Fall machen dürfe.

Und das war schon viel wert, und mit der Hausenblase konnte man eine ganze Menge auf die kalte Art zusammensetzen ohne die Stücke zu gefährden. Im Übrigen war Fritz sicher, daß er bald einen Weg finden würde, um Porzellan richtig zu reparieren ohne es aufs Spiel zu setzen. Und wir begannen nun seine Koffer zu packen.

Nathaly und ihr Mann luden ihn ein, zu ihnen zu kommen. Aber ihr Wohnort in der Nähe von Chicago war 1000 Meilen von New York entfernt, von New York, der Stadt der Städte. Und New York sollte, New York mußte es sein. Außerdem besaß Fritz ja zwei Adressen in Manhattan, dem Zentrum der Stadt. Diese Anschriften waren von zwei Leuten, die wir in unserem Juweliergeschäft kennengelernt hatten.

Die erste war von einer Dame, einer gebürtigen Bremerhavnerin, die schwer reich sein mußte. Sie kaufte bei uns eine kleine Kuckucksuhr, die Fritz aber unbedingt zu einer bestimmten Zeit zu ihr auf das Schiff liefern sollte, da es für sie zu beschwerlich war, dieses Paket mit sich herumzutragen. Sie fuhr erster Klasse. Ihre Kabine besaß sogar noch einen extra Salon. Dieser war mit Blumenarangements, eingekauften Paketen und vielen Menschen gefüllt. Das waren Jugendfreunde und Verwandte, die der reichen Tante aus Amerika Aufwiedersehen sagen wollten. Alle tranken Sekt und waren sehr stolz einmal selbst in einem solchen eleganten Raum der ersten Klasse gewesen zu sein. Diese Dame hatte Fritz eingeladen, sie unbedingt in New York zu besuchen. Er könne dort in ihrer großen Wohnung auch einige Zeit wohnen. Die zweite Anschrift war von einem netten schlichten Herrn, der auch einmal Bremerhavener gewesen war. Auch er bot freundlich an bei ihm zu übernachten, denn in einem Hotel zu leben, wäre dort sehr teuer.

Fritz wollte unbedingt nicht mehr als 80 Dollar mitnehmen. Er fand, wenn man mehr hatte, konnte man es nur loswerden. Und ganz von vorne, und ganz ohne Geld anzufangen, wäre mehr Spaß. Und ich muß berichten, daß es das auch wurde, wirklich.

Wir brachten ihn alle zum Hafen. Platz auf einem deutschen Schiff hatten wir leider nicht so schnell bekommen können.

Da lag sie nun, die riesige mächtige "Amerika" Es war unter ihrer Würde eine Kapelle auf das Deck zu bringen. Man ging schweigend hinauf. Nur Wenige befanden sich an der Reling und winkten. Und dann schlich das Schiff plötzlich davon, ohne auch nur das kleinste Zeichen einer seelischen Erregung von sich zu geben. Wir standen am Kai, liefen noch eine Weile mit und schwenkten unsere Tücher bis das Schiff immer kleiner wurde und dann ganz im Nebel verschwand.

Das Poesiealbum

Als Fritz nun mit dem großen Schiff davon gefahren war, und wir nach Hause kamen, da glaubte ich, daß dort jetzt eine große Lücke sein müsse. Aber es war gar nicht. Ich hatte auch so viel zu tun um alles alleine zu schaffen. Und dann geschah etwas ganz Seltsames. Schon nach ein paar Tagen wußte ich nicht mehr wie Fritz aussah. Ich konnte ihn mir absolut nicht mehr vorstellen. Ich legte sein Foto an meinen Nachtisch.

Aber sobald ich es wegtat, wurde sein Bild bei mir wieder ausgelöscht, genau wie mit einem Schwamm von einer Tafel. Ich konnte mir noch so viel Mühe geben. Es war einfach wieder weg.

Und dann kam ein Brief von Kurt, Kurt, meiner ersten Liebe. Kurt war nicht der aggressive Draufgänger wie Fritz. Er war vorsichtig. Er überlegte sich jeden Schritt eine lange Zeit. Er war immer noch Rechtsanwalt in der Ostzone und erwog ob er dort weggehen sollte oder nicht. Ihm wurde sogar die Beteiligung an einer Praxis im Westen angeboten. Aber da war zu viel Unbekanntes, zu viel Unbestimmtes, zu viel Unsicheres. Da war zu viel Bedenkliches. Da waren nicht seine Eltern, da waren nicht seine Freunde. Und später war dann eines Tages die Mauer da und die Grenzen fest zu. Aber damals als sie noch offen waren, kam Kurt oft zu uns nach Dahlem, und er sah als Außenstehender deutlicher als wir, daß bei uns etwas verkehrt war. Und er begann zu hoffen. Er wußte, daß ich schnell Entschlüsse fassen und auch durchführen konnte. Vielleicht würde ich zu ihm kommen. Und er fing an auf seine vorsichtige Art Andeutungen zu machen. Ich sollte die Kinder mitbringen. Als ich ihm jedoch erklärte, daß ich nur Fritz, immer nur Fritz lieben könne, nie einen anderen, entschloß er sich zu heiraten. Er wählte ein Mädchen, von dem alle behaupteten, sie sähe mir ähnlich. Aber wir waren uns durchaus nicht ähnlich. Sie war zwar lieb und nett, aber die Ehe schien zu meinem Leidwesen bald wackelig zu werden. Sie haben sich dann auch sehr bald getrennt.

Ja, da lag nun ein Brief von Kurt. Er bat mich auf alle Fälle noch einmal nach Berlin zu kommen, bevor ich den "großen Sprung", wie er es nannte, unternehmen würde. Ich verstand übrigens nicht warum er es so betitelte, denn von einer Stadt zur andern zu ziehen war ja nun wirklich kein großer Sprung. Wenn wir statt nach Amerika nach den Galopagos gegangen wären, dann hätte man es so nennen können. Er wollte mich noch einmal sehen. Ob wir uns nicht unbedingt noch einmal treffen könnten. Das schien eine verlockende Idee. Erstens konnte ich ihm das Ende unseres spannenden Kriminalromanes von Dahlem erzählen. Er kannte ja noch gar nicht den geheimnisvollen Schluß mit der Entknüpfung aller Fäden.

Ich nahm mir auch vor, dabei nicht zu weinen, nein zu lachen, ganz doll zu lachen, wie es die ganze Sache eigentlich verdiente, zu lachen über meine große Doofheit. Wir würden dann in ein elegantes Restaurant gehen. Wir würden Wein trinken. Wir würden. Niemals ist etwas anderes zwischen uns gewesen als ein Kuß, und das noch bevor ich verheiratet war. Ich hatte auf einmal den Wunsch schwarz zu sein. Mal zur Abwechslung nicht immer dieses blöde langweilige Weiß.

Ich probierte ein hübsches Kleid an, bin dann aber doch nicht gefahren. Und das kam durch das Poesiealbum. Durch das, welches mein Cousin Ernst mir einmal schenkte, das mit den dicken Blättern und den vergoldeten Rändern, das welches ich Fräulein Rosenau zum Eintragen gab, als ich zehn Jahre alt war, und sie nicht mehr unsere Klassenlehrerin sein sollte, weil wir den Herrn Dehmelt bekamen. Damals hatte sie in ihrer tadellosen Schönschrift den kitschigen Vers hineingeschrieben.
"Dich führe durch dies wildbewegte Leben ein gnädiges Geschick.
Ein reines Herz hat Dir Dein Gott gegeben.
Bring es ihm rein wieder zurück".

Ja, und deshalb.

Der mutige Fritz

Es ist uns beiden entfallen, wie lange die Amerika eigentlich brauchte um in New York anzukommen. Weniger als eine Woche bestimmt. Ich glaube, das was damals das schnellste Schiff. Nach ungefähr zehn oder zwölf Tagen erhielt ich einen Anruf von Fritz. Er klang begeistert. Ich solle sofort kommen, sofort rüberkommen. Alles stehen und liegen lassen. New York sei herrlich, unvorstellbar, und er hätte auch schon eine Wohnung für uns. Nein, sofort kommen, das ging leider nicht, das war unmöglich, absolut unmöglich. Er klang so freudig, daß es ihm sehr gut gehen mußte. Aber da Telefongespräche Übersee damals noch sehr teuer waren, konnten wir uns nicht zu lange unterhalten. Er würde schreiben.

Ja, und nun muß ich natürlich berichten wie es Fritz ergangen ist.

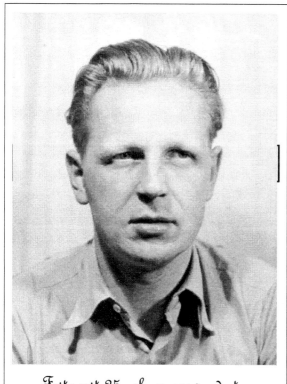

Fritz mit 35, als er auswanderte

Die Überfahrt war wunderbar. Die meiste Zeit stand er an Deck und blickte über das Meer, das weite Meer, das er nun endlich überkreuzen würde. Wie lange hatte er das gewünscht, schon als ganz kleiner Junge, und dann in den ganzen Hitlerjahren, als man dort in der Hölle eingesperrt war, aus der es kein Entweichen gab. Wie oft hatte er die Vorstellung, selbst in einem kleinen Boot über die Ost oder die Nordsee zu entkommen. Aber es hätte nichts genützt. Alle Länder hätten ihn zurückgeliefert, und dann wäre er garantiert erschossen worden, und seine Familie hätte leiden müssen. Aber die grausige Zeit war vorbei, endgültig vorbei. Und er war durchgekommen und befand sich auf einem, der größten amerikanischen Schiffe auf dem Wege nach den Vereinigten Staaten, Es war nicht nur die Freude nach Amerika zu kommen. Es war die Freude auf die Freiheit in Amerika, auf das neue Erleben. Die Freude auf die lockende Ferne, die herrliche unbekannte weite Welt. Endlich sah er am Horizont einen schmalen Streifen und bald konnte man die Wolkenkratzer entdecken. Manhattan. Manhattan.

Die Koffer gab Fritz im Hafen auf und sah sich erst einmal New York an. Das war eine Stadt nach seinem Herzen. Ein Superberlin. Als wenn man einen Fisch ins Wasser setzte. Dieses herrliche Tempo, diese Fülle von Menschen, Menschen aller Art, aller Rassen. Er ging zum Central Park, zur fifth Avenue, zu 57 street. Dieser Reichtum, dieser Schwung. Er ging nach Harlem. Er ging zur First street und zur Second street und staunte über die kleinen Holzhäuser neben Gebäuden von unendlichen Stockwerken. Damals fuhr noch die Hochbahn mitten in der Third Avenue. Diese Gegensätze, diese Möglichkeiten. Und vor allem die Preise.

444

Wie unvorstellbar hoch und wie ungeheuer niedrig waren manche doch. Und diese vielen Autos, diese riesigen enormen Autos. So eins wollte er sich auch aller schnellstens kaufen.

Gegen Abend suchte Fritz den netten Bremerhavener auf, der ihm seine Adresse gegeben hatte. Er wohnte in einem ganz neuen, damals sehr teuren Hochhaus in West 23 street. Der Bremerhavener war zu Hause, und er freute sich sehr als er Fritz erblickte. Aber da war noch ein älterer, sehr griesgrämiger Mann anwesend. Wahrscheinlich der Freund. Sie schienen sehr intime Freunde zu sein. Und so nett der Bremerhavener war, so nichtnett war der andere, der aber dort anscheinend zu sagen hatte. "Nein, Fritz können nicht bei ihnen schlafen, auch nicht eine einzige Nacht. Das käme gar nicht in Frage." Und der Griesgrämige ging zum Telephon und bestellte einen Hotelraum für Fritz. Dem armen Bremerhavener schien die ganze Angelegenheit äußerst peinlich. Aber es war ja schließlich nicht seine Schuld, und er lächelte hilflos.

Fritz ging nun zum Hotel, das ganz in der Nähe lag. Man hatte dort aber keinen einzelnen Raum frei, nur eine Suite mit Salon und einer kleinen Küche. Und außerdem mußte er für eine ganze Woche buchen und auch dafür gleich bezahlen. Erstaunlicherweise betrug die Rechnung für alles nur 18 Dollar. Das schien nicht viel, denn es war damals noch eine gute Gegend.

Am nächsten Tage versuchte Fritz das Haus der reichen Dame zu finden. Das war nicht leicht, und er mußte lange suchen und erfuhr dann, daß ihre große elegante Wohnung in einem sogenanten "Projekt" lag. Man hatte damals beschlossen die Slums zu beseitigen und die verschmutzten und verkommenen Behausungen abzureißen und statt dessen die Projekts zu errichtet. Das waren große Hochhäuser, die gut gebaut wurden. Aber leider nicht lange in dem schönen Zustand blieben. Da gab es nur kleine Wohnungen, und es durften hier auch nur Leute wohnen, die früher in diesen Slums gelebt hatten oder welche, die ein ganz geringes Einkommen besaßen. Das war nun die elegante Wohnung, der angeblich so reichen Dame, die in einer Kabine erster Klasse ihre Verwandten in Bremerhaven besuchen kam. Sie war aber nicht zu Hause. Wahrscheinlich hat sie nicht aufgemacht. Fritz ist auch nicht wieder hingegangen, denn es wäre ihr doch unsagbar peinlich gewesen. Mir ist nicht ganz klar warum diese Frau Fritz überhaupt ihre Anschrift gegeben hat. Sicher hat sie nicht geglaubt, daß er wirklich nach New York kommen würde. Wenn man selber schwindelt, nimmt man es auch von andern an. Inzwischen wird sicher ihre dumme Angabe auch von ihren Verwandten entdeckt worden sein, denn die Deutschen kommen ja jetzt oft New York besuchen.

Als Fritz nun seine Koffer vom Hafen abholen wollte, da mußte er zu seinem Leidwesen feststellen, daß man 12 Dollar für die Aufbewahrung verlangte. Es schien nicht alles so billig zu sein, in diesem New York. Seine 80 Dollar fingen schon an zu schmelzen und er begann sich nach einer Wohnung umzusehen, wo er auch arbeiten konnte, denn in einem Hotel durfte sicher nicht gehämmert werden. Man riet ihm in das deutsche Viertel zu gehen. Zu der Zeit konnte man noch einen Raum für fünf Dollar die Woche in einem Privatquartier finden. Fritz begann sich darum in die deutsche Gegend nach Yorkville.

In der First Avenue corner 83 street lag nun ein Hunde und Katzenhospital. Und da hing ein Schild aus. "Raum zu vermieten".

Das schien der richtige Platz zu sein. Fritz nahm an, daß seine vielleicht geräuschvolle Arbeit die Tiere nicht stören würde. Es war nur ein zweistöckiges Gebäude. Der Besitzer behielt dieses Haus aus einem besonderem Grunde. Er wußte, daß man dort vorhatte ein Hochhaus zu errichten, und er wartete auf ein entsprechendes Angebot. Der Raum, den Fritz nun mietete, war in dem obersten Stockwerk des Hunde und Katzenkrankenhauses und lag direkt über der Etage, in der sich die ganzen Tiere befanden. Dort wurden nicht nur kranke Hunde und Katzen hingebracht, die der Tierarzt dann behandel-

te, sondern auch welche, die gereinigt und frisiert werden sollten, und dann noch alle die, die man gut aufgehoben sehen wollte, wenn man verreiste, die aber Tag und Nacht bellten, wenn der Angestellte vergessen hatte ihnen die Beruhigungsspritze oder Tabletten zu geben. Das schien Fritz nicht zu sehr zu stören. Er fand jedoch, daß es dort etwas komisch roch. Ich möchte hinzufügen, daß Fritz, nicht über einen anspruchsvollen Geruchssinn verfügt. Aber die Miete war leidlich, und der Raum hatte hohe Fenster mit viel Licht. Er besaß ungefähr die Ausmaße von 8 mal 6 Meter. In einer Ecke befand sich eine alte große Badewanne ohne Abfluß, und in der anderen Ecke ein kleines Waschbecken mit Abfluß und fließendem warm Wasser. Fritz gefiel dieser Raum. Er sah beachtliche Möglichkeiten. Es konnte eine Wohnung für uns werden. Leider mußte er die Miete für einige Zeit im Voraus bezahlen. Nach den 18 Dollar für das Hotel und den 12 für die Kofferaufbewahrung und der jetzigen Zahlung besaß er nur noch 10 Dollar. Aber er blieb optimistisch, denn er hatte ja nun schon eine eigene Wohnung. Erst einmal mußte der Raum gründlich gereinigt werden, und dazu brauchte man einen Besen. Aber Fritz hatte Bedenken sich einen zu kaufen. Er ging in das nächste Geschäft und fragte ob sie ihm einen leihen könnten. Man war jedoch in New York nicht so vertrauensselig. Erst nachdem er seine Kamera als Pfand hinterlassen hatte, wurde ihm einer geborgt.

Die erste Nacht schlief Fritz auf der Erde. Am Morgen aber, als er auf die Straße ging, da sah er etwas Erstaunliches. Dort standen an der Bordschwelle die allermöglichsten und allerunmöglichsten Dinge. Stühle, Tische, Betten, alte Fernsehapparate und sogar manchmal Klaviere. Die Leute hatten alles einfach hinausgestellt Das war eigentlich nicht erlaubt. Aber die städtischen Wagen erschienen jeden Morgen und beseitigten alle Gegenstände, die Leute nicht mehr haben wollten, weil sie sich neue angeschafft hatten, oder auch hinterließen wenn sie wegzogen.

Einmal sahen wir später sogar eine nagelneue Matratze, die noch original eingepackt war. Wie konnte man die nur hinausstellen. Vielleicht war es die falsche Größe, und man war einfach zu bequem, sie umzutauschen.

Heute soll ja, wie wir gehört haben, es in Deutschland auch laufend vorkommen, daß man Dinge wegwirft, die noch vollkommen in Ordnung sind. Für uns war das aber damals eine unglaublich erstaunliche Sache, denn wir kamen aus dem ausgebombten Berlin und dem ausgebombten Bremerhaven, wo viele Leute lebten, die alles bis auf ihr Leben verloren hatten, wo jedes, noch so alte und gebrechliche Stückchen wertvoll war und wieder verwendet werden konnte und auch wurde.

Fritz jedenfalls gefiel diese New Yorker Methode enorm, denn er war imstande sich gleich am ersten Tag einzurichten. Er fand ein Sofa, groß genug um darauf zu schlafen. Es war noch in tadellosem Zustand und hatte einen blauen Samtüberzug. Vielleicht paßte Jemand die Farbe nicht zur neuen Tapete.

Fritz hatte einen Plan. Aus diesem Raum 8 mal 6 wollte er einen Empfangsraum für die Kunden, einen Arbeitsraum, einen Schlafraum und eine Küche bauen, Badestube natürlich auch. Wir hatten vor einiger Zeit eine Ferienfahrt quer durch Europa gemacht mit unserem kleinen Wagen und einem winzigen Wohnanhänger, in dem man nicht einmal stehen konnte. Wir zählten damals vier Personen und hatten auch noch unseren Schäferhund mitgenommen. Und da erkannte Fritz, Raum ist in der kleinsten Hütte.

Als Fritz den Arbeitsraum gemietete, das war der Zeitpunkt als er anrief und sagte, ich müsse sogleich rüberkommen und alles stehen und liegen lassen. Ich kann aber seine Begeisterung verstehen, vor allem wenn man die billigen Preise sah. Benzin kostete eine Gallone (rund vier Liter) 19 Cent. Briefporto 3 Cent. Ja, das waren noch Preise.

Fritz begann nun voller Eifer seinen Arbeitsplatz erst einmal einzurichten, nachdem er seinen Hausenblasenleim und Werkzeuge ausgepackt hatte. Da war eine Unmenge von mitgenommen worden. selbst von Schrauben und Nägeln in allen Größen, denn in Deutschland war das alles noch eine Kostbarkeit und vieles oft noch nicht zu bekommen, und man wußte ja nun nicht wie es in New York sein würde, und was man dort für Preise dafür bezahlen müsse.

Aber nun hieß es, sich erst einmal nach Arbeit umzusehen. Fritz ging von Antiquitätengeschäft zu Antiquitätengeschäft. In der Third Avenue konnte man unzählige finden, Laden an Laden. Aber keiner gab Fritz auch nur die geringste Sache zum Reparieren mit. Man war mißtrauisch in New York. Das war nicht Deutschland, das war nicht Dahlem und auch nicht Bremerhaven.

Und dann begann eine schwere Zeit für Fritz, und er erkannte, daß doch nicht alles so einfach war in dem Lande der unbegrenzten Möglichkeiten. Auch wenn er kaum etwas für sein Essen ausgab, hatte er bald nur noch sehr wenig übrig. Und dann erschien außerdem noch der Besitzer des Hunde und Katzenhospitals und erklärte Fritz, wenn er dort in dem Raume schlafen würde, müsse er die Miete erhöhen. Fritz hatte jetzt aber keinen Pfennig mehr. Aber er hatte etwas, was mehr wert war als Geld, nämlich Glück.

Ja, Fritz hatte wieder einmal Glück. Er traf nämlich Olga, Olga in "Olga's Antiques". Olga Junesku. Olga Junesku war eine gebürtige Bremerhavnerin. Sie und ihr Mann hatten dort ein Antiquitätengeschäft dicht am Hafen gehabt. Damals sind wir einer ihrer Feinde gewesen,.

Auch wir lieferten Kuckucksuhren auf die Schiffe und wurden eine ernst zu nehmende Gefahr, eine große Konkurrenz. Olga und ihr Mann waren schon vor einem Jahr ausgewandert. Die liebe Olga hatte einen scharfen Geschäftssinn aber scheinbar ein gutes Herz. Sie fiel Fritz um den Hals. Er hatte immer Glück bei Frauen, und jetzt war er keine Konkurrenz mehr sondern ein lieber Landsmann. Durch Olga wurde alles schlagartig besser. Sie tat dabei nichts weiter als freundlicherweise mit ihm Geschäfte aufzusuchen und zu sagen, dieser Mann ist OK. Und da lernte Fritz Pflaster kennen. Mister Pflaster führte die ganz billigen Antiquitäten, die ganz schrecklichen, die ganz häßlichen, die importierte er im Großhandelstiel aus Deutschland. Mister Pflaster war nett und froh, daß Fritz die Sachen für Pfennige reparieren wollte. Wie, das war nicht so wichtig. Hauptsache der Arm, das Bein oder der Kopf waren wieder dran, dann ging es zu verkaufen.

Übrigens gibt es komische Zufälle im Leben, ein Enkelkind von uns, eine Tochter von Ottfried, die kleine Lara, die studierte in New York an der Kunstschule Parson. Vielleicht schafft sie, was ich nicht erreichte. Aber davon wollte ich jetzt nicht reden, sondern davon, daß wir sie besuchten in ihrem Wohnheim, dem Dormitory der Schule am Union Square. Da staunte Fritz. Es war das gleiche Gebäude, die gleiche Etage wo früher einmal Mister Pflaster seine Großhandlung gehabt hatte. Ja damals 1955.

Und 1955, das war nun gerade der Sommer, der so heiß wurde. Der arme Fritz ohne Geld, ohne Fachkenntnisse, die schreckliche Hitze. Das Thermometer stieg auf 115, das ist etwas über 40 Grad Celsius. Heute würde es Fritz genau so wenig ausmachen wie große Kälte. Aber damals war er es noch nicht gewöhnt, denn er kam aus Bremerhaven und in New York wurde ihm jetzt manchmal schwindlig, wenn er aus gekühlten Räumen auf die Straße ging. Und seine Behausung lag direkt unter dem Dache des Hunde und Katzenhospitals und hatte keine Kühlanlage. Er hatte nicht einmal einen Ventilator, den konnte er sich nicht leisten. Damals hat Fritz den Wert des Geldes kennengelernt und bis auf diesen Tag noch nicht vergessen.

Heute Nacht wurde Fritz wach, da wir früher zu Bett gegangen waren als sonst. Ich schlief noch nicht, sondern überlegte, was ich als nächstes schreiben wollte, darum bat ich Fritz mir doch genau zu erzählen wie es damals war, damals in der ersten Zeit in der Hitze und ohne Geld in New York. "Herrlich" sagte er noch im Halbschlaf."Herrlich, das einzige Schlimme, daß ich so alleine war, so ganz alleine. Alleine sein ist schlimm. da waren nur ein paar Fliegen."Und dann schlief er wieder ein.

Freunde hatte der arme Fritz damals nämlich gar nicht, nur den deutschen Ober in dem kleinen Schnellimbißladen gegenüber. Der gab ihm manchmal einen Rat.

Einen anderen Deutschen lernte Fritz dann auch kennen. Er war auch aus Bremerhaven und besaß ein sehr besuchtes Restaurant in der 85th street, einer sehr lebhaften Ecke. Er war schon vor mehreren Jahren ausgewandert. Während des ganzen Krieges gehörte er zu einer U Bootbesatzung. Sie wurden getroffen, doch im letzten Augenblick gerettet. Aber auch das Boot, das sie aufnahm, ging unter. Er berichtete Fritz seine ganzen Kriegserlebnisse und meinte, er war damals hundertprozentig davon überzeugt, daß er eines Tages doch auf einem Schiff sterben müsse. Aber es war nicht geschehen. Er hatte den Krieg überlebt, befand sich nun in New York und besaß ein gutgehendes Lokal. Von diesem Mann muß ich übrigens noch schnell etwas erzählen.

Dieser Restaurantbesitzer hatte eine Frau, die überall nach dem Rechten sah, und wohl auch die Seele seines Erfolges zu sein schien. Eines Tages beschloß die Frau nun ihre Familie in Deutschland zu besuchen. Zum ersten mal wollte sie überhaupt etwas Ferien machen, ganze vier Wochen lang. Und all diese Zeit über würde der Mann dann alleine sein. Es schienen sich ungeahnte Möglichkeiten zu öffnen. Er erzählte allen: "Morgen Mittag würde sie fahren. Morgen Mittag würde sie weg sein und dann, ja dann....dann würde er alles machen können was er wolle. Ausgehen mit Freunden und Mädchen bis spät in die Nacht." Aber da wurde eine Angestellte krank, und die ganze Geschichte schien wackelig zu werden. Er überzeugte seine Frau jedoch, die Reise auf keinen Fall abzusagen, und um ganz sicher zu sein, brachte er sie sogar selbst auf das Schiff, im Falle ihr doch noch Bedenken kommen könnten.

Und als das Boot dann bald abfahren sollte, und die Frau die Reise tatsächlich nicht mehr rückgängig machen konnte, als der große Augenblick endlich nahe zu sein schien, da freute er sich so unsäglich. Und gerade da kippte er um und war tot.

Ob es nun wirklich die große Freude war oder noch etwas anderes, ist fraglich. Sicher ist jedoch, daß sie es ausgelöst hat. Die Frau ist dann doch nicht gefahren. Aber das hat der Mann nicht mehr zu erleben brauchen.

Seine Befürchtung auf dem Meer zu sterben, war nun doch eingetroffen. Aber er hätte nie gedacht, daß er sich einmal auf einem Schiff zu Tode freuen würde.

Später lernt Fritz noch jemand kennen, der hieß Max Müller, war Berliner und Tapezierer, und auch schon einige Zeit hier. Er wohnte in Long Island. Seine alten Schwiegereltern hatten ihn mit seiner Familie herüberkommen lassen. Diese Schwiegereltern kamen aus einem kleinen deutschen Gebiet in Jugoslawien. Dort hatten sie einen großen Hof besessen, der aber nach dem Kriege enteignet wurde als man sie auswies. Ohne einen Pfennig, ohne jegliches Gepäck und ohne englische Sprachkenntnisse kamen die alten Leutchen in New York an, wo sie eine Portierstelle annahmen. Da konnten sie außerdem umsonst wohnen. Der Mann arbeitete ferner noch bei der Müllabfuhr und die Frau ging als Reinemachehilfe in andere Haushalte. Beide arbeiteten Tag und Nacht. Aber nach ganz kurzer Zeit konnten sie sich schon ein gutaussehendes Zweifamilienhaus in Long Island kaufen. Long Island ist ein hübsches Villengebiet vor New York. Sie waren ferner imstande die Tochter mit ihrer Familie die Überfahrt von Deutschland zu bezahlen.

Alle lebten jetzt zusammen in dem schönen Haus. Sie schienen im achtzehnten Jahrhundert in Jugoslawien angesiedelt worden zu sein. Ihr Deutsch war tadellos aber klang etwas altmodisch. Sie mußten noch Eltern Tanten und Onkel mit Sie anreden und Frau Mutter und Herr Vater sagen. Jedes Jahr war ein großes Treffen der Landsleuten aus ihrer alten Heimat. Und es war sehr interessant zu hören, daß alle die, die einst einen großen Hof ihr eigen nannten, jetzt auch viel wohlhabender waren als die, die nur einen kleinen besessen hatten, trotzdem sie alle in Amerika mit dem gleichen Nichts anfingen.

Diese Familie war sehr nett zu Fritz und bewirtete ihn in großer Gastfreundschaft mit köstlichen deutschen Gerichten. Vor allem gab es dort eine Badewanne, die man in Gegensatz zu seiner auch mit Wasser füllen konnte, da sie einen Abfluß hatte. Und das Baden dort, davon spricht Fritz heute noch.

Fritz fristete nun sein Dasein kümmerlich mit Reparaturen für Mister Pflaster. Zum Lebensunterhalt brauchte er nicht viel. Das meiste ging in Baumaterial auf. Fritz baute und baut auch heute noch immer ständig an irgend welchen Dingen. Zum Glück gab es die Canal street. Das ist eine Straße in Manhattan wo ein Laden am andern irgend welche Restposten von Fabriken oder sonstiger Herkunft in großen Straßenauslagen anbot. Und da konnte man alles mögliche für sehr wenig Geld finden. Motore und viele andere Dinge, die Fritz das Herz höher schlagen ließen.

Unentwegt versuchte er herauszubekommen, wie man auf eine neue Art Porzellan reparieren könne. Aber es wolle und wollte nicht klappen. Und wir sollten nun endlich kommen. Es wurde doch schon bald Winter und er war immer noch alleine. Und er hatte doch eine große Überraschung für uns. Er hatte nämlich den Raum über dem Hunde und Katzenhospital, diesen kleinen 8 mal 6 Raum wirklich als Wohnung umgebaut. Er hatte auf einen kleinen Tisch einen elektrischen Kocher gestellt. Ich würde also eine Küche haben, und dann hatte er den Empfangsraum für die Kunden, die ja einmal kommen würden, schon fertig. Er war abgeteilt, besaß eine kleine Bank, die er eingebaut hatte, und auf der man sitzen und warten konnte. Im Falle einmal mehrere Kunden zur gleichen Zeit erscheinen würden. Fritz dachte an Dahlem. Da war es doch so wichtig gewesen. An der anderen Seite des neuen Empfangsraumes hatte er einen Wandschrank eingebaut, einen sehr hübschen, an dem er lange gearbeitet hatte bis er ganz gut aussah. Fritz hatte auch Platz für einen Arbeitsraum und einen Schlafraum. Allerdings sollte Ottfried in der alten Badewanne, und Saskia auf einem darüber angebrachten Brett schlafen.

Fritz hatte sich solche große Mühe gegeben und solange daran gearbeitet, daß es mir in der Seele leid tat, nein zu sagen. Aber ich glaube, daß mir jede Frau Recht gegeben hätte. Ich bat Fritz uns doch bitte, bitte erst eine richtige Wohnung zu besorgen, bevor wir rüberkämen.

Und er fand sie auch wirklich bald. Jemand hatte in der New- Yorker Staats-Zeitung gelesen: "Wohnung mit Möbeln abzugeben."Ein achtzigjähriger Deutscher hatte seine Frau vor kurzem verloren und gehört, daß seiner gleichaltrigen Jugendliebe der Mann gestorben sei. Wie wäre es? Man könnte doch. Man ist doch noch so munter. Und alte Liebe rostet nicht. Und beide sagten Ja.

Er wollte zurück nach Deutschland und den Traum seiner Jugend, das hübsche dralle Mädchen aus Würtenberg heiraten. Er wollte schnell, sehr schnell hier alles verkaufen, alles mit Stumpf und Stiel. Nur einen Koffer und Geld wollte er mitnehmen. Die Wohnung, das hieß Mietsvertrag und Inhalt wollte er für 400 Dollar veräußern. Es war ein Railroadflat. Eine Eisenbahnwohnung, wie man diese Art nannte, da alle fünf Räume, einschließlich der Badestube genau wie in einem Eisenbahnzug hintereinander angeordnet waren. Sie lag in East 66. Genauer gesagt in "three three three East 66."

Das "the "auszusprechen ist uns in der Schule schon immer schwer gefallen. Man müsse die Zunge zwischen die Zähne stecken, hieß es. Aber wenn man das tut, sieht man komisch aus, und wenn man es nicht tut, dann hört man sich komisch an. Und nun sollten wir gerade in three three three East 66 wohnen. Aber die Miete war billig. Sie betrug nur 50 Dollar im Monat und durfte laut Stadtverordnung nicht erhöht werden. Heizung und Warmwasser waren einbegriffen. In der Wohnung standen alle Möbel, und die Schränke voller Töpfe und Geschirr. Da waren rosa seidene Steppdecken und grauseidene Sofagarnituren.

Die verstorbene Frau hatte einen guten Geschmack gehabt.

Da war ein Fernsehapparat (der aber kaum ging) und Bücherschränke, in denen sich sogar noch ein paar deutsche Werke befanden. Nur die Wäsche hatte er weggegeben. Vielleicht auch mitgenommen, denn Deutsche schienen Wäsche schon von altersher über alles zu lieben. Olga borgte Fritz die fehlende Restsumme. Und als wir dann von dieser Wohnung hörten, und die Kinder nicht mehr in der Badewanne zu schlafen brauchten, und alles sowieso fertig gepackt war, da bestellten wir die Schiffskarten, und es begann nun auch für uns Ernst zu werden.

Der 80 jährige Mann übrigens und seine Jugendliebe sind aber totunglücklich geworden. Sie haben sich nicht ausstehen können. Sie haben sich aus tiefster Seele gehaßt. Und nach drei Jahren ist der Man dann zum Glück durch den Tod von der Ehe erlöst worden. Wir wissen das nämlich so genau von seiner Nichte, der netten Frau Brohm, die später nebenan bei uns wohnte, und die uns das alles dann erzählte.

Nun Adee, du mein lieb Heimatland

Fritz war bereits im Mai vorgefahren, und jetzt war bald Dezember. Ganze sechs Monate hatte ich für die Vorbereitungen gebraucht. Seit einem Jahr wohnten meine Eltern mit bei uns. Auch sie hatten Berlin endgültig verlassen.

Und Ottfried ging nun nicht mehr in Langen sondern in Bremerhaven zur Schule. Der Unterricht machte ihm Freude, vor allem Aufsätze zu schreiben. Er fertigte ein Buch an mit dem Titel" Das Wunderreich der Welt." Obenauf klebte er das Bild eines großen Schiffes, ähnlich wie eines, das uns wegbringen würde. Das ganze Buch bestand aus kleinen Kurzgeschichten, die er sich erträumt hatte. Dieses Buch wurde natürlich mitgenommen, und ich habe gestern einen Teil durchgelesen. Es ist erstaunlich gut geschrieben, und ich kann jetzt auch verstehen warum der Lehrer mich hat zur Schule kommen lassen und gesagt, ich solle nicht mehr Ottfrieds Aufsätze schreiben, er würde es doch merken.

Ich habe Ottfried niemals geholfen, hatte ja gar keine Zeit dafür, auch wenn ich es gewollt hätte. Schade, daß er bis jetzt das Talent noch nicht benutzt hat, daß er nichts weiter schreibt als Rezepte. Da er und seine Frau den Hang zum abenteuerlichen Leben haben, hätte er vielen interessanten Stoff. Im Augenblick ist er Arzt in einem Krankenhaus in einem Indianerreservation. Vielleicht ist seine Abenteuerlust schon in der Jugend erweckt worden. Vielleicht ist sein Erlebnishunger das Resultat von den Kriegs und Nachkriegsjahren und den vielen riskanten und gefährlichen Sachen, die wir gewagt haben, und die er ja zum größten Teil miterlebt hat. Aber vielleicht ist es rein erblich, außergewöhnliche Dinge zu unternehmen.

Es war schade, daß wir Bremerhaven verlassen mußten. Es war schön dort, und wir hatten Land und Leute in unser Herz geschlossen. Unsere Auswanderung hat die Kinder leider sehr entwurzelt. Daher war es so gut, daß sie noch das Jahr mit den Großeltern zusammen in unserem Hause verleben konnten.

Sie haben schöne Erinnerungen an Oma und Opa. Sie genossen die Zeit mit den Großeltern, die sie verwöhnten. Besonders innig waren die Monate vor unserer Auswanderung. Vielleicht weil man wußte, daß die Trennung bevorstand.

Zwischen meinem Vater und Ottfried entwickelte sich damals eine besondere Liebe. Ja Opa und Ottfried, das war ein Paar. Papa besaß noch bis in sein ganz hohes Alter hinein etwas sehr Jugendliches. Er fand immer noch Freude an dummen Jungenstreichen. So soll auch sein Vater gewesen sein, der Nikolaus, der wie Tante Maria erzählte, immer viel Spaß im Kopfe hatte. Wie traurig, daß ich ihn nie traf. Wenn man die Kinder jung hat, dann erleben sie noch die Großeltern, und das ist etwas sehr Wichtiges und sehr Schönes. Ottfried und Papa hatten in der letzten Zeit große Freude an einem dauernder Wettbewerb. Sie versuchten beide ständig neue Ideen für gegenseitige lustige Streiche zu erfinden und sich zu überbieten.

Einmal aber hatte Ottfried es zu weit getrieben, denn Papa wurde wütend. Ottfried hatte nämlich eine besondere Konstruktion an die Kellertür gebaut, so daß sich bei ihrer Öffnung ein ganzer Einer voller Wasser auf Papa ergoß, und kaltes Wasser, möchte ich betonen. Die Sache klappte wie geplant.

Nur weil Ottfried schneller rennen konnte, wurde er nicht versohlt. Aber gegen Abend war die Sache schon wieder verraucht.

Papa hat uns übriges als Kinder eigentlich selten oder nie verhauen. Mutti öfter. Sie hatte eine Rute, so wie der Weihnachtsmann. Aber das tat natürlich gar nicht weh. Man schrie nur höflichkeitshalber.

Einmal, weiß ich noch ganz genau, sollte meine kleine Schwester Ellen bestraft werden. Sie hatte gelogen, und das war bei uns zu Hause das Schlimmste, das man tun konnte. Ellen war damals so ungefähr vier Jahre alt. Papa packte sie an ihrem Glockenrock, hob sie in die Luft und gab ihr einen Klapps auf den Podex. Da Papa aber wütend war und ziemlich doll haute, so drehte sich Ellen genau im Kreise herum.

Papa und Mutti mit Ellens kleinem Sohn Robert

Und jedesmal wenn sie sich wieder in Handnähe befand, gab es einen neuen, der die Drehung wieder antrieb. Es sah so ulkig aus, daß auch Papa lachen mußte, und die Sache vergeben war. Das ist übrigens das einzige Mal, an das ich mich erinnern kann, daß jemand von Papa verhauen wurde. Und die Enkelkinder, na die wurden von Papa nicht einmal bestraft wenn sie sehr ungezogen waren, viel weniger verkloppt.

Papa hatte nun damals aber auch noch etwas anderes zu tun, als sich nur mit den Enkeln zu beschäftigen. Nachdem Fritz nach Amerika vorgegangen war, half Papa nämlich im Geschäft mit. Papa hatte uns inzwischen nahezu all sein Geld gegeben. Das Geld, das er von dem Verkauf seines Kupferdrahtes erhalten hatte, und er besaß jetzt wieder einmal keinerlei Einkommen. Wir hatten beschlossen ihm das ganze Juweliergeschäft zu überlassen. Meine Eltern würden dann später auch nach Amerika kommen, wenn wir dort erst einmal Fuß gefaßt hätten. Solange sollten sie von dem Geschäft leben. Aber da bestanden meinerseits große Bedenken. Papa schien höchst ungeeignet zu sein, es zu führen. Er sprach nicht Englisch und die amerikanischen Seeleute kauften viel in unserem Geschäft. Und Papa war farbenblind. Er war wohl imstande Gold von Silber zu unterscheiden, aber nicht rosa von weiß. Das konnte ein Hindernis bei Edelsteinen sein. Ferner besaß Papa keinerlei modischen Sinn. Er würde es nie lernen. Aber Papa versuchte es trotzdem. Er beobachtete wie ich verkaufte. Ich pflegte, wenn es sich zum Beispiel um ein Armband handelte, dieses auf meinen Arm zu legen und die Hand graziös vor den venezianischen Spiegel zu halten, damit der Kunde sehen konnte, wie es getragen wirken würde. Da sah ich eines Tages zufällig wie Papa einem Herrn ein Schmuckstück für dessen Gattin verkaufen wollte. Papa krempelte sich erst einmal gemächlich einen Hemdsärmel höher, und dann legte er das Armband auf seinen kräftigen Unterarm, in dessen Haaren das Stück versank. Es schien hoffnungslos. Wenn er sich nur solange über Wasser halten würde, bis wir meine Eltern nachkommen lassen könnten.

Da stellten wir dann eine Verkäuferin ein, die jung war und Sinn für Modisches zu haben schien. Sie war eine Abiturientin und sprach ein gutes Englisch. Auf diese baute ich dann alle meine Hoffnungen und lernte sie an. Aber Papa setzte uns alle in Erstaunen. Denn als wir weg waren, legte er das Hauptgewicht des Geschäftes auf Uhren und wurde sehr erfolgreich. Innerhalb von zwei Jahren hatte er das Geschäft verdoppelt. Ja, das war Papa.
Und Mutti blieb auch Mutti.

Wir würden weggehen. Sie würde keine Enkelkinder mehr um sich haben. Da fand Mutti eine kleine Katze. Und die wurde vielleicht gepflegt, und da die arme Katze einsam war, fand Mutti noch eine. Und die dritte ließ auch nicht lange auf sich warten. Nachdem man nun aber in der Nachbarschaft gehört hatte, daß Frau Graf heimatlose Katzen aufnahm, fanden wir oft ausgesetzte Katzen in unserem Garten. Man warf sie über den Zaun in der Hoffnung, daß Mutti sich ihrer annehmen würde. Bei Nummer acht wurde die Sache aber schon ungemütlich, und es wurde einstimmig beschlossen, keine Katzen mehr. Aber da kam dann das Würmchen. Ich hatte noch nie, und habe auch nie wieder ein solch verhungertes elendes Tierchen gesehen. Es war nur noch Haut und Knochen. Die Beinchen verkrümmt. Und die großen angsterfüllten Augen ganz doll herausgequollen. Das war etwas für Muttis Herz. Das arme Tierchen, das arme Würmchen. Es war aber eine erstaunliche Sache mit dem kleinen Burschen. Er mußte schon als ganz winziges, sicher mutterloses Tier sich durchgeschlagen haben. Jede Sache schien ihm Leben oder Tod zu bedeuten.

Es fraß immer nur mit dem ganzen Körper über seinem Napf stehend, so daß er den Kopf ganz nach hinten beugen mußte. Und dabei stieß er furchterregende Zischlaute aus, vor denen sich alle anderen acht Katzen lieber schnell verzogen. Unser Schäferhund Fingal schien nicht sehr erfreut über Muttis Katzenliebe. Er hatte diese neuen Hausbewohner freundlich untersucht, wurde aber in die Schnauze gekratzt, und das soll wehtun. Er zog es dann vor körperlichen Kontakt völlig zu vermeiden. Aber die acht besaßen doch Respekt vor ihm und gingen ihm aus dem Wege. Jedoch nicht das kleine Würmchen. O nein, es hatte gelernt, wenn du überleben willst, mußt du angreifen, sonst wirst du angegriffen. Und es ging mit jedem Schritt fauchend und die Tatzen schwingend auf den großen Schäferhund los. Und Fingal ließ es wirklich nicht darauf ankommen und meinte, der Klügere gibt nach. Wenn er sich nun einmal auf der Treppe befand, und das Würmchen die Absicht hatte diese hochzugehen, so wartete es nicht bis Fingal die Treppe wieder freigab, nein, es stieg mutig Stufe für Stufe zischend hoch, und der große Schäferhund, der trainierte scharfe Wachhund, den alle fürchteten, der begab sich rückwärts schreitend wieder nach oben, und benutzte den Aufgang erst dann wenn das Würmchen die Treppe verlassen hatte.

Diese Methode hat mir zu denken gegeben. Vielleicht müßte man sie einmal versuchen, denn das Tierchen hatte ja bewiesen, daß sie funktionierte. Es lebte ja noch. Es kann natürlich sein, daß es nur klappt, wenn man ganz verzweifelt ist. Ich jedenfalls habe es bis jetzt noch nicht ausprobiert. Aber es wäre eine Möglichkeit, die man sich offen lassen sollte.

Saskia hatte inzwischen den Ehrgeiz aufgegeben ein vollwertiges Mitglied der Langener Bande zu werden. Sie hatte jetzt andere Ziele. Sie wollte eine Tänzerin werden. Sie tanzte schon sehr schön mit richtigen Ballettschuhen auf Spitzen und ging laufend zu einer russischen Ballettlehrerin nach Bremerhaven. Ottfried begleitete sie stets. Erstens natürlich um sie über den gefährlichen Fahrdamm zu bringen, und zweitens waren da noch andere Gründe. Da gab es nämlich viele hübsche Mädchen. Übrigens tanzte Ottfried auch sehr gerne. Er hatte rhythmisches Gefühl und Freude an harmonischer Bewegung, und die Russin rief immer wieder: "Was wurde er vür eine Tanzer geben". Sie beschwor uns. "Was vür eine Tanzer, was vür eine wundervolle Tanzer". Gegen den Zirkus hatte Ottfried damals nichts einzuwenden, aber Tänzer, nein, das war nichts für einen Jungen, der zur Langener Bande gehörte, die Nachkommen der tapferen Chauken waren und erfolgreich Vickinger abgewehrt hatten.

Saskia jedoch "das kleine Mädchen", wie Papa sie immer liebevoll nannte, war nun inzwischen zehn Jahre alt und hatte mittlerweile etwas Neues entdeckt, etwas was man "Einkaufen" nennt. Und Opa war derjenige, der ihr in diesem Punkte das meiste Verständnis entgegen brachte. Er nahm sie überall mit, und sie bekam alles gekauft, was ihr Herz begehrte, und das war eine ganze Menge.

Ottfried jedoch verlangte selten etwas. Er war immer sehr bescheiden. Nur eine Sache lag ihm auf dem Herzen. Einen Kran, einen Märklin Kran für seine elektrische Eisenbahn. Den hatte er in einem Katalog entdeckt, den wolle, nein, den mußte er haben. Ich versuchte es ihm auszureden. Wir hatten jetzt andere Sorgen. Aber der Kran, der Märklin Kran, der ging ihm nicht aus dem Kopf. Ich sollte versprechen. Wozu brauchte er nun aber jetzt gerade den Kran? Er würde bald 14 Jahre alt werden. Er hatte doch auch schon lange gar nicht mehr mit der Eisenbahn gespielt, sondern immer nur mit dem Luftgewehr.

Das war auch so eine Sache gewesen, das mit dem Luftgewehr.

Ich haßte Gewehre, und Fritz wollte auch nicht, daß seine Kinder damit spielten. Es erinnerte zu sehr an den Krieg. "Nein, kein Luftgewehr. Aber Ottfried ließ nicht locker. Viele Jungen hatten Luftgewehre. Er würde auch nur auf Zielscheiben schießen, auf Tiere sowieso nicht. Es blieb jedoch beim "Nein". Und als wir dann die große Fahrt nach Westeuropa machten, da in Spanien sah er ein Gewehr. Es war so enorm und nicht so teuer. und da sagte Fritz dann: "Na, gut", und ich : "Meinetwegen".Dieses Luftgewehr würde er nun aber auch unbedingt nach Amerika bringen. Das war ihm sehr wichtig. Und dann begannen wir einzupacken.

Wir hatten ja Übung im Packen und Umziehen. Der Zoll würde natürlich alle unsere Sachen untersuchen. Ich hatte gar keine Ahnung was man mitnehmen konnte und was nicht. Manches war seiner Zeit verboten, manches zollpflichtig. Und es hieß Gold und Silber dürfte nicht ins Ausland Aber wo waren die genauen Bestimmungen? Ich hatte nicht Zeit und Lust mich damit zu beschäftigen. Wir machten es auf unsere alte Art. Erst einmal wurden große alte schmutzige Pappkartons gesammelt und darin alles verstaut.

Saskia hat jetzt sschon Heimweh

Wir nahmen zunächst nur soviel mit wie an Gewicht pro Person vom Schiff aus ohne Zuschlag erlaubt war. Alles andere wollten wir in ein Lager stellen, und uns später nachschicken lassen, wenn es sicher wäre, daß wir wirklich in Amerika bleiben wollten. Ich hatte vor, mich erst einmal selbst davon zu überzeugen, ob ich die Begeisterung von Fritz auch teilen würde.

Unsere erbärmlichen Pappkartons füllten wir nun mit all dem was das Wertvollste war. Wir besaßen eine ganze Menge antiken Schmuck und hatten auch viele Silbergeräte und viel wertvolles Porzellan. Alles kam hinein, und oben auf legte ich ein altes Federkopfkissen mit blauen Querstreifen.

Im Hafen- Vorfreude auf Abenteuer in Amerika

Das Kissen quoll durch die Verschnürung heraus, und wir sahen aus wie die Auswanderer des vorigen Jahrhunderts.

Als wir dann später durch den deutschen Zoll gingen und als Emigranten gründlich untersucht werden sollten, da warf man nur einen mitleidigen Blick auf uns. Wir brauchten es nicht zu öffnen, nein, wir sollten es nicht öffnen. Man wußte genau was sich in diesen alten Pappkartons befand, und wieviel Mühe man hatte die alten Schuhe, Suppenlöffel und mit Mottenpulver überstreuten Mäntel und Anzüge wieder richtig hineinzupressen. Man untersuchte lieber Koffer, die leicht auf und zu schnappten und oft nach gutem Parfüm rochen. Unsere rochen nach Rindertalk

Ottfried hatte beim Einpacken so gut geholfen und Tag und Nacht gearbeitet. Er fragte auch nicht mehr nach dem Kran. Und da ist mein Herz weich geworden, und ich kaufte ihm den so heiß gewünschten Kran von der Firma Märklin. Diesen hat er dann bei der Überfahrt aber auch als Handgepäck mit in die Kabine genommen. Das war wichtig, sicherheitshalber. Nach seiner Meinung war es viel zu riskant ihn in unser Reisegepäck zu tun. Wie leicht könne er da beschädigt oder gar gestohlen werden. In der Kabine wäre Ottfried nämlich in der Lage gewesen, im Falle eines gefährlichen Sturmes, den Krahn selbst zu beschützen.

Aber ich muß doch noch schreiben, daß Ottfried niemals damit spielte. Er wurde nur betrachtet, niemals angeschlossen. In New York war Ottfried schlagartig zu alt um ihn auch nur das kleinste bißchen zu interessieren. Der Kran steht immer noch bei uns in einer Kammer, in der original Verpackung, denn die ersten zwei Kinder von Ottfried waren Mädchen. Das Spielzeug wurde ein paar mal ausgepackt, aber dann enttäuscht wieder eingepackt..

Auf Wiedersehen dem Hühnengrab

Das Luftgewehr wurde nun auch allersorgfältigst eingewickelt, damit ihm auf der Reise ja nichts passieren würdc. Kurz bevor wir abfuhren jedoch, ergriff Ottfried das Prunkstück und schenkte es einem Freunde, einem Jungen, der das Gewehr immer bewundert hatte. Das war sehr lieb von ihm und freute mich sehr.

Das Weggehen von den Spielgefährten fiel den Kindern nicht leicht. Am Tage der Abfahrt stand der Junge, dem Ottfried das Gewehr geschenkt hatte, vor der Tür. Er hielt die größte Kostbarkeit, die er besaß in seinen Händen und überreichte sie strahlend Ottfried. Es war ein Schwert, ein altes germanisches Schwert. Sein Vater hatte es beim Torfstechen gefunden. Es muß vor vielen Jahrhunderten einmal im Moor versunken sein und hatte sich in der Torfbildung erhalten. Sogar die Lederbindung war noch in gutem Zustand. Ich war so gerührt darüber, daß mir die Tränen kamen. Wir halten dieses Stück in den allergrößten Ehren.

Ja, und dann kam der Abschied von dem kleinen Haus in Langen. Als es nur noch Minuten waren und wir schon im Auto saßen um zum Schiff zu fahren, da rannten die Kinder noch schnell in den Garten. Sie wollten deutsche Erde mitnehmen, und jeder grub sich eine Handvoll unter dem Pflaumenbaum aus.

Ich weiß nicht mehr ob sie es schon damals so kostbar verpackten, oder erst später. Jedenfalls ist Saskias heute in einem kleinen Samtbeutel, der innen mit Seide ausgeschlagen ist. Und Ottfried tat seine Erde in eine silberne antike Dose.

Die Überfahrt

Wir hatten unsere Überfahrt auf der "Berlin" gebucht. Das war ein deutsches Schiff und hieß nach unserer lieben Heimatstadt. Es war uralt und sollte auch nicht mehr viel öfter fahren. Die Besatzung bestand meist aus Bremerhavnern. Und deren Angehörige waren nun auch alle am Kai versammelt. Eine große Menschenmenge wartete dort. Die Reisenden, die Auswanderer, Verwandte und Freunde. Manche mit Blumen, manche mit Tränen, viele mit beidem. Erregung und Begeisterung, Freude und Wehmut lag in dem aufgeregten Stimmgewirr. Die Kapelle war an Bord und spielte. Sie spielte lustige Märsche, liebe alte Weisen, fröhliche Blasmusik.

Mutti und Papa standen hilflos da und betrachteten das Ungetüm, das uns wegbringen würde. Wir hatten uns geküßt und gestreichelt als wäre es ein Abschied fürs Leben. Mutti weinte, und auch Papa sah sehr angegriffen aus. Wir beugten uns weit über die Reling, und auch mir wurde elend zu Mute. Die Kinder aber warteten ungeduldig auf das große Abenteuer, das nun bald kommen sollte. Ich muß sie doch fragen, was sie damals fühlten. Vielleicht wissen sie es noch. Saskia war jetzt zehn, und ihr kam es erst viel später zum Bewußtsein. Eigentlich erst als wir schon eine Weile in New York waren. Da durften wir kein deutsches Lied singen oder spielen. Da weinte sie so oft, daß wir sie schon nach ein paar Monaten nach Bremerhaven zurücksenden mußten. Wir hatten nicht einmal das Geld für die Reise und brachten Schmuck auf das Leihhaus. Als sie dann aber wieder zurückkam, da war das Heimweh vorbei.

Aber ich war ja noch dabei zu erzählen, wie wir damals Deutschland mit der "Berlin" verließen. Damals als das Schiff den tiefen blasenden Warnungston ausstieß, der bedeutete, daß es nun wirklich ernst werden, wirklich losgehen würde. Da begann die Kapelle zu spielen:

Muß i denn, muß I denn zum Städtelein hinaus, Städtelein hinaus"Und manche fingen an zu weinen, und dann stimmte man das Lied an: "Nun Adee du mein lieb Heimatland"

Das liebe Lied, daß so viele Auswanderer gesungen hatten, und die vielen Soldaten, die losziehen mußten und das Lieb Heimatland nie wieder sahen.

Die meisten sangen mit und viele schluchzten. Da brauchte auch ich mein Taschentuch, und dann zog das Schiff langsam davon.

Wir sahen noch von weitem wie Papa Mutti stützte. Er hatte sie umgefaßt und schwenkte den Arm, und das Schiff fuhr immer weiter. Den Ochsenturm, den konnten wir noch sehen und die Marsch, und dann kam die hohe See. Die schreienden Möwen begleiteten uns noch ziemlich lange. Wir kannten den Ruf vom Lande Wursten. Das waren die Silbermöwen, die mit dem weißen Gefieder, dem graublauen Mantel und den rosanen Füßen. Würde es in New York auch Möwen geben? Sicher doch. Aber das hier waren deutsche Möwen, Bremerhavener Möwen, und die riefen uns den Abschied zu. Die Kinder standen lange oben. Sie eilten nur in den Eßraum, um sich die Taschen wieder mit neuem Futter für die Vögel zu füllen.

Ja, dieser Speiseraum. Wie poliert alles glänzte, wie sorgfältig war alles gedeckt. Das duftende Leinen schimmerte ganz frisch gebügelt, und die Bestecke standen abgemessen neben dem Porzellan. An unserem Tische saß ein alter Herr. Es muß ein Bauer gewesen sein. Seine schönen ausgearbeiteten Hände lagen zu einer kräftigen Faust geformt auf dem weißen Tischtuch. Sie sahen genauso aus wie die von meinem Onkel Paul auf Plauerhof. Der alte Herr fuhr als Auswanderer zu seiner Tochter. Ein ganz neuer Anzug schien ihm Unbehagen zu bereiten, und auch die zu eng gebundene Krawatte schien ihn mächtig zu stören. Er saß ganz bewegungslos und kerzengerade auf seinem Armsessel. Da war noch ein Ehepaar da. Sie hatten schon vor einiger Zeit Deutschland verlassen. Aber sie kamen alle zwei Jahre zurück in die alte Heimat. Es gefiel ihnen gut in Amerika. Sie schienen es zu etwas gebracht zu haben, besaßen schon alles, was sich die meisten Auswanderer wünschen. Die Frau hatte auch noch Häuser zu verkaufen begonnen, und nun ging es ihnen wirklich gut."Der Anfang, ja, der ist immer schwer." Die Frau machte einen tüchtigen Eindruck. Sie gab auch dauernd gutgemeinte Ratschläge. Das habe ich übrigens als etwas Urdeutsches empfunden.

Wenn man es in Amerika tut, sind die Leute meist beleidigt, weil du mit deinem Rat annimmst, daß sie das nicht wissen, daß du dich über sie erhebst. Ich habe es mir erst nach langer Zeit allmählich abgewöhnt. Aber es kribbelt mir immer noch in allen Gliedern, wenn ich jemand sehe, der etwas falsch macht, wo doch ein kleines Wort ihm helfen könnte.

Sie war nett, die Frau an unserem Tische. Ihr Mann aber, du meine Güte, was manche Frauen sich so heiraten. Jedes mal wenn der Mann sich Milch in den Kaffee goß, sagte er: "So wie die Milch den Magen berührt, wird sie sauer."Und da er viel Kaffee trank und auch immer Milch dazu goß, so mußten wir den Satz so oft hören, daß er mir heute noch manchmal einfällt, bei den unpassensten Gelegenheiten natürlich. Wie kann sich nur so etwas Dämliches festsetzen. Aber sicher hatte der Mann versteckte Qualitäten.

Ich habe sie aber in der kurzen Zeit nicht herausbekommen, da ich nicht mehr lange an diesem Tische saß. Es war nämlich Dezember, und da kommen die großen Stürme. Ich bin nur noch einmal in dem Speiseraum erschienen. Als Gemüse gab es grüne Erbsen, und der arme Bauer neben mir versuchte sie mit Messer und Gabel zu essen. Sie rollten jedoch von beidem beständig herunter. Aber er wollte nicht aufgeben, man aß in Deutschland doch immer alles auf. Da haben wir dann alle schnell unsere Schoten mit dem Löffel gegessen.

Bei diesem Mittagessen waren schon weniger Leute anwesend und dann kamen Tage, wo die Kinder sagten, daß kaum Jemand zum Essen erschienen wäre. Ich habe es nicht mehr gesehen, denn ich lag nur noch in der Kabine. Leider hatte ich die Reise von Bornholm vergessen, als ich die Überfahrtskarten bestellte. Der Matrose hatte mich und meine Freundin damals genau in die Schiffsmitte gelegt, da schaukelte es am wenigsten. Das hätte ich mit ein bißchen Überlegung mir auch selbst denken können. Aber ich wollte bei der Fahrt nach Amerika unbedingt eine Kabine mit einem Bullauge haben, und die mußte natürlich an der Seite liegen, und da schaukelt es selbstverständlich viel mehr.

Ich muß das mit der Seekrankheit von Papa haben, denn er erzählte uns einmal, daß er als Soldat im ersten Weltkrieg auf ein Schiff verladen wurde, und das mit dem Schaukeln soll so schlimm gewesen sein, daß er nur einen Wunsch hatte, daß der Kahn untergehen möge. Wenn ich alleine gewesen wäre, so hätte ich bestimmt den gleichen Wunsch gehabt. Aber mein Mutterinstinkt war doch größer als meine Seekrankheit, und so wünschte ich nicht den Untergang der "Berlin".

Den Kindern machte der Sturm gar nichts aus. Ottfried wurde allerdings schon übel als wir noch im Hafen lagen und das Schiff sich nur leicht bewegte. Wir haben später oft darüber gelacht. Aber mir kommt plötzlich der Gedanke, daß das vielleicht einen anderen Grund hatte, und nur seelische Erregung war. Damals durfte ein Junge in Deutschland nicht weinen, und da schlägt es vielleicht auf andere Teile als die Tränendrüse.

Ich sagte wohl schon, daß die "Berlin" ein sehr altes Schiff war und bald eingeschrottet werden sollte und auch wurde. Ihren Zustand konnte man auch wirklich wahrnehmen, denn sie stöhnte ganz jämmerlich. Immer wenn das Schiff von einer Welle hochgehoben wurde, dann gab es einen jaulenden Laut von sich. Und wenn es dann runter ging, einen ächzenden ,knarrenden, als wenn ein Riese versucht eine große Eiche zu biegen. Wenn mir nicht so schlecht gewesen wäre, hätte ich sicher Angst bekommen. Der Sturm ließ dann wohl nach, aber es hörte nicht auf, dieses ewige Hoch und Runter, Hin und Her. Und wir fuhren und wir fuhren.

Ich habe diese Strecke inzwischen des öfteren mit dem Flugzeug zurückgelegt. Welch ein Unterschied. Trotzdem ich aber so seekrank war, bin ich doch froh für die Auswanderung das Schiff gewählt zu haben. Die Berlin fuhr zehn Tage. Und diese Zeit gab einem erst einmal die Vorstellung wie weit wir uns von der alten Heimat entfernten. Sie gab auch Ruhe zum Ermessen, Empfinden und Vorbereiten. Mit dem Flugzeug ist es immer ein Rennen und Hasten bis zum allerletzten Augenblick, und dann der kurze Flug, und plötzlich ist das Neue da. Durch den Flug spart man selbstverständlich Zeit, die kostbare Zeit, aber er nimmt die herrliche Spannung, verkürzt irgend etwas sehr Wertvolles. Die Erwartung, die zwischen zwei Erlebnishöhen liegt, die ist wichtig, die ist unvergleichlich. Die vielen Tage der Überfahrt möchte ich trotz aller Seekrankheit auf keinen Fall missen. Was müssen die Einwanderer früher erlebt haben, als sie nicht in so viel Luxus segelten wie wir.

Sie sprachen ihr ganzes Leben von der Überfahrt. Wie köstlich kann doch später gerade das Schwere werden.Schade, daß ich so seekrank war. Ich hatte vorgehabt die Fahrt zu genießen. Vor allem wollte ich in einem Liegestuhl liegen, von einem Steward mit einer Decke zugedeckt und einem Getränk an der Seite. Glücklich lächelnd dort liegen wie man es immer auf Reiseprospekten vom Norddeutschen Lloyd sah. Der Garten von Langen war sehr hübsch. Wir besaßen auch Liegestühle noch vom Vorgänger, und ich wollte immer einmal darin faulenzen. Aber irgendwie klappte es nie. Entweder war das Wetter an unserem freien Tag, dem Sonntag zu schlecht, oder die Zeit nicht da. Ottfried hat sich einmal darüber beschwert, daß wir nie, wie die Eltern seiner Freunde in Liegestühlen lagen.

Aber wir haben es bis heute in den dreißig, nun schon bald vierzig Jahren, die wir hier draußen in dem hübschen Mittelgebirge wohnen noch nicht fertig gebracht. Das muß wohl der preußische Geist sein, der doch eingewachsen ist wenn man dort groß wurde. Zu Hause hat man immer ein schlechtes Gewissen. Unsere gepolsterten stilvollen Liegestühle sind immer nur für Gäste hingestellt worden. Wenn man es mal selbst versuchte, dann blickte man stets auf irgend eine Sache, die noch unbedingt zu machen wäre. Die Fenster, die man putzen, die Türen, die man streichen, das Unkraut, das man zupfen müsse. Und unsere Omas kamen uns dann in den Sinn, die immer verächtlich auf Leute in Liegestühlen blickten. Aber die Idee mit dem Liegestuhl war sowieso eine dumme gewesen, denn es war ja viel zu kalt im Dezember, und ich habe auch auf der Berlin keinen Menschen in einem Liegestuhl ruhen sehen.

Und eines Tages hieß es, wir würden bald da sein, bald in Amerika sein, bald in New York sein. Ich lag immer noch in der Kabine und hatte schon tagelang kaum etwas gegessen. Plötzlich hörte man Rennen auf den Fluren und begeisterte Rufe. New York, New York. Ich sprang auf und schaute aus dem Bullauge. Und da, es ist unbeschreiblich was und wie ich es dort erblickte. Es war die Freiheitsstatue. Sie befand sich genau in der Mitte des Fensters und die Rundung des Bullauges umgab sie, wie es ein Bilder Einrahmer nicht besser hätte hinschieben können. Da war sie, die berühmte Statue, das Symbol der Freiheit, das Symbol von Amerika. Und wir würden da sein. Wir waren in Amerika. Ich lief zum Deck. Und zwischen aufgeregten Menschen erblickte ich zum ersten mal Manhattan, das herrliche Manhattan, unser geliebtes Manhattan. Manhattan, die Insel mit dem hinreißenden Panorama. Die berühmten grauglitzernden schimmernden Wolkenkratzer und davor das dunkle Meer. Ich stand lange dort und betrachtete dieses Märchengebilde, und was ich damals empfand, das würde viele Seiten füllen und könnte vielleicht kitschig werden, und darum will ich lieber beschreiben wie wir dann in die Kabine eilten, denn wir waren ja nun da. Und wir begannen schnell alles einzupacken. Aber, daß wir das Schiff bald verlassen würden, das war eine falsche Annahme. Wir blieben nämlich seitlich von Manhattan liegen, den ganzen Nachmittag, die ganze Nacht. Im Dunkeln konnte ich die Lichter der Autos erkennen. Es war der Ocean-driveway. Wie oft sind wir den später entlang gesaust. Wie erstaunten uns die vielen Fahrzeuge, diese nicht endende Lichtlinie. Was lag dahinter? Was würde das neue Land uns bringen? Am nächsten Morgen wurden dann die Namen aufgerufen und hin und hergeeilt. Die eifrigen Deutschen befanden sich schon alle mit Hut und Mantel angezogen oben, trotzdem immer wieder gesagt wurde, es würde noch lange dauern. Aber sicher war sicher, und man blieb eisern in Reih und Glied dort oben stehen. Und dann setzte sich das Schiff endlich in Bewegung, und wir legten im Hafen an.

Die Reisenden konnten das Schiff verlassen, aber die Auswanderer sollten sich mit ihren Habseligkeiten an Deck begeben und dort warten. Dort oben war es eisig kalt. Ich hatte ein leichtes Samtkostüm angezogen. Es sah hübscher aus als ein Mantel. Aber auch die Kinder froren. Ottfried mit seinen kurzen Lederhosen und Saskia nur mit einem Strickkleidchen. Ich hatte keine Ahnung, daß es in New York so kalt sein könnte.

Zolbeamte sind von Natur aus mißtrauisch, und sie untersuchten alles gründlich. Ich sah zufällig wie sie sich den alten Bauern vornahmen, der bei uns am Tische gesessen hatte. Er besaß einen nagelneuen Koffer. Seltsamerweise schienen diese immer den meisten Verdacht zu erregen. Selbst seine Hemden wurden aus der Verpackung genommen und geschüttelt. Weil man nun aber so gründlich durchsuchte, und es so viele Auswanderer waren, wurde es Nachmittag, und wir saßen noch immer frierend auf unseren Kartons und Kisten. Als die Sonne schon unterzugehen schien, waren wir endlich an der Reihe.

Dem Zollbeamten war auch kalt. Scheinbar war seine Schicht bald zu Ende, und er wollte nach Hause gehen. Er warf einen Blick auf unsere Habe, sah die herausquellenden Kopfkissen. Ich begann den ersten Karton aufzuschnüren. Aber er winkte ab, mit der gleichen Abscheu wie es der Zoll in Bremerhaven getan hatte: "No, no - OK- sign here." Und wir unterschrieben, und das war es . Wir konnten das Schiff verlassen.

Unten stand Fritz mit einem großen Strauß roter Rosen. Der Arme hatte solange voller Ungeduld gewartet. Jedes Jahr sagt er am 12. Dezember: "Heute vor.." Und er weiß genau vor wieviel Jahren. "Heute seid ihr angekommen. Heute habe ich euch abgeholt"
Es war der 12. Dezember 1955.
Und als Fritz uns damals am 12. Dezember 1955 vom Laufsteg kommen sah, da stürmte er auf uns zu. die Kinder hingen an ihm, und er riß mich in seine Arme. Er drückte und küßte mich immer wieder und immer wieder. Alle Rosen wurden zerquetscht, und mir taten nachher alle Glieder weh. Und dann sah ich ihn an.

Und da passierte genau das Gleiche wie damals in der Oper in Berlin. Es war wieder der Blick von Fritz. Und genau zu dem gleichen Zeitpunkt wurde ich wieder von Amor angeschossen. Ich habe auch keinerlei Ahnung wo der gesessen haben kann. Ich nehme an, daß er sich oben auf dem Schiff befunden hat und die ganze Zeit als blinder Passagier mitgefahren war. Von dort oben konnte er gut anlegen und auch sicher treffen.

Ja, und dann brachte Fritz alle unsere Kisten und Kasten auf die Straße, rief ein Taxi, und wir fuhren in unsere neue Wohnung nach three three three East 66.

𝒫.𝒮.

Ich muß noch ein Postskriptum einfügen, trotzdem man das in der Regel nicht tut. Ich habe jedoch etwas Wichtiges zu berichtigen, etwas was ich erst vor ein paar Tagen erfahren habe, nämlich...
Aber es ist besser immer der Reihe nach zu erzählen.

Hier in Amerika gehören wir zu einem deutschen Kulturklub. Bei unserem letzten Treffen sprach ich mit Elfriede Slingerland. Sie berichtete eine kleine Pechsträhne, die ihr gerade passiert war. Kein Wunder, lachte sie, "denn ich bin doch am Freitag, den dreizehnten geboren. Ja, wirklich, Freitag, den dreizehnten Dezember 1919."

Da horchte ich auf. Meine Güte, das war ja nahezu mein Geburtstag. denn auch ich bin im Dezember 1919 geboren. Sonntag den 14. Dezember, also nur einen Tag später. Wie aber ließ sich das mit Freitag, den dreizehnten Dezember vereinen. Es sei denn... Aber wer würde schon Freitag, den dreizehnten geboren sein wollen, wenn er es nicht wirklich war, denn Elfriede bestand fest darauf, "Ja, es sei leider ein Freitag gewesen."

Die Sache mußte natürlich schnellstens aufgeklärt werden. Wie jedoch konnte man das nun aber genau erfahren? Man riet mir in einer Bücherei nachzusehen. Dort gab es auch wirklich einen Almanach mit einem immerwährenden Kalender. Also erst einmal das Jahr suchen, dann die Spalte nach rechts den Monat, und der vierzehnte stand unter der Nummer vier. Und die Nummer vier war.... ein Sonntag.

Ich zeigte es Fritz, damit er auch sah, daß ich doch Recht gehabt hatte. Aber Fritz ist immer gründlicher als ich, und er entdeckte, daß ich den julianischen mit dem gregorianischen Kalender verwechselt hatte und ich unter der Nummer drei nachsehen müsse, und darunter stand es. Einwandfrei... ein Sonnabend. Der vierzehnte Dezember war also ein Sonnabend gewesen.

Wie konnte ich aber dann ein Sonntagskind sein? Oma hatte es gesagt, und Oma schwindelte nie. Lügen war bei uns so wie stehlen.
Ich begann zu überlegen. Vielleicht war ich in der Nacht Punkt zwölf geboren. Vielleicht hatte Papa es verwechselt, als er ging um mich beim Standesamt - anzumelden. Papa dachte doch nur immer an seinen Betrieb. Aber wenn das passiert wäre, hätte Mutti garantiert jedes Jahr zu meinem Geburtstag berichtet, daß mein eigener Vater nicht einmal... und so weiter ...und so fort...

Aber dabei fiel mir ein, daß es wirklich jedes mal eine lange Anklage gab, wenn meine Geburt erwähnt wurde, und zwar sei Papa
"in der schwersten Stunde ihres Lebens nicht bei ihr gewesen. Nur Mutterke und die Hebame."
Ja. jetzt fällt es mir ein. Papa ist zu spät gekommen, hat es sicher nicht gewußt. Sie besaßen doch damals noch kein Telephon. Aber es wurde ihm trotzdem nicht vergessen.
Wenn er dazu nun auch meinen Geburtstag nicht richtig angegeben hätte, dann wäre das nicht totgeschwiegen worden, bestimmt nicht, garantiert nicht.
Also so konnte es nicht gewesen sein. Mutti war es eigentlich auch gleichgültig ob ich nun an einem Sonntag geboren war oder nicht, denn Mutti laß keine Märchen, sondern nur Illustrierte, und da spielte es immer nur eine Rolle ob man als Schütze oder Waage zur Welt kam.

Für Oma war es wichtig, und für mich war es wichtig, denn in den Märchen war es wichtig. Sicher habe ich eines Tages gefragt, wann ich geboren wurde, und da wurde mir gesagt. "in der Nach zwischen Sonnabend und Sonntag." Also natürlich Sonntag. Ich war also ein Sonntagskind.

Mein ganzes Leben über habe ich nun wirklich geglaubt ein Sonntagskind zu sein und auch als ein Sonntagskind gelebt, trotzdem ich doch überhaupt keins war.

**Und das erklärt vielleicht auch einige Geschehnisse
der vorigen Kapitel.**

Hildegard und Fritz von Waldenburg leben seit 40 Jahren auf ihrer 81 Hektar bewaldeten Farm
am Fuße des Bergshire Gebirges.
Während der letzten 20 Jahre haben sie ihre Nahrung ohne Hilfe, rein organisch selbst erzeugt,
Sie malen und bildhauern und sind bereits 59 Jahre glücklich verheiratet.
Sie haben zwei Kinder, acht Enkelkinder und 3 Urenkel

Photos taken 1999